창세기를 걷다

/ 믿음으로의 여행 /

이강천 지음

쿰란출판사

추천의 글

김혜민 청년 / 더함 협동조합 대표

현시대를 살아가는 청년의 삶은 쏟아져 나오는 세상적 가치관과 생존의 문제 앞에 살아내기가 정말 쉽지 않음을 대학 졸업 이후에 더 경험하고 있다. 크리스천이라고 말은 하지만, 우리의 삶은 어디로부터 와서 어디를 향해 가야 하며, 어디에 뿌리를 내리고 살아야 하는가에 대한 본질적인 고민들이 잘 정리되지 않은 채 덮어두고 세상을 살아가는 것이 대부분의 청년의 삶인 것 같다.

《창세기를 걷다》는 마치 창세로 돌아가 하나님께서 만드신 세상을 거닐며 하나님 나라의 역사를 옆에서 목도하는 것 같았다. 또한 광야와 같은 삶을 살아가는 청년의 삶을 본질, 곧 태초의 풍성한 삶으로 회복하게 하며, 흩어져 있던 진리들이 하나로 정리되고 명확히 깨닫게 되는 은혜의 여정이었다.

신학적인 것이 어렵게 느껴질 수도 있는데 이야기 형식으로 풀어주셔서 옆에 앉아서 쉽게 설명해 주시는 것 같았다. 성경을 볼 때에 주관적으로 해석하거나 잘 알고 있다고 생각했던 진리를 바르게 알게 되어 창조주 하나님께 더 깊이 뿌리내리게 되었으며, 흔들림 많은 청년의 삶이 세상 한가운데서 흔들리지 않을 수 있는 비결을 선물로 받은 것 같았다.

하나님께서 한 사람의 인생을 어떻게 이끄시고 부르시고 만들어 가시는지, 창세기에 나타난 하나님의 사람들에게 살아 역사하셨던 주님께서, 연약한 청년의 삶이지만 세상을 살리고 먹이며 복이 되는 인생으로 동일하게 부르고 계시다는 놀라운 부르심에 감사 감격하게 되었다.

또한 《창세기를 걷다》로 인해 우리 청년세대 누구라도 창세기 가운데 흐르는 하나님의 사랑을 깨닫고 성경 전체를 들여다볼 수 있는 통찰을 얻게 될 것이며, 청년의 때에 창조주 하나님을 기억하는, 세월을 아끼는 지혜를 얻게 될 것을 확신한다.

이강천 목사님을 만난 후로 멀게만 느껴졌던 하나님을 가까이서 만나며 함께 사는 복을 누리게 되었다. 특별히 이번 《창세기를 걷다》를 통해 쉽게 풀어주신 하나님 나라의 역사를 읽어 내려가며, 평생의 삶이 개인의 삶에만 그치지 않고 천하 만민을 향한 삶이 되도록 사명의 세계로 더 깊숙이 이끄심을 경험하였다. 나와 청년세대에게도 하나님의 사람들처럼, 이강천 목사님처럼 하나님 나라의 역사에 동참하여 함께 역사를 써 내려가는 은혜가 있기를 마음 다해 기도한다.

태초부터 지금까지 영원히 살아 계시는 하나님께서 창조주 하나님을 갈망하는 청년들의 삶에도 지금도 동일하게 살아 계시며 일하고 계심을 찬양한다. 또한 언제나 청년들을 사랑하는 마음으로 함께해 주시는, 사랑하고 존경하는 이강천 목사님께 진심으로 감사드린다. 그 마음을 힘입어 청년의 삶에 하나님이 본래 인간을 지으신 창조의 모습과 부르심이 회복되기를 원하는 마음으로 나 같은 청년들에게 이 책을 추천하며, 또한 《창세기를 걷다》를 시작한 모두에게 하나님을 더 깊이 알게 되는 은혜가 있을 것을 확신하며 추천의 말씀을 전한다.

2020년 2월

추천의 글

정세례 전도사
서울신학대학교 신학대학원 M.div. 6차 / 아현성결교회 유년부

이 책은 이강천 목사님이 가상으로 설정한 인물 '김 군'과 함께 국내의 명소들을 여행하면서 나누는 대화로 구성되어 있습니다. 김 군은 남녀 성별을 떠나 곧 이 시대의 청년들을 대표하는 인물로 보입니다. 대학 졸업을 1년 앞두고 휴학한 김 군은 불확실한 미래에 대한 걱정으로 가득 차 있으며, 동시에 인생의 참된 의미를 찾고 싶어 합니다. 목사님은 김 군을 마치 자신의 아들처럼 대하며, 창세기에 담겨진 하나님의 놀라운 계획들을 자신의 지나온 세월의 경험과 더불어 나눕니다. 목사님과 김 군의 대화는 아름다운 사제지간의 전형을 보는 것만 같습니다. 김 군은 목사님과 동행하며, 하나님과 함께 하는 삶이 얼마나 복된 삶인지 배우게 됩니다.

여느 신학생들이 그러하듯, 저 또한 하나님을 사랑하고 그의 뜻을 이루고자 하는 열망으로 신학대학원에 들어왔음에도, 생존 문제에 대한 압박과 불확실한 미래에 대한 두려움으로 짓눌려 하나님의 계획이 보이지 않을 때가 있었습니다. 그때에 이 책을 읽으며, 더 큰 비전과 사명을 보지 못하고 생존 문제로 얽매여 있는 자신을 돌아보게 되었고, 생존 문제에 사로잡히지 않는 믿음에 대한 갈망이 생겨났습니다. 또한 하나님의 백성에게는 훈련은 있어도 절망은 없기에, 하나님의 손에 들려지기 위해서는 옛 사람은 꺾이고 새 사람으

로 살아나야 한다는 목사님의 말씀이 김 군을 넘어 곧 저에게 하는 말씀으로 다가왔습니다.

이 책을 이 시대의 진정한 멘토를 찾고 싶어 하는 청년들에게도, 특별히 하나님의 종이 되고자 신학의 길에 들어선 신학생들에게 제일 먼저 추천하고 싶습니다. 창조과학 논쟁 등 창세기에 관한 여러 신학적인 논쟁들을 다룬 책은 오히려 피곤하게 느껴질 때가 있는데, 이 책은 하나님과 함께 하는 삶이 얼마나 놀랍고 귀한 삶인지를 다시금 기억하게 합니다. 특히 목사님들의 멘토로 여겨지는 이강천 목사님의 신간 《창세기를 걷다》를 통해, 목사님과 함께 여행하며 대화하는 것 같은 경험을 누릴 수 있어서 참 좋았습니다. 이런 귀한 경험을 다른 신학생들과 함께 나누고 싶습니다.

2020년 2월

추천의 글

이지수 권사 / 등대교회 / 카페 풍경 대표

남들과 달리 세상에서 행복한 시기에 남편과 함께 스스로 교회에 발을 들여놓았다. 막연하게 이 길이 참 진리의 길이라 여겨져 나의 의지로 많은 노력을 했다. 성경을 많이 읽으라 하니 책상에, 주방에, 머리맡에 성경을 놓고 읽으며 알 듯 말 듯한 내용을 내 식으로 풀어 지냈다.

나름 예배와 교회 봉사, 공동체 안에서의 친교로 감사와 기쁨의 신앙생활을 하면서도 생명의 말씀이 일상에서 더 가깝게 적용되지 못함에 늘 아쉬운 마음이다.

우연히 이강천 목사님의 《창세기를 걷다》라는 글을 받아 보게 되었다. 글의 내용과 형식이 상상력을 풍부하게 하여, 먼 구약시대의 이야기가 아니라 지금 내 생활 주변의 이야기로 다가옴을 느꼈다.

저자가 풀어주는 《창세기를 걷다》는 마치 큰 그림의 병풍을 펼쳐 놓고 작은 그림 하나하나를 세밀하게 풀어 설명하듯 재미가 있었다. 크게 알려지지 않은 우리나라 자연 풍경을 배경으로 시와 사진으로 한 편의 영화를 보듯 읽게 되었다. 자칫 신화처럼 느껴지던 창세기의 말씀을 통해 우리 생존의 문제보다 깊은 삶의 의미를 붙잡게 되었고, 가만히 남은 날들을 바라보는 마음의 매무새를 새로이 했다.

잠시 '멈춤' 신호 앞에 서성이다 청색 신호를 확인하고 길을 건너는 마음이다. 오랫동안 습관 들여진 종교생활에서 걸어 나와 무덤덤

해진 심령들에게 이 책을 권하고 싶다.

눈도 어두워지고 귀도 어두워졌다던 노 목사님의 수고가 헛되지 않으리라 확신하며 감사의 기도를 드린다.

2020년 2월

추천의 글

최동균 원로장로 / 수원교회 / 최동균 법무사 사무소 대표

담장의 넝쿨 장미꽃이 아무리 아름다워도 꽃과 입맞춤하고 향기를 취하려면 가시로 인해 조심스럽고, 한 송이 꺾어 책상 위에 놓으려고 해도 다른 준비물이 필요합니다. 그러나 이 책은 가시 없는 장미와 같아서 접근하기가 어렵지 않고, 책 속에 숨어 있는 비밀을 쉽게 내 것으로 만들 수 있는 장점을 지니고 있습니다.

평신도가 창세기를 접하면 진화론에 익숙하게 교육 받은 밑바탕이 있기에 이해하기 어려울 뿐만 아니라 믿어진다는 것이 힘든 게 사실입니다. 그러나 이 책은 쉽고도 빠른 이해를 도우며 믿음의 세계로 인도합니다.

이 책의 특이점은 스승과 제자의 이야기로 시작하여 실타래 끝을 찾기도 전에 이미 술술 내용이 풀리고, 책 중심 속으로 몰입되어 본 궤도에 올라 주석과 해설, 필자의 간증으로 어느덧 나도 모르게 하나님의 섭리, 신앙의 깊은 곳에 내가 서 있음을 발견하게 되며, 가야 할 길이 설정됩니다.

아름다움의 세계를 카메라의 앵글에 담듯, 하나님이 인간을 사랑하는 교제의 장면과 하나님의 신비의 세계를 책 속에 담아 읽는 이에게 전하여 주는 은혜로운 책임을 말하고 싶습니다.

추천자 역시 이 책을 읽으면서 우리와 교제하기를 원하시고, 또 이웃과 교제하기를 원하시는 하나님의 마음을 깨달았습니다. 오래

전, 40대에 가장 친절하고 온화했던 절친한 친구 장로를 일찍 하늘나라로 보내야 했습니다. 그때 싸늘해진 그의 시체를 손수 수습하고 수의를 갈아입히며 '깊은 정은 깊은 상처를 남길 뿐'이라는 심한 마음의 상처를 입고, 교제의 두려움으로 인해 마음을 닫고 지낸 지 이미 오래였습니다. 이 책을 읽는 중 하나님은 저의 닫힌 마음의 문을 열게 하시고, 이웃과의 교제가 하나님과의 관계를 더욱 깊이 형성하게 한다는 사실을 깨닫게 하셨습니다.

평신도들이 《창세기를 걷다》를 읽음으로 많은 은혜와 역사가 일어날 것을 믿어 의심치 않습니다. 모든 신앙인들이 이 책을 꼭 접하기를 적극 추천합니다.

2020년 2월

추천의 글

박종운 목사 / 대전중앙교회 담임

주님과 동행하는 삶, 여주동행(與主同行)의 삶의 원리를 친히 삶으로 보여주신 나의 영적 스승이신 이강천 목사님께서 이번에 《창세기를 걷다》라는 책을 쓰셨다. 스승님의 책을 읽고 추천사를 쓴다는 것이 감히 제자로서 엄두도 나지 않는 일이었으나, 스승이신 저자의 부탁으로 책의 원고를 읽으며, 무엇보다도 책을 통해서 만나는 창조주 하나님의 숨결을 느낄 수 있었던 것이 내게 가장 큰 유익이었다.

창조의 계획 속에 시작된 인류를 향한 하나님의 마음, 인간은 근본적으로 어떤 존재인지, 그리고 타락으로 시작된 슬픈 인류 역사 가운데서도 포기하지 않고, 우리에게 다가오시고, 사랑하시고, 구속의 역사를 이루어 가시는 하나님의 구원의 손길, 사랑의 손길을 느낄 수 있었다.

작년에 창세기 말씀을 가지고 강해설교를 했는데, 그때 이 책이 있었다면 나도 설교 준비에 더 많은 영감을 얻었을 것이라 생각한다. 무엇보다도 목회하는 목회자로서 이 《창세기를 걷다》를 적극적으로 추천하는 이유는, 이 책은 참 읽기 쉽게 쓰여졌다는 것이다. 목회자이건, 평신도이건 저자와 함께 천천히 창세기를 산책하다 보면, 창세기에 나타난 우리를 향한 하나님의 마음과 우리를 사랑하시는 하나님의 사랑의 손길을 책장을 넘길 때마다 느낄 수 있을 것이다. 그리고 나를 향한 하나님의 마음을 통하여, 무엇을 위하여 어떻게 살아가야 할지를 깨닫게 됨으로, 사명자로 살아가는 계기를 부여받게 될 것이다.

무엇보다도 이 책을 읽는 독자들의 마음속에 창조주 하나님 아버지의 마음이 깨달아지며, 그 하나님 아버지의 마음으로 이 세상을 살아가기를 기도하며, 나의 영적 스승이신 저자와 함께 창세기를 산책하길 적극 추천한다.

2020년 2월

추천의 글

김형배 목사 / 서산교회 담임 / 바나바훈련원 이사회 이사장

이강천 목사님은 저에게는 스승이요, 아버지요, 목회의 멘토이십니다. 이강천 목사님을 만나뵈면 성자 같으신데 친구 같기도 하고, 거룩하시면서도 부담이 없는 참 좋은 스승님이십니다. 이런 분이 제 옆에 계신다는 것이 자랑스럽고 참 좋습니다.

이강천 목사님의 책은 언제나 저에게 책 읽는 기쁨을 안겨 주었습니다. 이번 《창세기를 걷다》는 목사님과 한 청년의 여행을 배경으로 이야기를 시작하는데 재미가 있으면서도 깊이가 있고, 깊이가 있으면서도 지루하지 않은 책입니다.

창조를 이야기하면서 십자가의 은혜를 깨닫게 하고, 성경의 부분을 이야기하면서도 전체를 이해하게 하는 놀라운 책입니다.

중간에 목사님 자신이 겪었던 실제의 간증을 넣으셔서 한 편의 이야기를 읽는 것 같으면서도, 어느덧 성경강해보다 더 깊이 성경 속으로 깊이 빠져들게 하는 매력이 있습니다.

《창세기를 걷다》를 읽으면서 '하나님이 이렇게 크신 분이구나'라는 것을 새삼 발견하면서, 내 믿음의 세계가 더 크게 열리고 커지는 경험을 하게 되었습니다.

크게 강조하지 않으신 것 같은데도 말씀의 깊은 세계로 인도하는 참 귀한 책입니다. 목회자나 일반 성도들 모두가 소화할 수 있도록 재미와 깊이를 더한 최고의 책이라고 해도 손색이 없다고 생각합

니다.

이 책이 나오게 된 것을 기쁨으로 여기며, 모두에게 일독을 진심으로 권하고 싶습니다. 이 책을 읽고 나면 보석상자 하나를 발견한 느낌을 가지게 되실 것입니다.

2020년 2월

추천의 글

이필립 선교사 / 중국대학선교회 대표

창세기에는 태초에 하나님이 천지를 창조하시고 이후 자신의 형상을 닮은 인간을 창조하셨으나, 인간이 타락하게 되어 하나님을 떠나버리고 알지 못하게 된 안타까운 이야기가 기록되어 있다. 이와 함께 그럼에도 불구하고 하나님께서 그들을 포기하지 않으시고 친히 선택하신 믿음의 사람들을 통하여 회복된 나라를 세워 가시는 일들을 기록하고 있다.

창세기가 포함된 성경 66권 전체는, 이처럼 하나님을 떠나 타락한 인간을 구원하시기 위해 하나님이 성령의 감동함을 입은 자들을 통하여 써 내려가신 다양한 장르의 글이다. 그중에서도 창세기는 그 시작으로 반드시 읽고 이해해야 할 책으로 인류의 근원과 가치, 미래를 담고 있고, 구원의 여정으로 가는 첫 길을 놓고 있다.

죄로 인해 하나님을 떠난 인간은 신의 존재에 대한 의문을 가지는 것이 당연함에도 오늘날 물질세계의 강렬한 영향으로 눈에 보이는 것에 집착하고, 기독교 신앙의 영향 아래 있음에도 불구하고 과학문명의 발달과 그 혜택에 물들어 있어 창세기를 그냥 신화 정도로 치부하는 이들이 점점 늘어나고, 더 이상의 의미에 관심을 보이지 않고 있다.

신앙의 문턱에 들어서거나 첫걸음을 떼는 이들에게는 하나님이 어떠한 분이신가를 제대로 인식하는 것이 무엇보다 중요하다. 전지전능하신 초월적 존재로서만이 아닌, 사람들과 관계를 맺고 함께하시는 하나님을 바르게 알고 인격적으로 만나는 것이 너무나 중요하다. 인간의 구원은 하나님을 알고 그분과 코이노니아를 이루는 것이다.

나의 존경하는 스승이신 이강천 목사님께서 이번에 《창세기를 걷다》를 출간하시게 되어 참 감사를 드린다. 평소에도 창세기에 담겨 있는 구속의 원리를 코이노니아로 풀어 설명해 주시고 세계 비전을 품게 해주셨는데, 다시금 이 책을 통해 하나님의 인류 구원의 역사를 한 편의 드라마를 보듯이 감격으로 느끼게 한다.

바나바훈련원을 설립하여 '한국교회의 부흥과 세계선교의 일꾼을 세우는' 사명으로 영성훈련 사역을 20여 년간 감당하면서 수많은 목회자들과 선교사들의 사역을 갱신한 저자가, 고령임에도 불구하고 최근 들어 다음 세대의 신앙에 관심을 가지고 그들의 눈높이에 맞게 다가가는 가운데 이 책을 집필하셨다.

창세기에 기록된 하나님의 마음을 어떻게 하면 쉽게 전달할 것인지를 고민하면서, 딱딱하기 쉬운 설명 형식을 취하지 않고 대화체 형식을 빌려 잘 보여주고 있다. 노소를 불문하고 누구나 이해하기 쉽게 이야기체로 쉬운 언어를 사용하여 풀어감으로, 하나님의 온전하신 구원의 은혜를 독자로 하여금 맛보게 할 것이다.

2020년 2월

머리말

“후배들은 왜 내가 노는 꼴을 보지 못하는가?” 나는 투덜거리지 않을 수 없었습니다. “설교를 그만하라”는 주님의 음성을 듣고 설교자로서 모든 사역을 내려놓고 무료해서 카메라 들고 들로 산으로, 자연의 아름다움을 앵글에 담으며 완전 은퇴자로 지내고 있는 나를 자꾸 흔드는 후배가 있었습니다.

선생님은 평생 설교하고 선교하다가 가시면 후배들에게 훨씬 큰 영감을 남기실 것 같은데, 열심히 선교지에 다니시면서 선교사들을 위한 수련회도 인도하시고 하면 좋을텐데 왜 사역을 멈추느냐고 성화를 해댔습니다. 그러나 아무리 생각해도 나는 더 이상 설교할 수 없었습니다. 설교를 시키는 분이 그만하라고 하셨기 때문입니다.

그런데 이번에는 또 왜 책을 쓰지 않느냐는 것입니다. 저는 약 20년 전에 나 스스로 성경공부를 하느라고 귀납법적으로 창세기를 공부한 적이 있습니다. 그리고 한 차례 내가 공부하다가 깨달은 창세기의 진리들을 후배 목사들에게 나눈 적이 있습니다. 그런데 그때 이야기를 하면서 “그때 창세기 나누실 때 은혜 많이 받았고 그 내용이 왜 책으로 나오지 않을까 기대하면서 지냈는데 책을 내시지 않았습니다. 이번에 그 책을 내주시지요?”라고 하는 것이었습니다. 참, 나, 원, “자네들은 왜 내가 노는 꼴을 못 보나?” “아까워서 그렇지요?”

이런 대화를 하고 나서 후배들을 위하여 이게 도움이 된다면 내가 책을 써야 하는가 싶었습니다. 그래서 일단 창세기 공부한 것 중에 깨달은 대로 책을 냅니다. 이 책은 대단한 연구 결과물이 못 됩니다. 그저 한 사람의 그리스도인으로서, 조금 더한다면 한 사람의 설교자로서 창세기를 이해하여 보고 싶어 혼자 공부했던 것을 그냥 나눕니다. 창세기 연구서도, 주석서도 세상에 많은지라 또 한 권의 책을 내서 책 공해를 일으키는 것 아닐까 싶어 내지 않으려던 것을 후배들의 성화에 못 이겨 내는 바이니 넓은 마음으로 읽어 주시기 바랍니다.

처음에는 후배 목회자들을 위하여, 설교자들을 위하여 이 책을 쓰려고 했는데 생각이 좀 바뀌었습니다. 저는 늙을수록 젊은이들이 귀하다는 생각이 듭니다. 청년들이 읽을 수 있는 책으로 쓰고 싶어졌습니다. 왜냐하면 제가 청년 시절 이 창세기를 통하여 깨닫고 인생관, 가치관이 많이 세워졌기 때문입니다. 청년들이 읽을 수 있다면 모든 평신도들이 읽기 쉽고, 목회자들도 더 쉽게 읽을 수 있으리라고 생각했습니다. 그래서 목사님, 장로님, 신학생, 일반 청년 신자 등 다양한 분들에게 저의 원고를 먼저 읽고 의견을 주시도록 프리 리더(pre-reader)로 부탁을 드렸고, 추천사도 그런 분들이 써 주시게 했습니다. 프리 리더들의 의견을 종합하여 원고를 많이 고치고 보완하고 빼고 더했습니다.

2019년 6월부터 8월까지 뜨거운 여름을 보내며 이 책의 초고를 썼습니다. 물론 이미 공부해서 기록해 둔 자료가 있었으므로 정리하여 이야기체로 쓰는 데 여름을 달구었다는 뜻입니다. 몸에 맞지 않아 못 마시던 커피도 마시게 되었습니다. 커피가 아니면 졸음 오는 여름 더위에 글쓰기가 어려워서 커피도 마시다 보니 조금은 적응이 되어 가는데, 아직도 이 쓴 커피를 왜 마시나 하면서 마십니다. 하여튼 커피를 제공해 주신 청주에 있는 '커피 메르시' 박은민 사장님에게 이 기회에 감사를 드립니다.

저는 개인적으로 창세기가 참 많은 진리를 보여주는 책이라고 믿습니다. 저의 인생관, 가치관이 대부분 창세기를 통하여 만들어졌습니다. 그래서 《창세기를 걷다》를 통해 많은 사람들이 진리를 깨닫고 성경적 인생관을 만드는 데 축복이 되기를 바랄 뿐입니다.

– 프리 리더로 참여해 주신 청년 김혜민 자매, 신학생 정세례 자매, 최동균 장로님, 이지수 권사님, 박종운 목사님, 김형배 목사님, 이필립 선교사님께 감사의 마음을 전합니다. 그리고 미리 읽고 많은 의견을 준 마형락 목사님께 감사드립니다.

2020년 2월

이강천

차
례

산책길 1

인생의 의미를 찾아서(창 1:1-25)

- 김 군과 여행도 하며 창세기의 진리와 메시지들을 나누는 산책을 함께할 수 있어서 즐거운 시간이 될 것 같네. 시간 내주어서 고맙네.
- 제가 감사하지요. 마침 전 지금 휴학 중입니다. 선생님과 함께 몇 달간 여행하며 산책하며 나누는 창세기 산책을 하게 되니 감사합니다. 진정한 진리가 무엇이며, 진정한 인생의 의미가 무엇인가를 깨닫는 기회가 될 것이라 기대하며 설레는 여행을 따라나서기로 했습니다.
- 그런데 김 군, 휴학 중이라 했지? 왜 휴학을 하게 되었는지 물어도 될까?
- 아 네, 물론이죠. 대학을 다니다가 이제 1년을 남기고 있는데 여러 가지 고민거리가 생기더라고요.
- 무슨 고민? 연애와 결혼 문제로 고민하게 되었나?
- 물론 결혼에 대한 걱정도 없는 것은 아니지요.
- 결혼에 대한 걱정은 있긴 해도 그게 주된 고민이 아니라는 말 같네? 그럼 취직 걱정인가?

– 네, 취직이 적잖은 고민이지요. 요즘 실업자는 늘어가고 일자리는 점점 줄어들고, 젊은이들 사이에서 난리입니다. 저도 대학 졸업하면 취직을 해야 할 텐데 영 희망적이지 못해요. 사실 저 같은 대학생, 그것도 졸업을 앞둔 우리네는 최대의 관심이 취직이요 일자리이지요. 요즘 세계적으로 취업 여건이 호황이라는데 우리만 이렇게 우울한 형편이라니 더욱 울화통이 터지고요. 일본 같은 나라는 일자리가 남아돌아간다는데 말입니다.

– 그러게 말이야. 내 딸과 사위가 캠퍼스 커플인데 그들이 대학 시절 졸업을 앞두고 우리나라에 IMF 사태, 금융 위기가 왔거든. 그래 저들도 취직이 안 될 것이라며 둘이 1년간 휴학을 하더라고. 그리고는 학원에 다니면서 일본어를 열심히 하더라고.

– 일본어를요?

– 응, 웬 일본어인가 했더니, 졸업하고는 일본 회사에 취직해서 일본으로 진출했어. 지금까지 일본 회사에 다니는데, 현재는 미국 댈러스에 있는 일본 회사에 근무하고 있지. 김 군도 그 비슷한 심정인 모양인데 해외 진출도 고려해 보지 그래?

– 새로운 도전이네요. 저는 휴학을 하긴 했는데 무슨 외국어를 하는 것도 아니고 여러 달 허송하고 있네요. 선생님, 저는 사실 시작은 취직 걱정으로 했는데요, 그보다 근본적인 고민을 하게 되어서 방황 중입니다.

– 그게 무슨 소리인가?

– 취직은 왜 해야 하나? 아니, 도대체 왜 살아야 하나? 인생의 진정한 의미는 무엇인가? 인생은 어쩌다 생존경쟁, 아니 생존투쟁에 내몰린 존재가 되었는가? 뭐 이런 질문이 끊임없이 저를 괴롭히고 있습니다. 인생의 의미에 대한 확신 없이는 의욕이 안 생길 것 같거든요. 선생님, 처음에는 내 인생 하나로 고민이 시작되었는데 말이죠, 여러 가지 충격적인 이야기들이 저를 더 방황하게 만들었습니다.

- 충격적인 이야기들? 예를 들면?
- 최근에 북한 김정은이 하노이 회담에서 아무것도 얻지 못하고 분노하여 그간 대미외교를 맡았던 참모들을 사형시키거나 노동 교화령을 내리거나 숙청의 피바람이 불게 되었다는 뉴스입니다. 나중에 좀 다르게 나와서 숙청되었다는 사람들 살아 있기는 하던데요. 아니, 실패는 자기가 해놓고 왜 참모들을 처벌합니까? 자기 목숨은 중하고 자기 명예는 중하고 참모 목숨은 파리 목숨인가요? 저 살자고 남은 그렇게 죽여도 되는 걸까요? 이전에는 자기 고모부 숙청하고 죽이고, 자기 형 죽이고, 아니 저 살자고 형제도 죽여요? 이게 인간입니까? 이게 인간의 삶입니까? 주변을 돌아보면 우리 주변도 마찬가지예요. 우리나라에서도 정적을 숙청하는데 눈 하나 깜짝 않고 죽여요. 우리 대학생들 사이에서도 생존경쟁이 치열하고 비열하기까지 해요. 저 살자고 남은 죽여도 되는 게 인생이라면 인생이 살 만한 가치가 있는 걸까요? 인생은 생존을 위하여 생존하는 것일까요? 인생의 보다 큰 의미는 없을까요?
- 아하, 김 군, 흥분된 어조로군, 고정하시게. 나도 김 군의 느낌을 알 것 같기도 하고 공감 가는 이야기야.
- 그런 생각을 하다 보니 취직 걱정하고 있는 저 자신이 한심하더라고요. 그냥 막 헤매는 거예요. 어디서 와서 어디로 가는지도 모르는 울화통과 번민이 저를 사로잡고 삶의 의욕을 해체시켜 버리는 거예요. 그래서 일단 휴학을 하자, 그리고 길을 떠나 보자. 배낭 둘러메고 유럽으로 한 달간 배낭 여행을 해보기도 했지요. 인생의 의미를 발견하고 싶어 하면서 말입니다.
- 그래, 의미를 발견하였던가?
- 자연의 아름다움은 만끽했지요. 그런데 사람은 깊이 만나 보지 못해서 그들의 삶에 관한 생각을 읽기는 어려웠습니다. '저들은 무슨 생각을 하면서 살아갈까? 나처럼 고민하는 사람도 있는 걸까?' 그런

데 모르겠어요. 유럽 사람들도 그런 고민을 하는지 모르겠고…하여간 알프스에 갔다가 약간 고지대에 있는 숙소에서 잤는데, 그날 밤 하늘에 빛나던 영롱한 별빛은 잊을 수 없을 정도로 인상적인 광경이었습니다.

– 그래? 우리 첫 번째 여행은 우리나라에서 그런 대로 별을 밝게 볼 수 있는 곳으로 떠나야겠군. 그런데 나하고 창세기 산책을 하기 위해 이렇게 여러 달 여행을 함께하겠다고 나선 것은 무슨 이유인가?

– 아, 그거요? 선생님, 얼마 전에 장○○ 군 결혼식 주례를 해주셨지요? 그때 저도 그 예식에 참석했는데 선생님과 만나서 얘기를 나누고 싶다는 생각이 들었습니다. 그때 주례사를 하시면서 성경 창세기를 읽고, 하나님이 인간을 창조하실 때 삼위일체 하나님의 '우리' 이미지를 따라서 창조하셨으므로 인간은 처음부터 홀로 사는 존재가 아닌 '우리'로 더불어 사는 존재이며, 결혼은 둘이 하나 되어 살아가는, 이 '우리' 이미지를 완성하는 과정의 하나라고 말씀하셨지요? 둘이 하나 되어 살면서 또 이웃과 더불어 서로 어울리며 서로 섬기며 사는 것이라고 말씀하셨지요? 그리고 서로 다른 인격이 만나 하나를 이루는, 하나 되게 하는 동력은 '사랑'이라고 말씀하셨지요?

– 그랬지. 그래서 나와 창세기 이야기를 하다 보면 인생의 의미를 발견할 수도 있겠구나 그런 생각이 들었던 모양이지?

– 그렇습니다. 그런 기대감이 드는데 가능하겠습니까?

– 글쎄, 그것도 자네의 태도에 따라 달라지겠지만, 창세기 안에는 분명 인생의 의미에 대한 답이 들어 있다고 나는 믿고 있네. 인생의 의미를 찾아 떠나는 여행을 하자는 것인데 재미있는 이야기가 하나 생각나는군. 김 군 자네, 쇼펜하우어라는 철학자에 대하여 알고 있나?

– 잘은 모르고 그가 염세주의, 비관주의 철학자라고만 알고 있습니다.

– 그가 왜 염세주의 또는 비관주의 철학자가 되었는지 아나?

- 글쎄요?
- 그는 철학자로서 인생의 세 가지 질문에 답할 수 있어야 한다고 생각하고 말했다네.
- 세 가지 질문이라고요? 그게 뭔데요?
- 첫째는, '인생은 어디서 왔는가?' 둘째는, '인생은 무엇을 위해 사는가?'(즉 인생의 의미는 무엇인가?) 셋째는, '인생은 어디로 가는가?'
- 제가 지금 묻고 있는 질문들인 것 같은데요?
- 그래? 하여튼 그는 이것에 대답하는 것이 철학이라고 생각했지. 그런데 그는 끝내 이 질문들에 확신 있는 답을 얻지 못한 모양이야. 그래서 염세주의, 비관주의 철학자가 된 것이지. 인생은 살 가치가 없다고 생각하게 된 거야.
- 그래요? 제가 지금 같은 질문 속에 빠진 것 같은데 해답을 찾지 못하면 저도 염세주의자가 되는 것 아닐까요?
- 그럴지도 모르지.
- 선생님, 그렇게 쉽게 말씀하지 마세요. 아, 여기 한 후배가 심각한 딜레마에 빠져 있는데 그렇게 아무렇지 않게 말씀하시기에요? 저는 답을 찾아야 해요. 반드시 찾아야지요.
- 이보게 김 군, 꼭 답을 찾게 되기를 내 기도하겠네. 그와 정반대의 사람들도 있으니까. 미국 켄터키에 창조과학자들이 세운 박물관 입구에 동일한 질문이 쓰여 있다는군. "당신은 어디서 왔소? 당신은 왜 사시오? 당신은 어디로 갈 것이오?"
- 그런 질문을 왜 써 붙였는데요?
- 그들도 인생에 이 질문들이 중요한 것이라고 생각했기 때문이겠지.
- 질문만 던지면 뭘 해요? 답을 써 놓아야지요?
- 그 질문을 써 놓은 그곳의 창조과학자들은 이 답을 가졌다고 확신하고 있어서 사명감을 가지고 살고 있다더군. 그래서 그곳을 찾는 사람들도 거기서 답을 얻어 보라고 하는 생각이겠지?

– 그럼 거기 다녀오면 답을 얻게 되나요?

– 어떤 단서를 얻을 수는 있겠지. 사실 거기서 가르치려는 것들도 창세기 이야기에 근거하고 있다네.

– 아 그렇다면, 저는 선생님과 창세기 산책을 시작하니까, 여기서 찾아야 하겠군요?

– 아무쪼록 긍정적인 해답을 얻기 바라네. 자, 이제 의미를 찾아서 떠나는 여행을 시작해 볼까? 가봄세.

– 오늘 산책할 올레길은 어디로 정하셨는데요?

– 그곳을 올레길이라 부르는지는 모르겠으나 안반덕 채소밭 길을 걷기로 했네.

– 안반덕이라고요? 거기 강원도이지 않나요?

– 맞아. 강원도 강릉시 왕산면 대기리에 있는 고랭지 채소 기르는 언덕이지.

– 일단 거기까지 자가용으로 가야겠군요. 제가 운전하지요. 내비게이션에 뭐라고 검색해야 하지요?

– 그냥 '안반덕'을 검색하면 될 걸세.

– 우와! 이 깊은 산 언덕에 지금은 감자 농사가 한창이군요. 아래에서는 덥다고 느껴지던 날씨였는데 여기 오르니 시원하네요. 주변 산 그리메가 아름답고요. 여기서는 1박 정도 하면 좋을 것 같은데요. 그때 알프스에서의 하룻밤처럼 별이 쏟아지는 광경을 볼 수 있을 것 같은데요?

– 그러지 않아도 오늘 밤은 여기서 지내려고 하네.

– 여기 어디서요? 호텔도 모텔도 없는 이 깊은 산중에서요?

– 밤하늘에 영롱한 별들을 구경하면서 둘이 이야기꽃을 피우다가 졸리면 차박을 하는 거지. 그리고 내일 아침 일출 감상하고 내려가

자고.

- 아, 차에서 잔다고요?
- 졸리면 그러기로 하고 별을 바라보며 대화를 하자는 것이지.
- 좋아요. 선생님은 연세도 드셨는데 낭만적인 분 같아요. 어떻게 별을 헤아리며 대화하다가 졸리면 차박을 하기로 생각하셨어요? 연세 드신 분으로서는 상상이 안 가는 이야기인데요.
- 젊은 자네하고 나오려니 생각부터 젊어지는 것 같더라고. 자, 더 어두워지기 전에 싸 가지고 온 도시락으로 저녁 식사를 먼저 해결하자고.

- 해가 지고 점점 어두워지는데요? 여기서 농사짓는 저 농가마저 없다면 여기는 정말 칠흑같이 어둡겠어요!
- 어둡기는 하겠지만 칠흑같이 어둡지는 않을 거야, 별빛이 흐를 테니까. 조금만 더 있으면 태양빛으로 밝았던 세상이 어두워지면서 별이 보이기 시작할 거야. 자, 우리가 창세기 산책을 하기로 하였으니 창세기 이야기를 시작해 보지. 그런데 벌써 어두워 성경책을 읽기가 어렵겠는데?
- 걱정 마세요. 핸드폰에 있는 성경 앱으로 읽으면 어두움 속에서도 읽을 수 있지요.
- 그럼 창세기가 첫 책이고 시작을 말하는 책인데, 그중에서 시작 중의 시작인 창세기 1장 1절을 읽어 보세.

천지창조(창 1:1)

창 1:1 태초에 하나님이 천지를 창조하시니라

- 선생님, 창세기 1장 1절부터 그냥 선포 또는 선언하는 말씀이네요.

창조론의 출발이군요.

- 그래, 성경의 성격을 보여주는 선포의 말씀이지. 그러나 창조론의 출발이라고 하는 것은 사람이 붙인 이름이고, 성경은 창조론이라고 하는 어느 이론의 하나가 아니야. 아마 김 군이 진화론을 생각하고 그와 대비되는 언어로 창조론이라고 말하는 거겠지? 진화론이냐 창조론이냐 하는 어떤 이론의 하나가 아니라 절대자 하나님이 "내가 세상을 창조했느니라" 하고 선포하는 성격의 말씀이지.
- 굉장히 위압적인데요.
- 위압적이긴? 절대자 전능자의 자기 계시란 말이야.
- 그러니까요? 사람들은 "하나님이 존재하느냐 않느냐? 존재한다면 증명해 보라" 그런 식인데, 뭐 그런 차원의 이야기는 아예 없이 "하나님이 천지를 창조했다"고 선포하면서 믿을 테면 믿고 말 테면 말라 하는 것인가요?
- 성경은 '하나님이 존재하느냐? 그 증거가 무엇이냐?' 하는 어떤 이론을 이야기하는 책이 아니고 존재하시는 하나님이 선포하시는 말씀을 기록한 책이지. 그러니 창조론이라고 '론'자를 붙일 필요가 없는 성격의 책이야.
- 아, 그래요? 비논리적인데요?
- 비논리? 비논리라기보다는 초논리라고 해야겠지. 그래서 성경은 계시의 책이라고 말하지.
- 계시의 책이라고요?
- 응, 계시. 김 군, 우리 인간으로서는 하나님과 그의 세계를 알 수 없어. 왜냐하면 차원이 다른 존재이니까.
- 그래서 원칙적으로 하나님과 그의 세계에 관하여는 아무것도 이야기할 수도 없다는 말씀이지요?
- 그렇지. 그래서 하나님 자신이 우리 사람들이 알 수 있는 방식으로, 우리가 이해할 수 있는 언어로 자신을 보여주시는 것을 '계시'라고

부른다네.

- 하나님 자신이 계시해 주는 만큼만 우리는 하나님과 그의 세계, 그의 뜻을 알 수 있을 뿐이란 말이지요?
- 그렇지. 영존하시는 하나님, 인간이 사는 차원과는 다른 차원의 하나님이라서, 시공을 살아가는 인간으로서는 차원이 다른 하나님을 아는 것이 불가능하기에 하나님께서 보여주시는 만큼 알 수 있는 것이지.
- 아니 선생님, 선생님은 목사 하시다가 은퇴하신 것이지요? 막 설교하시는데요?
- 그래? 내가 설교가 습관이 된 모양이네. 하여튼 이 성경책은 그 계시에 대한 기록이란 말이네. 그래서 창세기는 진화론이냐 창조론이냐 하는 토론은 할 필요조차 없는 차원의 세계로 들어가는 것이지.
- 그래도 요즘 진화론으로 교육받은 젊은이들은 하나님이 천지를 창조했다는 첫마디부터 그게 과학적으로 증명이 되느냐고 묻거든요?
- 허허, 더 높은 차원의 이야기를 낮은 차원의 이야기로 끌어내려서는 토론해 보았자 얻을 게 없어요. 사실 인간의 과학은 보이는 세계, 3차원의 시공에서 관찰될 수 있는 것만 연구하는 학문이기 때문에 과학으로 설명할 수 없는 차원의 이야기를 과학으로 탐구하려고 하는 자체가 한계가 있는 거야. 우리의 이야기 산책은 하나님 차원의 세계로 가는 것이니 과학적 접근에서의 토론을 너무 자주 대입시키려는 생각은 접어 두기로 하지.
- 아예 따지지 말고 믿으라는 말씀인가요? 그것이 젊은이들이 성경에 접근하는 것을 방해하는 요소 같은데 말입니다.
- 하기야 진화론으로 세뇌된 오늘날 젊은이들은 진화론을 과학인 것으로 믿고 있지만, 사실 진화론도 과학적인 게 아닐세. 설명할 길이 없는 세계를 과학적으로 설명해 보겠다고 가정한 가설일 뿐이지. 그래서 진화론과 창세기가 어떻게 같으냐 다르냐의 논쟁이 있기는 하

지. 내 생각에는 이런 토론 자체가 시간 낭비로 생각되기는 하지만 김 군의 입장에서는 심각한 토론일 수도 있으니 전혀 무시할 일은 아니라고 생각은 되네만.

- 네, 그러면 이번에는 제가 양보해서 말입니다, 진화론과 창조론의 과학적 토론에 대하여는 과학자들에게 맡기고 높은 차원의 세계로 한번 가보지요.
- 성경 이야기를 믿지 않는 진화론이 있고, 대체로 학교에서는 어느 특정 종교의 진리를 가르치지 않는다는 불문율에 의해 창조론을 가르치지 않으니까 진화론을 가르치게 되는 것이지. 그러나 창조과학자들은 오히려 창조론을 지지하는 과학적 증거들이 진화론을 지지하는 것보다 훨씬 많다고 주장하기도 한다네.
- 그러니까 과학적 토론은 일단 접어 두기로 해요.
- 그래, 진화론은 학교에서 배웠을 것이고 창조과학(과학자들이 창조론이 과학적으로 맞다고 주장하는)자들의 논리를 이해하려면 몇 가지 책을 읽어 보게. 김준의 《과학자의 눈으로 본 창세기》(두란노) 또는 임번삼의 《창세기의 원역사 과학으로 말하다》(크리스천 서적)라는 책을 보면 철저한 문자적 창조론을 설명하고 있고, 김익환의 《진화론과 창세기의 하모니》(도서출판 청하)란 책은 진화론도 믿으며 창조론도 믿는 창조적 진화론도 있다는 것을 보여주고, 존 H. 왈튼의 《창세기 1장의 잃어버린 세계》(김인철 역, 그리심)라는 책을 보면, 성경 창세기의 기록은 물질의 기원에 관한 기록이기보다는 인간을 위한 인간 중심의 하나님의 계시라고 하면서, 창세기는 만물의 기능과 직임을 부여하신 이야기이므로 이를 물질세계의 과학으로 읽어서는 안 된다는 이론도 있으니 참고하게.
- 네, 그런 책들은 제가 읽어 보겠습니다. 그러니까 지금은 차원이 다른 내용이니 다른 차원으로 접근하자는 말씀이지요?
- 맞아, 하나님은 3차원의 세계에 갇혀 사는 분이 아니라 더 높은 차

원의 존재이시거든. 시간과 공간을 뛰어넘는 분이야. 예를 들어 우리는 하루 24시간이라고 하는 시간 속에 존재하지만 하나님의 시간은 차원이 달라.

- 하나님은 시간조차도 인간의 시간과 차원이 다른 시간에 산다고요?
- 그렇지. 영원과 시간을 오가시는 분이야. 그래서 "사랑하는 자들아 주께는 하루가 천 년 같고 천 년이 하루 같다는 이 한 가지를 잊지 말라"(벧후 3:8)고 성경은 말하고 있지. 하나님의 시간은 우리의 시간과 차원이 달라.
- 저는 그게 알쏭달쏭해요.
- 그게 당연하지, 차원이 다른 하나님을 우리 차원의 논리로 설명하고 이해해 보려고 하니 알쏭달쏭하게 마련이지. 성경에 나오는 이야기 중 한 가지만 생각해 보자고. 마태복음 21장 19-21절을 보면 이런 이야기가 있어.

마 21:19-21 길가에서 한 무화과나무를 보시고 그리로 가사 잎사귀 밖에 아무것도 찾지 못하시고 나무에게 이르시되 이제부터 영원토록 네가 열매를 맺지 못하리라 하시니 무화과나무가 곧 마른지라 제자들이 보고 이상히 여겨 이르되 무화과나무가 어찌하여 곧 말랐나이까 예수께서 대답하여 이르시되 내가 진실로 너희에게 이르노니 만일 너희가 믿음이 있고 의심하지 아니하면 이 무화과나무에게 된 이런 일만 할 뿐 아니라 이 산더러 들려 바다에 던져지라 하여도 될 것이요

- 예수님이 무화과나무를 저주하시자 무화과나무가 말랐다는 이야기인데요?
- 그렇지. 예수님이 말씀하시자 곧 말라 버린 것이야. 내가 시골에 살 때 나무를 많이 잘라 보았는데, 나무 밑둥을 잘라도 넘어진 나무는

여러 날을 두고 조금씩 시들고 점점 마르거든.

- 그야 당연하지요?
- 그런데 이 무화과나무는 예수님의 말씀이 떨어지자마자 말라 버린 거야. 이것이 이 3차원 세계에서의 시간과 하나님 차원에서의 시간이 다르다는 것을 보여주는 것이지.
- 그래요? 아리송한데요?
- 그렇다면 내가 간증 하나 해줄까?
- 네, 좋아요.
- 내가 캐나다 위니펙이란 도시에 있는 임마누엘장로교회에서 "십자가의 은혜"라는 주제로 주일 아침 설교를 한 적이 있다네.
- 캐나디언 교회였나요?
- 아니, 거기 있는 한인교회였어. 십자가의 은혜를 설교하는 중에 무엇보다도 십자가의 은혜는 우리의 죄를 예수님이 지고 가신 은혜라는 점을 설교하고, 이어서 예수님의 십자가는 우리의 저주도 지고 가고 심지어 질병도 지고 가신 사건이라고 설교했지. 왜냐하면 성경에 그렇게 쓰여 있으니까. 이사야서와 마태복음의 말씀을 보면 말이야.

사 53:5-6 그가 찔림은 우리의 허물 때문이요 그가 상함은 우리의 죄악 때문이라 그가 징계를 받으므로 우리는 평화를 누리고 그가 채찍에 맞으므로 우리는 나음을 받았도다 우리는 다 양 같아서 그릇 행하여 각기 제 길로 갔거늘 여호와께서는 우리 모두의 죄악을 그에게 담당시키셨도다

마 8:17 이는 선지자 이사야를 통하여 하신 말씀에 우리의 연약한 것을 친히 담당하시고 병을 짊어지셨도다 함을 이루려 하심이더라

- 그렇게 설교를 하셨는데 무슨 일이 있었나요?
- 그 예배가 끝나고 나니 한 아가씨가 나를 찾아와서 그 말씀을 듣는 순간 자기의 아토피성 피부염이 치료되었다는 거야.
- 말씀을 듣다가 치료되었다고요? 그런 일도 있어요?
- 있다마다, 나는 설교자로 평생 살았는데 그런 보고를 참 많이 받았다네. 그런데 그 아가씨는 피부염이 심하여 얼굴부터 종아리까지 많이 터지고 심지어 고름도 질척거리는 정도로 심하였대.
- 그런데 어떻게 치료되었다고요?
- 예수님이 우리의 질병을 지고 가셨다고 설교할 때, 그렇다면 '내 피부병도 지고 가셨겠네' 그런 생각을 하였는데 그 순간 다 나았다는 것을 알게 되었대.
- 어떻게 알게 되지요?
- 그냥 그렇게 믿어졌대. 그래서 예배가 끝난 뒤 화장실에 가서 얼굴을 씻고 거울을 보니 흔적도 없이 사라졌다는 거야. 종아리를 걷어 봐도 어디에도 피부염 흔적도 없고.
- 정말이에요? 에이, 선생님, 농담도? 설령 피부병이 나았다고 해도 고름 나는 피부가 나아서 딱지가 졌다든지 이렇게 설명하면 또 모르지 흔적도 없어졌다고요?
- 그래, 그것이 하나님의 시간과 인간의 시간 차원이 다르다는 것이야. 피부염을 사람인 의사가 치료했다고 치면 점점 나아지고 고름은 사라지고 딱지가 생겼다가 벗어지고 하는 시간들이 있지. 그리고 아마 여러 달 걸려 흔적이 지워지겠지?
- 그렇죠.
- 그런데 하나님의 시간 속에서는 그게 순간에 다 진행된 거야. 내 얘기는 하나님과 인간에게는 시간조차 차원이 다르다는 말이지. 차원이 다르다는 이것을 이해하지 않으면 우리는 한 발자국도 하나님의 세계로 들어갈 수 없고, 창세기 산책도 불가능할 걸세.

- 아, 그렇군요. 제가 계속해서 3차원의 논리로만 설명하려고 하니 더 높은 차원의 이야기가 수용이 안 되었던 것이네요?
- 그런 셈이지. 공간에서도 우리의 공간과 하나님의 공간은 달라.
- 시간만 차원이 다른 게 아니고 공간에서도 차원이 다르다고요?
- 그렇지, 그게 부활하신 예수님의 움직임에서 보여졌지. 예수님이 십자가에 처형된 후 두려움에 싸인 제자들이 모여 문을 닫고 있었네. 오히려 잠그고 있었을지도 모르지. 하여간 문을 닫고 있는데 문을 열지도 않고 예수님이 그 모임 가운데 들어오셨다는 기록이 두 차례 기록되고 있어.

요 20:19 이날 곧 안식 후 첫날 저녁때에 제자들이 유대인들을 두려워하여 모인 곳의 문들을 닫았더니 예수께서 오사 가운데 서서 이르시되 너희에게 평강이 있을지어다

요 20:26 여드레를 지나서 제자들이 다시 집 안에 있을 때에 도마도 함께 있고 문들이 닫혔는데 예수께서 오사 가운데 서서 이르시되 너희에게 평강이 있을지어다 하시고

- 문은 닫혀 있는데 열지도 않고 들어오셨다고요?
- 그렇다니까. 하나님의 차원은 우리의 차원과 달라. 달리 말해 보면 우리는 동일한 시간에 한 공간에 있을 수밖에 없지만 하나님은 동일한 시간에 제한 없는 공간에 계시거든. 지금도 하나님은 우리 곁에 계시기도 하지만 동시에 호주의 어느 사람과 만나기도 하시거든. 이러한 하나님 차원의 이야기를 3차원의 세계로 끌고 들어오려니 이야기가 안 되는 것이지.
- 아예 진화론이냐 창조론이냐 토론하는 것은 성경을 이해하는 데 맞지 않는 방식이란 말씀이지요? 그렇다면 어떻게 이해해야 하지요?

- 이미 잠깐 언급했지. 우리가 성경을 이해하는 차원은 믿음의 차원이라고 말이야. 차원이 달라 알 수 없는 하나님의 세계를 하나님이 우리 차원에서 이해할 수 있는 분량만큼 알려 주시고, 우리는 그 말씀을 믿고 경험함으로 이해하게 되는 차원이야.
- 그러니까 성경은 우리 차원에서 알 수 없는 하나님과 그의 세계, 그의 의지, 그의 계획 등을 하나님 자신이 알려 주는 계시의 책이고, 그것을 우리는 믿음으로 받아서 경험해야 한다는 말씀인가요?
- 맞아, 정확하게 이해했네. 그래서 성경은 계시의 책이라고 부르고, 믿음으로 경험하는 말씀의 세계인 셈이지. 우리는 우주가 언제 어떻게 생겨났는지 알 수 없어. 과학자들이 이런 것을 알아내 보려고 노력하고 여러 가지 이론과 가설을 세우고 그 가설을 뒷받침한다고 생각되는 증거들을 모으고 있지만, 진화론도 일정의 가설을 믿는 믿음이 아니고는 이야기할 수 없지. 여기서 차이가 있다면 가설을 믿고 들어가 증거를 얻을 것이냐 계시를 믿고 들어가 증거를 얻을 것이냐의 차이야.
- 아, 아직도 저는 헤매고 있어요. 알 것 같으면서도 잘 모르겠어요.
- 이봐 김 군, 하나님의 세계와 우리의 세계가 차원이 다르다는 것은 인정하겠나?
- 물론이지요, 그것은 인정해야겠지요.
- 그렇다면 하나님이 천지를 창조하셨다고 선포한 말씀 그대로 믿고 들어가서 우리는 하나님을 만나야 하고 그가 가르치는 진리를 터득하고 진리를 삶으로 경험해야 하네. 그래서 성경은 믿음에 대하여 이런 가르침을 주고 있지.

히 11:1 믿음은 바라는 것들의 실상이요 보이지 않는 것들의 증거니

"믿음은 보이지 않는 것들의 증거"라고 설명하지? 보이지 않는 세계

에 대하여 보이는 증거를 찾으려 하면 차원이 달라서 안 맞지? 그러니 믿음으로 들어가 경험해야 하는 거지.

히 11:39 이 사람들은 다 믿음으로 말미암아 증거를 받았으나

성경의 인물들은 그러므로 믿음으로 증거를 받았다고 말하지 않나? 믿음의 세계로 들어가서 믿어 보니까 확실한 증거를 경험하게 되는 것이라네.

- 그렇군요. 그럼 믿음으로 하나님의 세계 속으로 들어가 보지요. 선생님, 창세기는 모세가 기록했다고 하지요?
- 그렇다네. 인간 편에서의 저자는 모세로 알려지고 있지.
- 모세는 세상이 생길 때 존재한 사람은 아니지 않나요? 그가 어떻게 살아 보지 않은 까마득한 과거사를 알아서 기록했을까요?
- 하나님이 가르쳐 주신 것이지. 그래서 계시의 책이야. 앞으로 성경을 읽다 보면 성경은 성경을 기록한 저자의 세계만을 기록한 것이 아니라 저자가 경험할 수 없던 과거의 일도 기록하고 아직 경험하지 않은 미래도 기록하고 있다는 것을 알게 될 것일세.
- 어떻게 경험하지 않은 과거나 미래를 기록하지요?
- 하나님이 가르쳐 주셨기 때문이지. 그래서 성경은 계시의 책, 즉 하나님이 자신의 세계를 열어 가르쳐 주시고 보여주신 내용을 기록한 책이라고 부르는 것이라네.

- 선생님, 잠깐만요. 하늘 좀 보세요. 별이 총총해요.
- 이야기를 하다 보니 어두움이 깔리고 하늘의 별이 뚜렷이 보이게 됐네그려. 오늘 밤 하늘이 맑고 깨끗하여 이렇게 별이 또렷이 보이니, 기분이 참 상쾌하군.
- 여기가 그래도 고지대여서 별이 더 밝게 보이는 것 같아요. 아, 광활

한 우주여! 그런데 별들의 숫자는 얼마나 될까요?

- 글쎄, 누가 알까?
- 아 참, 제가 히로세 다치시게 씨가 쓰고 임승원 님이 번역한 《질량의 기원》이란 책을 읽었는데, 너무 어려워 다 이해는 못했지만 거기 별 숫자에 대한 이야기가 있던 게 기억이 나네요.
- 별이 몇 개라 하던가?
- 우주에는 은하계가 아주 많대요. 한 구획으로 나눈 은하계는 약 10만 광년으로 구분하는데요, 그 안에는 별이 약 2,000억 개가 된다네요. 그런데 그런 은하계가 이 우주에는 무려 1조 개가 넘는다고 하지요. 2,000억×1조, 이 숫자가 별의 숫자라니 다 계산하기도 어려워요.
- 10만 광년이라, 광년이란 빛의 속도로 1년 동안 달리는 거리가 아니던가? 그러면 과학자들이 찾아낸 우주의 크기만 해도 10만 광년짜리 1조 개이니 그 너비, 나는 계산이 안 나오네. 또한 별의 숫자 계산이 안 돼.
- 그럼, 여기서 하나님이 천지를 창조했다는 말은 지구와 지구 위에 존재하는 것은 물론 이 모든 천체들과 우주를 하나님이 창조했다는 말이지 않나요?
- 그런 말이지.
- 선생님, 뭐라 표현하기 어려운데, 오늘 밤 저는 어렴풋이 저 자신을 보는 것 같습니다. 이 계산이 안 되는 어마어마한 광대한 우주, 수많은 별 중에 작은 별 하나가 지구이고, 이 지구 가운데서 티끌 같은 존재인 인간 하나가 저로군요. 참 생각해 보면 보잘것없는 존재라는 게 깨달아지네요.
- 김 군, 이제 겸허해지는 것이 계시의 세계로 들어갈 준비가 되어가는 것 같네그려. 김 군, 우리는 보잘것없는 존재이지만 역설적으로 동시에 대단히 중요하고 위대한 존재라는 걸 가르쳐 주는 것이 창세기 말씀이라네.

- 보잘것없는 존재인데 위대한 존재라고요?
- 응, 창세기를 포함한 성경은 사실 하나님이 우리 인간에게 얼마나 큰 관심을 가지고 계시는가, 우리를 얼마나 사랑하시는가를 보여주는 책이라네.

별을 보면

밤하늘에 총총한
별을 세다 보면
눈이 열리네
광대한 우주
헤아릴 수 없는 별들
그중 작은 별 하나
지구
그 땅에 발을 두고 사는
나는
얼마나 작은 존재인가

밤하늘에 찬연한
은하수를 바라보면
귀가 열리네
이 큰 우주를 만드신
그 크신 그분이
은하수 건너 내게 올 만큼
끔찍이도 사랑하는
나는 얼마나
작지만 큰 아이인가

- 선생님, 지금 시를 읊으시는 거예요? 선생님이 등단한 시인이신 것은 알지만 이렇게 그냥 술술 시가 나오나요?
- 사실은 김 군이 깨닫고 하는 말을 좀 압축하여 표현한 것뿐이야. 김 군, 자네가 나와 더불어 이 창세기 산책을 마칠 때쯤엔 감격의 노래를 부르게 되고 자네도 시인이 될 것일세. 자, 성경의 성격을 이해했으면 이제 창세기 1장 1절의 성경 말씀을 음미해 보자고.
- 네, 좋아요. 일단 그렇게 해보지요. 차원이 다른 세계이니 차원이 다르게 접근해 보겠습니다. 믿음이라는 차원으로 말입니다.
- 좋아요. 여기 1장 1절은 짧은 구절이지만 아주 중요한 진리를 담고 있는 것 같으니 한번 묵상해 보자고. 한번 다시 읽어 볼까?

• 하나님이

창 1:1 태초에 하나님이 천지를 창조하시니라

- 이 말씀이 무엇을 깨닫게 해주나, 김 군?
- 이 말씀은 계시의 성격이고 선포의 성격이라서 믿느냐 안 믿느냐로 반응해야 한다는 것을 우선 이해하였습니다. 이 말씀을 믿고 생각해 보면, 결국 창세기 1장 1절이 선포하는 바는 이 세상에 존재하는 모든 것은 하나님이 창조한 창조의 세계다, 그런 말씀 아닌가요?
- 그렇지. 하나님께서 그렇게 가르쳐 주시고 말씀하시니, 믿고 들어가 그 안에서 자신을 발견하는 은혜가 있기를 바라네. 그런데 이 구절 말씀에 두고두고 성경을 이해하는 데 키가 될 중요한 말씀이 있다네.
- 무엇인데요? 말씀해 주시지요.
- 우리 말로는 드러나지 않는데, 성경 원어인 히브리어로 보면 하나님이란 호칭은 엘로힘(אֱלֹהִים)인데, 이 이름은 성경에 약 2,570번 사용되었으며, '두려워하다, 경외하다'를 뜻하는 어근 '엘'에서 파생된 말

로서 복수형으로 되어 있지.

- 하나님은 한 분 아닌가요? 그런데 복수로 되어 있다고요?
- 응, 복수로 되어 있어. 일반적으로 '엘'은 절대자 하나님을 나타내는 이름에 사용되지. 엘 샤다이 하면 전능하신 하나님, 엘 오람 하면 영원하신 하나님, 엘 엘리욘 하면 지존자 하나님, 그런 하나님을 나타낼 때 사용되지. 그런데 그 '엘'의 복수가 '엘로힘' 하나님이야.
- 그러니 처음부터 헷갈려요! 성경의 하나님은 유일신 하나님이라고 배웠는데, 왜 복수예요?
- 참 성급하네, 김 군. 좀 차분히 내 설명을 들어봐.
- 아 네, 말씀하시지요?
- 성경에 많이 쓰인 하나님의 이름 중 '여호와' 계통의 언어와 '엘' 계통의 언어가 있는데 아까 말한 대로 엘 샤다이 하면 전능하신 하나님, 엘 오람 하면 영원하신 하나님, 엘 엘리욘 하면 지존자 하나님 하듯이 '엘' 계통의 언어는 전능자, 절대자 하나님을 나타내는 말로 쓰인다네. 그리고 여호와 하나님은 우리가 많이 듣는 여호와 라파 하면 치료의 하나님, 여호와 이레 하면 예비하시는 하나님, 여호와 닛시 하면 승리를 주시는 하나님, 여호와 삼마 하면 거기 계시는 하나님 등 우리와 관계를 맺으시는 하나님을 나타내는 이름이라네.
- 성경에 하나님으로 번역된 히브리어가 두 종류로 쓰였다는 말씀인가요?
- 여러 단어가 있지만 크게 보아 그렇다네.
- 그런데 여기서 쓰인 하나님이란 단어가 단수 형태가 아니고 복수 형태라는 것은 왜 그렇지요?
- 음, 아주 흥미로운 일이지. 이곳에서 쓰인 형태는 분명 복수형이야. 엘로힘은 엘의 복수형이란 말이지. 여기에 성경학자들 가운데 몇 가지 이론이 있기는 해.
- 제가 지금 왜 복수형으로 쓰였을까 의문이 생기는 것을 보면 질문

이 나오고 여러 이론이 있을 수 있겠네요.

- 첫째로, 이 복수 형태는 보통 '경외의 복수형'이라고 해석한다네. 히브리 사람들은 하나님의 이름이 너무 거룩하고 위대하여 함부로 부르지 못하고 경외심을 나타낼 때 복수형으로 불렀다는 해석이지.
- 경외심을 나타내는 복수형태로 쓰이는 용례가 있었다는 말씀인가요?
- 그렇다네. 그러나 이는 삼위일체 하나님을 나타낸 것이라고 해석하는 경우가 성경 전체를 이해하는 데 더 맞는 해석이지.
- 삼위일체 하나님이라고요?
- 그렇다네. 잘 설명된 형태가 아니기는 해. 하지만 창조기사에 삼위일체 하나님이 계시되고 있는 것과 관련하여 삼위일체 하나님 계시의 복수형이라고 해석한다는 것이네.
- 삼위일체 하나님이라…그게 이해하기 어려워요.
- 여기 엘로힘 하나님이 천지를 창조하시는데, 2절에서는 하나님의 성령이 운행하시면서 창조하시고, 3절에는 말씀으로 창조하시는 것을 보여줌으로써 성부, 성자, 성령 삼위일체 하나님이 계시되고 있다는 해석이야. 내 생각에는 경외의 복수형이라는 말과 삼위일체 하나님이란 말 둘 다 포함하고 있다고 생각되네. 하나님은 유일하신 단수의 하나님이지만 삼위일체 하나님의 삼위는 복수이고, 히브리인들이 하나님을 부를 때 이 복수로 부르는 것이 더 하나님의 위엄을 나타낸다고 생각했다는 것이지.
- 글쎄요, 그렇게 하나님, 성령, 말씀, 세 요소가 나오기는 하지만 삼위일체 하나님이란 말이 어려워요. 저는 그것이 이해가 잘 안 되거든요. 하나님이 한 분이면 한 분인 것이지, 어떻게 세 분이 한 분으로 존재한다는 것인지… 머리가 셋 달린 괴물 같은 상상도 되거든요.
- 그래? 김 군이 혼란스러워하는 것이 이해가 안 되는 바는 아니네. 하지만 우리가 3차원의 세계를 살면서 6차원, 7차원일지도 모르는,

차원이 다른 하나님을 이해하는 것 자체가 불가능할 수 있다는 점은 인정하기로 했지?

− 네, 그렇기는 해요.

− 그래서 하나님에 관하여는 하나님이 가르쳐 주시는 분량만 우리가 알게 되는 것이고, 다른 차원의 세계를 이해하는 방식은 논리가 아니라 믿음이라는 것도 이해하고 인정하지 않았나?

− 네, 그래요. 그렇다면 우리가 지성 또는 이성을 버려야 하나요?

− 아니지, 우리는 반지성주의자가 되어야 하는 것이 아니야. 초이성, 즉 이성을 뛰어넘는 믿음의 세계로 가야 하는 것이라네. 하나님이 가르쳐 주시기를 "하나님은 삼위일체 하나님이다"라고 말씀하시면 그렇게 믿고 그분이 말씀하시는 것을 따라가 보면 '아하, 그게 진리로구나!' 감탄하며 확인하게 되는 것이지. 하여튼 하나님이 삼위일체 하나님이라는 개념은 두고두고 성경 진리의 중요한 원리가 될 걸세.

− 이 작은 머리로는 다 이해하기 힘든 이야기들이긴 하지만, 일단 차원이 다르다는 것은 인정해야 하는 것이니 그렇게 하고 들어가 보지요?

• **창조하시니라**

− 여기 또 하나 중요한 단어가 '창조하다'인데….

− 그렇다면 그 '창조하다'라는 말은 그냥 '만들다'라는 말과는 다르겠지요?

− 맞아, '창조'에 해당하는 히브리어 바라(ברא)는 철저히 신적 행위를 묘사하는 언어로, 하나님이 행하시는 일을 나타내는데, 절대적인 무에서 유를 창조했다는 것은 하나님만이 하실 수 있는 것 아니겠나? 창세기 서두에는 창조라는 말이 세 번 나오는데 바로 천지창조(1:1), 동물 생명의 창조(1:21), 인간 창조(1:27) 등이라네. 모두 사람은 할 수

없는 하나님의 능력의 행위를 나타낸다네.

- 그러니까 어떤 재료를 가지고 무엇을 만드는 것이 아니라 아무것도 없는 데서 있게 하신 창조란 말이지요?
- 그렇다네. 성경의 첫 번째 선포의 명제는, 하나님이 아무것도 없는 세상에 절대적 창조 행위로 만물을 존재케 하셨다는 것이지. 자, 이제 이 하나님의 선포의 말씀을 믿을 수 있다면 굉장한 진리를 얻은 것이고, 우리의 인생이 얼마나 대단한 것인지 감격하게 될 걸세.
- 선생님은 이 하나님의 창조가 언제 어떻게 믿어지시던가요?
- 왜 김 군은 안 믿어지나?
- 꼭 안 믿어진다기보다 궁금해서요.
- 나는 이 말씀 가지고 믿을 것이냐 안 믿을 것이냐 고민하지 않았어. 나는 성경도 모르고 예수님도 모를 때 전도를 받고 교회 나가다가 예수님을 만나는 경험을 하게 되었는데, 예수님을 만나고 나니까 성경이 읽고 싶어졌고, 하나님이 나를 포함한 온 세상을 창조하셨다는 이 성경 말씀이 의심의 여지 없이 그냥 믿어지더라고.
- 그냥 믿어진 게 은혜요 축복이네요?
- 왜, 김 군은 안 믿어져?
- 꼭 안 믿어진다는 것도 아니지만, 확신 가운데 서지도 못하는 어정쩡한 그런 상태 아닌가 싶거든요. 그런데 이 말씀을 믿는다면, 긍정적으로 보면 나도 하나님의 피조물이고, 특권적으로 생각하면 내가 하나님의 아들인 것 아니에요?
- 바로 그거야. 우리의 삶도 차원이 달라져. 부분적이긴 해도 하나님 차원의 세계에서 살아가게 되지.
- 하나님의 차원으로 가는 길이 믿음이라고요?
- 내 간증 하나 하지.
- 선생님, 간증이란 우리가 말로 다 설명할 수 없는 하나님의 세계를 그의 계시의 말씀을 믿음으로 들어가서 경험함으로 얻은 증거를 말

하는 것이 아닌가요?

- 맞아, 그거야. 나는 무에서 유를 창조하신 하나님이 나의 하나님임을 생각하며 감격했다네. 내가 자랄 때는 많은 사람들이 가난한 시절을 보내고 있었지. 나 역시도 서울에 살다 6·25전쟁을 만나 시골로 피난 가면서 유별나게 없는 게 많은 어린 시절을 보내고 있었어.
- 선생님, 6·25 이야기부터 하시려고요?
- 왜? 너무 길 것 같지?
- 네, 짧게 해보세요.
- 그래, 초등학교를 졸업하고는 가난한 탓에 중학교에 가지 못했고 먹을 것이 없어 주리던 나는 영양실조와 위장병, 폐결핵, 심장병 등 여러 질병으로 절망적인 어린 시절을 보냈다네.
- 제 짐작이 맞군요. 6·25 이야기부터 나오기에 또 가난, 질병 뭐 이런 이야기 나오겠구나 생각했는데.
- 그래 김 군, 우리는 세대가 다르니 6·25 때의 그 핍절한 삶은 상상도 안 갈 거야.
- 아, 죄송해요. 제가 말씀을 끊은 것 같네요. 들려주세요.
- 거두절미하고, 내가 그런 상황에 절망하며 살다가 전도받고 예수님을 만나는 체험을 하였다네.
- 예수님을 만나는 체험을 하셨다고요?
- 그래, 나는 체험했어. 예수님을 체험하고 나니까 성경이 다 믿어지더군. 믿음이 생기니 이 창조주 하나님이 바로 나의 하나님이요 나의 아버지 되심을 알게 되었다네. 그러니 내가 제일 먼저 감격하게 된 것이 이 전능하신 하나님, 없는 데서 있게 하시는 하나님이요 죽은 자도 살리시는 하나님이었다네(롬 4:17).
- 그 전능하신 하나님이 나의 창조주요 아버지로 믿어졌다고요?
- 그렇다네. 그러니 '나는 더 이상 걱정할 것도 없고 절망할 필요가 없다' 그렇게 믿게 되었어. 가난하지만 없는 데서도 있게 하시는 창조

자 하나님과 함께 살면 나도 있는 자가 되리라는 소망을 얻었고, 병든 몸으로 절망적인 상황에 있었지만 죽은 자도 살리시는 전능하신 하나님을 내가 만남으로 소망이 있게 될 것을 믿게 된 것이지. 이후로 나는 전혀 새로운 삶을 살게 되었고 새로운 소망으로 빛나게 되었던 것을 추억한다네. 로마서 말씀도 함께 볼까?

롬 4:17 기록된바 내가 너를 많은 민족의 조상으로 세웠다 하심과 같으니 그가 믿은 바 하나님은 죽은 자를 살리시며 없는 것을 있는 것으로 부르시는 이시니라

- 죽은 자도 살리시는 하나님, 없는 데서 있게 하시는 하나님을 믿게 되니 달라졌다고요?
- 나는 이 믿음을 얻고 소망 중에 살아왔네. 없는 데서도 있게 하시는, 무에서 유를 창조하시는, 그리고 죽은 자도 살리시는 전능하신 창조주 하나님을 만나니 온통 희망이었어.
- 믿음으로 과연 없는 데서 있게 하시는 창조주를 경험하셨다는 말씀이지요?
- 그렇지, 죽은 자를 살리시는 하나님께 기도하니 나를 죽음으로 끌고 내려가던 위장병, 폐병, 심장병에서 치료되고 해방되는 경험을 하게 되었지.
- 아, 대단한 간증이네요. 없는 데서 있게 하시는 창조주는 어떻게 경험이 되었나요?
- 초등학교밖에 졸업 못한 형편에서 기도하면서 없는 데서 있게 하시는 하나님과 함께 살다 보니 내가 대학도, 대학원도, 유학도 하고 교수까지 하지 않았던가?
- 그렇군요. 선생님은 없는 데서도 있게 하시는 창조주 하나님을 삶에서 체험하셨군요, 기도와 응답이라는 과정에서 체험하신 것이지요?

- 그렇지. 믿음으로 기도하고 나아가면서 응답되는 체험을 한 것이지.
- 축하드립니다, 선생님.
- 김 군, 오늘 밤 이 산에서 저 찬란한 별들의 등불 아래서 창조주 하나님을 이야기하고 하나님 차원의 세계 속으로 걷기 시작했다는 것은 감격스러운 일이 아니겠나?
- 네, 그렇습니다. 선생님, 참 묘하네요. 선생님의 이야기를 듣다 보니 막 강요하거나 우격다짐으로 밀어 넣는 것 같지 않고, 마음이 끌려 들어가고 믿음의 세계로 이끌려 가는 것 같은 기분이 듭니다. 고단하지 않으세요? 벌써 11시가 넘어가네요. 눈 좀 붙이시지요?
- 그래, 벌써 시간이 그리 되었나? 차 안에 들어가 잠시 잠을 청한 뒤 내일 새벽을 맞이할까?
- 네, 편히 쉬세요.

원형의 지구(창 1:2)

- 벌써 일어나시는 거예요?
- 새벽 여명의 아름다움을 감상하려면 이제 일어나야 해. 일출 약 30~40분 전에 아름다운 여명 빛이 시작되거든.
- 전 좀 더 자고 싶은데요?
- 좋을 대로 하게. 그러나 오늘같이 맑은 날은 여명 빛이 신비로울 텐데, 멀리까지 와서 신비한 여명 빛을 감상하는 것도 좋을걸?
- 그래요? 그렇다면 아, 안 일어날 수 없지요?
- 아직은 어둡지만 조금 있으면 서서히 동쪽 하늘이 붉어지며 여명의 신비스러운 빛이 일어날 거야.
- 선생님, 창세기 이야기 이어나가시지요?
- 어이 사람, 뭐가 그리 급한가? 일출 감상을 하고 이야기해도 늦지 않을걸?

- 제가 왜 이리 급하게 되었는지 모르겠네요. 아무래도 저 자신과 삶의 의미를 속히 찾아내고 싶어진 것 같아요.
- 그래? 그럼 2절을 읽어 보세.

창 1:2 땅이 혼돈하고 공허하며 흑암이 깊음 위에 있고 하나님의 영은 수면 위에 운행하시니라

- 어? 선생님, 이제 이야기가 벌써 땅의 이야기로 내려왔나 봐요?
- 그렇지? 성경은 천문학책이 아니거든. 그렇다고 지구과학책도 아니야. 하나님이 천체를 포함한 우주를 창조하셨다는 한마디 선포로 족하고 이제는 관심이 땅이야. 왜냐하면 하나님이 인간이 땅에 살도록 땅을 조성하셨기 때문이야. 그러니 성경의 관심은 사실 인간이야. 그리고 이제 땅 이야기를 하는 것은 인간의 삶의 환경으로서의 땅을 이야기하고 있는 것이지.
- 다른 별들의 이야기는 생략하고 곧바로 지구 이야기로 들어가는 것이네요? 다른 천체가 많지만 중요한 것은 천체 전체를 가르쳐 주는 것이 아니고 인간에 관한 계시요, 인간의 삶의 환경으로서의 지구 이야기를 하려는 것이군요?
- 그렇다네. 여기서 이 성경, 창세기의 성격을 한 번 더 이해하여야 할 것일세. 미리 앞당겨 말하지만 하나님의 관심은 사람이고, 타락한 죄인의 구원이야. 그래서 성경, 아니 창세기만도 그 관심의 초점은 인간 구원이란 말일세. 성경, 창세기의 성격을 이해하기 위하여 이 점을 이해하고 감세.
- 성경은 과학책이 아니다, 단순한 역사책도 아니다, 그 말씀이지요?
- 그렇지. 그렇다고 비과학적이라든지 비역사적이라고는 말하지 말게. 자, 보라고. 창세기 1장 1절은 천지창조를 말씀하셨어. 그러나 여기 2절에서는 곧바로 땅으로 내려왔어. 그리고 계속 지구 이야기를 하

는 것은 아니야. 다시 초점은 지구 위의 다른 어떤 동식물이 아닌 인간에게로 모아지지. 2장 4절부터는 인간에게 초점을 맞추고 이야기가 전개되거든. 그리고 3장은 인간이 타락한 존재요 죄인임을 계시하고, 타락한 인간의 삶에 관하여 일반적인 이야기를 하다가 12장부터는 구속사, 구원의 이야기로 진행된단 말일세. 이걸 그림으로 표현하면 이렇게 되지.

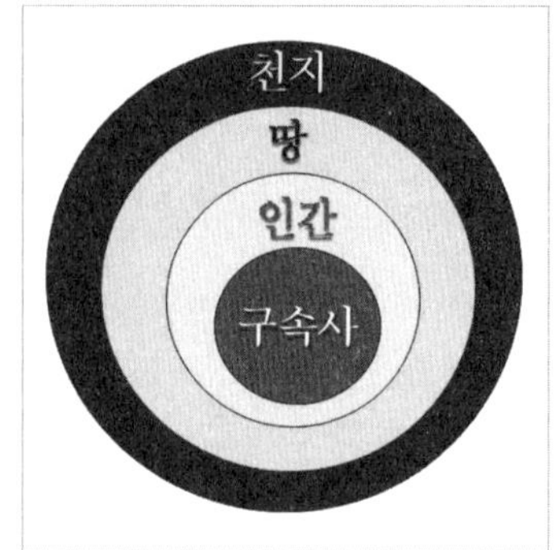

- 선생님, 언제 이런 그림도 그리셨어요?
- 전에 창세기 연구할 때 그린 것인데, 휴대폰에 옮겨 왔지.
- 그러니까 성경에는 과학 내용도 담겨 있지만 과학을 위한 과학책은 아니고 하나님의 인간 구원의 책이라는 말씀이군요?
- 그렇다네. 이러한 성경의 성격, 창세기의 성격을 알고 읽어 나가야 제대로 그 의미를 이해하게 될 것이라는 말인데, 한마디로 미리 요약하자면, 하나님께서 우리 인간을 얼마나 사랑하시는가 하는 하나님의 인간에 대한 러브스토리가 성경이라네.
- 창세기조차도 그렇다는 말씀이시지요?
- 그렇다니까.
- 그럼, 이 하나님의 사랑의 언어를 알아듣고 응답해야지, 여기서 진화론이다 창조론이다 따지는 게 우스워지겠군요.
- 아따, 김 군, 이제야 제대로 산책길에 들어선 것 같네. 좋아, 김 군과 창세기 산책은 이제 즐거운 여행이요 의미 있는 산책이 될 것이 기대되는구먼.
- 그러면 2절 말씀은 천지를 만드신 그 우주 안에서 지구라는 특정한 별로 초점이 좁혀져서, 지금 원형으로 남아 있는 지구를 사람이 살

아갈 환경으로 조성해 가는 이야기로군요. 그리고 이때의 지구 상태는 아직 덜 조성된 상태네요.

- 그렇지. 그래서 지구가 혼돈과 공허와 흑암으로 둘러싸인 상태에서 사람이 살기 좋은 지구로 조성되는 이야기라네.
- 혼돈과 공허와 흑암은 어떤 상태라고 보면 될까요?
- 혼돈이란 말은 히브리어로 '토후'인데, 혼돈(토후: תֹּהוּ)이란 원래 무형성(unformedness)을 뜻한다고 하더라고. 아직 구체적 형태가 만들어지지 않은 원형 덩어리였다는 것을 나타내는 말이지. 아직 정해진 형태가 없는(formless) 그런 상태였다는 말이야. 형태 없음으로서의 혼돈인 것이네.
- 저는 혼돈이라 해서 질서 없음이라는 의미로 이해하였는데요?
- 그 뜻도 포함되고. 아무 특별한 형태가 없는, 오늘날의 지구에 비하면 아직 다 완성되지 않은 상태를 말한다고 보면 될 거야. 비유로 하면 도자기가 빚어지지 않은 흙덩어리라고 할까?
- 그러면 공허하다는 것은 이 지구상에 아직은 사람도 없고 동식물도 없이 비어 있었다는 이야기일까요?
- 그렇지.
- 그렇다면 흑암이 깊음 위에 있다는 것은 무슨 뜻이지요?
- 일단 지구에 빛이 없이 어두웠다는 뜻일 것이고, 깊음 위에 있다는 것은 아마도 다음 구절 하나님의 신이 수면에 운행했다는 말로 미루어 볼 때 깊은 물로 뒤덮인 어두움 속의 지구를 의미하는 게 아닐까?

- 아, 그렇군요.
- 이런 상태의 지구를 그려본다면 이렇게 그릴 수 있겠지? 아마도 흑암 가운데 있어서 실

제로는 이렇게 보이지는 않겠지만 보이게 표현해 보면 둥근 지구에 물로 뒤덮인 지구를 그릴 수 있을 것이야. 이러한 지구에 지금부터는 형태를 부여하고(형태 없음에서), 각종 무기물을 포함하여 동식물을 있게 하고(공허한 지구에), 물론 빛을 밝혀 주는(흑암 깊은 지구에) 하나님의 창조 역사가 진행되는 것이지.

- 이러한 지구 주위를 하나님의 신이 운행하시면서 지구를 조성해 나가시는 것이군요.
- 그렇지.
- 이 어두움 속에 있던 지구에 제일 먼저 있게 하신 것은 빛이네요?
- 그렇지, 깜깜한 작업실을 먼저 불로 밝히고 작업을 시작하시는 것이지.
- 선생님, 동쪽 하늘 좀 보세요. 여명 빛이 밝아와요. 뷰티풀, 선생님 말씀대로 여명 빛이 신비롭고 아름답네요.
- 잠을 좀 더 잔다고 누워 있었더라면 후회했을 것 같지? 얼마나 신비한 여명 빛인가? 보게! 하늘과 땅이 만나는 지평은 붉은색이고 위로 올라갈수록 점점 노랑색으로 변하고, 그 위로는 다시 붉어지다가 연청색에서 더 위로 가면 푸른색이 펼쳐지는 게 얼마나 아름답고 신비스러운가? 이건 카메라에 한번 담아야겠네.

첫째 날/빛이 있으라(창 1:3-5)

창 1:3-5 하나님이 이르시되 빛이 있으라 하시니 빛이 있었고 빛이 하나님이 보시기에 좋았더라 하나님이 빛과 어둠을 나누사 하나님이 빛을 낮이라 부르시고 어둠을 밤이라 부르시니라 저녁이 되고 아침이 되니 이는 첫째 날이니라

- 선생님, 아침이 참 상쾌하네요.
- 아주 기분 좋은 아침이야.
- 창세기 1장 3-5절은 다른 어떤 것을 만들기에 앞서 어두움을 밝히는 빛을 만드신 거로군요.
- 그렇지. 내가 지금 살고 있는 집이 아파트 맨 끝 층이고 따라서 복층 집인데 복층이 다락방을 이루고 있는 집이지. 그런데 이사 가서 보니까 다락방이 있는 복층에 다락방으로 꾸며 놓은 부분 말고 옆으로 공간이 더 있는 거야. 꾸미지 않은 어두운 공간이었어.
- 복층이 넓었던 모양이네요? 절반만 다락방으로 꾸미고 나머지는 꾸미지 않고 버려둔 공간이었나 보지요?
- 그랬어. 그래서 거기엔 무엇이 있나 하고 우선 손전등을 켜고 들어가서 보니까 텅 빈 공간이었어. 물론 벽지도 바르지 않고 전혀 꾸미지 않은 공간이었지. 말하자면 형태 없는 혼돈, 텅 빈 공허, 그리고 깜깜한 흑암의 공간이었지.
- 선생님, 그래서 거기에 뭘 창조하셨어요?
- 에이 친구, 창조라니? 창조라고 말하면 안 되지, 뭘 만드는 것이지. 그 공간을 사용하기로 하고 장판지를 구해다가 깔고 커다란 여행가방, 선풍기 등등 올려다가 창고처럼 쓰게 되었는데 어두워서 드나들기가 어려우니까 전선을 이어서 전등을 달아 놓고 쓰게 되었지.
- 아, 왜 선생님이 다락방 이야기를 하시나 했더니 깜깜한 지구에 사람 살 곳으로 만들 작업에 앞서 빛을 만들어 불을 밝힌 하나님의 지구 조성 이야기를 빗대어 하셨군요? 그러니까 첫째 날 행하신 게 빛을 만드신 것이군요. 그렇게 비유로 말씀하시니 그림같이 이해가 되는데요. 그런데 선생님, 너무 앞서 가는 것 같지만 해와 달과 별은 넷째 날에 만들었으니 오늘 첫째 날에 이야기하는 빛은 태양빛이 아니지요? 첫째 날의 빛은 어떤 빛이고, 넷째 날의 빛과 같은 것일까요, 다른 것일까요?

- 참, 젊은이들은 질문이 많아. 첫째 날의 빛은 손전등 빛이고 넷째 날의 빛은 전선이 배치된 고정된 전구의 빛이야.
- 아이, 선생님, 농담하지 마시고요.
- 첫째 날의 빛이나 넷째 날의 빛이나 빛은 같은 빛이겠지. 넷째 날의 이야기는 태양에 빛을 고정시켜 임무를 주고 태양과 지구와 달과 별의 움직임의 궤도와 주기를 정하여 날과 계절과 연한의 주기를 위임한 것이고, 첫째 날의 빛은 어디서 나온 빛이겠나. 하나님 자신이 빛이고 빛의 근원이시니까 어떤 형태로든 밝게 하신 것이겠지.
- 낮과 밤은 지구가 태양을 도는 주기에 따라 생긴 것이니까 첫째 날에도 하루라는 날짜를 계산하거든요?
- 지금 중요한 것은 그게 아닌데 질문도 많고 의문도 많군. 전능하신 하나님이 하루의 길이를 정하시면 정하시는 대로지. 하나님이 이 하루의 길이를 먼저 정하시고 그 주기대로 지구가 돌도록 하시면 안 되나? 지구가 돌아서 하루가 아니라 하루 만에 지구가 자전하도록 하신 것으로 보면 안 되느냐 말이야. 하나님은 빛의 주인이시고, 당신이 원하시는 대로 비추고 밝게 하시는 것이지. 요한계시록을 보면 천국에서는 해와 달이 필요 없이 하나님 자신의 빛, 즉 하나님 자신의 빛에 거하게 하신다고 말씀하고 있지.

계 22:5 다시 밤이 없겠고 등불과 햇빛이 쓸데없으니 이는 주 하나님이 그들에게 비치심이라 그들이 세세토록 왕노릇 하리로다

하나님 마음대로야. 빛의 주인이신 하나님이 빛이 밝은 시간과 어둡게 되는 시간의 주기를 태양과 지구, 달 등에게 맡기시기 전 먼저 정하셨다고 안 될 일이 무엇인가?
- 아, 네, 알겠습니다.
- 여기서 더 중요한 것은 하나님이 말씀으로 빛을 지으시고 만물을

말씀으로 지어 나가신다는 것이야. "하나님이 이르시되 빛이 있으라" 하였는데 '하나님이 이르시되'는 '하나님이 말씀하셨다'는 것이지? "빛이 있으라"고 하나님께서 말씀하시자 빛이 있게 되었다네.

- 하나님이 말씀하시매 말씀이 창조의 능력으로 나타났다는 것이지요?

- 그렇다네. 그런데 말씀으로 창조하였다는 것은 삼위일체 하나님을 묵시적으로 가르쳐 주고 있다는 게 중요하다네. 신약의 증거로 해석해 보면 이 말씀은 성자 하나님, 즉 예수님께서 창조사역을 이루셨다는 이야기가 된다네. 성경은 예수님을 말씀이라 불렀단 말이야.

요 1:1 태초에 말씀이 계시니라 이 말씀이 하나님과 함께 계셨으니 이 말씀은 곧 하나님이시니라

요 1:14 말씀이 육신이 되어 우리 가운데 거하시매 우리가 그의 영광을 보니 아버지의 독생자의 영광이요 은혜와 진리가 충만하더라

그리고 바울 사도는 예수께서 만물을 지으셨다고 증언하고 있다네.

고전 8:6 그러나 우리에게는 한 하나님 곧 아버지가 계시니 만물이 그에게서 났고 우리도 그를 위하여 있고 또한 한 주 예수 그리스도께서 계시니 만물이 그로 말미암고 우리도 그로 말미암아 있느니라

골 1:16 만물이 그에게서 창조되되 하늘과 땅에서 보이는 것들과 보이지 않는 것들과 혹은 왕권들이나 주권들이나 통치자들이나 권세들이나 만물이 다 그로 말미암고 그를 위하여 창조되었고

말씀은 삼위일체 하나님의 제2위이신 성자 예수님을 가리키고 있으

며, 창조기사에 하나님, 성령(수면에 운행하신), 말씀(성자)으로 삼위일체 하나님이 계시되기 시작한 것이야. 그리고 하나님이 삼위일체 하나님이라는 사실은 앞으로 성경 모든 진리를 푸는 열쇠가 될 걸세.

- 아직도 저는 삼위일체 하나님이 이해가 잘 안 되지만 일단 수용하고 나가 보겠습니다. 그게 왜 그리 중요한지 알게 될 날이 있을 거라고 기대해 보겠습니다.

둘째 날/궁창(창 1:6-8)

창 1:6-8 하나님이 이르시되 물 가운데에 궁창이 있어 물과 물로 나뉘라 하시고 하나님이 궁창을 만드사 궁창 아래의 물과 궁창 위의 물로 나뉘게 하시니 그대로 되니라 하나님이 궁창을 하늘이라 부르시니라 저녁이 되고 아침이 되니 이는 둘째 날이니라

- 둘째 날에 만드신 게 무엇이라고?
- 궁창을 만드셨다는데요? 궁창이 무엇일까요? 혹시 대기권을 만드셨다는 것 아닐까요?
- 아니, 어떻게 단번에 정답을 내어놓나?
- 정답 맞아요? 그냥 그렇게 생각이 들어서요. 지금까지 과학자들이 별 탐사도 하고 있지만 아직까지는 사람이나 생물이 살 수 있는 공기나 물이 있는 곳을 발견하지는 못한 것 같거든요. 하나님께서 사람이 살아갈 수 있는 환경을 조성하실 때 공기와 물이 중요한데 물은 이미 있었고 공기층을 만드시고 그것을 궁창이라 부르시지 않았나 싶더라고요? 물도 지구 주위를 덮어 버린 물만 아니라 대기권 궁창 위의 물이 있게 하신 것은 물이 수증기로 떠서 구름을 이루고 있다가 비로 내려 대지를 적시므로 생물들이 살아가기 좋은 환경이 되는 것 아니겠어요? 그러니까 둘째 날에 대기권을 만드시고 대기권

궁창에 물이 떠 있을 수 있게 하신 것이지요. 정말 멋진데요. 하나님이 이 땅에 사람 살기에 적절한 환경을 이토록 세심하게 만드셨다는 게 멋지지 않아요?

- 이봐, 김 군, 웬일이야? 이제부터는 김 군이 창세기 내용을 다 해설해야 되겠어. 원더풀, 멋진 해설이야. 아, 오늘 날씨도 화창한데, 김 군의 번뜩이는 지혜의 해설을 듣자니 기분 최고다. 저 푸른 하늘이 텅 빈 공간이 아니고 공기로 가득하다는 것이야. 이 땅에서 멀어질수록 공기가 희박해지고 히말라야 같이 높은 산에 오르면 산소가 부족하여 숨쉬기 어렵다고 하지 않나? 하나님은 지구 위를 공기로 덮어 놓으셔서 생물들이, 사람들이 숨쉬며 살도록 섭리하신 것이야. 아, 이 신선한 공기, 김 군. 오늘 이 산 속에서 신선한 공기를 마시며 아침을 맞이하는 게 즐겁지 않은가? 이것부터가 하나님의 인간을 향한 사랑이라네.

- 그런데 궁창 위의 물과 아래의 물로 구분했다는 것은 무슨 말일까요?

- 그것에 대해서는 토론이 좀 있는 것 같아. 어떤 이들은 노아 홍수로 궁창 위의 물 층이 쏟아졌다고 보고, 그 이전에는 물 층(water canopy)이 있었다고 해석하기도 하지. 그래서 노아 홍수 이전에는 이 물 층으로 말미암아 태양광과 자외선을 효과적으로 차단해 주어서 기후는 아열대성 기후를 이루고 인간의 수명이 길었다고 생각하기도 하지.

- 홍수 이전에 물 층이라고 해도 결국은 공기에 떠 있는 수증기 층이 아니었을까요? 그 물의 양이 홍수 후에 줄었다는 것은 인정할 수도 있지만, 그때나 지금이나 물 층이 존재하는 것은 수증기 형태요 구름 형태일 것이 아니겠나 싶은데요?

- 맞네. 하여튼 공기와 물의 조화를 이루어 사람이 살기 알맞은 환경을 조성하신 것이 중요하지. 그래서 옛 히브리 성도들은 이 신비스

러운 하늘을 보며 이렇게 감탄하고 찬양했다네.

욥 35:5 그대는 하늘을 우러러보라 그대보다 높이 뜬 구름을 바라보라

욥 37:18 그대는 그를 도와 구름장들을 두들겨 넓게 만들어 녹여 부어 만든 거울같이 단단하게 할 수 있겠느냐

시 19:1 하늘이 하나님의 영광을 선포하고 궁창이 그의 손으로 하신 일을 나타내는도다

시 89:6 무릇 구름 위에서 능히 여호와와 비교할 자 누구며 신들 중에서 여호와와 같은 자 누구리이까

시 150:1 할렐루야 그의 성소에서 하나님을 찬양하며 그의 권능의 궁창에서 그를 찬양할지어다

셋째 날/육지를 드러내다(창 1:9-13)

창 1:9-13 하나님이 이르시되 천하의 물이 한 곳으로 모이고 뭍이 드러나라 하시니 그대로 되니라 하나님이 뭍을 땅이라 부르시고 모인 물을 바다라 부르시니 하나님이 보시기에 좋았더라 하나님이 이르시되 땅은 풀과 씨 맺는 채소와 각기 종류대로 씨 가진 열매 맺는 나무를 내라 하시니 그대로 되어 땅이 풀과 각기 종류대로 씨 맺는 채소와 각기 종류대로 씨 가진 열매 맺는 나무를 내니 하나님이 보시기에 좋았더라 저녁이 되고 아침이 되니 이는 셋째 날이니라

- 김 군이 다 해설해 보게. 셋째 날의 작업은 무엇이었나?
- 아이고 선생님, 이건 뭐 해설이라고 말할 것도 못 되지요. 셋째 날 하나님께서 하신 작업은 물로 뒤덮여 있던 지구를 움직여 육지가 드러나게 하신 것이지요. 육지가 한쪽에서 솟아오르면 물은 다른 쪽으로 물러가 바다 구역과 육지 구역이 구분된 것이지요?
- 맞아, 정확한 설명이야. 물로 뒤덮인 지구가 하나님의 명하심에 의하여 그 중심의 형평운동과 지각변동을 일으켜 한쪽 부분이 꺼지고 한쪽 부분이 솟아올라 육지가 한쪽으로 드러나고 물이 한 곳으로 모여 바다와 육지를 이루었다는 것이지.
- 그러나 이때 지구의 움직임은 단순히 한쪽이 꺼지고 한쪽이 솟는 것만 아니라 아름다운 산, 들, 골짜기, 언덕, 구릉 등의 형태를 이루고, 바닷속도 그같이 형태를 이루었다고 보겠지요?
- 그렇지. 그런데 그 형태가 얼마나 아름다운 자연을 이루던가? 여기서 바라보아도 산들이 아름답지 아니한가? 바닷속도 단순하지 않고 아름다운 모양이라니 참 멋진 하나님의 손길이 아닐 수 없지.
- 그러고 나서 셋째 날에 육지 식물들을 만드셨는데요? 그런데 각기 종류대로 나게 하셨다고 되어 있어요. 진화론에서는 변이와 진화가 말해지는데, 창세기는 하나님이 처음부터 종류대로 만드셨다고 하거든요?
- 또 진화론 이야기인가?
- 진화론으로 교육된 저희 청년들은 창세기를 읽을 때 자연히 진화론적 질문을 하게 되니 너무 나무라지 마세요.
- 응, 나무라는 것은 아니야. 하여튼 성경은 처음부터 여러 종류의 식물을 종류대로 지었다고 말씀하시고, 약간의 서로 다른 종류의 교합과 변이, 돌연변이도 있기는 하지만 기본적으로 종류별로 만들어졌다는 것이야.
- 이 지구상에 꽃만 해도 약 20만 종이 있다고 하고, 나무만도 2만여

종이 존재한다고 하는데 이 다양한 나무와 풀과 꽃들의 아름다움이란 경이스러운 것이지요.

- 그래, 그리고 중요한 것은 하나님이 인간을 위해 이러한 환경을 조성하셨다는 사실이야.

시 104:14-15 그가 가축을 위한 풀과 사람을 위한 채소를 자라게 하시며 땅에서 먹을 것이 나게 하셔서 사람의 마음을 기쁘게 하는 포도주와 사람의 얼굴을 윤택하게 하는 기름과 사람의 마음을 힘있게 하는 양식을 주셨도다

넷째 날/일월성신(창 1:14-19)

창 1:14-19 하나님이 이르시되 하늘의 궁창에 광명체들이 있어 낮과 밤을 나뉘게 하고 그것들로 징조와 계절과 날과 해를 이루게 하라 또 광명체들이 하늘의 궁창에 있어 땅을 비추라 하시니 그대로 되니라 하나님이 두 큰 광명체를 만드사 큰 광명체로 낮을 주관하게 하시고 작은 광명체로 밤을 주관하게 하시며 또 별들을 만드시고 하나님이 그것들을 하늘의 궁창에 두어 땅을 비추게 하시며 낮과 밤을 주관하게 하시고 빛과 어둠을 나뉘게 하시니 하나님이 보시기에 좋았더라 저녁이 되고 아침이 되니 이는 넷째 날이니라

- 넷째 날에 만드신 이야기도 김 군이 정리해 보게.
- 광명체가 있게 하셨는데요? 즉 해와 달과 별들을 정해 세우시는데요? 여기서 의문은 태양과 달과 별을 새로 만드신 것일까요, 아니면 이미 만드신 천체 중에서 지정하여 기능을 부여하신 것일까요?
- 글쎄? 그럴듯한 질문이긴 한데 두 가지 가능성이 다 있겠지. 여러 천체 별들이 만들어져 있었지만 몇 개를 특정하여 더 만드셨을 수도

있고, 이미 만들어진 것들 가운데 몇 개를 특정하여 기능과 임무를 부여하신 것일 수도 있고. 그것보다는 주야를 정해서 규칙적으로 돌아가게 하셨다는 것이 중요한 포인트가 아닐까?

- 선생님이 어두운 다락방에 처음 들어갈 때는 손전등을 들고 들어가셔서 작업을 하셨는데 나중에는 언제나 필요대로 불을 밝히도록 전선과 전구를 설치한 것처럼, 첫째 날에 빛을 만드셨지만 이날엔 빛을 맡겨 밤과 낮을 규칙적으로 이루게 하고 징조와 계절과 날과 해를 이루게 하신 것이 중요한 일이겠지요? 그런데 또 과학적 질문인데요, 사실 여기서는 지구 중심으로 이야기되고 있는데 실제로는 지구가 태양의 주위를 돌고 있거든요?

- 이 부분에서 어떤 이들은 태양계 천체가 해를 중심으로 움직이고 있는데도 지구 중심으로 엮여 있다고 해서 비과학적인 이야기라고 비평하기도 하는 게 사실이지. 분명 태양계의 천체는 해를 중심으로 돌아가고 있지만 그럼에도 불구하고 지금 하나님이 성경에서 가르치시려는 것은 인간이며 특히 인간의 구원이라네. 인간은 엄청난 천체에 비하면 지극히 작은 존재임을 보여주면서도 인간을 하나님의 생각 중심에 두고 계시다는 증거야말로 얼마나 감격스러운 것인가? 그래서 이곳의 기록은 과학적 기술이 아니라 일상적 문화적으로 기록한 것이야. 과학적으로는 지구가 태양의 주위를 돈다는 것을 다 알지만 지금도 우리는 '해가 뜬다, 진다'라고 말하고 있지 아니한가? 무엇이 문제이겠나?

- 아, 그래요! 오늘날 과학적 발견에 의하면 지구가 태양의 주위를 돌고, 그 외의 여러 별들이 태양의 주위를 돌고 있고, 달은 지구 주위를 돌고, 여러 혹성도 위성을 가지고 있다고 하지요. 더욱 놀라운 것은 태양 자체도 알 수 없는 방향으로 매초 20km의 속도로 달리고 있으며, 태양계가 속해 있는 은하수 역시 250km/s(초속)으로 달리고 있다고 합니다.

- 그렇게나 빨리 돌고 있대?
- 네, 그리고 이들 천체의 움직임 속에는 엄청난 소리가 있다고 해요. 천체 음악의 소리는 너무 커서 우리의 청각으로는 듣지 못하지만요. 그렇다면 이 엄청난 우주의 움직임은 얼마나 대단한 하나님께서 연출하시는 매스게임일까요? 이 매스게임이 질서와 리듬을 가지고 진행되고 있는 가운데 우리는 그 속에서 삶을 누리고 있는 것이니 대단한 일이지요. 바로 이러한 우주의 질서를 세우셨다는 것이 오늘 말씀의 요지 아닌가요?
- 김 군, 박수야. 나 박수치고 있다고. 처음 시작할 때는 회의론자 같았는데 이제 찬양자가 되어가고 있군.
- 그런가요? 참 제가 생각해도 신기하네요. 이 방대하고 위대한 우주 앞에, 신비한 자연 앞에 제가 조금 겸손해지고 깨달음이 시작된 것 같네요.
- 좋아. 그럼 이제 우리는 이 말씀 앞에서 우주의 대연출가이신 하나님을 만나며 찬양하는 백성이 되는 것이 정상적인 모습이 아니겠는가?

시 147:4-7 그가 별들의 수효를 세시고 그것들을 다 이름대로 부르시는도다 우리 주는 위대하시며 능력이 많으시며 그의 지혜가 무궁하시도다 여호와께서 겸손한 자들은 붙드시고 악인들은 땅에 엎드러뜨리시는도다 감사함으로 여호와께 노래하며 수금으로 하나님께 찬양할지어다

다섯째 날/어류와 조류(창 1:20-23)

창 1:20-23 하나님이 이르시되 물들은 생물을 번성하게 하라 땅 위 하늘의 궁창에는 새가 날으라 하시고 하나님이 큰 바다 짐승들과 물

에서 번성하여 움직이는 모든 생물을 그 종류대로, 날개 있는 모든 새를 그 종류대로 창조하시니 하나님이 보시기에 좋았더라 하나님이 그들에게 복을 주시며 이르시되 생육하고 번성하여 여러 바닷물에 충만하라 새들도 땅에 번성하라 하시니라 저녁이 되고 아침이 되니 이는 다섯째 날이니라

- 다섯째 날에 이루신 하나님의 창조사역은 무엇인가?
- 어류와 조류를 만드시네요. 특별한 설명이 필요할 것 같지 않은데요? 다만 지난 시간 이미 선생님이 말씀하신 대로, 여기서 움직이는 의식을 가진 동물을 만드실 때 창조라는 말을 다시 쓰고 있네요. 그리고 복을 주어 축복한다는 표현이 처음 나오네요. 생육하고 번성하여 물에 충만하라고 축복하셨다고 하며, 새들도 같은 축복으로 번성하라고 하시네요.
- 그러게. 번식하여 계승되고 충만하도록 번성하는 것을 축복하셨군 그래.
- 욥기에 이러한 자연을 보고 깨달으라고 하신 말씀이 인상적이었는데 오늘 생각나네요.

욥 12:7-9 이제 모든 짐승에게 물어보라 그것들이 네게 가르치리라 공중의 새에게 물어보라 그것들이 또한 네게 말하리라 땅에게 말하라 네게 가르치리라 바다의 고기도 네게 설명하리라 이것들 중에 어느 것이 여호와의 손이 이를 행하신 줄을 알지 못하랴

여섯째 날/육지 동물(창 1:24-25)

창 1:24-25 하나님이 이르시되 땅은 생물을 그 종류대로 내되 가축과 기는 것과 땅의 짐승을 종류대로 내라 하시니 그대로 되니라 하나

님이 땅의 짐승을 그 종류대로, 가축을 그 종류대로, 땅에 기는 모든 것을 그 종류대로 만드시니 하나님이 보시기에 좋았더라

- 여섯째 날에 지으신 것은 무엇이지?
- 이제 육지 동물을 지으신 것이지요. 이 역시 종류대로 만드셨고요. 여기에서 발견할 수 있는 것 중에 아직 우리가 언급하지 않은 것이 있는데, 하나님은 이 만물을 지으실 때마다 하루를 마감하면서 꼭 "보시기에 좋았더라"라고 기록하는 것을 보니, 만물을 지으실 때마다 보람을 느끼고 자신의 작품에 즐거워하신 것을 볼 수 있네요. 반드시 인간이 아니라도 하나님은 자신이 지으신 자연 자체를 즐거워하신 것을 보면 자연을 하나님께서 보시는 관점으로 보면서 아끼고 존중해야 할 것 같은데요?
- 아, 거기까지 느끼게 되었다고? 맞아. 자연 자체도 하나님께 의미가 있고 귀중한 것이지. 오늘은 여기까지 하고 돌아갈까?
- 네, 그러지요. 제가 운전하겠습니다.
- 김 군, 자연 속에서 많이 감탄하는 걸 보니 이번 여행이 좋았던 것 같지?
- 네, 감동적인 하룻밤이요 또 아침이었습니다. 다음 여행이 기대가 됩니다.

산책길 2

나를 찾아서(창 1:26-2:3)

- 선생님, 이번에는 어디로의 여행이지요?
- 멀지 않은 곳이야. 화성 수섬으로 갈까 하는데?
- 거기가 어디죠?
- '경기도 화성시 송산면 독지길 65번길 115'를 내비에 찍고 감세.
- 과히 멀지 않은데요. 한 40분이면 갈 듯하네요.
- 오케이, 가자고. 수섬은 원래 바다에 떠 있던 작은 섬인데, 시화방조제로 인해 바닷물이 들어오지 못하게 되면서 육지로 변했고, 대체로 넓은 벌판이야. 초여름이 시작되는 이 무렵부터 절정인 삘기꽃이 장관을 이루는 곳이지. 오늘 가면 삘기꽃의 장관을 볼 것일세.

- 내비 안내대로 다 왔는데요.
- 응, 저기 공터에 주차하고 텐트를 가지고 저 아래 벌판으로 내려 감세.
- 지난번엔 차박을 하시더니, 이번에는 텐트 야영인가 봐요?
- 그렇다네. 왜, 싫은가?

– 아니요. 저는 젊으니까, 야영 좋지요. 그런데 일흔이 넘으신 선생님께서 차박에, 야영에 괜찮으시겠어요?

– 젊은 자네하고 여행할 때나 이렇게 해보지, 내 아내하고 여행할 때는 어림도 없어요. 늙은이가 무슨 야영이냐고 야단맞아. 그런데 나는 사실 아웃도어 체질이거든. 오성급 호텔에서 자는 것보다 이런 야영이 더 마음 설레고 행복하단 말이야.

– 특별하시긴 하네요. 아유, 저 벌판에 사람들이 왜 이리 많아요?

– 일몰을 기다리는 사진가들이야. 일몰 빛에 하얗게 흔들리는 삘기꽃이 그림이 되거든. 해 넘어가면 저 사람들은 다들 돌아가지. 우리는 여기 어디쯤 풀이 없는 공터에 텐트 치고 이야기하다가 저 사람들 썰물처럼 사라지면 하늘의 별을 보면서 이야기를 나누는 걸세.

– 일몰을 기다리면서 도시락으로 저녁식사를 할까요?

– 그럼세.

– 선생님, 저 혼자 한 달간 유럽 여행할 때는 사실 거기 만나는 사람들하고 말도 안 통하고 거의 홀로 돌아다니며 맛있는 음식도 사 먹곤 했는데, 이런 아름다운 자연 속에서 선생님과 함께 대화하면서 먹으니까 이 간단한 도시락이 더 맛이 있다는 생각이 들어요. 신기하네요.

– 그래? 나도 아주 맛있게 먹고 있네. 김 군과의 여행과 대화, 교제가 즐겁기 때문인 것 같네. 보게, 해 넘어가니 저 사람들 다 빠져나가지?

– 그러네요. 노을이 참 아름답군요. 선생님, 지난번에 창세기 1장 1절부터 25절까지 이야기 나누고, 오늘은 26절부터 이야기할 차례지요?

– 허 참, 자네 매우 급하군. 좀 천천히 감세.

– 아이 참 선생님, 저는 오늘 굉장한 기대감을 가지고 왔습니다. 무엇인가 인간에 대한 해답이 있을 것 같다는 생각을 들게 한 지난번 그 결혼식에서 선생님이 주례사로 인용하신 말씀이 오늘 나오거든

요. 이 부분의 말씀을 자세히 나누다 보면 분명 제가 갈구하는 답이 있을 것 같다는 설렘이 있단 말입니다. 어서 가시자고요.

- 허허 참, 그래 감세. 그 부분 성경을 함께 읽어 볼까?

사람, 그는 누구인가?(창 1:26-31)

창 1:26-31 하나님이 이르시되 우리의 형상을 따라 우리의 모양대로 우리가 사람을 만들고 그들로 바다의 물고기와 하늘의 새와 가축과 온 땅과 땅에 기는 모든 것을 다스리게 하자 하시고 하나님이 자기 형상 곧 하나님의 형상대로 사람을 창조하시되 남자와 여자를 창조하시고 하나님이 그들에게 복을 주시며 하나님이 그들에게 이르시되 생육하고 번성하여 땅에 충만하라, 땅을 정복하라, 바다의 물고기와 하늘의 새와 땅에 움직이는 모든 생물을 다스리라 하시니라 하나님이 이르시되 내가 온 지면의 씨 맺는 모든 채소와 씨 가진 열매 맺는 모든 나무를 너희에게 주노니 너희의 먹을거리가 되리라 또 땅의 모든 짐승과 하늘의 모든 새와 생명이 있어 땅에 기는 모든 것에게는 내가 모든 푸른 풀을 먹을거리로 주노라 하시니 그대로 되니라 하나님이 지으신 그 모든 것을 보시니 보시기에 심히 좋았더라 저녁이 되고 아침이 되니 이는 여섯째 날이니라

- 하나님께서 인간이 살아갈 수 있는 환경을 조성하시고 마침내 사람을 지으시는 이야기인데, 김 군이 한번 인간이란 어떤 존재인지 이 성경 말씀이 가르쳐 주는 대로 찾아보게나.
- 제가요? 선생님께서 해설해 주시는 게 아니고요?
- 자네가 발견하는 대로 말해 봐. 필요하다면 내가 깨달은 것을 보충하기로 하고 말이야.
- 지난번에 선생님이 말씀해 주신 것인데 기억이 납니다. 하나님이 다

시 한번 '창조하셨다'고 기록하는 부분을 확인했습니다. "사람을 창조하시되" 이렇게 창조라는 단어가 다시 쓰인 것은, 사람은 이전에 만드신 다른 동물과는 무엇인가 구별되는 특별한 존재이기 때문이 아닐까 생각되었는데요?

– 뭐가 특별한 것 같나?

• **하나님의 형상(1:27)**

창 1:27 하나님이 자기 형상 곧 하나님의 형상대로 사람을 창조하시되

– '하나님의 형상'이 특별한 요소가 아닐까요?

– 좋아. 바로 하나님의 형상대로 인간을 만드셨다는 점이 매우 중요하지. 어떤 철학도 어떤 종교도 인간의 위대함과 존엄성을 이 성경처럼 가르쳐 주지 못하는데, 성경의 인간론은 대단한 인간론이라네.

– 제가 조금 더 이야기해도 되나요?

– 김 군이 이 부분에서 생각한 게 많은 모양이군. 좋아, 말해 보게나.

– 인류 역사에서 인권 존중의 역사가 시작된 것이 이 하나님의 형상이라는 성경적 인간관에서 비롯되었다고 누가 썼던데요?

– 예나 지금이나 인류 역사의 절반 이상은 인권 유린의 역사라고 해도 과언이 아닐 것일세. 김 군이 인간의 포악함을 보고, 특히 김정은이 고모부와 형을 숙청하는 것을 보고 인생의 허무 같은 것을 느끼고 인생의 의미가 무엇인가 고민하게 되었다고 말했듯이, 타락한 인간 역사는 서로 죽이고 인권을 유린하는 역사라고 볼 수 있지.

– 그런데 인권 존중의 역사를 그나마 일으킨 것이 성경적인 인간관이요, 이 하나님 형상이라는 관점이었다는 것이지요?

– 인간의 소중함과 위대함의 가치를 인정하고 부여해야 한다는 세계적인 인권사상의 흐름을 일으킨 것은 사실이지. 그렇다면 인간

이 하나님의 형상대로 창조되었다면 하나님의 형상이란 과연 무엇일까?

- 우선 하나님 수준의 존엄성이 있다는 것 아닐까요?
- 그래, 맞아. 무엇보다 인간은 어떤 우연의 물질로 형성된 존재가 아니라 절대자 하나님께서 자기 형상대로 자기의 수준을 갖는 존엄한 존재로 창조하셨다는 점이 중요하지. 좀 더 나아가서 이제 그게 무엇일까를 한번 생각해 보지.
- 제 지식으로는 그 이상은 구체적으로 이야기할 만한 내용을 모르겠는데요?
- 이 하나님의 형상이 무엇이냐에 대하여 신학자들이 토론한 내용을 잠시 소개할까?
- 네, 그래 주세요.
- 첫째는, 정치적 형상을 이야기하기도 해. 다스림의 능력을 말하는 것이지. 하나님께서 인간에게 세상을 다스리라고 말씀하신 구절과 더불어 하나님은 인간에게 만물을 다스릴 만한 능력과 리더십을 주셨는데 그것이 하나님 형상의 하나라는 것이지.
- 그런 능력도 있겠네요. 그렇지만 그게 가장 본질적인 내용 같지는 않은데요.
- 그래? 학자들은 또 도덕적 형상을 이야기하기도 해. 하나님은 도덕적인 존재인데 인간도 그 도덕성을 부여받아서 선악을 구분하고, 선을 추구할 때 자유롭고 악을 행하게 되면 괴로운 본성이 있다는 것이야.
- 그것도 그럴듯하네요. 분명 그런 요소가 있네요.
- 뭐, 만족한 답이 아니라는 듯한 표정이군? 학자들은 여기에 인격적 형상이라는 것을 이야기하지. 하나님은 지정의, 즉 인격을 지닌 분인데 인간도 지정의를 가지고 있는 점이 하나님의 형상이라는 거야.
- 상당히 접근한 것 같은 느낌인데요? 그러나 그 표현은 인간 중심적

표현이라는 생각이 드는군요. 하나님이 지정의를 가지신 분이고, 인간도 동일한 지정의를 가지고 있기에 하나님을 닮은 형상이라면 그건 인격이 아니고 신격이지요?

- 맞아, 김 군 상당히 예리하네. 그러니까 그 말은 사람이 하나님을 닮았다고 해야 할 자리에 하나님이 인간을 닮았다고 표현한 것이란 말이지?
- 그렇지만 인간이 이해하는 언어로 표현하자니 인격성이라고 표현했겠지요?
- 문제 주고 답 주고 다 하시는군. 그러나 훌륭해요. 게다가 이제 영적 형상을 이야기하고 있지.
- 아, 이제야 완결되는 느낌이네요. 하나님은 영이고 인간도 그 영을 받은 영적 존재라는 말씀이지요?
- 그렇다네. 인간이 영적 존재임을 가르쳐 주는 것은 성경에만 나오는 특별한 인간관이요, 깊은 인간관이라네. 그리고 이 점은 매우 중요하다네. 왜 그리 중요한지 아나?
- 영이어야 영을 만날 테니까요?
- 원더풀! 김 군 영통했네. 바로 그거야. 인격성(신격)과 영성은 하나님과 교제하는 능력이요 속성이라네.
- 제가 정답을 맞춘 거예요?
- 정답 중에 정답이지. 이게 왜 그리 중요한가 하면 성경의 전체적 진리를 꿰뚫는 중요한 포인트이기 때문이야. 무슨 얘기냐고? 하나님이 인간을 만드신 것은 인간과 교제하고 싶어서 만드셨다는 것이야. 대화의 대상으로, 교제의 대상으로, 사랑의 대상으로 만드셨다는 것이야. 이 창세기의 가장 깊은 주제가 러브 스토리라고 내가 말한 적이 있지?
- 네, 서두에 그러셨어요. 하나님은 사랑인데 그 사랑을 쏟아 줄 대상으로 인간을 만드셨다는 이야기 같은데요?

- 그렇다니까. 하나님께서 김 군도, 나도 사랑하고 싶어서, 하나님과 사랑을 주고받고 교제하면서 대화하면서 더불어 살아가는 존재로 지으셨다는 말일세.
- 돼지도, 소도, 개도, 고양이도 하나님의 사랑을 받을 수는 있지 않나요?
- 어? 그래, 그것도 맞아. 그러나 돼지, 소, 개, 고양이는 하나님과 대화하는 능력이나 속성이 없어. 대화가 불가능한 사랑은 온전한 사랑이 될 수 없고, 안 그런가?
- 아하! 그것이 영성이군요. 하나님과 만나고 대화하고 교제하고 사랑을 주고받는 속성과 능력이 영성에 있군요?
- 그거야, 그거.
- 하나님의 대화의 상대요, 교제의 상대요, 사랑의 상대라? 대단한 가치의 존재로군요?
- 더 깊은 비밀이 있어. 인간 창조 이야기에서 뭐 더 특별한 것을 발견하지 않았나?

• '우리 이미지'(1:26)

- 더 특별한 거요? 가만 있자, 아, 여기 '우리'라는 말이 자주 나오던데요? "우리의 형상을 따라 우리의 모양대로 우리가 사람을 만들고"라고 말하는데, 이 '우리'라는 말에 무슨 큰 의미가 있지 않을까요?
- 우와! 김 군, 눈치가 보통이 아니야. 꼭 찍어낼 것을 찍어내네그려.
- 그럼, 이번에도 제가 적중한 것인가요?
- 놀라워. 한번 생각해 보자고. 여기서 우리가 '이렇게 하자'고 상의하는 모습인데, 우리가 누구누구일까?
- 글쎄요?
- 어떤 학자들은 하나님이 천상에서 천사들과 상의한 것 아니냐고 해석하는 사람들도 있지. 그러나 인간이 천사보다도 더 소중한 존재인

데 천사들과 논의한 것이라고 해석하는 것은 별로야.

- 그렇다면 경외의 복수형이거나 삼위일체 하나님?
- 역시 김 군 눈치가 빨라서 내가 정신 차려야겠어. 삼위일체 하나님께서 자기 안에서 삼위, 즉 성부, 성자, 성령님이 인간을 어떤 존재로 지을까를 논의하시고 상의하시는 것일세. 이게 보통 일인가?
- 하나님은 자기 안에서 삼위 하나님이 소통하시네요?
- 그래서 하나님은 삼위일체 하나님이고 자기 스스로 안에서 소통하시는 하나님(Self-communication)이요, 삼위가 대화하고 교제하고 소통하는 완전한 하나님이란 말일세. 여기서 내가 전문적인 말을 하나 쓰겠네. 하나님은 코이노니아로 존재하는 코이노니아 하나님이란 말일세.
- 코이노니아요? 어디서 많이 듣던 단어인데요? 코이노니아가 무슨 뜻이지요?
- 코이노니아란 신약성경에 쓰인 헬라어(그리스어)인데 영어화해서 쓰이기도 하고 그 뜻은 '친교, 교제, 사귐'을 뜻하지. 그 교제에는 먼저 대화와 소통이란 요소가 있고, 사랑과 신뢰라는 요소가 있고, 복수의 인격이 하나처럼 살아가는 뜻이 있지.
- 그런데 그냥 친교 또는 교제라는 말로 쓰지 않고 그리스어를 써야 하나요?
- 좀 더 이야기하다 보면 알게 될 것인데, 코이노니아가 차원이 깊어서 우리말 친교나 교제라는 말로는 다 표현이 안 되지.
- 그러면 코이노니아 하나님이라면 삼위일체 하나님이 자신 안에서, 즉 삼위의 하나님 성부, 성자, 성령께서 서로 대화하고 소통하고 사랑하고 신뢰하며 하나 되어 살아가시는 하나님을 표현하는 말로 사용한다는 말씀이지요?
- 바로 그 말이야. 김 군, 자네 정말 대단하군. 그 하나님이 지금 서로 논의한 거야. 다른 어떤 피조물도 하나님이 서로 논의하고 합의를

보아서 창조했다는 기록이 없지 않나?

- 그렇지요. 그런데 그게 뭐 그리 중요한가요? 그만큼 신중하게 창조하였다는 것인가요?
- 그만큼 심혈을 기울인, 마음과 생각을 쏟은 작품이라는 뜻이기도 하고, 하나 더 숨은 암시가 있어.
- 그게 뭐죠?
- 삼위의 하나님이 합의하는 내용이 무엇인가? 어떤 인간을 만들자고 합의하시던가?
- 본문 성경을 다시 한번 보겠습니다.

창 1:26 우리의 형상을 따라 우리의 모양대로 우리가 사람을 만들고

우리의 형상, 우리의 모양대로 만들자고 하시는데요? '우리'란 말에 비밀이 숨어 있는 것인가요?

- 그래, 그 '우리'의 의미를 좀 더 파고들어 보게.
- 글쎄요…아까 삼위일체 하나님이 코이노니아의 하나님이라고 했으니, 거기에 열쇠가 있지 않을까요?
- 맞아, 삼위일체 하나님이 그 삼위가 일체 되어 사는 코이노니아 이미지, '우리 이미지'로 인간을 만드신 것이라네.
- 아, 하나님 형상이란 단순한 영적 형상일 뿐 아니라 삼위일체 '우리' 이미지로 인간을 창조하셨다는 것이군요?
- 정확하게 이해하는군.
- 그럼, 인간도 삼위일체인가요?
- 하나님은 절대 완전자이므로 자신 안에 삼위일체를 이루고 계시지만, 인간은 피조물이며 완전자는 못 되지. 그러나 하나님의 우리 이미지, 코이노니아 이미지로 창조되어서 인간도 '우리'로 살게 되었다는 계시이지. 어떻게? 관계 속에서 우리 이미지를 이루며 살게 하신

것이네.

— 어떤 관계 속에서요?

— 나와 너와 하나님과 셋이 하나 된 친교 속에 살도록 만드신 거야. 이것이 '우리 이미지'이고, 하나님의 의도야.

— 그러니까 하나님이 인간을 만드실 때 영성적 존재로 만드셔서 하나님 자신의 사랑을 받고 또 하나님을 사랑하며 하나님과 대화하고 소통하고 교제하며 사는 상대로 지으실 뿐 아니라, 인간 상호간에도 사랑하고 신뢰하고 대화하고 소통하며 교제 속에 살게 하셨다는 말씀인가요? 그리고 나와 너 차원의 교제, 나와 하나님 차원의 교제 두 차원이 따로따로가 아니라 함께 있는 교제라서 우리말 '교제'란 말로 다 표현 안 되는 차원 때문에 코이노니아라는 성경 언어를 써야 했군요?

— 그걸세. 그러니까 이 코이노니아는 내가 하나님과 소통하고 내가 너와 소통하고 하는 따로따로의 관계뿐 아니라 셋이 서로 소통하고 서로 사랑하고 하나 되는 코이노니아야. 삼위일체적 코이노니아, 나와 너와 하나님이 하나 되어 교제하는 그런 코이노니아가 인간이 살아가는 방식이라고.

— 세 식구 한 가족이란 말인가요?

— 인간적인 언어로는 그렇게 말해도 되려나. 하여튼 나와 너가 하나 되고 하나님과 하나 되는 사귐 속에 사는 존재로 창조하신 것이라네.

— 그렇다면 인간은 처음부터 홀로 사는 존재로가 아니라 더불어 사는 존재로, 코이노니아를 삶의 방식으로 하는 존재로 창조되었다는 말이네요?

— 맞아. 인간은 홀로는 살 수가 없어.

— 선생님, 작은 차이라도 사실은 사실인 것 같아요.

— 뭐가?

- 제가 '내 삶의 의미가 무엇인가?' 생각하며 한 달간 유럽 여행을 했다고 말씀드렸잖아요?
- 그랬지.
- 그때 홀로 여행했거든요. 외로웠어요. 그리고 어떤 의미도 찾지 못했어요. 즐겁지도 않았고요. 그런데 겨우 이번이 두 번째 여행인데도 선생님과 대화하며 갖는 여행과 산책에 행복한 느낌이 들거든요. 이것도 코이노니아의 요소가 있기 때문인가 봐요?
- 인간은 혼자 살 수 없다는 말일세. 김 군, 우리 중 누구라도 혼자 외딴 섬에 떨어져 산다면 의미가 없어 못 살아. 육지로 나와 가족이나 친구를 만날 희망을 가지고 한동안 버틸 수는 있어도 평생 혼자 살아야 한다면 못 산단 말일세.
- 내가 살려면 너가 있어야 하는군요? 하나님도 있어야 하고요?
- 내가 젊어서 읽은 책 중에 남난희라는 여성 산악인이 쓴《하얀 능선에 서면》이란 책 내용이 생각나는데, 인상적인 멘트가 있었어.
- 무슨 내용인데요?
- 저자가 한겨울에 홀로 부산 금정산에서 고성 설악산까지 종주한 경험을 수기로 쓴 책이었지. 기억이 확실치 않은데 70여 일 걸려서 홀로 종주했다네. 눈 쌓인 산 능선을 여러 날 걷고 그 산에서 야영하고 하다 보니 감기도 걸리고 동상도 걸리고 고생이 말이 아니었어. 그런데 그가 말하기를 "그러나 고통 중 가장 큰 고통은 감기나 동상으로 인한 고통이 아니라 혼자 있다는 고통이다"라고 하더라고. 홀로 있음이 너무 외로워서 미치겠더라는 거지. 그래서 미친 짓을 했대.
- 무슨 미친 짓을요?
- 그 추운 산 위에서 텐트 치고 저녁 준비하기에 앞서 물을 끓여 눈 위에 쏟아 붓고 눈을 뭉쳐서 눈사람을 만들고(자기 형상/여기서는 죽어 있는 외형뿐이지만) 그 눈사람과 대화를 시도하곤 했다네. 그래

봐야 독백에 불과하지만 그렇게라도 안 하면 미칠 것 같더라는 것이지.

- 그 정도였다고요?
- 그렇다니까. 사람이 혼자는 살 수 없다는 것을 체험한 것이지. 자네, '내 인생의 의미가 무엇인가?' 고민하며 방황하고 찾아보고 있었다고 했지?
- 네.
- 그렇다면 의미의 철학자, 빅터 프랭클 박사가 쓴 《죽음의 수용소에서》라는 책을 읽어 본 적이 있나?
- 부끄럽지만 읽어보지 못했습니다.
- 그럼, 의미의 철학에 대하여 들어본 적은 있나?
- 네, 교양철학 시간에 얼핏 들어본 것 같기는 합니다. '인생은 의미에 산다', '인생이란 의미를 추구하는 존재다', 뭐 그런 이야기를 했다는 것 같은데요?
- 맞아. '인생은 의미에 산다'는 것을 발견하고 의미의 철학을 전개한 사람이 빅터 프랭클이라는 유대인 철학자야. 그가 나치 시절 유대인 수용소에 갇혀 죽을 날만 기다렸던 그때의 경험을 써 내려간 책이 《죽음의 수용소에서》라는 책이지. 그는 거기서 사람들을 관찰하다가 의미의 철학을 깨닫고 그것을 전개하게 되었다지. 그가 거기서 발견한 것은, 사람이 살아야 할 이유 또는 의미를 알고 있는 사람은 죽음의 수용소에서라도 어떻게든 살려는 의지가 이글거리지만, 살아야 할 이유나 삶의 의미를 갖지 못한 사람은 사형되기도 전에 삶을 포기하게 되고 또 병들어 죽더라는 것이야.
- 그 말은 맞는 것 같아요. 의미가 있어야 살지, 의미를 모르면 살 맛이 안 나거든요. 제가 하고 있는 고민이 그겁니다. '내 삶의 의미가 무엇인가?' 하는 것 말이죠. 그럼 프랭클 박사는 인생의 의미가 어디서 발견된다고 말하나요?

– '의미는 타자에게서 온다'는 것이네.

– 의미가 '나'가 아닌 다른 사람에게서 온다는 말인가요?

– 그렇다네. 가깝게는 가족이라는 너, 좀 더 크게는 민족이라는 너에게서 사명이 생기고, 그 사명을 위해 사는 것이 의미를 준다는 것이야.

– 보다 실제적으로 예를 들고 있나요?

– 예를 든다면 '나는 반드시 살아 나가야 한다. 나는 내 아내를 책임져야 한다. 나를 감옥에 보내 놓고 슬픔에 싸여 있을 아내를 생각하면 나는 탈출하든 어떻게 하든 살 궁리를 해야 한다'라든지 '나는 아이들을 키워야 한다. 내 아이들이 고아로 흩어져 고생하는 것은 상상만 해도 고통이다. 나는 반드시 살아야 한다' 등. 조금 크게 사명을 느끼는 사람도 있대. '나는 반드시 살아서 이 히틀러 나치의 만행을 온 세계에 고발하고 민족을 구원해야 한다' 그런 사명 때문에 고난을 버티고 이겼다는 거야. 이렇게 인생은 '나'가 아닌 '너'에게서 사명이 오고 의미가 살아난다고 깨달았다는 것이지.

– 왜 의미가 타인에게서 오는 것일까요?

– 왜 그런 것 같나? 성경적 인간관을 얘기할 때 짐작이 되지 않았나?

– 아, 하나님이 인간을 창조하실 때부터 너와 더불어 교제하며 살도록 창조하셨고, 너는 바로 나의 의미가 되고, 삶의 동기가 되고, 삶의 보람이 되는 것이란 말이지요?

– 맞아, 너라는 존재는 생존경쟁이나 생존투쟁의 상대나 없애 버려야 할 존재가 아니라 나의 삶의 의미가 되는 존재라네.

– '너는 바로 나다.' 그런 말이네요? 그런데 왜 사람들은 너를 죽이고 내가 살겠다고 덤비는지 모르겠어요.

– 잘못된 것이지. 그게 타락한 거야. 타락에 관하여는 다음 기회에 다시 나올 테니까 거기서 이야기하기로 함세. 좌우지간 나와 김 군은 깨달은 사람으로서 '너가 곧 나다' 하는 가치관을 가지고 인생을 살

아가도록 해봄세.

- 아, 이제야 더 분명해진다. 선생님, 그래서 하나님이 우리에게 준 계명 중 가장 큰 계명이 사랑의 계명이군요?
- 맞아, 그 사랑의 계명을 따라 사는 것이 우리의 본분일 뿐 아니라 가장 행복한 것이고, 가장 잘 사는 것이기 때문이지. 그 계명 이야기가 성경 어디에 있지?
- 마태복음에 있지요. 제가 찾아볼게요.

마 22:37-40 예수께서 이르시되 네 마음을 다하고 목숨을 다하고 뜻을 다하여 주 너의 하나님을 사랑하라 하셨으니 이것이 크고 첫째 되는 계명이요 둘째도 그와 같으니 네 이웃을 네 자신같이 사랑하라 하셨으니 이 두 계명이 온 율법과 선지자의 강령이니라

네, 하나님을 사랑하는 것이 첫째요, 다음은 이웃을 사랑하는 것인데, 특히 이웃을 사랑하라는 말을 할 때 이웃을 '네 자신같이' 사랑하라 하였네요?

- 이웃이 남이 아니라 곧 나이기 때문이지. '너는 나다'라는 원리로 이웃을, 즉 너를 사랑하라는 것이지.
- 아, 그런 원리로군요. 결국은 너라는 존재는 나를 존재하게 하는 요소이며, 내 삶의 의미를 성취하는 대상이네요. 그러면 이 지상에서 우리 삶에 있어 가장 큰 가치는 결국 사랑이네요. 내가 사는 것은 너를 사랑하기 위하여 사는 것이요, 그렇게 사랑으로 살다 보면 사실은 내 삶이 성취되고 내 삶의 의미가 살아나는 것이네요. 선생님, 저 하늘에도 별이 빛나고, 제 마음에도 별이

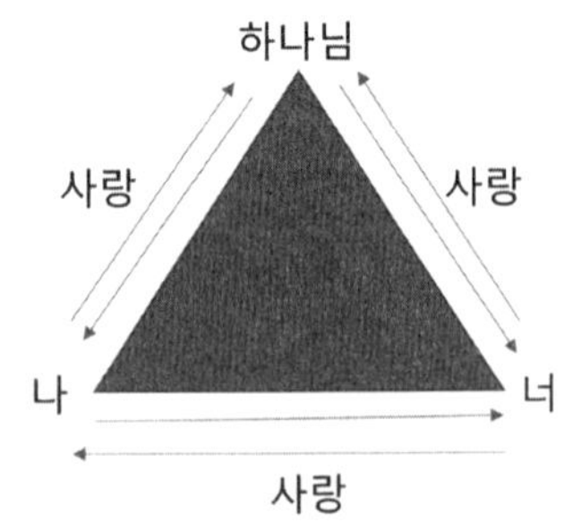

빛나고 있습니다. 이런 때 '할렐루야' 외치는 게 당연하지요? 할렐루야!

- 김 군, 오늘 한턱 쏴야겠어?
- 치킨 먹으러 갈까요?
- 이 밤에?
- 네, 어디로 가면 되지요?
- 송산면 소재지나 사강 시장까지 가면 될 터이니, 멀지는 않지만 아직 가게 문이 열려 있을까? 좀 시골이라 문을 일찍 닫았을 것 같은데?
- 여기 문 닫았으면 수원이나 안산까지 가더라도 한 번 나가 보지요? 제가 운전할 테니까요.
- 하여간 김 군, 젊은 열정이 좋아. 그러지.

- 선생님, 저 별들 보세요. 오늘 밤하늘 끝내주게 맑고 별들이 찬란하네요.
- 아마 김 군의 깨달음을 축하하기 위하여 별들이 다 고개를 내밀었나 보네. 이렇게 밝고 깨끗하게 반짝이는 것을 보니 말이야.
- 그렇네요. 하여튼 오늘 저는 다시 태어나는 기분입니다. 치킨 값은 좀 들었지만 말입니다.
- 그래 말이야. 그래서 우리는 두 방향에서 사명을 느끼게 되고, 사명을 따라 살면 삶을 열정적으로 살게 되고 보람과 기쁨을 느끼며 살게 된다는 것이야.
- 두 방향이라면 하나는 하나님이고 다른 하나는 너, 가까운 가족들로부터 크게는 민족과 인류를 위한 사명까지 느끼며 살고, 그 사명을 성취하고자 하는 것이 삶의 의미를 부여하게 되는 것이로군요. 그런데 사람들은 거꾸로 산단 말입니다. '너 죽어라, 나만 살겠다.' 이것이 뒤틀린 삶이요, 불행한 삶이로군요. 하나님을 위할수록, 너

를 위할수록 내가 살고, 내 삶의 의미가 살고 그것이 행복이 되도록 창조되었는데 역으로 살아가니 인생이 고달프기만 하고 불행한 것이지요?

- 왜 아니겠나? 치킨 사러 다녀오고 또 이야기하다 보니 졸리는데 텐트로 들어가 이제 잠을 한번 청해 볼까?

- 아, 야영인데도 푹 잤네요. 아마 제가 진리를 얻었기 때문에 만족하고 평안한 맘이어서 단잠을 잔 모양입니다.
- 그래, 그렇게 느껴져? 좋은 일이군. 오늘은 매우 특별한 새벽이 되겠군.
- 네, 아직 별이 희미하게 보이네요. 이젠 여명이 밝아올 모양이네요.
- 동쪽을 봐. 벌써 여명 색이 올라오고 있어.
- 안반덕에서도 아름다운 여명을 보았는데, 오늘 여기서도 매우 아름다운 여명과 일출을 보겠는데요?
- 저 밝아오는 여명은 카메라에 담아야겠는데, 장 노출로 한번 찍어야겠어.

- 아니, 눈으로 보는 것보다 카메라가 잡은 빛이 더 아름다워요?
- 장 노출이어서 약간의 변화까지 겹쳐 담겼으니 달리 보일 수 있지. 정말 아름답네. 오늘 김 군의 깨달음과 새 출발을 축하해 주는 것처럼 아름다운 여명이네.
- 선생님, 그런데 이거 앞부분 삘기꽃이 육안으로 볼 때는 검게 보이는데 이 사진에는 밝게 나왔어요?

- 아까 내가 손전등을 한번 조금 멀리서 비춘 적이 있지? 그때 카메라가 열려 있었고 그래서 그 빛에 다 보이게 찍힌 거라네.
- 아, 그렇구나. 카메라에 문외한이라서….
- 자, 다시 하나님의 인간 창조 기사로 돌아가 더 눈에 띄는 게 있었던가?
- 네, '남자와 여자'를 창조하셨다고 기록하였던데요?

• 남자와 여자(1:27)

창 1:27 하나님이 자기 형상 곧 하나님의 형상대로 사람을 창조하시되 남자와 여자를 창조하시고

- 그래, 하나님의 우리 이미지로 만드셨는데 남자와 여자로 만드셨다는 것을 강조하여 처음부터 밝히고 있는 것은 무슨 의미일까?
- 아! 나와 너가 하나 되어 사는 코이노니아로서 최초의 인간관계를 부부관계로 남자와 여자가 한 몸으로 살아가는 진리를 세우신 것 아닐까요?
- 흠, 좋아요. 대체로 다른 동물들도, 심지어 식물들도 번식을 위하여 암컷과 수컷이 있는 것인데, 단순히 종족 번식을 위한 남자와 여자로 보기에는 숨겨진 비밀이 있는 것 같지 않나? 김 군이 눈치챈 대로 하나님께서 남자와 여자로 인간을 지으셨다는 것은 단순한 종족 번식 이상의 의미가 있다는 것이지. 삼위일체 하나님의 우리 이미지로 인간을 만드셨기에 인간은 홀로는 살지 못하지. 더불어 살게 하셨는데 최초의 파트너를 남자와 여자로 하신 것이야. 창세기 2장에 가면 남자와 여자가 한 몸 되는 결혼생활에 대한 계시도 나오는데, 그때 자세히 살펴보겠지만, 한 남자와 한 여자는 한 몸으로 살아가는 코이노니아 삶을 완성하는 관계요, 더 큰 이웃, 더 큰 사회를 사랑하기 위한 기본적 하나 됨의 단위로 세우신 것이 아닐까?

- 하나님은 사랑의 하나님으로 이미 우리 곁에 계시니까, 우리 이미지, 삼위일체 이미지를 이루는 수평적 관계의 최초 기본 단위로 남자와 여자가 한 몸 되어 코이노니아를 이루는 상대가 되도록 창조하신 것이란 말이군요.
- 맞아. 인간의 수평적 코이노니아 관계는 남자와 여자가 이루는 결혼관계가 가장 기본이 되는 관계요, 부부가 하나 되는 이 관계가 하나님과 하나 됨의 관계를 더 깊이 이해할 수 있게 해주는 역할도 하겠지. 그래서 예수님과 우리의 관계를 혼인 관계로 비유하기도 한다네. 창세기 2장의 혼인 관계에서 확인되듯이 "남자가 부모를 떠나 그의 아내와 합하여 둘이 한 몸을 이룰지로다" 하고 말씀하심으로 한 남자와 한 여자의 한 몸 된 코이노니아가 신비한 하나님 관계와 연결되어 완성되어 가는 '우리' 이미지를 지향하게 되어 있다네.
- 부부관계가 기본적인 인간 코이노니아의 실현이네요. 장가는 꼭 가야겠는데요?
- 물론이지. 요즘 TV에 '나 혼자 산다'나 '미운 우리 새끼' 등 싱글들의 삶을 그리는 프로그램도 많은데 아무래도 혼자 사는 게 좋아 보이지 않고 어딘지 쓸쓸하고 애잔해 보이더라고.
- 결혼 안 해도 친구들과 동료들과 교제하며 살아가기는 해요.
- 그래도 이 기본 단위, 그리고 훨씬 깊이 하나 되는 경험을 하는 코이노니아의 기본 관계를 경험하지 못하고 사는 것은 조금은 모자란 데가 있는 것 같아. 김 군은 꼭 적절한 여인 만나서 결혼하고 더불어 하나님 사랑하며 이웃 사랑하며 사는 풍성한 코이노니아의 삶을 누리시게나.
- 네, 관심 가져 주세요. 좋은 아가씨 보시거든 소개도 해 주시고요.
- 오케이, 좋아요. 그다음 인간 창조 기사에서 무엇이 발견되던가?
- 선생님, 잠깐만요. 일출이 기가 막혀요. 사진 안 찍으세요?
- 그래, 잠시 사진 찍고 이야기할까?

- 오늘 여명에 일출도 기가 막히게 아름답군. 자, 이제 창세기 이야기를 이어감세.
- 다시 한번 읽어 보아야 하겠는데요?

• **축복과 사명(1:28)**

창 1:28 하나님이 그들에게 복을 주시며 하나님이 그들에게 이르시되 생육하고 번성하여 땅에 충만하라, 땅을 정복하라, 바다의 물고기와 하늘의 새와 땅에 움직이는 모든 생물을 다스리라 하시니라

- 하나님께서 최초의 인간에게 세 가지를 말씀하셨는데요,
  "생육하고 번성하여 충만하라."
  "땅을 정복하라."
  "모든 생물을 다스리라."
- 이 말씀들은 축복일까, 사명일까?
- 여기 보면 "그들에게 복을 주시며 하나님이 그들에게 이르시되"라고 기록하는데요. 이는 축복이면서 동시에 사명인 것을 나타내는 것 같지 않나요?
- 그런 것 같지? 김 군, 아주 잘 보는데? 사실 이는 전체 성경적 원리인 것 같아. 하나님은 복을 주시고 그 복은 언제나 사명으로 이어지더라고. 다음에 이에 대하여 길게 이야기할 기회가 올 것 같아서 여기서는 간단하게 짚고 넘어가는데, 축복과 사명의 성격을 지닌 말씀임에 틀림없어.
- 그렇다면 이를 억지로 하는 의무로 받아들이기보다는 축복으로 받아들여 기꺼이 순종하면 다 축복이 되는 것 아닌가요?
- 원더풀, 김 군. 대단히 정확한 이해이고 태도야. 그러면 어떻게 하라는 것인지, 어떻게 순종해야 하는지 생각해 보자고. 이게 각각 무엇을 말씀하시는 것일까?

• **생육하고 번성하라**

- 먼저 “생육하고 번성하라”는 말씀은 이제 큰 지구 위의 최초의 인간이니까 부지런히 낳고 기르고 번성하고 충만하라는 글자 그대로 아니겠어요?
- 그럼 인구가 많이 늘어난 지금도 이게 축복이고 문자적으로 지켜져야 할까?
- 물론이지요. 오늘날은 출산율이 너무 하락하여 나라가 망할까 걱정하는 시대가 되었으니 더욱 축복으로 받아들이고 성취하고 순종해야 할 말씀 아니겠어요?
- 김 군, 정말 옳은 말 했네. 생육하고 번성하라는 말은 예나 지금이나 축복의 말씀이며 동시에 사명의 말씀이기도 한 게 맞네.
- 우선 우리나라 상황에서 이 말씀은 진지하게 받아야 한다고 봅니다. 우리나라는요 1980년대 중반부터 본격적으로 저출산 사회로 진입하였으나 크게 문제시되지 않았습니다. 그러나 2000년대 들어 심각한 사회문제로 인식되기 시작하였지요. 우리나라 합계 출산율(15~49세의 출산 가능한 여성이 평생 낳는 자녀의 수)은 1960년 6.0에 육박하였으나 인구 증가를 경제성장의 억제 요인으로 인식한 박정희 정권에 의해 국가적 차원에서 가족계획사업이 적극적으로 실시되고, 1960~1970년대의 산업화 및 여성의 경제활동 참여 증가 등의 요인이 맞물리면서 출산율이 급격히 감소하기 시작하였지요. 1970년 4.5명으로 감소한 우리나라 합계 출산율은 1984년 2.06명으로 현상 유지가 가능한 인구 대체 수준인 2.1명 아래로 떨어졌습니다. 가족계획사업이 종료된 후인 1990년대 이후에도 출산율은 지속적으로 감소하여 2000년 1.47명, 2010년 1.23명으로 지극히 낮은 수준을 유지하여 현재 우리나라는 ‘초 저출산’ 시대를 맞이하고 있거든요. 2014년 현재 우리나라 합계 출산율은 1.21에 불과하여, 미국(1.86), 일본(1.42)보다 낮고, 이는 경제협력개발기구(OECD) 34개 회원국 중

에서 가장 낮은 수준이란 말입니다. 저출산 문제는 사회를 유지하기 위한 기본 요소라고 할 구성원의 감소와 경제활동 가능 인구의 축소, 고령화에 따른 복지비용의 증가를 떠받칠 노동인구의 부족 등으로 사회에 부정적 영향을 미칠 것이라 예상되고 있지요. 우리는 정말 생육하고 번성해야 합니다. 오히려 오늘날 대단히 심각하게 받아들여야 할 명제요, 축복이요, 사명이 아니겠습니까?

- 아니, 김 군. 갑자기 인구 문제가 나오자 돌변하여 흥분하고 열변을 토하네. 어메, 놀라라.
- 제가 그랬나요? 사실은 제가 휴학하기 전 마지막 학기에 이 저출산 문제에 대하여 연구 발표한 바 있거든요. A학점 받았고요.
- 그래? 어쩐지 열정적으로 술술 이야기를 하더구먼.
- 우리 그리스도인들부터 생육하고 번성하기 운동을 해야 할 것 같지 않을까요?
- 그렇지.
- 그다음에는 "땅을 정복하라" 하시는데, 이 말씀은 무엇을 하라는 걸까요?

• 땅을 정복하라

- 이 말씀은 그동안 오해되어 자연을 많이 파괴하는 정당성으로 부정적으로 사용되기도 한 구절인데….
- 땅을 정복하라고 하니까 지구상의 자연을 마구 파괴하면서 정복하는 것으로 정당화했다고요? 말도 안 돼. 그나저나 무슨 뜻이고, 뭘 하라는 것이지요?
- 땅을 파괴하는 것이 무슨 축복이고 사명이 되겠나? 분명 그런 의미가 아닌 것은 확실한데, 사실 이 구절은 난해 구절 중 하나로 취급되어 왔어. 무엇을 말하는지 알 수 없다는 거였지.
- 히브리어로 '정복하라'는 말은 무슨 뜻인데요?

- 일단 히브리어 용례를 보면, 카바쉬(כָּבַשׁ)라는 단어인데 이 단어는 '정복하다, 속박하다, 강요하다'라는 뜻을 가지고 있다네. 구약성경에서 이 단어는 '필요할 경우에 강제로 봉사하도록 만드는 것'을 의미한다는 것일세. 카바쉬는 정복할 경우에 어떤 유형의 강제가 필요 불가결한 것이니 정복당하는 편이 정복하는 편을 적대하기 때문임을 가정한다고 보아서 짐승들 중에 인간을 대적하는 경우가 있을 것을 예상하고 하는 말이라고 해석하는 경우도 있었지.
- 그 해석도 아닌 것 같은데요. 타락하기 전 짐승들은 인간에게 순종하게 되어 있었지 않나요?
- 대적하게 되어 있지 않았던 것 같아. 짐승들의 이름을 아담이 지어주거든. 이름을 지어 준다는 것은 지배권을 가지고 있다는 뜻이기도 하지. 적어도 타락 이전에 짐승이 인간을 대적했다고 설정하는 것은 무리인 것 같아.

창 2:19 여호와 하나님이 흙으로 각종 들짐승과 공중의 각종 새를 지으시고 아담이 무엇이라고 부르나 보시려고 그것들을 그에게로 이끌어 가시니 아담이 각 생물을 부르는 것이 곧 그 이름이 되었더라

창세기 9장을 보면 짐승들이 사람을 두려워하도록 사람 손에 붙인다고 하였는데, 이것은 짐승을 먹이로 허락하신 이후의 말씀이거든. 노아 홍수 이전, 아니 타락 이전에는 사람들이 식물만 식료로 사용하게 되어 있었으므로 짐승들과 대적 관계가 아니라 평화스러운 관계였을 것이기에 짐승들을 대적으로 상정할 이유가 없는 것이지.

창 9:2-3 땅의 모든 짐승과 공중의 모든 새와 땅에 기는 모든 것과 바다의 모든 물고기가 너희를 두려워하며 너희를 무서워하리니 이것들은 너희의 손에 붙였음이니라 모든 산 동물은 너희의 먹을 것이 될

지라 채소같이 내가 이것을 다 너희에게 주노라

- 그럼 정복하라는 말씀은 누구를 대적으로 상정한 것일까요?
- 글쎄, 정복(כָּבַשׁ/카바쉬)이란 말은 민수기 32장 22절, 29절, 여호수아 18장 1절, 역대상 22장 18절에서 쓰이는 것처럼 가나안 땅을 정복할 때 쓰인 단어로, 대적을 상정하고 쓰이는 말임에는 틀림없거든. 그렇다면 처음 창조된 지구에, 그 아름다운 에덴동산에 인간을 대적할 어떤 존재가 있었다는 것일까? 인간이 정복하고 극복해야 할 대상이 무엇이란 말일까? 나도 오래 생각해 보았는데 잡히지 않는 개념이야.
- 아, 선생님, 뱀이 아닐까요? 즉 마귀 아닐까요?
- 뭐, 뱀이라고?
- 아니, 어떻게 그런 상상을 했지?
- 아니, 창세기 이야기에, 그러니까 창세기 3장에 인간 타락 이야기가 나오지요?
- 그렇지.
- 거기 인간 타락 이야기에 뱀이 등장해요. 그리고 뱀을 극복하지 못하여 인간은 타락의 구렁텅이로 떨어진단 말이에요.
- 그래서?
- 그러니까 아담과 하와가 살던 아름다운 에덴에서는 아무것도 대적할 것은 없어요. 오직 이 악의 세력, 뱀밖에는 경계할 것, 정복할 것, 극복할 것이라고는 없는 것이지요.
- 아하, 김 군, 대단한 통찰이야. 이런 해석은 그동안 있어 온 해석이 아니므로 절대적으로 주장하지는 말자고. 그러나 조심스럽게 이 해석을 제안해 보는 것이야. 요한계시록을 보면 뱀은 마귀요 사탄이라고 말하거든.

계 20:2 용을 잡으니 곧 옛 뱀이요 마귀요 사탄이라 잡아서 천 년 동안 결박하여

타락 이전에 에덴동산에서 인간의 대적이 될 만한 것은 뱀밖에 없었다, 그건 맞는 말이지? 김 군이 굉장한 상상력으로 발견해 냈네그려. 대단해. 그러고 보니 그 외의 대적은 없는 게 분명하니까, 우리가 처음부터 싸워 정복해야 할 대상은 마귀일 뿐이란 말이지?

- 아, 쑥스러운데요? 이런 해석은 나온 적이 없다고요? 조심스러우면서도 하나님께서 제게 이런 깨달음을 주셨다면 감사할 뿐이지요.
- 그러고 보니 바울 사도가 우리의 싸울 대상은 오직 마귀라고 한 말씀이 있는데, 마귀와의 싸움은 에덴에도 있었구나 싶네그려.

엡 6:12 우리의 씨름은 혈과 육을 상대하는 것이 아니요 통치자들과 권세들과 이 어둠의 세상 주관자들과 하늘에 있는 악의 영들을 상대함이라

그리고 예수님께서도 마귀를 이 세상, 이 땅의 임금이라고 부르신 적이 있어. 그러니 우리의 정복 대상은 이 땅, 이 세상 임금인 마귀라고 생각될 수 있단 말이지.

요 12:31 이제 이 세상에 대한 심판이 이르렀으니 이 세상의 임금이 쫓겨나리라

요 16:11 심판에 대하여라 함은 이 세상 임금이 심판을 받았음이라

땅을 정복하라는 말씀을 이 땅에서 임금 노릇 하는 마귀를 정복하라는 뜻으로 조심스럽게 이해해 보자구. 아담과 하와는 뱀을 정복

해야 했어. 사탄의 권세를 정복해야 했어. 지금도 우리는 이 사명 앞에 있는 것이지.

- 그러고 보니 하나님은 아담에게 처음부터 악의 세력, 땅의 임금 노릇 하는 마귀의 세력에 대하여 경고하고, 정복하여 이기라고 하신 것이네요? 하나님과만 교제하고 서로 사랑하면서 살면 에덴이요 천국일 텐데, 처음부터 우리는 정복해야 할 대상이 있었군요. 그러니 오늘날 이 세상을 살면서 온갖 갈등과 고난이 있는 것은 이미 있는 일로 전제하고 극복해 나가야 하는 과제네요. 세상이 악하다 악하다 해도 인간의 운명은 그 악을 극복하고 정복해야 할 것이지, 지면 안 되겠어요. 피할 수도 없는 싸움이고요. 우리가 싸울 대상은 마귀요 악의 세력인데, 우리는 거꾸로 싸울 대상과는 안 싸우고 사랑해야 할 이웃과 나를 이루게 하는 너(타인)와 싸우며 사는 어리석은 자였네요.
- 김 군, 대단하이. 김 군 때문에 내가 많이 배우네.
- 아이고, 선생님, 선생님이 바로 생각할 수 있는 방향으로 저를 이끌어 주시기 때문이지요. 부끄럽게 너무 칭찬하지 마십시오.
- 또 뭐가 있나?
- 이제는 다스리라는 말씀이 있는데요?

• 다스리라

- "바다의 물고기와 하늘의 새와 땅에 움직이는 모든 생물을 다스리라"(창 1:28) 하셨어요. 다스리라는 말은 정복하라는 말과는 다르지요?
- 물론 다르지.
- 히브리어의 용례는 어떤가요?
- '다스리다'의 히브리어는 라다(רדה)인데 이 단어는 그대로 '지배하다, 다스리다'를 의미한다네. 그냥 다스리라는 것이야. 그보다도 다스리

라는 대상에 주목해 보지. 누구를 또는 무엇을 다스리라고 하는지?

- 본문에 의하면 사람이 통치할 대상들은 다섯 종류로 분류되는데요.

  ① 바다의 물고기들

  ② 공중의 새들

  ③ 육축(가축)

  ④ 온 땅

  ⑤ 땅에 기는 모든 것

  네 번째로 언급한 온 땅이 달리 해석되지 않는다면 주로 움직이는 생물, 즉 동물권을 다스리라고 했는데요?

- 이 다스린다는 말도 오해가 있었던 단어라네. 군정이나 독재 역사를 경험한 많은 나라의 사람들이 다스린다 하면 구둣발로 짓밟아 마음대로 닥치는 대로 부리는 이미지를 떠올리지. 때문에 단순 명령 복종식 다스림을 상상하는데, 그래서 정복하라는 말과 동일선상에서 해석을 하여 동물들을 닥치는 대로 사냥하고 훼손하는 일의 정당성의 근거로 오용되기도 했다네.

- 그래요? 그렇다면 그렇게 폭력이나 학대로 다스리는 것은 아닌 모양이네요?

- 여기서 좀 크게 생각을 넓혀 보아야겠어.

- 어떻게요?

- 우리가 하나님이 창조한다고 할 때 창조 기사에 '바라'(창조)라는 단어가 세 번 쓰였다고 했지 않나?

- 그랬지요. '천지를 창조하다'라는 전체적 총론을 말씀하실 때 한 번 썼고(창 1:1), 두 번째는 동물 창조 시에 한 번 쓰고(창 1:21), 세 번째는 인간 창조 시에 썼습니다(창 1:27).

- 그렇다면 이 창조란 말이 쓰일 때마다 차원이 하나씩 높아지는 것 같아. 식물과 달리 동물에게는 식물에 없는 뭔가가 있었다는 것 아

니겠나?

- '움직이는 생물'이었지요?
- 단순히 움직인다는 것 말고 또 더 중요한 비밀이 숨어 있지 않을까?
- 글쎄요, 뭘까요?
- 동물에게는 식물에게 없는 혼이 있다는 것 아닌가?

전 3:21 인생들의 혼은 위로 올라가고 짐승의 혼은 아래 곧 땅으로 내려가는 줄을 누가 알랴

- 동물에게는 인간과 동일하지 않지만 혼이 있다는 거야. 즉 느끼고 호불호를 나타내고 교감하는 속성이 있다는 것이지. 그래서 동물들을 다스리라고 한 것은 동물들을 돌보며 동물과도 교감하며 즐거운 삶을 누리도록 한 것이 아닐까? 그래서 사람들은 팻, 반려동물을 키우기도 하는 것인데 동물을 사랑하고 살피고 돌보라고 사명을 주신 것이 아닐까? 어쨌든 여기서 다스린다는 것은 굴복시키거나 복종시킨다는 개념보다는 돌보고 거느린다는 뜻이거든. 성경에서 다스림의 이미지는 예수님의 이미지에서 결정된다네.

마 2:6 또 유대 땅 베들레헴아 너는 유대 고을 중에서 가장 작지 아니하도다 네게서 한 다스리는 자가 나와서 내 백성 이스라엘의 목자가 되리라 하였음이니이다

여기에 보면 한 '다스리는 자'가 나와서 이스라엘의 '목자가' 되리라 하였지? 성경적 다스림, 예수님의 다스림은 목자적 다스림이라네.

- 목자적 다스림은 어떤 의미인가요?
- 그렇게 단도직입적으로 물으니 뭐라고 한마디로 답해야 할지 모르겠네. 관련된 성경 말씀부터 살펴보자고.

삼하 5:2 전에 곧 사울이 우리의 왕이 되었을 때에도 이스라엘을 거느려 출입하게 하신 분은 왕이시었고 여호와께서도 왕에게 말씀하시기를 네가 내 백성 이스라엘의 목자가 되며 네가 이스라엘의 주권자가 되리라 하셨나이다 하니라

이 말씀은 다윗에 대한 하나님의 말씀을 백성들이 인용하고 있는 것인데, 역시 목자로서의 주권자를 이야기하고 있지? 하나님께서 이스라엘에 왕을 세우시는 것도 목자로서의 역할을 하도록 하시기 위하여 왕을 세우신다는 말씀인데, 사실은 하나님 자신이 이스라엘의 목자라고도 하시지. 이사야 40장의 말씀에서 목자가 하는 일이 무엇인지 김 군이 찾아보겠나?

- 네, 제가 읽어 보지요.

사 40:11 그는 목자같이 양 떼를 먹이시며 어린 양을 그 팔로 모아 품에 안으시며 젖 먹이는 암컷들을 온순히 인도하시리로다

첫째는, 양 떼를 먹이는 것인데요?
둘째는, 어린 양을 품에 안으시는 것이니, 보호한다는 뜻일까요?
셋째는, 온순히 인도하는 것이고요.
그렇다면 먹이고 보호하고 인도하는 역할인데요?

- 오케이, 좋아. 하나님 자신이 목자로서 다스리고 계신다는 것이고, 이 이미지로 예수님의 다스림도 규정되고 있는 것이라네. 예수님 스스로도 자신을 목자라고 규정하신 적이 있지?

요 10:11-16 나는 선한 목자라 선한 목자는 양들을 위하여 목숨을 버리거니와 삯꾼은 목자가 아니요 양도 제 양이 아니라 이리가 오는 것을 보면 양을 버리고 달아나나니 이리가 양을 물어 가고 또 헤치느

니라 달아나는 것은 그가 삯꾼인 까닭에 양을 돌보지 아니함이나 나는 선한 목자라 나는 내 양을 알고 양도 나를 아는 것이 아버지께서 나를 아시고 내가 아버지를 아는 것 같으니 나는 양을 위하여 목숨을 버리노라 또 이 우리에 들지 아니한 다른 양들이 내게 있어 내가 인도하여야 할 터이니 그들도 내 음성을 듣고 한 무리가 되어 한 목자에게 있으리라

- 양을 위하여 목숨을 바치는 목자로 선포하고 계시네요?
- 그렇지? 그러니 다스린다는 말은 책임지고 먹이고 보호하고 인도한다는 것을 의미하는 것이지. 예수님의 다스림의 이미지는 사자와 어린양이라는 극적으로 대비되는 이미지에서 절정을 이루지.

계 5:5-6 장로 중의 한 사람이 내게 말하되 울지 말라 유대 지파의 사자 다윗의 뿌리가 이겼으니 그 두루마리와 그 일곱 인을 떼시리라 하더라 내가 또 보니 보좌와 네 생물과 장로들 사이에 한 어린양이 서 있는데 일찍이 죽임을 당한 것 같더라 그에게 일곱 뿔과 일곱 눈이 있으니 이 눈들은 온 땅에 보내심을 받은 하나님의 일곱 영이더라

여기 요한계시록의 묘사에 의하면, 사자라는 용맹과 위엄을 상징하는 왕의 이미지가 나오고 어린양이라는 희생의 이미지가 나오는데 둘 다 예수님을 나타내는 이미지라네. 예수님은 유대 지파의 사자, 즉 위엄과 권세의 왕이야. 그런데 동시에 백성을 위하여 죽임당하는 어린양이야. 그래서 예수님의 이미지에서 다스린다는 말은 다스림을 받는 자에게 군림하는 다스림이 아니라 다스림의 대상을 책임지고 돌보고 지키는 다스림인 것이지.

- 아, 그러면 하나님께서 우리 사람들에게 지구상의 모든 생물을 맡기면서 돌보고 지키고 잘 살게 하라는 사명을 주신 것이네요?

- 그렇지, 그러면서 우리도 즐거움을 누리는 거야.
- 그래서 사람들에게 동물 애호의 본성이 있는 거구나. 하여튼 동물 보호 운동도 정당한 성경적 근거를 갖네요.
- 그렇다네. 그런데 뒤로 가면서 더 보면 이 땅의 동물만 아니고 만물을 다스리도록 하신 것을 알 수 있네.

시 8:6-8 주의 손으로 만드신 것을 다스리게 하시고 만물을 그의 발 아래 두셨으니 곧 모든 소와 양과 들짐승이며 공중의 새와 바다의 물고기와 바닷길에 다니는 것이니이다

이렇게 시편에도 동일한 내용이 있는데 다른 시편에서는 땅 전체를 인간에게 주셨다고 말하지. 그러니까 땅의 일을 전적으로 다스리게 위임하셨다는 것이라네.

시 115:16 하늘은 여호와의 하늘이라도 땅은 사람에게 주셨도다

이 땅의 일의 위임에 관하여는 또 이야기할 기회가 올 것이네. 자, 다음으로 인간에 대한 창세기 창조 기사에서 또 무엇을 발견하는가?

- **인간의 양식(1:29)**

창 1:29 하나님이 이르시되 내가 온 지면의 씨 맺는 모든 채소와 씨 가진 열매 맺는 모든 나무를 너희에게 주노니 너희의 먹을거리가 되리라

- 인간의 먹을거리는 모든 채소와 나무의 씨 또는 열매라고 해야 하겠지요? 처음 먹을거리는 식물성이네요. 초기 인간은 육식을 하지 않

았나 봐요?

- 그렇군, 노아 홍수 이후에 육식을 허락한 것으로 나오지. 채식으로 충분히 살 수 있는 신체 조건이었다는 것이지. 요즘도 채식 위주의 식단이 건강에 좋다고 말하기도 하더라고.
- 하여간 먹을거리가 자연 속에 있게 하셨다는 축복이 중요한 것이겠지요? 그리고 동물들에게도 이 채소를 먹을거리로 주시네요. 초기에는 육식동물도 없었던 모양입니다.
- 대체로 노아 홍수 이후 육식이 시작된 것으로 이해되지?
- 노아 홍수 이후에는 왜 육식을 허락하셨을까요?
- 그 이야기는 노아 홍수 이야기를 할 때 나누어 보기로 하지. 더는 관찰할 게 없나?
- 마지막으로 한 가지 특징이 있습니다.
- 뭔데?

• 보시기에 심히 좋았더라(1:31)

창 1:31 하나님이 지으신 그 모든 것을 보시니 보시기에 심히 좋았더라 저녁이 되고 아침이 되니 이는 여섯째 날이니라

- 6일간 지구를 조성하실 때 매일 말미에는 보시기에 좋았다고 기록합니다. 정확하게는 첫째 날 빛을 창조하시고 좋았더라 하시고, 둘째 날은 이 말이 없고, 셋째 날은 좋았더라 두 번 말씀하시고, 넷째 날과 다섯째 날에 각각 좋았더라 하시고, 여섯째 날에 동물을 만드시고 좋았더라 하시어, 둘째 날은 없지만 합하면 "하나님이 보시기에 좋았더라"는 말이 여섯 번 기록됩니다. 그런데 인간을 창조한 이야기 끝에는 "하나님이 보시기에 '심히' 좋았더라"라고 기록됩니다.
- 아이쿠, 김 군, 자세히도 관찰하였네. 대단하구먼.
- 어제 여기 오기 전에 이 부분 자세히 읽고 왔습니다.

- 좋아, 그런 탐구심이 있어야지. 인간 창조 이전에도 하나님이 보시기에 좋았더라고 말씀하시는 것을 보면 지구상에 조성된 모든 자연 만물은 그 자체로도 하나님 보시기에 좋은, 감상 가치가 있고 의미가 있는 하나님의 작품이라 해야겠지?
- 그렇겠지요. 그러나 하나님의 관심은 여전히 인간이니까 인간을 지으시고는 보시기에 심히 좋았다고 만족감을 표시하셨겠지요? 그래서 하나님의 창조의 관심은 당신의 사랑의 대상으로서의 인간이었음을 다시 보여주는 셈이지요. 인간은 하나님의 최고의 걸작품이라는 것 아니겠어요? 그러므로 인간의 본분을 생각한다면 당연히 하나님을 기쁘시게 하는 것이요, 하나님을 영광스럽게 찬양하는 것이 아닐까요?
- 맞아. 우리 찬송 하나 부를까?

주 하나님 지으신 모든 세계(찬송가 79장)

주 하나님 지으신 모든 세계 내 마음속에 그리어 볼 때
하늘의 별 울려퍼지는 뇌성 주님의 권능 우주에 찼네
주님의 높고 위대하심을 내 영혼이 찬양하네
주님의 높고 위대하심을 내 영혼이 찬양하네

- 찬송을 부르고 나니 햇살이 온 땅에 퍼졌네요. 이제 오늘은 돌아가시지요?
- 다 끝났나?
- 엿새간 창조도 다 끝나고 창세기 1장이 끝났으니 2장은 다음에 다루실 것 아닌가요?
- 아니야, 아직 이 단원이 안 끝난 것 같아. 2장을 조금 보라고.

안식일의 축복(창 2:1-3)

창 2:1-3 천지와 만물이 다 이루어지니라 하나님이 그가 하시던 일을 일곱째 날에 마치시니 그가 하시던 모든 일을 그치고 일곱째 날에 안식하시니라 하나님이 그 일곱째 날을 복되게 하사 거룩하게 하셨으니 이는 하나님이 그 창조하시며 만드시던 모든 일을 마치시고 그날에 안식하셨음이니라

- 하루가 더 있네요? 일곱째 날이 나와요.
- 그렇지? 창조 이야기는 일곱째 날로 완성되고 끝나는 것이라네.
- 일곱째 날의 의미는 무엇이지요?
- 2장 1절에 "천지와 만물이 다 이루어지니라"라고 되어 있지?
- 천지와 만물의 창조는 여섯째 날로 다 끝났다는 이야기인데요? 그런데 일곱째 날이 또 나와요?
- 일곱째 날의 의미가 무엇인지 한번 성경에 나와 있는 대로 찾아보게.
- 글쎄요? "하나님이 그가 하시던 일을 일곱째 날에 마치시니", 여섯째 날까지는 작업을 하셨고 일곱째 날에는 마치셨다는 것인데요. 더 이상 작업을 하지 않으셨다는 것인데요? 창조 작업은 끝났고 더 이상 하시지 않았어요.
- 그러면 일곱째 날에 하나님이 하신 게 무엇인지 찾아보게.
- "일곱째 날에 안식하시니라", 안식하셨다고 기록하는데요? 안식하셨다는 게 쉬었다는 말 아니에요? 하나님이 엿새 동안 작업해서 피곤하셨던가요? 그럴 리 없지 않나요?
- 피곤해서 쉬었다는 말은 하나님에게는 해당되지 않는 말이지. '안식'이란 말의 히브리어 샤바트(שָׁבַת)는 휴식이란 뜻 이전에 일의 멈춤을 의미하며, 하나님이 안식하셨다는 것은 하나님께서 피곤해서 쉬셨다는 뜻이 아니라 일을 완성하시고 멈추시고 감상하면서 즐거워

하셨음을 의미하는 것이지. 하나님이 움직이던 일손을 놓고 6일간 지으신 만물을 바라보면서 감상하시면서 즐기시는 장면을 상상해 보게. 그것이 일곱째 날에 하신 것이야. 그리고 일곱째 날을 만드셨다는 것이 중요해. 일곱째 날을 어떻게 하셨다고 기록하지?

- "하나님이 그 일곱째 날을 복되게 하사 거룩하게 하셨으니", 복되게 하사 거룩하게 하셨다고 하네요.
- 우선 복 주신 날이라는데, 누구에게 복을 주신 것일까?
- 창조자께서 피조물에게 복을 주신 것이지요? 그중에서도 피조물의 대표인 인간에게 복을 주신 것이겠지요?
- 하나님이 창조사역을 이루시고 쉬며 감상하고 즐거워하셨듯이 인간들도 6일간 만물을 다스리고 관리하다가 일곱째 날에 쉬면서 감상하면서 즐거워하면서 하나님을 기억하게 하셨다네. 이후에 이 일곱째 날이 우리 인간에게 안식일 제도가 되어 안식일을 지키도록 계명이 만들어지는 근거가 되거든. 이 안식일은 하나님께서 엿새간 일하시고 일곱째 날에 안식하신 것을 근거로 인간들도 안식일에 쉬도록 하는 섭리가 된다네. 타락 이전에도 만물을 돌보고 다스리는 노동이 주어졌고, 일곱째 날은 쉬면서 성취한 일들을 즐거워하고 감격하는 날로 정해 준 것이라네.
- 그래서 이후 인생은 7일 주기로 일하고 쉬는 신체 리듬과 생활 리듬을 갖도록 하신 것이군요?
- 그렇지. 그리고 이것은 동시에 하나님께서 엿새간 창조하신 만물을 인간에게 주시고 위임하셨는데, 이 창조 세계가 인간에게 축복이 되게 하셨다는 뜻이라네.
- 거룩하게 하셨다는 것은 무슨 의미이지요?
- 인간에게는 축복이 되고 이제 하나님께는 영광이 되는 날로 정하셨다는 뜻이지. '거룩'이란 말의 히브리 원어 카데쉬(קָדַשׁ)는 '성결하다, 구별하여 바치다, 거룩하게 하다' 등의 뜻인데, 성경 중 거룩이란 말

은 이곳에서 처음 나오지만 구약에 많이 사용된 말이지. 원래 거룩이란 하나님께만 해당되는 말로서, 상대적인 피조물에게 쓰일 때는 거룩하신 하나님과의 관계에서만 사용되고 있다네.

- 그렇다면 일곱째 날을 거룩하게 했다는 것은 하나님께 속한 날로 구별했다는 뜻이겠네요?
- 맞아, 날은 같은 날이로되 하나님이 구별하신 하나님께 속한 날, 즉 하나님을 인지하고 하나님을 경배하고 하나님을 찬양하는 날로 정하신 것이야. 따라서 안식일은 6일간 지으신 만물이 하나님의 것임을 인지하는 날이며, 인간을 대표로 하여 만물이 하나님께 영광을 돌리는, 그래서 예배하고 찬양하는 날인 셈이지. 하나님께 궁극적 영광을 돌리는 날인 것이야.
- 그렇다면 일곱째 날의 의미는 천지창조의 '의미를 부여한 날'이라고 봐야겠네요? 우리 인간에게는 축복이요 하나님께는 영광의 날, 인간은 전체 피조물을 대표하여 감사하고 하나님께서는 영광 받으시는 날이네요!
- 바로 그거지. 그래서 나중에 보면 하나님의 백성들에게 안식일을 지키는 것은 대단히 중요한 하나님의 명령이 되었다네.

출 20:8 안식일을 기억하여 거룩하게 지키라

겔 20:20 또 나의 안식일을 거룩하게 할지어다 이것이 나와 너희 사이에 표징이 되어 내가 여호와 너희 하나님인 줄을 너희가 알게 하리라 하였노라

- 그러므로 일곱째 날은 창조의 의미가 창조된 날이네요. 안식일은 쉬는 날이요, 복을 누리는 날이요, 거룩한 하나님을 예배하는 날이라! 아멘!

산책길 3

아담은 누구인가?(창 2:4-25)

- 선생님, 오늘은 웬일로 새벽같이 나오라고 하셨습니까?
- 김 군, 자네, 카메라 장만한다고 했지?
- 네, 제 수준에 맞추어 보급형 싼 것 하나 장만했습니다.
- 지금 가지고 왔나?
- 물론이죠. 선생님이 여행 나갈 때마다 카메라 가지고 가셔서 멋진 사진 찍으시는 것 보고 부러워서 샀는데 당연히 가지고 나왔지요.
- 좋아, 감세.
- 어디로 갈까요?
- 소화묘원 찍고 가게.
- 네, 과히 멀지는 않군요. 거기 가면 멋진 풍경이 기다리고 있나요?
- 뭘 그리 멋진 풍경에 관심을 두나?
- 처음 카메라 가지고 나가는 여행이니까요.
- 그래? 좋아. 카메라 취미는 자연과 가까워지는 것이니 일반 계시를 느낄 수 있는 기회가 될 수 있지. 게다가 성경을 토론하다 보면 하나님 지식과 하나님의 의중을 이해하는 데 빨라질 거야.

- 선생님, 일반 계시라고 하셨나요? 일반 계시가 무엇이지요?
- 일반 계시란 하나님이 창조한 자연이 하나님의 생각과 의중을 희미하게라도 알게 해준다는 뜻이고, 자연에서 하나님의 의중을 읽을 수 있는 계시라는 뜻이야.
- 그러면 일반 계시 말고 또 다른 계시도 있나요?
- 특별계시가 있는데 특별 계시는 예수님이지. 예수님께서 우리에게 오셔서 하나님을 알려 주신 사건 말이야. 그리고 좀 연장선상에서 그것을 예언하고 또 실제를 기록한 성경이지. 우리가 성경을 토론하고 있지 않나? 이것은 하나님께서 주신 특별 계시라고 부르지.
- 그러면 우리는 자연 속에서 성경을 토론하니까 일반 계시, 특별 계시를 다 접할 수 있겠네요?
- 그러게 말이야.

- 선생님, 다 왔는데요. 꽤 높이 올라오네요?
- 옆줄로 주차하고 언덕으로 오르자고.
- 위로 아래로 전부 무덤이네요? 공원묘원인가 봐요?
- 그렇다네. 가톨릭 교회에서 조성한 자기 성도들을 위한 공원묘원이라네.
- 웬 공동묘지로 왔어요, 선생님?
- 아마 오늘은 이 묘지를 통하여 일반 계시를 읽어야 할 모양이지? 자, 카메라 세팅 해놓고 창세기 토론을 이어가자고. 지난번에 어디까지 했지?
- 창세기 2장 3절까지 했고, 오늘은 2장 4절부터 할 차례입니다.
- 좋아, 김 군, 한번 읽어 주겠나?

흙과 생령(창 2:4–7)

창 2:4–7 이것이 천지가 창조될 때에 하늘과 땅의 내력이니 여호와 하나님이 땅과 하늘을 만드시던 날에 여호와 하나님이 땅에 비를 내리지 아니하셨고 땅을 갈 사람도 없었으므로 들에는 초목이 아직 없었고 밭에는 채소가 나지 아니하였으며 안개만 땅에서 올라와 온 지면을 적셨더라 여호와 하나님이 땅의 흙으로 사람을 지으시고 생기를 그 코에 불어넣으시니 사람이 생령이 되니라

- 선생님, 여기서 다시 인간 창조에 관한 이야기가 나오는데요? 그런데 이 부분부터는 이전과 분위기가 다른데요? 아하, 지난번 선생님이 창세기의 초점은 인간에게로 모아진다고 말씀하신 게 이거로군요.
- 응, 그렇다네. 1장에서는 전체 총론 격으로 지구와 인간을 만드신 이야기를 했고, 이 부분은 이제 초점을 인간에게로 좁혀서 총론에서 다루지 않은 내용을 다루어 인간에 대한 계시를 더 해 준다네.
- 선생님, 여기서 하나님 이름이 달라졌어요? 전에는 우리 말로는 그냥 하나님이라고 하고 원어로는 '엘로힘'이라고 해설해 주셨는데요, 여기서는 '여호와 하나님'이라고 부르네요? 무슨 차이가 있나요?
- 응 김 군, 예리한 관찰을 하는 것 같아. 1단원에 쓰인 하나님의 이름은 우리말로는 그냥 하나님으로 번역했고 히브리어로는 엘로힘 하나님으로 되어 있었지. 이미 말한 대로 대체로 엘 하나님은 전능자, 절대자 하나님을 나타내는 말이고, 창조의 하나님은 전능자, 즉 무에서 유를 만드시는 전능자이심을 강조한다고 했지? 다만 엘로힘 하나님은 엘 하나님의 복수형태로서 창조 역사에 나타나신 하나님의 삼위일체성과 창조의 하나님이 단순한 전능자만이 아니라 자기 커뮤니케이션(Self-communication)의 하나님, 코이노니아 하나님임을 나

타내는 이름으로 사용되었다고 했지?

- 네, 그렇게 해설해 주셨습니다.
- 그런데 여기서부터는 여호와라는 이름을 사용하고 있어. 아마 창세기 내내 거의 여호와 이름이 압도적으로 쓰일 것일세.
- 그건 왜 그런가요? 여호와 하나님과 엘로힘 하나님은 어떤 차이가 있나요? 지난번에 간단히 설명하신 것 같은데…?
- 여호와 하나님은 인간과 관계를 맺으시는 하나님, 언약하시고 성취하시는 하나님, 대화와 교제의 대상이신 하나님을 나타내는 이름이라네.
- 일반적인 창조 기사를 다룰 때 전능자, 창조자 하나님으로 엘로힘 이름을 사용하였다면, 이제 이야기의 초점이 인간에게로 좁혀지는 이 단원에서는 하나님의 이름이 여호와 하나님으로 소개되고 있는 것이네요?
- 그렇지. 이것이야말로 계시가 아니고 무엇이겠나? 엘로힘 하나님으로서 천지를 창조하신 하나님이 이제 여호와 하나님으로서 친근히 인간과 만나시고 관계하시는 것을 나타낸다네.
- 이름의 뜻을 알고 나니 가까이 찾아오시는 하나님이 느껴지네요.
- 은혜지, 감사한 일이 아닐 수 없어.
- 선생님, 그런데 여기 보니까 창조 이야기가 거꾸로 진행되는 것 같아요?
- 무슨 소린가?
- 보세요.

창 2:5-6 여호와 하나님이 땅에 비를 내리지 아니하셨고 땅을 갈 사람도 없었으므로 들에는 초목이 아직 없었고 밭에는 채소가 나지 아니하였으며 안개만 땅에서 올라와 온 지면을 적셨더라

- 그렇지는 않아. 전체적으로 창조는 끝났어. 다만 초기의 환경과 상태를 이야기하는 것이지. 지구상에 모든 것들을 다 창조하셨지만 마지막 인간이 창조되어 거주할 때까지는 잘 가꾸고 단장된 모습은 아니었다는 것뿐이지. 이미 비를 다 만드셨지만 하나님께서 비를 충분히 내리게 하지 아니하셨으므로 들녘은 곡식들이 자라기에 넉넉한 여건이 아니었다는 말이지. 시나이 반도의 광야지대처럼 비가 없고 초목이 자라지 않는 상태였던 것 같아.
- 비가 넉넉지 않으므로 초목도 무성하지 못했고 채소가 잘 자라지도 못하였다 그런 말이지요? 아직 삶의 환경으로서 덜 다듬어진 상태임을 가리키는 모양이네요?
- 그렇지. 아직 잠이 덜 깬 것 같은 지구의 모습을 표현하고 있지. 이 말씀은 오히려 이제부터 인간이 살아갈 아름다운 환경 조성을 확연히 보여주는 콘트라스트로 묘사된 듯싶네.
- 그래도 분위기가 확 달라져요?
- 어떤 학자들은 창세기 1장의 이야기와 이 부분의 이야기에서 하나님의 이름이 다르고 창조의 순서가 다르다고 하여 서로 다른 자료에서 인용한 것이라고 주장하기도 한다네. 그러나 1장에서는 지구 전체를 놓고 창조된 순서를 이야기하고, 2장에서는 초점을 인간에게로 놓고 이야기하고 있기 때문이라네.
- 인간의 삶의 환경, 특히 최초의 아담의 주거 공간으로서 에덴을 특별히 조성하시는 내용으로 되어 있는 것이기에 그전의 주변 상황은 황량한 광야와도 같은 모습이었음을 말하고 있다고 보면 이해가 되겠네요?
- 정확한 이해야. 중요한 것은 1장에서 언급하지 않은 인간 창조에 관해 덧붙이는 이야기일 거야. 거기에 주목해 보라고.

• **흙으로 사람을 지으시고(2:7)**

창 2:7 여호와 하나님이 땅의 흙으로 사람을 지으시고 생기를 그 코에 불어 넣으시니 사람이 생령이 되니라

- 흙으로 인간을 빚으셨다고 하네요?
- 그렇지? 인간의 육체는 흙으로 빚어진 존재라고 가르치고 있네. 여기 '흙'의 원어 아파르(עָפָר)는 '흙, 먼지, 티끌'이란 뜻이지.
- 사람이 '보잘것없는 존재다'라고 일러주는 것 같네요.
- 그렇지? 그래서 욥은 이렇게 말하고 있다네.

욥 4:19 하물며 흙 집에 살며 티끌로 터를 삼고 하루살이 앞에서라도 무너질 자이겠느냐

하나님이 외면하시면 이렇게 하루살이 앞에서도 무너질 수밖에 없는 보잘것없는 존재라는 것이야. 김 군, 여기 무덤들이 이렇게 많네. 다 흙으로 돌아간 사람들의 무덤 아닌가?

- 아이, 선생님. 짓궂으시군요. 그래서 오늘 공동묘지로 저를 이끌고 오신 거예요?
- 사람 참, 단순히 그런 것만은 아니야. 보게. 여명이 밝아오네. 아름답지 아니한가? 저 아래로는 운해가 깔리고 말이야.
- 우와, 정말 아름다운 풍경이네요? 야호! 이것은 카메라에 담아 봐야겠어요. 그런데 선생님 여명 빛에 밝기를 맞추니 운해가 하얗게 나오질 않고 묻히는데요?
- 그래? 이 필터를 써보게. ND 그라데이션 필터라고 하지.
- 아, 운해가 희게 밝아지네요? 뷰티풀!
- 그라데이션 필터를 대니까 그림이 달라지지?
- 네.

- 그런데 여기 인간이 흙으로, 먼지로 만들어졌다는 이야기 다음에 또 무슨 이야기가 더해지지 않나?
- 생기를 코에 불어 넣었다고 하는데요?
- 생기, 누구의 생기인가?
- 하나님의 생기이겠지요?
- 그래, 어떻게 되었나?
- 생령이 되었다고 하는데요.

• 생기를

- 여기 생기는 니샤마 하임(הַשְׁמַח חַיִּים)으로 니샤마는 '호흡, 영, 바람' 등의 뜻이고, 하임은 '살아 있는, 생명'이란 뜻이니, 하나님의 생명 또는 생기, 하나님의 호흡 또는 하나님의 영을 넣은 것으로 해석되는데, 1장에서 가르쳐 준 인간은 영적 존재라는 사실과 연결하여 해석한다면 이는 하나님의 영을 불어 넣은 것으로 이해하게 된다네.
- 그래서 생령이 되었다고 하네요?
- '생령'이란 네페쉬 하야(נֶפֶשׁ חַיָּה), 즉 살아 있는 영을 의미하며, 흙으로 된 육신에 하나님의 살아 있는 영혼을 불어 넣어 산 영이 된 것을 나타낸다네.
- 뭔지 모를 신비감이 드는데요?
- 이게 무슨 말이겠나? 이것은 땅과 하늘이 만나고 시간과 영원이 만나는 사건이 아닐 수 없다네.
- 인간이란 대단한 존재로군요. 흙과 영이 하나 되는 역사, 땅과 하늘이 만나는 역사, 시간성이 영원성과 만나는 역사를 이루게 된 존재로군요?
- 놀랍군. 김 군의 표현력이 대단해. 가히 철학적 언어로 잘 표현하였네그려.
- 여기서 또 다른 차원에서 인간의 고뇌를 보게 되는 것 같은데요?

- 그건 무슨 소리인가?
- 인간의 불완전성을 생각하게 되면 인간이 땅과 하늘 사이에서, 시간과 영원 사이에서 갈등하고 분열하는 일이 생기지 않을까 하는 불안이 느껴지거든요.
- 이 사람 보통 감수성이 아니고, 보통 인지 능력이 아니군? 너무 앞서 가지는 말고 다음 이야기를 살펴보자고.

에덴 동산(창 2:8–17)

창 2:8-17 여호와 하나님이 동방의 에덴에 동산을 창설하시고 그 지으신 사람을 거기 두시니라 여호와 하나님이 그 땅에서 보기에 아름답고 먹기에 좋은 나무가 나게 하시니 동산 가운데에는 생명 나무와 선악을 알게 하는 나무도 있더라 강이 에덴에서 흘러 나와 동산을 적시고 거기서부터 갈라져 네 근원이 되었으니 첫째의 이름은 비손이라 금이 있는 하윌라 온 땅을 둘렀으며 그 땅의 금은 순금이요 그곳에는 베델리엄과 호마노도 있으며 둘째 강의 이름은 기혼이라 구스 온 땅을 둘렀고 셋째 강의 이름은 힛데겔이라 앗수르 동쪽으로 흘렀으며 넷째 강은 유브라데더라 여호와 하나님이 그 사람을 이끌어 에덴 동산에 두어 그것을 경작하며 지키게 하시고 여호와 하나님이 그 사람에게 명하여 이르시되 동산 각종 나무의 열매는 네가 임의로 먹되 선악을 알게 하는 나무의 열매는 먹지 말라 네가 먹는 날에는 반드시 죽으리라 하시니라

- 동방의 에덴에 동산을 창설하셨다고 하는데요, 동방이 어디를 기준하여 동방이고, 실제로 어디쯤일까요?
- 창세기 2장 11-14절에 성경은 에덴에서 발원하는 네 줄기의 강을 언급하고 있지. 비손 강, 기혼 강, 힛데겔 강과 유브라데 강, 이 네 강줄

기 가운데 그 이름 그대로 성경에서 많이 사용되면서 위치가 분명히 알려진 강은 유브라데 강이지. 다른 강의 이름은 변경되거나 하여 분명치 않다 하더라도 유브라데 강이 분명한 만큼 에덴은 분명 유브라데 강 상류 발원지쯤 어디일 것이 아니겠나? 오늘날 에덴이 어느 위치에 있었는지 아무도 분명하게 지적하지 못하지만, 그동안 지형 변동을 감안한다 해도 유브라데 강과 아마도 힛데겔 강이었으리라고 보는 지금의 티그리스 강을 포함하는 지역이었을 것으로 추측되네. 그리고 동방이라고 표현한 것은 이 글을 작성하던 당시 성경 무대의 중심인 팔레스타인의 동쪽이었거나, 홍해의 아크바 만에서 시작하여 사해를 거쳐 갈릴리 호에 이르는 600km 정도가 사해 지구대인데, 이 지구대를 둥근 지구의 중심으로 보았을 가능성이 있지.

– 아, 지구대 동쪽에 위치하므로 이스라엘을 남북으로 뻗는 지구대를 중심으로 동서로 나누어 이야기했을 가능성이라고요?

– 어쨌던 동방은 가나안의 동쪽 어디쯤으로 볼 수 있을 것이야. 하지만 그것은 아무도 확정적으로 말할 수 없는 것이고, 중요한 것은 에덴이라 불리는 곳에 동산을 꾸몄다는 것이겠지?

– 에덴이란 지명을 가진 곳이 있었나 보네요?

– 그때 사람이 처음 살게 되는 곳인데 누가 그런 이름을 붙여서 그런 지명이 있었겠나? 하나님 자신이 그렇게 부르셨을 것 아닌가?

– 하나님 자신이 그렇게 부르셨다면 그 이름의 의미가 있었을 것 같은데요?

– 에덴(עֵדֶן)이라는 말은 '즐거움, 기쁨, 행복'이란 의미의 말로서 우리가 보통 낙원이라고 부르지.

– 그렇다면 에덴이란 지명을 가진 곳에 동산을 창설하셨다기보다는 하나님이 즐겁고 풍요롭게 낙원 같은 동산을 창설하시고 그곳 지명을 에덴이라 부르셨다는 것이 적당한 설명이겠네요?

- 맞아, 하나님께서 최초의 인간이 살아갈 환경을 세심하게 꾸며 주셨다는 것이야.
- 낙원 같은 환경을 만들어 주셨다 그 말이지요?
- 바로 그 점이야. 이제 하나님이 꾸며 주신 에덴동산이 어떤 곳이었고 거기에 무엇이 있었나를 살펴보면서 우리가 잃어버린 것이 무엇이고 회복해야 할 것이 무엇인지 알아보도록 함세.

• 보기에 아름답고(Perfect Environment)

- 에덴동산이 어떤 곳이었나 생각할 때 맨 먼저 발견되는 것이 "보기에 아름답고"라는 말인데요. 하나님은 에덴동산에 보기에 아름다운 나무가 나게 하셨다고 했습니다. 이 말을 일러 아름다운 나무만 나게 하시고 아름다운 풀은 나지 않았다고 설명할 이유는 없겠지요?
- 그렇겠지. 중요한 것은 아름다운 동산을 만드셨다는 것이겠지.
- 선생님, 재미있는 표현을 발견했는데요, "보기에 아름답고"가 "먹기에 좋은"이라는 말보다 앞에 나온다는 것이에요. 삶의 환경으로 볼 때 먼저 중요한 것은 먹을 것이었겠지만, 놀랍게도 성경은 아름다운 것을 만드셨다고 먼저 서술하고 있네요.
- 하나님께서 인간을 심미적인 존재로 만드셨고, 아름다움을 추구하는 인간의 심미적 욕구를 한껏 만족시켜 줄 수 있는 아름다운 동산을 만드신 것이겠지.
- 물론 그런데요, 금강산도 식후경이라는 말이 있지 않아요? 어떻게 먹는 것보다 보는 게 먼저냐 이거죠?
- 흠, 그만큼 에덴에는 먹을 게 풍부하여 먹는 걱정 없이 아름다움을 누릴 수 있었다는 이야기 아니겠나?
- 먹을 걱정 없이 아름다움을 만끽한다는 것은 얼마나 행운일까요? 이렇게 카메라 들고 자연 속으로 나와 보면 그 아름다움에 경이로

움과 감동을 느끼는데 말입니다. 선생님, 보세요. 날이 밝고 해가 올라오니 운해가 찬란하게 피어나는 게 얼마나 아름다운지, 이곳으로 절 데리고 와주셔서 감사합니다.

- 저 아래 강물 위로 운해가 떠 있는데, 에덴에는 네 갈래로 강이 흐르고 있었다니 그곳에 얼마나 풍요로움과 아름다움이 있었겠나?
- 게다가 비손 강이 흐르는 지역에는 금, 순금이 났다고 하며 베델리엄, 즉 진주와 호마노 같은 보석도 있었다 하니 에덴동산은 아름다움과 풍요로움을 지니고 있었을 것으로 확신이 가네요.
- 일단 에덴동산이란 환경은 완벽한 환경이 아니었겠나? 완벽한 자연환경(perfect environment)!

- 선생님, 자연을 잘 보전하는 것도 우리의 사명일 것 같습니다.
- 타락한 인간은 먹을 것을 풍부하게 한다는 구실과 문명을 발전시킨다는 구실로 아름다운 자연을 얼마나 파괴하고 있는가? 김 군 말대로 여기서 우리는 하나님의 자녀들로서 아름답게 만드신 하나님의 자연을 아름답게 지켜야 할 이유와 사명을 깨닫게 되는 것 같네. 하나님께서는 에덴동산을 아름답게 만드셨고, 아름다운 자연을 감상하는 것은 우리에게 축복이 아닐 수 없지. 잘 보전하면서 누려야 할 것일세. 또 뭐가 있나?

• **먹기에 좋은(Perfect Economy)**

- 하나님은 인간의 삶의 환경으로 먹기 좋은 것들을 나게 하셨다고 하지요?
- 인간의 기본 욕구 중 하나인 의식주의 문제를 해결하도록 충분하고

풍요하게 만드신 것을 말해 주는 것이 아니겠는가? '무엇을 먹을까? 무엇을 마실까?' 염려하는 것은 타락한 후의 인간의 처지인데 타락하기 이전에는 하나님이 먹기 좋은 것을 많이 만들어 두신 에덴에서 풍요를 누리며 살 수 있었다는 말이지. 얼마나 풍성하면 먹는 것이 앎이 아니고 보는 것이 앎이었겠나?

- 그러게 말입니다. 타락한 세상에서는 금강산도 식후경이지만 에덴에서는 금강산이 식전경이었네요. 한마디로 의식주 문제로 걱정하는 그런 종류의 삶은 에덴동산에는 없었다는 거지요?
- 의식주 걱정은 타락한 인간에게 내려진 에덴 밖의 일이라네. 그러므로 우리를 구원하시는 주님은 하나님의 풍성케 하시는 은혜를 따라 의식주 걱정을 내려놓으라고 하시는 것 아니겠나? 예수님 말씀이 생각나네.

마 6:25-33 그러므로 내가 너희에게 이르노니 목숨을 위하여 무엇을 먹을까 무엇을 마실까 몸을 위하여 무엇을 입을까 염려하지 말라 목숨이 음식보다 중하지 아니하며 몸이 의복보다 중하지 아니하냐 공중의 새를 보라 심지도 않고 거두지도 않고 창고에 모아들이지도 아니하되 너희 하늘 아버지께서 기르시나니 너희는 이것들보다 귀하지 아니하냐 너희 중에 누가 염려함으로 그 키를 한 자라도 더할 수 있겠느냐 또 너희가 어찌 의복을 위하여 염려하느냐 들의 백합화가 어떻게 자라는가 생각하여 보라 수고도 아니하고 길쌈도 아니하느니라 그러나 내가 너희에게 말하노니 솔로몬의 모든 영광으로도 입은 것이 이 꽃 하나만 같지 못하였느니라 오늘 있다가 내일 아궁이에 던져지는 들풀도 하나님이 이렇게 입히시거든 하물며 너희일까 보냐 믿음이 작은 자들아 그러므로 염려하여 이르기를 무엇을 먹을까 무엇을 마실까 무엇을 입을까 하지 말라 이는 다 이방인들이 구하는 것이라 너희 하늘 아버지께서 이 모든 것이 너희에게 있어야 할 줄을

아시느니라 그런즉 너희는 먼저 그의 나라와 그의 의를 구하라 그리하면 이 모든 것을 너희에게 더하시리라

- 선생님, 제가 호기심이 발동하여 《무엇을 먹고 어떻게 분배할 것인가》(발렌틴 투른, 슈테판 크로이츠베르거 지음, 이미옥 옮김, 에코리브르)라는 책을 읽은 적이 있는데요, 거기 보니까 지리적으로 지구상에는 아직도 충분한 여유가 있고, 수확량으로 볼 때 식량의 양은 100억 명의 사람이 배불리 먹을 수 있을 정도가 된다는 것입니다.
- 그 정도래? 그러면 지금 세계 인구가 70억여 명이니까 식량 생산량으로는 굶어 죽을 사람이 한 명도 없어야 하는 것 아니야?
- 그렇지요. 그런데 현실은 지구촌 인구의 3분의 1은 굶주리거나 영양실조에 걸린다는 것입니다.
- 그렇다면 문제는 지구의 한계가 아니라 분배의 문제라는 것이네?
- 맞습니다. 특권층에 사는 소수의 사람들의 소비 욕구와 전 세계적으로 지극히 불평등한 분배 구조가 문제라는 것이에요.
- 그렇다면 하나님께서는 지금도 이 지구촌에 넉넉한 식량을 공급하시는 셈인데, 지구는 아직도 풍요로울 수 있는 에덴이지 않아?
- 그런데 편중된 분배가 문제이지요. 교회와 그리스도인들이 먼저 앞장서서 어떻게 해야 보다 더불어 살고 더불어 공유하고 나누는 삶을 살 수 있을까를 고민하며 균등분배 사회를 지향해야 할 것 같아요.
- 좋은 생각이야, 김 군. 그래서 내가 그러한 생각을 나누려고 《코이노니아 경제의 꿈》(이강천 지음, 쿰란출판사)이라는 책을 쓴 적이 있는데, 김 군 그 책 읽어 본 적 있나?
- 죄송하네요. 그런 책이 있는 줄 몰랐습니다. 네, 곧 읽어 보겠습니다.
- 분배 문제에 대한 지혜를 얻기 위해서는 그 책을 읽도록 하고, 에덴

에 있는 것을 더 찾아보지.

• **경작하며 지키게(Perfect Labor)**

- 아름답고 풍요로운 에덴동산을 경작하며 지키라고 하였는데요?
- 그래, 놀고 먹는 것은 아니었어. 하나님이 만들어 주신 에덴동산이란 환경에서 경작도 하고 그것을 지키고 보전하는 사명이 있었던 거야.
- 그렇다면 그것은 노동 소명이네요. 에덴을 누리되 가꾸며 경작하며 관리하라는 것 아닌가요?
- 그렇지. 경작하라는 말뿐 아니라 지키게 하라는 말도 소명의 말이야. '지키게'라는 말 샤마르(וּלְ שָׁמְרָהּ)는 '지킨다, 보호한다, 보전한다'는 뜻으로 에덴동산이 파손되거나 손상되지 않도록 지키고 보전하는 소명을 받고 있음을 나타낸다네.
- 하나님이 아름다운 에덴을 만드사 인간에게 주셨다지만, 인간이 해야 할 일도 있었네요.
- 하나님이 누리게 해주신 아름답고 풍요로운 동산을 인간은 돌보고 경작하고 지키고 보전하는 청지기의 소명을 갖게 되었지. 이는 오늘날에도 우리가 자연을 지키고 보전하고 돌보고 가꾸어야 할 책임과 소명이 있음을 잘 가르쳐 주고 있다네.
- 선생님, 저는 노동이 인간 타락의 결과로 주어진 형벌로 이해하고 있었거든요? 그런데 타락 이전에도 노동이 있었군요?
- 그렇다네. 노동이란 타락 이전부터 하나님께서 섭리해 놓으신 진리라네. 일하면서 누리도록 섭리하셨다네. 인간 사상사를 형성할 때 그리스 철학이 상당한 영향을 끼쳐 온 것으로 역사가들은 말하고 있지? 그리스 철학에서는 영과 육의 이분법을 가지고 있었고, 육으로 하는 노동은 영으로 하는 사색이나 묵상에 비하여 현저히 그 가치가 떨어지는 일로 치부하는 경향이 있었지. 그런데 기독교 신학도

그 영향을 받아, 노동은 타락의 결과로 내려진 형벌로 간주하는 경향이 있어 왔던 게 사실이지. 창세기 3장 17-19절에서 그 근거를 가져왔었지.

창 3:17-19 아담에게 이르시되 네가 네 아내의 말을 듣고 내가 네게 먹지 말라 한 나무의 열매를 먹었은즉 땅은 너로 말미암아 저주를 받고 너는 네 평생에 수고하여야 그 소산을 먹으리라 땅이 네게 가시덤불과 엉겅퀴를 낼 것이라 네가 먹을 것은 밭의 채소인즉 네가 흙으로 돌아갈 때까지 얼굴에 땀을 흘려야 먹을 것을 먹으리니 네가 그것에서 취함을 입었음이라 너는 흙이니 흙으로 돌아갈 것이니라 하시니라

"저주를 받고 너는 네 평생에 수고하여야 그 소산을 먹으리라"는 말씀과 "얼굴에 땀을 흘려야 먹을 것을 먹으리니"라는 말씀에서 일과 노동은 타락의 결과, 저주와 형벌로 주어진 것으로 잘못 이해해 왔던 거지.

- 그런데 에덴동산을 '경작하고 지키는' 일이 타락 이전에 주신 하나님의 미션이라면 이는 저주가 아니라 오히려 축복일 텐데요?
- 그렇다네. 일과 노동은 저주가 아니라 축복이라네. 사람은 일과 노동을 통하여 하나님의 창조와 공급의 섭리에 동참하면서 삶을 누리고 즐거워하게 되어 있었다네. 사람들은 놀이를 즐거워하지만, 이는 타락한 이후 노동과 일이 수고로움이 되었기 때문이고, 본래 일과 노동 자체가 놀이처럼 즐거운 삶의 요소였던 것이라네.
- 에덴동산에 무엇이 있나 또 살펴보게.
- 선악을 알게 하는 나무가 있는데요? 생명나무도 있고요?

• 생명나무

- 생명나무가 어떤 나무였을까요? 이 나무의 열매를 먹으면 영생하는

그런 나무였을까요?

- 앞의 2장 7절에서 인간은 흙으로 지어졌는데 영원하신 하나님이 그분의 생기를 불어 넣으심으로 생령이 되었다고 했지?
- 그랬지요.
- 그래서 김 군이 시간과 영원이 만나는 사건으로 인간이 태어났다고 멋진 말을 하기도 했지?
- 그랬지요.
- 인간은 그래서 영원히 살 수 있는 존재로 창조되었다는 것이야. 그런데 하나님은 그 자신 절대적으로 영생하시는 하나님이시지만, 인간의 영생은 절대적인 게 아니라 상대적인 것이었어.
- 그게 무슨 말씀이죠?
- 인간의 삼위일체가 나와 너와 하나님과의 관계에서의 삼위일체로 상대적인 것이었듯이 영생도 상대적이었어. 영생하시는 하나님과의 관계에서만 영생할 수 있는 존재였다네. 그리고 그 관계를 나타내는 시금석이 생명나무와 선악을 알게 하는 나무였던 것이지.
- 그게 어떻게 되는 것이라고요?
- 일단 인간의 영생은 절대적으로 인간 내면에 완전히 심겨진 것이 아니야. 그래서 생명나무의 열매를 먹는 동안 영생하는 상대적 영생이야.
- 철학적 용어 같기도 하고 잘 이해가 안 되는데요. 일단 생명나무의 열매를 먹는 동안 살아 있어 계속 먹고 살면 계속 사는 것이지만, 생명나무의 열매를 안 먹고 그것을 거부하면 죽는 그런 것이란 말인가요?
- 그렇지.
- 그렇다면 인간이 실낙원 했을 때 생명나무도 잃어버린 것이고 죽음이 온 것이네요?
- 그렇지.

- 그래서 우리가 구원받게 되면 적어도 하늘나라에서는 이 생명나무가 회복되는 것이고요? 요한계시록에 하늘나라에서의 생명나무 이야기가 나오는데 이는 잃어버렸다가 회복된 나무네요?
- 아니, 김 군, 요한계시록 이야기도 인용할 수 있다니? 성경을 많이 읽고 기억하고 있군. 그래, 김 군 말처럼 생명나무를 회복해야 하지.

계 22:2 길 가운데로 흐르더라 강 좌우에 생명나무가 있어 열두 가지 열매를 맺되 달마다 그 열매를 맺고 그 나무 잎사귀들은 만국을 치료하기 위하여 있더라

계 22:14 자기 두루마기를 빠는 자들은 복이 있으니 이는 그들이 생명나무에 나아가며 문들을 통하여 성에 들어갈 권세를 받으려 함이로다

- 그렇다면 소위 선악과는 무엇이지요?

• **선악과**

창 2:17 선악을 알게 하는 나무의 열매는 먹지 말라 네가 먹는 날에는 반드시 죽으리라 하시니라

- 선악을 알게 하는 나무라고 명명하고 있는데 이 나무는 무엇일까? 이 선악과 나무가 무엇인지는 이해하기가 쉽지 않다네. 그러니 일단 이 나무의 열매는 '먹는 것인가 먹지 말아야 하는 것인가?', 이 열매가 사람을 '살리는가 죽이는가?'를 생각해 보지?
- 일단 이거는 먹지 말라고 했고, 먹으면 죽는다고 했는데요?
- 그렇다면 생명나무와 비교하면 어찌 되나?
- 완전 반대인데요. 그렇다면 동산 중앙에는 생명나무와 죽음나무가

있었던 셈이네요? 생명나무만 세우면 안 되나요?

– 그런 생각도 들지?

– 그런데 선악과의 열매에 독이 있어 그것을 먹으면 죽어 버리는 그런 나무가 아니라는 데 또 비밀이 있는 거야.

– 그래요, 아담이 선악과를 먹자마자 바로 쓰러져 죽은 것은 아니지요? 그대로 살아 있었어요. 그러면 나무 열매가 문제가 아닌 것 같은데요? 그렇다면 이게 무슨 의미지요? 뭐가 죽음을 가져오고, 어떻게 죽는 것이지요?

– 내 생각에는 그래서 이 생명나무와 죽음나무를 세운 것은 인간이 상대적 존재요, 관계적 코이노니아를 이루며 살게 되어 있다는 한계 인식과, 영생은 전적으로 영생하시는 하나님과의 관계에서 이루어진다는 것을 말해 주는 것이 아닌가 하네. 하나님을 불신하고 떠나는 날 죽음이 온다는 것을 말씀하시려는 것이 아닐까 생각되거든. 그래서 이 선악을 알게 하는 나무는 계명 나무요, 경고 나무란 말이지.

– "생명나무의 열매를 먹고 살든지 죽음나무 열매를 먹고 죽든지는 너희의 선택에 달렸다. 너희는 자유인이다. 너희는 프로그램대로 작동하는 기계가 아니다. 너희는 나를 신뢰할 수도 있고 불신할 수도 있으며, 너희는 나를 사랑할 수도 있고 사랑하지 않을 수도 있다. 나를 신뢰하면 생명나무의 열매만 먹고 영생하거라. 나를 불신하고 선악을 알게 하는 나무의 열매를 먹는 날에는 죽는 줄 알라." 이렇게 말씀하시는 것 같기도 한데요?

– 맞아, 하나님은 인간을 사랑의 상대, 교제의 상대, 코이노니아의 상대로 지으셨기 때문에 인간은 기계적으로 작동하는 존재가 아니라 사랑과 신뢰로 살아가는 자유인이라는 것이지. 다만 하나님을 떠나서는 살 수 없음을 말씀하시는 것 같지?

– 그렇지요. 선악과가 없다고 안 죽는 것은 아니지요? 생명나무의 열매를 거절하거나 하나님의 말씀을 믿지 않고 하나님과의 코이노니

아를 벗어나면 죽음이란 말인가요?

- 그렇지, 선악과에 독이 있어 죽는 것이 아니니까. 다만 선악과는 경고판이요, 믿는가 안 믿는가의 시금석일뿐이지.
- 그렇다면 죽는다는 것은 영적으로 죽는 것 아닐까요?
- 영적으로는 왜 죽지?
- 하나님 말씀을 안 들었으니까요.
- 이것은 신뢰의 문제야. 만일 아담이든 하와든 선악과를 먹으면 죽으리라고 하신 말씀을 믿었다면 선악과를 따먹을 수 없지.
- 안 믿어서 따먹은 것이 맞지요.
- 그래서 선악과는 시금석이고 계명의 나무였던 거야. "나를 믿으면 사는 것이고, 나를 믿지 않으면 죽는 것이란다." "그리고 나 하나님이 너희들 인생의 주인이고 에덴의 주인이란다. 나를 떠나서는 너희들 죽어." 그러한 계명 나무였다는 것이지. 선악과를 먹고 죽은 게 무엇인가?
- 저는 영이 죽었다고 했습니다.
- 왜 그렇게 되는가? 그것은 하나님을 불신하고 버렸기 때문이야. 그리고 불신으로 말미암아 죽은 것이 또 있네.
- 무엇인데요?
- 코이노니아가 죽었지. 하나님과 아담 사이도, 아담과 하와 사이도 코이노니아가 죽었어. 그래서 공동체적 인간이 죽었고, 본질적 인간이 죽었고, 삶의 의미가 죽었고, 삶의 축복이 죽었던 거야.
- 아하, '불신이 죽음이다' 그 말씀이군요. '하나님 없이는 죽음이다' 그런 말이에요. 독이 들어 있어서 먹으면 죽어 버리는 것이 아니라 본질적 인간의 죽음이로군요.
- 물론 육신적으로도 흙으로 돌아가라고 선언하심으로 결국 육신적 죽음을 맞이하게 된 것도 사실이지만, 단순한 육신의 죽음보다 본질적 인간의 죽음을 맞이한 것이 심각한 것이지.

- 선생님, 일출도 운해도 카메라에 담고 창세기 진리도 많이 토론했는데요, 아침 도시락을 꺼낼까요?
- 그러지, 여기서 도시락으로 아침을 먹고 오늘은 좀 이동해 볼까 하는데?
- 여기서 이야기를 맺지 않고 어디로 이동하게요?
- 바로 요 아래로 내려가면 세미원이라는 연꽃밭으로 이루어진 정원이 있지. 거기를 들러 감세. 연꽃이 피기 시작했을 거야.

- 연꽃 정원에 오니까 관광객이 제법 많네요. 그리고 대부분 쌍쌍이에요.
- 우리도 둘이 왔으니 쌍쌍이지 않나?
- 에구, 선생님, 질이 다르지요? 여기 오니 빨리 저도 연인과 함께, 또는 아내와 함께 와야겠다는 마음이 간절해지는데요?
- 그러게, 얼른 장가 가게. 저것 봐. 연꽃이 아름답게 피기 시작하네 그려.
- 네, 꽃이 참 아름답군요.
- 김 군은 이보다 더 아름다운 꽃을 짝으로 맞이하게나.
- 네, 감사합니다. 그런데 마침 성경 이야기가 아담과 하와의 혼인 이야기를 할 차례네요.
- 그렇네. 한번 하나님께서 주신 혼인의 원리를 찾아봄세. 자, 아담과 하와의 결혼이야기를 살펴보자고.

혼인의 아름다움(창 2:18-25)

창 2:18-25 여호와 하나님이 이르시되 사람이 혼자 사는 것이 좋지 아니하니 내가 그를 위하여 돕는 배필을 지으리라 하시니라 여호와 하나님이 흙으로 각종 들짐승과 공중의 각종 새를 지으시고 아담이 무엇이라고 부르나 보시려고 그것들을 그에게로 이끌어 가시니 아담이 각 생물을 부르는 것이 곧 그 이름이 되었더라 아담이 모든 가축과 공중의 새와 들의 모든 짐승에게 이름을 주니라 아담이 돕는 배필이 없으므로 여호와 하나님이 아담을 깊이 잠들게 하시니 잠들매 그가 그 갈빗대 하나를 취하고 살로 대신 채우시고 여호와 하나님이 아담에게서 취하신 그 갈빗대로 여자를 만드시고 그를 아담에게로 이끌어 오시니 아담이 이르되 이는 내 뼈 중의 뼈요 살 중의 살이라 이것을 남자에게서 취하였은즉 여자라 부르리라 하니라 이러므로 남자가 부모를 떠나 그의 아내와 합하여 둘이 한 몸을 이룰지로다 아담과 그의 아내 두 사람이 벌거벗었으나 부끄러워하지 아니하니라

• 혼자 사는 것이 좋지 아니하니

- 선생님, 사람이 혼자 사는 것이 좋지 않다고 하셨네요?
- 왜 그럴까?
- 하나님께서 인간을 지으실 때 하나님의 '우리' 이미지로 지으셨기 때문에 인간도 삼위일체적 코이노니아로 살게 하셨다고 하지 않았나요?
- 그래, 하나님과 아담이 만나고 대화하고 교제한다 해도 인간간의 교제, 수평적 교제의 대상이 없으니 삼위일체적 코이노니아가 경험될 수 없는 것이지.
- 그러니 아담은 아직 불완전하고 아담 속에 심어 놓은 사랑의 열정을 쏟을 대상이 없으니 안 좋다고 하신 것이지요?
- 그렇지? 인간이란 코이노니아를 그 삶의 방식으로 하는 존재인데 '아담이 홀로 있는 것은 교제의 결핍을 의미하는 것으로 좋지 않다, 외롭다, 더불어 함께 사는 코이노니아가 필요하다' 그런 이야기겠지. 인간은 사랑을 쏟아부을 대상이 필요한 거야.

• 돕는 배필을

- 그래서 하나님께서 아담에게 돕는 배필을 지어 주시게 되었군요. 선생님, 하나님께서 지금 저를 보시고도 혼자 사는 게 좋지 않다 하시고 곧 배필을 지어 주시겠지요?
- 김 군, 마음이 많이 급해지네?
- 아이, 괜히 싱숭생숭해지네요. 정원 주변을 거니는 사람들이 대부분 쌍쌍이지, 선생님, 저기 좀 보세요, 저쪽에서는 젊은 남녀가 끌어안고 뽀뽀해요.
- 성경 이야기도 혼자 사는 게 좋지 않다고 하지. 김 군, 어떤 사랑의 열정 같은 것, 뜨거운 감정이 느껴지지? 하나님은 서로 사랑하며 살도록 사랑의 열정을 심어서 인간을 창조하셨기 때문이야. 그러니 그 열정을 쏟을 사랑의 대상이 없던 아담의 상태가 좋을 리 없지.
- 그래서 하나님은 온전한 교제의 대상, 코이노니아의 상대, 사랑의 대상을 아담에게 지어 주기로 작정하시고 행하시는군요. 그런데 곧바로 행하시지 않고 뜸을 들이시는데요?
- 그건 무슨 말이야?
- 아담의 마음은 한시가 급할 텐데 얼른 배필을 안 만들어 주시고 동물들 이름이나 지어 주라고 하시잖아요?

• 동물들에게 이름을

- 한시가 급한 아담의 마음을 이해하는 것 보니, 김 군도 곧 애인이 생길 것 같은데?
- 그렇지 않나요? 혼자 사는 게 안 좋다 하셨으면 바로 배필을 주셔야지요?
- 김 군, 아무래도 마음이 급해지는 모양이야. 기다리게, 동물들의 이름을 지어 주어야지. 자, 하나님께서 이렇게 뜸들이며 동물들을 데려와 이름 짓게 하시는 이유가 무엇일까?

- 글쎄요. 이중적 목적이 있지 않았나 싶은데요? 이름을 짓는다는 것은 그 짐승의 특성을 이해하고 붙이게 되기에 상당히 자세히 관찰하거나 친근히 해야 된다는 말입니다. 그래서 아담이 여러 짐승들과 어울려 지내며 그들과 더불어 친근히 지내는 훈련을 하신 것이 아닐까, 동시에 동물들을 친근히 하며 그들을 사랑한다고 해도 진정 사랑을 쏟을 대상이 없구나 하는 것을 철저히 경험하도록 하시기 위한 것이 아니었을까, 동물들 사이에는 진정한 코이노니아를 완성할 대상이 없다는 것을 알도록 교육하시는 시간이 아니었을까 하는 것이죠.
- 우와! 김 군. 이제 내가 해설할 것이 거의 없어. 김 군이 진리를 터득하는 속도가 대단해. 아담이 각 짐승들을 이름 지으며 관찰하고 친근히 해보아도 여전히 외롭다는 것을 발견하게 되는 거지. 자기에게 짝이 없다는 것과 짐승들과의 친근함이 있어도 결국 진정한 교제는 이루어지지 않는다는 것을 발견하게 되는 거야. "돕는 배필이 없으므로"라고 번역된 말은 배필이 발견되지 않았다는 말이야. 배필이 없다고 번역된 레 마짜(לֹא־מָצָא)는 발견하지 못한다는 뜻이거든. 아담이 짐승과 친근히 해서 이름을 지어 주는 동안 모든 동물들이 쌍쌍이 나왔을 것 같거든?
- 아담은 더욱 외로움을 느끼며 하나하나 관찰했을 것 같습니다.
- 그런데 아무리 보아도 그들 중에는 자기 짝은 발견되지 않았던 것이지. 자, 이제 아담이 감격으로 배필, 즉 짝을 맞이할 준비가 되어가는데, 하나님은 어떻게 배필을 지어 주시지?

• 갈빗대로 여자를 만드시고

- 아담에게서 꺼내는데요? 아담의 배필은 아담 속에 있지 않았나요? 외과 수술을 하네요? 아담을 잠들게 하시고, 하나님의 방법으로 마취시킨 것이잖아요?

- 그렇네. 마취시키고 옆구리를 열어 아담 안에 있는 여인을 꺼내신 셈이네. 갈빗대를 꺼내서 그걸 바탕으로 더 빚어서 여인을 만드셨군 그려.
- 하와는 다른 사람이 아닌 아담 자신이군요? 대단한 원리인 것 같아요. 인간에게 있어서 혼인은 자신을 찾는 것이네요. 그러니 한몸인 것이네요?
- 그러니 아내를 사랑하는 것은 자신을 사랑하는 것이라 하는 것 아니겠나?

엡 5:28 이와 같이 남편들도 자기 아내 사랑하기를 자기 자신과 같이 할지니 자기 아내를 사랑하는 자는 자기를 사랑하는 것이라

• 내 뼈 중의 뼈요 살 중의 살이라

- 자, 하와를 본 아담의 반응이 어떤지 한번 보게.
- 뿅가버렸군요? "이는 내 뼈 중의 뼈요 살 중의 살이라", 아담이 정신줄을 놓은 거 같아요. 뭐, 보자마자 끌어안은 것 같지요? 그리고 감격에 겨워 고백하는군요. 아무래도 이 언어는 서술적, 논리적 언어라기보다는 시적 언어라 하겠지요?
- 그렇군. 물론 자기의 갈빗대로 지어진 뼈 중의 뼈라는 인식이 바탕이 되었지만 "살 중의 살"은 문자적으로 맞지 않지? 사랑스런 감정이 터져 나온 감격의 시라고 보아야겠지? 남녀의 사랑이란 단순히 하나라고 인식하는 지적 과정만이 아니라 하나 됨의 기쁨과 감격이 있는 정적 과정이기도 하다네. 김 군, 결혼하고 싶다고 했지?
- 물론이지요.
- 아직 상대는 없다고 했지?
- 네, 없습니다.
- 이상형을 말해 줄 수 있나?

- 아, 이상형보다도 이 코이노니아의 원리를 아는 여인을 만나야겠다 싶습니다.
- 그래? 코이노니아의 원리가 인생의 근본적인 원리이지. 내가 연애 기술을 하나 가르쳐 줄까?
- 할아버지 선생님이 가르쳐 주는 연애 기술이 요즘 젊은이에게도 통할까요?
- 물론 내가 가르쳐 주는 기술은 시대를 넘어 유용한 기술일걸?
- 말씀해 보시지요?
- 간단해. 김 군이 만나고 대화하고 하다 보면 마음에 드는 여인이 있을 것 아닌가?
- 있겠지요?
- 그때가 오면 사용하란 말이야.
- 무얼요?
- 쪽지 하나만 건네라고.
- 쪽지요? 아, 요즘 애들은 그런 것 안 해요.
- 어허, 모르는 소리! 쪽지에 무엇을 쓰느냐에 따라 달라.
- 뭘 쓰는데요?
- "그대를 보니 창세기 2장 23절의 시를 읊고 싶어집니다. 내 그대를 향하여 이 시를 읊어도 되겠지요?" 이렇게 써서 건네란 말일세.
- 에이, 선생님도…?
- 정말이야. 한번 해봐. 틀림없어. 그나저나 저기 뽀뽀하는 저 젊은 연인들 보고 민망해했지? 그런데 저들은 아랑곳하지 않아. 아니, 주변 사람들이 의식이 안 돼. 왜냐하면 사랑의 열정이 너무 커서 다른 생각들은 할 겨를이 없다고. 그냥 끌어안게 되는 것이지. 하나님이 심어 주신 사랑의 열정이 그런 것이야. 솔로몬이 술람미 여인에게 느끼는 그러한 감정인 것이지.

아 4:9-11 내 누이, 내 신부야 네가 내 마음을 빼앗았구나 네 눈으로 한 번 보는 것과 네 목의 구슬 한 꿰미로 내 마음을 빼앗았구나 내 누이, 내 신부야 네 사랑이 어찌 그리 아름다운지 네 사랑은 포도주보다 진하고 네 기름의 향기는 각양 향품보다 향기롭구나 내 신부야 네 입술에서는 꿀 방울이 떨어지고 네 혀 밑에는 꿀과 젖이 있고 네 의복의 향기는 레바논의 향기 같구나

• 남자에게서 취한 여자

- "남자에게서 취하였은즉 여자라 부르리라"고 말하는 것은 무슨 뜻이지요? 남자에게서 취하였으니 여자라?
- 이 역시 감격적인 언어일 거야. 여기 '남자'는 히브리어로 이쉬(אִישׁ)야. 그리고 '여자'는 잇샤(אִשָּׁה)이고. 잇샤(אִשָּׁה)는 이쉬(אִישׁ)에 '아'가 하나 덧붙여진 말일 뿐이라네. '이쉬'에게서 취하였은즉 '잇샤'라고 한다는 것이지. 큰 차이보다 동질성을 더 강조하는 언어인 셈이지.
- 아, 그런데 우리말로는 그걸 그대로 번역할 수 없군요. 이 단어는 히브리어로 알아야 이해하게 되네요. 이는 하와가 아담과 다 똑같다는 것이 오히려 강조되고, 조금 다른, 그러니까 남성과 여성이라는 차이가 있지만 동일한 인간임을 나타내는 것이로군요?
- 맞아, 김 군의 이해가 정확해.

• 부모를 떠나

- 선생님, 여기 보니까, 결혼이란 부모를 떠나는 과정이기도 한데요. 왜 그렇지요?
- 그래, 결혼이란 부모를 떠나는 과정으로 말하고 있지? 왜 싫은가? 결혼하고도 부모님과 함께 살 생각이었나 보지?
- 아니, 꼭 그런 것은 아니고요….
- 이 말이 부모를 버리라는 뜻은 일단 아니라는 것을 전제로 이야기

함세.

- 부모를 버리다니요? 말도 안 되는 소리지요?
- 어려서는 각각 부모의 양육을 받아 자라게 되지. 그리고 그러는 동안 전적으로 부모에게 의지하고 의존된 삶을 살지? 그런데 결혼이란 완성된 인간이 되는 과정이야.
- 그러니까 부모를 떠난다는 것은 부모와 교제를 끝낸다는 뜻이 아니라 보다 성숙한 독립적, 책임적 한 몸이 된다는 것을 의미한다고 보는 것인가요?
- 정신적으로나 정서적으로나 사회적으로나 경제적으로, 결혼이란 부모에게서 독립해 새로운 한 몸을 이루어 책임적으로 서야 함을 의미한다네. 그 대신 결혼이란 상대와 완전히 하나 되는 일이야.
- 그렇다면 이 원리에 의하면, 자녀가 결혼하게 되면 당연히 부모를 떠나가는 것으로 부모는 자녀의 독립을 지지해 줘야 되겠네요? 결혼은 부모의 강요에 의하여 이루어져서도 안 되고, 배우자를 정하는 일부터 이후로 일차적인 책임과 권리가 당사자에게 있음을 인정하는 일이 중요할 것 같아요.
- 내가 아는 지인 가운데 이런 일이 있었어.
- 무슨 일이요?
- 아들이 성인이 되어 한 아가씨와 좋아하게 되고 연애를 하였지. 사랑이 무르익어 둘은 결혼을 하기로 합의하고 부모에게 허락을 받으려고 부모에게 보이게 되었는데, 그 신랑 측 어머니가 죽기 살기로 반대를 하는 거야.
- 결혼은 당사자가 중요한 것 아닌가요? 부모가 반대 의견을 말할 수는 있지만 죽기 살기로 반대한다는 것은 이미 이 하나님의 말씀에 위배되는 것 같은데요?
- 그렇지? 그런데 이분의 경우 어머니가 끝까지 반대하는 바람에 그 연애가 깨지고, 그 남자 청년은 그때의 충격 때문인지는 모르지만

쉰 살이 다 되어도 결혼을 못했을 뿐 아니라, 나중에는 정신적으로 불안정해져서 직장생활도 못하게 되고 반쯤 폐인처럼 세월을 보내게 되더라고.

- 저런, 심각한 문제로군요?
- 이런 경우 부모가 자식의 독립적 권한을 인정하지 않으므로 일어난 불행이라고 보여지더라고.
- 결혼은 부모를 떠난다는 원리에서, 결혼 당사자는 자기 책임적으로 아내 남편 간 하나 되는 과정으로 나아가야 하고, 부모는 자녀를 독립시키는, 그들의 완전한 자유의지를 인정하고 성인으로서 자기 책임적으로 행하도록 떼어 주는 것으로 적용해야겠네요.
- 맞아, 결혼은 당사자가 독립적, 책임적으로 둘이 하나 되는 과정으로 서로 인정해야 할 일이지.

• 둘이 한 몸을

- 결혼이란 둘이, 즉 한 남자와 한 여자가 한 몸을 이루는 과정이다 그 말이지요? 영적, 정신적, 육체적 합일을 의미하겠지요?
- 그렇지. 척하면 척이군, 김 군. 대단한 학습자야. '뼈 중의 뼈'로 인식하는 지적 과정과 '살 중의 살'로 감격하는 정적 희열과 '한 몸으로' 살아가는 의지적 과정이 결혼이다. 그렇게 말할 수 있겠지.
- 선생님, 결혼의 원리에서 자기 아내 아닌 다른 여인 또는 자기 남편 아닌 다른 남자와의 불륜은 하나님 앞에 큰 죄가 되지요? 그것은 둘이 하나 되는 원리인데 셋이 하나 될 수는 없으니까요?
- 그렇지.
- 선생님, 결혼이란 또한 한 남자와 한 여자의 하나 됨이지요? 동성애는 아니지요?
- 요즘 동성애 결혼조차 합법화하는 경우가 많은 세상이긴 한데, 그게 법적으로 어찌 되든 하나님의 질서는 한 남자와 한 여자의 결혼

이 정상적인 질서라네. 적어도 성경은 그렇게 가르치고 창조자의 말씀은 그렇다네. 남자가 남자로 더불어 하나 되려는 경우나 여자가 여자로 더불어 하나 되려는 경우, 사회법으로 허용이 되든 말든 창조주의 섭리는 아니라고 성경은 말하고 있지.

롬 1:27 그와 같이 남자들도 순리대로 여자 쓰기를 버리고 서로 향하여 음욕이 불일 듯하매 남자가 남자와 더불어 부끄러운 일을 행하여 그들의 그릇됨에 상당한 보응을 그들 자신이 받았느니라

이미 우리가 보았지만 선악과를 먹으면 죽는 것이네. 하나님이 먹지 말라고 하신 것을 먹으면 죽는 것이지. 대신 하나님이 먹도록 하신 것을 먹는 것은 사는 길이지. 생명나무를 먹으면 영생하고, 죽음나무를 먹으면 죽는 것이야. 하나님 말씀대로 살면 사는 것이고, 그것이 우리를 위한 최대의 축복이라는 말일세.

• 벗었으나 부끄러워 아니하니라

– 선생님, 여기 보니까, 첫 사람 아담과 하와는 옷을 입지 않았던 것 같네요? 나체족이었어요?

– 나체족?

– 그렇지 않아요?

– 그래, 아직 옷을 입지 않았었지. 옷 입는 이야기는 타락 이후에 나오거든. 이는 타락 이전이므로 아무런 죄책이나 부끄러움의 감정이 없을 때였기 때문에 첫 인간 부부의 순결하고 깨끗한 이미지를 나타낸다고 보아야겠지? 그러나 더욱 중요한 것은 예나 지금이나 적어도 부부 사이에는 감추거나 가려야 하는 일이 있어서는 안 된다는 것이지. 두 사람은 벌거벗은 관계로 감출 것이 없는 관계로 서야 한다는 말일세.

- 온전한 사랑과 온전한 신뢰의 관계임을 보여주는 것이네요. 결혼은 이토록 간격이나 가식이 없는 순전한 교제다, 그 말이군요?
- 그러기에 결혼은 아름다운 것이고 행복한 것이요, 축복이라네. 모든 것이 헛되다고 노래하는 전도서의 인생관에서조차 부부간의 티 없는 순수한 사랑이 하나님의 축복임을 노래하고 있지 아니한가?

전 9:9 네 헛된 평생의 모든 날 곧 하나님이 해 아래에서 네게 주신 모든 헛된 날에 네가 사랑하는 아내와 함께 즐겁게 살지어다 그것이 네가 평생에 해 아래에서 수고하고 얻은 네 몫이니라

- 그런데 왜 사람들은 툭하면 이혼하게 되는 것이지요?
- 왜 그런 것 같은가?
- 이기주의? 이 코이노니아 인생관이 확립되지 않고, 타락한 욕심대로 자기중심의 이기주의가 아름다운 결혼생활을 파탄 내는 요소가 아닐까요?
- 그게 타락한 인간의 연약성이긴 한데, 코이노니아의 원리를 알고 노력하면 결혼생활은 아름답고 감격스러운 것이지. '너가 곧 나다' 하는 코이노니아의 원리를 지켜 살면 서로 다른 둘이 만나 하나 되어 가는 과정은 예술이라네. 남녀의 사랑으로 하나님의 사랑을 비유하고 있는 솔로몬의 아가서를 보면, 이 남녀 간의 사랑이 성숙해 가는 과정이 서로 고백하는 언어가 익어가는 것으로 나타나지.
- 어떻게요?
- 처음엔 상대가 내게 속하고 내가 상대에게 속하였음을 고백하고, 다음 단계는 내가 상대에게 속하고 상대는 내게 속하였다고 상호 인식하고, 나중에는 내가 상대에게 속하였다고 고백하는 것으로 끝나더라고. 아가서에서 확인해 봐.

아 2:16 내 사랑하는 자는 내게 속하였고 나는 그에게 속하였도다 그가 백합화 가운데에서 양 떼를 먹이는구나

아 6:3 나는 내 사랑하는 자에게 속하였고 내 사랑하는 자는 내게 속하였으며 그가 백합화 가운데에서 그 양 떼를 먹이는도다

아 7:10 나는 내 사랑하는 자에게 속하였도다 그가 나를 사모하는구나

- 똑같은 얘기를 하고 있는 것 아닙니까?
- 잘 봐. 처음에는 상대가 내게 속하였음을 말하고 나도 그에게 속하였음을 확인하지. 두 번째는 내가 그에게 속하였고 그가 내게 속하였다고 확인하여 순서가 바뀌지. 세 번째는 내가 그에게 속하였다고만 하지. 그가 내게 속하였다는 말은 굳이 안 해도 되는 신뢰가 있는 것이야.
- 아, 그러니까 마지막 단계는 내가 상대에게 잘하면 되고, 그가 내게 무엇을 하도록 요구하지 않는 성숙이군요?
- 김 군, 이해력이 정말 좋아요. 대화하는 재미가 있어. 자, 이제 에덴동산이 완전하게 이루어졌네그려. 이제 에덴동산에서의 인간의 삶이 어떤 것이었는지 종합해 보게.
- 흠…에덴동산을 한 장의 종이에 그려 보면 아름다운 환경(perfect environment)이었지요? 그다음 풍요로운 경제(perfect economy)가 있고요, 즐거운 노동(perfect labor)이 있고, 마침내 아담과 하와 그리고 하나님과 누리는 온전한 교제(perfect koinonia)가 있네요. 그리고 생명나무와 죽음나무. 이거 죽음나무만 없으면 진짜 완벽한데 말이죠.
- 아니, 죽음나무가 있을 수밖에 없고, 있어야 지켜 주는 것이 아니

던가?

- 아 참, 그렇지요?
- 이걸 보기 쉽게 정렬해 보자고.

아름다운 환경(perfect environment)

풍요로운 경제(perfect economy)

즐거운 노동(perfect labor)

온전한 교제(perfect koinonia)

생명나무/죽음나무(life or death)

이게 에덴의 삶이네. 그런데 우리는 지금 이 에덴을 상실했어. 우리의 삶은 실낙원의 삶이라고. 왜 이리 되었나?

- 다음 장에 나올 것 같은데요?

산책길 4

아담아 네가 어디 있느냐?(창 3:1-24)

- 선생님, 오늘은 어디로 모실까요?
- 만덕산으로 가세. 전북 완주군에 있는 미륵사 찍고 가면 되네.
- 거기 뭐가 있는데요?
- 어젯밤부터 오늘 아침까지 전국적으로 비가 많이 오지 않았나?
- 그랬지요.
- 계류에 물이 불어 어쩌면 이끼 계곡에 계류 폭포의 어울림이 그림일지도 몰라. 내가 오늘 좀 고단하네. 도착하거든 깨워 주게나.
- 네, 제가 운전하는 동안 푹 쉬십시오.

- 선생님, 다 왔습니다. 저 비탈길은 못 들어가게 쇠고랑으로 막아 놓았는데요?
- 응, 여기 공터에 세워. 걸어가야 해.
- 그런데 여기에 뭐가 있다고 여길 오셨어요?
- 어? 뭐야? 왜 여기는 물이 하나도 안 흐르지? 여기는 비도 안 왔나?
- 윗지방에도 비가 꽤 왔고 아랫지방으로 내려갈수록 비가 더 많이

온다고 일기예보를 하지 않았나요?

- 일기예보도 가끔 틀려. 믿을 수 없다는 생각이 들 때가 좀 있었는데, 오늘 여기는 완전히 꽝이군. 바로 차를 되돌려 돌아가다가 부여 백마강 강변에서 놀다 감세. 부여대교 건너기 전에 우측으로 빠져 다리 밑으로 좌회전해서 강변 뚝방길로 가보게.

- 선생님, 저기 노란 꽃밭이 있어요!
- 금계국이 피어 있군. 지자체에서 강 둔치에 금계국을 뿌려 길렀나 보네. 저기쯤 차를 세우고 걸어서 가봄세.
- 가까이 와보니 샛강이 흘러, 샛강 너머 금계국 들판에 접근할 수 없네요. 그리고 여기 경고판이 세워져 있어요. "위험! 샛강이 깊으니 함부로 건널 생각 마시오"라고 쓰여 있는데, 한번 뛰어 건너볼까요?
- 아, 아니, 빠지면 가는 수가 있어. 돌아서 차로 뚝방길을 더 가보기로 하지. 아마 더 풍성한 곳이 있을 거야.
- 선생님, 저기 들판처럼 금계국이 깔려 피어 있네요.
- 그래, 차를 세우고 저기 가서 카메라에 좀 담고 산책길을 더 걸으며 이야기를 나누기로 하지.
- 경고판을 무시하지 않은 게 다행이네요. 여기가 더 풍성한데요.
- 그러게 말이야. 그런데 우리 창세기 산책 어디 이야기할 차례지?
- 창세기 3장이지요.
- 첫 문단 읽어 볼까?

타락의 과정(창 3:1-6)

창 3:1-6 그런데 뱀은 여호와 하나님이 지으신 들짐승 중에 가장 간교하니라 뱀이 여자에게 물어 이르되 하나님이 참으로 너희에게 동산 모든 나무의 열매를 먹지 말라 하시더냐 여자가 뱀에게 말하되 동산 나무의 열매를 우리가 먹을 수 있으나 동산 중앙에 있는 나무의 열매는 하나님의 말씀에 너희는 먹지도 말고 만지지도 말라 너희가 죽을까 하노라 하셨느니라 뱀이 여자에게 이르되 너희가 결코 죽지 아니하리라 너희가 그것을 먹는 날에는 너희 눈이 밝아져 하나님과 같이 되어 선악을 알 줄 하나님이 아심이니라 여자가 그 나무를 본즉 먹음직도 하고 보암직도 하고 지혜롭게 할 만큼 탐스럽기도 한 나무인지라 여자가 그 열매를 따먹고 자기와 함께 있는 남편에게도 주매 그도 먹은지라

- 선생님, 여기에는 뱀이 등장하는데요? 뱀이 피조물 중 가장 간교하였다고 기록하고요. 뱀이 여자를 유혹해요. 옛날엔 뱀도 인간의 언어로 말을 했나요? 뱀은 어떤 존재이지요?
- 우선, 뱀은 그대로 뱀이었겠지? 아, 지난번에 '뱀을 정복해야 하는 것 아닌가?'라고 김 군이 해석을 하지 않았는가?
- 그랬지요? 그런데 뱀도 사람의 말을 했나요? 아니면 사람이 뱀의 언어를 알아들었나요?
- 뱀이 말하고 유혹했다는 것은 뱀이 말한 것이 아니라 뱀을 통하여 어떤 존재가 말하고 유혹한 것일 거야. 지난번에도 말했지만 성경 자체가 옛 뱀은 곧 사탄이요 마귀라고 해석을 해주고 있거든. 보게. 요한계시록에 두 차례나 뱀은 사탄이라고 나와 있어.

계 12:9 큰 용이 내쫓기니 옛 뱀 곧 마귀라고도 하고 사탄이라고도 하며 온 천하를 꾀는 자라 그가 땅으로 내쫓기니 그의 사자들도 그와 함께 내쫓기니라

계 20:2 용을 잡으니 곧 옛 뱀이요 마귀요 사탄이라 잡아서 천 년 동안 결박하여

뱀을 통하여 여자를 유혹한 것은 마귀요 사탄이란 말이지.

- 그렇다면 사탄이 뱀을 통하여 접근하고 유혹하였다는 말이지요?
- 그렇게 해석해야 맞지 않겠나? 성경이 가르쳐 주는 대로?
- 그러면 그렇게 이해하고 유혹 과정과 결과를 주목해 보아야겠군요?
- 그렇지.
- "하나님이 참으로 너희에게 동산 모든 나무의 열매를 먹지 말라 하시더냐?"라는 질문으로 접근했는데요?
- 부정적인 요소를 부풀리는 수법인 것 같지?
- 그게 무슨 말씀이세요?
- 이제 이 유혹자가 사용한 전략은 부정적 측면을 클로즈업시키고 과장하여 불만을 유도하고 불신을 조장하는 방식이지. 사실 하나님의 말씀은 "동산 각종 나무의 열매는 네가 임의로 먹으라" 하시고 오직 한 나무, 선악을 알게 하는 나무의 열매만 먹지 말라고 하셨잖은가? 모두 허락하시고 하나만 금하셨다는 말이야. 그것도 그들을 사랑하는 마음으로 금하신 것이고. 그런데 유혹자는 모든 나무의 열매를 먹으라고 하신 부분은 접어 두고 하나 금지한 부분을 확대시켜 느끼도록 하기 위하여 "모든 나무의 열매를 먹지 말라 하더냐?"라고 부정적 사고를 건드리고 있다네.
- 아, 그렇군요. 부정적인 측면을 클로즈업시켜서 불만과 불신을 조장하는 것이 사탄의 수법이로군요? 그런데 부정적인 데다 초점을 맞추어 하와의 눈을 부정적으로 만들려는 뱀의 전략은 여기서 맞아떨어지고 있는데요? 하와가 부정적인 데에 눈이 머무는 것 같아요. 하나님이 "먹지 말라"고 하신 것에 상당히 의혹을 가지고 느끼기 시작하는 것 같지요?
- 그래, 왜 그렇게 느끼는가?
- 그것이 그의 말의 과장에서 나타나요. 하나님은 단지 "먹지 말라" 하셨음에도 불구하고 "만지지도 말라"고 하셨다고 하면서, 하나님

을 향하여 의혹과 불만의 부정적 감정이 일어나게 됨을 보이네요?

- "먹지 말라" 하신 것이 굉장히 커다란 부정적 사건으로 떠오르고 그렇게 느껴져서 그 사실을 훨씬 과장하는 경우가 된 것이겠지? 상대방을 부정하려면 상대의 부정적 이미지를 최대한 과장하는 것과 같다 하겠지.
- 하와는 그 많은 나무의 열매 모두를 먹으라고 허락하시고 복 주신 하나님께 감사하는 마음으로 생각하고 보았어야 할 것 아닌가요? 한 가지 금하신 것에 초점을 맞추고 더 많은 축복을 잊어버리게 하는 사탄의 전략에 넘어가서는 안 되겠어요. 긍정적으로 보는 눈을 가져야 할 것 같아요.
- 참 좋은 말을 했네. 하와가 그랬더라면 유혹에 넘어가지 않았을 것인데 원통하지? 사탄은 이 전략을 자주 사용하고 하나님의 사람들이 자주 이 전략에 넘어가는 것을 성경은 아주 많이 기록하고 있다네. 민수기 한번 읽어 볼까?

민 12:1-2 모세가 구스 여자를 취하였더니 그 구스 여자를 취하였으므로 미리암과 아론이 모세를 비방하니라 그들이 이르되 여호와께서 모세와만 말씀하셨느냐 우리와도 말씀하지 아니하셨느냐 하매 여호와께서 이 말을 들으셨더라

- 이 구절은 왜 읽으라 하셨는데요?
- 이 이야기는 출애굽 역사 중에 모세의 형 아론과 모세의 누이 미리암이 모세를 비방하다가 하나님께 혼나는 이야기라네. 모세가 누구인가? 모세는 하나님이 특별히 불러내어 이스라엘 민족을 해방케 하신 지도자가 아닌가? 목숨 걸고 바로와 대결한 지도자이지. 그런데 모세에게 약점이 하나 있었어. 구스 여자, 흑인 여자를 아내로 삼은 약점 말이야. 아론과 미리암이 모세의 다른 모든 위대함을 제쳐

놓고 이 약점을 물고 늘어져 비판하고, 너만 지도자냐 나도 지도자다, 그런 교만에 빠져 반역하는 죄를 저지르게 되었다는 이야기야.

- 많은 위대함 중에 하나의 단점을 물고 늘어지는 게 사탄의 전략이네요?
- 고라와 다단의 이야기도 마찬가지야. 민수기 16장을 읽어 보게.

민 16:1-3 레위의 증손 고핫의 손자 이스할의 아들 고라와 르우벤 자손 엘리압의 아들 다단과 아비람과 벨렛의 아들 온이 당을 짓고 이스라엘 자손 총회에서 택함을 받은 자 곧 회중 가운데에서 이름 있는 지휘관 이백오십 명과 함께 일어나서 모세를 거스르니라 그들이 모여서 모세와 아론을 거슬러 그들에게 이르되 너희가 분수에 지나도다 회중이 다 각각 거룩하고 여호와께서도 그들 중에 계시거늘 너희가 어찌하여 여호와의 총회 위에 스스로 높이느냐

- 고라와 다단과 아비람과 온이 당을 짓고, 자신들이 레위족이 되어 하나님의 성전봉사를 하는 특권은 감사하지 않고 제사장 직분이 주어지지 않는다는 것을 불평하여 반역하게 한 것도 사탄의 전략이었네요?
- 그렇지? 자, 이제 본론으로 돌아가 심층적으로 이해해 보자고.

• 불신/결코 죽지 아니하리라

- 이제 결정적인 것은 하나님 말씀에 불신을 일으키는 전략인 것 같네요. 하나님은 선악과를 먹으면 "반드시 죽으리라" 하셨는데, 뱀은 먹어도 "결코 죽지 아니하리라"고 말하네요.
- 현대적 언어로 말한다면 하와에게 두 가지 상반된 정보가 제공된 셈인데, 한 곳의 정보는 죽는다, 다른 곳의 정보는 안 죽는다는 것이지. 그런데 어느 한쪽이 정반대의 정보라면 적어도 한쪽의 정보는

가짜라는 얘기지?

- 아이고, 요즘 가짜 정보의 홍수 속에 살아가는데, 정신 어지럽지요. 이제 하와는 두 정보 중 어떤 정보를 믿을 것인가 선택해야 하는 압박을 받게 되는 것이네요. 이때는 정보 제공자가 믿을 만한 분이냐 하는 게 중요할 텐데요?
- 하나님이 주신 말씀은 그 열매를 먹으면 '죽는다'는 것이고, 사탄이 제공한 정보로는 결코 '죽지 않는다'는 것이지?
- 이제 문제는, 하와가 '누구를 믿고 누구를 믿지 아니하느냐' 하는 믿음의 선택의 갈림길에 서 있게 되었다는 점이네요?
- 사실 언제나 인간은 이러한 믿음의 선택의 갈림길에 서 있어. 그것이 바로 선악과야. 문제는 누구를 믿느냐인데, 사탄은 이미 하나님에 대하여 부정적인 생각을 하와의 마음속에 심어 놓고서는 하나님의 말씀을 부정하고 대단히 긍정적으로 들리는 거짓말을 하고 있는 거야. 하와가 누구의 말을 선택했던가?
- 하와는 하나님 말씀을 불신하고 사탄의 말을 믿었네요. 그 마음을 하나님을 향하여 닫고 사탄을 향하여 열어 놓게 된 것이죠. 아, 이것이 문제의 본질이군요. 선악을 알게 하는 나무가 서 있다는 것이 문제가 아니라 하나님을 불신하는 것이 문제로군요. 위험 경고판이 세워져 있는 게 문제가 아니라 그 말을 믿을 것이냐 안 믿을 것이냐가 문제로군요.
- 이미 2장에서 말했지만, 선악과의 열매에 무슨 독이 있어서 죽는 것이 아니지. 선악을 알게 하는 나무에 독이 있는 열매가 열리게 하고, 그것을 세워 놓고 먹으면 죽으니 먹지 말라고 하였다면 하나님이 괴팍한 분인 거겠지. 그러나 선악을 알게 하는 나무의 열매에는 독이 있는 것이 아니야. 하나님을 불신하는 것이 곧 죽음인 것이지.
- 거짓을 심은 것이 사탄의 전략인데, 하와는 하나님을 불신하는 데 이르고 사탄의 거짓을 믿는 죄에 떨어지고 마는군요. 사탄의 거짓

을 믿고 하나님의 진실을 불신하는 일이 곧 타락이요 근본적인 죄란 말이네요. 본질은 믿음의 문제로군요.

- 믿음의 문제가 그리 중요하고 불신이 큰 죄가 되는 이유를 알겠는가?
- 그건 왜 그렇지요? 알쏭달쏭, 알 것 같은데 정확히 잡히지 않는 질문인데요? 혹 코이노니아의 문제?
- 응, 역시 김 군의 직감은 대단해. 불신은 코이노니아를 파괴하는 요소이고, 믿음 곧 신뢰가 코이노니아의 바탕이기 때문에, 사탄은 이 코이노니아를 파괴하려고 불신의 세계로 인간을 전락시키려 한 것이라네. 이제 코이노니아가 어떻게 불신에 의하여 파괴되어 가는지는 다음 이야기에서 다시 나오니까, 그때 자세히 논하기로 하고…, 타락에는 또 한 가지 요소가 있어. 다음 말을 주목해 보자고.

• **교만/하나님과 같이 되어**

창 3:5 너희가 그것을 먹는 날에는 너희 눈이 밝아져 하나님과 같이 되어 선악을 알 줄 하나님이 아심이니라

- 이제 사탄은 그 열매를 먹어도 죽지 아니할 뿐 아니라 그것을 먹는 날에는 크게 유익하다고 거짓으로 유혹하네요? 여전히 속임수이지만 사탄은 '하나님과 같이 된다'는 대단히 엄청난 유혹으로 이끄는군요.
- 눈이 밝아져 선악을 구분할 줄 알게 될 것이기에 금지한 것이라고 여전히 하나님을 불신하게 하면서 유혹하지? 선악과를 먹으면 눈이 밝아져 선악의 문제가 발생하여 인간은 평화를 잃고 갈등하게 될 터인데, 그러나 사탄은 그것이 부정적인 것이 아니라 긍정적인 것처럼 설득하고 있는 것이지? 그것이 하나님과 같이 된다는 차원으로 설득하며 유혹하는 것이야.

- 사탄 자신도 하나님과 비기려다가 하나님을 배역하고 타락한 것 아닌가요?
- 그건 어떻게 알았나?
- 지난주에 우리 담임 목사님께서 그렇게 설교하셨어요. 이사야서를 인용하면서 말입니다.

사 14:12-15 너 아침의 아들 계명성이여 어찌 그리 하늘에서 떨어졌으며 너 열국을 엎은 자여 어찌 그리 땅에 찍혔는고 네가 네 마음에 이르기를 내가 하늘에 올라 하나님의 뭇 별 위에 내 자리를 높이리라 내가 북극 집회의 산 위에 앉으리라 가장 높은 구름에 올라가 지극히 높은 이와 같아지리라 하는도다 그러나 이제 네가 스올 곧 구덩이 맨 밑에 떨어짐을 당하리로다

천사가 교만해져서 하나님과 맞먹으려다가 하나님의 대적자가 되었고 사탄이 되었다고 말입니다. 그러니 결국 사탄의 인간에 대한 유혹은 인간도 교만해져서 하나님을 떠나 하나님의 대적자가 되도록 하는 것이겠지요?

- 그래서 하나님 앞에는 교만이 아주 큰 죄이고, 하나님께서는 교만을 하나님을 대적하는 죄라 말씀하고 계시지. 그리고 인간의 타락에서 이 교만이란 유혹이 있었다는 것이네. 교만에 대한 경고가 성경에는 많이 기록되고 있어.

잠 16:5 무릇 마음이 교만한 자를 여호와께서 미워하시나니 피차 손을 잡을지라도 벌을 면하지 못하리라

렘 50:31 주 만군의 여호와의 말씀이니라 교만한 자여 보라 내가 너를 대적하나니 너의 날 곧 내가 너를 벌할 때가 이르렀음이라

약 4:6 그러나 더욱 큰 은혜를 주시나니 그러므로 일렀으되 하나님이 교만한 자를 물리치시고 겸손한 자에게 은혜를 주신다 하였느니라

벧전 5:5 젊은 자들아 이와 같이 장로들에게 순종하고 다 서로 겸손으로 허리를 동이라 하나님은 교만한 자를 대적하시되 겸손한 자들에게는 은혜를 주시느니라

- **불순종/그 열매를 따먹고**

창 3:6 여자가 그 나무를 본즉 먹음직도 하고 보암직도 하고 지혜롭게 할 만큼 탐스럽기도 한 나무인지라 여자가 그 열매를 따먹고 자기와 함께 있는 남편에게도 주매 그도 먹은지라

- 하나님의 말씀을 불신하고 자신이 하나님이 되는 교만에 빠지면 결국 하나님 말씀에 불순종하는 결과를 낳게 되고 그것이 곧 타락이었네요? 제가 고등학생 때 세례 받기 위하여 세례문답 공부를 할 때 "인간의 근본적인 죄가 무엇이냐?"는 질문이 있었는데, 거기 답안지에 "하나님의 말씀을 불순종한 것이다"라고 쓰여 있었거든요. 그런데 보니까 불순종 이전에 불신이 죄이고, 교만이 죄이고, 결국 불순종이 죄로군요.
- 아마 언제나 사탄의 유혹과 시험은 우리로 불신하게 하려는 전략, 교만을 충동질하는 전략, 그래서 불순종함으로 죄에 떨어지게 하는 전략은 지금도 마찬가지일 것이네.
- 하나님 말씀을 불신하면 교만에 빠지고, 교만에 빠지면 불순종에 이르는 것이로군요. 그래서 믿음이 중요하고, 겸손이 중요하고, 순종이 중요한 덕목이 되는 것이고요.
- 그렇다네. 성경은 믿음과 순종을 거의 한 가지로 다루고, 순종의 중요성을 매우 강조한다네. 그리고 이 불순종으로 타락한 인간 구원

의 역사는 독생자 예수님의 온전한 순종으로 구원의 근거가 마련되고, 믿음으로 순종하는 것이 구원받은 자의 길이 되는 것이라네.

삼상 15:22 사무엘이 이르되 여호와께서 번제와 다른 제사를 그의 목소리를 청종하는 것을 좋아하심같이 좋아하시겠나이까 순종이 제사보다 낫고 듣는 것이 숫양의 기름보다 나으니

요 3:36 아들을 믿는 자에게는 영생이 있고 아들에게 순종하지 아니하는 자는 영생을 보지 못하고 도리어 하나님의 진노가 그 위에 머물러 있느니라

롬 5:19 한 사람이 순종하지 아니함으로 많은 사람이 죄인 된 것같이 한 사람이 순종하심으로 많은 사람이 의인이 되리라

- **탐욕/먹음직도 하고, 보암직도 하고, 탐스럽고**

창 3:6 여자가 그 나무를 본즉 먹음직도 하고 보암직도 하고 지혜롭게 할 만큼 탐스럽기도 한 나무인지라 여자가 그 열매를 따먹고 자기와 함께 있는 남편에게도 주매 그도 먹은지라

- 선생님, 그런데 건너뛴 부분이 있어요!
- 뭘?
- 성경을 보면 하와가 그 나무를 본즉 먹음직도 하고 보암직도 하고 지혜롭게 할 만큼 탐스럽기도 한 나무인지라 그 열매를 따먹었다고 한 부분은 넘어갔네요?
- 그랬군. 불신과 교만과 불순종은 죄의 행위로 귀결되지만, 먹음직하고 보암직하고 탐스럽다는 것은 유혹의 요소이지 행위 자체는 아니기 때문에, 별도로 뺀 것이었네. 우리는 이러한 탐욕, 인간의 욕심과

자랑 등의 유혹을 조심해야 하지. 요한 사도가 경고하고 있는 것과 비슷하지?

요일 2:16 이는 세상에 있는 모든 것이 육신의 정욕과 안목의 정욕과 이생의 자랑이니 다 아버지께로부터 온 것이 아니요 세상으로부터 온 것이라

- 이 같은 유혹은 언제나 따라다니는 것이 아닐까요? 사탄은 예수님도 동일한 유혹으로 넘어뜨리려고 시도했었지요?

마 4:1-10 그때에 예수께서 성령에게 이끌리어 마귀에게 시험을 받으러 광야로 가사 사십 일을 밤낮으로 금식하신 후에 주리신지라 시험하는 자가 예수께 나아와서 이르되 네가 만일 하나님의 아들이어든 명하여 이 돌들로 떡덩이가 되게 하라 예수께서 대답하여 이르시되 기록되었으되 사람이 떡으로만 살 것이 아니요 하나님의 입으로부터 나오는 모든 말씀으로 살 것이라 하였느니라 하시니 이에 마귀가 예수를 거룩한 성으로 데려다가 성전 꼭대기에 세우고 이르되 네가 만일 하나님의 아들이어든 뛰어내리라 기록되었으되 그가 너를 위하여 그의 사자들을 명하시리니 그들이 손으로 너를 받들어 발이 돌에 부딪치지 않게 하리로다 하였느니라 예수께서 이르시되 또 기록되었으되 주 너의 하나님을 시험하지 말라 하였느니라 하시니 마귀가 또 그를 데리고 지극히 높은 산으로 가서 천하 만국과 그 영광을 보여 이르되 만일 내게 엎드려 경배하면 이 모든 것을 네게 주리라 이에 예수께서 말씀하시되 사탄아 물러가라 기록되었으되 주 너의 하나님께 경배하고 다만 그를 섬기라 하였느니라

- 그러나 예수님은 그러한 유혹에 넘어가지 아니하고 승리하는 모습

을 보여줌으로써 우리의 설 자리를 보여주셨지.

타락의 결과(창 3:7-13)

창 3:7-13 이에 그들의 눈이 밝아져 자기들이 벗은 줄을 알고 무화과나무 잎을 엮어 치마로 삼았더라 그들이 그날 바람이 불 때 동산에 거니시는 여호와 하나님의 소리를 듣고 아담과 그의 아내가 여호와 하나님의 낯을 피하여 동산 나무 사이에 숨은지라 여호와 하나님이 아담을 부르시며 그에게 이르시되 네가 어디 있느냐 이르되 내가 동산에서 하나님의 소리를 듣고 내가 벗었으므로 두려워하여 숨었나이다 이르시되 누가 너의 벗었음을 네게 알렸느냐 내가 네게 먹지 말라 명한 그 나무 열매를 네가 먹었느냐 아담이 이르되 하나님이 주셔서 나와 함께 있게 하신 여자 그가 그 나무 열매를 내게 주므로 내가 먹었나이다 여호와 하나님이 여자에게 이르시되 네가 어찌하여 이렇게 하였느냐 여자가 이르되 뱀이 나를 꾀므로 내가 먹었나이다

• 눈이 밝아

창 3:7 이에 그들의 눈이 밝아져 자기들이 벗은 줄을 알고 무화과나무 잎을 엮어 치마로 삼았더라

- 선생님, 여기 인간이 최초로 옷을 입게 된 이야기가 나오네요?
- 인간이 최초로 해 입은 옷은 어떤 옷감으로 만든 옷이었던가?
- 무화과나무 잎을 옷감으로 썼네요.
- 그 무화과나무 잎으로 만든 옷감이 며칠이나 입을 수 있었을까?
- 글쎄요, 한 3일은 입었을까요?
- 그러나 여기서 중요한 것은 인류의 의류 역사가 아니라 이것이 의미하는 바가 무엇인가 하는 것이라네.

- 눈이 밝아 자신들의 벗은 줄을 알고 무화과나무 잎으로 치마를 만들어 입었는데요. 선악과를 먹으면 눈이 밝아지리라고 뱀이 유혹하던 말도 사실이었네요?
- 그래, 일부는 사실이었지. 그런데 이게 무슨 뜻이겠나? 선악과를 먹기 전에는 눈이 왜 어두웠고 부끄러운 줄 몰랐다는 것인가?
- 타락하기 이전에는 선악의 문제 자체가 없었던 것이겠지요? 순결한 마음이고 죄나 악의 문제가 없었던 것이지요. 그러나 타락하자 죄와 악의 문제가 인간의 실제적 삶의 문제가 되었고, 선악의 문제가 생겼다는 뜻이겠지요?
- 김 군의 이해력은 정말 감탄스러워. 타락의 결과 죄가 발생한 것이고, 악의 문제가 인간의 현실적인 문제가 되었지. 그리고 인간에게 죄책감의 문제가 발생한 것이지. 죄와 악으로 말미암은 내적 갈등과 죄책감이라고 하는 갈등을 안게 된 것이라네.
- 타락 이전에는 어리석어서 선악을 모르는 것이 아니라 선악의 문제가 없기에 모르는 것이었다 그 말이고, 순결하고 깨끗한 마음에 선악의 문제는 현실적 문제가 아니었으나, 이제 타락한 인간에게는 죄가 현실로 다가와서 죄책감의 문제가 삶의 현실이 된 것이라는 말이네요. 악을 알고 악에 매인 자신을 고통하는 고통의 지식으로서의 선악에 대한 지식을 얻게 된 것이다, 그 말이군요?
- 대단한 어휘력이야. 고통의 지식으로서의 선악에 대한 지식이라? 대단하고 정확한 표현이야. 인간이 왜 죄책감에 살아야 하는지 이유를 알 것 같지?
- 그렇네요. 타락의 결과는 결국 죄책감과 악에 대한 고통의 지식이었네요.
- 그리고 눈이 밝아졌다는 이야기에는 또 다른 뜻도 포함된 것 같아. 김 군이 고통의 지식으로서의 선악에 대한 지식이라고 했는데, 그 차원도 맞는데 이 죄책감까지 거부하는 죄인에게는 이제 이 고통의

지식은 남에게만 사용하는 지식으로 변하지.

- 그게 무엇인데요?
- 그 고통을 자기가 받으려 하지 않지. 하나님이 아담을 책망하시자 아담은 하와에게 핑계 대거든. 코이노니아가 상실된 인간은 이제 이 고통의 지식을 남에게로 전가하는 양심에 화인 맞은 자로 변해서, 이 선악의 지식은 비판적 지식, 정죄하는 지식으로서의 눈이 된다는 말이라네. 하나님께서 인간을 지으신 본질적인 삶은 코이노니아라고 했지?
- 그랬지요.
- 그 코이노니아를 파괴하는 지식으로서의 선악의 지식, 의와 불의의 지식이란 말이네.
- 그게 무슨 뜻이래요?
- 코이노니아를 이루는 요소가 무엇인가?
- 사랑과 신뢰이지요?
- 그래, 사랑은 가고 공의만 남은 지식이란 말이야.
- 갈수록 저는 더 못 알아듣겠는데요?
- 그러면 나의 고백과 간증을 나누어야 하겠군. 내가 젊어서는 얼마나 날카로운 눈을 가지고 살았던지, 이강천이 만나면 재수 없는 날이라고 할 정도였어. 남의 허물과 죄가 내 눈에는 숨김 없이 보이는 바람에 나는 보이는 대로 비판하고 정죄하였지. 자신의 허물과 죄를 지적하고 비판하는 사람 좋아하는 사람은 하나도 없을걸.
- 남을 비판하기는 즐겨 하지만 자기가 비판받는 것을 즐거워할 사람은 하나도 없지요?
- 그런데 남을 비판하는 죄가 엄청 큰 죄라는 것을 깨달았어.

약 4:11-12 형제들아 서로 비방하지 말라 형제를 비방하는 자나 형제를 판단하는 자는 곧 율법을 비방하고 율법을 판단하는 것이라 네가 만일 율법을 판단하면 율법의 준행자가 아니요 재판관이로다 입법자와 재판관은 오직 한 분이시니 능히 구원하기도 하시며 멸하기도 하시느니라 너는 누구이기에 이웃을 판단하느냐

하나님만이 판단할 수 있는데, 내가 남을 판단하고 비방하고 정죄한다는 것은 하나님의 권한을 가로채는 대역죄에 해당된다는 것이지. 그래서 예수님도 비판하지 말라고 하셨어(마 7:1-2). 나는 남을 비판하는 죄가 크다는 것을 깨닫고, 그동안 남을 함부로 비판하던 죄를 회개하고 나서 하나님께 이렇게 기도했지. "주님, 나의 죄를 씻어 주시고 이제 제 눈을 바꾸어 주옵소서. 남의 장점은 크게 보이고 남의 허물과 죄나 단점은 안 보이는 눈으로 바꾸어 주소서."

- 그래서 눈을 바꾸어 주시던가요?
- 안경을 끼라고 하시더군?
- 네? 안경을 끼라고요? 선생님, 아재 개그 하시는 거예요?
- 하나님께서 성령의 안경을 끼워 주시더라고. 그 후로 남의 허물이나 죄는 잘 안 보여. 그리고 장점이 많이 보여서 칭찬도 하고 격려도 하고 긍정적으로 보는 눈이 생겼지. 사랑의 색으로 만들어진 안경이었던 것 같아. 이 봐, 김 군. 이 세상이 왜 갈수록 팍팍해지고 서로 물고 먹고 하는지 아나? 이 비판적 지식만 늘어서 그래. 사람들마다 옳고 그름은 너무도 잘 알고 말하고 따져요. 그런데 거기에 코이노니아를 위한 사랑이 없으면 이 눈은 코이노니아를 파괴하는 눈으로 사용되는 것이야. 사랑 없는 공의의 지식은 사람을 죽이고, 인간의 본질적인 삶 코이노니아를 죽이고, 인간성을 파괴하는 것이야.
- 맞는 말씀인 것 같아요. 지금 인간들이 살아가는 모양을 보면 얼마나 의의 지식이 풍부한지 다 자기들 옳다고 하지. 또 남의 죄는 어떻게 그렇게 잘 보고 콕콕 집어내는지? 그런데 문제는 소위 내로남불이에요. 내가 하면 로맨스이고 남이 하면 불륜이고. 자기 잘못은 못

보고 남의 잘못만 보는 눈이 열린 모양이에요?

- 그래, 눈이 밝아져서 나타나는 것 역시 양면적인데, 하나님 앞에서는 죄책감을 일으키는 고통의 지식이 되고, 코이노니아 또한 상대인 너를 향하여는 정죄하고 비판하는 지식으로 열리게 되는 것 같아.
- 그러니 이 선악을 보는 눈 때문에 갈수록 코이노니아는 파괴되는 것이네요? 그러니까 선·악이나 의·불의의 지식이 비판적 지식으로 열린 것이네요?
- 그렇다네. 본질은 코이노니아야. 코이노니아의 핵심 요소는 사랑이고, 사랑을 잃어버린 선악의 지식은 비판적 지식으로 코이노니아를 더 파괴하는 것이라네. 인간들은 죄로 말미암아 비판적인 눈이 열린 것이야.
- 타락으로 밝아진 눈은 남의 허물과 죄를 보는 공의로운 눈이긴 한데 그래서 사람들은 옳고 그르다는 평가는 너무 잘한다는 말이지요? 그런데 이 옳고 그름의 지식이 남을 비판하는 지식, 정죄하는 지식으로 사용되는 부정적 저주가 되는 것이네요?
- 그렇다네. 그래서 타락하여 눈이 밝아진 지식은 고통의 지식으로 자기를 파괴하는 결과를 낳든지, 비판적 지식으로 사용되어 너 또는 공동체를 파괴하는 지식으로 사용되든지 둘 다 부정적인 지식의 눈이 되었다는 것이 인간의 불행이라네.

• 코이노니아의 단절/하나님의 낯을 피하여

창 3:8 그들이 그날 바람이 불 때 동산에 거니시는 여호와 하나님의 소리를 듣고 아담과 그의 아내가 여호와 하나님의 낯을 피하여 동산 나무 사이에 숨은지라

- 그다음 어찌 되는지 잘 보게.
- 하나님의 인기척을 듣고는 피하여 숨어 버리네요? 아니, 하나님의

다가오시는 소리가 반갑고 기쁘고 설레야 할 터인데, 두려워서 피하고 숨다니?

- 왜 그리 되었겠나?
- 하나님께서 심판을 하시기도 전에 죄책감으로 하나님을 볼 수가 없었던 것이겠지요?
- 그렇다네.
- 앞에서 이야기한 것이 바로 드러나네요?
- 뭐가?
- 눈이 밝아져 선악을 알게 된 것이 고통의 지식이 되었다고 했지 않아요?
- 그랬지?
- 그러니 하나님을 두려워하고 피하게 되는 결과를 가져오는 것이지요. 죄책감과 죄로 말미암은 갈등을 나타내는데요?
- 그렇군. 사랑은 두려움을 쫓는 것이지만 사랑을 배신한 곳에서는 죄의 지식이 두려움을 가져오는 것이지. 옛날에 우리 젊은이들이 월남전에 참전했을 때의 일화가 생각나는군.
- 무슨 이야기인데요?
- 한 결혼한 병사가 월남전에 지원했어. 왜냐하면 참전하면 생명 수당으로 당시로서는 꽤 상당한 수준의 돈을 벌 수 있었기 때문이지. 그래서 거기서 살아 돌아오면 월급과 수당을 모아 잘살아보려고 목숨 걸고 월남전에 참여한 거였지. 그리고는 매월 월급과 수당은 그의 아내에게로 입금되었지.
- 생활밑천을 장만했겠군요?
- 2년 월남전 복무를 마칠 날이 가까워 오자 남편이 아내에게 편지를 보냈지. 어느 날 돌아가게 된다고, 당신과 함께 멋진 삶을 기대하고 있다고.
- 그런데 사고가 났나요? 돌아오지 못했나요? 그런 경우도 있지 않았

나요?

- 이것은 경우가 좀 달랐다네. 그때부터 그의 아내는 불안해진 거야.
- 그 반가운 소식을 듣고 왜 불안해졌을까요?
- 왜 그랬겠나?
- 혹시 불륜? 다른 남자와 지낸 것은 아니겠지요?
- 아니긴 왜 아니야.
- 어째 불안한 예상은 잘 맞는단 말이야. 죄가 있으니 남편이 돌아오는 것이 두렵고 불안했던 것이군요? 그래서 어찌 되었는데요?
- 그 이상은 상상에 맡겨 두지. 하여튼 죄는 두려움을 가져오지. 아담과 하와의 경우도 이 죄책감의 문제가 하나님과의 교제를 파괴시키게 된 것이지. 타락 이전이라면 반갑고 기뻐야 할 하나님의 소리와 음성이 이제는 두려운 소리로 들리는 거야. 하나님이 거니시는 소리만 듣고도 두려워하여 피하여 숨는 행동을 연출하고 있단 말이지. 죄는 온전한 교제, 온전한 코이노니아를 갈라놓고 만다네. 인간관계에서도 진실을 잃어버리고 불신이 틈새에 끼어들면 코이노니아는 무너진다네. 사실은 하나님의 말씀을 불신할 때 이미 코이노니아는 깨진 것이었지. 하나님이 심판하시기도 전에 타락한 인간은 하나님이 두려워 숨게 되잖아? 요한일서에 보면 이런 말씀이 있지.

요일 4:18 사랑 안에 두려움이 없고 온전한 사랑이 두려움을 내쫓나니 두려움에는 형벌이 있음이라 두려워하는 자는 사랑 안에서 온전히 이루지 못하였느니라

이전에 자연스러웠던 하나님과의 자유롭고 사랑스런 교제와 신뢰관계 대신 불신과 공포가 엄습해 온 것이라네. 불신과 두려움은 곧 코이노니아, 교제의 붕괴를 의미하지. 죄가 하나님과의 사이를 갈라놓은 것이야.

사 59:2 오직 너희 죄악이 너희와 너희 하나님 사이를 갈라놓았고 너희 죄가 그의 얼굴을 가리어서 너희에게서 듣지 않으시게 함이니라

- 코이노니아의 단절 또는 파괴라는 불행한 결과가 되었군요? 그렇지만 하나님은 그들을 끝내 찾아오시는데요?

• 아담아, 네가 어디 있느냐?

창 3:9 여호와 하나님이 아담을 부르시며 그에게 이르시되 네가 어디 있느냐

- 그렇지, 하나님은 참 속도 없으신 것 같지? 하나님은 그들이 자신을 배신하고 불순종한 것을 다 알고 오신 것 아니겠나? 아담이 죄를 범하고 죄책감에 짓눌려 두려워 숨었다는 사실을 몰라서 묻는 질문이겠나? 다 아시니까 기분 나빠서 그만 절교하시면 끝일 텐데, 속도 없는 듯 또 찾아오셨다네.
- 이 질문은 단순히 네가 숨은 곳이 어디냐를 물으시는 것이 아니라 네가 처한 위치가 어디냐를 묻는 것 같은데요? 왜 불신과 교만과 불순종하는 죄인의 자리로 떨어졌는가를 묻고 계신 것 같아요. 그렇지요?
- 그렇지? 나는 여기서 하나님의 사랑을 본다네.
- 사랑이요? 지금 아담을 책망하는 분위기인데, 사랑이라고요?
- 그렇다네. 사랑하지 않는다면 책망할 것도 없지. 그냥 버리면 그만이야. 책망은 사랑의 표현이라네. 그래서 아담에게는 오히려 소망인 것이지. 하나님의 추적이란 사랑의 행위가 아닐 수 없다네. 잠언 말씀과 계시록 말씀을 한번 봄세.

잠 3:11-12 내 아들아 여호와의 징계를 경히 여기지 말라 그 꾸지람

을 싫어하지 말라 대저 여호와께서 그 사랑하시는 자를 징계하시기를 마치 아비가 그 기뻐하는 아들을 징계함같이 하시느니라

계 3:19 무릇 내가 사랑하는 자를 책망하여 징계하노니 그러므로 네가 열심을 내라 회개하라

- "네가 어디 있느냐?"는 질문은 하나님이 몰라서 나오라는 식의 수색의 질문이 아니라 하나님은 이미 알고 계시지만 아담과 하와가 서 있는 위치가 하나님을 배신한 자리, 불신앙의 자리, 불순종의 자리가 아니냐는 추궁이요 추적의 질문이로군요.
- 그렇지. 바로 그 사실을 직시하고 회개하기를 촉구하고 있는 것이겠지? 사랑의 추적이라고 해야 할까?
- 이 질문에 아담은 더 이상 숨어 있을 수 없다고 느끼기는 한 모양입니다. 벗었으므로 두려워서 숨었다고 대답하네요. 이것은 죄책감 때문에 두려워 숨었다는 뜻이겠지요?
- 그렇겠지.
- 그러자 더 구체적으로 질문하시는데요? "내가 네게 먹지 말라 명한 그 나무 열매를 네가 먹었느냐?" 이 질문도 몰라서 묻는 질문이라기보다 회개를 촉구하는 사랑의 추적 질문이겠지요?
- 그렇겠지.
- 우리도 하나님의 책망의 음성을 듣게 되면 사랑의 음성인 줄 알고 속히 회개해야 하겠어요.
- 옳은 이야기야.
- 그런데 의문이 하나 있어요.
- 무슨?
- 선악과를 먼저 먹은 것은 하와인데, 하나님께서는 하와가 아닌 아담을 추궁하고 계시거든요?

- 왜 그럴까? 아마도 아담과 하와가 한 몸을 이루게 하신 중에 이 가정의 대표는 아담이기 때문이 아닐까?
- 이것은 하나님이 아담을 먼저 지으시고 하와를 지어 주심으로 한 몸을 이루게 하셨으나 문자적으로 하나는 아닐진대, 이 한 몸 된 교제 가운데 살아가는 부부의 경우 질서를 말한다면, 남편이 가장으로서 모든 책임을 지고 있다는 것을 의미하는 것일까요?
- 그런 것 같지? 누가 잘못하든 결국 책임은 가장인 남편에게 있다는 것일 게야. 남편은 가정을 다스려야 하고 책임을 져야 한단 말이지. 따라서 하나님은 하와에게 책임을 묻기 전에 아담을 불러 책임을 묻고 계신 것이지.
- 이 원리는 지금도 마찬가지일까요?
- 그러기에 아내는 남편에게 복종하라는 명령이 주어지고, 남편은 목숨 걸고 사랑하고 책임적으로 다스리라고 말씀하고 있는 것이겠지?

엡 5:22-25 아내들이여 자기 남편에게 복종하기를 주께 하듯 하라 이는 남편이 아내의 머리 됨이 그리스도께서 교회의 머리 됨과 같음이니 그가 바로 몸의 구주시니라 그러므로 교회가 그리스도에게 하듯 아내들도 범사에 자기 남편에게 복종할지니라 남편들아 아내 사랑하기를 그리스도께서 교회를 사랑하시고 그 교회를 위하여 자신을 주심같이 하라

- 그런데 아담의 대답은 과녁을 빗나가는 것 같아요. 하나님의 사랑의 추적에 자신을 솔직하게 회개하지 못하는 것 같아요. 핑계를 대는데요?

- **수평적 코이노니아의 붕괴/여자 그가/비판적 지식**

창 3:12 아담이 이르되 하나님이 주셔서 나와 함께 있게 하신 여자

그가 그 나무 열매를 내게 주므로 내가 먹었나이다

- 하나님과 아내에게 책임을 전가하는 식이지? 이것이 눈이 밝아져서 상대에게 비판적 지식으로 사용되는 예일 것일세. 그 여자가 먹고 주어서(어쩌면 함께 먹자고 앙탈해서) 먹은 것은 사실이고, 따지면 논리적이지 않은가? 문제는 자기책임적이지 않고 정죄적 비판적이라는 데 있지.
- 첫째는 하나님이 함께하여 살게 하신 그 여자 때문이라고 말하는 것은, 하나님께도 일말의 책임이 있다는 태도인 것 같지요?
- 그것도 사실이지 않아? 하나님이 만들어 주신 여자 하와가 맞지? 타락한 아담은 눈이 밝아져서 너무나 잘 알아. 그러나 자기책임적 지식이 아니라 내로남불의 책임 전가와 정죄적, 비판적 지식으로 사용되는 것이지.
- 그러니 세상에 정죄와 다툼뿐인 것이 이해되는군요.
- 중요한 것은 하와를 "여자 그가"라고 3인칭으로 부르면서 그에게 책임을 전가하는 일이야. 김 군, 기억나나? 하나님이 아담에게서 하와를 지어 함께 살게 하셨을 때 아담이 감격하여 읊은 시를 말이야?
- 기억하다마다요. 선생님이 그 시를 한번 사용해 보라고 하셔서 외우고 있는 걸요? "이는 내 뼈 중의 뼈요 살 중의 살이로다", 아직 이 시를 사용해 볼 만한 여인을 만나지 못해 아쉽습니다만.
- 곧 발견하게 되겠지. 그런데 이 시를 읊을 때 아담이 하와를 보는 느낌이 인칭으로 말한다면 몇 인칭인 것 같나?
- 자기 자신이라고 인식하는 것이니까 1인칭이라 해야겠지요?
- 그렇지? 그런데 "여자 그가"라고 할 때는 3인칭인 게 틀림없고?
- 그렇지요.
- 그러면 뭐가 문제인가?
- 갈라섰네요?

- 문제는 바로 그거야. 갈라선 것과 다름없지. 그런데 왜 이렇게 되었나? 여기서도 코이노니아가 파괴되었음을 보여준다네.
- 타락하기 이전에는 아담이 하와를 일컬어 "이는 내 뼈 중의 뼈요 살 중의 살"이라고 부르며 한 몸이었지요. 근데 타락하자 사탄의 마음, 죄의 마음을 지니게 된 아담이 된 것 같아요. 그렇게 사랑스런 한 몸인 하와를 삼자로, 3인칭으로 부르며 그녀에게 책임을 씌우는 것이니, 철저하게 파괴된 타락한 인간관계, 파괴된 코이노니아를 보여준다는 것이군요. 하나님과의 코이노니아 관계의 파괴는 곧 인간 사이의 코이노니아 관계의 파괴로 이어지고 있음을 보여주네요.
- 그렇다네. 하나님은 인간을 창조하실 때 하나님과 나와 너의 삼위일체적 코이노니아로 살도록 창조하셨다고 했지?
- 그랬지요. 그런데 사탄이 유혹하고 노린 것은 이 코이노니아의 파괴였군요?
- 타락은 코이노니아가 파괴되는 일이요, 하나님을 불신하는 것은 죄의 시작이요 코이노니아가 파괴되는 씨앗이 된 것이라네. 그러고 보니 한 줄기로 이해가 될 것 같지 않나?
- 뭐가요?
- 하나님께서 인간에게 축복과 사명을 말씀하실 때 불분명하게 느껴졌던 말씀, "땅을 정복하라"는 말씀을 인간은 잘 지켰어야 했네. 이 땅에서 왕 노릇하려고 하는 사탄의 세력을 다스리고 정복하고 극복해야 하는 운명이었어. 그리고 선악과를 따먹지 말아야 했네.
- 하나님의 말씀을 믿는 믿음, 하나님과는 간격 없는 코이노니아 관계에서 사는 삶을 지켰어야 했지요? 하나님의 말씀을 믿지 아니하므로 하나님과의 코이노니아가 깨진 것이고, 그 자리에 사탄이 밀고 들어오는 것이네요. 사탄의 말을 믿음으로 사탄의 영향력 아래 놓이게 된 것이고, 그러자 아담과 하와의 수평적 코이노니아도 깨어지도록 죄가 작동한 것이네요?

- 그렇다네. 그래서 이 코이노니아가 없는 선악의 지식이라는 것은 비판과 정죄로 사용되어 갈수록 코이노니아를 파괴하는 악질적 지식이 된다네.
- 죄는 단순히 인간의 어떤 행위와 결과만을 이야기해서는 안 될 것 같네요. 죄는 어떤 세력의 실재라고 보아야 할 것 같아요. 지금도 말입니다, 사탄이라는 죄의 실재가 지금도 있고, 지금도 불신은 하나님과의 코이노니아를 파괴하는 것이고, 사탄의 영향을 그대로 받아들이면 인간관계가 깨어지는 것도 시간 문제로군요. 그래서 결혼율 못지않게 이혼율도 높군요. 땅을 정복하는 삶, 악의 세력을 극복하는 삶, 그것은 하나님께 대한 믿음을 지키는 데 있겠군요.
- 김 군의 이해력의 한계는 어디인가? 대단한 이해력으로 해석해 내는구먼. 내가 배울 지경이야, 고마워.
- 너무 그러지 마세요, 선생님. 오늘따라 진리가 제게 오는 것 같아요. 진리를 깨닫는 희열도 대단한 것인데요. 감사합니다, 선생님. 다 선생님 덕분이지요, 뭐. 그리고 하와는 또 뱀에게 책임전가를 하네요? 그래서 인간들은 타락한 근성으로 언제나 남 탓을 하고, 내가 잘못한 것은 없고 언제나 다른 사람만 잘못이지요.
- 그렇지, 인간의 눈이 선악과를 먹음으로 밝아지긴 했는데 남의 죄만 보는 눈이 밝아진 것 같아. 코이노니아 사랑이 죽은 지식은 죽이는 지식이 되는 것 같지 않나?
- 그런 것 같네요. '내 탓이오' 할 때에 회개도 일어나고 변화도 일어나고 교정도 일어날 텐데 말입니다.
- 자, 이제 이렇게 남 탓만 하는 인간에게 내린 형벌은 무엇인지 살펴볼 차례인 것 같은데?

타락의 형벌(창 3:14-19)

창 3:14-19 여호와 하나님이 뱀에게 이르시되 네가 이렇게 하였으니 네가 모든 가축과 들의 모든 짐승보다 더욱 저주를 받아 배로 다니고 살아 있는 동안 흙을 먹을지니라 내가 너로 여자와 원수가 되게 하고 네 후손도 여자의 후손과 원수가 되게 하리니 여자의 후손은 네 머리를 상하게 할 것이요 너는 그의 발꿈치를 상하게 할 것이니라 하시고 또 여자에게 이르시되 내가 네게 임신하는 고통을 크게 더하리니 네가 수고하고 자식을 낳을 것이며 너는 남편을 원하고 남편은 너를 다스릴 것이니라 하시고 아담에게 이르시되 네가 네 아내의 말을 듣고 내가 네게 먹지 말라 한 나무의 열매를 먹었은즉 땅은 너로 말미암아 저주를 받고 너는 네 평생에 수고하여야 그 소산을 먹으리라 땅이 네게 가시덤불과 엉겅퀴를 낼 것이라 네가 먹을 것은 밭의 채소인즉 네가 흙으로 돌아갈 때까지 얼굴에 땀을 흘려야 먹을 것을 먹으리니 네가 그것에서 취함을 입었음이라 너는 흙이니 흙으로 돌아갈 것이니라 하시니라

- 하나님이 추적의 질문을 아담에게 먼저 하시고, 아담이 하와에게 책임전가를 하니 하와에게 물으시고, 하와가 뱀에게 전가하니 이제 뱀에게 가셨는데, 심판과 형벌 선언은 뱀에게 먼저 하시고, 그다음 하와에게 하시고, 마지막으로 아담에게 하시네요.
- 그것도 흥미로운 관찰이네. 하여튼 뱀에게 선포하신 말씀부터 차례로 주목해 보자고.

• 뱀에게 이르시되

창 3:14-15 여호와 하나님이 뱀에게 이르시되 네가 이렇게 하였으니 네가 모든 가축과 들의 모든 짐승보다 더욱 저주를 받아 배로 다

니고 살아 있는 동안 흙을 먹을지니라 내가 너로 여자와 원수가 되게 하고 네 후손도 여자의 후손과 원수가 되게 하리니 여자의 후손은 네 머리를 상하게 할 것이요 너는 그의 발꿈치를 상하게 할 것이니라 하시고

- 일단 저주를 받은 것으로 되어 있는데요, "배로 다니고 살아 있는 동안 흙을 먹을지니라"로 선언되네요. 뱀이 하나님의 이 심판을 받기 전까지는 배로 다니지 않은 동물이었나 보죠? 다른 짐승들처럼 뛰어다니거나 날아다니거나 한 동물이었나 봐요?
- 글쎄, 그것은 정확히 알 수 없는 일이고 그랬을 가능성도 있지.
- 그런데 흙을 먹는다고 했는데, 뱀이 정말 흙을 먹나요?
- 뱀이 흙을 먹는다는 말은 과학적 사실은 아닌 것 같은데?
- 그럼 뭐지요?
- 뱀이란 말로 표현된 존재의 실재가 뭐라고 해석했었지?
- 사탄이라고요.
- 그렇지, 그러므로 여기서 이런 이야기들은 과학적 설명이라기보다는 시적 언어이거나 상징적 언어란 말이거든. 자, 한번 시적 언어나 상징적 언어로 생각하고 이해해 보자고. 사탄은 원래 누구였나?
- 타락한 천사라고 했지요.
- 그렇다면 원래 천상에 사는 존재였지 않나?
- 그렇지요.
- 그런데 교만해져서 하나님의 피조물이요 하나님의 심부름꾼의 위치를 망각하고 하나님과 맞먹으려다 하나님과 대적이 되어 땅으로 내쫓긴 자들이 아니던가?

계 12:9 큰 용이 내쫓기니 옛 뱀 곧 마귀라고도 하고 사탄이라고도 하며 온 천하를 꾀는 자라 그가 땅으로 내쫓기니 그의 사자들도 그

와 함께 내쫓기니라

- 네.
- 이제 사탄과 그 졸개들은 인간조차 유혹하여 하나님을 대적하게 작업하였기 때문에 다시는 하늘의 영광을 회복할 수 없게 되었다는 말이 아닐까? 그래서 땅을 기어 다니며 흙을 먹는 존재가 되었다고 표현하고 있는 것이 아닌가 말일세.
- 사탄과 그의 졸개들에게는 구원의 소망이 없네요. 하늘의 영광을 회복할 길이 없단 말이네요. 대단한 심판인데요. 그러면 사탄은 더욱 기를 쓰고 인간들을 타락시키는 일에 몰두하겠군요? 하나님을 더욱 대적하는 마음으로 인간을 타락시키는 일을 할 것 같아요.
- 그런 것 같네.
- 그런데 뱀에게 내린 심판 선언 중에는 특별한 말이 있네요? 여자와 원수가 되게 한다고 했는데, 남자와는 원수가 되지 않고 여자와만 원수가 되나요?

창 3:15 내가 너로 여자와 원수가 되게 하고 네 후손도 여자의 후손과 원수가 되게 하리니 여자의 후손은 네 머리를 상하게 할 것이요 너는 그의 발꿈치를 상하게 할 것이니라 하시고

- 이 말이 무슨 의미일까? 전체를 보고 이해해야 할 것 같네. 그 후의 말씀, 뱀의 후손과 여자의 후손이 원수가 된다는 말, 여자의 후손이 뱀의 머리를 상하게 하고 뱀은 그의 발꿈치를 상하게 한다는 말까지 다 포함하여 이게 무슨 그림인지 이해해야 할 것 같네.

• 여자와 원수가 되게

- 남자도 아니고 남자의 후손도 아니고, 여자요 여자의 후손이에요?

왜 그렇죠? 무슨 뜻이지요?

- 그게 매우 흥미 있는 이야기이고 대단히 중요한 이야기 같아. 우리가 성경적으로 풀이할 수 있는 여인의 후손을 먼저 이해하기로 해 보지. 김 군, 사도신경을 외우고 있지?
- 네, 왜요?
- 거기 예수님을 누구라고 고백하나?
- 아, "동정녀 마리아에게서 나시고"라고 고백하지요? 예수님은 마리아의 몸을 입고 오시지만 성령으로 잉태되었기 때문에 요셉의 몸과는 아무런 직접적 관계는 없지요. 그래서 여자의 후손이라고 부르는군요.
- 이사야의 예언과 마태복음의 증언을 보면 이해가 될 거야.

사 7:14 그러므로 주께서 친히 징조를 너희에게 주실 것이라 보라 처녀가 잉태하여 아들을 낳을 것이요 그의 이름을 임마누엘이라 하리라

마 1:23 보라 처녀가 잉태하여 아들을 낳을 것이요 그의 이름은 임마누엘이라 하리라 하셨으니 이를 번역한즉 하나님이 우리와 함께 계시다 함이라

갈 4:4 때가 차매 하나님이 그 아들을 보내사 여자에게서 나게 하시고 율법 아래에 나게 하신 것은

- 남자의 후손이 아니라 여자의 후손이라고, 여자가 강조될 때는 동정녀의 아들로 오실 메시아 예수님을 말하는 것이로군요? 그렇다면 이런 이야기로군요. '사탄은 여자를 유혹하여 자기의 종으로 삼으려 하였다. 하나님과의 교제로부터 갈라내어 하나님과 원수 되게 하고

사탄 자신의 종으로 사탄에게 순종하도록 책동하였다. 그러나 하나님은 사탄에게 인류를 다 내어줄 수는 없는 것이었다. 하나님은 사탄의 전략을 그냥 두지 아니하셨다. 사람이 사탄의 종으로 있는 것을 허락하지 아니하시고 여인의 후손과 영적 전쟁에 있게 하시고, 결국 사탄의 머리는 깨어지게 되어 있다. 사탄의 전략대로 모든 인간이 사탄에게 순순히 종노릇 하는 관계로 놔두지 아니하시고 영적 전쟁 관계로 두시면서 사탄의 계략은 부서질 것이라고 선언하시는 것이다.' 이렇게 이해하면 될까요?

– 원더풀, 김 군. 이제 성경 해석가가 되어도 넉넉하겠어!

– 그러면 여인의 후손이 예수님이라면 너의 후손, 즉 사탄의 후손은 누구일까요?

– 사탄의 후손 가운데 예수님처럼 특정할 만한 인물은 없을 것이네. 다만 사탄을 따르는 무리를 일컫는 말이겠지. 여자와 뱀이 전쟁 관계에 있으리라고 선언하신 것은 이제 단순히 사탄과 하와만의 문제가 아니라 오고 오는 세대에 걸쳐 인간과 사탄은 전쟁 관계에 있음을 선포한다고 보아야지. 여기서 여자의 후손과 뱀의 후손은 대칭적으로 쓰이고 있는데, 이는 인류의 역사가 영적 전쟁의 역사로 이어질 것을 나타내는 것으로 보아야 할 것일세. 여기 사용된 여인의 후손이나 뱀의 후손 모두 제라(זֶרַע)로 단수명사로 사용되었어. 여자의 후손은 예수님이란 단수가 특정 지어지지만 사탄의 어떤 후손도 단수로서 지칭될 특정인이 발견되지 않을 것이므로 이는 집합적 단수명사로서, 사탄을 따르는 무리와 그렇지 않은 여인의 후손 사이의 영적 전쟁을 상징할 수 있다고 보아야지. 적어도 인류 역사의 이면에 영적 전쟁의 역사가 이어져 갈 것을 나타내고 있음이 틀림없어. 여기서 뱀의 후손은 누구이겠나? 요한복음 8장 44절이나 마태복음 3장 7절에서 보여주는 바와 같이 전적으로 사탄의 사람으로 사탄에게 조종되는 사람을 가리키는 것으로 봐야 하지 않을까?

요 8:44 너희는 너희 아비 마귀에게서 났으니 너희 아비의 욕심대로 너희도 행하고자 하느니라 그는 처음부터 살인한 자요 진리가 그 속에 없으므로 진리에 서지 못하고 거짓을 말할 때마다 제 것으로 말하나니 이는 그가 거짓말쟁이요 거짓의 아비가 되었음이라

마 3:7 요한이 많은 바리새인들과 사두개인들이 세례 베푸는 데로 오는 것을 보고 이르되 독사의 자식들아 누가 너희를 가르쳐 임박한 진노를 피하라 하더냐

- 그렇다면 여인의 후손도 또한 집합명사로 볼 수 있지 않을까요?
- 이거 오늘 굉장히 큰 주제를 다루는 것 같은데, 집합명사로는 예수의 혈통을 받아 구원받은 무리의 집합체인 교회를 상징한다고 볼 수 있겠지. 그런데 재미있지 않나? 여자의 후손은 네 머리를 상하게 할 것이지만 너는 그의 발꿈치만 상하게 할 것이라고 하지 않나? 이 결정적 영적 전쟁에서 사탄은 여인의 후손인 예수님의 발을 상하게 하지만(어쩌면 예수님을 십자가에 못 박는 일을 하게 하지만), 예수님은 사탄의 후손이 아니라 바로 사탄 너의 머리를 박살 낼 것이라고 하지 않나? 그래서 영적 전쟁은 궁극적으로 사탄과 예수님의 전쟁이고, 우리는 예수님의 이겨 놓은 싸움에 참여하는 것이 아니겠나?
- 그러니까 이를 정리해 보면 사탄은 인간을 완전히 자신의 종으로 편입시키려 하였으나, 하나님은 그 의도와 전략을 허락하지 않으시고, 마침내 예수 그리스도로 하여금 사탄의 머리를 부수는 하나님의 계획이 있으리라고 선언하시는 것이네요.
- 그렇지. 너는 깨지게 되어 있다고 심판을 선언하시는 것이라네. 이 전쟁에서는 여자의 후손과 뱀과의 운명적 전쟁에서 사탄의 결정적 패배를 선포하고 있다는 것이야. 히브리서나 요한일서는 이렇게 설명하고 있다네.

히 2:14 자녀들은 혈과 육에 속하였으매 그도 또한 같은 모양으로 혈과 육을 함께 지니심은 죽음을 통하여 죽음의 세력을 잡은 자 곧 마귀를 멸하시며

요일 3:8 죄를 짓는 자는 마귀에게 속하나니 마귀는 처음부터 범죄함이라 하나님의 아들이 나타나신 것은 마귀의 일을 멸하려 하심이라

- 세상의 악의 문제는 단순한 인간의 죄와 악의 문제가 아니고 배후의 영적인 실체가 중요하겠군요. 그리고 우리가 전쟁을 치른다면 영적 전쟁이지 사람과 싸울 일이 아니고요.
- 그렇다네. 사람은 서로가 사랑의 대상이지 싸움의 대상이 아니라네.

엡 6:12 우리의 씨름은 혈과 육을 상대하는 것이 아니요 통치자들과 권세들과 이 어둠의 세상 주관자들과 하늘에 있는 악의 영들을 상대함이라

- 그런데 사탄은 거짓으로 속삭이지요? "네 이웃은 너와 경쟁자야. 저를 없애야 네가 살아."
- 맞아, 그러한 속삭임은 사탄의 속임수라네. 우리는 처음 하나님이 창조한 인생의 모습을 찾고 그 자리로 돌아가야 해. '너는 나다.' '너는 내 삶의 의미요 가치요 소명이다.' '네가 살아야 내가 산다.' '너를 살리는 게 나의 사명이다.' 이런 자리로 돌아가야 한단 말일세. 인생은 무한한 생존경쟁의 전쟁터에서 생존을 위하여 투쟁하는 그런 못난 존재가 아니라, 사랑하고 교제하며 하나 되어 행복을 누리는 거룩하고 하나님 닮은 존재란 말일세.
- 아멘! 선생님, 이제 제 삶의 의미를 찾아 붙드는 느낌입니다.

- 고맙네. 이제 차례에 따라 하와 여인에게 내리신 심판 선언에 주목해 볼까?

• **임신하는 고통을 크게**

창 3:16 또 여자에게 이르시되 내가 네게 임신하는 고통을 크게 더하리니 네가 수고하고 자식을 낳을 것이며 너는 남편을 원하고 남편은 너를 다스릴 것이니라 하시고

- 여자에게는 임신하는 고통을 더한다고 하셨는데요? 타락하기 이전에는 잉태하고 출산하는 데 전혀 고통이 없었던가 보지요?
- 아니지. 크게 더한다고 한 것을 보면 임신하고 출산하고 하는 데는 오히려 그 자식을 사랑하는 깊이를 갖도록 약간의 고통이 있었을 것이야. 그런데 타락 이후에는 그것이 큰 고통이 되고, 큰 수고가 되도록 더했다는 말이지. 문자적으로는 잉태하는 고통이지만 수고하고 자식을 낳는다는 것이므로 잉태하여 출산하기까지 고통과 수고가 있다는 것이겠지.
- 뭐, 대단한 형벌은 아닌 것 같은데요?
- 글쎄, 대단한 심판이기보다는 사랑의 매 정도로 보아야 할지도 모르지. 이는 하나님께서 잉태의 고통을 통하여 인간의 죄를 깨닫고 타락한 죄성을 회개하게 되는 계기로 주시는 것으로 이해할 수도 있어. 디모데전서에 그런 암시가 있지.

딤전 2:15 그러나 여자들이 만일 정숙함으로써 믿음과 사랑과 거룩함에 거하면 그의 해산함으로 구원을 얻으리라

- 이 잉태와 해산의 고통을 통하여 죄를 회개하고, 다른 한편 여인의 씨로 오시는 메시아를 대망하는 신앙을 갖게 하려는 섭리의 형벌인

가요? 그러면 여자는 남자를 원하고 남자는 너를 다스린다는 것은 무슨 뜻이지요?

- 여기 '원한다'고 번역된 말은 테슈카(תשוקה)인데 '갈망, 열망, 사모한다'는 뜻이거든.
- 그러면 크게 심판도 아니지 않나요? 여자가 남자를 사모하고 갈망한다는 것은 원래 주어진 본성 아닌가요?
- 맞지, 본성이지. 그 본성의 자리에 자리를 잡으라는 말이겠지?
- 남편의 다스림을 받으라는 것도 대단한 심판이 아닌 것 같아요.
- 뱀의 유혹에 넘어간 것은 여자가 주도적으로 넘어가고 남편까지도 넘어가게 한 사건이거든. 그러니 창조 질서, 가정의 질서로 돌아가라는 말이지. 심판이라기보다는 회복에 초점을 둔 것 같아.
- 남편이 가장이니 남편이 책임질 수 있도록 남편의 질서에 들어가라는 말씀이니까, 다시 죄에 빠지지 않게 원래의 자리로 들어가라는 회복과 정상화의 명령인 모양이네요.
- 그렇다네.
- 그런데 요즘 페미니즘 운동 하는 여성들은 이 남편이 다스린다는 말을 바꾸고 싶어 하는 것 같아요. 남자가 가정의 대표라는 것도 바꾸고 싶어 하는 것이지요.
- 그것은 오해야. 여성이 열등하다는 뜻이 아니고 부부가 한 몸으로 가정이 하나로 살아갈 때 필요한 질서를 세우는 것뿐이라네. 여기서도 나오지만 하와가 잘못을 먼저 저지르고 아담까지 죄에 빠지게 하였어도 하나님은 근본적인 책임을 아담에게 물으셨다네. 왜냐하면 그가 대표이기 때문이지. 그러니 아내에게 남편의 다스림을 받으라 하는 말이나 아내는 남편에게 복종하라는 말은, 노예가 되라는 말이 아니라 남편의 책임을 무겁게 하는 만큼 그의 리더십을 인정해 주라는 질서에 해당되는 진리라네.
- 가정의 대표는 왜 아예 정해 놓으셨지요?

- 나라의 리더십은 어떻게 정해지나?
- 북한 같은 데서는 세습 왕정이지요. 그러나 우리나라를 비롯한 대부분의 나라는 투표로, 선거로 정해지지요.
- 그러면 가정의 리더십도 투표로 정한다고 가정해 보게. 그러면 아버지는 아들에게 밥 사 주면서 선거운동하고 어머니는 딸에게 선거운동하고 또는 서로 반대로 한다고 생각해 봐. 그 가정이 어찌 되겠나?
- 하하, 아들딸들에게 선거운동을 해요? 그것 재미있겠는데요? 아니 때로는 아들이 가장으로 출마할 수도 있고요. 상상만 해도 재미있을 것 같은데요?
- 재미있는 것 좋아하시네. 선거하게 되면 반드시 불신과 갈등도 있게 될 것일세.
- 그렇겠지요? 그래서 하나님께서는 가정이야말로 하나 된 코이노니아 공동체를 이루고 누리고 경험하는, 아름답고, 평화롭고, 사랑스러운 공동체로 유지하고 싶어서 아예 리더십을 정해 주신 거군요?
- 그렇지. 그래서 쓸데없는 일에 신경 쓰지 않도록 남편 또는 아버지가 가장, 즉 대표 리더십을 갖도록 정해 주신 것이 아니겠나? 그리고 이 가장직, 대표 리더십은 다른 가족에 비하여 책임이 무겁다네.
- 아, 그래서 책임이 무거운 만큼 책임적으로 임하도록 리더십을 인정하라는 것이 다스림을 받으라는 말이고 복종하라는 말이군요?
- 바로 그 말이야. 여성들이 억울해할 것 하나 없어요. 그리고 여자에게 이것을 다시 언급한 것은 심판이라기보다 회복에 초점이 가 있는 하나님의 사랑의 매라네. 이제 인류 전체에 미치는 대표자에게 내리신 심판과 형벌이 무엇이냐가 중요한 것일세. 거기에 주목하도록 해보지.

• **인생에게 내려진 심판(3:17-19)**

창 3:17-19 아담에게 이르시되 네가 네 아내의 말을 듣고 내가 네게 먹지 말라 한 나무의 열매를 먹었은즉 땅은 너로 말미암아 저주를 받고 너는 네 평생에 수고하여야 그 소산을 먹으리라 땅이 네게 가시덤불과 엉겅퀴를 낼 것이라 네가 먹을 것은 밭의 채소인즉 네가 흙으로 돌아갈 때까지 얼굴에 땀을 흘려야 먹을 것을 먹으리니 네가 그것에서 취함을 입었음이라 너는 흙이니 흙으로 돌아갈 것이니라 하시니라

- 아담에게 선포하신 심판은 이제 인류 전체에게 선포된 심판과 같겠지요?
- 그렇겠지?

• **저주받은 땅**

- 인간의 타락을 두고 하나님은 먼저 땅의 저주를 선언하셨네요? 인간 때문에 땅 전체가 저주받았다는 뜻일까요? 아니면 인간에게 먹을 것을 풍요롭게 내던 땅이 가시덤불과 엉겅퀴를 내는 땅으로 변하게 된다는 것, 인간이 고생하는 여건이 된다는 것일까요?
- 아마 둘 다를 의미하겠지. 일단, 그간 지구 특히 에덴으로 명명된 인간의 삶의 환경으로서의 땅은 아름다웠고 풍요로운 식재료를 생산해 주었는데, 이제는 순순히 식재료를 내어주지 않는 땅으로 변하여 인간은 많은 수고를 하여야 먹고 산다는 것을 강조하는 말일 거야. 뒤로 이어지는 이야기가 그렇거든, 수고하여야 소산을 먹을 것이라 하지 않나?
- 그렇네요. 아름다운 나무와 먹기에 좋은 나무들이 사라지고 가시덤불과 엉겅퀴를 내는 땅으로 척박해져서 식재료를 얻는 데 이전에 비하여 훨씬 수고를 해야 하고 땀을 흘려야 먹고 산다는 것이겠네요.

아담 하와가 죄를 범하지 않았더라면, 저도 취직 걱정 안 해도 될 터인데, 타락으로 고생길이 열려 오늘 저에게까지 수고로움을 더하는군요.

- 그것은 오늘 우리가 선택할 수 없는 지워진 운명이야. 오늘에 이 저주가 축복으로 바뀌게 하여 우리와 우리 자손들이 복을 받고 누리게 하는 것이 중요하지. 그리고 단순히 땅이 소산을 덜 낸다는 의미만은 아니고 실제로 땅도 저주 아래 있다고도 볼 수 있을 것이네. 왜냐하면 이 땅 전체의 대표도 아담이니까. 시편 115편 16절에 "하늘은 여호와의 하늘이라도 땅은 사람에게 주셨도다"라고 하지 않나? 하나님께서는 인간의 축복의 터전으로 땅을 주셨단 말이야. 특별히 에덴동산의 그 아름다움과 그 풍요로움은 하나님이 축복으로 주신 땅이 어떤 것인가를 보여주지 않나?
- 그러나 이제 타락한 인간에게 땅은 축복의 장이 아닌 저주받은 땅으로 다가오게 된 것이고요?
- 그래, 땅은 그 아름다움과 그 풍요함을 인간에게 충분히 제공해 주지 못할 것인데, 땅 자체가 저주를 받은 까닭이란 말이지. 땅 자체만으로도 하나님이 감상하시는 아름다움의 가치가 있었음에도 불구하고, 인간에게 누리도록 주셨던 땅이 인간의 타락으로 말미암아 저주를 받아 인간에게 축복을 제공해 주지 못하는 것은 물론 땅 자체도 신음하며 구속을 기다리는 처지가 되었다고 성경은 암시하고 있어.
- 어느 구절에요?
- 로마서이지.

롬 8:21-22 그 바라는 것은 피조물도 썩어짐의 종노릇 한 데서 해방되어 하나님의 자녀들의 영광의 자유에 이르는 것이니라 피조물이 다 이제까지 함께 탄식하며 함께 고통을 겪고 있는 것을 우리가 아느니라

- 수고하며 땀 흘리는 인생, 타락의 형벌로 온 운명이군요.
- 그렇다네. 타락 이전에도 일하는 노동은 있었다는 것을 이미 보았지?
- 그때는 노동이 즐거운 놀이와 같은, 삶을 누리는 방편이기도 했는데요, 이제는 노동이 수고가 된 것이지요? 먹고 사는 문제가 짐이 되고 걱정거리가 되고. 이거 완전히 뒤집어진 것이네요. 억울하게. 에덴에서는 먹고 사는 문제는 전혀 걱정할 일도 아니니까 아름다움을 감상하고 누리며 살고, 사람끼리는 서로 사랑하며 살면 즐겁고 기쁜 낙원의 삶이었을 텐데, 이제는 거꾸로 먹고 사는 문제나 걱정하고, 심지어 먹고 살기 위하여 다른 사람의 것을 빼앗고 훔치고 더 나아가 남을 죽이고 내가 사는 참 한심한 존재로 전락했군요?
- 회복해야지. 낙원, 에덴의 삶을 회복해야 해. 이런 절망적인 나락에 떨어질수록 그다음에 이어지는 하나님의 구원 계획과 사랑의 계획은 더욱 감사하고 감격적이고 감동적이라네. 아주 절망할 필요는 없어. 하나님의 사랑의 매일 테니까.
- 결국은 흙으로 돌아가라고 했네요?

• 흙으로 돌아가라

창 3:19 너는 흙이니 흙으로 돌아갈 것이니라

- 하나님이 경고하셨던 대로 죽음이 선포되고 있는 것이지. 이 나무의 열매를 먹는 날에는 반드시 죽으리라 하셨고, 그 열매를 먹은 인간에게 죽음이 선포되는 것은 당연한 것 아니겠는가? 사실 인간에게 이 죽음이 선포되기 이전에 이미 인간은 죽은 것이야.
- 어디가요? 아직 살아 있었어요. 선악과를 먹었다고 즉시 죽어 버린 게 아니지 않나요? 지금 살아 있는 아담에게 죽음을 선포하고 있지 않아요?
- 그건 김 군 말이 맞는데, 사실은 이미 죽은 것이야. 죽음은 삼중적

이라네.

- 그것은 또 무슨 말씀이세요?
- 첫째로 죽은 것은 코이노니아가 죽었어. 인간 삶의 본질이 코이노니아인데 불신과 교만으로 하나님과의 코이노니아가 죽고, 역시 같은 원리로 아담과 하와의 코이노니아도 죽었어. 진정한 인생이 죽고 껍데기 인생만 남은 것이야. 둘째는, 영이 죽었어. 하나님과의 코이노니아 관계를 유지해야 영이 사는데 영이 먼저 죽은 것이야. 이제 이러한 인간에게 육체만의 영생은 의미가 없게 되었지. 그러니 육신도 죽어 흙으로 돌아가라고 선언하신 것이 아니겠나?
- 인간은 하나님의 손에 의하여 흙으로 빚어진 존재였지요? 만일 하나님의 생기가 없다면 인간은 한 줌 흙일 뿐이란 말입니다. 이제 하나님을 떠난 인간은 흙만 남았으니 흙으로 돌아가야 한다는 말인가 보네요?
- 그렇지. 사실 이 또한 형벌은 형벌이되 교정 목적의 형벌이 아니겠나? 코이노니아가 죽고 영이 죽은 인생이 오래 사는 것은 그것이 도리어 저주가 아니겠나? 그러니 죽는 것이 유익하고, 죽게 한 것이 사랑이지. 동시에 인간이 흙임을 자각하고 회개하게 해야 하나님의 구원의 은총을 힘입고 회복될 테니까, 이 죽음의 선포도 사랑의 선포임이 분명하다고 생각된다네. 우리는 자각해야 하네. 지난번 소화묘원에서 이야기할 때도 했지만, 하나님 없이는 흙집에 살며 하루살이에도 치여 죽을 수 있는 나약한 존재임을 깨달아야 하지.

시 104:29 주께서 낯을 숨기신즉 그들이 떨고 주께서 그들의 호흡을 거두신즉 그들은 죽어 먼지로 돌아가나이다

욥 4:18-19 하나님은 그의 종이라도 그대로 믿지 아니하시며 그의 천사라도 미련하다 하시나니 하물며 흙집에 살며 티끌로 터를 삼고

하루살이 앞에서라도 무너질 자이겠느냐

- 이제 이 항목을 정리하면서, 하나님의 인간을 향한 형벌은 죄를 다루시는 당연한 하나님의 의의 매이지만, 여전히 사랑의 매이며 교정을 위한 매라는 점을 묵상할 필요가 있을 것일세.
- 여자에게 해산의 고통을 더하는 것은 이미 디모데전서 2장 15절에 언급된 대로 해산의 수고를 통하여 구원에 이르는 길을 보여주려는 것이었고요?
- 아담에게 수고하고 흙으로 돌아가라는 선언은, 그 수고와 흙으로 돌아가는 운명 앞에서 하나님을 인식하고 인지하며 하나님께 돌아와 코이노니아를 회복하고 영성을 회복하고 영생을 회복하라는 메시지가 아니겠나? 이제 하나님의 사랑 이야기는 이렇게 심판을 선언하신 후에 하나님께서 타락한 아담과 하와를 다루시는 이야기 속에 더욱 드러나게 될 것 같은데, 어떻게 수습해 가시는지 읽어볼까?

타락의 수습(창 3:20-24)

창 3:20-24 아담이 그의 아내의 이름을 하와라 불렀으니 그는 모든 산 자의 어머니가 됨이더라 여호와 하나님이 아담과 그의 아내를 위하여 가죽옷을 지어 입히시니라 여호와 하나님이 이르시되 보라 이 사람이 선악을 아는 일에 우리 중 하나같이 되었으니 그가 그의 손을 들어 생명나무 열매도 따먹고 영생할까 하노라 하시고 여호와 하나님이 에덴동산에서 그를 내보내어 그의 근원이 된 땅을 갈게 하시니라 이같이 하나님이 그 사람을 쫓아내시고 에덴동산 동쪽에 그룹들과 두루 도는 불 칼을 두어 생명나무의 길을 지키게 하시니라

- 심판 선언 이후에 우선 아담의 반응이 기록되고 있네요?

- 어떤 반응을 하는가?

• **하와라 이름하다**

창 3:20 아담이 그의 아내의 이름을 하와라 불렀으니 그는 모든 산 자의 어머니가 됨이더라

- 비로소 자기 아내의 이름을 지어 부르는데요? 아담 자신의 이름은 하나님이 지어 부르신 이름이고 "남자(이쉬)에게서 취하였으니 여자(잇샤)라 부르리라" 하였지만 여자의 개인적인 이름이 붙여지지 않았었는데 개인적인 이름을 지어 부르네요. 그리고 그 이름은 하와라 하였다는데요?
- 그렇네. 왜 이제야 개인적인 이름을 지어 부르게 되었는지는 모르지만 하와라고 부른 것은 아주 특이하고 감동적인 것 같아. 왜냐하면 하와(חַוָּה)라는 말은 '살아 있는(living) 생명(life)'이란 뜻이거든. 지금 아담은 무슨 말을 들었나?
- 흙으로 돌아가리라는 죽음에 관한 말씀을 들었지요?
- 그런데 아담의 반응은 생명이야. 여인을 통하여 생명의 역사가 있을 것이라는 의미야.
- 이 직접적인 하나님의 선언, 즉 흙으로 돌아가라는 말씀에 접하여 자기 아내 때문에 죽음의 운명이 되었다고 여전히 책임전가하는 마음으로 바라보고, 이 죽음의 운명에 사로잡힌 채로 반응한다면 자기 아내의 이름을 '죽음' 또는 사망이라고 짓게 되지 않았을까요?
- 그런데 놀랍게도 아담은, 이 죽음 앞에서 '생명'이라고 이름을 짓고 있지 않나?
- 미래지향적으로, 소망으로, 믿음으로 하와(생명)라 작명을 하는 것은 아무래도 신기하리만큼 놀라운 어떤 긍정적인 믿음을 얻는 것 같은데, 그게 뭘까요?

- 아담은 죽음 너머에 있는 생명을 이 여인에게서 바라보는 것이지. 아담은 뱀에게와 자기 아내에게와 자신에게 선언하시는 말씀들을 듣고 있었지? 그중에 아마도 하나님께서 뱀에게 선언하시는 말씀 가운데 여인의 씨, 즉 예수께서 뱀 즉 사탄의 머리를 부술 것이라는 소망의 말씀을 들었기 때문이 아닐까?
- 그렇다면 비록 자신에게 흙으로 돌아가라는 선언의 말씀도 들었지만, 그것보다 아담의 마음에 크게 자리한 것은 여인의 씨로 말미암아 승리하리라는 약속이요, 여인의 고통을 통하여 구원의 진리가 계시되고 있다는 사실을 감지한 것이란 말일까요?
- 그런 것 아니겠나? 여인의 조상이 되는 자기의 아내야말로 생명의 소망이 되는 것이 아닌가? 모든 산 자의 어머니가 될 것이기 때문에 그 확신과 소망으로 자기 아내의 이름을 생명이라 부르고 있는 것이라고 이해하는 것이 맞을 거 같아.
- 여기 성경 이야기가 절망적이지 않은 것은 하나님께서 심판을 선언하시면서도 소망을 약속하셨다는 점을 캐치한 것이네요. 구원 계획과 생명을 믿게 되었다는 것이지요.
- 그래, 맞아. 아담은 하나님이 형벌로 내리시는 모든 선언의 말씀을 겸허히 받아들이고 있으나, 절망하는 것이 아니라 하나님의 사랑과 구원의 계획에 소망을 걸고 생명을 바라보았다는 것일세.
- 이것이 성경이 보여주는 어둠 속의 빛이요, 사망 가운데 서 있는 생명이군요? 그런데 그다음 하나님이 어떻게 하셨는지의 이야기는 더욱 소망적이고 감동적이에요.
- 무슨 이야기 말인가?
- 가죽옷을 지어 입히셨다는 이야기 말입니다.

• 가죽옷

창 3:21 여호와 하나님이 아담과 그의 아내를 위하여 가죽옷을 지

어 입히시니라

- 내가 창세기를 러브 스토리라고 말했던 적이 있는데, 기억나나?
- 네, 초기에 그런 말씀 하셨지요. 그런데 이 가죽옷을 지어 입히시는 하나님 이야기를 읽을 때, 성경의 이야기가 구약이나 신약이나 온통 사랑의 이야기요 구원의 이야기라고 부르는 이유가 여기 있구나 하고 느꼈습니다.
- 하나님은 아담의 생명 신앙에 대하여 '얼마나 큰 사랑으로 적극적으로 보장하시는가'라는 점이지.
- 그렇네요. 사실 아담과 그 아내는 범죄한 이후 하나님을 향하여 두려움과 수치심과 죄책감으로 이를 가리기 위하여 무화과 잎으로 치마를 하여 입었지 않아요? 그러나 생각해 보세요. 무화과 잎으로 엮은 치마가 얼마나 그들을 가려 주며, 얼마나 오래 그들을 덮어 주겠어요? 여기에 하나님의 사랑이 있지요. 하나님 자신이 저들의 수치심과 두려움과 죄책감을 감싸 주시는 가죽옷을 지어 입히셨다는 것 아닙니까? 이보다 감동적인 사랑의 이야기가 어디 있겠어요?
- 김 군이 아주 큰 감동을 받은 모양이네.
- 감동 러브 스토리이지 않아요?
- 자네 말이 맞아. 가죽옷을 지어 입혔다는 데는 두 가지 의미가 있을 것 같아.
- 두 가지 의미요? 무엇인데요?
- 첫째는, 무화과 잎으로 엮은 옷과 대조적으로 영구적인 옷이라는 것이지. 무화과 잎은 금방 시들고 전혀 가려 주거나 덮어 주지 못하지 않아? 인간 스스로 죄책에서 벗어나려는 노력은 무화과나무 잎처럼 말라 버리니 가릴 수 없는, 해결될 수 없는 것이라는 것을 아담도 하와도 하나님도 알고 우리도 다 알지? 이사야 선지자가 지적한 대로 말이야.

사 59:6 그 짠 것으로는 옷을 이룰 수 없을 것이요 그 행위로는 자기를 가릴 수 없을 것이며 그 행위는 죄악의 행위라 그 손에는 포악한 행동이 있으며

그러나 하나님 자신이 지어 주시는 옷으로 죄를 영원히 가려 주는 것이지.

사 61:10 내가 여호와로 말미암아 크게 기뻐하며 내 영혼이 나의 하나님으로 말미암아 즐거워하리니 이는 그가 구원의 옷을 내게 입히시며 공의의 겉옷을 내게 더하심이 신랑이 사모를 쓰며 신부가 자기 보석으로 단장함 같게 하셨음이라

겔 16:8 내가 네 곁으로 지나며 보니 네 때가 사랑을 할 만한 때라 내 옷으로 너를 덮어 벌거벗은 것을 가리고 네게 맹세하고 언약하여 너를 내게 속하게 하였느니라 나 주 여호와의 말이니라

- 거저 주시는 의의 선물을 계시한 것이네요. 궁극적으로는 우리의 죄를 덮어 주는 세마포 옷에 비견되는 것이겠지요?
- 그렇지. 신약성경이 증언하듯이 말이야.

롬 3:24 그리스도 예수 안에 있는 속량으로 말미암아 하나님의 은혜로 값 없이 의롭다 하심을 얻은 자 되었느니라

계 19:8 그에게 빛나고 깨끗한 세마포 옷을 입도록 허락하셨으니 이 세마포 옷은 성도들의 옳은 행실이로다 하더라

- 가죽옷을 지어 입힌 또 하나의 의미는 무엇이지요?

- 둘째로, 가죽옷을 지어 입혔다는 것은 가죽옷을 짓기 위하여 한 짐승이(아마도 양이었으리라 짐작되지만), 즉 다른 생명이 희생되는 원리를 두고 지어 주는 옷이란 점일세.
- 아, 구약에서 속죄제를 지낼 때 어린양의 희생의 피로 죄가 대속되는 원리와 궁극적으로 예수님의 십자가의 피의 대속으로 우리의 죄를 사하시는 희생의 대속의 원리를 계시하는 것이로군요?
- 그렇다네. 종국적으로 하늘나라에 입고 들어갈 세마포 옷이란 예수 그리스도의 희생의 피를 둔 대속이기 때문이지.

히 9:22 율법을 따라 거의 모든 물건이 피로써 정결하게 되나니 피 흘림이 없은즉 사함이 없느니라

- 타락 즉시 피의 대속의 사랑을 계시하셨군요? 하나님의 사랑은 대속의 사랑이라는 것을 하나님이 손수 양을 잡아서 한 짐승의 피를 보이시고, 든든하여 해어지지 않는 가죽옷을 입혀서 영원히 죄를 덮어 주는 사랑을 계시하셨네요. 오, 크신 사랑이여! 그런데 다음은 슬픈 이야기네요. 에덴에서 쫓아내시고 생명나무의 길을 차단하시는 이야기지 않아요?
- 그런데 그것도 슬픈 이야기만은 아닐걸세. 하나님께서 왜 생명나무의 길을 차단하셨는지를 보아야 하지.

• 선악을 아는 일 때문에

창 3:22-24 여호와 하나님이 이르시되 보라 이 사람이 선악을 아는 일에 우리 중 하나같이 되었으니 그가 그의 손을 들어 생명나무 열매도 따먹고 영생할까 하노라 하시고 여호와 하나님이 에덴동산에서 그를 내보내어 그의 근원이 된 땅을 갈게 하시니라 이같이 하나님이 그 사람을 쫓아내시고 에덴동산 동쪽에 그룹들과 두루 도는 불

칼을 두어 생명나무의 길을 지키게 하시니라

- 에덴동산에서 쫓아내었다는 것은 그 낙원의 삶이 끝났다는 것이 아닌가요? 그리고 생명나무에 접근하지 못하도록 천사로 지키고 화염검, 불타는 칼로 지켜서 절대 생명나무에 접근하지 못하도록 했다는 것은 영생이 불가능한 절망적인 뉴스가 아니에요?
- 그것은 맞아. 그런데 그 이유가 무엇이라고 하는지 보라고.
- "선악을 아는 일에 우리 중 하나같이 되었으니"라고 하는데요?
- 하나님께서 영생할 수 있는 생명나무의 길을 차단시키고 말았는데, 그런데 놀라운 것은 그 이유가 인간, 아담과 하와가 선악을 아는 일 때문이라고 말하고 있지 않은가?
- 글쎄요, 이게 무슨 소리일까요?
- 한번 들어보게. 하나님께서 선악을 아신다고 할 때의 선악의 지식은 선악을 다스리고 통제하는 지식이지. 그러나 아담과 하와가 얻은 선악의 지식은 죄를 범하고 자신이 악을 경험함으로 얻게 된 선악의 지식이야. 인간은 선악을 알되 선악을 다스리거나 통제하지 못하고 도리어 타락함으로 악을 알게 된 것이니, 인간에게 선악의 지식은 오직 죄책감만 가져오는 지식인 셈이란 말이지. 김 군이 말한 대로 선악을 아는 것은 인간에게는 고통의 지식일 뿐이야. 타락하기 이전에는 선악의 문제를 몰랐고 그것은 행복이요 평화였지. 그러나 악에게 당하고 사로잡힌 후의 선악의 지식이란 고통스런 지식이라고 하지 않았나?
- 그래서 이 선악의 문제를 지고 영생하는 것은 너무 잔인한 것이라고 생각한 것인가요?
- 그리고 선악을 아는 지식이 하나님에게는 선악을 다스리는 지식이지만 타락한 인간, 코이노니아가 깨진 인간에게는 그것이 정죄하는 지식이요, 비판하는 지식이 되지 않았나?

- 아, 그래서 죄를 지고 영생하기보다는 이 땅에서는 회개하고 구원받을 정도만 살면 족하고, 선악의 고통스런 지식을 안고 죄책과 싸우며 죄에 지배당하며 영생한다는 것은 저주일 뿐이다 그런 말씀이고, 정죄하는 지식, 비판하는 지식만 남아 늘 싸우고 다투면서 영생하는 것이 결코 축복이 될 수 없다고 판단한 것이네요?
- 그렇지. 그러므로 새로운 하늘나라에서 진정한 의미에서의 영원한 생명나무에 접근할 수 있을 때까지는 인간을 향하여 생명나무의 길을 완전히 차단하시는 것이 사랑이요 은혜란 말일세.
- 아하, 심판 중에도 사랑과 은혜로 인간을 다루시는 하나님은 진짜 인간에게 눈이 먼 사랑의 하나님 같군요. 어쨌든 인간은 에덴을 상실했고, 생명나무의 길은 차단된 것이지 않아요?
- 새 소망의 복음이 주어지기까지는 그렇지. 그러나 그 조치가 하나님의 사랑의 조치이고, 이 현실 속에서 새롭게 주어지는 하나님의 언약을 품어야 하는 것이지.

계 22:1-2 또 그가 수정같이 맑은 생명수의 강을 내게 보이니 하나님과 및 어린양의 보좌로부터 나와서 길 가운데로 흐르더라 강 좌우에 생명나무가 있어 열두 가지 열매를 맺되 달마다 그 열매를 맺고 그 나무 잎사귀들은 만국을 치료하기 위하여 있더라

- 이렇게 새로운 차원의 영원한 생명을 주시려고 죄악에 빠진 상태에서는 죽으라고 하신 것이군요. 심판이 저주가 아니고 축복이라는 말이 이래서 그렇군요?
- 그래, 김 군의 이해력이 대단하군. 너무 감사한 하나님의 사랑이지!

산책길 5

두 줄기의 역사(창 4:1-5:32)

- 선생님, 오늘은 마니산 새벽 등산을 하시겠다고요? 정상까지 문제없으시겠어요?
- 글쎄, 해보고 싶은데. 힘들면 김 군에게 업어 달라고 해야지.
- 선생님을 업고 등산을 하라고요?
- 아니, 꼭 그런 건 아니잖아? 비상시에만 그런 거지. 가보자고. 대체로 새벽 등산이 낮 등산보다 좀 쉽더라고. 몸이 훨씬 가볍고, 또 잘 안 보이니까 그냥 걷기만 하다 보면 정상에 이르는 경우가 많더라고. 그래서 아침 도시락 싸가지고 산행을 시작한 것이니 정상도 해낼 것 같은데, 그 대신 속도를 급하게 내지 말고 천천히 올라보자고.

- 선생님, 대단하세요. 거의 다 왔습니다. 그런데 더는 못 오르게 막았는데요. 참성단까지는 못 가네요?
- 보수공사 중이라 출입을 통제한 모양이군. 무슨 제사를 드리던 단인 모양이네.
- 단군이 제사를 드렸다고 전해 오는 이야기가 있고, 개천절에 제례의

식이 지금도 있다고 들었습니다.

- 인간에게는 어느 민족이든 종교성이 있다는 것도 신기해.
- 그게, 타락한 인간이라도 잃어버린 하나님을 그리워하는 속성이 있기 때문이 아닐까요?
- 그럴 거야. 인간은 처음부터 하나님과 함께 살도록 창조되었던 것이니까.
- 자, 우회해서 저 왼쪽 바위가 있는 데로 올라가자고.
- 우와! 여명이 끝내주네요. 그런데 오늘 카메라 가져오는 걸 깜박했어요. 너무 새벽같이 나오라고 하시는 바람에 두고 왔어요. 아까워라, 이렇게 아름다운 걸. 아니 선생님, 저 아래 좀 보세요. 저 아래 깔려 있던 운해가 점점 위로 올라오는데요. 그런데 신기한 게 바다 쪽으로는 운해가 전혀 없는데 내륙 쪽으로만 운해가 깔려 있고 또 올라오고 있어요. 이 산줄기를 사이에 두고 좌우 측이 이렇게 극명하게 갈리는 게 신기하네요.
- 그러게, 신기하군. 오늘 운해가 발생했다는 것도 기대 안 했던 것인데, 이 산 능선을 두고 좌우로 다른 풍경이 연출되다니, 신비스럽고 장관이군. 자, 여기 널찍한 바위에 앉아 또 창세기 이야기를 이어 볼까?

영성의 기초/참된 제사(창 4:1-7)

창 4:1-7 아담이 그의 아내 하와와 동침하매 하와가 임신하여 가인을 낳고 이르되 내가 여호와로 말미암아 득남하였다 하니라 그가 또 가인의 아우 아벨을 낳았는데 아벨은 양 치는 자였고 가인은 농사하는 자였더라 세월이 지난 후에 가인은 땅의 소산으로 제물을 삼아 여호와께 드렸고 아벨은 자기도 양의 첫 새끼와 그 기름으로 드렸더니 여호와께서 아벨과 그의 제물은 받으셨으나 가인과 그의 제물은 받지 아니하신지라 가인이 몹시 분하여 안색이 변하니 여호와께서 가인에게 이르시되 네가 분하여 함은 어찌 됨이며 안색이 변함은 어찌 됨이냐 네가 선을 행하면 어찌 낯을 들지 못하겠느냐 선을 행하지 아니하면 죄가 문에 엎드려 있느니라 죄가 너를 원하나 너는 죄를 다스릴지니라

- 에덴 밖에서 일어난 초기 역사의 기록이군요. 아담과 하와의 결혼 생활의 열매로 가인과 아벨이 태어났고요.
- 자연스럽고 당연한 삶의 모습이겠지. 그런데 그 속에도 신앙고백이 있지? 비록 타락한, 그래서 에덴에서 쫓겨난 상태이지만 "여호와로 말미암아 득남하였다"고 고백하는 것은 신앙고백이지. 여기서 중요한 것은 가인을 낳은 아담이나 하와의 반응은 하나님께 영광을 돌리고 감사하는 것이었다는 걸세. 타락한 후에도 영성이 완전히 소멸되지 않았다는 것이지. 저주와 심판 아래 있으나 하나님이 무화과나무 잎 대신 가죽옷을 지어 입히시는 사랑으로 저들을 감싸 주신 것을 경험했고, 여인의 씨가 뱀의 머리를 부술 것이라는 메시아적 소망을 주신 하나님께 대한 믿음의 반응을 하게 되었다는 점이지. 자녀를 낳게 된 것이 전적으로 하나님의 은혜로 이루어진 것임을 인식하고 고백하는 행위의 반응이었다고 보아야 할 것이야. 그러나 이 부분에서 중요한 진리는 가인과 아벨의 제사 이야기인 것 같지 않나?
- 네, 저도 그렇게 생각됩니다. 그런데 뭐가 문제이지요? 가인도 아벨도 동일하게 제사를 했는데 가인의 제사는 안 받으시고 아벨의 제사만 받으신 근본적인 이유가 무엇이지요? 그 차이가 무엇인지 모르겠어요. 가인은 농사하는 자로서 그 거둔 곡식으로 제사하였고, 아벨은 양 치는 자로서 치는 양 중의 하나로 제사를 드렸는데 무엇이 문제이지요?

– 기록에는 그 이유를 분명하게 말하지 않고 있으니, 성경 전체의 원리를 따라 추론해 보아야겠지. 김 군 생각에 무슨 차이가 있는지 추론해 보게.

• **마음과 정성의 문제?**

– 글쎄요, 마음이 문제가 아닐까요? 가인은 대충 형식적으로 드린 것 같고, 아벨은 마음과 정성을 다해 드린 것 같지 않나요?
– 왜 그리 생각되는데?
– 하나님이 가인의 제사를 받지 않았을 때 가인은 안색이 변하고 하나님을 향하여 분노하는 모습이거든요? 그러니 처음부터 태도 불량이 아니겠어요?
– 그건 그런 것 같아. 하나님 앞의 마음가짐이 가인의 경우는 하나님을 가볍게 여기는 마음이었던 것이 틀림없는 것 같아.
– 그리고 여기 자세히 보면 암시된 게 있어요.
– 뭐라고 말하는데? 한번 더 자세히 보아야겠네.

창 4:3-4 세월이 지난 후에 가인은 땅의 소산으로 제물을 삼아 여호와께 드렸고 아벨은 자기도 양의 첫 새끼와 그 기름으로 드렸더니

– 여기 암시되는 것은 아벨이 양을 드리되 첫 새끼를 드렸다는 점이 다른 점인 것 같아요. 가인은 첫 수확을 드렸다는 말이 없고 아벨은 첫 새끼를 드렸다는 것이 강조된 것 같지 않아요?
– 그렇지. 첫 새끼를 드렸다는 것은 그 마음의 무게를 나타내는 요소가 보이는 것이라고 볼 수 있지. 그것은 가인이 농사하는 자로서 곡물로 제물을 삼고 아벨이 양 치는 자이니 양을 드린다는 차원보다는 좀 더 큰 것이 있어 보이는데, 그것은 우선 아벨은 양 중에서 드리되 첫 새끼를 드렸다는 것이지. 첫 새끼를 드린다는 것은 상식적

으로도 우선 하나님께 예배하는 마음임을 보여주고 있는 것이지. 이 원리는 후일 제도적 제사 원리에서 확인된다네.

출 23:19 네 토지에서 처음 거둔 열매의 가장 좋은 것을 가져다가 너의 하나님 여호와의 전에 드릴지니라

잠 3:9 네 재물과 네 소산물의 처음 익은 열매로 여호와를 공경하라

첫 새끼를 바친다는 것은 하나님을 공경하는 예란 말이지. 하나님 중심의 예배의 출발은 하나님을 경외하는 마음이 아니겠는가? 마음을 실은 예배, 그것이 하나님 받으시는 예배가 되는 것으로 보는 것은 당연하지. 김 군이 잘 찾아냈네그려.

- 그리고 이에 대한 히브리서의 해석을 보면 분명해지는 것 같아요.
- 히브리서 무슨 말씀?
- 히브리서 11장 4절 말씀 말입니다.

히 11:4 믿음으로 아벨은 가인보다 더 나은 제사를 하나님께 드림으로 의로운 자라 하시는 증거를 얻었으니 하나님이 그 예물에 대하여 증언하심이라 그가 죽었으나 그 믿음으로써 지금도 말하느니라

여기 보면, 아벨은 믿음으로 가인보다 더 나은 제사를 드렸다고 기록되어 있거든요. 그러니까 가인은 믿음 없이 드리고, 아벨은 믿음으로 드렸다는 차이가 있는 것이지요.

- 좋아. 하나님을 믿는 믿음이란 여기서 무엇을 의미할까?
- 하나님을 믿는 것이지요. 믿음에 이론을 따지나요?
- 여기 마침 참성단이 있지? 여기서 단군이 제사했다는 이야기도 있고. 그런데 단군이 누구에게 제사했었는지 아나?

- 그야 하나님이겠지요? 아닌가요?
- 아닐 수야 있겠는가? 천제를 지냈다는 곳이야. 천제가 무엇인가? 하늘 천 제사 제, 천제이니 하늘을 섬기는 제사, 하나님을 섬기는 제사였다네. 그런데 이 제사가 하나님께 열납되었을까?
- 글쎄요? 참 답하기 곤란하네요. 기독교는 오직 예수님만이 길이요 진리요 생명이라 하고 예수님 외에는 하나님께 이르는 길이 없다고 하는데, 열납되었다고 하자니 이단 소리 같고, 그렇다고 이 천제를 드릴 때 마음에 없는 제사를 했을 것이라고 말할 수도 없을 것이고, 하나님을 안 믿고 제사했다고 말하기도 그렇고, 그렇네요?
- 그래서 믿음이란 것도 막연하게 믿음이라 해서는 안 될 것 같지 않나? 여기서 잠시 요한복음의 예배 원리를 참고할 필요가 있을 것 같네.

요 4:23-24 아버지께 참되게 예배하는 자들은 영과 진리로 예배할 때가 오나니 곧 이때라 아버지께서는 자기에게 이렇게 예배하는 자들을 찾으시느니라 하나님은 영이시니 예배하는 자가 영과 진리로 예배할지니라

여기 보면 예배의 요소에 두 가지 중요한 원리가 언급되지. 무엇 무엇이겠나?

- '영과 진리'로 예배한다고 하는데요?
- 그렇지? 영으로 예배한다는 것은 인간적인 차원에서는 가장 깊은 내면의 인간(영), 그래서 사실은 전 존재를 드리는 마음을 의미하고, 하나님과의 관계에서는 성령님과 함께하는 예배(성령), 하나님을 신뢰하고 사랑하고 만나며 교제하는 예배임을 가르친다고 보겠고, 진리로 예배한다는 것은 무엇인 것 같은가?
- 진리로 예배한다는 것은 글쎄요, 진리가 무엇이지요?

- 빌라도 총독이 예수님에게 묻던 질문을 하는군(요 18:38).
- 그랬던가요?
- 진리가 무엇이겠나? 진리는 예수님 자신이 진리이고, 예수님이 이 땅의 죄인을 위해 내려오시고 십자가로 우리 죄를 담당하시고 대속하여 구원하는 진리이지 않겠나? 넓게는 하나님의 말씀이 진리이고.
- 그러면 진리로 예배한다는 이야기는 하나님의 말씀대로 예배한다는 뜻이고, 더 깊은 속내는 예수님의 십자가의 피로 죄 사함 받아 예수님을 주님으로 믿는 믿음으로 드리는 것을 의미하는가 보네요?
- 그렇지. 참성단에서 단군이 천제를 지내는 것도 하나님을 믿음으로 드리는 것이고, 우리가 하나님께 예배하는 것도 하나님을 믿음으로 드리는 것으로 동일한데, 믿음의 근거와 내용이 다르다는 것은 '오직 예수님을 믿느냐'이거든. 그러니까 믿음도 어떤 근거의 믿음이냐가 중요하지. 이제 다음 원리를 다룰 차례가 온 것 같은데, 가인과 아벨의 이 제사 이야기에는 제물에 대하여 더 큰 원리가 숨어 있는 것 같아.
- 무슨 보이지 않는 원리가 숨어 있다고요? 가인과 아벨의 제사를 차이 나게 하는 그 무엇이 있다고요?

• **피의 유무/대속의 진리**

- 내 생각에는 바로 그것이 문제인 것 같아. 제물이 달랐던 것이야.
- 뭐가 달라요? 만약 거꾸로 가인이 양 치는 자였고 아벨이 농사짓는 자였다면 아벨이 곡식으로 제사하고, 가인이 양으로 제사하였을 것 아니에요?
- 왜 반드시 그러리라고 단정하나? 일반적인 상식으로는 그렇게 생각되겠지. 그러나 여기서 보여주는 것은 아벨은 농사를 지었다고 해도 양으로 제사하였을 것이라고 나는 보네. 나는 이 부분 제사 문제를 기록하고 있는 것은 예배의 원리를 가르치는 계시라고 보기 때문에

예배의 성경 전체적 원리로 추론하는 것이야. 그리고 예배의 제1원리는 '예배는 하나님 중심으로' 이루어져야 하고, 하나님 말씀대로 드려져야 한다는 점일세.

- 예배란 사람의 편의대로 드리는 것이 아니다 그런 말씀인 것 같은데, 저도 그 점에는 동의해요. 그렇지만 가인이 농사지으니 곡물로 드리고 아벨이 양을 치니 양으로 드리고 할 수밖에 없었지요. 제물에 뭐 다른 요소가 있다고요?
- 제사에도 룰이 있고, 예배에도 원칙이 있다네. 예배는 예배를 받으시는 분을 중심으로 드려져야 하지 예배자의 편의로 드리는 것은 아니야. 이 말에 동의하나?
- 네, 물론이지요. 그렇다면 뭐지요? 진짜 결정적인 게 무엇이냔 말입니다.
- 그렇게 따지듯 말하면 무서워요. 성경 전체적인 원리로 추론하자고. 나는 여기에 분명 더 큰 원리가 있다고 보네.
- 더 큰 원리요?
- 응. 이 부분을 해석해 주는 히브리서를 조금 전에 김 군이 인용해서 믿음의 차이였을 거라고 하지 않았나? 그 히브리서의 증언을 자세히 관찰해 보자고. 다시 한번 읽어보고.

히 11:4 믿음으로 아벨은 가인보다 더 나은 제사를 하나님께 드림으로 의로운 자라 하시는 증거를 얻었으니 하나님이 그 예물에 대하여 증언하심이라 그가 죽었으나 그 믿음으로써 지금도 말하느니라

여기 보면 "믿음으로 아벨은 가인보다 더 나은 제사를 하나님께" 드렸다고 하지?

- 그렇지요? 제가 아까 인용했고요.
- 그러면 그다음 어떤 결과가 나오지?

- "의로운 자라 하시는 증거를 얻었다"고 하는데요?
- 그렇지? 그런데 성경 전체적인 진리로 보아 사람이 의롭게 되는 근거가 무엇이지? 무엇을 믿어야 의롭다 하심을 얻는 것이냐는 말이네. '하나님을 믿으면 복을 주실 거야' 그렇게 믿으면 의롭다 하심을 얻는가?
- 예수를 믿어야지요. 예수님의 핏값으로 이루어지는 대속을 믿어야 의롭다 함을 받지요? 그렇다면 아벨이 드린 제사가 믿음으로 드렸다는 것은 대속의 믿음이었다는 말인가요?
- 그래야 되지 않겠나? 의롭게 되는 믿음은 대속의 믿음이니까. 그리고 이 히브리서가 밝히고 있는 것은 "하나님이 그 예물에 대하여 증거하심이라"고 하여 예물, 즉 제물이 의롭다 함을 받는 믿음의 결정적 근거라는 것을 강조하고 있다네.
- 그 예물이 믿음의 행위였고, 그 믿음이 의롭다 함을 얻는 믿음이었다면 그 믿음은 대속의 믿음이고, 그 제물이 대속을 믿는 믿음의 증거가 되어야 한다면…혹시 피의 제사? 피가 있느냐 없느냐의 문제인가요?
- 바로 그거야. 믿음이란 궁극적으로 무엇이겠나? 어떤 믿음이 하나님께 받아들여지는 믿음인가? 무엇보다도 믿음의 기초는 대속의 믿음이라는 것이지(성경 전체적인 맥락에서 다른 감사의 제사는 곡식으로도 드리지만 대속의 믿음은 피의 제사라는 것이지. 대속 없는 의롭다 함은 없는 것이지).
- 그렇긴 한데요, 가인과 아벨의 제사는 레위기가 주어지기 이전의 제사인데 그때 피의 속죄제가 있었나요? 그런 기록은 없지 않나요?
- 좋은 질문이네. 어떤 학자들은 그때 가인과 아벨에게는 피의 제사 개념이 없었을 것이라고 주장하기도 하는데, 피의 제사 개념이 있었다는 주장이 더 근거가 있지.
- 그게 어떻게 그런가요?

- 기록되지 않은 것에 대하여 없다고 하는 것이기는 하지만 기록되지 않았어도 있을 수 있는 것 아닌가? 기록에는 없지만 이미 피의 대속의 진리가 가르쳐졌을 것이라는 가정이 더 가능성이 있거든.
- 무얼 볼 때 그렇죠?
- 이미 아담과 하와를 위하여 가죽옷을 지어 입히시던 하나님 이야기를 공부하지 않았나? 그리고 그것은 대속의 믿음을 계시하신 것이 아닌가?
- 그렇다고 공부했었지요.
- 그리고 가인이나 아벨에게 누가 제사법을 가르쳤다는 기록이 없는데, 그들이 자연스레 제사를 드렸다는 것 자체가 이미 아담에게서 가인과 아벨에게로 제사법이 전수되고 있었다는 증거가 아니겠나?
- 그렇겠네요.
- 그렇다면 양을 잡아 피 흘리고 가죽옷을 지어 입히신 하나님이 피의 대속을 가르치신 셈이고, 아담은 이 진리를 자녀들에게 전수했다고 가정하는 것이 무리이겠나? 피의 제사로 대속의 진리가 전해지고 있었다고 보는 것이 타당하지 않겠나?
- 히브리서에 아벨은 믿음의 제사를 드림으로 의로운 자라 하시는 증거를 얻었다고 하였고, 하나님은 그 예물, 그 제물에 대하여 증거하신다니, '의로운 자로 인정되는 제사는 대속의 믿음으로 드린 제사이다. 그리고 대속은 피 흘림에 있다' 그렇게 해석한다는 말씀이군요?
- 그렇다네. 그리고 이 원리가 레위기의 제사 원리이고 예수님의 대속의 원리이고 그렇다네. 레위기와 히브리서 다시 확인하고 감세.

레 17:11 육체의 생명은 피에 있음이라 내가 이 피를 너희에게 주어 제단에 뿌려 너희의 생명을 위하여 속죄하게 하였나니 <u>생명이 피에 있으므로 피가 죄를 속하느니라</u>

히 9:22 율법을 따라 거의 모든 물건이 피로써 정결하게 되나니 피 흘림이 없은즉 사함이 없느니라

- 피 흘림이 없이 죄 사함이 없다면 피 흘림이 없이는 의롭다 함도 없다는 말씀이군요? 그래서 아벨이 의롭다 함을 받은 제사는 피 흘림이 있는 양으로 드렸기 때문이라는 진리이군요? 자세한 기록이 없어 거기까지 생각 못했는데, 성경 전체를 연결하는 진리로 파악해 보니 깊은 진리가 들어 있네요!
- 성경 전체를 두고 피의 대속의 진리가 구원의 진리요, 하나님께 죄인이 다시 접근할 수 있는 유일한 길이라네. 타락하여 에덴을 떠난 후의 역사에 첫 번째로 기록되는 이 제사 이야기가 의미하는 바가 무엇이겠나? 우리에게 비록 타락하고 심판이 주어지기는 했어도 여전히 하나님은 우리를 사랑하고 계시므로 우리의 인생은 하나님을 예배하는 인생이 되어야 함을 가르쳐 주는 것이 아니겠나?
- 그리고 예배는 사람의 편리대로 드리는 것이 아니라 하나님을 사랑하고 경외하는 마음과 하나님의 말씀의 원리대로 드려야 한다, 그런 말씀이네요? 그리고 모든 예배의 바탕은 예수님의 피의 대속에 근거하여야 한다는 말씀이고요? 그런데 제사를 받으시고 안 받으신 것은 하나님의 결정인데, 이후 가인의 반응을 보면 가관이네요. 확실히 가인은 예배자가 아니었던 것 같아요.
- 그렇지? 가인과 아벨이 어떤 제사를 드렸는가를 알 수 있게 하는 단서 중 하나는 '하나님이 아벨과 그 제물은 열납하셨으나 가인과 그 제물은 열납지 아니하셨다'는 표현에서도 암시되는 바가 있다네. 가인은 제물도 문제고 인간됨도 하나님께 받아들여질 수 없었고, 아벨은 제물도 진리대로, 사람됨도 하나님의 사람으로 하나님께서 열납하실 만한 태도였던 것 같지? 가인과 그 제물, 아벨과 그 제물, 즉 제물은 하나님 말씀 진리대로여야 하고, 또 그 사람의 전부가 하나

님 앞에 받아들여지는가 하는 점이 중요한 것이지.

- 가인은 그 사람됨이 틀렸어요. 가인은 하나님을 향하여 분노를 터뜨리고 안색이 변했잖아요? 말하자면 절대자 하나님을 경외하는 자세가 아니지요. 어떻게 감히 하나님을 향하여 분노를 터뜨리며 안색이 변할 수 있어요?
- 바로 그거야. 가인은 예배자의 모습이 아니라는 것이지. 그러니까 가인은 예배를 드리고 있었던 것이 아니지. 예배란 철저하게 하나님 중심이어야 하고, 하나님의 규범을 따라야 하고, 하나님을 경외하는 마음으로 진정한 마음을 드리는 것이어야 한다네.
- 타락한 이후 에덴 밖에서의 삶에서 첫째로 가르치신 것이 예배하는 삶이고, 영성의 기초는 예배라는 점을 가르쳐 주는 진리이군요. 안색이 변하는 가인을 다루시는 이야기도 가르치는 바가 있을 것 같네요?
- 그래, 확인해 보지.

• 선을 행하면/바르게 행하면

창 4:6-7 여호와께서 가인에게 이르시되 네가 분하여 함은 어찌 됨이며 안색이 변함은 어찌 됨이냐 네가 선을 행하면 어찌 낯을 들지 못하겠느냐 선을 행하지 아니하면 죄가 문에 엎드려 있느니라 죄가 너를 원하나 너는 죄를 다스릴지니라

- 안색이 변한 가인을 향하여 하나님께서는 왜 열납하지 않으셨는가를 말씀하시네요? "선을 행하면 어찌 낯을 들지 못하겠느냐?"라고 하시는데요? 선하지 않아서 안 받으셨다는 말씀이지 않아요? 그러면 제사가 열납되는 요소는 선행이란 말인가요? 아벨은 착해서 받고 가인은 악해서 안 받았다는 이야기 같아요?
- 그렇게 보이지? 이 말은 한글성경에서 의미가 잘 통하도록 번역되

지 못한 것 같네. “선을 행하면”이라 번역된 말은 사실 선악의 도덕적 개념은 아니야. 선이라고 번역된 야타브(יָטַב)는 ‘좋다’ 또는 ‘바르게 행하다’라는 뜻이라네. 영어로는 to be good, to be merry, to do well, rightly, accurately, or fitly 등의 뜻으로, 만일 가인이 올바르게 제사하였다면 받아들여졌을 것이라는 뜻이지. 여기 “낯을 들지 못하겠느냐?”로 번역된 말 나싸(נָשָׂא)는 ‘낯을 들다’는 뜻이기보다는 그냥 ‘들어올리다(lift up), 취하다(take), 받아들이다(accept)’ 등의 뜻이고. 그러므로 이 말씀은 ‘네가 바르게 제사하였다면 어찌 내가 받지 않았겠느냐?’ 그렇게 말씀하고 있는 것이지. 확실히 가인은 하나님 앞에 바른 예배를 드리지 못하였다는 책망이지. NIV 영어성경 번역을 보면 “If you do what is right, will you not be accepted?” 이렇게 번역하고 있거든. 우리말 번역이 이해하기 어렵게, 오해하기 쉽게 번역되어 있음을 알 수 있어.

- 아, 그렇군요. 히브리어를 모르고 영어 대조도 안 해 봐서 오해하였네요. 그다음 말씀도 중요한 것 같은데, 정확한 의미가 안 오거든요?
- 그래? 본문 먼저 확인하자고.

• 죄가 문에 엎드려

창 4:7 선을 행하지 아니하면 죄가 문에 엎드려 있느니라 죄가 너를 원하나 너는 죄를 다스릴지니라

- “선을 행하지 아니하면 죄가 문에 엎드려 있느니라” 하시는데, 여기서도 그러면 도덕적 선악이 아니고 하나님 말씀의 원리대로 바르게 하느냐 그르게 하느냐 그런 뜻인가요?
- 그렇지. 여기서도 ‘바르게 행하지 아니하면’이라고 번역하는 것이 맞고, 이 말은 그러니까 하나님 앞에 바르게 예배하는 자의 삶이 아니면 죄가 문에 엎드린다고 경고하는 말씀이지.

- 바르게 예배하는 일이 중요하군요? 그런데 죄가 문에 엎드린다는 것은 무슨 뜻일까요?
- 죄가 문에 엎드린다는 말은 죄가 먹이를 낚아채려고 웅크리고 앉아 문을 지키고 있다는 표현이라네. 죄는 마치 사자가 먹이를 사냥하려고 숨어서 지키고 있는 것처럼 언제든지 우리를 삼키려고 노리고 있다는 말이야. 죄는 단순히 내가 잘못을 저지른 행위만 말하는 것이 아니네. 죄가 세력이 있는 실재라는 말은 이미 나누었는데, 이해하고 있지? 죄의 세력이 우리를 노리고 있다는 것이야. 틈새만 주면 언제든지 죄가 우리를 삼키려 한다는 것이지.
- 우와, 긴장되는데요. 우리가 하나님 앞에 바르게 예배하지 않으면 죄가 삼키려고 하는 데 노출된다는 이야기이니 소름 끼쳐요. 정신 차려야 하겠는데요. 바르게 예배하는 일이 정말 중요하군요?
- 성경은 여러 군데에서 경고하지. 죄의 세력인 마귀가 삼킬 자를 찾는다고 말이야.

벧전 5:8 근신하라 깨어라 너희 대적 마귀가 우는 사자같이 두루 다니며 삼킬 자를 찾나니

눅 21:34 너희는 스스로 조심하라 그렇지 않으면 방탕함과 술취함과 생활의 염려로 마음이 둔하여지고 뜻밖에 그날이 덫과 같이 너희에게 임하리라

- 그다음 말씀은 또 무엇을 가르치나요?

• 죄를 다스리라

창 4:7 죄가 너를 원하나 너는 죄를 다스릴지니라

- 여기 '원한다'로 번역된 테슈카(תשוקה)는 '갈망, 욕망'의 뜻으로 이성을 향하여 불타는 갈망이나 짐승이 먹이를 향하여 욕망을 갖는 그런 갈망을 뜻하지. 그러니까 앞에서 말한 바와 같이, 죄가 문에 엎드려 삼킬 기회를 찾는 것처럼 죄가 우리를 삼키려는 욕망을 가지고 있다는 뜻이지. 언제나 죄는 우리를 삼키려고 기회를 노리고 있지. 그게 죄의 갈망, 죄의 세력, 마귀의 갈망이야. 우리를 삼키고자 하는 갈망, 그런 가운데서 하나님은 말씀하시기를, 가인과 우리는 죄를 다스려야 한다는 것이야.
- 여기서의 다스림은 돌보고 지키는 다스림은 아니겠네요?
- 그렇겠지. 여기서는 오히려 통제하는 다스림이어야 하겠지. 다스림의 이미지는 예수님이 사자와 어린양으로 양면적이라 한 적 있지? 우리가 동물들을 다스릴 때는 어린양이나 목자 이미지로 다스려야 하지만 죄, 마귀를 다스릴 때는 사자 이미지로 다스려야 해. 완전히 정복하고 극복해야 하는 것이지. 자신을 죄에게 내어주어서는 안 되지. 성경 다른 구절에서는 이렇게 말씀하시지.

엡 6:11-13 마귀의 간계를 능히 대적하기 위하여 하나님의 전신 갑주를 입으라 우리의 씨름은 혈과 육을 상대하는 것이 아니요 통치자들과 권세들과 이 어둠의 세상 주관자들과 하늘에 있는 악의 영들을 상대함이라 그러므로 하나님의 전신 갑주를 취하라 이는 악한 날에 너희가 능히 대적하고 모든 일을 행한 후에 서기 위함이라

롬 6:13-14 또한 너희 지체를 불의의 무기로 죄에게 내주지 말고 오직 너희 자신을 죽은 자 가운데서 다시 살아난 자같이 하나님께 드리며 너희 지체를 의의 무기로 하나님께 드리라 죄가 너희를 주장하지 못하리니 이는 너희가 법 아래에 있지 아니하고 은혜 아래에 있음이라

죄성의 역사(창 4:8-15)

창 4:8-15 가인이 그의 아우 아벨에게 말하고 그들이 들에 있을 때에 가인이 그의 아우 아벨을 쳐죽이니라 여호와께서 가인에게 이르시되 네 아우 아벨이 어디 있느냐 그가 이르되 내가 알지 못하나이다 내가 내 아우를 지키는 자니이까 이르시되 네가 무엇을 하였느냐 네 아우의 핏소리가 땅에서부터 내게 호소하느니라 땅이 그 입을 벌려 네 손에서부터 네 아우의 피를 받았은즉 네가 땅에서 저주를 받으리니 네가 밭을 갈아도 땅이 다시는 그 효력을 네게 주지 아니할 것이요 너는 땅에서 피하며 유리하는 자가 되리라 가인이 여호와께 아뢰되 내 죄벌이 지기가 너무 무거우니이다 주께서 오늘 이 지면에서 나를 쫓아내시온즉 내가 주의 낯을 뵈옵지 못하리니 내가 땅에서 피하며 유리하는 자가 될지라 무릇 나를 만나는 자마다 나를 죽이겠나이다 여호와께서 그에게 이르시되 그렇지 아니하다 가인을 죽이는 자는 벌을 칠 배나 받으리라 하시고 가인에게 표를 주사 그를 만나는 모든 사람에게서 죽임을 면하게 하시니라

• 아우 아벨을 쳐 죽이다

– 선생님, 가인은 하나님의 경고를 듣고도 죄에 삼키고 마네요. 아우 아벨을 죽이는 살인자가 되는데요? 이런, 제가 김정은이가 김정남 자기 형을 죽이는 끔찍한 악을 보면서 인생이 허무하다는 것을 느끼고 방황했었는데, 그러한 살인의 역사가 인류 역사 초기, 이때부터 있었네요. 가인이 먼저 그랬네요?

– 그러게 말이야. 가인은 하나님께서 받으실 만한 제사를 드리지 못하고도 하나님이 받지 않자 분해하고 안색이 변하였고, 하나님이 경고하여 죄를 다스리라 하셨지만 죄를 다스리지 못했네. 그러자 그 죄가 가인을 지배하였고, 죄의 지배를 받고 있던 가인은 죄의 충동대

로 아우 아벨을 쳐 죽이는 살인극을 벌였다는 말일세.

- 여기에 보면 가인이 아벨에게 말했다는데, 뭘 말했을까요?
- 고대 역본 중에는 "우리가 들로 나가자"라고 했다고 하네. 아마 그 말이 맞겠지. 가인은 아벨에게 들로 나가자고 말하였고, 그들은 함께 들로 나갔고, 그리고 사람의 눈이 뜸한 그 들녘에서 가인은 아우 아벨을 죽인 것이지.
- 이 이야기는 죄가 어떻게 사람을 지배하는가를 보여준다고 생각되네요. 이미 하나님은 경고하셨지요? 참된 제사, 즉 참된 예배에 실패하면 죄가 문에 웅크리고 앉았다가 틈새만 나면 죄가 인간의 영혼을 삼키게 된다고 경고하신 바 있는데 그 경고대로 되고 있네요.
- 그렇다네. 아담과 하와가 하나님의 말씀을 불신하였을 때 사탄의 지배를 받게 되며 타락하게 되었고, 가인이 하나님 예배하기를 거부하고 자기 멋대로 제사해서, 즉 하나님을 우습게 여기는 태도를 갖게 되자 죄의 노예로 전락한 것이라네. 로마서는 하나님 없는 인생이 어떻게 죄의 사람들이 되고 각종 죄의 사람이 되는지를 가르쳐 주고 있지.

롬 1:21-23 하나님을 알되 하나님을 영화롭게도 아니하며 감사하지도 아니하고 오히려 그 생각이 허망하여지며 미련한 마음이 어두워졌나니 스스로 지혜 있다 하나 어리석게 되어 썩어지지 아니하는 하나님의 영광을 썩어질 사람과 새와 짐승과 기어다니는 동물 모양의 우상으로 바꾸었느니라

롬 1:28-32 또한 그들이 마음에 하나님 두기를 싫어하매 하나님께서 그들을 그 상실한 마음대로 내버려 두사 합당하지 못한 일을 하게 하셨으니 곧 모든 불의, 추악, 탐욕, 악의가 가득한 자요 시기, 살인, 분쟁, 사기, 악독이 가득한 자요 수군수군하는 자요 비방하는 자

요 하나님께서 미워하시는 자요 능욕하는 자요 교만한 자요 자랑하는 자요 악을 도모하는 자요 부모를 거역하는 자요 우매한 자요 배약하는 자요 무정한 자요 무자비한 자라 그들이 이 같은 일을 행하는 자는 사형에 해당한다고 하나님께서 정하심을 알고도 자기들만 행할 뿐 아니라 또한 그런 일을 행하는 자들을 옳다 하느니라

– 이런 비유가 맞을지 모르겠는데요. "곡식을 심지 않은 밭은 비어 있는 것이 아니다. 잡초가 우거진다."
– 무슨 소리인가?
– 우리의 마음에 하나님을 모시지 않으면 그냥 비어 있는 것이 아니고 죄가 지배한다는 말입니다.
– 맞는 말이네. 하나님이 아니면 죄의 세력, 사탄이 우리 마음을 지배하게 되는 것이지.
– 그런데 선생님, 가인은 참 뻔뻔한 인간이네요?
– 가인뿐이겠나? 모든 죄인은 다 뻔뻔해.

• 네 아우 아벨이 어디 있느냐?

– "네 아우 아벨이 어디 있느냐?" 하나님이 물으신 것은 몰라서 물으신 게 아니고, 가인에게 자신의 죄를 돌아보게 하고 회개의 기회를 촉구하는 질문일 텐데요?
– 그렇지, 하나님의 이 질문은 아직도 사랑하는 아버지가 회개를 촉구하는 질문일 것인데, 가인은 막무가내로 뻔뻔하게 하나님의 사랑을 거절하는 것 같네. "내가 알지 못하나이다. 내가 내 아우를 지키는 자니이까?" 퉁명스럽고 뻔뻔스런 말대꾸가 아닌가?
– 참 가관이군요. 한번 죄의 종이 되면 정말 말도 안 되는 뻔뻔스런 죄인이 되는군요.
– 회개하지 않는 죄인은 형벌을 면할 수 없겠지?

- 그런데 하나님께서는 아직도 포기하지 않고 또 질문하시는데요? "네가 무엇을 하였느냐? 네 아우의 핏소리가 땅에서부터 내게 호소하느니라." 아벨을 죽인 가인의 죄를 다 알고 있다고 채근하시는데요?
- 가인의 행위가 정말 가소롭지? 얼버무리고 넘어가려고 하지만 하나님은 핏소리까지 들으시고 하나님 앞에 숨길 수 있는 것은 없다는 것을 말씀하시는 것이지. 가인은 다음과 같은 성경구절을 알았어야 하는데 말이야.

시 139:12 주에게서는 흑암이 숨기지 못하며 밤이 낮과 같이 비추이나니 주에게는 흑암과 빛이 같음이니이다

히 4:13 지으신 것이 하나도 그 앞에 나타나지 않음이 없고 우리의 결산을 받으실 이의 눈앞에 만물이 벌거벗은 것같이 드러나느니라

- 이제 결국 하나님께서는 가인에게 다시 심판을 선언하시네요? 죄인된 아담에게 에덴과 생명나무의 길이 차단되고 땅이 저주를 받아 가시덤불과 엉겅퀴를 내는 투쟁의 대상이 되었는데, 다시 살인죄를 저지른 가인은 저주를 받아 밭 갈아도 땅이 효력을 주지 아니하고, 땅에서 피하며 유리하는 자가 되리라고 선포하시는군요.
- 땅이 있어도 그 땅이 가인을 위하여 효력을 내지 못하고, 땅과 가인은 서로 괴리되어 가인은 땅을 누리지 못하고 땅에 떠도는 방랑자가 되는 것이지. 가인은 안식을 누릴 자리가 없는 것이야. 행복을 누릴 땅이 없어. 하나님을 우습게 여기고 나아가 형제를 살인한 죄인의 운명은 안식할 터전을 상실하는 것이라네.
- 아니, 그런데 말입니다. 선생님, 이거 하나님 왜 이러시지요?
- 왜?
- 가인이 엄살을 부리니까 하나님이 꼼짝 못하시고 가인을 돌봐 주시

고 가인을 보호하시네요?

- 그게 하나님이라네. 인간을 못 견디게 사랑하는 하나님의 안절부절 못하시는 모습이야.
- 가인을 죽이지 못하게 표를 주셨다는데, 무슨 표를 주셨을까요?
- 글쎄, 그건 나도 모르겠어. 무엇인지 추측도 해볼 아무런 단서를 발견하지 못하겠거든. 중요한 것은 심판을 행하시는 중에도 긍휼을 베푸시는 하나님이란 생각밖에는 모르겠어.
- 그다음 문단은 가인의 후손들에 대한 이야기네요?
- 그렇구먼. 가인의 후손의 역사는 어찌 진행되는지 살펴볼까?

무영성의 역사(창 4:16-24)

창 4:16-24 가인이 여호와 앞을 떠나서 에덴 동쪽 놋 땅에 거주하더니 아내와 동침하매 그가 임신하여 에녹을 낳은지라 가인이 성을 쌓고 그의 아들의 이름으로 성을 이름하여 에녹이라 하니라 에녹이 이랏을 낳고 이랏은 므후야엘을 낳고 므후야엘은 므드사엘을 낳고 므드사엘은 라멕을 낳았더라 라멕이 두 아내를 맞이하였으니 하나의 이름은 아다요 하나의 이름은 씰라였더라 아다는 야발을 낳았으니 그는 장막에 거주하며 가축을 치는 자의 조상이 되었고 그의 아우의 이름은 유발이니 그는 수금과 퉁소를 잡는 모든 자의 조상이 되었으며 씰라는 두발가인을 낳았으니 그는 구리와 쇠로 여러 가지 기구를 만드는 자요 두발가인의 누이는 나아마였더라 라멕이 아내들에게 이르되 아다와 씰라여 내 목소리를 들으라 라멕의 아내들이여 내 말을 들으라 나의 상처로 말미암아 내가 사람을 죽였고 나의 상함으로 말미암아 소년을 죽였도다 가인을 위하여는 벌이 칠 배일진대 라멕을 위하여는 벌이 칠십칠 배이리로다 하였더라

- 가인이 여호와 앞을 떠나 에덴 동쪽 놋 땅에 거주하였다고 하네요?

• 여호와 앞을 떠나

- 그렇네. 가인의 삶은 회개하고 여호와 앞에 다시 서는 그런 삶이 되지 못하고, 마침내 여호와 하나님의 임재를 떠나 홀로 살아가는 모습을 보이게 되는 모양이네. 하나님을 떠난 삶, 결국 하나님 없는 무영성의 삶의 역사를 엮어 가게 되는구먼그려.
- 무영성의 역사라고요?
- 그렇지. 하나님을 떠나 산 것이니 육신의 삶은 유지하지만 영성은 없는 삶이 된 것 아니겠나?

• 놋 땅에

- 아, 하나님을 떠나 살았으니 무영성의 삶이라 이것이지요? 그런데 놋 땅에 살았다는데 놋 땅은 지금으로 치면 어디쯤 될까요?
- 글쎄, 에덴 동쪽 놋 땅이라 했는데 에덴이 어디였는지도 정확히 알 수 없으니 놋 땅이라는 데도 알기 어렵겠지? 그런데 그때 지명이 다 만들어져 있는 땅이 아니었을 테니 가인이 살던 땅을 놋이라 불렀을 수도 있을 거야. 놋(נוֹד)이란 말은 '방랑'(wandering)이란 뜻이거든. 가인이 방랑자로 살아가던 지역을 통틀어 지칭하는 이름으로 보이거든.
- 그래요? 그렇다면 가인은 에덴의 동쪽 지역에서 방랑자처럼 살아갔다는 뜻이겠는데요? 하나님을 떠난 삶이란 방랑자의 삶이 아니겠습니까? 오히려 하나님 없는 자의 삶은 방랑자의 삶임을 보여주는 계시 같은데요?
- 그런지도 모르지, 아마 그럴 거야. 김 군이 잘 본 것 같아.
- 그런데 또 성을 쌓았다고 하거든요?

• **성을 쌓고**

- 방랑자처럼 살다가 자녀를 낳고 보니 떠돌이로만 살 수는 없다고 느꼈을지도 모르지. 그래서 성을 쌓은 것이겠지. 하나님의 면전에서 쫓겨난 가인은 불안한 방랑자의 삶을 면해 보려는 필사적인 노력을 기울이고 있다고 볼 수 있어. 죄는 그를 방랑자로 전락시켰고, 그는 방랑자의 삶을 모면하려고 애쓰는 모습을 보여준다고 봐야지.
- 지금도 그런 것은 마찬가지인 것 같아요. 하나님 없는 삶은 오히려 그 영적, 정신적 불안을 극복하기 위하여 세상적 성을 쌓는 일을 추구하는지도 모르지요. 돈으로 성을 쌓고, 권세로 성을 쌓고, 인간이 붙들고 의지해 보려는 온갖 종류의 성을 쌓아 올리려는 욕망을 갖고 살아가게 되는 것이 오히려 하나님 없는 삶의 모습 아닐까요?
- 김 군 말이 틀림없는 것 같네그려.

• **문명의 발달**

- 그래도 가인의 후손들이 온갖 문명의 역사를 일으키는데요?
- 하나님 없는 삶이니 더욱 문명의 역사를 일으킬 수도 있지. 영성 대신 세속적 문명을 더 발달시키게 될 수도 있겠지.
- 야발은 축산업을 발전시키고, 유발은 악기를 만들고, 두발가인은 동철로 각양 기계를 만들어 기계문명을 발달케 하고 그러네요.
- 문명 자체를 악하다고 할 필요까지는 없을 것이나 무영성의 역사에서 문명이 발달하고 있는 것은 하나님을 잃어버린 자리에 대치할 무엇을 찾는 노력을 통하여 세속적인 문명이 오히려 발달하고 있는 것이 아닐까?

• **악의 역사**

- 그런데 하나님 없는 무영성의 사람들에게서는 역시 악이 창성한다는 것을 보여주는데요?

- 그러네. 라멕의 삶을 통하여 두드러지게 드러난 것은 일부다처와 살인이란 악이 아무렇지 않게 자행되고 있다는 것이야. 창조의 원리는 일부일처이지? 한 남자와 한 여자의 결합으로 혼인제도가 주어졌지 않아? 둘이 하나 되는 것이지, 셋이 하나 되는 것은 아니지? 그런데 창조질서는 타락하고 하나님을 떠난 인간에게는 파괴되어 버렸어.
- 하나님 없는 삶에서 선을 찾기란 쉽지 않은 모양이군요. 하나님의 질서가 시행되지 못하는 것 같아요. 그리고 살인도 하고 말입니다. 게다가 하나님께서 가인에게 자비의 조치로 죽임 당하지 않게 하셨다는 이야기를 알고, 자기를 죽이려 하는 자는 벌을 77배나 받으리라고 뻔뻔스러운 말을 하는 것 보세요.
- 그러게 말이야. 무영성의 역사는 결국 악에 지배당하는 역사라고 보아야 할 것 같네.

유영성의 역사/셋의 후손(창 4:25-5:32)

창 4:25-26 아담이 다시 자기 아내와 동침하매 그가 아들을 낳아 그의 이름을 셋이라 하였으니 이는 하나님이 내게 가인이 죽인 아벨 대신에 다른 씨를 주셨다 함이며 셋도 아들을 낳고 그의 이름을 에노스라 하였으며 그때에 사람들이 비로소 여호와의 이름을 불렀더라

창 5:1-32 이것은 아담의 계보를 적은 책이니라 하나님이 사람을 창조하실 때에 하나님의 모양대로 지으시되 남자와 여자를 창조하셨고 그들이 창조되던 날에 하나님이 그들에게 복을 주시고 그들의 이름을 사람이라 일컬으셨더라 아담은 백삼십 세에 자기의 모양 곧 자기의 형상과 같은 아들을 낳아 이름을 셋이라 하였고 아담은 셋을 낳은 후 팔백 년을 지내며 자녀들을 낳았으며 그는 구백삼십 세를 살고 죽었더라 셋은 백오 세에 에노스를 낳았고 에노스를 낳은 후

팔백칠 년을 지내며 자녀들을 낳았으며 그는 구백십이 세를 살고 죽었더라 에노스는 구십 세에 게난을 낳았고 게난을 낳은 후 팔백십오 년을 지내며 자녀들을 낳았으며 그는 구백오 세를 살고 죽었더라 게난은 칠십 세에 마할랄렐을 낳았고 마할랄렐을 낳은 후 팔백사십 년을 지내며 자녀들을 낳았으며 그는 구백십 세를 살고 죽었더라 마할랄렐은 육십오 세에 야렛을 낳았고 야렛을 낳은 후 팔백삼십 년을 지내며 자녀를 낳았으며 그는 팔백구십오 세를 살고 죽었더라 야렛은 백육십이 세에 에녹을 낳았고 에녹을 낳은 후 팔백 년을 지내며 자녀들을 낳았으며 그는 구백육십이 세를 살고 죽었더라 에녹은 육십오 세에 므두셀라를 낳았고 므두셀라를 낳은 후 삼백 년을 하나님과 동행하며 자녀들을 낳았으며 그는 삼백육십오 세를 살았더라 에녹이 하나님과 동행하더니 하나님이 그를 데려가시므로 세상에 있지 아니하였더라 므두셀라는 백팔십칠 세에 라멕을 낳았고 라멕을 낳은 후 칠백팔십이 년을 지내며 자녀를 낳았으며 그는 구백육십구 세를 살고 죽었더라 라멕은 백팔십이 세에 아들을 낳고 이름을 노아라 하여 이르되 여호와께서 땅을 저주하시므로 수고롭게 일하는 우리를 이 아들이 안위하리라 하였더라 라멕은 노아를 낳은 후 오백구십오 년을 지내며 자녀들을 낳았으며 그는 칠백칠십칠 세를 살고 죽었더라 노아는 오백 세 된 후에 셈과 함과 야벳을 낳았더라

- 가인의 후손의 역사는 무영성의 역사이었지요?
- 그랬었지.
- 가인의 후손의 역사와는 대조적으로 셋의 후손의 역사가 기록되는 것 같네요?
- 그렇군. 아무래도 가인과 가인의 후손의 역사는 무영성의 역사요 악의 역사이므로 하나님께서 덜 기뻐하셨겠지. 비록 타락하기는 했어도 회복하려는 하나님의 사랑은 어두움 중에도 또 빛의 역사를

일으키는 것이지. 영성의 역사를 말이야.

• **여호와의 이름을**

- 아담과 하와가 다시 아들을 낳자 '가인이 죽인 아벨 대신에 주신 아들이라'고 믿고 있네요.
- 아마도 아담과 하와가 그렇게 기도하지 않았겠나? 하나님을 잘 섬기던 아벨이 죽었고, 가인은 아담과 하와의 주류 사회에서 하나님이 쫓아내셨고, 아담과 하와는 경건한 아들을 위하여 기도하였을 것이고, 아들이 태어나자 아벨 대신 주신 아들이라고 믿게 되었을 것이 아닌가?
- 그럴 것 같네요. 그런데 그의 이름을 셋이라 불렀어요. 셋째 아들이라 셋이라 불렀나요?
- 에이, 사람 참, 농담도 잘하네. 셋(שת)이란 '놓인'을 의미한다네.
- 그게 무슨 뜻이에요? 어디에 놓여요?
- 글쎄, 어떤 학자들은 가인이 죽인 아벨 대신 그 자리에 '놓인' 아들이라는 뜻에서 붙인 이름이 아닐까 그렇게 해석하기도 하고, 앞으로 하나님의 백성이라 일컬을 영성의 역사의 기초로 놓인 인물로 기대하며 붙인 이름일지도 모른다고 생각하지.
- 참 특별한 이름이긴 하네요.
- 그런데 이름으로 치면 셋이 낳은 아들 이름이 더 재미있고 의미 있는 것 같아.
- 에노스 말입니까? 에노스는 어떤 의미를 가진 이름인데요?
- 에노스(אנוש)란 '덧없음, 죽을 운명'이란 뜻이라네. 셋이 위대한 것은 인생의 덧없음을 깨달았다는 것이야. 그러기에 아들을 낳아 '아들아, 인생은 덧없는 인생이란다' 그렇게 덧없음이라는 이름을 지었는데, 재미있는 것은 그때부터 여호와의 이름을 불렀다는 것이야.
- 그러니까 셋과 그의 가족들은 인생의 덧없음을 깊이 인식했을 때

여호와 하나님을 불러 예배하는 백성이 되었다는 말이네요?

- 그렇다네. 여기서 여호와의 이름을 불렀다는 말의 히브리어로는 콰라 베쉠 여호와(קָרָא בְּשֵׁם יְהוָה)인데, 이는 단순히 개인적으로 여호와의 이름을 부른다는 뜻보다는 '예배에서 여호와의 이름을 사용하다'의 뜻이라네. 따라서 셋과 그의 가족들은 인생의 덧없음과 죽을 운명임을 자각하였을 때부터 여호와를 불러 예배하는 백성이 되었다는 것을 나타낸다네.
- 가인의 무영성의 역사와 대조적으로 셋의 후손은 영성의 역사를 계시하여 주는 것이로군요.
- 그렇다네. 이제 5장의 아담으로부터 노아의 아들들까지 이어지는 족보와 간략한 역사의 기술은 하나님을 찾고 예배하는 영성의 역사를 이루고 있는 것을 보여주지.
- 셋의 후손으로 이어지는 이 족보에서는 가인의 후손들처럼 물질문명의 발달 같은 이야기는 거의 없는 대신 하나님과의 관계 속에 영적인 일들이 주로 나타나네요?
- 글쎄 말이야. 셋의 후손의 계보에는 가인의 계보에서처럼 성을 쌓는다든지 악기를 제조한다든지 기계를 만든다든지 하는 등의 세속적 문명발달에 대한 기록은 찾아볼 수 없네. 그렇다고 해서 셋의 후손이 먹고 입고 거주하는 삶을 살지 않은 것은 아닐 텐데? 일반 문화와는 상관없이 살았다는 것도 아닐 것인데? 셋의 후손의 경우는 가인의 후손의 그것과는 대조적으로 오직 영적인 특징만 언급되어 있네. 이미 본 대로 첫째는 여호와의 이름을 부르며 예배하는 백성이었다는 특징이 있고,

• 하나님과 동행하며

- 에녹이 300년 동안 하나님과 동행하였다는 기록이 또한 영적 역사의 기록인데요?

- 그러게, 에녹이 하나님과 동행하는 삶을 가장 뚜렷하게 살다가 죽음을 보지 않은 채로 하나님이 취하여 가셨다고 하니, 셋의 혈통은 확실히 타락한 중에라도 하나님과 동행하는 사람들의 역사를 이루고 있는 게 틀림없는 것 같아. 하나님을 예배하며 하나님과 함께 걷는 영성의 역사를 나타내고 있지?

• **여호와께서 안위하시리라**

- 셋의 후손의 계보는 노아에서 일단 마감을 하는데요, '여호와께서 땅을 저주하시므로 수고로이 일하는 우리를 이 아들이 안위하리라'는 소망을 가지고 지었다고 설명하네요.
- 그렇네. 노아(נֹחַ)는 '안식'이란 뜻을 가지고 있고, 수고로운 세상 속에서 하나님에게 소망을 두고 위로를 하나님께만 기대하는 경건한 삶의 모습을 보여준다고 보아야겠지. 그러므로 셋의 후손은 에노스 시대에 셋의 가족들이 하나님께 예배하는 일로 시작하여 노아를 이름하여 하나님의 위로를 소망하기까지 하나님과 동행하는 영성의 역사를 보여주고 있다는 것이 뚜렷한 특징이로군.
- 가인의 후손의 역사는 무영성의 역사, 셋의 후손의 역사는 영성의 역사, 그렇게 대조적으로 보이네요?
- 가인의 후손의 역사는 타락한 인간이 하나님이 받으실 만한 제사에 실패하므로, 즉 구속자 없는 삶의 역사, 무영성의 역사를 이루고, 셋의 후손은 타락한 중에도 받아들여진 제사, 즉 구속의 은혜 안에서 회복된 하나님과의 교제 속에 이어가는 영성의 역사를 보여준다는 것이지. 하나님께서는 이후로도 계속 이 구속의 영성의 역사를 이끌어 가실 것일세. 노아 홍수 후에는 셈의 후손의 역사를 통하여, 바벨탑 사건 후에는 아브라함과 약속의 후손을 통하여, 예수 십자가 후에는 예수 안에 있는 자들을 통하여, 성령 시대에는 성령 안에 있는 자들로 이 역사를 이어가실 것이 예견되는 계시라고 보아

야지.

- 이 두 줄기의 역사는 결국 가인과 아벨(셋)의 제사의 차이에서 갈라진 것이니 예배의 중요성은 참으로 대단한 것이로군요.
- 예배라는 게 단순히 예배의식에 참여하는 것만 아니라 진정 하나님을 마음으로부터 섬기느냐와 진리에 입각해서 섬기느냐의 중요성이지. 예수님께서 말씀하신 것도 결국 예배의 진정성과 진리성이 아니겠나?

요 4:23-24 아버지께 참되게 예배하는 자들은 영과 진리로 예배할 때가 오나니 곧 이때라 아버지께서는 자기에게 이렇게 예배하는 자들을 찾으시느니라 하나님은 영이시니 예배하는 자가 영과 진리로 예배할지니라

산책길 6

노아 홍수 이야기(창 6:1-9:29)

- 오늘은 어디로 가실까요?
- 안남교회 찍고 가세.
- 교회 가시게요?
- 아니, 그리로 가서 그 뒤에 있는 둔주봉이라는 산으로 등산할 생각이네.

- 조금 올랐는데도 경치가 끝내주네요. 그런데 지난 3일간 비가 엄청 퍼붓더니만 강물이 탁하고 엄청 불어 올랐네요.
- 전국에 홍수가 난 곳이 많다고 어젯밤 방송에 나오던데, 그래도 여기는 홍수의 흔적까지는 없군. 여기서부터 정상까지 강물이 휘돌아 나가는 경치가 정말 좋은 곳이지.
- 그런데 선생님은 언제 여기 와보셨어요?
- 저 아래 동네에 내가 일하던 바나바훈련원이 있었거든. 그때 와보고는 떠난 뒤에도 가끔 오곤 하지. 많이 힘들이지 않아도 산과 강 경치가 좋으니까.

- 그러셨군요. 오늘은 이제 창세기 산책에서 노아 홍수 이야기를 다룰 차례인 것 같은데요?
- 그렇지.

심판 사유/영성 상실(창 6:1-7)

창 6:1-7 사람이 땅 위에 번성하기 시작할 때에 그들에게서 딸들이 나니 하나님의 아들들이 사람의 딸들의 아름다움을 보고 자기들이 좋아하는 모든 여자를 아내로 삼는지라 여호와께서 이르시되 나의 영이 영원히 사람과 함께하지 아니하리니 이는 그들이 육신이 됨이라 그러나 그들의 날은 백이십 년이 되리라 하시니라 당시에 땅에는 네피림이 있었고 그 후에도 하나님의 아들들이 사람의 딸들에게로 들어와 자식을 낳았으니 그들은 용사라 고대에 명성이 있는 사람들이었더라 여호와께서 사람의 죄악이 세상에 가득함과 그의 마음으로 생각하는 모든 계획이 항상 악할 뿐임을 보시고 땅 위에 사람 지으셨음을 한탄하사 마음에 근심하시고 이르시되 내가 창조한 사람을 내가 지면에서 쓸어버리되 사람으로부터 가축과 기는 것과 공중의 새까지 그리하리니 이는 내가 그것들을 지었음을 한탄함이니라 하시니라

- 선생님, 이 부분은 좀 이해하기 어려운 것 같아요. 무슨 신화 이야기를 하나 싶기도 하고요.
- 왜? 뭐가?
- 하나님의 아들들하고 사람의 딸들하고 결혼하는 이야기이잖아요.
- 아하, 그 이야기가 신화 같다고? 그래 성경의 이야기는 가끔 그렇게 시적이고 상징적인 표현을 해서 과학적 사고를 하는 사람들에게 곤란을 느끼게 하는 경우가 많지. 그런데 시인인 나에게는 전혀 어려

운 문제가 아니야. 바로 지난번 토론한 내용을 생각하면 이 부분 이해가 쉽지? 바로 이 앞 성경 이야기가 무엇이었던가?

- 가인의 후손 이야기와 셋의 후손 이야기였지요?
- 거기서 강조된 차이가 무엇인가?
- 가인의 후손은 무영성의 사람들이요, 셋의 후손은 유영성의 사람들이었다는 점이지요?
- 그런데 여기서는 그 줄기가 혼합되었다는 것이야. 하나님의 아들들이 사람의 딸들과 혼인할 뿐 아니라 하나님의 딸들도 사람의 아들들과 혼인하는 일이 있었겠지. 모세 당시의 사회는 남성 중심의 사회 문화이니까 하나님도 그들의 언어로 계시하다 보니 남성 중심으로, 하나님의 아들들이 사람의 딸들과 혼인했다고만 표현한 것일 텐데, 여기서 하나님의 아들들은 누구를 나타내고, 사람의 딸들은 누구를 나타내는 것 같은가?
- 셋의 후손, 유영성의 사람들을 하나님의 아들들이라고 표현하고, 가인의 후예, 무영성의 사람들을 사람의 딸들로 표현한 것인가요?
- 바로 그거지. 그래서 무영성의 사람들과 유영성의 사람들이 육체의 아름다움만을 좇아서 혼인하다가 무영성의 역사로 전락하고 있음을 말해 주는 것이라네. 다만 여기 서술상 영성을 상실해 가는 과정을 설명함에 있어서 남자 중심의 서술을 하고 있기에 하나님의 아들이 주체가 되어 사람의 딸들을 취하는 것으로 설명하고 있을 뿐이지.
- 유영성의 하나님의 자녀들이 무영성의 사람의 자녀들과 혼인하면서 영성을 상실한 육체파가 되었다는 것인가요?
- 그렇다네.
- 그러니까 이때 문제는 저들이 영성이냐 무영성이냐가 혼인의 중요도에서 밀려나고 육신의 안목에 따라 다만 아름다운 여자를 취하는 무영성의 역사로 전락했다는 것이지요?

– 그렇다네. 홍수 심판을 하게 된 근본적인 원인이 무어라고 생각하나?

• 육신이 됨이라

– 5절을 보면 사람의 죄악이 세상에 가득했기 때문이라고 하는데요?

– 물론 그 말도 틀린 말은 아닌데, 보다 근본적인 문제가 있었어.

– 보다 근본적인 문제라고요? 다시 읽어보아야겠군요. 아하, 혹시 3절에 "육신이 됨이라" 하는 말에 힌트가 있나요?

– 맞아, 힌트 정도가 아니라 그게 핵심이야. 하나님을 예배하고 섬기던 영성의 사람들이 그만 육적인 인간으로 전락했다는 거야. 영성을 상실한 육체파가 되었다는 말일세.

– 영성의 사람들과 무영성의 사람들의 혼합된 결혼은 결국 영성 상실을 가져왔고, 영성의 사람들은 없고 육체파가 되어 갔다는 것인가요?

– 그렇지, 바로 그것이야.

– 영적으로는 죽은 자와 산 자가 결혼하면 둘 다 죽는 것이었네요? 영성과 무영성은 공존할 수 없나 본데요? 신자가 불신자와 결혼하면 불신자로 떨어질 확률이 큰 모양이네요? 정신 차리고 신앙 좋은 여인을 만나야겠어요.

– 간혹 신자와 불신자가 결혼하면 불신자가 신자로 변하는 경우가 있기는 해도 오늘날도 마이너스 경험이 많은 것 같더라고. 내가 목회할 때 만나 본 성도들의 경우도 보면, 신자가 불신자와 결혼하면 신앙생활 하기가 굉장히 어려운 것은 사실인 것 같아. 그래서 신자끼리 결혼해야 하는 것은 당연한 것 같고, 하여간 그 시대 사람들이 영성을 상실한 것이 하나님의 심판을 불러왔다는 것일세.

– 다시 정리하자면, 여기 성경의 표현대로 저들은 육체가 되었다 그 말이지요? 영성을 상실한 고깃덩어리가 되었다는 말이지요? 인간의

근본적인 문제는 영성의 문제라는 것을 보여주는군요. 타락한 중에라도 셋의 후손들은 하나님의 대속의 은혜를 입고 하나님과 교제하며 동행하는 역사를 이루어 나오고 있었으나, 이들 하나님과 교제하던 영성의 사람들이 영성을 상실하게 될 때 하나님의 심판이 임하게 된 것이네요?

– 그런 셈이지. 그래서 우리는 영성을 견지하는 것이 중요하지. 아울러 김 군이 말한 대로 김 군은 신앙 좋은 여인과 결혼하라고. 참고로 성경의 다른 곳에서 가르치는 교훈도 기억해 두게.

신 7:3-4 또 그들과 혼인하지도 말지니 네 딸을 그들의 아들에게 주지 말 것이요 그들의 딸도 네 며느리로 삼지 말 것은 그가 네 아들을 유혹하여 그가 여호와를 떠나고 다른 신들을 섬기게 하므로 여호와께서 너희에게 진노하사 갑자기 너희를 멸하실 것임이니라

고후 6:14-16 너희는 믿지 않는 자와 멍에를 함께 메지 말라 의와 불법이 어찌 함께하며 빛과 어둠이 어찌 사귀며 그리스도와 벨리알이 어찌 조화되며 믿는 자와 믿지 않는 자가 어찌 상관하며 하나님의 성전과 우상이 어찌 일치가 되리요 우리는 살아 계신 하나님의 성전이라 이와 같이 하나님께서 이르시되 내가 그들 가운데 거하며 두루 행하여 나는 그들의 하나님이 되고 그들은 나의 백성이 되리라

– 선생님, 그런데 여기 네피림은 뭐고, 용사는 뭐지요? 하나님의 아들들이 사람의 딸들과 결혼하게 될 때 나타나는 특징이 네피림 또는 용사가 많았다는 것인데요?

– 흠, 좋은 질문이야. 영성을 상실한 사람들의 특징을 압축적으로 표현하는 말이 네피림 또는 용사가 많았다는 것인데, 네필(נְפִיל)의 의미는 '습격이나 공격하는 자'라는 뜻이라네. 네피림은 네필의 복수형

이고. 네피림을 70인역에 '거인'(giant)이라고 번역한 이래 마치 신과 사람의 결합에 의한 어떤 거인의 출현을 상상하게 하는 해석을 시도하는 경우가 있었다네.

- 신의 아들과 사람의 딸이 결혼하여 거인족을 이루었다고 하면 정말 신화 같은데요? 네피림이 꼭 거인이란 뜻이 아니란 말이지요?
- 네필은 거인이라는 뜻도 있기는 하나 '반역자, 타락자, 배반자, 포악자, 공격자'의 뜻을 가지고 있어서, 이 말은 외형이 큰 거인이 많았다고 해석하는 것보다는 영성을 상실한 인간들이 포악하게 되었고 폭군으로 이름난 사람들이 많았다는 의미로 해석되어야 본문의 의미를 제대로 전달한다고 본다네.
- 성경의 일관된 가르침은 하나님을 떠나면 죄악의 지배, 사탄의 지배를 받게 되는 것이고, 가인에게 경고하셨던 것도 하나님을 온전히 예배하는 데 실패하면 죄의 지배를 받게 된다는 말씀이군요. 실제로 가인이 하나님을 떠남으로써 아우를 죽이는 포악을 드러냈으며, 여기서도 영성을 상실한 인간들 중에는 포악한 폭력배들이 많이 출현하게 되었다는 의미로 보아야 한다는 말씀이지요?
- 김 군은 습득 능력이 정말 좋아. 바로 이해했네. 영성 상실은 폭력이 난무하는 세상을 가져온다는 것이지. 사탄은 거짓과 폭력의 아비이기 때문이야. 영성을 상실하고 하나님을 떠나면 사탄의 지배, 죄악의 지배를 받게 되고, 죄악이 지배하는 사회는 폭력이 판치는 세상이 된다는 말이야. 여기 '용사'라고 불린 사람들이 결국 네피림인데, 용사(גְברָה : 게부라)는 '힘, 권세, 권력, 강제' 등의 뜻으로 역시 폭력으로 강제하는 폭력배나 강포한 사람들을 의미한다네. 이 부분 6장 11절에 나오는 대로 '하나님 앞에 부패하여 포악함이 땅에 가득했다'는 것일세.
- 폭력과 완력을 사용하는 사람들이 많았던 것이군요?
- 그렇다네. 그러니 하나님 마음이 얼마나 아프셨겠나?

- 그래서 하나님은 사람 지은 것을 한탄하셨다고 하네요. 영성을 상실하고 포악한 자들이 늘어가고 세상에 죄악이 가득하게 되니 그런 사람들을 보시는 하나님께서 많은 실망을 느끼신 것 같아요.
- 그렇지? 그래서 하나님께서는 홍수 심판을 작정하신 것이라네.
- 선생님, 그런데 여기 '하나님의 영이 영원히 사람과 함께하지 아니한다'는 말은 무슨 뜻이고, '그들의 날이 백이십 년이 되리라'고 했는데 120년은 무엇을 뜻하는 것이지요?

창 6:3 여호와께서 이르시되 나의 영이 영원히 사람과 함께하지 아니하리니 이는 그들이 육신이 됨이라 그러나 그들의 날은 백이십 년이 되리라 하시니라

- "나의 영이 영원히 사람과 함께하지 아니하리라"고 하신 것은 이제부터 영원토록 사람과는 상대하지 않겠다는 의미라기보다는 영원까지는 사람과 함께할 수는 없다는 말로 생각되네. 영성을 상실한 인간들을 오래 살게 하면서 영성이 죽어 있는 인간들과 하나님은 영원히 상대할 수 없다는 것이지.
- 영성을 상실한 인간들과 하나님의 영이 함께할 수 없는 것은 당연하겠지요?
- 하나님의 성령이 어찌 영성이 죽은 인간과 함께할 수 있겠는가? 이 사실이 얼마나 실망스러운 것이겠나?
- 내가 이 죽은 사람들과 어찌 영원토록 함께하랴. 이들을 당장 모두 멸하여 버리고 싶은 심정을 나타냈다고 보는 것이지요?
- 맞아, 그래서 싹 쓸어 완전히 인간을 멸하고 싶은 심정을 토로하는 것인데 '그러나'가 있었어. 여기 '그러나'라는 접속사로 전멸의 위기가 반전되는 것을 보게 되지.
- 하나님이 느끼는 실망감으로는 인류를 당장, 그리고 영원히 멸해 버

리고 싶은 심정임에도 불구하고 하나님께서는 인간의 삶을 부분적으로 허용하시고 인정하기로 하시는 것인가요?

- 여기 "그들의 날은 120년이 되리라" 한, 120년은 무슨 기한인가에 대하여 두 가지 엇갈리는 견해가 있지. 하나는 홍수 심판을 말씀하실 당시에 120년 집행유예를 했다는 견해야. 즉 120년 뒤에 홍수 심판을 하겠다고 120년 유예를 말씀하신 것이라고 해석하는 경우이지.
- 120년 후에 심판이 있을 것이다, 그렇게 말한 것이라고요?
- 그렇게 생각하는 학자도 있어. 그런데 120년 동안 노아에게 방주를 만들라고 한 것을 생각하니 12년도 아니고 너무 긴 기간이고, 노아가 몇 살일 때 이 말씀을 했다는 기록은 없고 600세에 홍수가 시작되니까 말이야. 다른 한 견해는 인간의 수명을 120년으로 제한하는 말씀이라고 해석하는 경우지.
- 그렇다면 이제부터는 인간이 너무 오래 살지 못하게 수명을 120년 정도로 제한한다는 말씀인가요?
- 그렇지. 그런데 홍수 이후에도 120년 훨씬 넘게 산 사람들이 있어서 이 해석이 맞나 하고 이의를 제기하는 사람도 있어. 정확한 해석이 어려운 120년이야.
- 그러나 홍수 이후 대체로 인간 수명이 점점 짧아져 120년 아래로 내려가지 않나요?
- 그래, 그래서 많은 학자들이 인간 수명을 120년으로 한정한 것이라고 해석하는 것이지.
- 영원한 멸망을 선언하고 싶으나 긍휼의 하나님이 다만 인간 수명을 조금 잘라내시고 다시 회복의 역사를 진행하실 뜻이군요. 참 하나님은 역시 인간을 향한 사랑을 완전히 포기할 수 없는 분이군요?
- 그렇다네. 홍수 이전의 기록에 의하면 하나님과 동행하다 죽음을 보지 않고 하나님이 하늘로 올리신 에녹이 지상에서 365년 산 것을 예외로 하고 보면 아담이 930세, 셋이 912세, 최하 라멕이 777세이

고, 최고로 장수한 므두셀라가 969세 등 거의 천 년에 가까운 수를 누렸지. 그러나 노아 홍수 이후 수가 짧아진 것을 보게 되고, 그것은 하나님이 영성을 상실해 가는 인간의 삶을 장수하지 못하게 하시고 120년으로 한하셨기 때문일 것일세. 120년이라도 하나님이 살라고 하신 것은 은혜이지 않겠나?

- 그런데 하나님은 한탄도 하시고 후회도 하시고 그러는 모양이에요?
- 그게 사랑이라는 본성 때문에 그렇다네. 후회하시면서도 또 인간에게 기회를 주시는 하나님은 사랑의 하나님이기에 그렇다네. 전능하신 하나님이 뭐가 부족해서 이 악한, 하나님을 거역하는 인간들을 붙들고 씨름하시겠나? 사랑 때문이지. 한탄도 하시고 근심도 하시면서 심판을 작정하셨다고 기록하지 않나?
- 근심? 전능하신 분이 근심을 하다니요?
- 그게 사랑이라니까. '근심'이라는 말 아짜브(עָצַב)는 '마음 상하다, 상처가 되다, 고통하다' 등의 뜻으로 하나님의 마음을 한층 더 심층적으로 표현해 주고 있지. 하나님의 백성 이스라엘이 반역하였을 때 하나님이 느끼는 마음은 상처와 고통이었음을 계시하고 있는 말씀이 많이 있다네. 이사야서에도 같은 아짜브(עָצַב)라는 단어를 쓰고 있는데 능력이 없어서 하시는 걱정 근심이 아니라 사랑하여 마음에 고통하시는 하나님을 묘사하는 것이라네.

사 63:10 그들이 반역하여 주의 성령을 근심하게 하였으므로 그가 돌이켜 그들의 대적이 되사 친히 그들을 치셨더니

- 마음 아파하면서 심판을 결정하시는 하나님의 사랑을 보여주는군요. 아, 슬프다, 하나님의 마음을 고통스럽게 하는 인간이여!

노아는 여호와께 은혜를(창 6:8–22)

창 6:8–22 그러나 노아는 여호와께 은혜를 입었더라 이것이 노아의 족보니라 노아는 의인이요 당대에 완전한 자라 그는 하나님과 동행하였으며 세 아들을 낳았으니 셈과 함과 야벳이라 그때에 온 땅이 하나님 앞에 부패하여 포악함이 땅에 가득한지라 하나님이 보신즉 땅이 부패하였으니 이는 땅에서 모든 혈육 있는 자의 행위가 부패함이었더라 하나님이 노아에게 이르시되 모든 혈육 있는 자의 포악함이 땅에 가득하므로 그 끝날이 내 앞에 이르렀으니 내가 그들을 땅과 함께 멸하리라 너는 고페르 나무로 너를 위하여 방주를 만들되 그 안에 칸들을 막고 역청을 그 안팎에 칠하라 네가 만들 방주는 이러하니 그 길이는 삼백 규빗, 너비는 오십 규빗, 높이는 삼십 규빗이라 거기에 창을 내되 위에서부터 한 규빗에 내고 그 문은 옆으로 내고 상 중 하 삼층으로 할지니라 내가 홍수를 땅에 일으켜 무릇 생명의 기운이 있는 모든 육체를 천하에서 멸절하리니 땅에 있는 것들이 다 죽으리라 그러나 너와는 내가 내 언약을 세우리니 너는 네 아들들과 네 아내와 네 며느리들과 함께 그 방주로 들어가고 혈육 있는 모든 생물을 너는 각기 암수 한 쌍씩 방주로 이끌어들여 너와 함께 생명을 보존하게 하되 새가 그 종류대로, 가축이 그 종류대로, 땅에 기는 모든 것이 그 종류대로 각기 둘씩 네게로 나아오리니 그 생명을 보존하게 하라 너는 먹을 모든 양식을 네게로 가져다가 저축하라 이것이 너와 그들의 먹을 것이 되리라 노아가 그와 같이 하여 하나님이 자기에게 명하신 대로 다 준행하였더라

– 다 악하고, 영성을 상실하고, 하나님을 멀리한 그런 시대에 노아는 달랐네요? "그러나 노아는 여호와께 은혜를 입었더라"고 기록하고 있어요. 은혜를 입었다는 말은 하나님의 마음에 들었다는 말이지

않아요?

- 그렇지. 그런데 노아가 하나님께 은혜를 입은 이유가 무엇이라고 하는가?

• **의인이요**

- 노아는 '의인'이었다고 기록하네요.
- 김 군, 성경에서 의인이라고 말할 때 그 기준은 언제나 하나님이라는 사실을 기억해 두게. 성경에서 의인이란 도덕적 개념보다 훨씬 종교적 개념이라네. 세상의 도덕법이나 시민법에 의하여 의인이라 부르기보다는 하나님의 뜻에 따라 의인이라 부른단 말이야.
- 그렇다면 노아가 의인이라 함은 노아가 하나님의 뜻을 찾고 구하고 따르는 그런 사람이었다는 뜻이겠네요?
- 물론이지. 이 성경적 문맥에서 더욱 중요한 것은 모두 영성을 잃어버리고 하나님을 떠나갔지만, 노아는 영성을 잃지 않고 하나님을 섬기며 하나님의 뜻을 추구하며 살았다는 것이야.
- 게다가 노아는 완전하다고 하였으니 대단한 칭찬인데요?
- 노아는 '완전한 자'라 불렸지? 그런데 특히 "당대에 완전한 자라" 한 말을 주목할 필요가 있어. 노아가 완전하다고 하는 것은 하나님처럼 절대적으로 완전하다는 뜻은 아니지.
- 당대, 즉 그때 세상 사람들은 하나님을 떠나서 영성을 상실하고 죄악의 노예가 되었지만, 노아는 하나님을 떠나지 않고 하나님만 섬기며 살았다는 뜻인가요?
- 그렇지. 무영성의 시대에 영성을 상실하지 않고, 그 마음에 하나님을 두고 살아가는 완전한 자였다는 것을 말하지.
- 어쨌든 노아는 하나님이 기뻐하신 것은 틀림없는 것 같아요. 모든 사람이 하나님을 떠나 살 때, 그래서 포악한 주변 환경 속에서 홀로 경건하고 하나님 섬기는 삶을 살아가는 것이 쉽지 않은 일이었

을 것 같은데 노아는 훌륭하네요. 뒤에 언급되지만 가장 중요한 것은 주님과 동행하는 것이겠지요? 그는 하나님과 동행했다고 기록하고 있거든요.

- 그렇지. 김 군, 김 군은 내가 운영하던 바나바훈련원에 와본 적 있나?
- 여름 청년 수련회에 한 번 참여한 적이 있습니다. 왜요?
- 바나바훈련원에서 하는 사역은 주로 목회자 재훈련 사역인데 가장 먼저 훈련하는 주제가 뭔지 아나?
- 글쎄요, 뭔데요?
- 여주동행이라네.
- 무슨 뜻인데요?
- '주님과 더불어 동행하기'라는 뜻이야.
- 그게 기본훈련이겠네요. 주님과 동행하는 삶을 살기만 하면 더 논할 게 없겠지요?
- 그래, 노아도 기본적으로 하나님과 동행했다는 것이 중요하지. 우리도 하나님과 동행하는 삶을 추구해야 하지.
- 어떻게 하나님과 동행하는 훈련을 하세요? 하나님과 동행하는 삶은 어떻게 가능한데요?
- 흠, 어떻게 간단히 설명할 수 있나? 바나바훈련원에서 훈련할 때는 우선 말씀 묵상훈련을 했지. 성경을 읽고 묵상하고 기도하면서 성경을 통하여 하나님께서 자신에게 말씀하시는 음성을 듣고 순종하고 그렇게 사는 훈련이야. 그리고는 기도훈련을 더하지.
- 기도훈련은 어떻게 하는데요?
- 기도훈련에는 중보기도 훈련도 있지만 그것은 사역으로서의 기도훈련이고 여주동행 라이프 스타일로 훈련할 때는 새벽과 저녁으로 한 시간 이상씩 기도하되 새벽에는 중보기도를 하고, 저녁에는 주로 여쭈어 보는 기도를 하면서 하나님과 대화하는 기도를 훈련하도록 했지. 우리의 신앙생활은 하나님을 그냥 의식하기만 하는 게 아니고,

하나님과 대화하면서 하나님의 뜻이 깨달아지고 하나님의 마음이 전하여 오고 하나님께 순종하여 살아가는 삶이어야 하니까.

- 네, 저도 그렇게 훈련해 보고 싶은데요, 지도하여 주세요, 선생님.
- 우리는 하나님의 삼위일체적 '우리' 이미지로 창조되었고, 하나님이 우리 인간을 하나님의 형상대로 창조하신 것은 하나님과 교제, 즉 코이노니아를 위한 것이었음을 처음부터 이해하였지? 그래서 우리가 온전한 삶을 살아가려면 하나님과의 코이노니아 속에 살아야 하고, 그것이 주님과 동행하는 삶이지.
- 말씀에 보니 노아를 제외하고는 모두 부패하였다고 하는데요. 얼마나 부패했으면 온 땅이 부패하였다고 했을까요?
- 그래 말이야. 마침내 하나님의 심판이 선언되고 있네.

창 6:13 하나님이 노아에게 이르시되 모든 혈육 있는 자의 포악함이 땅에 가득하므로 그 끝날이 내 앞에 이르렀으니 내가 그들을 땅과 함께 멸하리라

- 심판을 선언하신 하나님은 노아에게는 구원을 준비시키시네요?
- 응, 방주를 만들라 하시는군.
- 선생님, 고페르 나무는 어떤 나무이고, 한 규빗이 얼마나 되는 길이지요?
- 고페르는 나무의 이름으로 쓰였는데, 성경 전체에서 여기 한 번만 쓰였다고 하며, 그간 번역자들이 잣나무, 전나무 등으로 번역하기도 했는데, 사실은 무슨 나무인지 정확히 밝혀지지 않은 나무라고 하더군. 무슨 나무인지 우리는 모르지만 노아는 알아들었으니 그 당시 존재하던 나무였겠지.
- 아, 그래요? 방주의 크기는요?
- 길이는 300규빗, 너비는 50규빗, 높이는 30규빗으로 만들라고 하셨지?

- 네, 그런데 규빗이 얼마 정도의 길이였나요?
- 1규빗은 당시 장정의 팔꿈치에서 손 끝까지의 길이라고 하더군. 그때는 지금 우리보다 몸집과 손발이 더 컸을지도 모르지만, 오늘 우리들 기준으로 해서 1규빗을 약 50cm로 계산한다고 해보면 길이 150m, 너비 25m, 높이 15m의 크기가 아니겠나?
- 와! 꽤 큰 배인데요?
- 커야 하지 않았겠나? 노아의 가족들만 들어가는 것이 아니고 온갖 짐승들을 다 데리고 들어가야 한다고 했으니까 말이야.
- 그 당시는 기계도 발달하지 않았을 때인데 노아 혼자서 그 일을 감당하려면 보통 일이 아니었겠군요?
- 노아 혼자 만들었는지, 그 아들들과 만들었는지 또는 일꾼들을 고용했는지는 모르지만 보통 일은 아니지. 상당히 오랜 기간 작업을 했을 것이네. 그런데 노아가 그것을 만들고 있었으니 믿음의 사람이요 순종의 사람이 아니었겠나? 그나저나 그 비율이 오늘날 배를 만드는 과학적 수치로도 가장 안전한 비율이었다니 놀랍지?
- 또 방주는 3층으로 지어졌고, 층층이 칸들을 막아 여러 객실을 만들도록 하였네요?
- 노아와 그 가족만 들어가는 것이 아니고 짐승들도 들어가야 했기에 여러 층 여러 칸으로 짓도록 하셨던 것 같아. 문은 위에서 1규빗에 옆으로 냈으니 다만 환기를 위하여 문을 내고 홍수 중에는 밖을 내다보지 않도록 설계된 것 같고, 안팎으로 역청을 칠하여 물이 새어들지 않게 하였고, 홍수 중에 노아와 그 가족과 여러 짐승들이 안전하게 보전될 물 위의 집을 지었던 것이네.
- 선생님, 노아가 이 큰 배를 만드는 것은 그 당시 도구도 별로 없었을 것인데 얼마나 오랜 기간이 걸렸을까요?
- 글쎄, 그 기간은 기록에 안 나와 있는 것 같지? 짐작만 해도 상당한 기간이었을 것 같아. 베드로전서의 언급을 보면 꽤 오랜 기간이라고

생각되고, 노아가 긴 세월에 걸쳐 배를 준비하고 있는 동안 그 긴 기간은 사람들에게 회개의 기회를 제공한 시간이기도 하다는 뜻으로 말하고 있지?

벧전 3:20 그들은 전에 노아의 날 방주를 준비할 동안 하나님이 오래 참고 기다리실 때에 복종하지 아니하던 자들이라 방주에서 물로 말미암아 구원을 얻은 자가 몇 명뿐이니 겨우 여덟 명이라

- 몇 년 몇 개월이 걸렸는지 모르지만 이 장기간 노아가 배를 만드는 동안 사람들은 비웃었겠지요?
- 조롱했겠지.
- 그러고 보면 노아의 믿음이 얼마나 위대한가 느껴지네요. 그래서 히브리서에서도 노아가 믿음의 사람이었음을 말하지요?

히 11:7 믿음으로 노아는 아직 보이지 않는 일에 경고하심을 받아 경외함으로 방주를 준비하여 그 집을 구원하였으니 이로 말미암아 세상을 정죄하고 믿음을 따르는 의의 상속자가 되었느니라

- 김 군 말이 맞아. 아마 사람들은 노아가 미쳐도 단단히 미쳤다고 했겠지? 하지만 믿음이 구원이었어.
- 방주 안에는 노아와 그와 함께 하나님 모시고 살던 노아의 가족들, 즉 노아의 아내와 세 아들들과 그 며느리들이 함께 들어가게 되었고, 혈육 있는 모든 생물, 즉 새와 육축과 기는 것들이 암수 짝을 지어 들어가도록 하였고, 그들이 먹을 식량을 저축하게 하였네요?
- 홍수가 지나기까지 방주 안에서 보전되고 살아남도록 조처하되 번식을 위하여 모두 짝을 지어 들어가게 하시고, 넉넉한 식량을 저축하게 하셨군.

방주로 들어가라/특별은총(창 7:1-24)

창 7:1-24 여호와께서 노아에게 이르시되 너와 네 온 집은 방주로 들어가라 이 세대에서 네가 내 앞에 의로움을 내가 보았음이니라 너는 모든 정결한 짐승은 암수 일곱씩, 부정한 것은 암수 둘씩을 네게로 데려오며 공중의 새도 암수 일곱씩을 데려와 그 씨를 온 지면에 유전하게 하라 지금부터 칠 일이면 내가 사십 주야를 땅에 비를 내려 내가 지은 모든 생물을 지면에서 쓸어버리리라 노아가 여호와께서 자기에게 명하신 대로 다 준행하였더라 홍수가 땅에 있을 때에 노아가 육백 세라 노아는 아들들과 아내와 며느리들과 함께 홍수를 피하여 방주에 들어갔고 정결한 짐승과 부정한 짐승과 새와 땅에 기는 모든 것은 하나님이 노아에게 명하신 대로 암수 둘씩 노아에게 나아와 방주로 들어갔으며 칠 일 후에 홍수가 땅에 덮이니 노아가 육백 세 되던 해 둘째 달 곧 그 달 열이렛날이라 그날에 큰 깊음의 샘들이 터지며 하늘의 창문들이 열려 사십 주야를 비가 땅에 쏟아졌더라 곧 그날에 노아와 그의 아들 셈, 함, 야벳과 노아의 아내와 세 며느리가 다 방주로 들어갔고 그들과 모든 들짐승이 그 종류대로, 모든 가축이 그 종류대로, 땅에 기는 모든 것이 그 종류대로, 모든 새가 그 종류대로 무릇 생명의 기운이 있는 육체가 둘씩 노아에게 나아와 방주로 들어갔으니 들어간 것들은 모든 것의 암수라 하나님이 그에게 명하신 대로 들어가매 여호와께서 그를 들여보내고 문을 닫으시니라 홍수가 땅에 사십 일 동안 계속된지라 물이 많아져 방주가 땅에서 떠올랐고 물이 더 많아져 땅에 넘치매 방주가 물 위에 떠다녔으며 물이 땅에 더욱 넘치매 천하의 높은 산이 다 잠겼더니 물이 불어서 십오 규빗이나 오르니 산들이 잠긴지라 땅 위에 움직이는 생물이 다 죽었으니 곧 새와 가축과 들짐승과 땅에 기는 모든 것과 모든 사람이라 육지에 있어 그 코에 생명의 기운의 숨이 있는 것은 다 죽었더라 지면의 모든 생물을 쓸어버리시니 곧 사람과 가축과 기는 것과 공중의 새까지라 이들은 땅에서 쓸어버림을 당하였으되 오직 노아와 그와 함께 방주에 있던 자들만 남았더라 물이 백오십 일을 땅에 넘쳤더라

• **방주로 들어가라**

- 마침내 배가 완성되고 심판의 날이 다가왔네요. 하나님께서 방주로 들어가라 하시네요.
- 그렇군, 방주로 들어가야 구원을 받는 것이지. 아마도 이는 예수 안에 들어가야 구원받는 진리를 미리 예표로 계시하고 있는 것으로 볼 수 있을 것 같아. 노아와 그의 아내, 세 아들과 그 며느리들 도합 여덟 명이 들어가고 코로 숨쉬는 동물들이 쌍쌍이 나아와 들어갔군 그래.
- 선생님, 그것도 신기해요. 동물들이 쌍을 지어 노아에게 나아오는 광경도 신기하지요?
- 동물들은 하나님의 말씀에 잘 순종하는 모양이지? 어쨌든 이는 하나님의 섭리이지. 방주가 마련되어 있을 때 방주로 들어가는 자만 구원을 얻는 것이지? 마찬가지로 예수님이 구원자로 오셨으니 예수 안에 들어와야 구원을 받지.

요 3:18 그를 믿는 자는 심판을 받지 아니하는 것이요 믿지 아니하는 자는 하나님의 독생자의 이름을 믿지 아니하므로 벌써 심판을 받은 것이니라

요 5:24 내가 진실로 진실로 너희에게 이르노니 내 말을 듣고 또 나 보내신 이를 믿는 자는 영생을 얻었고 심판에 이르지 아니하나니 사망에서 생명으로 옮겼느니라

• **문을 닫으시니라**

- 주목해야 하는 것은 이들이 다 들어갔을 때 하나님께서 그 문을 닫으셨다는 것일세. 하나님이 친히 문을 닫으신다는 말이야.
- 우리 찬송가에 "문 열었을 때에 들어오시오" 하는 구절이 생각나네요. 기회의 문은 열려 있을 때 잡아야 하고, 구원의 문도 열려 있을 때에 들어가야 하는 것이네요.
- 노아와 그 일행이 방주 안으로 들어갔을 때 여호와께서 그를 닫아 넣으셨지. 노아가 문을 닫은 것이 아니라 하나님이 닫아 넣으셨단 말이야.
- 하나님이 문을 열어 놓고 들어가라 하시는 때가 있는가 하면 하나님이 문을 닫으시는 때가 있네요?
- 문이 열려 있을 때에 문 안으로 들어가야 하는 것이지. 하나님이 한 번 닫으시면 아무도 그 문을 열 자가 없어요. 열려 있는 동안 들어가야 하네.

눅 13:25 집 주인이 일어나 문을 한 번 닫은 후에 너희가 밖에 서서 문을 두드리며 주여 열어 주소서 하면 그가 대답하여 이르되 나는 너희가 어디에서 온 자인지 알지 못하노라 하리니

- 우리에겐 지금이 문이 열려 있는 때라고 보아야 하지요?
- 그렇지. 한 번 닫히면 열리지 않을 문, 열려 있을 때에 안으로 속히 들어가야지.
- '문 열었을 때에 들어가야 한다.' 그런 메시지가 들려오네요.

고후 6:2 이르시되 내가 은혜 베풀 때에 너에게 듣고 구원의 날에 너를 도왔다 하셨으니 보라 지금은 은혜 받을 만한 때요 보라 지금은 구원의 날이로다

• **방주에 있던 자들만 남았더라**

– 홍수의 규모가 어마어마하군요?

– 그래, 40일 동안 비가 내렸다는데, 비만 내린 게 아니고 깊음의 샘들이 터졌다고 한 것을 보면 지각변동도 일어나면서 지하수가 터져 나오기도 한 것으로 보이지?

– 그렇겠네요. 땅에서 솟아났다는 말이지요? 땅속에 어마어마한 물이 있다고 하더라고요.

– 〈New Scientist〉(1997. 8. 30)에 보고된 바에 의하면, 지구 내부 깊숙한 곳에 거대한 바다가 있는데, 지구 내부의 물이 지구 밖 바닷물의 10배 이상 많다는 거야.

– 그 정도래요?

– 과학자들의 이야기야. 몇 년 전에 우리 부부는 토론토에 사는 아들네 가족, 그러니까 아들, 며느리, 손주와 딸네 즉 딸과 사위와 휴가를 맞추어 미국 옐로우스톤 공원 관광을 한 적이 있었다네.

– 그러셨어요? 행복하셨겠군요?

– 응, 행복했어. 그때 그 공원 안에는 올드페이스풀이라는 가이저를 포함하여 가이저(Geyser)가 참 많았지.

– 가이저가 무엇인데요?

– 가이저란 땅속에서 물을 분출하는 분화구를 말하지. 땅속에 물이 많다는 것을 실감했는데 여기 깊은 샘들이 터졌다는 이야기를 읽으니 생각이 나는구먼.

올드페이스풀 가이저

– 아래에서 솟아나고 위에서 쏟아지고 했군요. 하늘의 창들이 열렸다는 말도 시적 표현이겠지요? 얼마나 쏟아져 내렸으면 하늘에

비를 가지고 있던 층의 창이 열려 쏟아졌다고 표현했을까요?

- 과학자들 중에는 하늘에 지금보다 더 큰 물층이 있었는데, 노아 홍수 때 엄청나게 쏟아 부어졌기 때문에 그 이후 물층이 엷어져서 자외선이 강해지고 인간의 수명이 줄었다고 설명하는 사람도 있긴 하지. 여하튼 대단한 물의 범람이었음을 알 수 있어.
- 높은 산 위로 15규빗이나 넘쳤다고 하니 산 위 6-7미터 수위가 올라갔군요? 방주 밖에 있던 코로 숨쉬는 동물들은 전멸할 수밖에 없었겠지요?
- 그리고는 물이 150일 동안 머물렀다니, 40일간 비가 오고 150일간 물이 머물고, 약 반년 동안 물속에서 코로 숨쉬는 모든 생물은 살 수 없었겠지?
- 선생님, 그런데 저는 아직도 이해가 안 되는 게 하나 있어요.
- 뭐가?
- 전 지구를 덮었던 물은 지금 어디로 가서 육지가 드러났을까요?
- 아이고, 김 군아, 그 물이 어디로 가긴 어디로 가, 다 바다로 갔지. 하기야 어떤 이들은 그때 하나님이 물을 바람으로 몰아 북극과 남극으로 몰아가서 얼렸다고 생각하기도 한다네. 여기 성경에도 바람으로 물을 말렸다는 기록도 있고 그렇게 해석하는 사람도 있지.
- 그때는 바다도 육지도 다 덮지 않았나요? 그러니 물이 갈 데가 없지요?
- 땅에서 솟고 하늘에서 쏟아지고 할 때, 지구에 대분출과 땅덩어리 자체가 굉장한 지각변동을 일으킨 것이지. 처음 지구 때보다 홍수 때 산들은 더 융기하고 해저는 더 깊이 가라앉은 것이 아닐까? 지금 바다는 굉장한 물을 가지고 있대. 만일 지구를 평지화하고 바다와 육지를 구분하지 않았던 처음 지구 상태로 가정한다면 현재 바다의 물은 둥근 지구 표면을 약 3km 높이로 덮고 있게 된다네.
- 그렇게나 많이요?

– 그게 과학자들의 분석이야. 그러니 히말라야 같은 산맥은 엄청 높아 해발 8천 미터를 넘기도 하거니와 해저가 그렇게 깊은 곳도 많다는 것이지. 수증기로 증발하기도 했을 것이지만 대부분 이러한 지각변동에 의해 바다로 물러간 것이지.

– 그러고 보면 단순한 홍수가 아니고 대격변이었네요?

– 상상이 가지 않는 어마어마한 사건이었겠지. 혹시 과학적 이야기를 더 듣고 싶다면 한국창조과학회가 펴낸 《큰 깊음의 샘들이 터지며》(세창미디어)라는 책을 참고로 읽어보게. 그리고 과학적인 이야기는 과학자들에게 맡기고, 우리는 하나님의 마음을 읽어내는 데 집중하기로 하지.

– 네, 선생님, 알겠습니다.

– 이 역사의 한 시점에서 한 시대를 닫고 새 시대를 여는 심판의 계시가 주어진 것은 역사의 대단원의 막을 닫고 새 하늘과 새 땅의 새 역사로 들어갈 종말론적 심판을 계시하여 준다고 봐야지.

– 심판 앞에 살고 있는 인생과 역사를 보여주는 계시네요. 인생은 하나님의 심판을 피할 수 없고, 역사도 하나님의 심판 앞에 직면해 있다는 것을 계시해 주는 사건이네요.

– 영성을 상실한 역사는 하나님의 심판을 면할 길이 없다는 것이지. 김 군, 역사학자 중에 유명한 사람 하면 누가 생각나나?

– 아놀드 J. 토인비 아닌가요?

– 맞아, 토인비라는 이름을 들어보지 못한 사람은 거의 없을 거야. 내가 그분의 역사이론을 전체로 설명할 만한 지식은 없지만 그분이 한 말 중에 매우 의미심장한 말을 기억하고 있지.

– 무슨 말씀인데요?

– "문명이 초월성을 상실하면 망한다"는 말을 했어. 초월성이 무엇인가? 과학적으로 설명이 안 되는 부분이 초월성 아닌가? 우리로 말하면 영성이라고 할 수도 있지. 그러니 영성을 상실한 역사는 심판을

받는다고 말하게 되는 것이라네.

- 그래요? 이 부분의 노아 심판 이야기는 이 심판 앞에 살고 있는 인간의 운명과 역사의 운명을 계시하는 것 같네요.
- 맞아, 성경은 그래서 심판 앞에 서 있는 우리의 운명을 자주 경고하여 가르치고 있다네. 그래서 예수님도 이 홍수의 예를 가지고 경고하신 바가 있지.

마 24:38-42 홍수 전에 노아가 방주에 들어가던 날까지 사람들이 먹고 마시고 장가 들고 시집 가고 있으면서 홍수가 나서 그들을 다 멸하기까지 깨닫지 못하였으니 인자의 임함도 이와 같으리라 그때에 두 사람이 밭에 있으매 한 사람은 데려가고 한 사람은 버려둠을 당할 것이요 두 여자가 맷돌질을 하고 있으매 한 사람은 데려가고 한 사람은 버려둠을 당할 것이니라 그러므로 깨어 있으라 어느 날에 너희 주가 임할는지 너희가 알지 못함이니라

- 네, 심판 앞에 살아가는 인생으로 경건하고 거룩하게 하나님을 섬기며 살아가야 하겠고, 구원의 문이 열렸을 때 전도도 많이 해야겠군요.

무지개 사랑(창 8:1-9:29)

• 은총과 감사(8:1-22; 본문 생략)

- 김 군, 이제 이 부분에서 택하신 자를 향한 하나님의 사랑이 어떻게 나타나고 있는지 보게.

• 기억하사

- 하나님께서 노아와 그와 함께 있던 노아 일행을 기억하셨다고 기록

하고 있습니다.

– 그렇지? '기억하다'의 히브리어 자칼(זָכַר)은 '기억하다, 마음에 두다' 등의 뜻으로, 하나님은 홍수로 심판을 하여 멸망받을 자들을 쓸어버리고 계셨지만, 구원받을 자를 마음에 두고 심판을 진행하고 계셨다는 이야기가 된다네. 하나님은 역사를 멸망받을 자 중심으로 이끄시는 것이 아니라 구원받을 자 중심으로 이끄시는 것이지.

– 그렇군요. 그래서 이제 물이 물러가게 하셨다고 하는데요? 그런데 '바람을 땅 위에 불게 하시매 물이 줄었다'는 것은 어떤 상황일까요?

– 흠, 좋은 질문이야. 가장 쉽게 이해하면 뜨거운 태양과 함께 바람이 불어 물을 수증기로 기화시키는 상황을 생각할 수 있고, 앞에서 이미 언급한 대로 어떤 과학자들은 이때 북극과 남극으로 물을 몰아가 얼렸을 것이라고 가정해 보기도 하지. 또 다른 해석의 가능성은 여기 바람으로 해석된 루아흐(רוּחַ)는 '숨, 호흡, 바람, 영' 등을 의미하며, 흙으로 빚으신 아담에게 불어넣으셨던 그 숨 그 영혼이기도 하고, 초기 지구 원형 덩어리에 지구 조성을 하시던, 수면에 운행하시던 그 영이기도 하지. 그래서 하나님의 영이 물이 물러가게 활동하시는 장면으로 묘사했다고 이해하는 경우도 있어. 그러나 영적 진리를 가르치는 성경을 자꾸 과학적 질문으로 접근하는 것은 시도하지 말자고 했는데?

– 그래도 호기심이 있지 않아요?

– 자, 그럼, 그 호기심으로 여기 나온 숫자로 홍수 이후 노아가 방주에서 나오기까지 정리해 보시게.

– 아, 네, 150일에 걸쳐 물이 내려가자 방주가 아라랏 산에 머물게 되었습니다. 아라랏 산이 지금의 어느 지점인가는 아무도 모르겠지요? 그날은 7월 17일로 기록됩니다. 그 후 3개월이 지나 10월 17일에 산들의 봉우리가 보였다고 기록합니다. 즉 7월 17일에 방주가 아라랏 산정에 착지하고 나서 3개월 후에 여러 산들의 봉우리가 드러났

다는 이야기지요. 그러고 나서 40일이 지난 후에 노아는 방주의 창을 열고 까마귀를 내보냈습니다. 비둘기도 내보내고요. 두 차례 비둘기를 내보내자 올리브 새잎을 가지고 와서 물이 걷힌 것으로 판단했고, 실제로 지면에 물이 걷힌 것은 노아 601년 1월 1일이었다고 기록합니다. 마침내 노아가 방주에서 나오게 된 날은 그해 2월 27일이었습니다. 그러니까 노아 600년 2월 17일에 방주에 들어가서 601년 2월 27일에 나오므로 홍수가 시작되어 끝나기까지는 1년 10일이 걸린 셈입니다. 40일 홍수가 나고서 그 물이 걷히는 데 11개월이 걸린 셈이네요.

– 좋아요. 젊어서 그런지 계산이 척척이구먼. 자, 이제, 새 시대 새 역사의 시작이 어떻게 되는지 주목해 보자고. 노아가 방주에서 나온 것은 이제 새 역사의 시작이니까.

• 단을 쌓고

– 방주에서 나온 노아는 맨 먼저 여호와를 위하여 단을 쌓고 그 단 위에 번제를 드렸다로 시작되는데요?

– 그렇지? 구원받은 자의 삶은 무엇보다 하나님께 감사와 찬양으로 제사를 드리는 것이어야 하겠지.

– 이 번제가 속죄제냐 화목제냐고 따질 성질의 것은 아니겠지요?

– 속죄와 화목의 의미가 함께 있는 감사의 제사였겠지. 구원하심에 대한 속죄의 감사제, 그리고 헌신을 다짐하며 올리는 화목제가 아니었겠는가? 신약성경은 구원받은 자의 반응은 찬양하는 삶이라고 가르친다네.

– 노아가 감사의 제사를 드리는 것도 아름답지만, 하나님께서 그 향기를 받으셨다는 것이 더 아름답고 은혜롭고 소망스럽네요.

• **향기를 흠향하시고**

– 이는 하나님께서 그 제사를 기뻐 받으셨음을 나타내는 표현이지? 하나님은 노아를 구원하신 사실을 기뻐하셨을 것인데, 노아가 그 사실에 감사하면서 하나님을 인지하는 제사를 드렸으니 하나님의 마음이 기쁘셨겠지. 그 제사의 향기를 받으셨다는 것은 하나님의 만족해하는 마음의 표현이 아닐 수 없네. 하나님은 제사의 향기를 받지 않겠다고 선언하시기도 하고 다른 곳에서는 받겠다고도 하시는데, 향기를 받는 것은 구원과 회복이요, 받지 않는 것은 심판과 형벌이라네.

레 26:31 내가 너희의 성읍을 황폐하게 하고 너희의 성소들을 황량하게 할 것이요 너희의 향기로운 냄새를 내가 흠향하지 아니하고

겔 20:41 내가 너희를 인도하여 여러 나라 가운데에서 나오게 하고 너희가 흩어진 여러 민족 가운데에서 모아 낼 때에 내가 너희를 향기로 받고 내가 또 너희로 말미암아 내 거룩함을 여러 나라의 목전에서 나타낼 것이며

– 제사의 향기를 받으실 때도 있고 안 받으실 때도 있군요?
– 그렇다니까.

• **땅을 저주하지 아니하리니**

– 그런데 하나님은 노아의 이 감사의 제사를 받으시면서 놀라운 은총을 생각하시네요?
– 무슨 은총?
– 다시는 사람으로 인하여 땅을 저주하지 않고 땅이 있을 동안에는 심음과 거둠, 추위와 더위, 여름과 겨울, 낮과 밤이 쉬지 않고 존속

하리라고 말씀하시는데요? 그런데요 선생님, 여기 앞뒤가 안 맞는 것 같은 구절이 있어요.

– 무슨 구절?

– 다시는 사람으로 말미암아 땅을 저주하지 않겠다고 하시면서 그 이유는 사람의 마음이 계획하는 바가 어려서부터 악하기 때문이라고 해요. 아니, 어려서부터 악하므로 심판하겠다가 아니라 어려서부터 악하므로 심판하지 않겠다니요?

– 김 군, 그게 하나님의 사랑이요, 은총이라네. 하나님께서 이번 홍수처럼 악한 인간을 심판하시고 멸절시키려 한다면 한 사람도 남아 존속할 수 없다는 것이야.

– 아, 그래서 아예 처음부터 은총을 베풀어 죄가 있지만, 악이 넘치지만 그럼에도 불구하고 눈감아 주면서 인간의 역사를 존속시키시리라는 말씀인가요?

– 그렇다네. 이것을 신학적 용어로는 일반은총이라고 한다네. 모든 인류는 한 사람도 예외 없이 하나님의 이 일반은총을 입고 살고 있다네. 이 은총이 없다면 인류는 멸절되었을 것이네.

– 쉽게 말해서 악한 자들도 잘살아라, 그러신 것이네요?

– 그렇다네. 그러니 이 땅에 사는 동안 악한 자가 왜 선한 자보다 더 잘 사는가 하고 불평할 필요가 없어. 다만 감사하며 사는 것이야. 김 군, 우리 처음 만났을 때, 왜 이 세상에 악한 사람들이 주름잡고 사는가 하는 문제로 인생의 회의가 시작되고, 삶의 의미가 무엇인가 고뇌하게 되었다고 했지?

– 그랬었지요. 그런데 하나님이 악한 자도 잘살라고 일반적으로 다 은총을 내려 주었으니 그런 모양이네요. 그렇다면 착하게 살려고 하는 사람들의 유익은 무엇이지요? 악한 자가 더 잘살기도 하는 세상이니까요.

– 착하게 사는 것은 착하게 사는 것 자체가 축복이야. 착하게 사는

마음이 기쁜 것이지.

- 그럼 예수 믿는다는 것은 무슨 유익이 있지요?
- 믿는 자는 일반은총뿐 아니라 특별은총까지 받고 사는 것이지?
- 그게 무슨 말이지요?
- 일반은총은 이 지상에서의 삶뿐이야. 믿는 자는 한번 더 특별한 은총을 받아 천국까지 차지하지. 그리고 이 지상에서도 하나님과 이웃과 코이노니아의 감격을 누리는 것이고. 믿지 않는 자들은 하나님께서 일반은총을 주셔서 이 땅에서 외형적으로는 잘산다 해도 하나님과의 코이노니아는 없어. 코이노니아 밖에서 살고 있고, 또 영생과는 관계없는 한시적인 은총이라네.
- 아, 지상에서의 눈에 보이는 삶이 전부가 아니고, 더 깊은 코이노니아의 삶과 영생이 우리의 특별한 은총이라는 것이군요?
- 그렇다네.
- 그러면 그렇지, 똑같다면 믿는 삶이 억울하지 않겠어요? 일반은총으로 믿는 자나 안 믿는 자나 선한 자나 악한 자나 잘살아라 하심으로 인류의 역사를 존속시키시지만 믿는 자의 특권은 하나님의 자녀로서 하나님과 교제하며 코이노니아 안에 거하고, 또 영생을 얻는 것이라 그 말이네요? 그러면 또 다른 질문이 나오는데요?
- 무슨 또 다른 질문인가?
- 세상은 악하고 악한 대로 살도록 하나님이 두셨으니, 우리는 이 악한 세상에 잘 적응하며 사는 것인가 하는 질문입니다. 세상 돌아가는 대로 따라 살아가는 것인가 말입니다.
- 왜 또 그러나? 그러한 세상 속에서도 여전히 우리 하나님의 사람들은 같이 악하게 살자는 것은 아니지. 빛과 소금 되라 하신 말씀 따라 세상에 선한 영향을 주면서 살도록 해야지. 선하고 거룩하게 하나님과 동행하면서 하나님 말씀의 가치관을 가지고 살아가자는 것이야.

- 그게 쉬운가요?
- 어허, 갈수록 태산이군. 어려우니까 사명이지. 사명으로 사는 게 그리스도인의 삶이 아니던가?
- 좋아요, 힘들지만 아멘 하고 가겠습니다. 다음 이야기로 가지요.

• 새로운 축복(9:1–7)

창 9:1-7 하나님이 노아와 그 아들들에게 복을 주시며 그들에게 이르시되 생육하고 번성하여 땅에 충만하라 땅의 모든 짐승과 공중의 모든 새와 땅에 기는 모든 것과 바다의 모든 물고기가 너희를 두려워하며 너희를 무서워하리니 이것들은 너희의 손에 붙였음이니라 모든 산 동물은 너희의 먹을 것이 될지라 채소같이 내가 이것을 다 너희에게 주노라 그러나 고기를 그 생명 되는 피째 먹지 말 것이니라 내가 반드시 너희의 피 곧 너희의 생명의 피를 찾으리니 짐승이면 그 짐승에게서, 사람이나 사람의 형제면 그에게서 그의 생명을 찾으리라 다른 사람의 피를 흘리면 그 사람의 피도 흘릴 것이니 이는 하나님이 자기 형상대로 사람을 지으셨음이니라 너희는 생육하고 번성하며 땅에 가득하여 그중에서 번성하라 하셨더라

• 번성하고 충만하라

- 처음 인간을 창조하시고 축복하셨던 축복을 다시 선언하시네요? "생육하고 번성하고 땅에 충만하라"(창 1:28 참조)고 하시지 않아요?
- 죄인임에도 불구하고 멸망시키지 않고 이 땅과 인간의 역사를 존속시키기로 약속하신 하나님이, 이제는 마음껏 땅에 충만하기까지 생육하고 번성하라고 하시는 것이니, 심판을 경험한 노아와 그 아들들로서는 이 말씀이 얼마나 위대한 축복으로 들려왔겠는가? 창조 시의 그 축복을 다시 주시는 것이니 말이야. 창조 시의 축복은 타락 이전의 축복이었지만 이번에는 타락 이후, 심판 이후에 용서와 용납

을 전제로 축복을 선포하고 계신 것이니 감사하고 감격할 것밖에 무엇이겠나?

- 그런데 모든 동물들을 인간의 손에 붙인다는 것은 무슨 의미이고, 왜 그럴까요?
- 땅의 모든 짐승과 공중의 모든 새와 땅에 기는 모든 것과 바다의 모든 고기가 사람을 두려워하며 사람에게 복종하게 하셨다는 것인데, 여기엔 두 가지 의미가 있는 것 같아.
- 두 가지 의미라고요? 어떤…?
- 첫째는 질서를 다시 세움으로 인간을 보호하는 조치이지.
- 그게 왜 그렇지요?
- 생각해 봐, 하나님이 만물을 창조하시고 인간에게 맡기고 다스리게 하셨지?
- 그랬지요.
- 그런데 인간은 하나님을 배반했지?
- 그래서요?
- 이것을 보고 짐승들이 인간을 배반하지 말라는 법이 있겠나? 국무총리가 대통령을 배반했는데 국방장관이 국무총리 배반하지 말라는 법이 있겠느냐 말이야.
- 그렇네요. 그래서요?
- 하나님은 인간을 너무 정신 못 차리게 사랑하시는 거야. 인간은 하나님을 배반해도 짐승은 인간을 배반하지 못하도록 조치하신 것이라네.
- 히야, 말 되네요? '인간은 하나님을 거역하고 타락하였다. 이대로라면 다른 짐승들도 인간에게 반역의 깃발을 올리고 그들 힘센 자는 그 힘으로 인간을 공격하게 될 수 있다. 그렇게 되면 인간은 살아남지 못할지도 모른다. 그래서 하나님은 모든 동물을 인간의 손에 붙이되 두려운 마음을 심어 인간을 대적하지 못하게 하셨다.' 그런 이

야기인 셈이네요?

- 그렇지. 동물들은 인간에 의해 살기도 하고 죽기도 하지만, 인간이 동물에 의해 살고 죽는 일은 금지되어 있는 것이지. 모반의 땅에 더 이상의 모반의 연쇄 작용을 금하여 인간이 안심하고 살도록 조치하였으니, 하나님의 인간을 향한 배려는 은혜이고 은총일 뿐이 아니겠나.
- 또 한 가지는요?
- 그것은 뒤에 나오지만, 동물을 인간의 먹이로 허락하니까 동물들은 인간에게 더욱 덤벼들 확률이 크지 않겠나?
- 그렇겠지요. 그러니 동물들 보고 순순히 먹이가 되라 하셨다고요?
- 그게 아닐까?
- 불공평해요.
- 내가 창세기는 러브 스토리라고 했지? 그런데 형편없이 일방적인 짝사랑 이야기야. 하나님은 다른 짐승들에게 불공평하다고 항의받을 수도 있겠지만 일방적으로 인간 편을 드신다니까. 하나님의 인간을 향한 사랑은 참으로 바보 같은 사랑이라니까. 그냥 폭 빠졌어.
- 하아, 이 사랑을 어이할꼬? 사람들은 그런데 왜 하나님의 이 사랑을 모를까요? 선생님! 그리고는 동물들을 먹도록 허락하신 것이네요?

• 모든 산 동물은 너희의 먹을 것이 될지라

- 그렇지? 홍수 심판 후에 인간 삶의 환경에 획기적인 변화 중 하나는 지금까지는 식물성 음식으로 살도록 하셨는데, 이때부터는 동물을 먹도록 허락하셨다는 것이지. 이는 무엇을 의미하는 것일까? 왜 동물을 먹도록 허락하신 것일까?
- 홍수 후의 삶의 환경에 굉장한 변화가 온 것 아닐까요?
- 혹 어떤 이는 '하늘의 물층이 다 쏟아져 내림으로 환경 변화가 일어나서 인간이 채식만으로 건강 유지가 어려워진 것 아닌가?'라고 해

석하기도 한다네. 그렇지만 성경에서는 아무 설명이 없는데, 지금까지 우리가 살펴온 창세기에서 먹을거리에 대한 암시를 찾아낸다면 이렇지. 첫 번째로, 하나님께서 천지를 창조하셨을 때, 인간을 지으시고는 인간에게 푸른 채소, 즉 식물성 음식을 먹도록 축복하셨지?

창 1:29 하나님이 이르시되 내가 온 지면의 씨 맺는 모든 채소와 씨 가진 열매 맺는 모든 나무를 너희에게 주노니 너희의 먹을거리가 되리라

- 그렇지요. 인간은 식물성 음식만으로도 충분히 건강하게 살 수 있었겠지요. 더구나 생명나무까지 있어 병들지 않고 오래오래 영생할 수도 있고요.
- 그렇지만 타락한 후 생명나무의 길은 근본적으로 차단되었지? 그리고 하나님의 저주가 임하게 되어서 땅도 인간의 식물을 순순히 내는 것이 아니었고, 타락한 이후에 인간은 이 음식물을 구하는 데 엄청난 수고와 고생을 하게 되었단 말이야.

창 3:17-19 아담에게 이르시되 네가 네 아내의 말을 듣고 내가 네게 먹지 말라 한 나무의 열매를 먹었은즉 땅은 너로 말미암아 저주를 받고 너는 네 평생에 수고하여야 그 소산을 먹으리라 땅이 네게 가시덤불과 엉겅퀴를 낼 것이라 네가 먹을 것은 밭의 채소인즉 네가 흙으로 돌아갈 때까지 얼굴에 땀을 흘려야 먹을 것을 먹으리니 네가 그것에서 취함을 입었음이라 너는 흙이니 흙으로 돌아갈 것이니라 하시니라

- 그렇지요? 그런데 홍수 심판 후에 하나님은 죄인임에도 잘살라고 축복하셨단 말이에요. 아, 기왕 축복하시는 것 먹는 문제를 좀 완화시

켜 주기로 작정하신 것일까요?

- 나는 그렇게 생각되더라고. 이야말로 인간의 죄를 용납하고, 그럼에도 불구하고 축복하시는 하나님이심을 여실히 보여주는 말씀이 아니겠나? 죄인에게 긍휼과 용납을 베푸시는 하나님이, 인간이 음식물을 구하기에 수고와 고생이 극심함을 덜어 주시려고 음식물의 영역을 확대하여 허락하신 것이 아닐까?
- '타락 이전에는 채소와 열매, 즉 식물성 음식으로 충분했다. 그러나 타락 이후 그 식물성 음식조차 구하기 힘들고 온갖 수고로 얻게 되었다. 그래서 동물성 음식을 허락하여 음식물의 영역을 확대하여 준 것이다.' 그렇게 해석하는 것인가요?
- 나는 그렇게 보여. 은총과 자비의 하나님 계시란 말이지. 은총의 하나님께서 베푸시는 선처다, 그 말이지.
- 그럴듯한데요? 그렇지만 오늘날 동물보호운동가들은 매우 싫어할 구절 같은데요?
- 그것도 그렇지. 그래서 하나님도 염려하는 대목이 기록되고 있는 것 같아.
- 그건 무슨 말씀이에요?

• 피째 먹지 말라

- 하나님께서 피를 가지고 있는 동물들을 인간의 음식물로 허락하시면서 한 가지 금령을 내리셨는데, 그것은 짐승을 잡아먹더라도 피째 먹지 말라는 것이었어. 피째 먹지 말라 하시면서 그 이유를 말씀하고 계신데, 그것은 피는 곧 생명을 나타내기 때문이라는 것이야. 그렇다면 이는 무슨 의미를 담고 있겠는가?
- 일단, 하나님께서 만드신 생명은 인간만이 아니고 짐승의 생명도 소중히 여겨야 한다는 것이겠지요?
- 그렇다네. 인간에게 짐승을 잡아먹도록 허락하신 것이 짐승의 생명

이 소중하지 않아서가 아니라는 것이야. 짐승의 생명도 소중히 여기시나 인간의 생명을 더 소중히 여기신다는 것이고. 따라서 사람이 짐승을 잡아먹더라도 그 생명의 소중함을 알고 하나님의 사랑을 기억하며 겸손과 감사로 동물성 음식을 섭취하여야 한다는 것이야. 그러므로 교만방자한 태도나 짐승의 생명을 경히 여기는 태도나 필요 이상으로 짐승을 죽이는 일은 허락되지 않는 것이라네. 그리고 짐승을 죽이는 잔인성이 인간에게 허락된 것이 아니라는 것일세.

– 헷갈려요. 그럼 먹으라는 거예요, 말라는 거예요? 죽이라는 거예요, 살리라는 거예요?

– 바로 그 긴장 사이에서 행하라는 말이야. 먹도록 허락하지만 소중히 여기라는 것이지. 안 먹고도 채식으로만 할 수 있으면 채식으로 살아도 되고, 허용은 하되 최소로 허용하는 이야기지.

– 여기 사람의 피는 절대 금지이군요?

• 사람의 피는 절대 금지

– 그렇지. 동물을 식재료로 허락하고 보니 동물을 함부로 죽일 것 같아 염려할 뿐 아니라 심지어 사람을 죽이는 일도 쉽게 저지를까 봐 염려하는 말씀을 하시고 있지?

– 타락한 인간에게 여전히 번성하는 축복을 위하여 허락한 동물 먹이의 축복이 인간의 잔인성으로 자라 나중에 인간의 피를 흘리는 일이 되어서는 안 되기 때문에 이러한 엄한 금명을 내리시는 것이네요?

– 지금 타락한 인간들은 얼마나 많이 인간의 생명을 담보로 자기 욕심을 채우고 있는가? 얼마나 많은 사람들의 생명을 먹으려 하고 있는가? 하나님의 축복을 축복이 되게 해야 하는데 말이야. 생육하고 번성하며 땅에 충만하라는 축복, 하나님의 의도는 번성이요, 충만이요, 축복이라네.

- 그런데 이 세상에는 사람을 잡아먹는 사람이 너무 많아요.
- 그래, 타락한 세상이지. 하나님의 말씀이 적용되지 않는 무영성의 역사에서 나타나는 죄성이야.

• **무지개 언약(9:8-17)**

창 9:8-17 하나님이 노아와 그와 함께한 아들들에게 말씀하여 이르시되 내가 내 언약을 너희와 너희 후손과 너희와 함께한 모든 생물 곧 너희와 함께한 새와 가축과 땅의 모든 생물에게 세우리니 방주에서 나온 모든 것 곧 땅의 모든 짐승에게니라 내가 너희와 언약을 세우리니 다시는 모든 생물을 홍수로 멸하지 아니할 것이라 땅을 멸할 홍수가 다시 있지 아니하리라 하나님이 이르시되 내가 나와 너희와 및 너희와 함께하는 모든 생물 사이에 대대로 영원히 세우는 언약의 증거는 이것이니라 내가 내 무지개를 구름 속에 두었나니 이것이 나와 세상 사이의 언약의 증거니라 내가 구름으로 땅을 덮을 때에 무지개가 구름 속에 나타나면 내가 나와 너희와 및 육체를 가진 모든 생물 사이의 내 언약을 기억하리니 다시는 물이 모든 육체를 멸하는 홍수가 되지 아니할지라 무지개가 구름 사이에 있으리니 내가 보고 나 하나님과 모든 육체를 가진 땅의 모든 생물 사이의 영원한 언약을 기억하리라 하나님이 노아에게 또 이르시되 내가 나와 땅에 있는 모든 생물 사이에 세운 언약의 증거가 이것이라 하셨더라

• **내가 내 언약을**

- 이제 하나님께서 노아와 아들들과 모든 생물에게 언약을 세우시네요?
- 그러네. 언약의 내용이 무엇인가?
- 다시는 이번 홍수와 같은 홍수로 멸하는 일을 하지 않겠다고 하십니다.

- 이미 8장 21-22절에서 말씀하신 것을 다시 확인하며 언약 형태로 말씀하시고, 언약의 증거로 무지개를 띄운다고 하시는 것이지. 하여간 언약의 핵심은 다시는 홍수로 심판하는 일은 없다는 것이지?
- 앞으로는 홍수가 전혀 없을 것이라는 말씀은 아니겠지요?
- 이는 국지적이고 부분적인 모든 홍수도 없어진다는 것은 아니겠지? 모든 생물을 멸하는 그러한 대홍수 심판은 없을 것이라는 말씀이지. 다시 말하면, 이것은 하나님이 인간의 죄를 아시면서도 인간의 죄를 일일이 심판하여 멸종시키는 일은 아니하실 것이라는 말씀이지.

• **무지개를**

- 그런데 그 언약의 증거로 내세우신 것이 너무 흥미로워요. 언약의 증거로 무지개를 내세우셨지 않아요?
- 그렇지. 무지개는 대체로 비가 오기 전후로 나타나는데 그게 멸망시키지 않겠다는 언약이란 말이야. 대홍수를 경험한 노아와 아들들, 그리고 짐승들조차 비가 오게 될 때마다 공포감이나 트라우마가 있을지 모르지 않나? 그런데 아름다운 무지개가 뜨면 하나님의 언약을 확신하게 해주므로 안심하고 감사하지 않겠나?
- 정말 하나님은 세심하게 사랑을 고백하시네요.
- 그래, 김 군 말이 맞아. 진짜 섬세한 사랑을 나타내는 일들이지. 무지개를 띄운다는 것은 '내가 멸망시키지 않으니 안심하라'는 사인인데, 사실은 하나님께서 우리의 더러운 죄악을 보시지 않고 무지개를 띄워 무지개를 통하여 보시므로 우리를 아름답게 보아 주시겠다는 사랑의 언약이라네.
- 더러운 죄악 그대로 보시지 않고 무지개를 통하여 우리를 아름답게만 보신다는 언약이라고요? 사랑의 눈으로만 바라보시겠다는 말씀이네요. 무슨 짓을 해도 사랑한다는 말씀이니 인간들이 더욱 죄를 짓는 것 아닐까요?

- 안 되지, 사랑을 느낀다면 죄를 멈추어야지. 로마서의 말씀이 그렇게 말하지 않나?

롬 6:1 그런즉 우리가 무슨 말을 하리요 은혜를 더하게 하려고 죄에 거하겠느냐

- 무지개 사랑, 한없는 사랑, 예쁘게만 봐주시는 아버지 사랑이네요. 그런데 이 무지개가 동성애자들의 깃발로 쓰인다는 것이 아이러니네요.
- 하나님은 그런 동성애자들도 살라 하시고 여전히 사랑하신다네. 그러나 진정 하나님의 사랑을 알게 된다면 하나님의 섭리와 하나님의 말씀을 따르게 될 터인데, 위해서 기도해 주어야지?

• 덮어 주는 사랑(9:18-29)

창 9:18-29 방주에서 나온 노아의 아들들은 셈과 함과 야벳이며 함은 가나안의 아버지라 노아의 이 세 아들로부터 사람들이 온 땅에 퍼지니라 노아가 농사를 시작하여 포도나무를 심었더니 포도주를 마시고 취하여 그 장막 안에서 벌거벗은지라 가나안의 아버지 함이 그의 아버지의 하체를 보고 밖으로 나가서 그의 두 형제에게 알리매 셈과 야벳이 옷을 가져다가 자기들의 어깨에 메고 뒷걸음쳐 들어가서 그들의 아버지의 하체를 덮었으며 그들이 얼굴을 돌이키고 그들의 아버지의 하체를 보지 아니하였더라 노아가 술이 깨어 그의 작은 아들이 자기에게 행한 일을 알고 이에 이르되 가나안은 저주를 받아 그의 형제의 종들의 종이 되기를 원하노라 하고 또 이르되 셈의 하나님 여호와를 찬송하리로다 가나안은 셈의 종이 되고 하나님이 야벳을 창대하게 하사 셈의 장막에 거하게 하시고 가나안은 그의 종이 되게 하시기를 원하노라 하였더라 홍수 후에 노아가 삼백오십 년을

살았고 그의 나이가 구백오십 세가 되어 죽었더라

- 선생님, 노아의 세 아들로부터 사람들이 온 땅에 퍼졌다고 하네요? 그런데 여기 이상한 게 보여요?
- 뭐가 이상해?
- 셈과 야벳은 그들 이름으로 사용하는데, 함은 가나안의 아버지라고 부르고, 이후로 이야기가 함으로 대변되는 것이 아니라 가나안으로 대변되네요. 이건 뭐지요?

• 셈, 야벳, 가나안의 아버지 함

- 방주에서 나온 노아의 아들들은 세 사람 셈과 함과 야벳이었지? 이 세 사람에게서 이어지는 후손들로 백성이 온 땅에 퍼지게 되었다고 가르쳐 주고. 그런데 왜 함은 함 자신이 아니라 그의 아들 가나안으로 이야기되는가? 그게 궁금하단 말이지?
- 네, 셈도 야벳도 아들이 있었으니 민족들의 조상이 되었을 텐데 왜 함만 그 아들 이름으로 역사가 기록되는가가 궁금합니다.
- 셈도 야벳도 다 아들들이 있고, 함도 가나안 말고도 다른 아들들이 있었지. 가나안은 사실 함의 맏아들도 아니고 넷째 아들이었거든(창 10:6). 그런데 다른 사람에 대한 언급은 없는데 함은 가나안의 아버지라고 언급하는 것은 뭔가 특별한 의미가 있겠지?
- 그게 무어냐 하는 것이지요?
- 앞으로 전개될 역사에 있어서 야벳은 적어도 성경 역사에서 중심 주제가 되지는 않는 것 같아.
- 야벳은 셈에 포함되어 서술된다고 볼 수 있지요?
- 그렇지? 성경의 역사는 셈의 후손과 가나안으로 대칭되는 함의 후손의 역사의 콘트라스트로 진리를 밝혀 나가게 된다네. 홍수 이전에 가인의 후손과 셋의 후손이 콘트라스트를 이루며 두 줄기의 역

사를 이루었는데, 홍수 후에도 역시나 두 줄기의 역사가 재현되며 이어지게 되더라고.

– 그래요? 그래서요?

– 셈은 셈 자신의 이름으로 셈의 후손의 역사가 대변되고 있고, 여기에 대조되는 함의 후손의 역사는 함으로 대변되기보다는 가나안으로 대변된단 말이야.

– 그러니까요. 그게 왜 그러냐는 것이지요?

– 아마도 그 이유는 함의 후손 가운데서 가나안이 가장 번성한 후손이고, 가나안에게서 여러 족속으로 불리는 백성들이 번성하였다는 점이 발견되지(창 10:15-19). 그래서 저들이 주를 이루어 살던 땅 이름도 가나안이라 불렸고, 성경 역사의 지리적 중심이 가나안이 되고 있다는 것은 그만큼 가나안의 후손의 역사가 두드러지고, 성경은 여기서 이미 그러한 역사를 예견하도록 가나안을 등장시키고 있다고 보아야 할 것이야.

– 영성의 역사로서 셈의 후손의 역사가 이어지고, 무영성의 역사로 가나안의 후손의 역사가 이어지는 모양이네요?

– 그렇다네.

– 야벳 후손은 어느 쪽이지요?

– 셈의 후손과 같이 유영성의 역사에 편입되어 있다고 보는 것이지. 차츰 진행하면서 확인해 보기로 하지.

– 그다음 이야기는 노아가 술 취해 실수한 이야기인데요?

• 노아의 실수

– 노아는 농사를 지었다고 하지? 농사 짓는 중에 포도 농사를 짓게 된 모양이고.

– 네, 그런데 웬 포도주를 그렇게 많이 마시고 취하게 되었을까요?

– 글쎄, 자세한 기록이 없으니 짐작해 보는 것인데, 노아가 처음부터

포도주를 담그는 법을 알았겠나? 노아는 포도 농사를 짓다가 포도를 저장해 놓았는데 발효된 것을 보게 되었고, 포도주가 된 것이겠지. 그리고는 그것을 마셔 보았는데 취하게 되었겠지.

- 선생님은 노아의 실수를 우발적 실수로 보시는군요?
- 아니, 어느새 포도주를 즐기던 사람이었는지도 모르지만, 우발적 실수일 가능성이 많다는 것이지. 노아는 경건한 사람이었으니까 말이야.
- 포도주를 즐기면 경건한 사람이 아닌가요? 경건에 있어서 포도주는 부정적인 것이었나요?
- 성경 전체로 볼 때 포도주가 절대적인 죄악으로 취급되지는 않지만 부정적으로 조심해야 할 것으로 다루어지는 것 같아. 다음 성경구절들을 참고할 수 있지.

잠 20:1 포도주는 거만하게 하는 것이요 독주는 떠들게 하는 것이라 이에 미혹되는 자마다 지혜가 없느니라

잠 23:31 포도주는 붉고 잔에서 번쩍이며 순하게 내려가나니 너는 그것을 보지도 말지어다

잠 23:32 그것이 마침내 뱀같이 물 것이요 독사같이 쏠 것이며

롬 13:13 낮에와 같이 단정히 행하고 방탕하거나 술 취하지 말며 음란하거나 호색하지 말며 다투거나 시기하지 말고

갈 5:21 투기와 술 취함과 방탕함과 또 그와 같은 것들이라 전에 너희에게 경계한 것같이 경계하노니 이런 일을 하는 자들은 하나님의 나라를 유업으로 받지 못할 것이요

엡 5:18 술 취하지 말라 이는 방탕한 것이니 오직 성령으로 충만함을 받으라

- 그렇군요. 하여간 여기서 중요한 메시지는 그 아버지의 실수를 대하는 세 아들의 태도인 것 같은데요?
- 뭐가 다른가?
- 우선 가나안의 아버지 함이 먼저 벌거벗고 누워 있는 아버지 노아의 실수한 모습을 발견했는데요, 함은 보고 나가서 다른 형제들에게 알렸다는 것인데요, 뭐가 문제지요?
- 바로 그게 문제지, 이는 알리거나 고할 사항이 아니지. 발견한 즉시 그 부끄러운 모습을 가리어 덮으면 그만인 것 아니겠나?
- 아, 그렇다면 함은 이것을 보고 나가 형제들에게 떠벌린 셈이로군요.
- 그렇다네. '말하다'(נָגַד: 나가드)는 '말하다, 광고하다, 폭로하다' 등의 뜻인데, 함은 아버지의 허물을 보고 가리거나 덮지 아니하고 떠벌리고 폭로하는 행동을 한 셈이라네.
- 셈과 야벳의 행위는 아주 대조적이군요. 옷을 가져다가 뒷걸음쳐 들어가서 아버지의 하체를 덮었으며, 얼굴을 돌이켜 아버지의 하체를 보지 않았다고 기록하고 있네요.
- 그렇지?

• 허물을 덮어 주는 셈과 야벳

- 셈도 야벳도 궁금해서라도 그 아버지의 수치스러운 모습을 들여다볼 수 있었을 것인데, 그러나 저들은 수치스러운 모습은 차라리 보지 않으려 했으며, 수치 되는 허물을 덮는 것으로 반응한 것이지. 계시의 메시지는 여기에 있다네. 노아가 행하거나 살아간 이야기가 얼마나 많겠는가? 그러나 이 이야기가 선택되어 정경에 기록을 남기게

한 것은 하나님의 계시의 진리를 일관성 있게 하려는 하나님의 의도가 아니겠는가?

- 일관성이라고요?
- 하나님은 아담과 하와가 범죄하고 타락하였을 때 하나님의 심판을 선언하면서도 오히려 가죽옷을 지어 부끄러움을 덮어 주시던 하나님이 아닌가? 그리고 순전히 용서와 은혜로 인간의 역사에 복을 주시고 번성케 하신 하나님이지. 이 용서와 은총의 언약의 표로 무지개를 띄우신 하나님이 아니던가?
- 아, 감이 온다. 이 용서와 은혜의 하나님은 이제 이 용서를 받은 인간들도 서로 용서와 용납으로 죄와 실수를 덮어 주며 살아가야 함을 보여주는 이야기로 하나님의 뜻을 계시하고 있다, 그런 말씀이지요?
- 참, 김 군의 이해력은 가히 기가급이야. 성경에 사랑은 죄를 덮는다고 했지?

벧전 4:8 무엇보다도 뜨겁게 서로 사랑할지니 사랑은 허다한 죄를 덮느니라

하나님의 축복과 구원은 의의 옷을 입혀 주심으로 이루어지고, 은혜와 구원의 의의 옷을 입히운 사람들, 즉 구원받은 하나님의 사람들은 또한 서로 옷을 입히고 덮어 주는 삶이어야 한다는 진리를 확실하게 가르쳐 주는 말씀이라고 보아야지.

엡 4:32 서로 친절하게 하며 불쌍히 여기며 서로 용서하기를 하나님이 그리스도 안에서 너희를 용서하심과 같이 하라

골 3:13 누가 누구에게 불만이 있거든 서로 용납하여 피차 용서하

되 주께서 너희를 용서하신 것같이 너희도 그리하고

- 선생님, 이제 그건 이해가 되고요…그런데 노아는 술이 깨어나서 이 사실을 알게 되자 함의 아들 가나안을 저주하고 셈과 야벳은 축복하지 않아요? 노아는 함의 죄를 용서하면 안 되었나요? 아들을 저주한 것을 어떻게 이해해야 하나요?
- 아이쿠, 이거 큰일났군. 날 보고 대답하라 하지 말고 김 군이 대답해 봐. 왜 그런 것 같은가?

• 노아의 예언

- 노아의 개인적인 감정으로는 함의 행위에 분노 내지 서운함을 느끼고, 셈의 행위에 고마움과 사랑스러움을 느낄 것은 틀림없겠지. 그러나 이 부분의 성경은 단순한 노아 개인의 감정에 의한 저주와 축복으로 이해되어서는 안 된다네. 노아 자신도 모르게 성령의 감동에 의하여 선포한 예언이라네.
- 노아가 저주하였기 때문에 가나안과 그 자손들이 저주를 받고, 노아가 축복하여서 셈과 그 후손들이 복을 받았다는 이야기가 아닌가요?
- 그렇게 말하는 것도 가능하긴 하지만, 이 말씀은 그런 개념이 아니라 하나님께서 함의 후손 가나안으로 대변될 그 후손들이 저주 가운데 있다는 것을 예언하는 것이고, 셈으로 대변되는 셈의 후손들이 하나님의 구원의 역사의 주인공이 될 것을 예언하고 있는 것이라네.
- 노아의 이 선언은 노아 자신의 개인적 감정에 의한 저주가 아니라 가나안의 저주 받은 상태를 보고 예언하는 것이란 말이네요? '가나안은 저주를 받을지어다'라고 저주하는 것이 아니라 '가나안은 저주를 받았다' 그 말이군요?

- 그렇지. 이 가나안은 창세기 10장 15-21절을 보면 페니키아와 이른바 가나안 땅 팔레스타인에 거하는 백성이었고, 창세기 15장 16절의 아모리 족속이 가나안의 후손인데, 그들의 악이 좀 더 많아지면 쫓아내고 이스라엘에게 줄 것이 선포되고 있는 것이지. 또 창세기 19장의 소돔과 고모라의 죄악이 폭로되고, 이들이 가나안의 후손들이며, 후일 가나안 사람들이 이스라엘에게 정복되고 종이 되어 노예생활을 하게 되는 것이 기록되거든. 그러한 가나안의 운명이 예언되었던 것이지.
- 그와 대조적으로 셈과 야벳, 그리고 그 후손에게는 축복이 예언되었고요?

• 셈의 하나님

- 그렇지. 노아가 셈에게 한 말의 핵심이 무엇인가?
- "셈의 하나님 여호와를 찬송하리로다"라고 할 뿐인데요? 뭐 대단한 축복도 아닌 것 같아요. 다만 가나안이 셈의 종이 된다는 정도지요?
- 이보게, 김 군. 그 말이 최고의 축복이라네.
- 왜요?
- 하나님이 셈의 하나님이라는 축복이니 다 가진 축복이 아니고 무엇인가? 하나님은 셈의 하나님이라 일컬음 받기를 부끄러워 아니하시고, 그렇게 불릴 것이니 얼마나 대단한가? 생각해 봐. "김 군의 하나님을 찬송하자" 사람들이 그렇게 말한다면 어떤 느낌이 들겠나?
- 좀 무겁긴 하지만, 하나님을 제가 독차지한 느낌이 들 것 같은데요?
- 가장 위대한 축복이 아닐 수 없지? 그런데 셈이 어떻게 하나님의 자손으로 대표 이름이 된 것인가? 왜 하나님은 셈의 하나님이라고 불리는 것을 기뻐하시게 되었을까?
- 자신을 꼭 닮은 셈이니까요.

- 뭐가 닮아?
- 하나님이 죄를 덮어 주는 하나님이신데, 셈이 죄를 덮어 주는 자식이니까, 그렇게 기뻐하신 것 아닐까요?
- 정확한 분석이야.
- 야벳은 창대케 하사 셈의 장막에 거하리라고 하니, 셈과 동일한 축복이지요?
- 그렇지. 야벳도 동일한 하나님의 백성, 함께 구원을 누릴 자들로 예언되고 있는 것이지. 그렇다면 이 이야기가 역사의 분기점과 같은 이야기인데, 유영성의 역사냐 무영성의 역사냐, 하나님의 축복의 백성이냐 그렇지 못한 저주의 백성이냐의 갈림길이 지금 만들어지는 것이라네.
- 그런데 그 갈림길이 만들어지는 결정적 요인이 무엇인가가 중요할 것 같군요.
- 그게 무엇인가?
- 그 갈림길이 떠벌리는 행위냐, 덮어 주는 행위냐 하는 것으로 출발하고 있다는 것인가요?
- 그렇지 않은가? 이것은 심각한 의미를 가지고 있다고 할 것이야.
- 가죽옷을 지어 입히시던 하나님, 그 하나님이 역시 죄와 수치를 옷으로 덮어 주는 인간의 행위를 당연히 기대하고 요구하고 있는 것이란 말이지요? 그래서 옷으로 수치를 덮어 주던 셈의 후손을 통하여 구원의 역사를 이어가시는 것은 여전히 구원의 역사와 구원받은 삶이 덮어 주는 사랑의 열매라는 사실을 계시하는 것이구요?
- 그렇지. 무지개를 띄워 인간의 죄를 묵과하고 아름답게 보시는 사랑의 하나님은 구원받은 자의 삶도 서로 사랑과 용서와 용납, 덮어 주는 삶을 기대하신다는 점을 분명히 계시하는 이야기 아니겠나?
- 함은 하나님의 덮어 주는 사랑과 은혜를 모르는 자요, 셈은 그 은혜를 아는 자였다는 말이지요? 그리고 하나님은 그러한 사랑과 은혜

를 아는 자의 하나님으로 불림 받겠다는 말이지요?

- 그렇지. 그래서 셈의 후손이 하나님의 구원역사의 주인공으로 세워지게 된다네. 이후 성경 역사의 대부분 이야기는 셈의 후손으로 만들어진 이스라엘 역사를 통하여 하나님의 구원의 나머지 계시가 이루어진다네.
- 그러니까 우리는 용서받았으니 용서하는 사람, 덮어 주는 사랑을 받았으니 덮어 주는 사랑으로 살아가야 한다는 말이네요?
- 왜 아니래?
- 참 신기한 이야기군요.
- 뭐가 신기한가?
- 저는 창세기를 읽으며 뭐 저런 이야기가 다 있나? 그냥 알 수 없는 전설이다, 그런 생각을 했었는데, 이런 깊은 하나님의 뜻이 숨겨져 있었군요.
- 그래서 나는 그런 생각이 들어. 창세기에는 인생의 근본적이고 본질적인 진리가 거의 담겨 있다고 말이야.
- 그런 것 같네요!

산책길 7

열국과 바벨(창 10:1-11:32)

- 선생님, 오늘은 자연 속으로 안 나가시고 도시로 가자고요?
- 그렇네, 우리 집에서 가까운 안산시 단원구로 가보자고.
- 그런데 오늘은 왜 일요일 오후에 가자고 하셨어요? 주일날은 여행을 안 하시지 않아요?
- 안 했지. 그런데 가깝기도 하지만, 평일 날 가면 외국인 근로자들이 다 공장 안에서 일하느라고 밖에서는 볼 수 없을 것 같고, 주일 오후에 가면 외국인 근로자들이 밖에서 움직이는 것을 볼 수 있을 것 같아서 그랬지.
- 오늘은 외국인 근로자들 만나시게요?
- 아니, 꼭 만난다기보다 한 번쯤은 국내 외국인에 대한 생각을 해봐야 할 것 같아서.

- 아, 여기 오니까, 외국인 모습을 많이 볼 수 있네요?
- 전국 어디 가나 외국인을 볼 수 있지만, 전국에서 단위면적상 외국인 근로자가 가장 많은 곳이 여기 안산시 단원구라고 하더군. 단원

구에만 약 4만 5천 명이 거주하고 일하고 있대.

- 전국 전체로는 얼마나 되는데요?
- 2018년 통계로 한국 내에 단기 장기 체류하는 외국인 숫자가 240만 명쯤 되는데 그중 장기체류자가 168만 명이래. 단기 체류자는 짧게 연수 오거나 잠시 왔다 가는 사람들일 테니까 168만 명은 국내에 와서 사는 외국인이거나 근로자들이겠지.
- 우리나라는 단일민족이었는데, 이제 다문화사회가 되었네요.
- 이제는 외국인들을 배타적으로 생각해서는 안 되지. 더불어 사는 사회를 이루어야 하고. 더구나 근로자들은 더 존중되어야 해. 외국 근로자 없이는 공장이 안 돌아간다고 하지 않나? 그리고 우리나라 사람들이 하도 아이를 안 낳아서 인구 절벽이 왔는데, 외국인 이민도 개방해야 하고 환영해야 하고 글로벌 의식을 가지고 서로 존중하며 사는 사회를 만들어 가야 할 거야. 자, 어디 카페라도 들어가서 창세기 이야기를 계속할까?
- 선생님, 카페도 좋지만 자연 속을 거닐면서, 또는 잔디에 앉아서 이야기할 때 더 좋았다는 생각이 드는데요? 여기서 멀지 않은 어디 바닷가 같은 데 없을까요?
- 뜻밖인데, 김 군이 도시보다 자연 속이 낫다고 하다니?
- 선생님과 몇 차례 자연 속에서 대화를 나누다 보니까 너무 좋아진 것이에요.
- 그렇다면 구봉도로 갈까? 내비에 '구봉도' 찍고 가면 되네.

- 금방 왔네요. 해변길 산책이 아주 좋군요. 오늘은 창세기 10장을 이야기할 차례이죠? 그런데 이 장은 제가 집에서 미리 읽어보니, 노아의 세 아들 셈과 함과 야벳의 후손들로 여러 민족으로 땅에 번져갔다고 하며, 그 후손들의 족보를 나열하고 있던데요?

열국의 형성(창 10:1–32; 본문 생략)

– 그렇지. 그런데 뭐 특이사항은 발견되지 않던가?

– 특이사항이라고 할 수 있을지 모르지만, 여기서는 야벳의 후손을 제일 먼저 언급하던데요? 셈과 함과 야벳이 태어난 순서가 어떻게 되지요?

– 노아의 세 아들은 셈, 함, 야벳의 순서로 태어난 것이 분명해. 다른 곳에서는 언제나 이 순서로 기술되고 있거든. 여기서도 총론적인 1절에서는 셈과 함과 야벳으로 기록하고 있고, 각론을 기술함에 있어서는 야벳으로 시작해서 다음에 함, 다음에 셈의 순서로 완전히 도치법을 사용하고 있지.

– 왜 그럴까요?

– 아무래도 강조의 도치법이겠지. 성경 전체에서 중심 역사의 줄기를 이루는 게 셈의 후손인가, 함의 후손인가, 야벳의 후손인가?

– 그야 셈의 후손이지요.

– 그래서 셈의 후손을 맨 뒤에 기록하면서 자연스럽게 12장부터는 셈의 후손 중심으로 이야기가 전개된다네.

– 아, 그렇군요. 그런데 하나 의문점이 있었는데요….

– 무슨 의문점?

– 언어가 달리진 것은 뒤에 11장에 나오는 바벨탑 사건 이후가 아닌가요?

– 그야 그렇지.

– 그런데 여기 10장의 기록에 야벳 후손 말미를 보면 "여러 나라 백성으로 나뉘어서 각기 언어와 종족과 나라대로 바닷가의 땅에 머물렀더라" 그렇게 기록하고요, "이들은 함의 자손이라 각기 족속과 언어와 지방과 나라대로였더라"라고 함의 후손도 그렇고요, "이들은 셈의 자손이니 그 족속과 언어와 지방과 나라대로였더라"라고 똑같이

언어가 다르다는 말을 하고 있어요.

- 그게 왜 의문이야?
- 바벨탑 사건 이전인데 그렇게 기록하고 있으니까요?
- 아하, 김 군의 오해야. 10장의 기록은 족보 기록인데 바벨탑 사건 이후에 태어난 후손의 명단이 포함되어 있어서 기록상 그리된 것이지. 그러니까 바벨탑 사건 이후의 후손까지 기록하니까 언어가 다르게 된 것도 기록한 것이지.
- 아, 그렇군요. 그런데 야벳의 후손 이야기는 짧고 군더더기 없는 족보뿐인데 함의 후손 이야기 속에는 부연 설명하는 이야기가 많아요?
- 예를 들면?
- 예를 들면, 니므롯 이야기 같은 거요. 니므롯의 특징과 니므롯의 나라 영토까지 기록되어 있거든요?
- 야, 김 군, 성경 자세히 읽고 관찰하는구나! 좋아요.
- 그것은 한마디로 말하면, 11장 바벨탑 사건의 주인공이 니므롯이기 때문에 클로즈업시키고 있는 것이라네.

• 니므롯 왕국

- 니므롯은 세상에 첫 용사라 하였고 여호와 앞에 용감한 사냥꾼이라고 언급하거든요?
- 여기서 '용사'란 단어와 '용감한'이란 단어는 히브리어로 같은 단어인 기보르(גִּבּוֹר)를 쓰네. 기보르는 '힘센, 강력한, 용감한' 등의 형용사로, 또는 '용사, 폭군, 거인' 등의 명사로 쓰이는 말이지. 사냥꾼이란 단어는 히브리어로 짜이드(צַיִד)인데 '사냥, 사냥꾼'이란 뜻이야. 여기서 여호와 앞에, 즉 여호와의 면전에, 여호와 보시기에 사냥꾼이라 해서 이는 단순히 들이나 산에 나가 먹이를 사냥하는 사냥꾼이라기보다는 용사요 폭군으로서, 사람들을 무력으로 다스리는 그러한 사

냥꾼임을 나타낸다고 볼 수 있지.

- 무력으로 통치하는 폭군이었음을 나타내는 말로 이해할 수 있겠네요?
- 그렇지. 그리고 10장 10절에 그의 나라는 시날 평지에서 시작하여 넓은 지역에 이르고, 레센이라는 큰 성을 건축한 것을 보면 니므롯은 무력으로 당시의 세계를 거의 제패한 폭군, 왕인 셈이었다고 보네. 셈의 후손 이야기에서 특이점은 발견되는 게 없던가?

• 에벨 온 자손의 조상

- 셈의 후예에 대해서는 함의 후예에서처럼 특징적인 이야기는 나오지 않고 야벳의 후예의 역사처럼 간단한 사실만 전하고 있는데, 그것은 11장에서 셈의 후손의 역사가 다시 클로즈업되고 셈의 후예의 역사로 구속사가 이어져 갈 것이기 때문인 모양이지요? 하나 특이하다면, 셈은 에벨 온 자손의 조상이라는 말이 있다는 것이었어요.
- 잘 보았네. 에벨은 셈의 3대째 손자의 이름이지? 에벨이 특히 언급되고 있는 이유는 에벨이 히브리 민족을 대변하는 이름이 되었거든. 에벨(Eber)은 정관사가 붙어 하에벨(Heber)이 되고, 즉 히브리 민족을 지칭하는 말로 쓰이게 돼. 그러므로 셈은 온 히브리 민족의 조상이라는 말이지.
- 그렇군요? 이제 이야기는 바벨탑 사건 이야기인데요, 그 니므롯 왕국 중심의 어두운 실패 이야기로 진행되는 모양이네요?

바벨(창 11:1-32)

• 무너진 영웅주의

창 11:1-9 온 땅의 언어가 하나요 말이 하나였더라 이에 그들이 동방으로 옮기다가 시날 평지를 만나 거기 거류하며 서로 말하되 자, 벽

돌을 만들어 견고히 굽자 하고 이에 벽돌로 돌을 대신하며 역청으로 진흙을 대신하고 또 말하되 자, 성읍과 탑을 건설하여 그 탑 꼭대기를 하늘에 닿게 하여 우리 이름을 내고 온 지면에 흩어짐을 면하자 하였더니 여호와께서 사람들이 건설하는 그 성읍과 탑을 보려고 내려오셨더라 여호와께서 이르시되 이 무리가 한 족속이요 언어도 하나이므로 이같이 시작하였으니 이후로는 그 하고자 하는 일을 막을 수 없으리로다 자, 우리가 내려가서 거기서 그들의 언어를 혼잡하게 하여 그들이 서로 알아듣지 못하게 하자 하시고 여호와께서 거기서 그들을 온 지면에 흩으셨으므로 그들이 그 도시를 건설하기를 그쳤더라 그러므로 그 이름을 바벨이라 하니 이는 여호와께서 거기서 온 땅의 언어를 혼잡하게 하셨음이니라 여호와께서 거기서 그들을 온 지면에 흩으셨더라

- 선생님, 이제 이야기는 바벨탑 사건 이야기로 들어가네요? 그리고 인류의 언어가 어떻게 분화하고 어떻게 민족들이 흩어져 생성되었는지가 기록되고 있군요?
- 이 역사는 좀 어두운 이야기이지? 인간들의 실패 이야기 말이야. 이제 창세기 12장부터는 본격적인 하나님의 구속사, 구원을 위한 역사이거든. 그 이야기에 앞서 대조적인 인간의 교만과 실패의 이야기가 채택된 것 같아. 바벨탑을 어떻게 쌓게 되었고, 누가 그랬으며, 왜 쌓게 되었던가?

• 시날 평지

- 누가 바벨탑 건설을 주동하였는지는 기록이 없는데요. 단지 시날 평지라는 장소의 기록이 하나의 힌트가 될 것 같습니다. "그들이 동방으로 옮기다가 시날 평지를 만나 거기 거류하며"라고 그 배경을 설명하고 있거든요.

- 그렇지? 노아의 방주가 머물렀던 아라랏 산에서 노아의 후손이 동쪽으로 이동하는 동안 메소포타미아 지역 티그리스와 유브라데 강 유역 넓은 시날 평지에 거하게 되었다는 것인데, 김 군이 힌트를 얻은 대로, 우리는 이미 10장 8-12절에서 함의 후손 중 니므롯이라는 폭군이 무력으로 당시의 세상을 통일하고 니므롯 왕국을 건설하고 큰 도시를 건설하였다는 암시를 갖게 되었지.
- 그러니 니므롯 왕국의 사람들이 주축이 되어 바벨탑을 건설하려 했다는 것을 유추할 수 있겠습니다.
- 맞아요, 니므롯이 함의 3대손이고 셈의 4대손 벨렉이 동시대였던 것 같은데, 벨렉은 나뉘었다는 뜻으로 지어 준 이름이며, 벨렉 시대에 사람들이 나뉘어 흩어진 것임을 암시하거든(창 10:25). 그러고 보면 시날 평지에서 이 바벨탑을 쌓은 것은 니므롯 왕국의 위용을 자랑하려는 의도로 이루어진 것임을 짐작할 수 있지. 니므롯이 당시 세계를 무력으로 통치하고 전 인류가 그의 영향권 아래 있었으며, 그의 불신앙적 영향으로 모두 하나님을 잃어버리고 인본주의적 삶의 방식이 저들을 지배하고 있었던 것으로 보인다고 해야겠지? 이제 중요한 것은 바벨탑을 쌓으려던 의도가 무엇이냐 하는 것인데 어떻게 생각되나?

• 하늘에 닿게 하여

- 첫째는 바벨탑을 쌓자고 논의할 때 그 탑 꼭대기를 하늘에 닿게 하자고 말하거든요?
- 그래, 이것은 한마디로 교만을 상징적으로 나타내는 것 같은데, 이 바벨탑이 니므롯 자신만의 교만이었는지 당시 전체 사람들의 교만이었는지 단정하기 어렵지만 적어도 "서로 말하되", "또 말하되" 성과 탑을 쌓아 그 꼭대기를 하늘에 닿게 하자고 합의하고 있는 것으로 보면, 니므롯은 물론 대부분의 사람들, 적어도 그 왕국에 주도적

으로 참여하고 있던 그룹들의 일치된 의견이었음을 보여주고 있다고 봐야겠지?

- 그런데 저들의 의도는 그 꼭대기를 하늘에 닿게 한다는 것이니, 이는 아무래도 교만의 상징이라고 볼 수밖에 없겠네요. 자신들의 위용을 자랑하는 탑을 하늘과 대비시킨다는 것이 언어도단이지요. 이 교만을 하나님께서 용납하지 않으시니까 탑 쌓기는 실패로 돌아가는 것 아니에요?
- 바벨탑은 제일 높다는 것을 과시하려는 상징물이었겠지? 그런데 하늘에 닿게 하자는 것은 하나님을 인정하지 않는 교만이고, 하나님은 교만은 두고볼 수 없다는 것이지? 아담과 하와가 '하나님처럼 된다'는 유혹에 선악과를 먹었으나 결과는 심판과 죽음이었듯이, 하나님은 그 교만을 인정할 수 없으셨던 것이지. 교만은 하나님과 대적이 되는 것이 아니겠나?

약 4:6 그러나 더욱 큰 은혜를 주시나니 그러므로 일렀으되 하나님이 교만한 자를 물리치시고 겸손한 자에게 은혜를 주신다 하였느니라

벧전 5:5 젊은 자들아 이와 같이 장로들에게 순종하고 다 서로 겸손으로 허리를 동이라 하나님은 교만한 자를 대적하시되 겸손한 자들에게는 은혜를 주시느니라

- 하나님께 도전하는 행위는 언제나 무너지게 되어 있다 그 말이네요?
- 그렇다네. 후일 바로 그 지역에 세워진 왕국의 이름이 바벨론인데, 바벨론 왕국도 교만으로 망하게 되는 것을 볼 수 있지.

렘 51:53 가령 바벨론이 하늘까지 솟아오른다 하자 높은 곳에 있는

피난처를 요새로 삼더라도 멸망시킬 자가 내게로부터 그들에게 임하리라 여호와의 말씀이니라

• 우리 이름을 내고

- 그들이 바벨탑을 쌓은 동기가 두 번째는 이름을 내자는 것이었군요? "우리 이름을 내고" 그렇게 말하거든요?
- 위대한 왕국임을 자랑하고 싶었겠지? 저들은 이미 교만하였고, 교만한 마음으로 이름을 내고자 했던 것이지. 이것은 하나님께 영광 돌리는 대신에 자신들이 영광 받고자 하는 자랑과 교만의 열매라고 해야겠지? 하나님을 인정하지 않게 되면 인간은 자만에 빠져 자신들을 최고라 여기고 스스로 신처럼 되려는 욕망에 사로잡히는 것 같아.
- 이름을 내려고 하는 것은 타락한 일이요, 무너지게 되는 허상이군요? 그런데 살다 보면 이름을 내고 싶거든요?
- 그러게 말이야. 이름을 내고 싶은 것이 타락한 인간의 본능인 모양인데, 내가 목사로서 부끄러운데 김형석 교수가 쓴 《교회 밖 하나님 나라》라는 책을 읽는데 거기 그런 내용이 있더라고. 목사님들은 대체로 물욕, 즉 돈에 대한 욕심에서는 많이 자유롭고 승리하는 것 같은데 명예욕에는 약하다고 지적하더라고.
- 목사님뿐이겠어요? 다 마찬가지겠지요. 저도 명예심에 약한 것을 가끔 느끼고 자책할 때가 많습니다.

• 흩어짐을 면하자

- 세 번째 흩어짐을 면하자고 하면서 바벨탑을 쌓자고 하는데요?
- 이 위용스런 왕국을 세웠으니 이제 무너지지 않을 것이고 흩어지지 않도록 하자는 것이지. 이 역시 교만의 열매로 나타나는 태도이지만, 영원히 자신들의 왕국이 견고히 뭉쳐서 오래도록 왕국의 위용

을 뽐내자는 것이지.

- 그런데 결국 흩어지게 되는군요?
- 그래, 교만은 하나님이 흩어 버리시지.

눅 1:51 그의 팔로 힘을 보이사 마음의 생각이 교만한 자들을 흩으셨고

이에 대한 하나님의 반응이 흥미롭지?

• 보려고 내려오셨더라

- 하나님께서 인생들의 이 오만방자한 행동을 보려고 강림하셨어요. 하나님께서 강림하시지 않는다고 모르시는 것은 아니겠지요? 오히려 알고 오셨겠지요?
- 의인적 표현을 써서 하나님이 이 인간들의 행위에 주목하고 오셨다는 것이지. 하나님께서 임재하심은 하나님을 사랑하는 자들에게는 구원이요 상 주심이지만, 악한 자나 불신자에게는 심판이요 형벌이 된다네.

• 언어를 혼잡하게 하심

- 언어를 혼잡하게 하심으로 일이 중단되고 흩어지게 하시는군요?
- 선한 의미에서는 사람이 하나 되어 뭉쳐서 사는 것이 덕이지. 그러나 악으로 뭉치는 것보다는 차라리 흩어져 각자 회개하고 각자 하나님을 찾는 기회를 갖는 것이 낫겠지? 언어가 하나여서 의사소통이 잘되고 있는데, 이 의사소통으로 하나님을 경배하고 하나님을 찬양하는 일에 하나 되었으면 얼마나 좋았겠나? 이 하나 된 의사소통으로 반역의 하나 됨을 이루게 되니 하나님께서 허락하실 수 없었겠지?

• **흩으셨더라**

- 언어가 혼잡하게 되면서 저들은 의사소통이 제대로 안 되어 공사는 중단되고 흩어지게 되는군요?
- 성경의 역사에서 세 번 크게 흩으시는 역사가 기록된 것을 보았는데 흥미롭더라고.
- 세 번이요? 어떻게 세 번이지요?
- 아니, 세 번 더 있을 수 있겠지만, 내 눈에 띈 게 세 번이더라고. 첫째는, 여기 바벨탑 사건 당시 교만을 꺾고 흩어 버리신 사건이고, 둘째는, 만민 구원의 사명을 잊은 채 민족 우월주의에 사로잡혀 있던 이스라엘을 흩으심으로 원심적 선교를 이루시는 사건이고, 셋째는, 땅끝까지 이르러 증인이 되어야 할 사명을 망각한 채 예루살렘에 머물던 교회를 흩으셔서 땅끝까지 이르는 선교를 이루시는 사건이 있었지. 하나님은 번성하고 충만하라 하시면서 또 땅끝까지 이르러 증인이 되라 하시지. 머물러 자기의 도성을 쌓고 자랑하고 있는 모습은 각성하고 회개할 일일 수밖에 없는 것 아니겠나?
- 그래서 이제 인류는 여러 지역으로 흩어지고, 언어도 다르고 생김새도 다르게 되어 이 땅에 수많은 언어와 민족으로 살게 되었군요.
- 김 군, 이 땅에 존재하는 민족이 몇이나 되는지 아나?
- 그것은 모르는데요? 얼마나 된대요? 선생님은 아시겠지요?
- 나라고 어찌 알겠나? 하도 다양한 민족이 살고 있어서 그 수를 분별하고 헤아리기 어려운 모양이야. 선교학자들이 선교적 관점에서 분류해 본 것이 있긴 한데, 그것도 학자마다 완전 일치하는 게 아니야. 대략 24,000종족이 살고 있대. 그런데 예수님은 모든 민족에게 복음을 전하라 하셨는데, 아직도 모든 종족에게 복음이 다 전해지지 못한 모양이야.
- 열심히 선교해야 하겠네요?
- 그렇지. 그리고 우리나라도 여러 민족이 우리 사회로 들어오는 것을

환영하고, 결국 우리는 한 인간 아담의 후손이요 노아의 후손임을 인식하고 외국인의 한국 입국이나 이민 오는 것도 받아서 함께 사는 것을 환영하고 서로 존중하는 사회를 이루어야 할 거야.

- 그리고 한국교회는 이 땅으로 보내 주시는 다양한 민족을 선교하는 데 열심을 내어야겠지요?
- 맞아, 국내 외국인 선교를 해외 선교와 동일한 가치로 인식하고 선교전략을 세워야 할 거야. 김 군, 이 땅에 사용되는 언어는 몇 개나 되는지 알고 있나?
- 네, 제가 성경번역선교회에서 발행하는 〈난 곳 방언으로〉라는 잡지에서 본 적이 있는데요 약 6,700개의 언어가 사용되고 있고, 성경 번역이 이루어진 언어가 3,000여 개, 아직도 3,000언어 이상이 성경 번역을 기다리고 있다고 읽었습니다.
- 그러고 보면 아직도 선교 사명에 남은 일이 많은 것 같아. 한국교회가 분발하면 좋을 것 같지?

• **구속사의 준비(11:10-32)(본문 생략)**

- 김 군, 그런데 여기 11장 마지막에 셈의 후예가 다시 언급되는 이유는 무엇일까?
- 글쎄요. 10장에서 노아의 세 아들로 인하여 여러 민족들이 형성되고, 11장에서 니므롯 왕국의 교만으로 언어가 혼잡하게 되어 여러 언어의 인종으로 세계에 흩어졌음을 보여주었는데요. 여기서 셈의 후예만 다시 언급되는 것은 무슨 특별한 의미가 있을 것 같기는 한데요?
- 일단은 성경이 인간의 많은 역사 기록을 생략하는 의미가 있는 것 같아. 함의 후손이나 야벳의 후손 이야기는 이제 생략되고 있고, 셈의 후손 이야기도 족보로 기록하면서 나머지 이야기들을 생략하는 것이지. 그렇다면 이후 12장으로 이어지는 다리 역할만 하게 되는

데, 12장부터는 뭔가 또 특별한 이야기가 전개될 것 같지 않은가?

- 그러게요. 12장부터는 아브라함과 그 후손의 이야기던데요?

• **아브라함의 역사**

- 그렇다네. 일반적 세계의 역사에서 하나님의 구속사로 넘어가는 전환점이지. 여기서 셈의 후예가 언급되는 것은 셈과 함과 야벳, 노아의 세 아들을 통한 일반적인 인류의 역사가 아니고, 이제 셈의 후손 가운데서 하나님은 구속의 역사, 일반사가 아닌 특별한 역사를 일으키고 계심을 예고하는 셈이지. 따라서 여기에 언급되는 셈의 후손 이야기도 셈의 후손 전체의 역사가 또한 아니야. 도리어 구속사의 주인공이 될 아브라함의 배경으로서의 역사인 것이지. 셈의 후손 가운데도 전체가 언급되는 것이 아니라 오직 한 줄기 아브라함으로 이어진 가계를 보여주는 것이라네.
- 성경이 이제 그 초점을 모든 인간들의 이야기에서 아브라함의 이야기로 좁히게 된다는 말인가요?
- 그렇다네. 더 큰 기대를 가지고 다음 만남을 기약함세. 김 군이 자신의 인생의 의미가 무엇인가 방황했었다고 했지?
- 네, 그러다가 지금 창세기 이야기를 하면서 그 의미를 찾아가는 중입니다.
- 그런데 나는 개인적으로 창세기 12장에서 내 삶의 의미를 깨닫고, 거기서 내 삶은 굉장한 에너지를 얻게 되었거든. 내 삶에 가장 큰 정열을 일으키는 가치관과 에너지를 공급하는 사명감을 깨달은 것이 창세기 12장 말씀이었네.
- 그러세요? 이제 곧 창세기 12장 이야기를 할 차례인데 크게 기대가 됩니다.

산책길 8

너는 복이 될지라(창 12:1-20)

- 선생님, 지난번 헤어질 때 이번 모임에 대한 기대감을 갖게 하신 것은 좋은데 오늘 왜 새벽부터 나오라고 하셨어요?
- 여명부터 보아야 하니까 그렇지.
- 어디로 가실 건데요?
- 멀지 않은 곳이야. 제부도 찍고 달리라고.
- 제부도요? 거긴 밀물이 들어오면 못 가는 곳이지 않아요?
- 그렇지. 그런데 오늘 새벽에 간조예요, 썰물이라고. 썰물 때 제부도에 가면 여명과 일출과 거기 매바위의 구성이 꽤 아름답다고.

- 우와! 썰물에 오니까 여기까지 내려오니 매바위를 넣고 여명 일출 구도가 멋지네요.
- 그렇지? 여기는 일몰 때도 썰물을 만나면 일몰과 노을이 이 바위와 구도가 좋고, 일출 때도 썰물이라면 구도가 참 좋고 그렇지. 이봐, 여명이 밝아오네그려.
- 선생님, 오늘은 창세기 12장을 이야기할 차례이지요?

- 응, 구속사의 여명을 다룰 차례지.
- 구속사의 여명이라고요? 구속사란 무슨 말이지요?
- 구속사란 타락한 인간을 구원하는 계시를 보여주는 역사라는 뜻이지. 이제부터 아브라함 이야기부터는 이 구속사 이야기라네.
- 구속사가 시작되는 창세기 12장을 다룰 차례라서 여명맞이부터 하자고 이리 오신 거예요?
- 응 겸사겸사, 여명 사진도 찍고 구속사의 여명도 이야기하고.
- 지난번 헤어질 때 선생님은 이 창세기 12장에서 삶의 의미를 발견하고 에너지를 얻었다고 하셨는데요, 얼른 이야기해 주시지요?
- 그래, 한번 읽어 보자고. 우선 12장 1-4절까지만 먼저 읽어 보지.

너는 복이 될지라(창 12:1-4)

창 12:1-4 여호와께서 아브람에게 이르시되 너는 너의 고향과 친척과 아버지의 집을 떠나 내가 네게 보여줄 땅으로 가라 내가 너로 큰 민족을 이루고 네게 복을 주어 네 이름을 창대하게 하리니 너는 복이 될지라 너를 축복하는 자에게는 내가 복을 내리고 너를 저주하는 자에게는 내가 저주하리니 땅의 모든 족속이 너로 말미암아 복을 얻을 것이라 하신지라 이에 아브람이 여호와의 말씀을 따라갔고 롯도 그와 함께 갔으며 아브람이 하란을 떠날 때에 칠십오 세였더라

- 우리가 이전에 마지막으로 다룬 이야기가 무엇이었던가?
- 바벨탑 사건 이야기였지요?
- 그래 이제 사람들은 흩어져서 각각의 민족을 형성하며 살아가게 되었고, 각 족속은 나름대로의 언어와 정착지를 가지고 또는 이동도 하면서 삶의 방식을 찾아가고 있었지?
- 그랬겠지요?

- 그런데 흩어져 사는 그 사람들과 하나님과의 관계는 어땠을까?
- 아마 그때 무영성의 대표격인 니므롯 왕국의 영향 아래 영성을 상실해 가고 있었을 테니, 흩어진 사람들이 갑자기 영성이 살아났다고 기대하기도 어렵겠지요?
- 그랬을 거야. 이제 그 흩어져 살던 사람들 중에 하나님께서는 아브람이라는 한 사람을 택하여 부르시는 이야기로 시작되지?
- 네, 그렇다면 이제부터 본격적인 구속사, 구원의 역사 이야기로 집중되는 것인가요?
- 그렇다네. 창세기의 이야기가 1장 1절에서는 천지, 하늘과 땅을 언급하지만 1장 2절에서는 땅으로 내려와 지구 이야기로 초점이 좁혀지고, 2장 4절부터는 인간에게로 초점이 좁혀졌다는 이야기 했지?
- 그랬지요. 이제는 인간사에서도 인간 모든 민족의 이야기가 아니고 선택받은 한 사람 또 그 후손의 이야기로, 즉 구속사 또는 구원사로 좁혀지고 있다는 말씀을 하시려고요?
- 김 군, 그렇게 앞서 달려버려도 돼요?
- 그럼 아니었나요?
- 맞아, 그 이야기야. 그리고 오늘 이 말씀은 그 구속사의 여명이요 시작인 셈이지. 자, 이제 아브람을 부르신 부름의 명령의 성격이 어떤 것이지 생각해 보자고.

• **떠나라**

- 우선 떠나라 하시는데요? 고향과 친척과 아버지 집을 떠나라고 하시는데요?
- 왜 떠나라고 하셨을까?
- 글쎄요….
- 구속사를 열어 가는 하나님의 명령은 떠나라는 명령으로 시작되는데 어디를 떠나라 하셨는가?

- 고향, 친척, 아버지 집을 떠나라 하셨습니다.
- 쉽게 말하면 지금 살고 있는 그곳을 떠나라 하셨지?
- 네.
- 아브람은 어디에 살고 있었고, 어디에서 부름을 받았고, 하나님은 그에게 어디를 떠나라 하신 것인가?
- 하란인가요?
- 성경을 종합적으로 읽을 때 아브람은 갈대아 우르에서 부름을 받은 것으로 되어 있어(느 9:7; 행 7:2-4).

느 9:7 주는 하나님 여호와시라 옛적에 아브람을 택하시고 갈대아 우르에서 인도하여 내시고 아브라함이라는 이름을 주시고

행 7:2-4 스데반이 이르되 여러분 부형들이여 들으소서 우리 조상 아브라함이 하란에 있기 전 메소보다미아에 있을 때에 영광의 하나님이 그에게 보여 이르시되 네 고향과 친척을 떠나 내가 네게 보일 땅으로 가라 하시니 아브라함이 갈대아 사람의 땅을 떠나 하란에 거하다가 그의 아버지가 죽으매 하나님이 그를 거기서 너희 지금 사는 이 땅으로 옮기셨느니라

창세기 11장 31절에는 데라가 살아 있을 때 갈대아 우르에서 하란으로 이주한 것으로 기록되어 있고, 창세기 12장 4절은 아브람이 하란에서 부름 받고 떠난 것처럼 기록되어 있으나, 사도행전 7장 2-4절에는 갈대아 우르에서 하나님께서 아브람을 불러내신 것으로 되어 있어요. 그리고 느헤미야 9장 7절은 하나님이 아브람을 택하시고 갈대아 우르에서 인도하여 내셨다고 기록하고 있고. 이를 종합하여 보면, 하나님은 갈대아 우르에서 아브람을 불러내셨고 이 부름에 응하여 결단하는데, 여전히 떠나기는 떠났으나 부친의 영향

력이 커서 결국 하란에 머물게 되었으며, 하란에서 부친 데라가 죽자 하나님이 아브람에게 떠나라는 명령을 상기시키심으로 재결단이 이루어진 것으로 볼 수 있을 것 같네.

- 그러나 갈대아 우르냐 하란이냐 하는 것이 중요한 절대적 의미를 지니는 것은 아니겠지요? 오히려 왜 떠나라 하셨는가, 떠나야 하는 이유가 무엇인가 하는 신앙적, 신학적 의미가 더 중요할 것 같은데요?
- 김 군, 상당히 앞서가네?
- 그렇다면 전 이야기하지 말까요?
- 아니야, 기특하고 좋아서 하는 말이야. 그러면 왜 떠나야 하고, 떠나야 하는 의미가 무엇일까?
- 제가 상상하는 대로 또 앞서가 볼까요?
- 그래 얼마든지 앞서가는 것 환영해.
- 우선 이 메시지는 11장에 기록된 인간의 상황에서 이해의 출발이 가능하다고 봅니다. 그것은 바벨탑을 쌓다가 흩어진 사람들이 하나님 없는 무영성의 삶을 살고 있었다는 것입니다. 그러므로 저주의 상태에 놓여 있는 채로 어두운 역사를 경험하고 있다는 것이 전제되는 것이지요. 이 어두움을 뚫고 새 구원의 빛을 주시려는 것이기에 이 어두움의 세계, 저주의 세계, 하나님 없는 무영성의 세계, 어찌 보면 불신앙의 세계를 떠나야 하는 것이 아닐까요?
- 원더풀, 김 군의 이해력은 수재급이야. 좋아요. 여호수아서 24장 2-3절을 보면 아브람의 아버지 데라와 그의 형제들이 강 저편(즉 여기서는 유브라데 강 저편 갈대아 우르를 지칭하는 것으로 보고) 거기서 다른 신을 섬기는 상황이었지. 하나님을 잃어버리고 다른 신을 섬기는 상황이었단 말이야.
- 하나님을 모르고 심지어 다른 신을 섬기던 상황이었다고요?
- 응, 그렇게 보여. 여호수아서를 보자고.

수 24:2-3 여호수아가 모든 백성에게 이르되 이스라엘의 하나님 여호와께서 이같이 말씀하시기를 옛적에 너희의 조상들 곧 아브라함의 아버지, 나홀의 아버지 데라가 강 저쪽에 거주하여 다른 신들을 섬겼으나 내가 너희의 조상 아브라함을 강 저쪽에서 이끌어 내어 가나안 온 땅에 두루 행하게 하고 그의 씨를 번성하게 하려고 그에게 이삭을 주었으며

- 그래서 하나님은 한 사람 아브람을 구별하여 내고 싶으셨던 게로군요?
- 이 하나님 없는 불신앙적 삶의 근거를 버리고 떠나지 않는 한 신앙의 새 역사의 장에 이를 수 없는 것이겠지?
- 그러니까 하나님이 아닌 다른 삶의 근거, 불신앙적 삶의 근거를 떠나라 하신 것이란 말이네요?
- 그렇다네. 결국 불신앙의 세계를 떠나라는 명령인 셈이지. 그리고 떠나서 어디론가 가라고 하셨는데 어디로 가라고 하셨는지를 보면 의미가 또 살아날 거야. 어디로 가라고 하셨던가?

• 내가 네게 보여줄 땅으로 가라

- 어디라는 지명은 없는데요? "내가 네게 보여줄 땅"으로 가라고 하셨거든요?
- 그렇지? 떠나라는 명령은 소극적인 명령이야. 이제 떠나는 것은 어디론가 가기 위함이지. 그런데 어디라는 지명은 말하지 않고 떠나서 가라는 것이야. 떠나가면 보여주겠다는 약속이지. 그렇다면 이게 어떤 성격의 명령이겠나?
- '내 약속만 믿고 떠나 나아가라.' 가만있자, 그러면 이 명령이 어떤 성격이냐? 아하, 믿음의 세계로 가라, 그거죠?
- 정확한 대답이야! 김 군과 이야기하는 내가 행복해요. 물론 갈대아

우르에서 떠날 때부터 아브람의 마음에는 왜인지는 모르지만 가나안 땅을 그리고 있었던 것으로 생각되기는 하네(창 11:31, 12:5). 그러나 하나님이 가나안 땅으로 가라고 처음부터 지시하신 것은 아닌 것 같아.

- 오히려 출발 시점에서는 알지 못하는 곳으로 가야 하는 결단을 요구하신 것이란 말인가요?
- 그렇지. 다만 하나님이 보여주시고 가르쳐 주실 것이라는 약속만이 분명한 목적지였던 것이야.
- 가만있거라. 하나님이 제게 "김 군, 이민 짐을 꾸려 가지고 집을 떠나게", "어디로 가라고요?" "일단 짐을 꾸려 가지고 인천공항으로 나가게. 어느 나라 비행기를 탈지는 공항에 가면 가르쳐 주겠네" 하시는 것과 같은 것이네요? 만나 본 적도 없는 분이 이렇게 말한다면 이거 이민 보따리 쌀 수 있을까요?
- 그러니 말이야. 그렇다면 진정 하나님이 아브람에게 가라고 하신 세계는 어디일까?
- 그것은 절대적으로 믿음의 세계로 가라는 명령 아니겠어요? 아직 어디로 가야 하는지 모른 채 하나님이 가르치시고 인도하실 것이라는 약속만 믿고 이민 길을 떠나야 하는 것이니, 철저한 믿음의 세계로 가라는 명령이네요.
- 진리는 그것인 것 같아. 하나님을 믿는 믿음의 세계, 거기가 타락한 인간 세상에서 구원받는 길이 아니겠어?
- 아, 이것은 구원의 새 역사가 믿음으로만 열려가는 세계임을 보여주는 것이네요. 선생님, 히브리서를 보면 아브람이 떠나는 이 결단을 믿음의 결단이었다고 하죠. 갈 바를 알지 못하나 믿음으로 나아갔다고 설명하잖아요?

히 11:8 <u>믿음으로</u> 아브라함은 부르심을 받았을 때에 순종하여 장래

의 유업으로 받을 땅에 나아갈새 갈 바를 알지 못하고 나아갔으며

- 왜 구원의 역사는 믿음으로 열리게 되어 있을까?
- 그것은 이미 우리가 타락의 역사에서 본 바와 같이, 아담과 하와가 하나님의 말씀을 불신하여 타락하고 범죄한 까닭에, 구원은 믿음을 회복하는 것이어야 하는 것이겠지요? 그리고 타락과 구원의 문제가 개인적인 사건만이 아니라 코이노니아를 죽이느냐 살리느냐의 문제였기에, 믿음의 세계로 가야 코이노니아가 회복되지요?
- 정말 김 군은 성경의 진리를 잘 이해하고 따라오는 것 같아. 이제 이후의 이야기는 아브라함, 그리고 그 자손들의 믿음 훈련 이야기로 창세기가 진행될 것일세. 김 군, 이제 나와 함께 믿음의 세계로 걸어가는 거야, 맞지?
- 네, 믿음의 세계로 가보겠습니다.

히 11:6 믿음이 없이는 하나님을 기쁘시게 하지 못하나니 하나님께 나아가는 자는 반드시 그가 계신 것과 또한 그가 자기를 찾는 자들에게 상 주시는 이심을 믿어야 할지니라

- 자, 그러면 이제 하나님께서 아브람에게 주신 축복과 약속이 무엇인지 살펴보세.

• 큰 민족을 이루고

- 큰 민족을 이루리라고 하시는데요?
- 그렇지? 하나님이 아브람을 불러내실 때에는 아브람과 그의 아내 사래 사이에 아무런 자손이 없었지? 그러므로 그러한 아브람을 통하여 큰 민족을 이루게 하겠다는 말씀은 어마어마한 약속인 셈이지. 하나님께서는 아브람에게 반복적으로 이 약속을 확인시키시면서

과연 그를 큰 민족으로 이루어 나가신다네.

창 13:16 내가 네 자손이 땅의 티끌 같게 하리니 사람이 땅의 티끌을 능히 셀 수 있을진대 네 자손도 세리라

창 15:5 그를 이끌고 밖으로 나가 이르시되 하늘을 우러러 뭇별을 셀 수 있나 보라 또 그에게 이르시되 네 자손이 이와 같으리라

창 17:5 이제 후로는 네 이름을 아브람이라 하지 아니하고 아브라함이라 하리니 이는 내가 너를 여러 민족의 아버지가 되게 함이니라

- 이 말씀은 단순히 아브람의 육신적 후손만이 아니고 영적 후손, 결국 구원받을 민족이 될 것이라는 축복이고 약속이겠지요?
- 그렇지. 하나님은 여기서 엄청난 계획을 발표하시는 것이라네. 아브람을 통하여 장차 구원의 역사를 이루어 갈 위대한 민족을 일으키시겠다는 거야. 이것은 단순히 혈통적 민족만이 아닐 것이 분명해. 믿음의 백성을 일으키실 계획을 발표하고 계신 것이겠지. 갈라디아서에 이렇게 말씀하시지?

갈 3:7 그런즉 믿음으로 말미암은 자들은 아브라함의 자손인 줄 알지어다

- 이 축복의 말씀은 옛이야기로 읽으면 옛이야기지만 현재적 말씀으로 읽고 아멘으로 받으면 우리에게도 약속이 되는 것 아닐까요?
- 왜 아니래? 개인적으로도 나는 작다 하여서는 안 되고, 교회적으로도 우리 교회는 작아서 아무것도 이루지 못한다 말해서는 안 될 것일세. 하나님은 이 작은, 아직 아들도 없는 아브람을 통하여 큰 민

족을 이루리라 하신다는 말일세. 작은 나, 작은 우리 교회를 통하여도 큰 민족을 이루시는 하나님이라는 것을 믿으면 큰일을 이루는 것이지.

- 그다음에는 이제 복을 주신다고 말씀하셨는데, 어떤 복을 주시려는 것이지요?

• 네게 복을 주어

- 복이 무엇이냐를 묻기 전에 하나님께서 아브람을 복의 대상으로 삼으셨다는 것에 주목하게. 타락하기 이전의 인간은 에덴동산에서 온갖 풍요와 영생의 복을 누리며 하나님과 교제하는 축복을 누리며 살 수 있었지? 그러나 인간은 타락하면서 축복을 잃어버렸어. 영생도, 풍요도, 하나님과의 교제도 잃고 죽음과 질병과 가난과 고독의 운명이 되었지? 이제 하나님이 구원의 새 역사를 일으키시는 것은 이 축복의 삶을 회복시켜 주시려는 것 아니겠나? 하나님의 축복의 대상으로 다시 불러내시는 것이지.
- 이제 믿음의 세계로 가서 하나님의 백성으로 회복되면 다시 영생의 축복의 길이 열리고, 풍요의 축복의 길이 열리고, 하나님과의 교제의 축복이 열리고, 하나님과 또 이웃과 코이노니아의 축복의 길이 열리는 것이란 말이지요? 저주 아래 있는 인간의 운명 속에서 불러내어 축복의 대상으로 삼으시는 하나님의 계획이란 말이지요?
- 그렇다네. 김 군, 김 군이 스스로 하나님을 등지고 걸어 나가지 않는 한 김 군은 하나님의 축복의 대상이 되었고, 평생 하나님의 복을 누리며 살 것일세. 확신하게. 취직 걱정에 사로잡힐 일이 아니야. 그 정도 인생이 아니라고. 이 이야기를 하다 보니 생각나는 이야기가 있네.
- 무슨 이야기인데요?
- 내가 한번은 인도네시아에 가서 선교사 영성 집회를 인도하고 금,

토, 일요일 주말 집회로 자카르타에 있는 '믿음교회'라는 한인교회에서 부흥회를 인도한 적이 있다네.

- 거기서 무슨 큰일이 있었나 보지요?
- 거기서 영생의 축복 메시지도 전하고 하나님과 누리는 코이노니아의 축복 메시지도 전했지. 그러는 가운데 하나님의 축복은 우리의 일상적 삶에도 임하고 의식주의 삶에도, 재정적인 삶에도 복이 있다고 설교했어. 그러므로 우리는 염려 근심할 것이 아니고, 믿음으로 살아야 하고 감사로 살아야 한다고 전했지.
- 그래서요?
- 집회 마치고 귀국했지.
- 아무 일도 없이요?
- 귀국해서 일주일 정도 지났나 했는데 그곳 담임목사로부터 이메일이 왔어. 그리고 하는 말이 "목사님께서 성경에 근거해서 우리 교회에서 선포하신 메시지들이 다 역사하고 있어요" 하는 메일이 온 것이야.
- 어떤 역사들이었는데요?
- 몇 사람은 병 고침을 받았다고 보고하고, 여러 사람이 회개하고 죄에서 해방되는 간증을 하였다는데, 한 젊은 집사는 이런 간증을 하였다는군. 자기는 근래 직장에서 잘려 실직자가 되어 근심 걱정 중에 살았으나, 이번 집회에서 "하나님이 우리에게 복을 주시고 우리가 스스로 하나님을 반역하여 떠나지 않는 한 우리는 하나님의 복을 받고 누리며 살게 되어 있다"는 메시지를 들을 때 믿음이 왔고, 다음날 새벽기도회에 와서부터는 근심 걱정을 내려놓고 "내가 하나님의 자녀가 된 것을 감사합니다. 내가 실직하여 근심하였으나 내 짐을 주님께 맡깁니다. 어딘가에 내 직장 마련해 놓으신 하나님 감사합니다. 속히 그 직장 찾게 해주세요" 그렇게 기도하게 되었는데 일주일도 안 되어서 직장을 얻게 되었다는 거야.

- 우연히 그렇게 된 것 아닐까요?
- 김 군, 어떤 때는 성경 진리의 이해력도 빠르고 믿음도 좋은 것 같은데, 이런 때는 또 왜 그러는 거야?
- 아, 믿음이라는 게 그렇네요, 종이 한 장 차이도 아닌 것 같아요. 믿음으로 사는 것이 때로는 아주 쉽고, 때로는 아주 어렵고 그러거든요. 믿음으로 사는 것 자체가 그게 복이요 은혜인 것 같아요.
- 복이 무엇이냐를 말하려면 그것만으로도 많은 분량의 토론이 진행될 수 있을 것이네. 그러나 복은 한마디로 하나님이 인간에게 주시고자 하였던 삶을 얻는 것이야. 에덴의 축복은 영생과 풍요와 아름다움, 그리고 하나님과의 교제였고, 사람을 사랑하며 코이노니아를 누리는 복이었어. 하나님께서는 이제 이러한 복을 회복시키시려는 것일세. 그러니 하나님의 축복 속에 의식주 문제가 해결되는 것은 지극히 작은 일이 아니겠나?
- 이것이 아브람에게만 해당되는 것이 아니고, 오늘 우리가 믿음으로 받을 때 우리 또한 하나님의 축복의 백성이 된다는 말씀이지요?
- 그렇다네. 갈라디아서의 말씀을 보게.

갈 3:9 그러므로 믿음으로 말미암은 자는 믿음이 있는 아브라함과 함께 복을 받느니라

• 네 이름을 창대하게 하리니

- 그다음 말씀은 이름을 창대하게 하겠다고 하시는데요?
- 이름이 커진다는 것은 무엇을 의미하겠나?
- 유명하게 된다는 말 아닌가요? 아브람이 유명인사가 되게 하겠다는 것 같은데요?
- 이름 이야기가 나오니 생각나는 게 없나? 누가 이름을 내자 하던 때가 있었지?

- 바벨탑? 니므롯?
- 그래, 그때 그 사람들이 '우리 이름을 내자' 하고 바벨탑을 쌓고 있었지? 사람은 누구나 이름을 내고 싶어 하지? 이름이 자신이고, 삶이니까. 그런데 바벨탑 사건 때는 자기 자신들이 이름을 내려다 실패했는데, 여기서는 하나님이 이름을 내주시겠다고 하시네.
- 아, 하나님이 이름을 내주실 때까지 기다려야 하겠네요? 스스로 이름을 내려고 하는 것은 타락이요, 교만이요, 하나님이 싫어하시는 것이니까요.
- 옳은 말이야. 자기가 자기 이름을 내려고 안달하는 인생이 있으나 그것은 망하는 길이요, 이름을 내려 하지 않아도 하나님이 내주시는 인생은 얼마나 복되고 아름답고 성공적인 인생이겠나?
- '하나님이 이름을 내주실 때까지는 스스로 이름을 내려 하지 말자.' 그러고 살아야겠네요.
- 그렇지. 그리고 이름을 크게 한다는 것은 우리의 명예욕을 채워 주리라는 차원의 말씀이 아니라네. 아브람을 통하여 큰일을 이루실 것이기에 그의 이름은 커질 이름인 것이지.
- 아브람을 통하여 특별한 구속사의 주인공이 될 민족을 이루고, 아브람은 그 구속사의 민족의 조상이 될 것이기에 그 이름이 커지게 되겠지요?
- 장차 그는 아브람이 아니라 아브라함이라 불릴 것이요, 열국의 아버지가 되게 할 것이라고 말씀하신다네.

창 17:5 이제 후로는 네 이름을 아브람이라 하지 아니하고 아브라함이라 하리니 이는 내가 너를 여러 민족의 아버지가 되게 함이니라

이는 아브라함이 그토록 위대하고 중요한 이름이 될 것이라는 선포인 것이지. 오늘날 우리까지도 아브라함의 이름을 알고, 그를 우리

믿음의 조상이라 하지 않는가?

- 이름이 커진다는 것은 영향력이 커진다는 뜻도 되지 않을까요?
- 그것도 맞는 이야기이지. 선한 영향력을 많은 사람에게 끼친다는 뜻이 되기도 하지. 다음 말씀을 보자고.

• 너는 복이 될지라

- 이제 "너는 복이 될지라"고 하시는데요? 복이 된다고 하시는 것인가요, 복이 되라고 하시는 것인가요? 복이 된다는 것은 무엇이지요?
- 내가 나의 인생의 의미를 발견했다고 한 말씀이 이 말씀인데, 이게 무슨 말씀인가 하면 단순히 아브람이 하나님의 복을 받아 누리는 차원이 아니라 이제는 아브람이 복이 되는 차원이라네. 누구에게 복이 되는 것인가? 너에게, 심지어 땅의 모든 족속에게 복이 되는 존재요, 복이 되는 삶을 살게 될 것이요, 그렇게 살라고 하는 말씀 아닌가?
- 이 말씀이 하나님의 깊은 본심을 드러내는 말씀인 것 같네요. 하나님은 아브람을 택하여 그를 복의 대상으로 삼아 그가 하나님의 사랑과 은혜와 축복을 누리도록 하시지만, 나아가 아브람으로 하여금 복이 되어 살라 하시는…아, 이게 구원받은 자의 삶이로군요? 지금까지 우리 한국교회에서는 "예수 믿고 복 받으라"고 설교하고 가르쳐 복이라면 받는 복만 알았는데 복이 되는, 차원 높은 복이 더 있네요?
- 그렇다네. 이봐 김 군, 우리는 시시한 인생을 살아갈 존재가 아니야. 위대한 인생을 살아야 할 존재들이야. 나는 지금도 내가 젊었을 때에 이 말씀을 깨닫게 해주신 하나님께 감사드린다네.
- 선생님이 이 말씀을 깨달은 게 몇 살 때인데요?
- 정확한 나이는 나도 몰라. 그러나 내 인생을 돌아보면 이 말씀이 내 인생을 얼마나 감격스럽게 만들었는지 모른다네.
- 선생님, 그 인생 간증을 좀 구체적으로 나누어 주시면 안 되나요?

- 안 될 게 뭐가 있겠나? 사실 우리가 성경을 공부하는 이유는 그 말씀이 우리의 삶을 인도하고 규정하게 만들어, 하나님 수준의 삶, 하나님의 가치관으로 살고 싶어서 하는 것 아니겠나? 그러니 시간이 좀 걸려도 나 개인의 삶에 이 말씀이 어떻게 작용했는지 나누는 것도 낭비만은 아닐 것 같네.
- 그래요, 말씀해 주세요.

- 6·25전쟁 당시 나는 서울에 살고 있었고, 당시 다섯 살이었지.
- 아니, 선생님, 6·25 이야기부터 하시게요?
- 너무 길어지겠지? 그런데 어쩌겠나? 거기서 이야기가 시작될 수밖에 없는걸. 전쟁통에 많은 사람들 틈에 우리도 피난을 떠났지. 그래서 충남 부여군 은산면 경둔리라는 작은 시골 마을로 피난을 갔어.
- 거기에 누구 연고가 있었나요?
- 응, 이모님 댁이 있었어. 그러나 친척은 있어도 근본적으로 삶은 우리 것이니까 우리는 거기서 논도 밭도 산도 없이 가난한 세월을 보냈지. 나는 많이 굶주렸어.
- 그러셨어요? 그러한 이야기의 일면을 지난번에도 말씀하셨지요? 저희 세대는 피난 시절 그 핍절한 이야기를 들으면 다른 나라 얘기 같고 이해가 안 되어요.
- 그럴 거야. 피난생활 초기에 우리의 주식은 밀기울이었어.
- 밀기울이 뭐예요? 하얀 밀가루를 다 빼내고 남은 것 말인가요? 그걸 먹어요? 그건 요즘은 돼지도 안 먹는데?
- 배 고프니 그거라도 먹어야지 어쩌나? 그리고 먹다 못 먹다 하다가 위장병이 생겨서 고생했고 영양실조에, 폐결핵에 걸리고, 나중에는 심장병이 생겨 고생하면서 절망적인 세월을 살았어. 그리고 초등학교 졸업 후 중학교도 못 가고.
- 아, 그 이야기 전에 한 번 하셨어요.

- 그랬나? 그런데 하나님을 만나고 희망을 얻었고 기도하기 시작했지. 처음 기도는 배고프니까 "주님, 배고파요. 먹을 것 좀 주세요. 아프고 불편해요. 병 좀 고쳐 주세요"라고 날마다 기도하면서 희망의 끈을 붙들었지.
- 그 이야기 전에 한 번 하셨다니까요? 그때 믿음은 대단한 희망의 끈이 되었다고 하셨어요.
- 그랬나? 그런데 여기 "너는 복이 될지라" 하는 말씀을 깨닫게 되니 기도가 바뀌더라고.
- 어떻게 바뀌었는데요?
- 현실은 배가 고파서 "먹을 것 좀 주세요" 하며 간절한데, 기도실에 들어가면 그런 기도는 사라지고 "하나님, 제가 지금은 배고프지만 장차는 이렇게 배고픈 사람들 먹이며 살 수 있게 해주세요", "하나님, 지금은 제가 병들어 있지만 장차는 병든 사람 고쳐 줄 수 있게 해주세요" 그렇게 기도하게 되더라고.
- 적어도 기도 속에서는 현실을 뛰어넘어 가시네요?
- 바로 그거야. 현실은 먹을 것을 구하고 병 고쳐 달라고 부르짖어야 하는데, 기도 속에서는 그 현실을 넘어 복이 되는 기도를 하더란 말일세. 그리고 그것은 그 이후 나의 삶의 가치관과 소명과 의미가 되었어. 그리고 그 직접적인 응답으로 내가 교수가 되었을 때, 나는 학생들과 심플라이프스타일 운동을 하면서 굶는 동료들 다 먹이는 캠페인을 하게 되었고, 학생들에게도 '복이 되어 산다'는 이 정신을 많이 전수하였지.
- 심플라이프스타일 운동이 무엇인데요?
- 예를 들자면, 요즘 명품족이 한국에 많다지? 그래서 명품 대여점까지 생기고 말이야. 예를 들면, 천만 원짜리 명품 가방을 살 능력이 있어도 그렇게 소비하지 말고 십만 원짜리 가방을 쓰고 990만 원 아껴서 어려운 사람 돕고 살리는 데 쓰자는 운동이었어. 돈의 가치가

사랑의 가치로 바뀌게 하자는 운동이지. 그래서 그때는 학교에서 식권 살 돈 없어서 굶는 친구가 없도록 했던 것이야.

- 그렇군요. 나 혼자, 아니면 우리 가정만 복을 받고 누리는 것이 중요한 게 아니라, 복이 되어 많은 사람에게 복을 나누어 줄 수 있는 삶이 되어야겠군요. 이것이 선생님의 가치관이 되었다는 말씀이지요?
- 그렇지.
- 그것은 저의 가치관도 되어야 하겠는데요. 아니, 모든 그리스도인의 가치관도 되어야 하고요. 아니지, 그리스도인만이 아니라 모든 인간의 가치관이 되어야 하지요?
- 내가 밀양교회나 영동중앙교회 등에서 목회도 한 적이 있는데 성도들에게 나누는 삶을 많이 가르치고, 구체적인 기준으로는 모든 성도는 수입의 10%는 남을 복되게 하는 일에 나누자고 가르쳤어. 그리고 자기 소유의 사업을 하는 사람은 50%까지 이익금을 남을 위해 사용하는 복이 되는 사업가가 되라고 가르치고 격려하곤 했지.
- 월급으로 사는 사람은 10%, 자기 소유의 비즈니스를 하는 사람은 50%까지요? 모든 성도가 그렇게만 할 수 있다면 세상이 바뀔 것 같은데요? 그러니까 '주기 위하여 열심히 벌자' 그런 구호도 나오는군요?
- 우리가 코이노니아로 살아가는 존재로 창조되어서 너를 위하여 노력할 때 보람을 느끼고 살게 되어 있다고 했지? 더구나 타락한 세상, 인생이 생존투쟁인 줄로만 알고 사는 사람이 많은 세상에서 복이 되는 삶을 산다는 것은 얼마나 가슴 뛰는 의미요, 가치요, 사명이 되겠나?
- 그렇네요. 이러한 가치관으로 사는 사람이 늘어나면 사회도 변화가 되겠지요? 그동안 기독교가 축복 받으라는 설교를 많이 한다고 기복신앙이라는 비판도 많이 받았는데 복이 되는 차원을 강조하지 않았기 때문인 것 같네요?

- 그럴 거야. 물론 우리는 하나님의 복을 받아야 해. 복을 받지 않고는 복이 될 능력도 없을 테니까. 복을 받고 복이 되는 삶이 되어야 하는 것이지.
- 그런데 이런 거창한 이야기만 아니고 부부관계에서도 서로 복이 되기로 작정한다면 정말 아름다운 결혼생활이 이루어질 것 같네요.
- 그럼, '내가 아내에게 복이 되겠다. 아내를 행복하게 하는 것이 나의 삶이다' 그렇게 맘 먹고 살면 참 좋지.
- 그렇게 살면 부부싸움 한번 안 해도 살고 정말 행복해지겠네요. 선생님께서는 그래서 부부싸움 안 하고 사셨겠어요?
- 그러지 마, 김 군. 그렇게 꼭 찍어 내게 묻지 말라고. 사람이란 불완전해. 그런 생각을 하다가도 화를 내고 짜증내고 할 때가 있더라고. 하지만 점점 이 생각, 아내에게 복이 되겠다는 생각을 하며 성숙해 가니 부부싸움이 거의 없어지더라고. 서로 행복하다고 고백하게 되었고. 김 군도 또 이 복이 되는 인생관을 모르는 사람하고는 결혼 안 하기로 작정하는 것 아니야?
- 글쎄 말입니다. 그래야 할 것 같은데요?
- 하여튼 구원의 역사의 여명에 이러한 말씀을 주셨다는 것은 놀라운 일이 아닐 수 없지? 그래서 나는 성경의 인간론이 가장 위대하고 깊이 있고, 성경의 가치관이 가장 위대하고 깊이가 있다고 확신한다네. 이제 그다음으로 가보자고.

• 너를 축복하는 자에게는 내가 복을 내리고

- 이제 어떤 보장을 하시는 말씀 같은데요? "너를 축복하는 자에게는 내가 복을 내리고 너를 저주하는 자에게는 내가 저주하리라" 하시는데요?
- 이 말씀은 이제 아브람에게 주신 복을 확증하며 보장하는 말씀이겠지?

- 아브람은 하나님의 복을 받은 자이고, 더 나아가 많은 사람에게 복이 되는 존재로 복덩이가 되었고, 이 복덩이를 축복하는 자는 축복에 함께 참여하고, 반대로 복덩이를 저주하는 것은 자신이 저주를 받을 뿐이라고 하시는 것이지요?
- 이 말씀은 일차적으로 아브람에게 주신 축복이 보장된 것임을 말해 준다네. 그러나 동시에 우리는 서로 축복하는 삶을 살아야 함을 가르쳐 주기도 하는 게 아닐까? 남을 축복하고 저주하는 일은 자신이 축복을 받고 저주받는 결과로 되돌아오기도 하는 것이니까.

눅 10:5-6 어느 집에 들어가든지 먼저 말하되 이 집이 평안할지어다 하라 만일 평안을 받을 사람이 거기 있으면 너희의 평안이 그에게 머물 것이요 그렇지 않으면 너희에게로 돌아오리라

- 그렇네요. 일단 누구든 축복하며 살아야겠네요. 그러면 그가 축복받을 자격이 있으면 축복받고 아니면 내가 축복받고 말입니다.
- 남을 축복하는 인생은 복을 누리는 인생이고, 또한 복이 되는 인생이지.

• 땅의 모든 족속이

- 선생님, 아브람을 부르시는 하나님의 계획이 여기서 밝혀지는 것 같은데요? 대단한 계획이네요. 하나님은 아브람을 부르실 때 아브람만 보신 것이 아닌 것 같아요. 그를 통하여 땅의 모든 족속을 구원하실 계획을 가지고 있다는 것을 계시하시는 것 같은데요?
- 김 군이 잘 깨달았네그려. 하나님의 심중에는 땅의 모든 족속이 들어 있었던 것이지. 하나님이 아브람을 택하고 부르신 것은 아브람 한 개인만을 보신 것이 아니라 땅의 모든 족속을 구원하려는 위대한 계획을 품으신 것이란 말일세. 그러므로 아브람은 복이 되어야

하고, 땅의 모든 족속에게까지 복을 끼치는 존재가 되어야 한다는 것이지.

- 우와, 복의 개념이 확 열리는 것 같아요. 땅의 모든 족속에게까지 복이 되는 존재로 산다 이것이지요?
- 그렇다네. 이 하나님의 계획은 반복적으로 선포되는 메시지야. 이것이 세계 선교의 하나님을 계시하는 내용이 아닐 수 없지. 하나님은 처음부터 모든 족속을 품고 계셨던 것이라네. 도형으로 표현한다면 이렇게 되지.

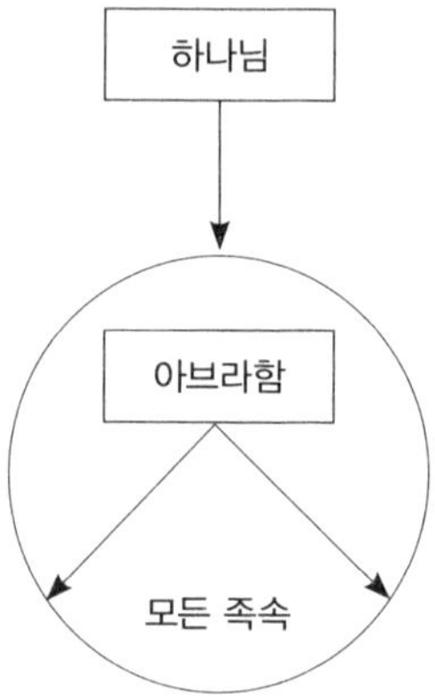

창 18:18 아브라함은 강대한 나라가 되고 천하 만민은 그로 말미암아 복을 받게 될 것이 아니냐

창 22:18 또 네 씨로 말미암아 천하 만민이 복을 받으리니

창 26:4 네 자손을 하늘의 별과 같이 번성하게 하며 이 모든 땅을 네 자손에게 주리니 네 자손으로 말미암아 천하 만민이 복을 받으리라

하나님

아브라함

모든 족속

창 28:14 네 자손이 땅의 티끌같이 되어 네가 서쪽과 동쪽과 북쪽과 남쪽으로 퍼져나갈지며 땅의 모든 족속이 너와 네 자손으로 말미암아 복을 받으리라

하나님의 구원계획은 전 세계적인 것이야. 아브람을 통하여 모든 족속, 천하 만민을 구원하시려는 하나님의 계획을 선포하시는 것이라네. 이 하나님의 계획은 신약에서도 똑같은 원리로 선포되고 있어.

아브람의 혈통적 후손인 이스라엘이 다 이루지 못한 이 만민 구원의 계획을 이제 교회에 맡기시는 것을 보게 된다네.

- 예수님의 지상명령도 그러므로 땅끝까지 이르러 증인이 되는 것이며(행 1:8), 천하 만민에게 복음을 전하는 것이요(막 16:15-16), 땅의 모든 민족을 제자로 삼는 것이었군요?(마 28:18-20) 이때 말씀하신 모든 족속을 예수님도 동일하게 부탁하신 것이네요?
- 이 양반 김 군, 좀 보게, 그렇게 다 알아버리면 내가 할 말이 없지 않은가?
- 그냥 다 열려요. 신구약의 핵심, 하나님의 마음이 쫙 연결되네요.
- 좋아요. 김 군, 나는 이 하나님의 마음, 모든 족속을 구원하시고 복 주시려는 이 마음을 깨닫게 되었을 때 나의 비전이 되고 사명이 되고, 내 삶의 동기가 되고 의미가 되어서 나는 평생 선교지향적인 삶을 추구하게 되더라고. "주여, 천하 만민 모든 족속을 구원하시고 복 주기를 원하시는 주님, 저를 그 일에 써주십시오" 그런 기도를 날마다 드리면서 말이야.

- 선생님에게 이 말씀이 살아 움직이는 말씀으로 깨달아진 게 언제쯤 되는데요?
- "복이 될지라" 하는 말씀을 깨닫고 나서도 몇 년이 더 흐른 후에 이 모든 민족을 말씀하시는 하나님의 마음이 깨달아졌는데, 신학대학 3학년 때였던 것 같아.
- 이 말씀을 깨닫고 뭐가 어떻게 달라지던가요?
- 사실 나는 신학생 때도 굶주렸거든.
- 식권 살 돈이 없으셨던 적이 자주 있었나 보네요?
- 그랬어. 그래서 현실은 배가 고파서 기도하면 밥 좀 달라고 기도해야 하는데도 기도실에 들어가면 이번에도 현실을 넘어서는 기도를 하게 되더라고.

– 어떻게 기도하게 되었는데요?

– "주님, 저 미국 유학 보내 주세요" 그렇게 기도하게 되더라고.

– 밥도 못 먹는 처지에 미국 유학을 꿈꿔요?

– 그래 말이야.

– 그런데 왜 미국 유학이지요?

– 땅의 모든 족속이 복을 받아야 하니까. 내가 신학대학에 다니고 있어서 목사가 될 것은 정해졌다고 생각했지. 그러나 목사가 되어도 내 사역은 어느 한 도시, 예를 들면 '서울에서 목회한다고 내 목회 대상은 서울 시민만이 아니다. 땅의 모든 족속이 내 목회의 대상이다' 그런 생각을 하게 되고, 땅의 모든 족속을 상대로 일하려면 세계적인 사역자가 되어야 하는데, 그 준비를 하기 위해서 미국 유학이 가장 필요하겠다고 느낀 것이지.

– 왜 독일이나 다른 나라가 아니고 꼭 미국 유학인가요?

– 다른 나라 유학도 유익하지만, 내 마음속에 더 넓은 온 세계를 품게 되니까 미국 유학을 하여야 일단 세계적인 언어, 영어를 더 잘할 수 있겠고, 세계의 흐름도 가장 잘 파악할 수 있을 것이라 생각했어. 무엇보다도 세계 각처에서 유학 오는 친구들과 사귀어 세계적인 네트워킹이 수월할 것이라는 생각 때문이었지.

– 그러니까 선생님은 단순히 출세를 위하여 미국 유학을 가신 것이 아니고, 땅의 모든 족속을 구원하고 복되게 하는 일에 쓰임 받아야 한다는 생각 때문에 미국 유학을 꿈꾸신 것이군요?

– 그렇지, 아마 단순히 출세를 위하는 정도였으면 그런 꿈을 갖지도 못했을 거야. 그리고 중도 포기했거나. 그런데 하나님의 마음을 품고 사명감을 가지니 내가 준비할 때 세계적으로 준비해야 한다는 강한 열망이 타오르게 되어 기도하기 시작했지.

– 그래서 선생님은 미국 유학을 다녀오셨고 세계적으로 일하는 세계적인 사역자가 되신 것이지요?

- 그리 되었지.

- 선생님은 선교사로 헌신하신 적은 없지요?
- 없어. 나는 선교사로 타 문화권으로의 부르심을 받지는 않았지만, 세계 선교는 내 삶에 있어서 큰 주제였고 가슴 뛰는 사명이었어. 그래서 나는 주로 선교 동원에 주님께서 쓰신 것 같고, 또 선교 부흥을 위하여 쓰신 것 같아.
- 구속사의 여명에 이미 하나님은 세계 선교를 계시하셨군요? 그리고 그것은 선생님의 삶을 세계적이고 선교적인 삶으로 이끄셨고요? 제 삶도 그렇게 이끄시겠지요?
- 물론이지. 순종하는 한 김 군도 이제 세계적인 존재로 살게 될 것일세. 그래서 나는 선교운동을 하게 되었고, 교수 시절에는 아까 말한 심플라이프스타일 운동을 하면서 용돈 절약하여 굶는 친구들 먹이는 일과 선교회를 만들어 선교사들 후원하는 일을 하도록 지도하고 이끌고 함께했지. 전도폭발로 전도훈련도 하고, 선교팀을 만들어 방학 때는 선교훈련을 나가기도 했고.
- 선생님은 목회도 하셨다는데 목회할 때도 선교하는 일 많이 하셨겠네요?
- 물론이지. 그리고 바나바훈련원에서 목회자들을 훈련할 때는 '세계 비전'이란 주제로 목회 비전을 이 하나님의 세계 비전에 맞추어 세우고 목회하라고 도전하며, 심지어 51% 선교운동도 하였지.
- 51% 선교운동은 또 뭔데요?
- 교회 재정의 51%를 선교비로 재헌신하여 사용하라는 운동이었지.
- 그렇게나 많이 선교비로 사용하라고요? 그런데 그렇게 목회하는 교회가 나오던가요?
- 지극히 소수가 거기까지 가고 대부분 거기까지는 못 가더라도 선교비 30% 정도는 많이 가더라고. 그래도 하여간 바나바훈련원 출신들

은 대체로 선교지향적인 목회를 하는 편이네.

- 그것 아주 훌륭한 일이었네요!
- 나 자신도 방학 때마다 세계로 나가서 섬겼는데, 평생 약 100여 차례 해외에 나가서 선교사 수련회나 현지 목회자 세미나 강사로 섬기는 일을 하게 되었지.
- 100번 넘게 선교지에 가서 강사를 하셨다고요? 선생님, 실례가 되는 질문이지만 그때 강사료는 얼마나 받으며 다니셨어요? 요즘 비싼 한 연예인 강사료로 인하여 난리인데요? 이강천 목사님 강사료로 인하여 시끄러웠던 적은 없는 것 보니 많지는 않았던 모양이네요?
- 아이고 사람 참, 이보게, 미안하이. 선교지에 가서 강의하거나 설교하는 자리에서는 강사료를 받고 한 것이 아니라네. 항공료도 받지 않고 말이야. 전부 자비량으로 섬긴 것이라네.
- 100번도 넘게 가서 섬기는데 다 자비량이라고요? 그 항공료 하며 경비가 적지 않게 들었을 텐데요?
- 그러니까 모든 족속에게 복이 되기 위한 헌신이었다네. 그리고 그것은 너무 행복한 삶이었어. 사람이 돈 버는 것만 행복한 줄 알지만 사실은 돈을 누군가 사랑하므로 사명으로 쓸 때 행복한 것이라네. 그리고 내가 복이 되어 버리면 내가 굶주리거나 하는 것은 아니야. 복이 되는 것은 나는 손해 보고 망하는 것이 아니라고. 그게 복의 원리야. 큰 복이 되려고 하면 큰 복을 누리게도 되지. 이제 이러한 말씀에 아브라함의 반응과 응답이 무엇인지 살펴봄세.

• 여호와의 말씀을 따라갔고

- "여호와의의 말씀을 따라갔다"고 하는데요?
- 그래, 부르심은 응답을 요구하는데 아브람은 하나님의 부르심에 응답하여 고향과 친척과 아버지 집을 떠났네그려.
- 대단한 결단이었네요. 어디로 가는지도 모르지만 하나님 말씀만 믿

고 좇아서 떠나갔네요. 어디로 가는지도 모르고 짐 싸 가지고 인천 공항 나간 셈이지요?

- 그렇지? 갈 바를 알지 못하나 하나님의 말씀을 믿고 따라나선 것이지. 이것은 전적으로 신앙의 행위였다네. 믿음의 세계로 발을 내디딘 것이지.
- 마침내 불신앙의 세계를 떠나서 믿음의 세계로의 여행을 시작한 것이네요? 그 나이 75세에 그랬다니, 많은 나이에 그런 모험적인 결단을 이루다니 보통 일이 아니네요. 이 믿음이 구원의 새 역사의 주인공으로 세워지는 과정이군요.
- 맞아. 우리도 믿음의 세계로 들어가기로 다짐해 보세. 이제는 믿음으로 하나님을 따라나선 아브람이 어떻게 살아가는지 살펴볼 차례인 것 같은데, 다음 성경을 읽어 보지.

순례자의 라이프스타일(창 12:5-9)

창 12:5-9 아브람이 그의 아내 사래와 조카 롯과 하란에서 모은 모든 소유와 얻은 사람들을 이끌고 가나안 땅으로 가려고 떠나서 마침내 가나안 땅에 들어갔더라 아브람이 그 땅을 지나 세겜 땅 모레 상수리나무에 이르니 그때에 가나안 사람이 그 땅에 거주하였더라 여호와께서 아브람에게 나타나 이르시되 내가 이 땅을 네 자손에게 주리라 하신지라 자기에게 나타나신 여호와께 그가 그곳에서 제단을 쌓고 거기서 벧엘 동쪽 산으로 옮겨 장막을 치니 서쪽은 벧엘이요 동쪽은 아이라 그가 그곳에서 여호와께 제단을 쌓고 여호와의 이름을 부르더니 점점 남방으로 옮겨갔더라

- 아브람은 이제 말씀을 좇아 갔는데 지리적으로는 어디로 갔지?
- 가나안 땅으로 갔다고 되어 있는데요? 하나님께서 가나안 땅으로

가라고 하셨다는 기록은 없어요.

- 가나안으로 가라고 하셨으니 갔겠지. 이민 규모가 어느 정도인지나 말해봐.
- 아브람과 그의 아내, 조카 롯, 그리고 모든 소유와 얻은 사람들이라 했으니 친척이나 아버지 집은 떠났어도 일꾼들은 데리고 갔네요?
- 그랬군. 의지할 만한 사람은 떠나고 자기가 거느리거나 책임져야 할 사람은 함께 데리고 떠난 셈이네. 하나님이 떠나라 하신 것은 하나님이 아닌 인간의뢰, 불신앙의 삶의 근거를 떠나라 하신 것이었으니까 그대로 한 셈이지. 그때 가나안은 어떤 상황이었던가?

• 가나안 땅

- 선생님, 가나안 지경에 이르러서도 그렇고 아브람은 쉽게 정착하지 못하고 통과하고 있는데요? 아마 가나안 사람들이 그 땅에 살고 있었다고 하니 이 땅이 내가 살 곳이 맞나 싶었던 모양이지요?
- 글쎄, 여전히 믿음으로 여긴가 저긴가 하며 통과하고 있는 것 같네. 그런데 모레 상수리나무에 이르렀을 때 하나님께서 '여기가 그 땅이다'라고 말씀하시지?
- 그러네요. 그런데 이 땅을 네게 준다 하지 않고 네 자손에게 준다고 하시네요?
- 물론 아브람의 자손에게 주고 네게는 안 준다는 말은 아니겠지만, 그래도 아브람은 한동안 순례자의 길을 가야 함을 암시하는 것인지도 모르지. 왜냐하면 가나안 땅을 주신다고 약속하고 있지만, 지금 가나안 땅에는 이미 사람들이 차지하고 살고 있었거든. 그래서 가나안 지역에 와서도 아브람은 한동안 정착하지 못하고 이동하는 것 같아.
- 그렇네요. 아브람이 가나안 땅에 들어갔다고 한 후에도 "그 땅을 지나" 세겜 땅으로 가고, 하나님이 이 땅을 네 자손에게 준다고 말씀하신 후에도 "거기서 벧엘 동쪽 산으로 옮겨"라고 되어 있고요, "점

점 남방으로 옮겨갔다"고 되어 있네요? 왜 이렇게 옮겨 다니게 하셨지요?

- 글쎄. 아마도 순례자의 인생 경험을 시키시는 모양이지? 하나님이 선택하신 아브람의 삶의 기록이 이토록 순례자의 길임을 보인다는 것은 무엇을 의미하겠는가?
- 우리의 인생이 순례자 인생이라는 것을 계시함 아닐까요?
- 그럴지도 모르지. 그렇다면 이 순례길에 있어서의 아브람의 라이프 스타일이 무엇인지 살펴보는 일도 가치 있는 일일 것 같은데, 어떻게 생각하나?

• 옮겨 장막을 치니

- 아무래도 맨 먼저 보이는 것은 텐트 생활 같아요. 어디를 지나 점점 내려갔다 등등 이렇게 이동하는데, 이동하여 장막 치고 다시 거두어 옮겨 가고 하는 텐트 생활이 보이네요?
- 그렇지? 이 가나안 땅을 아브람의 후손에게 주리라고 약속하셨지만 아브람 자신은 여전히 나그네요, 순례자의 생활을 하게 되었는데, 순교자 스데반은 이 같은 사실을 들어 하나님은 어느 한 지점에서만 만날 수 있는 분이 아니라는 것과, 하나님의 백성은 어느 지점에 머물러 담을 쌓고 사는 백성이 아닌 순례자적 성격을 지니고 있다는 것, 그리고 하나님의 백성은 현상유지에 고착되어서는 안 된다는 사실을 역설하고 있는 것을 볼 수 있다네. 과연 하나님의 언약의 백성이란 순례자요, 어디서라도 하나님과 동행하는 백성임을 보여준다고 생각되네.

행 7:5 그러나 <u>여기서 발 붙일 만한 땅도 유업으로 주지 아니하시고</u> 다만 이 땅을 아직 자식도 없는 그와 그의 후손에게 소유로 주신다고 <u>약속하셨으며</u>

히브리서에서도 이 같은 사실을 열거하여 믿음의 삶이 이 세상에서는 순례자의 삶이요, 믿음 하나로 약속에 거하는 삶이라는 점을 가르쳐 주고 있지.

- 인생은 순례자요 나그네임을 가르치는 훈련이었던 모양이네요?
- 그런 것 같지? 구원사 초기에 하나님은 자기가 불러낸 아브람, 하나님의 백성을 어느 한 곳에 정착시키지 않고 계속해서 통과하고 장막을 옮겨 치게 하면서 순례자의 삶을 살게 하시고, 가나안을 약속으로 받았지만 아직은 자기 땅이 아닌 순례자의 삶을 살게 하신 것은, 이 땅이 아닌 영원한 도성을 바라고 소망하는 삶을 가르쳐 주심이라고 히브리서가 말하고 있다네.

히 11:9-10 믿음으로 그가 이방의 땅에 있는 것같이 약속의 땅에 거류하여 동일한 약속을 유업으로 함께 받은 이삭 및 야곱과 더불어 장막에 거하였으니 이는 그가 하나님이 계획하시고 지으실 터가 있는 성을 바랐음이라

히 11:13 이 사람들은 다 믿음을 따라 죽었으며 약속을 받지 못하였으되 그것들을 멀리서 보고 환영하며 또 땅에서는 외국인과 나그네임을 증언하였으니

- '이 땅에서는 외국인과 나그네'라는 사실을 인식하며 살라고 하는 계시였다고 하는데요?

• 여호와께서 나타나

- 그렇다네. 하나님의 백성의 삶이란 순례자의 삶이라네. 성경은 이 구속사의 서두에 부르신 주인공 아브람의 라이프스타일을 통하여 인생은 나그네임을 가르쳐 주고 있으며, 이후로는 출애굽 과정을 통

하여 민족적으로도 나그네, 순례자의 삶을 가르치시고 훈련하시는 것을 볼 수 있지.

- 믿음의 삶이란 떠돌이의 삶인 것인가요?
- 떠돌이? 그건 좀 부정적인 느낌이 드는 단어가 아닌가? 어떤 의미에서는 떠돌이라고 해도 뭐 아주 틀린 말은 아닌 것 같기도 하고.
- 그렇다고 해서 하나님의 백성의 삶이 단순히 떠도는 나그네의 삶인 것은 아니지요? 하나님의 백성에게는 약속과 소망이 주어져 있고, 뿐만 아니라 이 순례자의 길에 하나님이 동행하신다는 것 아닙니까?
- 맞아. 하나님과 동행하는 나그네 길이지. 보라고, 이 순례길에 여호와 하나님이 아브람에게 나타나시고 만나 주시고 말씀해 주시지 않던가?
- 만일 이 나그네 길에 하나님과 동행하지 못한다면 얼마나 고달프고 고독할까요? 그러나 순례자의 길은 나그네 길이긴 하지만 하나님과 함께 걷는 길이네요.

• 여호와를 위하여 단을 쌓고

- 그래서 여기를 주목해 보면 아브람의 삶은 오직 믿음으로 걸어가고 있는 삶이지만 하나님이 때를 따라 나타나시고 만나 주시는, 그래서 주님과 동행하는 삶인데, 이에 대하여 아브람은 자주 하나님께 단을 쌓고 제사하고 예배하는 삶을 보여주지? 믿음의 최고의 반응은 하나님을 경배하고 찬양하는 것이 아니겠나? 아브람은 이동할 때마다 제단을 쌓은 것으로 보이지 않나? 일행과 더불어 하나님께 예배를 드렸던 것이야. 하나님과 동행하는 일은 하나님 편에서는 나타나서 말씀하시고 약속하시고 격려하시는 일이요, 사람 편에서는 제단을 쌓고 감사하고 여호와의 이름을 부르는, 즉 예배하는 삶인 것이지.
- 그렇다면 이 부분의 메시지는 이렇게 정리되는 것 같네요. '인생은

순례자이다. 그러나 하나님과 동행하는 삶이요, 예배자의 삶이다.'

– 그래 그거야. 아브람의 라이프스타일의 특징은 장막을 옮겨 치는 순례자의 삶이요, 하나님과 동행하는 삶이요, 제단을 쌓고 여호와의 이름을 부르는 예배자의 삶이었다는 것이네.

창 13:4 그가 처음으로 제단을 쌓은 곳이라 그가 거기서 여호와의 이름을 불렀더라

창 13:18 이에 아브람이 장막을 옮겨 헤브론에 있는 마므레 상수리 수풀에 이르러 거주하며 거기서 여호와를 위하여 제단을 쌓았더라

창 26:25 이삭이 그곳에 제단을 쌓고, 여호와의 이름을 부르며 거기 장막을 쳤더니 이삭의 종들이 거기서도 우물을 팠더라

생존을 넘어서는 믿음훈련(창 12:10-20)

창 12:10-20 그 땅에 기근이 들었으므로 아브람이 애굽에 거류하려고 그리로 내려갔으니 이는 그 땅에 기근이 심하였음이라 그가 애굽에 가까이 이르렀을 때에 그의 아내 사래에게 말하되 내가 알기에 그대는 아리따운 여인이라 애굽 사람이 그대를 볼 때에 이르기를 이는 그의 아내라 하여 나는 죽이고 그대는 살리리니 원하건대 그대는 나의 누이라 하라 그러면 내가 그대로 말미암아 안전하고 내 목숨이 그대로 말미암아 보존되리라 하니라 아브람이 애굽에 이르렀을 때에 애굽 사람들이 그 여인이 심히 아리따움을 보았고 바로의 고관들도 그를 보고 바로 앞에서 칭찬하므로 그 여인을 바로의 궁으로 이끌어 들인지라 이에 바로가 그로 말미암아 아브람을 후대하므로 아브람이 양과 소와 노비와 암수 나귀와 낙타를 얻었더라 여호와께서 아브람

의 아내 사래의 일로 바로와 그 집에 큰 재앙을 내리신지라 바로가 아브람을 불러서 이르되 네가 어찌하여 나에게 이렇게 행하였느냐 네가 어찌하여 그를 네 아내라고 내게 말하지 아니하였느냐 네가 어찌 그를 누이라 하여 내가 그를 데려다가 아내를 삼게 하였느냐 네 아내가 여기 있으니 이제 데려가라 하고 바로가 사람들에게 그의 일을 명하매 그들이 그와 함께 그의 아내와 그의 모든 소유를 보내었더라

- 김 군, 이 부분 얘기를 김 군의 말로 내게 전해 줘보게.
- 아브람이 하나님께로부터 약속의 땅으로 받은 가나안에 살다 보니 첫해에 가뭄이 들고 기근이 들어 먹을 양식이 없는 상황이 되었습니다. 그래서 아브람은 자기 아내 사래와 상의하고 애굽에 가서 기근이 지날 때까지 살다 오기로 결정합니다. 그런데 막상 애굽으로 가려니 또 다른 두려움이 생깁니다. 자기 아내가 예뻐서 사람들이 욕심 낼 거라고 생각한 것입니다. 그래서 우선 목숨은 건져야 하니까 우리 사이를 오누이 사이라고 하고 부부라고 하지 말자고 합의합니다. 저들은 애굽으로 내려갔고, 우려했던 일이 발생했습니다. 애굽 왕이 사래를 자기 아내 삼겠다고 데려갔습니다. 그 대신 아브람은 목숨을 유지하면서 금은 보화를 선물로 받았습니다. 그런데 무슨 재앙인지는 모르지만 하나님께서 바로에게 재앙을 내리셔서 사래를 범하지 못하게 하시고 지키십니다. 바로가 사래는 아브람과 부부관계라는 사실을 알고는 아브람을 꾸짖고 내보냅니다. 이런 이야기인데요.
- 아, 그림처럼 이야기해 주니 전체가 보이네그려.
- 선생님, 그런데 이건 너무한 것 아닙니까?
- 뭐가 너무해?
- 아니, 하나님만 믿고 따라나선 인생에, 하나님 주신 땅에서 첫 번째

로 경험하는 것이 기근이라니요? 이거 하나님을 믿어야 하나? 하나님만 믿고 따라온 인생이 옳은 것인가? 이거 너무 힘든 시련이고 테스트가 되는 것 같은데요? 아브람이 하나님만 믿고 따라온 것을 후회하지 않았을까요?

- 김 군이 그러한 형편에 놓였다면 어찌했을 것 같은가?
- 저라고 무슨 뾰족한 수가 있겠습니까? 정말 난감합니다. 아니, 먹고는 살아야 하지 않습니까? 그런데 하나님이 주신 땅에 먹을 것이 없어요? 생존이 위협받는 상황이에요! 하나님 정말 믿어도 될까요? 믿음으로 살겠다고 나선 삶이 현실 앞에서 흔들리고 무너져 내리는, 그래서 아무것도 바르게 생각할 수 없는 상황인 것 같아요. 그냥 난감할 뿐 대책이 안 설 것 같습니다.
- 심각한 도전이 아닐 수 없네그려. 기초적인 의식주는 해결해야 그다음 무슨 이상이 있고 비전이 있고, 뭐 특별한 사명이 있고 하지? 하나님 주신 땅이 먹을 것도 없는 땅이라니 너무 난감한 상황일 수밖에 없지? 내가 이런 상황이라면 나도 대책 없이 흔들리고 정확한 판단을 하지 못하고 허겁지겁 먹을 것을 찾아 나섰겠지?
- 아브람도 먹을 것을 찾아 가기로 하네요. 애굽으로 내려가기로 해요. 애굽에는 기근이 들지 않았던 모양이지요?
- 그랬던 모양이야. 그런데 기근을 맞이해서 떠났던 고향으로 가지 않고 애굽으로 가리라 생각한 것은 그나마 남아 있는 신앙일까?
- 무슨 신앙이요?
- 떠나온 고향으로는 되돌아가지 않겠다고 하는 결심 아닐까? 흉년 동안 잠시 애굽에 가서 살다가 다시 가나안에 오겠다는 생각 아닐까?
- 아이고, 먹을 것이 없어 떠나는 마당에 어떻게 빈손으로 고향으로 돌아가요? 인간적으로 참으로 황당하고 난감한 상황에서 고향으로 돌아갈 생각도 할 수도 없을 것이고, 선생님 말씀처럼 임시로 잠깐

애굽으로 갔다 오려는 생각이었을 것 같기는 합니다. 고향으로 안 가고 애굽으로 갔다는 게 무슨 일말의 신앙일까 생각해 보시는 모양인데, 너무 미화하려고 할 필요 없이 있는 대로 솔직하게 대면하는 게 낫지 않겠습니까?

- 자네 말이 맞네. 인간은 연약한 존재이니 연약한 모습 그대로 받자고. 그래도 좀 아쉬운데 혹시 아브람이 믿음이 확실하여 굶어 죽을지언정 하나님 주신 땅을 떠날 수 없다고 결심하고 가나안 땅에 머물렀다면 어찌 되었을까?
- 아, 그 생각은 못 해보았네요? 죽기를 각오하고 믿음을 지켜 가나안에 그냥 머물러 살며 하나님만 의지한다? 일단 굶으면서 견딘단 말이지요? 그렇게 하면 영웅적인 믿음의 사람이라고 칭송될지 모르지만 그게 쉬운 일이겠습니까? 그런데 가만히 생각하니 지금 이 이야기가 그러한 믿음을 요구하는 하나님의 훈련 이야기같이 들리기도 하는데요? 도대체 믿음은 어디까지입니까? 굶어 죽어도 믿는다는 데까지 이르러야 하는 것일까요?
- 글쎄, 생각해 보면 난감한 일인데, 또 달리 생각하면 먹고 사는 일은 하나님이 책임지신다는 것을 보여주려는 계시요, 그에 대한 믿음을 훈련하는 사건이 아닐까 싶은데, 그렇다면 은혜 아니겠나?
- 은혜라니요? 이 난감한 시련 속으로 몰아넣는 게 은혜라고요?
- 하나님이 누구신가? 창조주 하나님 아니신가? 창조란 없는 데서 있게 하는, 무에서 유를 불러내는 게 창조 아니던가? 그런데 하나님께서 주신 땅에 먹을 것이 없다, 이때야말로 없는 데서 있게 하시는 하나님의 실력을 경험할 때가 아니겠나?
- 이론적으로는 그런데요, 선생님, 이러한 난감한 현실에서는 먹을 것을 찾아 나서는 게 정상일 겁니다. 아브람이 당시 풍년 든 애굽으로 먹을 것을 찾아 내려가는 것은 너무도 인간적인 자연스러운 행위라고 여겨집니다.

- 그래, 이해가 가고 공감이 가기는 해. 그래서 결국 아브람은 애굽에 내려가기로 결정하지. 그런데 애굽으로 내려가면서 걱정한 게 무엇인가?
- 자기 아내가 너무 아름다워서 자기를 죽이고 아내를 빼앗아 가려는 사람들이 생길 것을 걱정하네요.
- 아내는 빼앗기는 한이 있어도 자기 목숨은 유지해야 한다는 게 아닌가? 왜 이렇게 한없이 작아지는가?
- 한 번 하나님에 대한 믿음이 흔들리면 이렇게 작아지는 모양이네요. '하나님이 나와 동행하며 지키신다' 이런 믿음은 먹을 것도 없이 불안하게 떠나는 마당에 갖기 어렵겠지요?
- 생존에 대한 믿음이 흔들리니까 모든 게 버거운 짐이겠지. 두려움이 엄습해 올 수 있겠지?
- 저는 인간적으로 아브람의 심정이 이해가 돼요. 그런데 이야기는 꼭 예상한 대로, 두려워한 대로 진행이 되지 않습니까. 결국 애굽 왕 바로가 사래를 빼앗아 가네요?
- 위기이지? 보통 위기가 아니야. 자기 아내를 빼앗긴다는 정도의 위기가 아니라 약속의 씨를 얻어야 할 사래가 더럽혀지는 위기란 말일세.
- 아, 그렇군요. 차원이 다른 위기이네요? 그러니 서둘러 하나님이 개입하셨군요? 무슨 재앙으로 바로를 일깨우셨을까요?
- 무슨 재앙인지 기록에 없으니 어찌 알겠나? 어쨌든 사래가 더럽혀지는 일을 하나님 자신이 막으시고 보전하신 것이지.
- 여기서 아브람이 자기와 아내를 지키시는 하나님을 경험하면서 흔들린 믿음이 회복될 것 같은데요?
- 그러겠지. 하나님께서는 이를 통해 순례자의 삶이 얼마나 철저하게 믿음의 삶이어야 하는가를 배우게 하시는 것 같아. 가나안까지 믿음으로 하나님을 따라왔으니 기근에 직면해서도 아브람은 하나님을

신뢰하고, 원망과 불평을 뛰어넘어 하나님께 간구하며 찬양하는 삶의 승리를 경험해야 하는 것이 아니겠나? 하여튼 하나님께서는 아브람이 그렇게 철저히 자신을 믿고 따르기를 원하신 것은 틀림없는 것 같고, 생존 문제를 뛰어넘는 믿음훈련으로 가나안의 기근이란 상황을 사용하신 것으로 생각되네.

- 없는 데서도 있게 하시는 하나님께서 어떤 경우든, 어떻게 공급하시든 공급하실 것을 믿고 약속의 땅에서 그대로 견디면서 기도해야 했다는 말씀입니까?

- 쉽게 이야기하기는 어렵지만 그게 하나님의 훈련이었다고 믿는다네. 관주성경을 보면 이후 아브람의 아들 이삭 때에도 가나안에 기근이 든 적이 있고, 이때는 이삭이 애굽으로 내려갈 생각을 하자 애굽으로 내려가지 말라고 말씀하시는 것을 보면, 아브람 때도 하나님의 생각은 아브람이 애굽으로 내려가지 말고 믿음으로 가나안에 머물러 하나님의 공급하심을 경험하기를 원하셨던 게 틀림없다고 생각되지.

창 26:1-4 아브라함 때에 첫 흉년이 들었더니 그 땅에 또 흉년이 들매 이삭이 그랄로 가서 블레셋 왕 아비멜렉에게 이르렀더니 여호와께서 이삭에게 나타나 이르시되 애굽으로 내려가지 말고 내가 네게 지시하는 땅에 거주하라 이 땅에 거류하면 내가 너와 함께 있어 네게 복을 주고 내가 이 모든 땅을 너와 네 자손에게 주리라 내가 네 아버지 아브라함에게 맹세한 것을 이루어 네 자손을 하늘의 별과 같이 번성하게 하며 이 모든 땅을 네 자손에게 주리니 네 자손으로 말미암아 천하 만민이 복을 받으리라

- 그러나 이 경우 이삭에게는 하나님이 나타나셔서 그렇게 말씀해 주고 계시지만 아브람의 경우는 그러한 하나님의 확증을 얻지 못했으

니까 우선 살기 위하여 양식을 찾아 나서야 하는 상황이었지 않습니까?

- 그것은 맞아. 하나님께서는 아브람에게 더 큰 기대를 하셨던 셈이지. 이삭의 때에는 이삭도 아브람처럼 먹을 것을 찾아 애굽으로 내려갈 것 같으니 나타나셔서 말씀하신 것이지.
- 하여튼 어려워요. 아브람을 나무랄 수는 없을 것 같아요.
- 그건 그래. 하지만 이것은 아브람을 향한 하나님의 믿음훈련이었다는 것은 분명한 것 같아. 그리고 결과론이지만 아브람은 애굽에 오래 머물지 않고 가나안으로 돌아온 것 같고, 돌아와서 굶어 죽었다는 기록이 아니야. 아브람은 잘살게 되었고 부하게 되었어.
- 그러니까 먹을 것이 없어도 없는 데서 있게 하시는 하나님을 믿고 가나안, 즉 약속의 땅을 지키는 믿음이었다면 처음부터 불안하고 두려운 방랑을 할 필요가 없었다는 말이지요?
- 그렇다네. 그리고 이 일을 겪으며 없는 데서도 있게 하시는 하나님을 신뢰하는 믿음이 아브람에게 깊어졌고, 이후로 이 땅의 조건 즉 재물에 의존하는 삶이 아닌, 하나님에 대한 믿음으로 재물에 자유한 삶을 누리게 되는 것을 볼 수 있지. 롯과의 재산 분배 과정에 그러한 아브람의 믿음이 분명하게 나타나는데, 그 이야기는 그때 가서 더 하기로 하지.
- 하여간 생존 문제에 사로잡히지 않는 믿음, 하나님을 어떤 경우에라도 신뢰하는 믿음으로 사는 것이 진정한 믿음이고, 그것이 축복이라는 말씀이네요.
- 그렇다네. 그러므로 예수님도 우리를 향하여 무엇을 먹을까 염려하지 말라고 하시지 않았나?

마 6:30-33 오늘 있다가 내일 아궁이에 던져지는 들풀도 하나님이 이렇게 입히시거든 하물며 너희일까 보냐 믿음이 작은 자들아 그러므로 염려하여 이르기를 무엇을 먹을까 무엇을 마실까 무엇을 입을까 하지 말라 이는 다 이방인들이 구하는 것이라 너희 하늘 아버지께서 이 모든 것이 너희에게 있어야 할 줄을 아시느니라 그런즉 너희는 먼저 그의 나라와 그의 의를 구하라 그리하면 이 모든 것을 너희에게 더하시리라

- 그런데 우리는 이 생존을 위한 염려에서 자유한 삶을 누리지 못한단 말입니다. 하나님을 믿는다고 하면서도 늘 먹을 것 걱정이요, 저의 경우는 취직 걱정에 편안한 날이 없어요. 그러니 "믿음이 작은 자들아"라고 책망하시는 것이겠네요?
- 김 군, 나는 늙어서 이 믿음훈련을 받았어.
- 늙어서요? 믿음훈련을 젊어서 받은 게 아니고 늙어서 받으셨어요? 그러면 최근 일이겠네요? 나누실 수 있으세요?
- 내가 2013년 3월에 공식 은퇴했거든. 그때 바나바훈련원 원장직을 끝으로 은퇴하게 되는데 그때 믿음훈련을 받게 되었지.
- 은퇴와 관련해서 받으신 모양이네요?
- 그랬지. 내가 재정적으로 은퇴 준비를 못했어. 그런데 그때 내 나이 68인데 교회법으로 70세 은퇴이지만 2년 앞당겨 은퇴하게 되었지.
- 아니, 왜요? 교단법으로 목회는 70세 은퇴이고, 훈련원 원장은 70 넘어도 할 수 있는 것 아니에요?
- 법적으로는 문제가 없지. 하지만 하나님께서 그만 원장직을 내려놓고 은퇴하라는 지시를 하셨지. 내가 70세가 되면 교단연금 들은 게 있어서 월 약 90여만 원 받게 되어 있었지만 2년의 공백 기간에는 수입이 전무한 것이었어. 아니, 국민연금 월 28만 원이 있었구나.
- 월 28만 원으로 사나요?
- 어림도 없지. 그러니 은퇴라는 게 불안한 과제가 아닐 수 없었지. 그래서 하나님께 여쭈어 보았어. "은퇴하라면 은퇴하겠는데 제가 재정

적 준비를 하지 못해서 대책이 없습니다. 은퇴하면 무얼 먹고 살지요?"라고 물었다네.

- 뭐라고 대답하시던가요?
- 그분 대답은 뻔하지 뭐.
- 뻔하다니요?
- "무엇을 먹을까 무엇을 입을까 무엇을 마실까 염려하지 말라."
- 정말 뻔한 대답이네요.
- 그 말씀을 하시면서 "네가 지금까지는 이 말을 믿지 않아도 살았지? 월급 꼬박꼬박 나오니까 말이야. 이제 한번 이 말을 믿어볼래?" 그러시는 거야?
- 그래서요?
- 그래서 "알았습니다. 염려하지 않고 은퇴하겠습니다" 하고는 그냥 은퇴했어.
- 아직 살아서 저와 함께 지금 이야기하고 계시니 굶어 죽지는 않으셨네요?
- 굶어 죽지 않고 살 뿐 아니라 그 28만 원 국민연금 가지고 사는 2년 동안에 지구를 네 바퀴 정도 도는 순회를 하면서, 세계 여러 나라 선교지에서 선교사 수련회 강사로, 현지 목회자 세미나 강사로 쓰임 받으며 세계 일주를 네 차례나 한 셈이라네.
- 무엇을 먹을까 걱정해야 하는 상황에서 굶기는커녕 세계 일주를 네 차례나 할 만큼의 거리를 여행하며 쓰임 받았다고요? 선생님, 지난번에 선교지 사역은 강사료를 받거나 항공료를 받는 일이 없이 자비량 사역이라고 하셨지 않나요? 은퇴 후에는 항공료나 강사료를 받게 된 것인가요?
- 천만에, 여전히 자비량이었지.
- 그러면 계산이 안 되는 말씀이지 않아요? 세계 일주로 뭉뚱그려 대략 계산한다면 한 번 일주하는 데 1인당 600만 원 이상 되

었을 것이고, 사모님과 함께 가면 1,200만 원, 1년 두 차례가 되면 1년에 2,400만 원, 2년이면 4,800만 원인데요? 굉장한 재정이 동원되었는데 누가 후원해 주셨나요?

– 대단한 재정이 동원되었지? 그런데 누가 후원한 것은 전혀 없다네. 다 자비량이라고 말해도 거리낌이 없어.

– 아니, 말이 되는 말씀을 하셔야지요? 그게 어찌 가능한 이야기예요?

– 자세한 내막은 다음에 이야기해 줄게.

– 궁금하게 해놓고. 선생님도 연속극의 원리를 아시나 봐요?

– 중요한 것은 '없는 데서도 있게 하시는 하나님을 신뢰하고 생존 문제에 대한 염려로부터 자유한 삶을 누릴 수 있느냐?' 하는 점이라네. 믿음으로 산다는 것은 모든 염려로부터 자유한 삶을 산다는 것이거든.

– 우와, 갈수록 헷갈리네. 아니, 정말 이러시기예요? 이제 사실 만큼 사셨다고 초연한 척하시는 거예요? 저 같은 사람 취직 걱정하는 것 놀리시는 거예요?

– 사람 참, 이봐 김 군, 나도 은퇴하는 그 시점에는 먹고 사는 문제가 현실이었고, 아무런 그림도 그릴 수 없는 테스트였단 말일세. 그런데 하나님의 공급하심을 경험하고 나서 누리는 여유요, 간증이란 말일세. 사실 우리의 믿음은 생존 문제를 하나님께 맡길 수 있는 믿음이 진정한 믿음이고, 생존의 위협 아래서도 하나님을 신뢰하는 믿음으로 결단하고 행동하는 것이 신앙이란 말일세. 이 기본적인 믿음 없이 아브람이 하나님 나라 역사의 주인공이 되고, 김 군과 내가 하나님 나라의 사람이라고 하겠는가?

– 아, 저는 신앙에 있어서 더 성장해야 할 것이 분명해 보입니다. 저의 연약한 믿음을 인정하고 나아갑니다. 생존 문제에 있어서 하나님을 믿음으로 평안을 누릴 수 있어야 참 믿음이다, 그런 말씀인데 그 믿음의 세계로 나아가겠습니다.

산책길 9

보다 나은 선택(창 13:1-14:24)

- 오늘은 어디로 가시나요?
- 오늘은 좀 멀리 나갈까 하는데 '한산사'를 내비에 찍고 가세.
- 절로 가나요?
- 절로 가긴, 운전을 해야 가지?
- 선생님, 지금 아재 개그 하시는 거예요?
- 하여튼 가자고. 절로 갈 필요는 없고 절로 올라가는 언덕에 가서 평사리 들녘을 내려다보면서 이야기를 나누어 볼까 하네.

- 여기 평사리 들녘이 내려다보이는 이쯤에서 차를 세울까요?
- 그럴까? 차들 지나다니는 데 방해되지 않도록 저기 움푹 들어간 곳에 주차를 해보게.
- 아주 넓지는 않지만 평사리 들녘이 아름답고 옆으로는 섬진강도 흘러가고, 경치가 그림 같네요?
- 그렇지? 우리가 너무 이르게 와서 아직 계절적으로 푸른 들녘인데, 조금 더 있다 오면 황금 들판을 이루어 참 보기 좋은 전망을 주는

데라네. 사진작가들이 벼가 익는 때에는 많이 찾는 곳이기도 해. 저 아래 부부송이라 부르는 소나무 두 그루와 그 앞쪽 동정호라 이름하는 작은 연못이랑 어울려 그림을 연출하게 된다네.

평사리 가을 들녘

- 그리고 우리 뒤쪽으로 한산사와 그 뒤로는 산이네요?
- 그렇지, 산과 들이 공존하는 곳이지.
- 왜 이곳까지 오셨어요? 아직 황금빛이 아니어서 사진은 작품이 덜 될 것 같은데요?
- 음, 오늘 이야기하다 보면 이런 지형이 좋은 비유가 될 것 같아서. 첫 문단 읽어 봄세.
- 네.

벧엘로 올라가라/신앙과 축복의 회복(창 13:1-4)

창 13:1-4 아브람이 애굽에서 그와 그의 아내와 모든 소유와 롯과 함께 네게브로 올라가니 아브람에게 가축과 은과 금이 풍부하였더라 그가 네게브에서부터 길을 떠나 벧엘에 이르며 벧엘과 아이 사이 곧 전에 장막 쳤던 곳에 이르니 그가 처음으로 제단을 쌓은 곳이라 그가 거기서 여호와의 이름을 불렀더라

- 이번에도 김 군 말로 요약해서 내게 설명해 주겠나?
- 네, 아브람이 애굽에서 아내와 모든 소유와 또 롯과 함께 가나안 땅으로 가려고 올라갔습니다. 벧엘에 이르렀고, 벧엘에서 여호와의 이

름을 다시 불렀습니다. 그리고 아브람은 애굽에서 나올 때 가축과 은과 금이 풍부하였다고 합니다. 애굽에서 아내를 바로에게 주는 대신 얻은 재물인 것 같은데 반환하거나 빼앗기지 않고 다 가지고 나온 것 같습니다.

- 해석상 어려울 것은 없을 것 같고, 이 이야기가 의미하는 바는 무엇일까?
- 돌아가야 하는 것이지요? 처음 받은 그 땅으로, 약속의 땅으로, 하나님이 함께하시는 땅으로 돌아가야 하는 것이지요?
- 아브람은 시련을 넘기고는 다시 약속의 땅을 향하여 이동하였지. 어려운 시련을 피하여 옮겨 갔던 애굽에 오래 머물러서는 안 되는 것이지. 다시 약속의 땅으로 돌아가야 하는 거지. 그래서 그는 벧엘로 올라갔는데 거기는 그가 전에 장막을 쳤던 곳이며, 가나안 땅에 들어와 처음으로 하나님께 제단을 쌓았던 곳이거든(창 12:8).
- 이것은 대단히 중요한 것 같습니다. 아브람의 신앙이 회복되기 위해서는 일단 처음 하나님께 예배하던 자리로 돌아가야 하는 게 맞겠지요? 예배는 영성의 시작이요, 예배는 하나님께 대한 신앙의 출발점이니까요.
- 그래, 오늘 이 부분의 메시지는 벧엘로 올라가라 하는 메시지인 것 같아. 처음 신앙의 자리로 돌아가라는 것이지. 후일 야곱도 피난 시절에 벧엘에서 하나님께 서원기도를 드린 적이 있는데, 야곱이 다시 가나안으로 돌아올 때에 하나님이 야곱에게 벧엘로 올라가라고 하시며 신앙의 회상과 회복을 촉구하신 것을 볼 수 있다네.

창 35:1 하나님이 야곱에게 이르시되 일어나 벧엘로 올라가서 거기 거주하며 네가 네 형 에서의 낯을 피하여 도망하던 때에 네게 나타났던 하나님께 거기서 제단을 쌓으라 하신지라

영적 선택(창 13:5-18)

창 13:5-18 아브람의 일행 롯도 양과 소와 장막이 있으므로 그 땅이 그들이 동거하기에 넉넉하지 못하였으니 이는 그들의 소유가 많아서 동거할 수 없었음이니라 그러므로 아브람의 가축의 목자와 롯의 가축의 목자가 서로 다투고 또 가나안 사람과 브리스 사람도 그 땅에 거주하였는지라 아브람이 롯에게 이르되 우리는 한 친족이라 나나 너나 내 목자나 네 목자나 서로 다투게 하지 말자 네 앞에 온 땅이 있지 아니하냐 나를 떠나가라 네가 좌하면 나는 우하고 네가 우하면 나는 좌하리라 이에 롯이 눈을 들어 요단 지역을 바라본즉 소알까지 온 땅에 물이 넉넉하니 여호와께서 소돔과 고모라를 멸하시기 전이었으므로 여호와의 동산 같고 애굽 땅과 같았더라 그러므로 롯이 요단 온 지역을 택하고 동으로 옮기니 그들이 서로 떠난지라 아브람은 가나안 땅에 거주하였고 롯은 그 지역의 도시들에 머무르며 그 장막을 옮겨 소돔까지 이르렀더라 소돔 사람은 여호와 앞에 악하며 큰 죄인이었더라 롯이 아브람을 떠난 후에 여호와께서 아브람에게 이르시되 너는 눈을 들어 너 있는 곳에서 북쪽과 남쪽 그리고 동쪽과 서쪽을 바라보라 보이는 땅을 내가 너와 네 자손에게 주리니 영원히 이르리라 내가 네 자손이 땅의 티끌 같게 하리니 사람이 땅의 티끌을 능히 셀 수 있을진대 네 자손도 세리라 너는 일어나 그 땅을 종과 횡으로 두루 다녀 보라 내가 그것을 네게 주리라 이에 아브람이 장막을 옮겨 헤브론에 있는 마므레 상수리 수풀에 이르러 거주하며 거기서 여호와를 위하여 제단을 쌓았더라

- 이번 문단의 이야기는 무슨 이야기인가, 김 군?
- 롯도 양과 소와 장막이 있으므로 아브람과 동행하기가 넉넉하지 못하게 되었습니다. 아마도 이때쯤 아브람이 롯에게 자립할 자금으로

양과 소 등 롯의 몫으로 나누어 준 재산이 많이 불어난 모양입니다. 아직 아브람과 롯이 직접적으로 다툰 것은 아니지만 아브람의 양을 돌보는 목자들과 롯의 양을 돌보는 목자들 사이에 많은 경쟁과 다툼이 있었던 모양입니다. 머지않아 아브람과 롯 사이에도 오해와 충돌이 있을 수도 있기에 걱정이 되었습니다. 주변에는 가나안 사람과 브리스 사람들도 함께 살고 있어서 이 이방인들이 보는 앞에서 하나님을 섬긴다는 사람들이 친족간에 싸우는 사태가 벌어져서는 안 되겠다고 생각한 것 같습니다. 그래서 아브람은 롯을 분가시켜 자립시켜 주고 땅도 나누어 주려고 결심합니다. 그런데 아브람은 자기가 하나님께 받은 땅을 조건 없이 내어놓으면서 롯이 갖고 싶은 만큼 골라 차지하라고 양보합니다. 그리고 롯은 눈을 들어 둘러보고는 자기 욕심껏 요단 강변 들녘을 차지합니다. 그리고는 당시 죄악이 관영한 소돔으로 이사합니다. 롯을 분가시킨 후 아브람에게 하나님께서 나타나십니다. "눈을 들어 동서남북을 바라보라. 보이는 땅을 너와 네 자손에게 주리라"고 약속하십니다. 그리고 그 자손이 땅의 티끌같이 번성하리라고 약속하십니다. 아브람은 헤브론으로 옮겨 장막을 칩니다. 그리고 상수리나무 수풀 근처에 살며 하나님께 제단을 쌓았습니다. 이런 이야기인데요, 선생님, 재산이 불어나니까 다툼이 생겼네요?

- 응, 그렇네. 김 군, 아주 총명해. 한 번 읽고 긴 이야기를 쫙 정리해 주니 고맙네. 그런데 김 군이 말한 대로 소유가 풍성해지자 오히려 다툼의 요소가 생겨났네그려. 오늘 이 문단에서는 아무래도 아브람이 땅을 롯에게 양보하는 이야기가 하이라이트일 것 같네. 우선 이런 상황에서 분가시켜 주는 방향의 생각은 어떻게 생각하나?
- 그야 매우 합리적인 생각이지요. 더군다나 땅까지 나누어 분가시켜 준다는 것은 대단히 합리적인 판단이라고 봅니다. 롯도 독립해서 장가가고 스스로의 삶을 만들어 갈 좋은 기회가 되겠지요? 롯의 입장

에서도 감사할 뿐이겠지요?

- 그래, 아브람은 매우 합리적인 사람이었던 것 같고 영적인 사람이었던 것 같아. 분가를 서둘러야겠다고 생각한 것은 무엇보다도 다툼의 여지를 없애겠다는 것이겠지?
- 네, 첫째는 친족간의 다툼은 덕이 안 되는 일이고, 둘째는 주변에 가나안 사람, 브리스 사람 등 이방인들 앞에서 하나님의 사람들이 다투는 모습을 보이는 것은 하나님의 영광을 가리는 일이라고 판단한 것 같네요.
- 그래, 아브람은 그 점이 신경이 쓰인 것 같아. 하나님의 영광을 욕되게 할 수 없다는 생각이었던 것 같아.
- 그런 것 같아요. 이런 아브람의 정신으로 산다면 그리스도인이 다툴 일이 없을 텐데, 아이고, 요즘 교회마다 시끄러운 교회 많아요.
- 부끄러운 일이지.
- 그런데 선생님, 아브람이 롯을 분가시킨다 해도 약속으로 받은 땅 한 부분 떼어 주면 될 터인데, 다 내어놓고 원하는 대로 골라 가지라고 한다는 게 말이 되나요?
- 말이 안 되다니?
- 롯이 누굽니까? 어릴 때 일찍 부모를 여의고 삼촌 아브람이 여태 양육하고 돌보아 길러 준 조카 아닙니까? "이만큼 키워 줬으니 이제는 알아서 독립해 봐" 하고 내보내도 되고, 너무 서운하면 한쪽 일부분 땅을 나누어 줘도 자비로운 처사일 텐데 다 내어놓고 마음대로 골라 가져라, 네가 좌하면 나는 우하고 네가 우하면 나는 좌하리라, 이렇게까지 해야 합니까? 이걸 호인이라 해야 돼요, 바보라 해야 돼요?
- 나라면 솔직히 어려울 것 같아. 김 군은 어떤가? 이게 가능한 이야기일까?
- 그러니까 말입니다. 그런데 이 롯도 참 그러네요? 삼촌이 그런다고 염치가 있어야지, 요단 강 들녘을 골라 차지하다니요? 마침 선생님

이 여기 데려오셨는데 이 지형을 비유로 쓰시려고 한 것이지요? 아브람이 여기 이 땅을 갖고 있었다면 롯에게 마음대로 골라 가지라 하니까 롯이 평사리 들녘을 다 차지하고 아브람에게 는 여기 한산사 뒤편 신선봉으로 이어지는 이 산지만 남은 것과 같네요. 요단 들녘을 차지하고 황무지 같은 헤브론 골짜기만 남겨 준 것이에요. 롯은 도대체 염치가 있는 사람이에요, 없는 사람이에요? 그런데 아브람은 오케이, 좋은 대로 다 가져. 나는 헤브론 골짜기로 들어갈게. 이게 무슨 무골호인이란 말이에요?

- 그런데 왜 김 군이 오늘 흥분하나?
- 아이 흥분 안 하게 되었어요? 롯은 아브람이 아니었으면 지금 살아 있기나 할는지 몰라요. 고아를 데려다 길러 준 은혜를 생각해서 삼촌이 내어놓더라도 좀 겸양의 미덕을 발휘해야죠. "아이, 삼촌, 그동안 길러 주신 것만도 감사합니다. 땅은 안 주셔도 됩니다. 주시더라도 한쪽 귀퉁이 조금만 주셔도 황송할 뿐입니다." 이렇게 좀 겸양을 나타낼 줄도 알아야지, 원하는 대로 준다고 해서 덥석, 평사리 들녘 다 차지하고 삼촌은 신선봉 산에 가서 사세요, 그런 식이니 제가 화가 안 나게 생겼습니까?
- 허허, 김 군, 재미있는 화풀이를 다 보네그려. 김 군, 한 가지 깊이 생각해 볼 일이 있어. 아브람은 어떻게 그렇게 여유 있고 자기 것을 다 내어놓을 수 있었을까? 이 봐, 김 군, 분명히 아브람이 땅 전체를 내어놓고 롯에게 먼저 골라 가지라고 선택권을 주지?
- 그렇지요. 그리고는 롯이 먼저 골라 가장 비옥한 부분인 요단 들녘을 선택하잖아요?
- 자, 김 군, 이제 눈을 열고 보게. 누가 먼저 선택했다고?
- 롯이 먼저 선택했다고요.
- 롯의 선택 기준은 무엇이었지?
- "롯이 눈을 들어 요단 지역을 바라본즉 소알까지 온 땅에 물이 넉넉

하니 여호와께서 소돔과 고모라를 멸하시기 전이었으므로 여호와의 동산 같고 애굽 땅과 같았더라 그러므로 롯이 요단 온 지역을 택하고 동으로 옮기니 그들이 서로 떠난지라"(10-11절), 이로 보건대 롯은 인간의 육신의 안목으로는 최선의 선택을 했다고 보아야지요?

– 그래, 아무리 선택을 잘했어도 롯은 육신의 안목으로 선택한 정도야. 그런데 내 생각에는 아브람이 실상은 먼저 선택한 것으로 보이거든.

– 아브람이 먼저 선택을 해요? 롯이 선택하고 남은 황무지 골짜기를 차지했는데요?

– 응, 그래서 나는 절대적으로 아브람이 먼저 선택했다고 보는 것이야.

– 무슨 말도 안 되는 말씀을 하시는 것이에요?

– 아브람이 먼저 영적으로 선택한 것이란 말이야. '나는 땅이 아닌 하나님을 선택한다. 내 삶의 근거는 땅이 아닌 하늘(하나님)이다. 땅은 다 양보해도 나는 산다. 왜냐하면 나는 땅보다 크시고 땅의 주인이신 하나님을 선택하기 때문이다.' 이렇게 하나님을 먼저 선택하고 나니 땅을 내어놓을 수 있는 믿음과 자유가 생긴 것이 아니겠나?

– 아, 믿음의 선택, 영적 선택, 하나님을 먼저 선택하였기에 땅의 일은 롯이 원하는 만큼 주기로 작정할 수 있었다는 말이지요? 대단합니다. 선생님의 영적 안목도 대단하지만 아브람의 믿음과 영성은 과연 대단합니다. 거기까지 저의 믿음도 성장해야 하겠는데요, 그런데 아브람은 먹고 사는 문제로 흔들리던 사람이었는데 언제 그렇게 성장했을까요?

– 내 생각에는 그때부터 성장한 것일 게야.

– 언제요?

– 기근이 들어 먹고 사는 문제로 믿음이 흔들려 약속의 땅을 버리고 애굽에 내려갔다가 '없는 데서도 있게 하시는 하나님'을 체험한 이후

'먹는 문제로 신앙이 흔들려서는 안 되겠다. 하나님을 우선하고, 먹는 문제를 우선하지 말자' 그렇게 깨달은 것이 분명해. 자, 이것 보라고. 우리가 하나님을 믿는다는 것은 재물에 매여 사는 삶에서 자유케 되는 것이야. 그래서 하나님의 영광을 우선시하는 삶을 살 수 있게 하는 힘이 되는 것이 아니겠나? 믿음이란 생존을 뛰어넘는 가치관을 살 수 있게 해주는 동력이 된다네. '롯의 선택으로 살 것이냐, 아브람의 선택으로 살 것이냐?' 이는 차원이 다른 삶을 살게 해주는 열쇠가 될 것이네.

– 육신의 안목으로 생존을 위한 선택이 아니라 영적 안목으로 하나님의 영광을 위한 선택을 하여야 한다는 메시지가 들리는 것 같습니다. 그런데 이게 아무리 생각해도 상당한 수준의 영적 성장이 아니면 안 될 것 같다는 생각이 듭니다.

– 어렵게 생각하면 거의 불가능한 수준이야. 그러나 단순한 게 또 믿음이야. 하나님이 나의 모든 것 되시는 믿음의 고백으로 살 수 있다면 또 가능한 수준의 믿음이 아닐까?

– 하여튼 "주여, 믿음을 더하여 주소서"라고 기도해야겠어요. 좌우지간 롯은 영적인 사람의 모습은 아닌 것 같아요.

– 왜 그런 판단을 하는데?

– 육신의 안목으로 좋은 땅 차지하지요? 조금의 겸양의 미덕도 없이요. 그리고는 소돔 사람들이 악하다고 하는데 악한 사람들 속에 가서 자기가 받을 영적 해로움은 생각하지 않는, 그러니 영적 우선순위를 고려하는 성숙한 믿음에는 이르지 못한 것 같아요. 그리고 아브람은 너무 초월적인 영적 사람, 마치 하늘에 사는 사람 같아 보여요. 저도 그럴 수만 있다면 좋을 텐데, 부럽군요.

– 우리도 성장하자고. 믿음으로 살아가는 법을 배워 보자고. 그런데 롯을 분가시킨 후에 하나님이 나타나서 하신 약속의 확약도 주목해 보자고.

• **눈을 들어 바라보라**

― 그러게요. 롯이 떠난 후 하나님께서 아브람에게 오셔서 "눈을 들어 동서남북을 바라보라. 보이는 땅을 너와 네 자손에게 주리라" 약속하시는데요? 아니, 뭐 아무리 하나님이 바라보라 하지만 롯이 차지한 요단 들녘에는 미련을 두지 않았을 것 아닌가요?

― 그랬겠지.

― 거기 가나안 땅에서 요단 들녘을 빼고 나면 헤브론 산지나 황무지라면서요? 바라보았자 아브람 눈에 뭐 특별한 게 보이나요? 보았자 황무지, 산지 그런 것이 아닌가요?

― 그랬겠지. 그러나 그럼에도 불구하고 하나님이 바라보라고 하시는 때에 하나님이 바라보라고 하시는 곳을 보는 것은 중요한 것이야. 더구나 보는 것을 다 주리라고 약속하시지 않나?

― 그게 무슨 의미인데요?

― 롯이 바라보는 것과 아브람이 바라보는 것을 비교해 보라고.

― 롯은 자기가 바라보고, 자기 눈에 보이는 땅을 차지하여 갔지요. 그리고 그곳은 요단 들녘, 비옥한 토지였어요. 아하, 조금 깨달아지는데요? 아브람은 오직 하나님만 바라보았고, 이번에는 하나님이 바라보라고 하시는 땅을 바라보게 된 것이네요.

― 바로 그 차이야. 하나님만 바라보고 하나님이 보여주시는 땅을 바라보게 된다는 점, 이 얼마나 큰 차이인가? 믿음으로 사는 하나님의 사람의 삶은 자신의 야망과 자신의 꿈에 사는 것이 아니야. 하나님이 보여주시는 비전, 하나님이 보여주시는 소망, 하나님이 보여주시는 약속에 사는 것이야. 물리적으로는 롯이 육신의 안목으로 선택한 땅이 비옥한 땅이냐, 하나님이 아브람에게 주신 땅이 비옥하냐는 비교의 등급이 아니야.

― 물리적으로는 롯이 육신의 안목으로 선택한 땅이 훨씬 비옥한 것일 수 있지요?

- 맞아, 그러나 결과와 열매는 그렇지 않아. 하나님이 주시는 땅 이상의 좋은 땅을 누가 얻을 수 있겠는가? 이 사실은 이어지는 롯과 아브람의 삶의 역사, 소돔과 헤브론의 역사에서 극명하게 드러나게 된다네. 의인의 적은 소유가 악인의 풍부함보다 승하는 비결이 여기 있다네.

시 37:16 <u>의인의 적은 소유가 악인의 풍부함보다 낫도다</u>

잠 16:8 적은 소득이 공의를 겸하면 많은 소득이 불의를 겸한 것보다 나으니라

- 하나님이 주신 땅이 가장 좋은 땅이라는 말이지요? 그것이 옥토로 보이든, 황무지로 보이든 하나님께서 주신 땅이 가장 좋은 땅이라는 믿음으로 살아가야 하겠네요?
- 그렇다네. 시편의 말씀처럼 말이야.

시 16:6 내게 줄로 재어 준 구역은 아름다운 곳에 있음이여 나의 기업이 실로 아름답도다

김 군, 나야 이제 살 만큼 살아 거의 다한 인생이지만 김 군은 하나님이 보여주시는 것을 보고, 하나님이 주시는 땅에 살게 되기를 축복하네.

- 감사합니다, 선생님.

롯을 구하는 아브람(창 14:1–16; 본문 생략)

- 이번 문단의 이야기를 김 군이 또 간추려 보겠나?

- 네, 뭐 전쟁 이야기네요. 엘람 왕 그돌라오멜이 좀 강국이었던 모양이고, 주변 나라들이 12년 동안 조공을 바치다가 13년 차에 더 이상 바치지 않기로 몇 나라가 배반하자 그돌라오멜과 그의 동맹국 세 나라 왕이 더불어 공격하네요. 조공을 바치던 다섯 나라가 역시 연합군을 이루어 전쟁을 하게 되었습니다. 그런데 선생님, 이때의 나라와 왕이라는 게 아주 큰 왕국은 아니었던 모양이지요? 그 작은 지역에 지금 아홉 나라와 왕이 등장하는 것을 보면 말입니다?
- 아마도 작은 도시국가들이었겠지? 장소는 싯딤 골짜기, 즉 염해 주변에서 맞붙어 싸우게 된 모양이고.
- 네, 그 전쟁에서 배반한 다섯 나라 왕들이 패배하게 됩니다. 그 패배한 나라와 왕 가운데 소돔 왕과 고모라 왕도 포함되는데, 이야기의 초점은 이 전쟁으로 소돔과 고모라가 망하고, 롯도 망하고 포로로 잡혀갔다는 데 있는 것 같습니다. 그리고 이야기는 아브람이 자기 조카가 사로잡혔음을 듣고 집에서 길리고 훈련된 자 318명을 거느리고 단까지 쫓아가서 그와 그의 가신들이 나뉘어 밤에 그들을 쳐부수고 다메섹 왼편 호바까지 쫓아가 모든 빼앗겼던 재물과 자기의 조카 롯과 그의 재물과 또 부녀와 친척을 다 찾아왔다는 이야기가 하이라이트인 것 같습니다.
- 그런 것 같네. 전쟁이 일어나 롯이 재산을 몰수당하고 그 자신도 사로잡혀 갔다는 이야기와 그의 삼촌 아브람이 그를 되찾아왔다는 이야기 아닌가? 그렇다면 이 문단의 기록은 무엇을 보여주는 것일까? 어떤 메시지가 들려오는 것 같은가?
- 전쟁통에 소돔에 거하는 아브람의 조카 롯도 사로잡혀 갔습니다. 그 재물도 다 노략당한 것은 물론이고요. 이 부분 성경은 아무래도 북방 왕들과 남방 왕들 사이에 전쟁이 있었다는 전쟁 이야기가 초점이 아닌가 싶습니다. 롯은 육신의 안목으로 자기 야망을 따라 비옥한 요단 들을 택하였고 편리한 도시생활을 하며 소돔 땅에 살았

습니다. 아브람은 좋은 땅을 롯에게 양보하고 하나님이 보여주시는 땅을 바라보고, 그것이 비록 척박한 황무지 같은 땅일지라도 하나님을 믿고 바라보고 살았습니다. 그 결과는 이렇게 엄청난 차이가 났습니다. 이 롯과 아브람의 콘트라스트를 통하여 말씀하시는 것 같습니다.

- 그렇다면 그게 무엇인가?
- 롯은 자기 눈으로 바라보고 자기 욕심을 따라 물질적 부를 추구하였고, 과연 그는 물질적 부를 누리는 것 같았습니다. 그러나 중요한 것은 하나님의 보장이 없는 인생은 아무것도 아니라는 점입니다. 소돔과 고모라는 전쟁에 패하고, 롯도 전쟁에 휘말리고 마침내 재물을 탈취당하고 자신도 사로잡혀 가고 말았습니다. 부자가 되면 뭘 합니까? 다 뺏기고 포로가 될 줄은 몰랐던 것이지요. 육신의 안목으로 볼 때 롯은 비옥한 땅을 선택하고 도시생활을 하며 부자 되어 편리하게 살고 복을 누릴 만하지요? 그러나 전쟁이 터질 것은 볼 수 없었던 것이며, 이 보장되지 않은 축복은 축복이 아닌 것이지요. 하나님의 비전으로 살고 있는 아브람의 구원의 손길이 미칠 때까지는 롯은 소망 없는 사로잡힌 자의 상태에 놓이게 된 것입니다.
- 김 군이 이제는 성경박사가 되겠어. 아주 해석도 좋고, 메시지를 듣는 귀도 열린 것 같아. 계속하게. 롯의 인생과 콘트라스트를 이루는 아브람의 인생이 돋보이겠군?
- 그렇습니다. 이에 비하여 황무지 헤브론 골짜기로 들어갔던 아브람은 가난하게 살 수밖에 없을 것 같은데 사실은 정반대였습니다. 물자가 부족한 여건 속에서도 하나님께서는 아브람에게 복을 주셔서 그는 부자로 산 것 같습니다. 하나님이 주신 땅에 거하였기 때문이지요.
- 아브람이 부자로 살았다고 판단할 근거는 무엇인가?
- 롯이 사로잡혀 갔다는 소식을 들었을 때 아브람은 구출 작전을 합

니다. 그런데 318명의 가신들을 무장시켜 구출 작전을 합니다. 생각해 보세요. 당시 사회에서 가신을 318명이나 거느릴 수 있다면 대부호의 클래스가 아니겠습니까?

- 그렇네? 일꾼을 삼백여 명이나 거느린 부호였군 그래. 인간의 눈으로 보기에는 롯이 훨씬 좋은 조건이고 아브람은 결코 좋은 조건의 땅에 살지 못했는데 하나님의 축복과 보장이 있는, 하나님이 주신 땅에 산 결과가 엄청난 차이를 만들어 준 것 같군.
- 그리고 중요한 것은 롯은 사로잡히고 아브람은 그를 구출한다는 것입니다. 과연 아브람은 하나님 말씀대로 복이 되는 인생이 된 것이지요. 비록 롯이 자신이 선택한 삶의 결과로 어려움을 당하고는 있지만, 아브람은 심판자적 자세를 취하지 않고 롯을 찾아올 것을 결심합니다. 복이 되는 삶의 태도이지요. 가신들을 이끌고 적진을 향해 달려갑니다. 얼마나 멋진 사람입니까? 롯과 롯의 재물뿐 아니라 소돔의 재물도 찾아왔습니다.
- 이 이야기는 이미 김 군이 말한 대로 의미심장하군.
- 그렇습니다. 인간의 눈, 인간의 야망으로 선택한 롯의 삶은 보장받지 못하므로 초기에는 잘되는 것 같았지만 결국 수난과 패배의 삶을 경험합니다.
- 그러나 인간의 조건으로는 불리한 여건일지라도 하나님의 비전을 따라 살고 있던 아브람은 과연 자신의 삶을 보장받을 뿐 아니라 롯의 삶도 구조하는 승리를 보여주는 것이고?
- 그렇지요.
- 세상의 역사는 하나님의 비전을 보는 사람들에 의하여 유지되고 있는 것 같지?
- 네, 인간의 야망, 인간의 눈은 올바로 보지 못하는 것 같습니다. 자기가 망할지도 모르고 뛰어 들어가는 어두운 눈이었지 않아요? 하나님이 보여주시는 비전을 보아야 할 것 같습니다. 하나님과 동행하

는 삶이 복을 누리고 보장받고, 더 나아가 복이 되는 삶인 것을 보여준다고 하겠습니다.

– 최고예요, 김 군.

소유에 대한 가치관(창 14:17-24; 본문 생략)

– 김 군, 이번에도 이 문단을 요약하여 설명해 주게.

– 이 이야기는 빼앗겼던 소돔의 재물을 찾아오고 조카 롯을 구출하여 돌아오는 아브람을 두 왕이 나와 맞이한 이야기입니다. 소돔 왕이 나왔고, 멜기세덱이라는 살렘 왕이 나왔습니다. 그런데 선생님, 소돔 왕은 당연히 환영 인사 나오는 게 맞는데요, 살렘 왕은 전쟁에 참여했던 왕이 아닌데 나왔고요, 특이한 것은 지극히 높으신 하나님의 제사장이었다고 하네요? 살렘 왕이 누구이지요?

– 글쎄 말이야. 살렘 왕이 영접하러 나왔는데, 살렘 왕은 침공자들이었던 북방 왕에는 물론 침공당했던 남방 왕들에게도 들어 있지 않았지. 그런데 그가 나와서 아브람을 맞이했다는 것이 특별한 이야기가 아닐 수 없지?

– 살렘 왕은 누구이며, 왜 아브람을 맞으러 나왔을까요?

– 본문 성경에 살렘 왕 멜기세덱은 단순한 한 나라의 왕만이 아니고 지극히 높으신 하나님의 제사장이었다고 기록하고 있거든. 왕이면서 제사장이었던 인물은 당시 역사에 찾기 어려운 존재인 것 같아. 멜기세덱이 누구였을까 하는 의문은 그간 여러 가지로 논의되고 있으나 대체로 멜기세덱은 구약시대에 나타난 예수님으로 이해하게 된다네.

– 구약시대에 나타난 예수님이라고요?

– 그래, 왜냐하면 우선 위에서 언급한 것처럼 북방 왕들에도 남방 왕들에도 속하지 아니하여 아브람을 맞을 이유가 설명되지 않고, 또

왕이면서 제사장인 사람이 지상에 현존한 것을 추정해 내기 어려운 데다 멜기세덱에 관한 이야기는 여기 외에 성경 전체에서 두 군데 언급되는데, 이들 성경 구절이 말해 주는 것은 멜기세덱은 예수님이었다는 것이야.

- 어느 성경구절인데요?
- 시편과 히브리서 두 군데가 있지.

시 110:4-5 여호와는 맹세하고 변하지 아니하시리라 이르시기를 너는 멜기세덱의 서열을 따라 영원한 제사장이라 하셨도다 주의 오른쪽에 계신 주께서 그의 노하시는 날에 왕들을 쳐서 깨뜨리실 것이라

히 6:20 그리로 앞서 가신 예수께서 멜기세덱의 반차를 따라 영원히 대제사장이 되어 우리를 위하여 들어가셨느니라

히 7:1-3 이 멜기세덱은 살렘 왕이요 지극히 높으신 하나님의 제사장이라 여러 왕을 쳐서 죽이고 돌아오는 아브라함을 만나 복을 빈 자라 아브라함이 모든 것의 십분의 일을 그에게 나누어 주니라 그 이름을 해석하면 먼저는 의의 왕이요 그다음은 살렘 왕이니 곧 평강의 왕이요 아버지도 없고 어머니도 없고 족보도 없고 시작한 날도 없고 생명의 끝도 없어 하나님의 아들과 닮아서 항상 제사장으로 있느니라

- 아, 멜기세덱은 예수님이라고 말하네요. 히브리서는 바로 오늘 본문 말씀 그대로 인용하면서 설명하는데요?
- 그래서 멜기세덱은 구약시대에 나타난 예수님이라고 보는 것이라네.
- 멜기세덱은 떡과 포도주를 가지고 아브람을 맞으러 나왔어요. 그렇다면 주님께서 아브람을 격려하러 나오신 것일까요?
- 그래 보이지?

- 전쟁에 지친 아브람을 격려하러 나오신 주님이라, 얼마나 감격스러운 장면일까요? 조카 롯을 끝까지 사랑하여 목숨 걸고 싸워 찾아오는 아브람을 주님은 격려하여 주셨던 것이네요?
- 그래 말이야. 멜기세덱은 제사장으로서 아브람을 다시 한번 축복하였지? 아브람은 롯을 찾아오며 소돔의 재산을 찾아오는 복의 근원자의 역할을 하였어요. 그때 하나님의 제사장으로 나타난 멜기세덱은 다시 아브람을 축복하여 하나님의 복을 받게 하셨네. 복을 받고 복을 주는 삶이 이루어지게 하시는 것이야.
- 복을 받고 복을 주면 또 복을 받고, 다시 복이 되어 복을 나누면 다시 복을 받게 되는 진리를 계시하는 것 같네요?
- 맞아, 이것이 진정한 복의 원리인 것 같지? 복은 받아 쌓아 둔다고 다 복이 아니야. 너에게로 복이 흘러가면 다시 나에게로 복이 흘러내리는 것이고, 다시 흘려 보내면 또다시 흘러오고.
- 그런 것 같네요. 멜기세덱은 아브람을 축복할 뿐 아니라 이제 하나님을 찬송하도록 부르고 있네요? 아브람이 승리할 수 있었던 것은 하나님의 은혜이겠지요? 아브람이 용감하게 목숨을 걸고 가서 싸우고 승리한 것이 틀림없지만 그 전쟁의 승리는 아브람에게 있었던 것이 아니라 하나님에게 있었지요. 그 대적을 아브람의 손에 붙이신 분은 하나님이셨고, 그러므로 당연히 아브람은 하나님께 영광을 돌려야 하겠지요?
- 그렇지. 주님은 아브람에게 잘했다고 희생을 각오하고 가서 조카 롯을 찾아온 행위를 격려하고 축복하시면서, 동시에 모든 영광은 하나님께 돌아가야 한다는 것을 가르치시며 하나님을 찬송하도록 부르신다네.
- 주님은 정말 정확하게 가르치시는 분이네요. 하나님께서 대적을 아브람 손에 붙이시지 않았다면, 아브람이 그 연합군들도 패하고 만 북방 동맹군을 쳐서 승리한다는 것이 가능한 일이겠어요? 하나님께

서 이기게 하신 것이지요.

- 당연히 아브람은 하나님을 찬송하며 영광을 돌려야 마땅한 것이겠지? 성경은 수없이 전쟁의 승리는 하나님께 있다는 것을 계속 가르쳐 준다네.

수 10:42 이스라엘의 하나님 여호와께서 이스라엘을 위하여 싸우셨으므로 여호수아가 이 모든 왕들과 그들의 땅을 단번에 빼앗으니라

시 144:1 나의 반석이신 여호와를 찬송하리로다 그가 내 손을 가르쳐 싸우게 하시며 손가락을 가르쳐 전쟁하게 하시는도다

그런데 멜기세덱이 아브람을 만나 이야기하는 가운데 하나님을 호칭하는 말이 또한 교훈적이지 않나?

- "천지의 주재이시요 지극히 높으신 하나님"이라 부르는데요?
- '주재'로 번역된 말의 히브리어는 카나(קָנָה)로서 '사다, 소유하다'의 뜻으로 많이 쓰이며 '조성하다'의 뜻으로도 쓰인다네. 그러므로 여기서 천지의 주재라고 부르는 것은 하나님이 하늘과 땅을 조성하신 주인이요 소유자라는 뜻이지. 이 천지의 조성자요 소유자이신 하나님께서 아브람을 복 주시도록 축복하고 있다네.
- 천지의 조성자요 소유자이신 하나님이야말로 복을 주실 수 있는 분이 아니겠습니까?
- 또한 하나님을 지극히 높으신 하나님이라고 부르는데, 여기 '지극히 높으신'의 히브리어는 엘리욘인데 엘리욘(עֶלְיוֹן)은 '가장 높은 지존자, 지고자'를 뜻한다네. 과연 하나님만 바라보고 하나님의 비전에 사는 아브람은 여기서 다시 지존자 하나님의 복의 대상이 되고 있는 것이라네.
- 그런데 여기서 십일조가 나오네요? 아브람이 멜기세덱의 격려와 축

복을 받고는 전리품의 십일조를 드렸어요?

- 그렇네. 아브람은 그 전쟁에서 얻은 노획물 중에 십분의 일을 멜기세덱 제사장에게 주었네. 성경적으로 십일조가 언급되기는 이곳이 처음이지?
- 오늘날 십일조의 의미를 아는 중요한 단서가 될 것 같은데요?
- 멜기세덱은 아브람을 향하여 축복하면서 지극히 높으신 하나님을 찬송하라고 예배로 하나님께 영광을 돌리도록 불렀지? 아브람은 이에 응답하여 십일조를 멜기세덱에게 드렸지?
- 그렇다면 십일조는 하나님을 찬양하며 예배하는 행위임을 보여주는 것일까요?
- 맞아, 그 의미로는 '이 전쟁의 승리가 하나님의 것이며 얻은 노획물이 하나님의 것입니다. 그러므로 하나님께 영광을 돌립니다' 하는 의미였던 것이지.
- 후일 십일조는 이스라엘 백성에게 제도화되어 레위인의 분깃이 되었다지만 십일조의 기원은 아브람에게서 시작되었네요?
- 그래서 이 제도가 레위인의 기업으로 주어졌다 하더라도 십일조의 원래 의미는 하나님을 경외하는 표시로 드려져야 하는 것이지. 그러므로 십일조는 레위인의 것이라 말하지 않고 하나님의 것이라고 말하지 않나?

레 27:30 그리고 그 땅의 십분의 일 곧 그 땅의 곡식이나 나무의 열매는 그 십분의 일은 여호와의 것이니 여호와의 성물이라

- 십일조의 진정한 의미는 제도 이전에 아브람에게 가르친 멜기세덱의 교훈을 따라 하나님을 찬양하는 예배로서 드리는 것이네요?
- 맞네. 이 아브람의 십일조는 아브람이 멜기세덱, 즉 영원한 제사장에게 드림으로 예배 행위로서, 찬양 행위로서 하나님께 바친 것이

아닌가? 이로써 레위인조차도 영원한 제사장이신 하나님께 십일조를 바친 셈이 된다고 히브리서가 말함으로, 십일조는 레위인을 위한 기업의 의미보다 그 이전 더 큰 의미를 지니게 된 것을 암시한다네.

히 7:9 또한 십분의 일을 받는 레위도 아브라함으로 말미암아 십분의 일을 바쳤다고 할 수 있나니

- 선생님, 이 십일조의 전통은 아브람에게서 후손들에게로 가르쳐져 전승된 것으로 보여요. 창세기 나중에 나오겠지만 야곱이 에서를 피하여 갈 때 서원의 기도를 드리면서 십일조 이야기를 하거든요?
- 그렇지? 하나님께서 야곱을 보호하시며 복을 주시면 자기는 십일조를 드려 하나님을 경외할 것이라고 서원하고 있지?
- 네, 그런 것을 보면 십일조는 하나님을 인정하는 신앙고백이요, 하나님께 영광 돌리는 예배 행위인 것으로 아브람과 자손들에게 전승되었던 것 같아요.

창 28:22 내가 기둥으로 세운 이 돌이 하나님의 집이 될 것이요 하나님께서 내게 주신 모든 것에서 십분의 일을 내가 반드시 하나님께 드리겠나이다 하였더라

- 선생님, 요즘 젊은이들 사이에는 레위인의 기업으로, 말하자면 세금으로 드렸던 십일조를 과연 오늘날에도 드려야 하나 의문을 가진 경우도 많습니다.
- 김 군은 어떻게 생각하는데?
- 여기서 보는 대로 레위인을 위한 세금으로 제도화되기 이전에 생긴 것이 십일조이고, 하나님께 영광 돌리는 예배 행위로서의 십일조는 시대가 변해도 의미는 살아 있겠는데요? 언제라도 하나님께 영광을

돌리는 행위, '모든 축복이 하나님께로부터 왔습니다' 하는 신앙고백은 필요할 것 같습니다. 만일 십일조보다 더 많이 드린다면 십일조가 아니어도 되지만 가장 최소의 기본으로 하나님께 드리는 예배는 당연한 것으로 저는 받아들입니다.

– 훌륭해요, 김 군. 그다음 소돔 왕과 아브람의 대화도 있는데?

– 아브람은 롯과 더불어 롯의 재산뿐 아니라 소돔에서 사로잡혀 간 사람들과 소돔 사람들의 재물을 다시 되찾아 오게 되었지요? 이것이 소돔 왕이 아브람을 환영하여 맞이한 이유이고요. 이제 소돔 왕은 아브람의 공로를 인정합니다. 그래서 탈취한 노획물은 다 아브람이 취하라고 합니다. 다만 소돔 사람들은 소돔으로 속하게 되돌려 주고 재물은 다 당신이 취하였은즉 당신이 가지라고 제안하는 것입니다.

– 아마도 소돔 왕의 제안은 무리한 제안이 아닌 것 같지?

– 그러나 아브람은 참으로 더 훌륭한 대답을 합니다. 자신은 하나님 앞에서 할 일을 하였을 뿐이고, 이로 인하여 이득을 취하지 않겠다고 합니다. 내가 이미 하나님의 축복을 받아 부자이고 넉넉히 누리는데 소돔의 재물로 부자 되었다고 말하게 할 필요는 없다고 하는 것이지요. 하나님 앞에서 하나님의 복을 받고 사는 사람의 여유와 멋을 보여줍니다. 재물로부터 자유한 모습이지요.

– 정말 자유하고 당당한 멋진 하나님의 사람의 모습이 아닐 수 없지!

산책길 10

언약의 하나님(창 15:1-16:16)

- 선생님, 오늘은 어디로 가실 건가요?
- 오늘은 멀리 가서는 안 되겠어. 내가 컨디션이 좀 애매하고 썩 좋지는 못해. 우리 집 뒷산 칠보산 둘레길, 매실길이라고 이름 붙인 산책길을 좀 걷기로 하지.

- 아유, 여기 산책로 좋네요?
- 걸을 만하지? 내가 서재에서 작업하다가 잘 안 되면 이곳 산책길을 걷곤 한다네. 때로는 걸으며 기도하거나 묵상하거나 하면 영감이 떠오를 때가 자주 있지.
- 오늘도 영감 있는 대화가 기대되는데요?
- 그래? 오늘 첫 문단을 읽어 보자고.

자손에 대한 언약(창 15:1-6; 본문 생략)

- 여기 "이후에" 하나님이 아브람에게 나타나셨다고 하는데요. 이후

란 바로 아브람이 롯 구출 작전을 하고 돌아온 직후를 의미하겠지요?

- 그렇겠지.
- 하나님의 말씀이 환상 중에 임했다고 하는데요?
- 무슨 말씀을 하셨는지 주목해 보게.
- 우선 두려워하지 말라 하시고요, "나는 너의 방패요 큰 상급"이라 하시는데요? 뭘 두려워하지 말라 하시는 것이지요?
- 아브람이 밤을 틈타 급습하여 롯의 구출 작전을 성공시키지 않았나? 그러니 아마도 당한 왕들이 재정비하여 이번에는 아브람을 치러 올 수도 있지 않겠나?
- 그럴 수도 있겠는데요?
- 아마도 아브람의 마음속에 그러한 불안감이 있었던 모양이야. 하나님은 사람의 생각 속, 마음까지 아시니까 오셔서 아브람을 안심시키는 말씀을 하신 것 아니겠나?
- 아, 참 세심한 하나님의 배려로군요? 그래서 "나는 너의 방패다" 그렇게 말씀하시는군요? '내가 다 막아 줄 것이니 두려워 말고 평안하라' 하시는 말씀인데요? 아브람이 얼마나 위로가 되고, 또 평안한 마음을 얻었을까요? 그런데 상급이라고 하시는 것은 무엇을 말씀하심일까요?
- 아마도 첫째는 목숨 걸고 조카를 구출한 아브람에게 상을 주시겠다는 말씀 아닐까? 그리고 또 재물을 탐내지 않고 소돔의 재산을 다 그들에게 돌려준 일에 대해서도 상을 주시겠다는 말씀 아닐까?
- 그렇겠네요.
- 그렇게 말씀하시는 하나님에게 아브람은 무엇을 간청하게 되지?

• 나는 무자하오니

- 아브람은 이때다 싶었던 모양입니다. 그간에 마음에 있던 말로 간청

하는 것 같은데요? 자신에게는 어떤 상급도 아들을 얻는 것만 못하다는 것을 말씀드리네요. 하나님이 아들을 주시리라고 약속하신 지 오래이지만 아직도 아들이 없어 상속자가 없으며, 친아들이 아닌 집에서 기른 다메섹 사람 엘리에셀이라는 아이가 상속자가 될 수밖에 없다고 아쉬움을 하소연하네요.

– 이에 대하여 하나님은 어떤 언약의 확증을 주시는가?

• 네 몸에서 날 자가

– 하나님은 아브람에게 확증하십니다. 반드시 아브람에게서 날 자가 후사가 될 것이라는 것입니다. 그리고 하나님은 아브람을 밖으로 나오라고 하시더니 하늘에 가득한 별을 가리키면서 별을 세어 보라고 하십니다. 별처럼 후손이 번성케 하리라고 하십니다. 참 자상하고 확신을 주시는 하나님의 모습을 보여주네요.

– 그렇지? 이쯤 되면 아브람은 지금 아들 없이 늙어 가고 있지만 하나님께서 아들을 주실 것이 확실하며 별처럼 번성하리라는 믿음을 확신할 수 있을 것 같지 않나?

– 그러게 말입니다.

– 하나님은 이미 아브람을 부르실 때 '큰 민족을 이루리라'고 약속하셨는데 여기서 이렇게 구체적으로 시청각적으로 다시금 약속을 확인시켜 주심으로 아브람이 확실한 믿음 가운데 거하기를 원하고 계신 것을 보게 된다네.

– 하나님이 아브람에게 언약의 말씀을 이번에 세 번째로 확인시키시는 것 같네요?

– 언제, 언제?

– 창세기 12장에서 '큰 민족을 이루게 하겠다'고 하셨지요? 그다음엔 13장에서 '땅의 티끌같이 번성케 하리라'고 하셨지요? 그리고 여기서 '하늘의 별처럼 번성케 하리라'고 확증하여 언약하십니다.

창 12:2 내가 너로 큰 민족을 이루고 네게 복을 주어 네 이름을 창대하게 하리니 너는 복이 될지라

창 13:16 내가 네 자손이 땅의 티끌 같게 하리니 사람이 땅의 티끌을 능히 셀 수 있을진대 네 자손도 세리라

창 15:5 그를 이끌고 밖으로 나가 이르시되 하늘을 우러러 뭇별을 셀 수 있나 보라 또 그에게 이르시되 네 자손이 이와 같으리라

- 김 군, 이쯤 되면 이제 확신하고 흔들리지 않아야 하겠지?
- 그래서 아브람은 믿었고, 하나님은 그것을 의로 여기셨다고 하네요. 아마도 기록에 없지만 "네 하나님, 감사합니다. 제가 아들을 얻을 것과 자손이 번성하리라는 하나님의 언약을 확신합니다" 그런 고백을 한 것 같고요, 하나님은 "좋아, 흔들리지 말고 확신하라고. 나는 자네를 믿네" 그렇게 말씀하신 것 같아요.

땅에 대한 언약과 언약 체결식(창 15:7-21; 본문 생략)

- 이번 문단에서는 땅에 대하여 다시 확인 언약을 하시는데요?
- 그렇군. 하나님께서는 아들을 주신다는 약속, 그 후손이 번성하리라는 약속과 더불어 그들이 살아갈 땅을 주신다고 약속하시지? 자손이 번성할 약속과 그 자손들이 살아갈 터전으로서의 땅을 주신다는 것이 얼마나 든든한 약속인가?
- 그런데 아브람은 "네, 감사합니다" 그렇게 하지 못하고 "그걸 제가 어떻게 알겠습니까?" 하고 하나님의 약속을 못 미더워하는 것 같네요?
- 그러게 말이야. 김 군 같으면 "알겠습니다, 믿습니다" 그렇게 대답했을 텐데 말이야.

- 그러고 보면 아브람도 대단한 신앙의 사람은 아니었던 것 같아요?
- 맞아, 이후로 보면 더 그런 생각을 하게 돼. 하여튼 하나님께서는 그러한 연약한 신앙도 받아 주시면서 확신을 위하여 언약 체결식을 직접 보여주시지. 참 하나님은 속도 없으셔. 언약 체결식을 주목해 보자고, 무엇으로 어떻게 언약 체결식을 거행하는지?
- 3년 된 암소와 3년 된 암염소와 3년 된 숫양과 산비둘기와 집비둘기 새끼를 준비하라 하셨네요? 그리고 이 짐승들을 가운데 쪼개 놓게 하시고요? 그런데 왜 이렇게 하는 것이지요?
- 이는 고대사회에서 언약을 체결하는 의식을 그렇게 치렀다는 것이야. 고대의 언약 체결식은 쪼갠 고기 사이를 계약 당사자들이 서로 교차하여 통과함으로 체결하였던 것인데, 만일 이 언약을 이행하지 않을 경우에는 이 고기를 쪼갠 것같이 자신을 쪼개도 좋다는 절대 불변의 언약을 나타내는 언약 체결식이래.
- 이러한 체결식이 성경의 다른 데서도 나오나요?
- 이스라엘이 하나님 앞에 패괴하고 불신하여 타락할 때 하나님은 이스라엘을 책망하며, 이 쪼갠 고기 사이를 통과하고도 그 언약의 말을 실행하지 않고 배반한 백성들을 고기 쪼개듯 멸망시키겠다고 선언하시는 예언이 있다네.

렘 34:18-21 송아지를 둘로 쪼개고 그 두 조각 사이로 지나매 내 앞에 언약을 맺었으나 그 말을 실행하지 아니하여 내 계약을 어긴 그들을 곧 송아지 두 조각 사이로 지난 유다 고관들과 예루살렘 고관들과 내시들과 제사장들과 이 땅 모든 백성을 내가 그들의 원수의 손과 그들의 생명을 찾는 자의 손에 넘기리니 그들의 시체가 공중의 새와 땅의 짐승의 먹이가 될 것이며 또 내가 유다의 시드기야 왕과 그의 고관들을 그의 원수의 손과 그의 생명을 찾는 자의 손과 너희에게서 떠나간 바벨론 왕의 군대의 손에 넘기리라

- 그렇군요? 하나님은 아브라함의 믿음을 위하여 언약을 확증하시려고 언약 체결식을 준비하라 하셨고, 이는 그만큼 확실하게 지키게 된다는 확증이었군요? 그런데 아주 심각한 예언이 먼저 주어지는 것 같아요.
- 어떤 것 말인가?
- 400년 동안 이방의 객이 되어 살 것이라는 예언이에요. 이게 왜 이렇지요?
- 이 예언은 아브람의 후손, 이스라엘이 400년 동안 애굽에서 살 것이라는 예언인 셈인데, 하나님은 아브람의 후손을 애굽에서 키워 가지고 가나안 땅에 돌아오게 할 계획을 가지고 계신 것을 벌써 예언해 두시는 것 같네. 그런데 왜 이 가나안에서 지금부터 그냥 번성케 하지 않고 애굽에서 길러 가지고 나오게 하시는 것일까?
- 글쎄 말입니다. 출애굽기에 가면 뭐 힌트가 있을까요?
- 아니, 우선 이 문단에 나온 힌트 먼저 알아보고.
- "이는 아모리 족속의 죄악이 아직 가득 차지 아니함이니라"고 말씀하셨거든요? 무슨 뜻이지요?
- 가나안 땅에는 이미 여러 민족이 살고 있지 않나? 아브람과 그 자손들이 이곳에서 살려면 이 이방 민족들을 다 몰아내야 할 것인데 아직 이들을 몰아내자니 그다지 악한 모양은 아니라서, 다 몰아내도 '자신들의 죄로 말미암아 망했구나' 하고 인정할 만큼 죄악이 가득 찰 때까지 두었다가 죄악이 가득 찰 때 몰아낸다는 뜻이 아니겠나?
- 아, 하나님은 죄인과 악인이라도 기본적인 인권은 존중하시는군요? 심판을 행해도 근거가 있게 심판하신단 말입니다. 가나안 땅에 사는 사람들의 죄가 가득할 때 그것을 근거로 심판하시고 이스라엘에게 주신다는 것이지요?
- 그런 셈이지. 그리고 나중에 보면 이 예언대로 이스라엘이 애굽에 400년간 머물게 되고, 출애굽 과정을 밟게 되거든. 이는 하나님의

백성의 순례자 인식을 훈련하는 것 같아. 아브람 개인을 나그네로, 순례자 라이프스타일로 훈련하시는 하나님께서 민족을 태동시키실 때도 이러한 나그네 훈련, 순례자 훈련을 위하여 애굽에서 키워 광야를 거쳐 가나안으로 들어오게 하시는 것을 볼 수 있지. 자, 이제 언약 체결식으로 가보자고. 어떻게 언약 체결이 이루어지는가?

- 타는 불꽃, 횃불이 쪼갠 고기 사이를 통과하는데요? 하나님이 불로 나타나서 쪼갠 고기 사이를 통과하여 언약을 체결하시네요?
- 불은 종종 하나님의 임재를 나타내는 형상이지. 호렙 산에서 모세에게 나타나실 때도 꺼지지 않는 불로 임하셨고(출 3:2-6), 시내 산에서 소멸하는 불로 나타나셨으며(출 19:18), 광야생활 내내 불기둥으로 임하셨어(출 13:21). 지금은 하나님이 불로 임하여 쪼갠 고기 사이를 통과하신 것이지.
- 그렇다면 이미 본 대로 이는 하나님께서 이 언약을 지키지 않으면 쪼갠 고기처럼 날 쪼개도 좋다는 엄숙한 의식을 행하신 것이네요?
- 그렇다네. 하나님의 언약에 대하여 믿지 못해 하는 아브람의 믿음을 도와주시기 위한 사랑스러운 조처가 아닐 수 없지. 연약한 인간을 다루시는 하나님의 은혜가 아니고 무엇인가?
- 네, 감동적이네요. 그런데 아브람은 통과하질 않아요?
- 일방적인 언약이라네. 쌍방계약이 아니라 일방계약이야.
- 아브람에게는 통과를 요구하시지 않는 것은 이 언약이 하나님께서 은혜로 주시는 일방적인 언약이라는 뜻이란 말이지요?
- 그렇지. 사실 인간은 하나님과 쌍방계약의 대상이 못 되는 것이지. 하나님과 아브람, 또는 하나님과 인간 사이의 언약이란 동일한 신분, 동일 조건에서의 쌍방계약이 될 수 없다는 말이야. 이는 전적으로 하나님이 우리에게 은혜로 주시는 일방계약일 뿐이지.
- 아, 하나님은 이 언약을 절대적으로 지킬 수 있는 분이시지만 인간은 이 언약을 지킬 능력이 없다는 것이군요?

– 그렇지, 그러므로 구원은 물론 하나님의 축복은 전적으로 하나님이 일방적으로 내려 주시는 은혜의 선물일 뿐이라네. 이 일방적 은혜의 언약을 체결하심으로, 하나님은 후일 아브람의 실패나 불신앙에도 불구하고 아브람의 믿음을 도와주시고 또 교정하시면서, 하나님 자신이 세우신 언약들을 아브람의 실패와 상관없이 이루어 가시게 된다네.

아브람의 실패와 고통(창 16:1-6; 본문 생략)

– 선생님, 이게 뭡니까? 하나님께서 시청각교육으로 언약 체결식을 통하여 그렇게 언약을 확인시키신 게 언제라고 바로 아브람과 사래는 그 말씀을 놓치고 실패하네요?
– 아니 김 군, 그걸 왜 내게 따져? 그래서 왜 언약 체결식을 할 때도 아브람은 통과하도록 하지 않고 하나님이 일방적으로 통과하신 은혜의 언약이어야 했는지를 이제 알겠지? 그것은 인간이 약하여 하나님과 일대일 언약의 상대, 쌍방언약의 상대가 될 수 없다는 것이야. 하지만 김 군, 가만히 생각해 보면 전혀 동정이 안 가는 것은 아니야. 생각해 봐, 이 약속을 받은 게 몇 년째인가?
– 하란을 떠나 가나안에 온 것만 계산해도 벌써 10년째지요?
– 그렇지? 10년 동안 기다려도 사래는 아이를 갖지 못했어. 문제는 사래가 생산 능력을 갖지 못했다는 것이야. 자손이 번성하리라는 최초의 언약을 받은 것도 10년이나 되었고, 다시금 언약의 확증이 있어 왔으나 사래의 불임 상태는 인간적으로 보면 약속의 아들이 사래를 통하여 태어난다는 것은 불가능해 보였다는 것이지. 여기서 아마도 사래는 약속의 아들을 얻기 위해서는 생산 능력이 없는 자신에게서 아들을 기대할 것이 아니라, 하갈이라는 몸종을 통해서 자기 손에 아들을 받아야 되는 것으로 생각하게 된 것 같지 않나?

- 하기야 연약한 게 인간이라 그리 생각할 만도 하네요. 어쨌든 이는 적어도 하나님의 언약의 절대성에 대한 신뢰와 하나님의 전능하심에 대한 전적인 믿음을 갖지 못한 실패, 믿음의 실패인 것임에는 변명할 수 없음이 틀림없지요?
- 김 군 말이 맞아. 두 가지 방면에서 믿음의 실패야. 첫째는, 하나님의 말씀에 전적인 신뢰를 갖는 일에 대한 실패야. 하나님이 주시기로 했으면 하나님께서 주실 때까지 기다려야 하는데 하나님을 신뢰하는 믿음이 흔들린 것이야. 둘째는, 하나님의 전능하심을 믿는 믿음에서 실패야. 10년 동안 못 낳아도 하나님이 낳게 하시면 낳는 것이지. 설령 사래가 생산 능력이 완전히 끝나는 생리가 말랐다 할지라도 죽은 자를 살리시는 하나님을 믿는다면 믿고 기다려야 할 것인데, 그 믿음이 흔들린 것이야. 없어도 있게 하시고 죽어도 살리시는 하나님께 대한 믿음을 가르치는 이야기 같아.
- 어쨌든 아브람과 사래는 믿음이 흔들려 인간적인 수단으로 첩을 통하여 아들을 얻게 되었어요. 성경은 참 희한해요?
- 무슨 이야기를 하려고?
- 이러한 부도덕한 일을 숨기지도 않고 다 기록해요. 믿음의 조상이라고 하는 아브람 이야기를 하면서 첩을 통하여 아들 낳은 이야기도 그대로 기록해요?
- 그래서 성경이야. 이러한 죄인임에도 불구하고 사랑하시는 하나님의 사랑을 보여주는 책이라네. 그러나 죗값은 치르게 되어 있는 모양이야. 궁극적으로는 하나님께서 결국 구원하시지만 죗값을 전혀 안 치르는 것은 아닌 것 같아.
- 그건 무슨 말씀인가요?
- 그 죄로 말미암아 스스로 고통을 당하는 것은 어쩔 수 없는 것 같아. 하갈은 사래를 무시하고, 사래는 그로 인하여 상처 받고, 아브람도 그로 인하여 불편한 가정의 불화와 고통을 경험해야만 했던 것

일세.

- 불신앙의 대가는 치르기 어려운 고통으로 다가온 것이네요. 마침내 하갈은 사래의 학대를 못 견뎌 가출하게 되고요. 멸시, 학대, 가출, 고통, 이런 것들이 여기 불신앙과 가정 질서의 혼란에서 오는 대가들이네요.

하갈을 만나 주신 하나님(창 16:7–16; 본문 생략)

- 이제 잠시 이야기의 초점이 가출한 하갈에게 비추네요?
- 하나님은 비록 비주류라고 생각되는 하갈에게도 관심을 가지신다는 것이지. 물론 하나님은 아브람과 사래, 그리고 그들에게서 태어나는 언약의 혈통을 통하여 하나님의 구원사를 진행하시겠지만 그들의 불신앙에 의하여 발생한 불행한 하갈과 그가 출산할 아기에게도 하나님께서는 관심을 보이시니 역시 은혜의 하나님이 아닐 수 없지?
- 하나님은 그의 사자를 보내 하갈을 격려하시고 원래의 자리로 돌아가라고 권면하시네요?
- 생각해 보게. 학대를 못 이겨 가출은 했지만 하갈의 심정은 얼마나 참담하겠나? 또 장래에 대하여 얼마나 불안하겠나?
- 참담하고 불안한 하갈을 찾아오신 하나님, 아니 그의 사자를 보내어 위로하시고 보장하시는 하나님, 가히 사랑과 은혜의 하나님이심이 틀림없군요? 그런데 하나님의 사자가 하갈에게 와서 하시는 말씀이 재미있네요.
- 뭐가?
- 여호와의 사자는 하갈을 만나서 하갈을 부르는 말부터 하갈을 바로 교정하려고 하시는 것 같아요. "아브람의 아내 하갈아"라고 부르지 않고 "사래의 여종 하갈아"라고 부르지 않아요?
- 흠, 흥미로운 발견이야.

- 하갈이 지금 가출한 것이 비록 사래의 학대로 인한 것이라 할지라도, 하갈이 가출하고 있는 것은 잘하는 일이라고 칭찬할 수 없는 것 같지요? 하갈이 아이를 잉태하고 나서 여주인 사래를 멸시한 데서 시작된 고통이기 때문에, 즉 하갈의 교만으로 시작된 고통이기 때문에, 그것을 깨우쳐 겸손히 자기 위치를 찾게 해주는 것도 하나님의 은혜인 것 같네요.
- 하갈은 아무리 잘난 체하더라도 사래의 여종의 신분임을 받아들여야 했겠지.
- 거기서 스스로 교만하여 여주인 사래를 멸시하는 태도는 고쳐야 하는 것이었겠지요. 사람은 제각기 자기 분수를 알고 겸허히 자기 분량껏 하나님 앞에 성실히 살아가는 것이 필요하다 하겠지요? 그리고 여호와의 사자가 "네가 어디서 왔느냐?"고 묻는 것도 여호와의 사자가 하갈이 어디서 오는지 몰라서 묻는 질문이겠어요? 하갈이 자기의 본분과 위치가 무엇인가를 반성케 하는 질문이지요.
- 김 군 말이 맞아, 마치 하나님이 선악과를 먹고 부끄러워 숨은 아담에게 "아담아, 네가 어디 있느냐?" 묻는 것과 같은 질문이겠지? 하갈은 자신의 위치가 어디였나, 자신의 신분과 본분이 무엇이었나를 깨달아야 하는 거지. 언제나 문제는 자기 위치를 벗어나는 데서 발생한다고 볼 수 있을 거야.
- 천사가 하나님을 수종 드는 자리를 떠나 교만하여 하나님과 비기려 할 때 타락하고 반역자가 되고 악한 사탄으로 전락하였듯이, 아담과 하와가 하나님의 말씀 아래 있지 못하고 불신하고 교만해져서 불순종함으로 죄인이 되었듯이, 하갈은 여종의 신분을 망각하고 주인을 멸시함으로 학대받고 쫓겨난 것이 아니겠습니까?
- 우리는 어디서 왔는가를 묻고 스스로 겸비한 자세로 자기를 돌아보아야 할 것이네. 또한 하갈에게 있어서는 종의 신분이긴 하나 하나님의 축복 받은 아브람의 가정에 있어서 하나님의 축복을 함께 누

리고 있는 이 사실을 망각해서는 안 되었던 것이지. 잠시 고통으로 인하여 하나님의 축복의 가정에서 분복을 누리는 특권을 버리고 방황한다는 것은 저에게 불행일 수밖에 없을 것이지.

- 여호와의 사자의 질문이 이어지는데요, 참 재미있는 질문 같아요.
- 재미있는 질문이라니?
- "어디서 왔느냐" 물으시더니 이제는 "어디로 가느냐" 묻지 않아요?
- 하갈은 과연 어디로 가던 길일까?
- 가기는 어디로 가요? 갈 곳도 없었겠지요. 어디로 가려 했는지 모르지만 지금은 광야이지 않아요? 결코 희망도 보장도 없는 막연한 방랑길이 아닐 수 없겠지요.
- 그래, 그러니 하갈은 이 점을 또한 알아야 했을 테지. 목표도 소망도 없는 방랑이란 그것 자체가 저주스러운 고난의 길인 것을 알아야 한단 말이지.
- 이에 하갈은 사래의 학대를 피하여 도망하고 있는 중이라고 대답하고, 여호와의 사자는 여주인 사래에게 돌아가라고 하시네요.
- 여호와의 사자가 하갈에게 하는 권고는 고통스러운 충고일지도 모르지. 그러나 원래 하갈은 사래의 몸종 신분이었고, 그가 아브람의 아들을 잉태하기 전까지는 몸종의 위치에서 몸종의 신분을 감수하고 살았는데, 아직도 여전히 그 신분은 달라진 게 없지. 다만 아브람의 아이를 잉태하였다고 해서 스스로 교만하여진 것뿐이야. 그런데 자기 분수를 벗어난 것은 자기 홀로 벗어난 것이야. 하갈은 이제 원래 자기 본분으로 돌아가야 했던 것이지. 하나님은 약자의 고통을 들어주시지만 본분을 벗어나는 교만은 인정하시지 않는 것 같아.
- 그러면 하나님은 노예제도를 인정하신 것인가요?
- 김 군, 갑자기 왜 그래? 어디로 튀는 거야? 이것은 노예제도 이야기가 아니야. 하갈은 아브람의 집안일을 돕는, 사래의 일을 돕는 피고용인이었던 것이야. 하우스 헬퍼라 할까? 물론 아브람과의 고용관계

를 끝내고 하갈을 자유롭게 할 수도 있지. 그러나 여호와의 사자는 원래의 관계로 돌아가라고 권면하시는 것이라네.

- 아, 그렇군요.
- 그러고는 하갈에게도 축복으로 위로하시지 않나? 하나님의 사자는 하갈을 위로하면서 돌려보내시는 게 아닌가? 우선 하갈의 자손이 번성하리라고 약속해 주고.
- 종의 몸이긴 하지만 하갈도 하갈의 인생이 있고, 하갈의 자손도 한 몫이 있다는 것을 말씀해 주고 계신 셈이네요?
- 그렇지, 단순한 종으로 끝나 버리는 인생이 아니라 그 자손이 번성하는 복이 선포되고 있다네.
- 하갈은 아들을 낳게 될 것이고, 이름을 이스마엘이라 지으라고 말씀하시네요?
- 그렇지. 이스마엘의 뜻은 '여호와께서 들으신다'는 뜻이야. 아들을 낳을 것이며 그 이름을 이스마엘이라 지어 주심으로 하갈의 고통, 그 부르짖음을 들으시는 하나님으로 함께하신 것과 함께하실 것을 확증하여 하갈을 위안하고 계신다네.
- 그러면 하나님은 여기서 우리의 고통을 들으시는 하나님으로 계시하고 있는 것이네요?
- 그렇지. 하나님은 인간, 그것이 개인이건 민족이건, 인간의 고통을 들으시는 하나님이라네. 더구나 하나님의 백성의 고통을 모른 체하지 않으시고 들으시는 하나님이야. 우리는 이후 이스라엘 백성의 고통을 들으시고 구출하시는 출애굽의 하나님을 또 만나게 된다네.

출 3:7 여호와께서 이르시되 내가 애굽에 있는 내 백성의 고통을 분명히 보고 그들이 그들의 감독자로 말미암아 부르짖음을 듣고 그 근심을 알고

- 그런데 이스마엘의 장래가 순탄치는 않은 것 같네요?
- 왜?
- 이스마엘이 들나귀같이 된다고 하는데요? 그리고 그 손이 모든 사람을 치겠고 모든 사람의 손이 그를 칠 것이라고 하시고요. 서로 싸우고 다투며 살아가는 그런 민족이 될 것임을 경고하고 있는 것 같아요. 이스마엘의 후손, 즉 아랍인들이 주변 형제의 나라들과 투쟁하며 살게 될 역사를 예고하는 것 같아요. 그렇지요?
- 그런 것 같네. 불신앙의 열매로 비정상적인 가정의 질서 속에 잉태되어 이미 사래와 하갈의 다툼의 고통 속에 태어나는 이스마엘은 다툼의 씨앗으로 태어난 운명처럼 보이네그려. 하갈에게 이 예고는 결코 즐거운 예고가 되지는 못했을 텐데. 그러나 이 예고는 바로 이러한 인간의 불신앙의 역사를 통해 하나님의 질서를 떠난 자리에서는 고통을 겪는다는 것을 계시하고 있는 것 같지? 이 시점에서 하갈이 고통을 피하여 도망할 때 위로하고 계시면서도 고통을 감수하라는 계시가 아닐까? 이제 하갈의 반응은 무엇인가?
- 하갈은 일단 하나님을 만나 감탄하게 됩니다. 그리고 그 하나님을 살피시는 하나님이라 인식하고 놀랍니다. 자신의 고통을 살피실 뿐 아니라 자신이 자리를 떠나가고 있는 것도 살피시고 자신의 소생의 앞날까지도 보고 계신 하나님, 얼마나 경이롭고 두려우며 피할 수 없는 하나님이겠습니까?
- 이 살피시는 하나님을 만나던 샘 이름을 브엘라해로이, 즉 '살아계셔서 나를 살피시고 감찰하시는 분의 우물'이라 불렀네그려.
- 그러고는 자세한 기록은 생략되지만, 하갈은 집으로 돌아가 아브람에게 아들을 낳아 이스마엘이라 이름을 지어 주게 된 것으로 보이지요?
- 그렇네. 그때 아브람의 나이가 86세였다고 기록하네.

산책길 11

완전하라(창 17:1-27)

- 김 군, 오늘은 좀 멀리 가네.
- 저는 문제 없습니다. 어디로 가시는데요?
- 무안, 백로 번식지 검색하여 가게.
- 백로 사진 찍으시게요?
- 응, 백로가 새 중에서는 참 아름답고 품격이 느껴지는 새이지.

- 선생님, 저기 보세요. 저 산등성이가 하얘요? 굉장하군요. 백로가 철새인가요, 텃새인가요?
- 내가 아는 대로는 철새라던데, 남쪽에 살다가 봄에 우리나라로 와서 새끼 낳고 길러 가지고 가을 되면 남쪽으로 돌아가는 모양이야.
- 그럼 이곳에 새끼 낳으러 온 모양이네요?
- 그렇다네. 백로도 수컷 하나에 암컷 하나 이렇게 가족을 이루나 본데. 보게나, 두 마리부터 네 마리까지 데리고 있는 것을 볼 수 있지?
- 그런데 어미새는 한 마리밖에 없는데요?
- 대체로 어미새 중 암컷은 이렇게 새끼들을 지키고 있고 수컷은 날

아가서 먹이를 사냥하여 가지고 돌아와 새끼들을 먹이는데, 가끔은 새끼 지키는 일을 서로 교대하고 어미새도 날아가서 운동하고 먹고 돌아오는 모양이더라고.

- 재미있군요.
- 그런데 아브람과 사래는 약속받은 아이가 잉태되지를 않아서 많은 훈련을 받게 되지? 지난번에 아이 없이 늙어가니까 사래가 조바심치고 자기는 생산 능력이 없는 모양이니 젊은 하갈을 통하여 아들을 낳자고 하여 이스마엘을 낳은 이야기까지 했는데, 그때 아브람의 나이가 몇 살이었지?
- 86세였다고 했지요?
- 오늘은 17장을 이야기할 차례인데, 하나님이 아브람을 다시 찾아오셔서 이번에는 좀 책망하는 말씀도 하시는 것 같은데, 아브람 나이 몇 살에 나타나셨지?

열국의 아비(창 17:1-8; 본문 생략)

- 선생님, 아브람 나이 99세 때에 나타나셨는데요, 86세에서 99세로 건너뛰네요? 13년의 공백이 있는데요?
- 아브람이 13년 동안 산 이야기가 왜 없겠는가? 그런데 성경에 13년의 기록이 생략되어 있어.
- 13년 동안 산 것은 세월만 보내고 나이만 늙어갔지 별 의미 없는 삶이었다는 이야기일까요?

• 하나님의 침묵

- 아마도 내 생각에는 하나님의 오랜 침묵이라고 생각되네. 하나님이 기분이 상하신 것이지. 사랑을 쏟고 있어도 자신을 신뢰하지 않는 아브람과 사래에게 속이 상하신 것이야. 지난번 하갈을 취하여 이스

마엘을 낳게 된 사건이 불신앙의 행위였다는 것을 보았었지?

- 그랬지요. 두 가지 점에서 불신앙이었다고 분석하였지요. 하나는 하나님의 약속을 신뢰하지 못하는 불신앙이었고, 다른 한편에서는 자기가 생산 능력이 없다고 하여 하나님의 전능하심을 믿지 못한 불신앙이었지요.
- 그랬지? 김 군, 만약 아버지를 신뢰하지 않는 아들이 있다면 김 군은 그 아들과 이야기하는 일이 즐겁겠나?
- 즐거울 리 없지요.
- 내가 한때 건강이 안 좋아서 일도 못하고 경제적으로도 어려운 시기가 있었는데, 우리 아이들이 대학을 가야 하는 때였어. 아들이 대학을 못 갈 거라 생각하고 무척 실망하더군. 그래서 내가 약속하고 용기를 주었어. "너는 대학 입시를 준비하기나 해라. 아빠가 무슨 수를 써서라도 너 대학 보낸다." 그렇게 여러 차례 이야기해 주고 공부나 열심히 하라고 격려했지.
- 공부를 열심히 하던가요?
- 그런데 이 녀석이 공부를 열심히 해봤자 소용없다 생각하고 공부를 안 한 거야. 그리고 아빠는 자기를 대학 보낼 능력이 없다고 포기하고 전혀 공부도 안 하고 대학 갈 준비를 안 했더라고.
- 그거 속상하셨겠네요?
- 화가 나서 야단치며 "아빠를 그렇게 믿지 않는 자식은 자식도 아니다. 아무리 능력 없는 아비라도 너 하나 대학 못 보낼 줄 알았느냐? 좋아, 나도 널 자식으로 생각 안 하겠다. 대학을 가든지 안 가든지 맘대로 해라" 그러고는 그놈 자식 보기도 싫어서 몇 달간은 말도 안 하고 지냈지.
- 그럴 수가 있나요? 어떻게 아버지를 그렇게 불신해요?
- 이보게 김 군, 내 아들 이야기는 내가 꾸며서 해본 이야기야. 내 아들은 자기 아빠에 대한 신뢰가 대단했어. 다만 한번 가상을 해본 거

야. 이런 경우 아버지가 그 아들을 기뻐할 수 없겠지?

— 물론이지요? 아버지의 능력을 믿지 않는 것도 기분 나쁘고, 아버지의 약속을 신뢰하지 않는 것도 기분 나쁜 일이지요?

— 그것이야. 13년의 공백은 하나님이 당신을 믿어 주지 않는 아브람에게 침묵하고 나타나지 않고 만나지 않았다는 이야기이지. 13년 만에 나타나신 하나님이 13년 전의 일을 꾸짖고 있는 것을 보면 분명한 사실이야. 13년 만에 나타나신 하나님이 하시는 첫마디가 무엇이던가?

— "나는 전능한 하나님이다" 하고 말씀하시는데요? 이것은 일종의 책망이지요?

— 그렇지. "내 앞에서 행하여 완전하라"는 말씀은 도덕적 완전이라기보다는 믿음의 완전을 말하는 것일 게야. 좀 제대로 믿어라 그 뜻이지. '나는 전능한 하나님이 아니냐. 비록 출산 능력이 없다고 하더라도 내가 전능한 하나님인데 네게 아들을 주리라는 약속을 저버리거나 못 지킬 줄 알았느냐?' 그렇게 불신앙을 책망하고 계신 것이라네.

— 13년의 긴 침묵은 사실상 아브람에게는 벌이었을 것 같은데요? 하나님과 늘 대화하고 교제하던 사람이 하나님의 긴 침묵 속에서 얼마나 답답하고 또 불안했을까요?

— 아마 모르기는 해도 감옥살이한 거나 다름없을 거야.

— 그렇지만 하나님은 끝내 아브람을 버리지 못하고 또 찾아오셨고, 다시 언약을 확증하시네요. 속도 없는 하나님이시네요, 참. 또 찾아오셔서 여전히 아들을 준다고 확증하셔요?

— 그래서 언약 체결식 때 하나님만 통과하고 아브람에게는 통과를 요구하지 않아. 일방적 은혜의 계약을 한 것이었어. 하나님은 아브람에게 어떻게 다시 언약을 확증시켜 주시는가?

• 아브라함이라 하리라

— 다시 한번 자손이 번성하리라는 약속을 확인하면서 이름을 바꾸어

주시는데요? '아브람이 아니라 아브라함이라 하리라'고요.

- 아브람이라는 뜻은 '존귀한 아버지'라는 뜻이었지. 아브라함이란 아브람에 하몬(다수)이란 단어를 합성시킨 말로 이해되며 '열국, 여러 민족의 아버지'가 될 것이라는 의미로 사용한 것 같아. 아들이 하나도 없는데 여러 아들이 주어지고 여러 민족의 아버지가 된다고 하니 아브라함은 믿기 어려웠겠지만 이름까지 바꾸면서 확증해 주시니 믿어야 하겠지. 이렇게 믿음을 도와주시고자 하며 믿음이 완성되기를 기다리시는 것 같지?
- 선생님, 하나님이 약간 괴팍한 하나님은 아닐까요?
- 무슨 소리야?
- 아니, 아브라함에게 아들을 준다고 약속하고 또 확인 약속만 몇 차례에요? 그냥 아들을 주실 일이지 왜 이렇게 약속만 반복하고 아브라함과 사래의 애간장을 태우시는 걸까요?
- 그게 믿음훈련인 것 같지 않나? 생산 능력이 끝나도 하나님은 아들을 낳게 할 수 있는 전능자임을 믿는 믿음까지, 그리고 하나님은 신실하셔서 언약한 것은 반드시 행하신다는 것에 대한 온전한 신뢰를 갖기까지 믿음을 훈련하시는 과정인 것 같아.
- 아, 그런가요? 하여튼 여기서 하나님은 아브라함이 번성하고 많은 민족의 아버지가 될 뿐 아니라 하나님은 아브라함과 그 모든 후손의 하나님이 되시리라고 언약하시네요?
- 그렇지? 아브라함의 후손들은 이제 하나님의 백성이라 불릴 것이고, 이 언약은 이스라엘 백성과 하나님의 언약에서 확인되고(출 19:5), 또 오고 오는 세대에 믿음으로 언약을 상속할 영적 후손에게도 해당된다네(롬 4:16; 갈 3:7).

출 19:5-6 세계가 다 내게 속하였나니 너희가 내 말을 잘 듣고 내 언약을 지키면 너희는 모든 민족 중에서 내 소유가 되겠고 너희가 내

게 대하여 제사장 나라가 되며 거룩한 백성이 되리라 너는 이 말을 이스라엘 자손에게 전할지니라

갈 3:7 그런즉 믿음으로 말미암은 자들은 아브라함의 자손인 줄 알지어다

롬 4:16 그러므로 상속자가 되는 그것이 은혜에 속하기 위하여 믿음으로 되나니 이는 그 약속을 그 모든 후손에게 굳게 하려 하심이라 율법에 속한 자에게뿐만 아니라 아브라함의 믿음에 속한 자에게도 그러하니 아브라함은 우리 모든 사람의 조상이라

언약의 표징, 할례(창 17:9–14)

창 17:9–14 하나님이 또 아브라함에게 이르시되 그런즉 너는 내 언약을 지키고 네 후손도 대대로 지키라 너희 중 남자는 다 할례를 받으라 이것이 나와 너희와 너희 후손 사이에 지킬 내 언약이니라 너희는 포피를 베어라 이것이 나와 너희 사이의 언약의 표징이니라 너희의 대대로 모든 남자는 집에서 난 자나 또는 너희 자손이 아니라 이방 사람에게서 돈으로 산 자를 막론하고 난 지 팔 일 만에 할례를 받을 것이라 너희 집에서 난 자든지 너희 돈으로 산 자든지 할례를 받아야 하리니 이에 내 언약이 너희 살에 있어 영원한 언약이 되려니와 할례를 받지 아니한 남자 곧 그 포피를 베지 아니한 자는 백성 중에서 끊어지리니 그가 내 언약을 배반하였음이니라

– 이번 문단의 이야기는 할례 이야기인데요, 하나님께서 언약을 지키라고 하시면서 할례를 받으라고 하시는데, 언약을 지키는 일과 할례 받는 일은 무슨 관계가 있고, 무슨 의미이지요?

- 김 군, 하나님과 아브람 사이의 언약은 쌍방계약이었나? 하나님의 일방계약이었나?
- 쌍방계약이 될 수가 없지요? 하나님은 지킬 능력이 있지만 인간은 지킬 능력이 없으니까요. 그런데 여기서 언약을 지키라는 말은 이제 쌍방계약으로 돌리겠다는 뜻일까요?
- 인간은 하나님과 쌍방계약의 대상이 될 수 없다고 했지 않나?
- 그러게요, 그런데 언약을 지키라는 말은 무엇이에요?
- 최소한 언약을 붙들고 버리지 말라는 것이라네. 그러니까 언약을 성취하라(achieve)는 것은 아닐지라도 언약을 버리지 말고 붙들라(keep)는 뜻이라네. 달리 말해서 언약을 믿고 붙들라는 것이야.
- 여전히 하나님이 아브라함에게 주시는 언약은 하나님의 은혜로 주시는 일방적인 언약이지만, 다만 이 언약의 은혜를 받는 자의 반응으로서의 믿음은 요구된다는 말이지요? 여기서 언약을 지키라는 것은 무슨 행위보다도 믿음으로 그 언약을 붙드는 행위, 즉 믿음의 행위를 요구하고 있다는 말이네요?
- 그렇지, 하나님은 인간 행위의 조건하에 구원하거나 은혜를 주거나 하는 법이 없어요. 구약이든 신약이든 전적으로 구원과 축복은 하나님의 은혜로 주어진다는 진리는 어디에서도 변함없는 진리이지. 여기서 지키라 하는 것은 아브라함이 그간 이 언약을 믿지 못함으로 지키지 못한 셈이 되었기 때문에 확실히 언약을 붙들고 믿으라는 요구 이상의 것이 아니라네. 그리고 그 믿음의 표시로 할례를 받으라고 할례제도를 정하신 것이라네.
- 믿음의 표시로 할례를 행한다고요?
- 그렇다네. 인간 편에서 아무것도 아니하니 스스로 믿는다, 안 믿는다 표가 안 나지 않나? 그래서 '내가 믿습니다' 하는 표를 정하기로 하셨다는 말이네.
- 그렇다면 인간 편에서 믿음을 나타내는 표로 할례법을 정해 주셨다

는 말이지요? 연약한 인간의 믿음을 도와주시는 표네요?

- 그렇지? 할례란 포피를 베는 것으로 이 포피를 베는 일은 일반적으로도 있을 수는 있지. 그런데 하나님께서는 이 건강을 위한 행위로서의 일반적인 할례를 언약의 표시로 행하도록 하여 믿음을 도와주시는 것일세. 인간의 믿음을 위한 언약의 표징으로서, 인간 편에서 무엇인가를 행하여 스스로 믿음을 확증하고 언약의 확신을 갖도록 하려는 조치였다네. 하나님은 인간의 불신앙을 극복하고 믿음을 돕기 위하여 인간 편에서 하나님의 언약을 지키는 표로서, 즉 믿는 믿음의 표로서 할례를 행하고 그 몸에 언약의 표징을 지니게 하신 것이라네.
- 인간 편의 믿음을 도와주려는 하나님의 배려네요? 할례를 행한다는 것이 하나님 앞에 아무런 의가 되지는 못하지만, 다만 언약의 표를 그 몸에 지니게 되는 인간의 믿음을 위한 확증인 셈이니까요?
- 그렇다네. 예수 그리스도께서 십자가에서 구원을 이루심으로 누구든지 믿기만 하면 구원을 얻는 진리도 마찬가지야. 그런데 인간의 믿음을 하나님은 아시지만 인간은 스스로 확신하지 못할 수도 있어. 그래서 하나님은 세례를 제정하여 "믿고 세례를 받는 사람은 구원을 얻으리라"(막 16:16) 하시는 것이지. 세례를 받는 것은 믿음의 행위이며 언약의 확증이야.
- 세례가 있기 전에도 예수님의 구원은 이루어져 있고 믿으면 구원을 얻는 것이지만, 믿는 행위로서의 세례를 받음으로 구원을 확증하는 것이 세례란 말씀이지요?
- 그렇지, 마찬가지로 하나님은 아브라함과 그 후손에게 하나님의 백성이 되리라고 언약하셨지. 할례가 없어도 하나님의 백성이 되지만 믿음의 행위로써 하나님은 할례를 요구하시는 것이네. 이제 할례를 받음으로 하나님의 백성인 것을 스스로 확증하며, 하나님 앞에 믿음으로 언약을 지키는 자로 서게 된다네. 하나님의 백성이 되는 은

혜를 받는 믿음의 표로 할례를 행하라 하신 것이라고 이해하게 된다네.

- 할례를 행함으로 언약을 지키는 행위가 되는 것이네요? 결국은 믿음이고 믿음을 굳게 갖는 것인데, 믿지 못하는 인간에게 믿음의 표를 지니도록 하신 하나님의 사랑의 배려라니, 참 하나님은 세심하게 자기 사람을 지키고 가꾸시는 하나님인 것 같습니다.

열국의 어미(창 17:15-22; 본문 생략)

- 아브람을 아브라함으로 바꾸실 뿐 아니라 사래도 사라라고 이름을 바꾸어 주시는데요?
- 그렇네. 사래나 사라나 그 어원적 의미에서 특별한 변화는 없고 고귀한 여인이란 뜻인데, 다만 아브람(אַבְרָם)에 ה(하)를 붙여 아브라함(אַבְרָהָם)이라 개명한 것과 같이 사래(שָׂרַי)에 ה를 붙여 사라(שָׂרָה)라 하게 된 것 같네. 아브라함과 함께 사라로 개명하여 사라에게서 아브라함의 아들이 날 것을 확증해 주신 것이고. 그는 많은 민족의 어머니가 될 것이고, 민족의 많은 왕들이 그를 통하여 일어나게 될 것을 말씀하시는 것이지.
- 그런데 이해가 안 되는 것은 아니지만 아브라함도 믿음이 영 안 생기는데요? 하나님의 말씀에 콧방귀 뀌는 눈치예요?
- 글쎄, 아브라함이 일단 엎드린 것은 하나님 말씀 앞에 동의한다는 표시이긴 한데, 그래 놓고 속으로는 웃었네.
- 그리고는 심중에 혼잣말을 한 것 같은데요? "백 세나 된 사람이 자식을 낳는다?" "사라는 구십 세인데 아기를 낳는다?" "이런 늙은이들이 아이를 낳는다고?" 영 믿기지 않는다는 태도인데요?
- 믿기 쉽지는 않았겠지.
- 그런데 선생님, 하나님은 왜 아브라함과 사라에게 그렇게 오래도록

약속만 하고 자녀를 안 주셔서 저들이 이렇게 믿지 못하는 어려움을 갖게 하신 것이에요?

- 믿음훈련이라고 내가 말한 것 같은데? 아브라함과 사라뿐 아니라 이 이야기를 읽고 있는 나와 김 군 모두 믿음을 가지라는 것이야. 하나님을 전적으로 신뢰하고, 또 특별히 하나님의 전능하심을 믿으라는 것일세.
- 나 같으면 또 기분 나빠서 그냥 가버릴 것 같아요. 이름까지 바꾸어 주면서 많은 민족의 아버지와 어머니가 되리라고 재차 삼차 확인하여 언약하시는데 아브라함의 대답 좀 보세요. "이스마엘이나 살게 해주세요"가 뭐예요? "이 늙은이들이 어떻게 아들을 낳아요? 그런 허황된 말씀 그만하시고요, 지금 자라나고 있는 이스마엘이나 잘살게 해주세요" 이러고 있지 않아요? "에이 나쁜 놈 같으니라고. 안 믿겠으면 그만두라" 하고 하나님이 떠나가실 것 같은데 하나님은 속도 없으셔요. 여전히 이 믿음 없는 아브라함과 사라를 버리지 못하고 씨름을 하고 계시네요?
- 그게 우리를 향한 하나님의 사랑이라네. 속 다 빼놓고 찾아오시고 구애하시는 하나님이야. "네 아내 사라가 네게 아들을 낳으리니"라고 이 말을 반복하고 있는 것은 아브라함이 잘 못 믿으니까 강조하시는 말씀이 아니겠는가?
- 아브라함의 반신반의하는 연약한 믿음을 하나님은 여전히 붙들어 주고자 애쓰시는 모습이에요. "아니라, 네 아내 사라가 네게 아들을 낳으리니 너는 그 이름을 이삭이라 하라" 하면서 아예 아들 이름까지 지어 주시면서 말입니다.
- 그러고 보면 참 믿음이라는 게 쉽고도 어려운 일인 것 같아. 하나님이 수차례 확증하셔도 여전히 아브람과 사래는 인간의 가능성 안에서 믿음이 갇혀 있거든. 내가 늙었는데, 생산 능력이 없는데 하면서 말이야. 전능하신 하나님, 죽은 자도 살리실 수 있는 하나님을 믿으

면 되는데 그게 안 믿어지는 거야.

- 그렇네요. 인간 가능성의 한계를 뛰어넘는 게 사실은 믿음인데 그걸 못 넘어가네요?
- 믿지 못하는 아브라함과 사라도 참 오래 못 믿는 모습이지만, 그래도 끝내 버리지 않고 또 찾으시고 확인하시는 하나님은 처절해 보일 정도군.
- 하나님이 불쌍해요.
- 하나님이 불쌍하다고?
- 저렇게 안 믿어 주면 끝내 버리고 상대하지 말 일이지?
- 허허, 김 군은 아브라함보다 나은 믿음인 모양이지?
- 아, 아니에요, 이 말은 취소합니다. "주여, 절 용서하시고 저의 믿음을 도와주소서!"
- 하하하, 김 군, 참 재미있군 그래. 이제 하나님은 이스마엘도 물론 잘되게 하리라고 말씀하시지만, 진정한 구원의 역사는 언약의 아들 이삭을 통하여 이루게 된다고 말씀하시고 있네. 내 언약은 내가 내년 이 시기에 사라가 네게 낳을 이삭과 세우리라고 하셨고, 신약은 이렇게 증거한다네.

롬 9:8-9 곧 육신의 자녀가 하나님의 자녀가 아니요 오직 약속의 자녀가 씨로 여기심을 받느니라 약속의 말씀은 이것이니 명년 이때에 내가 이르리니 사라에게 아들이 있으리라 하심이라

할례를 행하다(창 17:23-27)

창 17:23-27 이에 아브라함이 하나님이 자기에게 말씀하신 대로 이 날에 그 아들 이스마엘과 집에서 태어난 모든 자와 돈으로 산 모든 자 곧 아브라함의 집 사람 중 모든 남자를 데려다가 그 포피를 베었

으니 아브라함이 그의 포피를 벤 때는 구십구 세였고 그의 아들 이스마엘이 그의 포피를 벤 때는 십삼 세였더라 그날에 아브라함과 그 아들 이스마엘이 할례를 받았고 그 집의 모든 남자 곧 집에서 태어난 자와 돈으로 이방 사람에게서 사온 자가 다 그와 함께 할례를 받았더라

- 아브라함이 마침내 할례를 행하네요? 한번 믿어 보기로 작정한 것이겠지요?
- 그런 모양이네. 일단 믿음으로 할례를 행하는 모습은 긍정적인 것이지. 또 흔들리는 한이 있어도 한번 믿어 보겠다는 결심이 나타났다고 보아야지. 자신과 이스마엘과 자기 집의 모든 남자에게 할례를 행함으로 이제 하나님의 언약의 백성으로 가는 발걸음을 다시 확인하였다고 보아야지. 아브라함과 그의 집 모든 사람들이 할례를 행함으로 하나님의 백성의 표를 지니게 된 것이야. 이 표가 아브라함과 그의 사람들에게 믿음을 주는 표가 되어야 할 텐데, 하여튼 일단 말씀에 순종하고 믿음의 반응을 했다는 것은 귀한 일이 아닐 수 없지?

산책길 12

아브라함을 생각하사(창 18:1-20:18)

- 선생님, 이번에는 1박을 하면서 여행하자고 하셨지요?
- 응, 세면도구랑 준비했지?
- 네, 어디로 가나요?
- 고성으로 갈 거야. 아는 후배를 통해 고성 국회 연수원에 방을 하나 예약해 놓았네.
- 그럼 거기로 갈까요? 이번에는 뭐 사진 찍는 일은 기대할 게 없나요?
- 있지. 설악산 울산바위를 중심으로 사진도 좀 찍을 생각이네.

- 지금 미시령 터널을 지나왔는데요, 저기 좀 보세요. 도로 왼쪽에 나무들이 다 타고 집도 탄 게 있고 한데요?
- 지난 4월에 산불이 발생하여 난리 났었지. 내일 아침 울산바위 찍으러 신선봉에 올라가다 보면 산불로 타버린 지역이 더 넓게 보일 것 같네.
- 오늘은 연수원 주변에서 창세기 산책을 할 것인가요?
- 응, 그러자고.

하나님의 방문(창 18:1-21; 본문 생략)

- 이번에 하나님이 다시 아브라함을 찾아오신 이야기네요?
- 그런 것 같지? 그런데 하나님께서 어떤 형태로 찾아오셨던가?
- 나그네의 모습으로 나타나신 것 같아요. "여호와께서 아브라함에게 나타나시니라"고 전체적으로 먼저 기술하긴 하는데 사실은 나그네 세 사람으로 나타났거든요?
- 그렇군, 날이 뜨거운 한낮이었던 것 같지?
- 시간적으로는 그런 것 같고요. 아브라함이 장막 문에 앉아 있다가 세 사람이 맞은편에 서 있는 것을 발견했어요. 그러고는 달려나가 영접하며 몸을 땅에 굽혀 인사를 하고 대접하는 이야기인데요? 아브라함은 어떻게 이 세 사람 중 하나님께서 계신 것을 알아보았을까요?
- 아마도 처음에는 하나님을 의식하지 못했을 수도 있지.
- 달려나가 허리를 굽혀 절을 하고 "내 주여"라고 부르는데요? 하나님께 대하는 자세이지 않아요?
- 글쎄? 아브라함이 처음부터 하나님을 알아차렸는지는 정확하게 알 수 없는데, 아마 처음에는 하나님으로 알아차리기보다는 그냥 나그네 세 사람을 발견했고 나그네를 대접한 것이라고 생각되네. 고대 근동에는 길 가던 나그네가 날이 저문다든지 아니면 시장하여 도움을 받고 가려고 어느 집이든 그 앞에 서성이면서 나그네 티를 내면 주인 집에서 알아보고 청하여 들여서 대접을 하는 관습이 있거든.
- 아브라함은 그러면 단순히 세 사람의 나그네를 대접한 것이라고요? 그런데 그렇게 떠받드는, 마치 경배하는 자세로 나그네를 영접하나요? 여기 보니까 몸을 땅에 굽히는 모습이나, 또 그 나그네를 주라고 부르는 태도는 아무래도 꼭 처음부터 하나님을 알아차린 것 같아 보이거든요?
- 글쎄, 무슨 영감을 느꼈을지는 모르겠는데 히브리서에 의하면 부지

중에 나그네를 선대하였다고 말하거든.

히 13:1-2 형제 사랑하기를 계속하고 손님 대접하기를 잊지 말라 이로써 부지중에 천사들을 대접한 이들이 있었느니라

히브리서의 이 내용에 부합할 만한 구약의 이야기는 이 이야기뿐이거든. 그러므로 아브라함은 처음부터 세 사람을 하나님으로 인식했다기보다는 그냥 나그네로 인식한 게 틀림없어. 그리고 하나님이 삼위일체 하나님이긴 하지만 똑같은 세 사람이니 그중 누군가가 하나님이라고 처음부터 인식하기는 어려웠을 거야.

- 그렇다면 아브라함은 아주 겸손하게 손님을 주인처럼 대하며 영접하고 대접했다는 이야기가 되네요. 그런데 대화하는 것을 보면 아브라함은 꼬박꼬박 존칭을 쓰고, 상대는 하대를 하는 것을 보면 아브라함과는 처음부터 급이 다른 하나님과의 대화라고 생각되는데요?
- 어쩌면 아브라함이 세 사람 중 하나님이 계시다는 것을 즉시 감을 잡았을 수도 있고, 우리말 번역상 아브라함을 찾아오신 분이 결국은 하나님이었으니까 그 전제하에 번역하다 보니 그렇게 된 것이겠지? 그러나 "내 주여" 하고 부르는 것은 두 가지 가능성을 다 인정해야 할 것 같아. 아브라함이 처음부터 하나님을 알아보았다거나 아니면 알아보지 못했으나 평소 나그네를 대접하는 아브라함의 겸손한 태도를 보여주는 것으로 이해해도 무리가 없을 듯하지?
- 보통 주인이 주이고, 나그네는 대접받아 황송한 것 아닙니까? 그런데 손님을 주인처럼 섬긴다는 것은 위대한 일임에 틀림없고, 사실은 그게 손님을 대접하는 기본자세이긴 하지만 어디 사람들이 그러나요? 대접해 주는 자가 주인이고 큰 시혜 주는 척 거들먹거리기 쉽지요.
- 그렇기는 한데, 그러니까 이 이야기는 나그네를 선대하는 기본자세를 가르치는 메시지일 수도 있지. 그 모습이 범상치 않아 보였는지

는 알 수 없지만, 평소 나그네를 선대하는 아브라함의 모습을 보여준다고 해석해도 무리가 없을 것 같아. 주님은 때때로 나그네의 모습으로 우리에게 오시기 때문이지. 마태복음을 보면 예수님께서는 주린 자, 목마른 자, 갇힌 자, 병든 자나 나그네 등과 자신을 동일시하며 작은 자를 돌아보는 것이 예수님을 돌아보는 것이라고 말씀하고 계시네(마 25:31-46). 여기서는 실제로 나그네의 모습으로 아브라함에게 나타나셨다고 보아도 무리가 없을 듯싶어. 그리고 몸을 땅에 굽히는 것은 정중한 인사법인데, 꼭 아브라함이 이들 가운데 하나님이 계심을 알아차리고 경배하는 태도라고 해석할 필요는 없다고 보네. 이는 고대 동양 사회에서 일반적으로 있었던 정중한 인사법이기 때문이지.

- 그렇다면 아브라함이 "내 주여, 내가 주께 은혜를 입었사오면 원하건대 종을 떠나 지나가지 마옵소서"라고 강권하는 것은 아브라함의 겸손하고도 정중한 모습을 보여준다는 말이네요?
- 일반적으로 나그네를 맞이하는 사람이 주인이 아니던가? 나그네가 주인에게 은혜를 입는 것이지. 그러나 아브라함은 나그네가 주인이고 자신은 섬기는 자임을 나타내는 태도로 나그네를 맞아들이는 것이지. 나그네를 주로 부르고 자신이 은혜를 입어 대접할 특권을 갖게 해달라는 것이야. 여기 쓰인 말을 아브라함이 하나님으로 알고 '나의 주님'(The Lord)이라고 부른 것으로 해석할 필요는 없다고 보네. 그냥 '주여'(lord)라고 일반적으로 불렀겠지. 만일 아브라함이 세 나그네 중 하나가 하나님이라는 것을 알아챘다면 도리어 음식을 차릴 필요가 없어지는 것 아니겠나? 하나님은 우리 인간의 음식으로 사시는 분이 아니니까.
- 나그네를 대접할 때 나그네는 얻어먹는 자요, 대접하는 자는 선심을 베푸는 주인인 양 하는 게 보통인데 말입니다.
- 도리어 나그네는 주인이요, 주인은 나그네를 대접할 특권을 얻는 수

혜자로 자세를 갖춘다는 것은 얼마나 아름답고 덕스러운 일인가?

- 그러니 우리가 남을 돕거나 대접할 때 자신은 주인이고 상대는 얻어 먹는 천한 존재인 양 대하는 것은 받는 자를 경멸하는 행위가 되겠군요. 남에게 베풀 때는 이처럼 베푸는 자는 하인이요 받는 자는 주인인 것처럼 베풀 때 진짜 선행이요 덕이 되는 것이네요.
- 하여튼 아브라함은 최선을 다해 나그네를 대접했고, 결국 그분이 하나님인 것을 알게 되었겠지.

• 언약의 확증(18:9-16; 본문 생략)

- 아브라함에게 드디어 때가 온 것 같네요. 하나님께서는 아브라함에게 이제 구체적으로 사라에게서 아들이 태어날 것을 알려 주시는 말씀을 하시네요.
- 이제 구체적으로 때를 말씀하시지?
- 네, 내년 이맘때 아브라함의 아내 사라에게 아들이 있으리라고 하시는데요?
- 그런데 도저히 인간적인 가능성으로는 사라를 통하여 아들을 얻을 수 없는 상황에서 이 말을 믿어야 하는 것이잖아요? 사라가 그래서 웃었다고 하는데요?
- 그래, 아브라함도 늙었을 뿐 아니라 사라는 늙다 못해 여인의 생리가 끝났기 때문이지. 여인의 생리가 끝났다는 것은 생산 능력이 없다는 것이니 헛웃음을 지을 수밖에.
- 그러게 말입니다. 인간은 참으로 믿음에 약한 것 같아요. 그러니 사라가 이 말을 믿음으로 받지 못하고 헛웃음으로 받는 게 이해는 가지요. 장막 안에서 이 나그네의 이야기를 듣고 있던 사라는 기가 막혔겠지요? "내가 아들을 낳는다고? 생리도 끊겼는데?" 이렇게 중얼거릴 수밖에 없었겠지요?
- 참 하나님도 너무하신 것 같기는 하지? 아들을 주겠다 주겠다 말씀

만 하시면서 이게 몇 년인가? 이제는 다 늙어 버렸고 더군다나 사라는 여인의 생리가 끝났으니 어떻게 아이를 낳겠는가? 김 군, 그런가 안 그런가? 생리가 끝난 여인이 아이를 잉태하는 일이 가능한가 말이야?

– 의학적으로는 불가능하지요. 하나님은 왜 그 지경까지 몰아넣고 여전히 믿으라고 하시는 것이지요? 저는 사라 편이에요. 사라가 믿기지 않아서 코웃음을 친 것은 당연한 인간적인 반응이라고 생각됩니다.

– 그렇지. 그런데 그때 하나님은 사라를 향하여 "왜 웃느냐?" 책망하시면서 "여호와께 능하지 못한 일이 있겠느냐?"고 믿음을 촉구하시거든. 내년 이맘때에 다시 방문하실 것인데 그때는 이미 사라가 아들을 갖게 되리라고 다시 확인하셨고 말이야. 바로 이 선을 넘는 것이 이렇게 어려운 것인가 보네.

– 무슨 선을 넘어요?

– 인간의 가능성이 끝나는 그 선 말이야. 그 지점을 넘어서는 믿음을 하나님은 훈련시키고 있는 것이지. 인간의 가능성으로 하면 생리가 끝난 여인에게는 생산 능력이 없어. 그러니 사라가 아들을 낳을 가능성은 제로인 셈이지. 그러나 하나님의 가능성은 인간의 가능성이 끝나는 그 지점에서 시작되거든.

– 그게 무슨 말씀입니까?

– 하나님은 전능하시고 죽은 자도 살리시는 하나님이라는 것을 믿으라고 하시는 거야. 여인의 생리가 끝났다, 그래서 생산 능력이 없다, 이것이 인간의 가능성의 한계지. 자, 그러니까 이 지점, 이 선이 하나님께로 도약하는 지점이고, 하나님의 세계로 진입하는 선인 것이지. 죽은 자도 살리시는 하나님이 죽어 버린 사라의 생리, 생산 능력을 살리시면 되는 거야. 거기까지 믿어야 한단 말이지.

– 사실 우리가 하나님을 믿을 때 인간의 가능성의 한계 안에서 믿는

다면 믿음이 아니어도 되겠지요. 그러나 믿음이란 인간의 가능성의 한계선에서 하나님의 가능성의 세계로 가는 것이로군요.

- 내가 창세기 산책 초두에 무에서 유를 창조하신 하나님을 믿는 믿음과 죽은 자도 살리시는 하나님을 믿는 믿음으로 희망을 얻었다는 이야기를 한 적 있지?
- 네, 한 번이 아니라 여러 번 말씀하신 것 같은데요?
- 그래? 하나님께서는 아브라함과 또 우리에게 그 믿음을 주시기를 원하는 거야.

롬 4:17-18 기록된바 내가 너를 많은 민족의 조상으로 세웠다 하심과 같으니 그가 믿은 바 하나님은 죽은 자를 살리시며 없는 것을 있는 것으로 부르시는 이시니라 아브라함이 바랄 수 없는 중에 바라고 믿었으니 이는 네 후손이 이 같으리라 하신 말씀대로 많은 민족의 조상이 되게 하려 하심이라

• **아브라함에게 숨기겠느냐?(18:17-21)**

창 18:17-21 여호와께서 이르시되 내가 하려는 것을 아브라함에게 숨기겠느냐 아브라함은 강대한 나라가 되고 천하 만민은 그로 말미암아 복을 받게 될 것이 아니냐 내가 그로 그 자식과 권속에게 명하여 여호와의 도를 지켜 의와 공도를 행하게 하려고 그를 택하였나니 이는 나 여호와가 아브라함에게 대하여 말한 일을 이루려 함이니라 여호와께서 또 이르시되 소돔과 고모라에 대한 부르짖음이 크고 그 죄악이 심히 무거우니 내가 이제 내려가서 그 모든 행한 것이 과연 내게 들린 부르짖음과 같은지 그렇지 않은지 내가 보고 알려 하노라

- 하여튼 하나님께서는 아브라함을 끔찍하게 사랑하셨던 것 같습니다.

- 하나님은 아브라함만 끔찍이 사랑하시는 게 아니야. 김 군도, 나도 그 사랑 안에 있어. 뭘 보고 아브라함을 끔찍이 사랑하신다고 느꼈는데?
- "내가 하려는 것을 아브라함에게 숨기겠느냐" 그렇게 말씀하시는 것을 보면 하나님은 아브라함을 특별히 생각하시는 게 틀림없어요.
- 맞아, 그런데 그렇게 아브라함을 특별히 여기시는 이유가 무엇이라고 하시는가?
- "아브라함은 강대한 나라가 되고 천하 만민은 그로 말미암아 복을 받게 될 것이 아니냐 내가 그로 그 자식과 권속에게 명하여 여호와의 도를 지켜 의와 공도를 행하게 하려고 그를 택하였나니 이는 나 여호와가 아브라함에게 대하여 말한 일을 이루려 함이니라"고 하십니다.
- 그렇지. 첫째는, 아브라함은 강대한 나라가 되고 천하 만민의 복의 통로로 세우게 되는 존재이며, 둘째는, 그와 그 자손들이 하나님의 법도를 지켜 의와 공도를 행하게 하려고 선택한 사람이기 때문이라고 하시지? 그렇게 소중히 여긴다는 말씀을 하신 후 결국 아브라함에게 알리신 것은 무엇이던가?
- 소돔과 고모라를 심판하는 계획을 아브라함에게 알리고자 하시는데요? 야, 이거 굉장한데요? "내가 하려는 것을 아브라함에게 숨기겠느냐?" 역사의 주인이시요 절대자이신 하나님이 아브라함을 파트너로 하여 역사를 운영하시겠다는 것이니, 이 얼마나 엄청난 특권입니까?
- 하나님은 하나님의 사람에게 하나님의 계획을 말씀하시고 미리 알리시고 함께 역사를 만들어 가신다는 계시이니 얼마나 영광스러운 직분이란 말인가? 아브라함은 이제 하나님의 벗이라, 친구라 칭함을 받는 존재가 된 것이라네(약 2:23).

시 25:14 여호와의 친밀하심이 그를 경외하는 자들에게 있음이여 그의 언약을 그들에게 보이시리로다

암 3:7 주 여호와께서는 자기의 비밀을 그 종 선지자들에게 보이지 아니하시고는 결코 행하심이 없으시리라

요 15:15 이제부터는 너희를 종이라 하지 아니하리니 종은 주인이 하는 것을 알지 못함이라 너희를 친구라 하였노니 내가 내 아버지께 들은 것을 다 너희에게 알게 하였음이라

아브라함의 중보(18:22-33; 본문 생략)

- 이번 문단의 이야기는 무엇인가? 간추려보게, 김 군.
- 다른 두 사람은 소돔으로 먼저 가고 아브라함은 하나님을 독대하게 됩니다. 하나님을 독대한 자리에서 아브라함은 소돔을 멸망시키는 일에 대하여 유보해 달라는 간청을 합니다. 소돔과 고모라 도시가 악하다 하여도 한 사람도 예외 없이 모두 다 악하지는 않을 것으로 기대한 것 같습니다. 아마 자기 조카 롯을 생각했는지도 모르지요. 만약 그 성중에 의로운 사람 50명이 있다면 함께 멸망시킬 것이냐고 질문합니다. 하나님은 의인 50명이 있다면 그 50 의인을 인하여 성을 다 용서하리라고 하십니다. 그러자 아브라함은 숫자를 조금씩 줄여갑니다. 45명, 40명, 이제는 30명, 20명, 나중에 10명이 있다면 어찌하시겠는가 하고 묻습니다. 하나님께서는 의인 10명만 있어도 용서하시겠다고 말씀하십니다. 아브라함은 더 이상 할 말이 없습니다. 하나님은 하나님의 길을 가시고, 아브라함은 아브라함의 길로 갑니다.
- 아마도 아브라함은 소돔과 고모라가 멸망해야 한다면 거기 살고 있

는 조카 롯이 어찌 될까 염려한 것 같고, 롯만큼은 죄악이 물든 도시 속에서도 하나님을 섬기는 자로 살고 있기를 기대한 것 같지? 그래서 10명까지 챙겨 나갔는데 10명도 없다는 하나님의 말씀에 어쩌면 의인이 1명도 없다는 말씀으로 생각한 것 같아.

- 소수의 의인이 하나님의 뜻을 찾고 의를 구하여 살면, 그 소수의 의인으로 인하여 도시 전체를 사하고 멸망시키지 않으실 하나님인데 소돔과 고모라에는 소수의 의인, 소수의 하나님의 사람조차 없이 모두 치우쳐 악하게 되고, 영성을 상실하고, 심판의 대상이 되었다는 것이 참으로 안타깝네요. 그런데 이 질문은 저 자신에게로 돌아오게 되는 것 같습니다. '너는 하나님 앞에 의인으로 바르게 살고 있느냐?' 이 질문 앞에 서게 됩니다.
- 김 군 말이 맞네. 다른 성경 구절에서 하나님은 의인 한 사람이라도 찾으면 도성을 용서하리라고 말씀하시기도 한다네.

렘 5:1 너희는 예루살렘 거리로 빨리 다니며 그 넓은 거리에서 찾아보고 알라 너희가 만일 정의를 행하며 진리를 구하는 자를 한 사람이라도 찾으면 내가 이 성읍을 용서하리라

겔 22:29-31 이 땅 백성은 포악하고 강탈을 일삼고 가난하고 궁핍한 자를 압제하고 나그네를 부당하게 학대하였으므로 이 땅을 위하여 성을 쌓으며 성 무너진 데를 막아 서서 나로 하여금 멸하지 못하게 할 사람을 내가 그 가운데에서 찾다가 찾지 못하였으므로 내가 내 분노를 그들 위에 쏟으며 내 진노의 불로 멸하여 그들 행위대로 그들 머리에 보응하였느니라 주 여호와의 말씀이니라

- 예레미야 예언서에서는 의인 한 사람만 있어도 사하리라고 하시네요?
- 에스겔서에서는 하나님의 진노를 막아설 하나님의 사람이 없어 성을 심판한다고 하시지?
- 하나님께서는 한 사람의 의인을 찾으시고, 무너져 가는 도성에, 멸망하는 나라에 하나님의 진노의 손길을 막아설 의인을 찾으시는데, 한 사람도 없어서 심판하실 수밖에 없는 하나님의 안타까운 마음을 읽게 되네요.

나그네를 대접하는 롯(창 19:1-3)

창 19:1-3 저녁때에 그 두 천사가 소돔에 이르니 마침 롯이 소돔 성문에 앉아 있다가 그들을 보고 일어나 영접하고 땅에 엎드려 절하며 이르되 내 주여 돌이켜 종의 집으로 들어와 발을 씻고 주무시고 일찍이 일어나 갈 길을 가소서 그들이 이르되 아니라 우리가 거리에서 밤을 새우리라 롯이 간청하매 그제서야 돌이켜 그 집으로 들어오는지라 롯이 그들을 위하여 식탁을 베풀고 무교병을 구우니 그들이 먹으니라

- 아브라함에게 나타났던 세 사람 중 하나는 하나님이셨는데 하나님은 이제 따로 가시고 소돔에는 두 천사가 내려갔네요. 여기서는 마침 롯이 성문에 있다가 나그네를 보고 영접하는데요? 역시 땅에 엎드려 절하면서 자기 집에 와서 주무시고 날이 밝으면 길을 가라고 청하네요. 롯도 나그네 대접하는 일을 잘했던 모양입니다.
- 그런 것 같네. 나그네가 사양하자 간청하여 집으로 인도하는 것을 보니 롯도 소돔에 살고는 있지만, 그래도 아브라함의 영향을 받아 조금은 착하게 의롭게 살아가려는 노력을 했던 것 같네.

- 그런데 롯은 송아지를 잡았다는 기록은 없네요. 아브라함만큼은 아닌 것 같아요.
- 그렇군, 그래도 나그네를 선대하는 것만도 대단한 일이지.

소돔의 타락상(창 19:4-11; 본문 생략)

- 그런데 그 밤에 소돔 사람들이 떼로 몰려와서 난동을 부리네요. 나그네들을 이끌어 내라면서 "우리가 그들을 상관하리라" 하는데요, 뭘 상관한다는 것이지요?
- '상관하다'로 번역된 히브리어 야다(ידע)는 원래 '알다, 이해하다'라는 뜻인 동시에, '관계하다, 성적 관계를 가지다'라는 의미로도 쓰이지. 여기서는 성관계를 하겠다는 것으로 해석되는 말이야.
- 천사들이 여성의 모습을 했었을까요?
- 아브라함을 만나고 오던 천사들인데 분위기로 보아 여성으로 나타난 것은 아닌 것 같지?
- 그럼 롯의 집에 덤벼든 사람들이 여성들인 것 같지도 않으니 동성연애자들이었나 봐요?
- 그런 것 같아. 그래서 남색이란 말이 영어로 소도미(Sodomy)라는 말로 사용되고 있다네. 아마도 당시 소돔 사람들은 타락할 대로 타락하여 거룩한 성에 대한 개념 자체가 없었던 것 같아.
- 롯은 두 나그네를 지키려고 자기 딸들을 내어주겠다고까지 하네요? 과연 그럴 수 있을까요? 자기 친딸을 내어준다는 게 가능할까요?
- 글쎄, 자기 집에 들어온 나그네를 끝까지 지키려고 하는 노력이 가상한데, 그렇게 폭도들을 달래는 과정이라고 이해해야겠지?
- 이 폭도들은 나그네보다 롯을 더 해치겠다고 위협하네요? "네 놈이 와서 우리의 법관 노릇을 하는 것이냐?"라고 분노하는 것을 보니 타락한 죄인들 사이에서 롯은 그래도 바르게 살려고 노력했던 것 같

아요. 죄인들 눈에 롯이 가시가 된 것이지요. 자기들처럼 타락한 대로 살지 않는 롯이 더 불편했던 것이네요. 롯이 아주 타락하지는 않았던 것 아닐까요?

- 아브라함을 떠나서 소돔에 살 때 롯이 소돔 사람들의 영향으로 죄에 빠져 살지 않았을까 싶었는데, 그래도 어느 정도 거룩하게 살려고 노력하고 있었던 것으로 추측할 수 있게 하는 이야기 같지?
- 아, 통쾌하네요.
- 뭐가?
- 역시 천사는 천사예요. 롯을 집으로 끌어들이고 문을 닫고는 그 폭도들의 눈을 어둡게 하여 문을 찾지 못하도록 하잖아요. 천사들을 겁탈하려다가 혼쭐나는 거예요. 선생님, 창세기가 많은 이야기를 생략하는데, 여기 이 소돔 이야기를 길게 기록하고 있는 이유가 뭘까요?
- 뭘까?
- 하나님은 죄악을 심판하신다? 심판의 하나님에 대한 계시인가요?
- 그런 것 같지? 소돔 사람들의 타락상을 보여주는 한 단면이라 하겠지.

이끌어 내라(창 19:12-22; 본문 생략)

- 마침내 심판을 수행할 시간이 가까이 온 모양입니다. 천사들이 롯에게 모든 가족을 성 밖으로 이끌어 내라고 합니다. 곧 소돔 성을 멸하리라 하시네요.
- 롯이 자기 딸들과 약혼한 사위 될 사람들에게도 성을 떠나라고 말하는데 사위들은 농담으로 여기고 떠나지 않은 것 같지?
- 그렇네요.
- 멸망할 사람들은 언제나 그런 것 같아. 노아 홍수 심판 때에도 사람

들은 노아를 비웃었던 것 같은데, 여기서도 사위가 될 사람들에게 함께 구원받자고 하는데 안 믿어요. 예수님은 장차 종말의 때에도 그러리라고 경고하시고 있지.

마 24:37-39 노아의 때와 같이 인자의 임함도 그러하리라 홍수 전에 노아가 방주에 들어가던 날까지 사람들이 먹고 마시고 장가 들고 시집 가고 있으면서 홍수가 나서 그들을 다 멸하기까지 깨닫지 못하였으니 인자의 임함도 이와 같으리라

- 이제 천사들이 재촉을 해요. 롯과 가족들을 빨리 떠나라고요. 롯은 머뭇거리고요. 아예 천사들이 롯과 그 가족의 손을 잡고 성 밖으로 끌어내네요. 그리고 이에 대해 설명하기를, 여호와께서 자비를 더하셨다고 하고요.
- 그렇지? 소돔에 심판을 내려 멸망시키려고 하는 중에 롯과 그 가족들은 살리겠다는데도 머뭇거리고 있으니 자비의 손은 그들을 멸망할 성 밖으로 끌어내는 수밖에 없었던 것이지.
- 하나님의 못 말리는 자비를 상징적으로 보여주네요.
- 그 표현 좋다, 김 군. 하나님의 못 말리는 자비라, 아름다운 시적 표현이야.
- 천사가 손을 잡아 이끌어 성 밖에 둔 후 이제 도망하여 생명을 보존하라고 이르네요. 돌아보거나, 들에 머무르거나 하지 말고 산으로 도망하라고 명하시는군요.
- 불타는 재산을 아까워하며 돌아보고 지체하다가 화를 당할지 모르고, 들에 머물다가 번지는 화염에 휩싸일 위험이 있으니 산으로 멀찍이 피하도록 명하는군그래.
- 그런데 롯은 엄살을 부려요. 나 참, 기가 막히네요. 이 사느냐 죽느냐 긴박한 중에 엄살을 떨다니, 롯은 지금 심판과 멸망의 긴박성을 못

느끼는 모양이에요! 산에까지 가다가 재앙을 만날지 모른다, 그러니까 심장마비라도 걸릴지 모른다고 엄살을 부리네요. 어이구, 답답해. 지금 멸망의 불덩이가 떨어지는 상황에 무슨 배부른 엄살이에요?

- 은혜를 쉽게 주면 그 은혜의 중함을 모르게 되는 모양이네. 하여튼 천사들은 그 엄살을 또 받아주네. 천사들이 급해진 것 같아. 지금 멸망의 불덩이가 곧 쏟아질 것인데 엄살 부리고 있는 롯이 한심하겠지만 천사들이 롯에게 타협하고 작은 마을 소알 성으로 피신하도록 허락하는 것을 보니 못 말리는 하나님의 자비가 아니고 무엇이겠는가?
- 하나님, 그리고 하나님의 사자는 참으로 인자하고 너그럽군요. 소알에 피신하는 것을 허락할 뿐 아니라 소알까지 롯이 도망할 때까지는 아무 일도 할 수 없다고 말하네요.
- 롯을 구원하려고 머뭇거리는 롯과 가족들의 손을 잡아 끌어내고, 멀리 도망하기 어렵다고 엄살하니 소알 성을 허락하고, 그 성으로 피하기까지 기다리시는 하나님의 인자하심, 못 말리는 하나님의 사랑이네그려.

소돔의 멸망(창 19:23-29)

창 19:23-29 롯이 소알에 들어갈 때에 해가 돋았더라 여호와께서 하늘 곧 여호와께로부터 유황과 불을 소돔과 고모라에 비같이 내리사 그 성들과 온 들과 성에 거주하는 모든 백성과 땅에 난 것을 다 엎어 멸하셨더라 롯의 아내는 뒤를 돌아보았으므로 소금 기둥이 되었더라 아브라함이 그 아침에 일찍이 일어나 여호와 앞에 서 있던 곳에 이르러 소돔과 고모라와 그 온 지역을 향하여 눈을 들어 연기가 옹기 가마의 연기같이 치솟음을 보았더라 하나님이 그 지역의 성을 멸하실 때 곧 롯이 거주하는 성을 엎으실 때에 하나님이 아브라함을 생각하사 롯을 그 엎으시는 중에서 내보내셨더라

- 마침내 심판이 집행되네요. 롯이 소알 성에 들어갈 때 해가 돋았고, 그날 아침 심판이 집행되어 소돔은 불바다가 되는데요. 선생님, 소돔과 고모라 땅에 하늘에서 유황과 불이 비같이 내렸다고 하는데 이는 시적인 표현일까요, 아니면 실제로 하늘에서 유황불이 내렸을까요?
- 글쎄, 유황불이라면 자연스러운 것은 화산이 폭발할 때 대체로 유황성분의 용암과 연기가 분출하는 것이므로 거대한 화산이 폭발하고 그 불과 연기가 치솟았다가 하늘에서 비같이 내려오는 것을 생각할 수 있지. 그러한 광경을 시적으로 표현하여 하늘에서 유황과 불이 내렸다고 말하였어도 아주 자연스러운 것이고, 또 자연현상에서는 없는 일이지만 화산 폭발이 아닌데도 하나님의 가능성 속에서 하늘에서 유황과 불이 내렸을 수도 있지. 그러나 그것은 중요한 문제가 아닌 것 같고, 중요한 것은 모두 태워 버리는 심판이 있었다는 사실 자체이겠지?
- 중요한 것은 죄된 도시를 철저하게 파괴한 것이요, 철저한 멸망이었다는 것이지요?
- 그렇지. 소돔과 고모라는 비옥하여 애굽과 같고 여호와의 동산 같았던 땅이라고 했었지 않나?(창 13:10) 그러나 이제 그 땅은 유황과 불로 다 태워져 황폐한 파멸의 땅이 된 것이지. 그 지역은 오늘날 염해, 즉 사해 지대가 되고 만 것이라네. 심판의 계시는 언제나 분명하지. 시편 기자가 이 심판을 원용하여 말하고 있는 것을 들어보자고.

시 11:5-7 여호와는 의인을 감찰하시고 악인과 폭력을 좋아하는 자를 마음에 미워하시도다 악인에게 그물을 던지시리니 불과 유황과 태우는 바람이 그들의 잔의 소득이 되리로다 여호와는 의로우사 의로운 일을 좋아하시나니 정직한 자는 그의 얼굴을 뵈오리로다

- 선생님, 그런데 롯의 아내는 뒤를 돌아본 고로 소금 기둥이 되었다

네요?

- 여호와의 사자가 롯과 그 가족들을 피신시키면서 주의사항을 줄 때 뒤를 돌아보지 말라고 하였지?(창 19:17) 그러나 롯의 아내는 뒤를 돌아본 고로 죽어 소금 기둥이 되었다는 것이네. 소금 덩어리 화석이 된 거야.
- 불순종은 곧 죽음이요 멸망이네요. 구원의 기회가 주어졌어도 불신하고 불순종하는 것은 곧 죽음이요 멸망이라는 것이지요.
- 불순종은 언제나 불신에서 나오지. 아담과 하와가 하나님의 말씀을 불신하여 불순종을 낳았듯이 롯의 아내의 불신은 불순종을 낳은 게 분명해. 그리고 불신과 불순종은 죽음이야. 아마도 롯의 아내는 소돔 성에 두고 떠나는 친구들과 재물들에 대한 미련이 있었을 것으로 상상해 볼 수 있네. 그러나 문제는 하나님의 말씀의 경고를 믿지 않고 불순종하여 불신의 대가로 죽게 된 것이야.
- 그러면 궁금한 게 있어요, 선생님.
- 뭐가 또 궁금한데?
- 롯의 아내는 죽어 선 채로 소금 기둥이 될 때, 롯은 함께 쳐다보지 않았을까요?
- 뭐 있는 대로 믿으면 되지. 돌아보지 않았으니까 롯은 살았겠지?
- 자기 아내가 죽어 돌기둥이 되는데 그냥 버리고 가요?
- 김 군은 애처가가 될 테니 그럴 수 없겠지? 그러나 지금 상황은 떨어지는 불 심판을 피하고 있는 중이고, 롯은 이제 그것을 실감하기 시작한 것 같아. 뒤돌아보지 말라는 천사의 말을 지켜서 열심히 피난길을 간 것일 게지. 어쨌든 말씀에는 순종해야 하네.
- 아브라함도 궁금했던 것 같지요? 그 아침에 일어나 하나님과 대화하던 곳에서 소돔과 고모라 온 들녘이 불에 타고 검은 연기가 치솟는 것을 보고 있네요. 그런데 재미있는 표현이 있어요.
- 뭐가?

- 하나님이 소돔과 고모라를 멸망시키실 때 아브라함을 생각하사 롯을 내보내셨다고 기록하고 있어요?
- 그러게 말이야. 롯은 소돔 사람들보다는 좀 나았을지 모르지만 자기 자신의 삶으로 구원받을 만한 자는 못 되었던 모양이고, 아브라함은 자신의 삶뿐 아니라 그 조카의 구원까지 이루는 복이 되는 삶을 살고 있었던 것이지. 김 군, 여기서 다시 회상할 필요가 있을 것 같은데?
- 무엇을요?
- 아브라함은 하나님을 선택하고 롯에게 먼저 땅을 가지라고 양보하였지. 그리고 롯은 자기 눈으로 보아 비옥한 요단 강변 들녘을 선택하고 소돔을 선택하였지?
- 그랬지요. 그런데 결국 롯의 선택은 그다지 좋은 선택이 아니었음을 보네요. 전쟁통에 사로잡혀 가지를 않나, 이번에는 불 심판에 다 타 버리고 마네요?
- 인간적으로는 불리한 선택, 롯이 선택하고 남은 헤브론 골짜기, 황무지 같은 땅에 살던 아브라함은, 사실상 하나님을 자신의 삶의 근거로 선택한 까닭에 보장된 삶을 축복으로 누릴 뿐만 아니라 롯의 인생까지도 구원에 이르게 하는 복이 되는 삶, 플러스 인생을 살고 있었던 것이지.
- 플러스 인생? 선생님의 표현도 아름다운 시인데요? 플러스 인생이라, 그 표현 좋습니다. 나만 잘사는 것이 아니라 플러스하여 다른 사람의 삶도 복되게 하는 삶, 그것이 하나님을 선택한 아브라함의 복된 삶이란 그 말이지요? 플러스 인생을 살도록 기도하여야 하겠습니다.

모압과 암몬(창 19:30-38; 본문 생략)

- 선생님, 성경을 읽다 보면 낯뜨거운 이야기도 많은데, 이 문단도 그

렇네요?

- 뭐가 낯이 뜨겁다고?
- 소알로 피신하여 살아남은 롯과 두 딸의 이야기인데요….
- 그들 삶의 정황을 조금 살펴보고 그 문제를 이야기하자고. 그들이 어디 살았나?
- 롯이 오히려 정신 번쩍 들게 두려움이 생긴 것 같아요. 소알 도성은 멸망에서 남겨져 저들이 살아났는데 오히려 산에 가서 살게 되네요?
- 원래 천사가 산으로 피하라 하였었지? 불 심판을 본 롯에게 공포감이 더하여 아예 산으로 가서 동굴에 살게 된 것 같아. 그리고 그 고립 속에서 딸들이 자기들의 신랑감도 구하기 어렵겠고, 특히 이 죄로 멸망하는 세상에 도리를 따라 사는 남자를 기대하기도 어려웠겠지.
- 그러니 아버지로 말미암아 후손을 남기자고 합의하고, 그렇게 아버지에게 술을 마시게 하고는 아버지가 의식하지 못하는 중에 각각 임신하게 되고, 그것이 모압 족속과 암몬 족속의 조상이 되는 이야기네요?
- 그렇다네.
- 성경은 어느 인물의 위인전을 기록하고 있는 것이 아니고 오히려 인간의 죄, 인간의 실패 이야기를 있는 대로 기록하고, 거기 임하는 하나님의 사랑과 구원의 이야기를 기록하는 책이라 하더니, 이렇게 낯 뜨거운 이야기도 기록되고 있네요.
- 성경의 진실성의 증거이기도 하지.

시련과 시험(창 20:1-18; 본문 생략)

- 선생님, 이건 또 뭐랍니까?
- 뭐 말인가?
- 아브라함이 여전히 자기 아내 사라를 목숨 걸고 지킬 생각을 안 하

고 또 그랄 왕에게 빼앗기네요. 그런데 그랄로 왜 갔지요?

- 아브라함이 왜 그랄로 갔는지 특별한 상황 기록은 없네. 그랄도 가나안 일경에 속한 가나안 남방 지역이기는 하고, 아마도 그의 생업이 주로 목축업이었을 테니 목초를 따라 그랄까지 이동한 것으로 보아야 하겠지?
- 그건 그렇다 치고, 아브라함이 20여 년 전 애굽으로 내려가면서 부부간이라 하지 않고 오누이 간이라 하여 바로 왕에게 자기 아내를 빼앗길 뻔했는데 아직도 동일한 실수에 걸리다니요? 아브라함을 누가 위인이라 합니까? 남자 망신은 다 시키는 사람이었던 것 같지 않습니까?
- 아니, 누가 아브라함을 위인이라 했는데?
- 아브라함을 우리의 믿음의 조상이라고 하지 않아요?
- 그건 맞아. 하지만 믿음의 조상이라 하였지, 위인이라고 하지는 않네. 이봐 김 군, 나는 말이야, 아브라함의 반복되는 실수나 불신앙적 모습을 보고 위로를 받은 적이 있어요.
- 무슨 위로요?
- 믿음의 조상이라고 불리는 아브라함도 나처럼 연약하여 많은 실수도 하고, 믿음도 처음부터 완전한 게 아니고 넘어지고 또 넘어지면서 믿음이 조금씩 자라더라고.
- 그래요? 그건 그렇겠네요? 완전한 표본이라면 또 못 따라가는 자신을 볼 때 절망을 느낄 텐데, 아브라함도 그랬다니까 저도 좀 위안이 되는 것 같기는 해요. 하여간 성경은 누구 하나 위인으로 묘사하지 않는다는 게 오히려 계시인 것 같아요. 연약한 인간, 그 연약한 인간을 사랑하시는 하나님, 그것이 계시인 것 같습니다.
- 그래, 여기서도 보이는 것은 하나님 자신의 신실성이야. 아브라함이 아내를 그랄 왕에게 빼앗기고 사라가 위기에 처하자 하나님이 나서서 그랄 왕에게서 사라를 건져 내시거든. 지난번 애굽에서도 하나

님은 사라를 지켜 보호하여 주셨는데, 이번에도 하나님은 사라를 지켜 보호하신 것이네. 이는 하나님께서 사라를 통하여 아브라함에게 언약의 아들을 주시기로 하였기에, 하나님의 언약으로 인하여 하나님께서 사라의 거룩성을 지키고 계신 것을 보게 된다네. 하나님의 신실한 은혜가 아니고 우리가 어떻게 거룩하게 보전되겠는가?

- 그런데 하나님은 확실히 아브라함을 사랑하고 존귀하게 보전하시는 것 같아요. 하나님이 아비멜렉 왕 앞에서 아브라함을 선지자로 높여 주셨기에 그를 매우 선대하고 후대하게 되거든요? 우선 사과의 예물을 아브라함에게 내주네요. 양과 소와 노비를 아브라함에게 선물하는데요? 사라도 아브라함에게 돌려보내고요. 자기 후궁으로 삼고자 했던 모양인데 그 계획을 취소하고 하나님의 경고에 따라 그녀를 깨끗한 채로 돌려보내는군요. 그러고는 자기네 영토에서 살라고 땅도 내어주는데요? 은 천 개의 선물도 주고요.
- 그렇지? 아브라함은 아비멜렉을 위하여 하나님께 기도드리어 축복하였고, 사라를 궁에 들인 후 일시적으로 아비멜렉의 집 여인들의 모든 태를 닫았던 것인데 형벌은 모두 해제되었지.
- 하나님은 연약한 아브라함인데도 그를 높이며 끝까지 지켜 주시네요. 당신이 얼마나 언약에 신실하시고, 당신의 백성을 보호하시며 당신의 종을 높이 드시는 분인가를 보여주시는군요.
- 그렇다네. 그래서 우리는 시편 기자처럼 고백할 수밖에 없지.

시 3:3 여호와여 주는 나의 방패시요 나의 영광이시요 나의 머리를 드시는 자이시니이다

산책길 13

성취하시는 하나님(창 21:1-23:20)

- 선생님, 이번에는 어디로 가나요?
- 지난 2-3일 태풍으로 전국에 비가 많이 왔으니 지난번 허탕치고 온 만덕산 이끼계곡을 다시 찾아감세.
- 알겠습니다. 선생님, 고단하면 주무시지요? 제가 편안하게 만덕산까지 모시겠습니다.
- 응, 고맙네.

- 선생님, 다 왔습니다. 지난번엔 물이 하나도 흐르지 않았는데 오늘은 물이 꽤 흐르고 있네요.
- 어 그래, 오늘은 꽤 그럴듯한 그림이 담아지겠군. 결국 이 땅의 아름다움도 하늘에 달렸어.
- 그렇네요. 지난번에 볼 때는 뭐 신통치 않았는데, 비를 머금은 계곡이 되자 파란 이끼 사이로 흘러내리는 이끼 계류 폭포가 그림이군요.
- 오늘의 자연계시는 땅이 아름답기 위해서는 하늘의 은혜를 받아야

한다는 것 아닐까? 그림이 될 만한 몇 컷을 담고 이 개울가 나무 그늘에서 창세기 공부를 좀 하고 가기로 하지.

- 다시 감탄하게 되는데요? 지난번에 왔을 때는 이끼도 가뭄에 말라 검게 보이고 물 흐름이 전혀 없어 삭막했는데 하늘이 비를 내려 물이 흐르니 계곡이 살아나고 이렇게 아름다운 그림을 그리네요. 정말 신기하리만큼. 땅이 아무리 아름다워도 하늘을 만나야 하는군요?

만덕산 이끼계류

- 자, 아름다움을 담았으니 이제 창세기 산책을 이어가지.
- 네, 창세기 21장입니다.

언약의 완성(창 21:1-7)

창 21:1-7 여호와께서 말씀하신 대로 사라를 돌보셨고 여호와께서 말씀하신 대로 사라에게 행하셨으므로 사라가 임신하고 하나님이 말씀하신 시기가 되어 노년의 아브라함에게 아들을 낳으니 아브라함이 그에게 태어난 아들 곧 사라가 자기에게 낳은 아들을 이름하여 이삭이라 하였고 그 아들 이삭이 난 지 팔 일 만에 그가 하나님이 명령하신 대로 할례를 행하였더라 아브라함이 그의 아들 이삭이 그에게 태어날 때에 백 세라 사라가 이르되 하나님이 나를 웃게 하시니 듣는 자가 다 나와 함께 웃으리로다 또 이르되 사라가 자식들을 젖먹이겠다고 누가 아브라함에게 말하였으리요마는 아브라함의 노경에 내가 아들을 낳았도다 하니라

- 드디어 사라가 아들을 낳게 되었네요?

– 약속은 이제 성취되었네그려.

• **말씀하신 대로**

– 선생님, 여기 "말씀하신 대로"라는 말이 세 번 반복되네요? 말씀하신 대로 사라를 돌보셨고, 말씀하신 대로 사라에게 행하셔서 사라가 임신하고, 하나님께서 말씀하신 시기가 되어 아들을 낳았다고 강조되어 있네요?

– 맞아, 말씀하신 대로 언약을 성취하셨음을 강조하는 말이겠지.

– 하나님이 마침내 언약대로, 말씀하신 대로 성취하시는 것은 감격적인 이야기인데요, 왜 이렇게 아브라함과 사라가 다 늙어 터질 때까지 기다려야 했느냐는 것이지요?

– 왜 그랬을 것 같나?

– 사라가 여인의 생리가 끝나서 이제는 생산할 수 없다고 완전히 불가능한 지경이 될 때까지 기다리신 것 같지 않아요?

– 그런 것 같지? 하나님의 가능성을 가르쳐 믿음의 지평을 키워 주시려는 것이 아니었을까?

– 아브라함과 사라의 믿음이 인간 가능성의 한계 안에만 머물지 않고 인간 가능성의 한계를 넘어서는 믿음이 되기를 기다리신 것이겠네요. 그렇다면 이 글을 읽고 있는 우리에게도 그 믿음을 가지라는 것 아닐까요?

– 그렇지, 우리 모두 그 믿음을 가지도록 격려하는 말씀이지. 그래서 아브라함의 믿음이 죽은 자를 살리는 믿음, 죽은 사라의 생리를 살려 아들을 낳게 함으로 죽은 자를 살리시는 하나님에 대한 믿음을 갖도록 보여준 사건이지. 아들을 얻은 아브라함과 사라의 반응을 살펴볼까?

• **언약을 지키어**

- 아브라함은 언약을 지키는 행동을 취하네요?
- 어떻게 지키는데?
- 인간 편에서 언약을 지킨다는 것은 믿음을 지킨다는 말이라고 전에 말씀하신 적이 있지요? 아브라함의 믿음의 행위는 첫째로, 하나님께서 지으라는 대로 아들 이름을 이삭이라고 지은 것이고요, 그다음은 언약의 표로 제정하신 할례를 말씀대로 8일 만에 행함으로 언약을 지키는 행위를 나타냈다고 볼 수 있겠습니다.
- 정확하네, 김 군. 성경을 분석하는 지혜가 아주 좋아요. 이제 하나님은 언약대로 성취하시고, 인간은 언약을 붙들고 믿고 행하고 지키는 것이야. 그리고 여기서 다시 한번 확인할 게 있어. 사실 아브라함은 언약을 지키지 못해서 흔들리고 실수하고 실패한 일이 많지? 그러나 그럼에도 불구하고 하나님은 언약대로 성취하셨어.
- 그랬지요. 아브라함과 사라는 오래되어도 아들을 주겠다는 언약이 성취되지 않자 하갈이라는 여인을 통하여 이스마엘을 낳는 결정적인 불신앙의 행위로 인하여 하나님이 13년간 침묵하신 일도 있었고요, 아들을 주고 번성케 하리라고 확인하실 때도 이스마엘이나 살게 해달라고 말하고, 재차 확인 언약을 해도 '생리가 끝난 여인이 어떻게 아들을 낳으리요' 하며 믿지 못하는 말과 행동을 하여도 하나님은 끝내 언약대로 성취하고 이삭이 태어나도록 하셨어요.
- 김 군, 그것 기억하나?
- 뭐요?
- 하나님께서 아브라함에게 믿음을 가지게 하려고 언약 체결식을 할 때 쪼갠 고기 사이를 하나님은 불로 통과하셨지만 아브라함은 통과하도록 요구하지 않으셨던 것 말이야.
- 네, 기억하지요. 그래서 쌍방언약이 아니고 은혜의 일방언약이었다고 했지요?

- 그래, 그래서 하나님은 아브라함에게 쪼갠 고기 사이를 통과하기를 요구하지 않으시고 일방언약으로 자신만 쪼갠 고기 사이를 통과하신 것이야. 아브라함은 지킬 능력이 없음을 아시고, 하나님은 아브라함의 실패에도 불구하고 당신의 성실성으로 언약을 지킨다는 뜻이었어. 그래서 은혜의 하나님이라 부르는 것이야. 우리가 믿는 하나님은 은혜의 하나님이요, 언약을 당신의 신실성의 바탕에서 성취하시는 하나님이라네. 이런 하나님께 인생을 한번 걸 만하지 않겠는가?
- 네 선생님, 제 인생을 하나님께 걸겠습니다. 하나님을 신뢰하고 하나님께 순종하는 삶으로 가겠습니다. 그래서 사라도 이제는 진짜 감격의 웃음을 지은 것 같아요. 전에는 '생리가 끝난 여인이 어떻게 아들을 낳을까?' 하고 믿지 못하는 웃음이었는데, 이제는 '이런 여인이 아들을 다 낳았다니' 하고 감격의 웃음을 짓고 있네요.
- 그렇지 얼마나 감격스럽겠는가?

이삭에게서 나는 자라야(창 21:8-12)

창 21:8-12 아이가 자라매 젖을 떼고 이삭이 젖을 떼는 날에 아브라함이 큰 잔치를 베풀었더라 사라가 본즉 아브라함의 아들 애굽 여인 하갈의 아들이 이삭을 놀리는지라 그가 아브라함에게 이르되 이 여종과 그 아들을 내쫓으라 이 종의 아들은 내 아들 이삭과 함께 기업을 얻지 못하리라 하므로 아브라함이 그의 아들로 말미암아 그 일이 매우 근심이 되었더니 하나님이 아브라함에게 이르시되 네 아이나 네 여종으로 말미암아 근심하지 말고 사라가 네게 이른 말을 다 들으라 이삭에게서 나는 자라야 네 씨라 부를 것임이니라

- 그런데 이삭이 태어나고 자라면서 문제가 또 터지네요?

- 무슨 문제이지?
- 이스마엘이 이삭을 놀리는 문제가 생긴 것입니다. 어떤 정도로 놀리고 희롱했는지는 알 수 없지만 이게 이삭에게 정신적으로, 정서적으로 나쁜 영향을 미치리라고 생각하게 된 것 같습니다. 사라는 단호하게 하갈과 이스마엘을 집에서 내보내야 한다고 말하고, 아브라함은 이스마엘도 아들인데 싫어 어찌해야 할지 망설이고 있네요.
- 그렇네. 그런데 하나님이 정리하여 주시는군 그래.
- 사라의 말대로 하갈과 이스마엘을 내보내라고 하시네요? 여기서 언약의 자손과 불신앙으로 태어난 자녀는 구별하시는 의지가 하나님께도 분명한 것 같습니다.
- 갈라디아서를 보면 하갈의 소생 이스마엘이 이삭을 놀렸다는 것은 한 차례의 우발적인 사건이기보다는 자주 일어나던 해로운 일이었음이 분명하고, 거기서는 이스마엘이 이삭을 핍박한 것이라고 해석하기도 한다네.

갈 4:29-30 그러나 그때에 육체를 따라 난 자가 성령을 따라 난 자를 박해한 것같이 이제도 그러하도다 그러나 성경이 무엇을 말하느냐 여종과 그 아들을 내쫓으라 여종의 아들이 자유 있는 여자의 아들과 더불어 유업을 얻지 못하리라 하였느니라

- 단순한 질투심에서 나오는 다툼의 차원이 아니라 하나님의 언약의 원리에서 이 문제를 다루는 모양이군요?
- 그렇다네. 이제 하나님은 언약의 백성을 일으키고 있는 중인데, 이스마엘은 불신앙으로 태어난 아들이었지 않나? 언약과 배치되는 소생인 것이지.
- 언약의 아들과 불신앙의 아들을 분리시키려는 것이 하나님의 뜻이라고 보아야 한다는 말씀이지요?

- "이삭에게서 나는 자라야 네 씨라 부를 것임이니라"라고 했지?
- 네.
- 언약의 아들에게서 나는 자라야 언약의 백성을 이룰 것이므로 불신앙의 아들은 내어쫓는 것이 하나님의 구속역사의 계시에서 마땅한 것이라고 하는 것 같아.
- 네, 하나님이 그렇게 정리하시네요. 그렇지만 그 이후에 보면 하나님이 이스마엘에 대해서도 대책을 세우셨어요. 대책 없이 쫓아내는 것은 아니었네요?
- 그렇지, 원리는 분명하게 세우시지만 대책 없이 내치시지는 않는 것 같네. 이제 이스마엘에 대한 하나님의 계획을 들여다볼 차례지?

들으시는 하나님(창 21:13-21; 본문 생략)

- 이스마엘에 대하여 하나님은 아브라함을 안심시키고 약속을 주시네요?
- 그렇네. 여종의 아들은 언약의 아들의 범주에 거할 수는 없었지만, 기왕에 아브라함으로 인하여 태어난 이스마엘을 완전히 없애라고 하시지 않고 여전히 그에게도 은총을 베푸시고 있네. 이미 노아 홍수 이후 죄인임에도 불구하고 잘 살라고 말씀하신 하나님은 여기서도 이스마엘이 사실상 부정한 아들, 언약과 믿음에 의한 아들이 아닌 불신앙의 아들이지만 그의 인생을 인정하고 실수로 낳은 아들일지라도, 복스럽지 못하게 태어난 이스마엘일지라도 여전히 복을 주시는 하나님의 은총이 여기서도 다시 계시되고 있는 것 같네. 여종의 아들도 네 씨니 한 민족을 이루어 살게 하시겠다고 말씀하지 않나?
- 그래서 아브라함이 인정상으로는 마음 아프지만 하나님을 믿고 이스마엘과 하갈을 내보내게 되는군요. 떡과 물을 지워 내보내네요.

- 하나님의 약속이 있었다 해도 하갈과 이스마엘이 정처 없이 떠나는 것을 보며 그들도 막막하기는 마찬가지였겠지?
- 그래서 브엘세바 광야에서 방황하였다고 기록하고 있네요? 가죽부대의 물이 떨어지자 하갈은 아이를 좀 떨어진 데 두고 대성통곡을 했군요. 울 수밖에 더 있겠습니까? 그런데 이상한 표현이 있어요?
- 뭐가 이상한가?
- 울기는 하갈, 즉 어머니가 울었는데 하나님의 사자가 나타나 말하기를 '하나님께서 아이의 소리를 들었다'고 하는데요? 하갈에게 '네 우는 소리를 내가 들었다'고 하지 않고 아이의 소리를 들었다고 해요?
- 그렇네, 아마 아이도 울었겠지? 그리고 여기서도 주인공은 아이이기 때문이겠지? 중요한 것은 어머니의 소리를 들었느냐, 아이의 소리를 들었느냐가 아니라, 하여간 인간의 고통 소리를 들으시는 하나님이라는 게 중요하지 않겠나? 이 얼마나 소망스러운 계시인가? 하나님께서는 이들을 버린 자식으로 외면하지 않으시고 아이의 소리를 들으신 것이네. 하나님의 사자를 보내 하갈을 위로하고, 하갈이 처한 절망적 상황을 이기게 도우신 것이란 말이야.
- 그러고는 하갈의 눈을 밝혀 주변에 물이 있음을 찾게 하셨네요? 광야에서 하나님이 그들과 함께하시는 것을 경험하게 된 셈이네요. 고통 소리를 들으시고 함께하시는 하나님, 광야에 내몰린 것 같은 인생을 살 때도 소망을 가지고 하나님을 바라보아야 하겠어요. 결국 이스마엘이 잘 성장하여 결혼도 하게 되네요.

아비멜렉과의 약조(창 21:22-34; 본문 생략)

- 이야기는 다시 아브라함에게로 돌아오는군요. 그랄 왕 아비멜렉이 군대장관 비골과 함께 아브라함을 찾아와서 언약을 맺자고 제안하네요?

- 일종의 불가침 평화조약을 맺자고 하는 것 같지? 아비멜렉은 작은 왕국일지 몰라도 한 왕국의 왕이고 아브라함은 일개 유목민에 불과한데 화친조약을 맺자고 하는 것을 보면 아비멜렉이 아브라함을 굉장히 크게 본 것이 틀림없지?

• 하나님이 너와 함께 계시도다

- 이 일은 참 대단한 의미를 갖는 것 같아요. 아브라함의 삶에 있어 가장 특징적인 것은 하나님이 함께하셨다는 것이고, 그것을 이방인도 알고 느끼게 되었다는 것이 아니겠습니까? "네가 무슨 일을 하든지 하나님이 너와 함께 계시도다" 그렇게 말하면서 언약을 맺자고 하는 것은 비록 일개 유목민에 불과한 아브라함이지만 그가 평범한 존재가 아니라 대단한 존재라는 것을 느끼게 된 때문이겠지요?
- 하나님이 함께하시는 사람보다 더 크고 두려운 존재가 어디 있겠는가? 우리의 삶도 그렇게 되어야 할 터인데. 하나님의 백성의 자부심과 보장은 하나님께서 함께하신다는 사실이 아닐까? 이후 아브라함뿐 아니라 그 아들 이삭도, 그 손자 야곱도, 증손자 요셉도 하나님이 함께하시는 삶을 살았음을 보여준다네.

창 26:28 그들이 이르되 여호와께서 너와 함께 계심을 우리가 분명히 보았으므로 우리의 사이 곧 우리와 너 사이에 맹세하여 너와 계약을 맺으리라 말하였노라

창 30:27 라반이 그에게 이르되 여호와께서 너로 말미암아 내게 복 주신 줄을 내가 깨달았노니 네가 나를 사랑스럽게 여기거든 그대로 있으라

창 39:3 그의 주인이 여호와께서 그와 함께하심을 보며 또 여호와

께서 그의 범사에 형통하게 하심을 보았더라

이후로도 계속하여 하나님의 백성과 함께하시는 하나님이 성경에 얼마든지 계시되어 있다네. 이 얼마나 자랑스런 확신이 되겠는가? 이 얼마나 위대한 특권인가?

수 3:7 여호와께서 여호수아에게 이르시되 내가 오늘부터 시작하여 너를 온 이스라엘의 목전에서 크게 하여 내가 모세와 함께 있었던 것같이 너와 함께 있는 것을 그들이 알게 하리라

이제 아비멜렉과 아브라함이 어떻게 언약을 맺는지 보세.

- 아브라함이 아비멜렉을 책망하는데요? 이전에 아비멜렉의 사람들이 아브라함이 판 우물을 빼앗아 간 일에 대하여 책망하고 시정을 요구하네요.
- 화친조약이 되려면 이러한 탈취 같은 일이 일어나서는 안 되니까 이 계제에 확실히 해두려는 것 같지?
- 아비멜렉은 알지 못하였다고 변명하네요. 그러고는 아브라함이 주도권을 쥐고 화친조약을 맺는군요?
- 아브라함이 주도권을 쥐고 양과 소를 취하여 아비멜렉에게 줌으로 화친 언약의 증거를 삼았고, 또 암양 새끼 일곱을 주며 그 우물이 아브라함 것임을 확인하는 언약의 증거로 삼도록 하였네.
- 선생님, 아비멜렉이 언약의 증거로 어떤 물건을 내놓았는지는 기록이 없네요?
- 글쎄 말이야, 보통 언약은 쌍방이 증거로 삼는 예물을 교환하는 법인데, 아비멜렉이 어떤 예물을 내놓았다는 기록이 없으니 다만 기록상 빠진 것인지 전혀 예물이 없었는지 알 수 없군. 다만 여기 기록된 분위기로 보아서는 아브라함이 주도권을 가진 자로 행동하며

넉넉한 약조물을 오히려 내어놓음으로써 당당한 언약을 세우고 있는 것을 보여준다고 보아야겠네.

- 아비멜렉과 군대장관이 돌아가자 아브라함은 기념 식수를 하네요. 에셀 나무를 심었다는데요? 에셀 나무가 어떤 나무이지요?
- 에셀 나무는 뿌리가 30미터나 깊이 내려가서 건조한 땅에서도 살아남기 좋은 형태로 생존하는 상록수의 일종이라고 하더군. 그 땅의 왕인 아비멜렉과 화친조약을 맺고 보니 자기와 함께하시는 하나님의 은혜가 크고 감사하고, 또 이 땅에 한동안 머물러도 될 것이라는 평온함이 있게 되었던 모양이야. 그래서 아브라함은 기념 식수 겸 한동안 머물러 살 때 그늘이 되어 줄 에셀 나무를 심었겠지. 그러나 나무를 심은 것이 중요한 것이 아니라 그다음 행동, 즉 기념 식수를 하고 그 나무 아래서 하나님의 은혜, 자기와 함께하심으로 이방인 사이에서 자기를 높이어 형통케 하시는 하나님의 이름을 불렀다는 게 더 중요하지. 여기 여호와의 이름을 불렀다는 것은 이미 언급한 바 있듯이 여호와의 이름을 불러 예배하였다는 말이라고 했지?
- 하나님의 은혜를 체험하는 하나님의 백성은 감사와 감격으로 하나님을 예배하는 백성으로 살게 된다는 게 당연하겠지요? 이때 아브라함이 체험하고 찬양한 하나님은 영원하신 하나님인데요? 전에도 계시고 이제도 계시고 장차도 오시는 영원히 변함없으신 하나님을 찬양하고 있다고 보아야겠지요?
- 그렇지? 자신을 부르심부터 이제까지 변함없이 사랑하시고 돌보시고 공급하시고 보호하시는 하나님을 인지하며, 또 장래에도 영원히 함께하실 하나님을 믿으며 고백하며 찬양하고 예배한 것이라고 보아야지. 신명기의 말씀처럼 말이야.

신 33:27 영원하신 하나님이 네 처소가 되시니 그의 영원하신 팔이 네 아래에 있도다 그가 네 앞에서 대적을 쫓으시며 멸하라 하시도다

신앙의 완성(창 22:1-14; 본문 생략)

- 선생님, 이건 너무 심한 것 아닌가요?
- 뭐가?
- 아들을 번제로 바치라고 하네요? 번제라면 소나 양 등을 잡아서 불에 태워 드리는 제사 아닌가요?
- 그렇지.
- 아니 사람을, 그것도 사랑하는 노년에 얻은 독자를 잡아 바치라고요? 하나님 참 괴팍스러운 하나님 같지 않아요?
- 그리 느껴질 수 있지. 하지만 이야기를 끝까지 살펴보게나. 하나님께서 원하시는 일이 무엇인지. 이삭을 바치라고 하신 진의가 무엇인지?
- 아, 하나님께서는 아브라함의 믿음훈련을 하시면서 이번에 완성된 믿음을 인치시고 싶으셨던 것일까요?
- 바로 본 것 같네. 아브라함이 여러 번 흔들리고 불신앙에 빠지고 인간의 가능성의 한계 안에서만 사고하며 믿지 못하던 모습을 보며, 죽은 자도 살리는 전능하신 하나님에 대한 믿음을 확증하시려는 것 같아. 하여튼 하나님께서는 아브라함에게 이삭을 번제로 바치라고 명령하셨어. 김 군! 김 군이 아브라함이라면 이 명령에 무어라 대답하겠나?
- 저는 아직 장가도 안 가고 아들을 키워 보지 않아서 실감은 못 하겠지만, 아마 이 명령만큼은 순종하기 어려울 것 같아요. 그리고 아들을 주리라 약속하시고 그를 통하여 번성하리라고 약속해 놓고 죽여서 바치라는 게 무슨 말이냐고 하나님께 따지거나 할 것 같아요.
- 나도 그럴 것 같네. 그런데 아브라함은 항의하지 않고 순종하는 모습을 보여주네그려. 이게 어떻게 가능할까?
- 이것이 믿음인가요? 순종인가요? 그리고 이 명령은 믿음을 기대하

는 명령인가요, 순종을 기대하는 명령인가요?

- 아마도 둘 다이겠지? 하지만 먼저 믿음이라고 생각되네. 믿음이 없이는 순종하기 어려운 명령이거든. 지난번 창세기 초두에 인간의 타락 이야기를 나눌 때 타락이 전개되는 과정이 첫째는 하나님의 말씀에 대한 불신앙이요, 다음은 교만이요, 그 다음은 불순종으로 진행되었다는 이야기를 나누었지?
- 이번에는 믿음이요, 믿음이 순종을 낳는 과정인가 보네요?
- 그렇다네. 여기서 믿음은 어떤 믿음인가?
- 두 가지 믿음이라고 생각되는데요?
- 두 차원의 믿음이라…어떠한 믿음인가?
- 하나는 하나님의 언약의 신실성에 대한 믿음이요, 또 하나는 하나님의 전능하심에 대한 믿음이라고 생각되는데요?
- 야, 이제 김 군, 대단한 해석적이고 분석적이야. 김 군의 해석 내용을 히브리서가 증언하고 있다네.

히 11:17-19 아브라함은 시험을 받을 때에 믿음으로 이삭을 드렸으니 그는 약속들을 받은 자로되 그 외아들을 드렸느니라 그에게 이미 말씀하시기를 네 자손이라 칭할 자는 이삭으로 말미암으리라 하셨으니 그가 하나님이 능히 이삭을 죽은 자 가운데서 다시 살리실 줄로 생각한지라 비유컨대 그를 죽은 자 가운데서 도로 받은 것이니라

- '하나님께서 이삭을 언약의 자손으로 세우시고 번성케 하겠다고 약속하셨으므로 그 약속은 반드시 성취될 것이다, 그 하나님께서 이삭을 번제로 바치라고 하신다면 순종해야지, 이삭의 죽음으로 끝나지 않을 것이다, 다시 살리시겠지. 하나님은 죽은 자도 살릴 수 있는 전능하신 하나님이니까 다시 살려 약속을 성취하시겠지.' 그렇게 믿었기에 순종하여 이삭을 바치게 되었다는 것이네요?

- 그렇지. 그래서 하나님의 신실성을 믿고 하나님의 전능하심을 믿으면 어떤 명령이라도 순종할 수 있는 것이네.
- 가만히 이 이야기를 살펴보면 좀 잔인하다 싶은데, 아브라함의 완성된 믿음을 확증해 보이려는 하나님의 의도를 이해하면 또 재미있기도 해요.
- 그건 무슨 말인가?
- 우선 이삭을 즉시 번제로 그 자리에서 바치라 하지 않고 모리아 산으로 가서 행하게 하는데요, 그게 집에서 사흘 길이 되는 거리라고 하네요? 사흘을 가면서 아브라함의 번뇌가 크지 않았을까요? 또 변심이 일어나지 않을까요?
- 그러니까 즉흥적 믿음이나 순종이 아니고 의지가 실린 믿음의 순종이 되게 하는 것이겠지?
- 또 하나는요, 종들은 아래 두고 이삭만 데리고 갈 때 이삭이 아버지 아브라함에게 물어요. "불과 나무는 있거니와 번제할 어린양은 어디 있나이까?" 하고요. 여기서 사실대로 대답한다면 '희생될 어린양은 바로 너다' 이렇게 대답해야 하는데요, "어린양은 하나님이 친히 준비하시리라"고 대답할 때 아브라함의 심정이 어떠했을까요?
- 그래 말이야. 그렇게 둘러대야 하는 심정, 아마 찢어지는 고통이었을지도 모르지. 아브라함은 그런 과정에서 흔들리지 않는 믿음으로 이삭을 바치는 행위를 실행하는군. 실제로 이삭을 묶어 올려놓고 칼을 뽑지 않나? 확실한 믿음이 아니면 이건 불가능한 순종이지.
- 아브라함의 처절했을 그 순간의 마음을 상상해 보면 참으로 가혹한 시험처럼 보이지 않습니까? 그리고 상상해 보건대, 이삭은 또 얼마나 놀랐을까요? 아버지가 자신을 묶고 칼을 빼들고 달려들 때 상처받지 않았을까요?
- 인간적으로 생각해 보면 이삭이 받았을 충격과 상처가 대단했을 것 같은데, 이에 대해서는 전혀 언급이 없군. 나도 이해가 어려운 부분

이네.

- 여기 자세한 기록 없이 생략되기는 한 것 같은데, 아마도 아브라함이 당신의 믿음을 아들 이삭에게 설명하면서 '우리가 일단 순종하자. 하나님이 너를 살리실 것이니 전혀 두려워하지 말라'고 이해가 되게 설명하였을 것이라고 상상이 되는데요. 안 그랬다면 이삭이 충격과 상처로 어려웠을 것 아닌가요?
- 김 군의 따뜻한 상상력으로 나도 안심이 되는 것 같네. 기록에 없으니 상상하는 것뿐이지만 어떤 처절함 속의 진지한 대화가 부자지간에 있었겠지? 이삭도 반항했다든지 하는 기록도 없지 않나?
- 만약 그렇다면 이삭의 믿음도 대단한 것 같지요?
- 김 군 말이 맞을 거야. 이삭도 믿음으로 순종한 것 같아.
- 이러한 가혹한 시험을 통하여 아브라함의 믿음의 온전함이 확증되게 하시려는 하나님의 섭리를 누가 알겠습니까? 아브라함은 제스처로서가 아니라 문자적으로 이삭을 번제로 드리는 일을 결행하였지요? 단을 쌓고 나무를 벌여놓고 이삭을 결박하여 나무 위에 올려놓고 손을 내밀어 칼을 잡고 그 아들을 잡으려고 한 것 아닙니까?
- 그래 말이야. 이 믿음을 무어라 부르겠는가? 이 믿음은 완전한 믿음이라 불러야겠지? 하나님을 철저히 믿는, 그래서 하나님의 말씀대로 좇는 완전한 믿음. 아브라함이 이삭을 바치는 결단은 논리적인 결론이 아니라 믿음의 결론이지. 이제 아브라함은 하나님을 철저히 신뢰하고 믿은 것이야. 아브라함의 믿음은 이유를 묻고 따지는 것을 필요로 하지 않았어. 다만 그를 믿는 것이요, 믿음으로 따르는 순종이었지.

• 이제야 아노라

- 믿음으로 하나님의 말씀에 순종하는 아브라함의 행위를 지켜보시던 하나님은 그의 사자를 통하여 그를 불러 멈추라 하시네요.

- 그렇지? "아이에게 손을 대지 말라", 하나님께서 하려고 한 일은 아브라함의 믿음을 확인하는 일이지 이삭을 죽이는 것이 아니었다는 말이지?
- 하나님께서는 두 가지 믿음을 확인하시는 것 같네요. 독자라도 아끼지 않고 하나님께 드릴 수 있는 헌신의 믿음, 하나는 하나님이 살리실 것이라는 부활 신앙, 전능하심에 대한 믿음 말입니다.
- 그래 김 군 말이 맞는 것 같아. 하나님이야 아브라함의 신앙을 시험하지 않는다고 모르겠는가? 하나님이 의도하신 것은 아브라함의 믿음의 온전함을 확증하려는 것이지. 지금까지 아브라함은 얼마나 여러 번 믿음에 실패해왔는가? 그러나 하나님께서는 그분의 신실하심으로 아브라함을 이끌어 주셨고, 아브라함의 믿음을 양육해 오셨지. 하나님의 믿음훈련은 이제 여기서 완성을 보게 되는 것이야. 하나님의 성실하심과 완전하심은 아브라함을 완전케 하시는 은혜로 나타났다고 보아야지. 아브라함이 위대한 믿음의 완성을 보이지만, 이는 아브라함의 위대함이 아니라 아브라함의 믿음을 훈련시켜 오신 하나님의 위대하신 사랑과 인내, 그 성실하심의 계시가 아니겠는가?

• 여호와 이레

- 하나님은 번제의 제물로 수풀에 산양을 준비해 두셨어요. 하나님의 의도는 이삭을 죽이는 것이 아니라 아브라함의 신앙을 온전케 하는 것이었음을 보여주네요.
- 하나님께서는 언제나 대책을 준비해 두고 우리의 믿음을 훈련시키신다네. 무자비한 하나님이 아니거든. 우리도 속히 하나님을 100% 신뢰할 수 있는 믿음을 갖게 되면 얼마나 좋을까?
- 아브라함이 이제 합격점을 받고 하나님께서 예비해 놓으신 산양으로 번제를 드리는 감격을 보는데요, 저도 참 신앙으로 살아야겠다

고 다짐하게 됩니다. 그러니까 지금까지 전체적으로 본다면, 아브라함의 믿음훈련은 로마서의 말씀처럼 죽은 자도 살리시는 전능한 하나님에 대한 믿음과, 없는 데서도 있게 하시는 하나님에 대한 믿음과, 언약한 대로 이루시는 성실하신 하나님에 대한 믿음이 완전케 될 때까지 훈련하신 것이네요?

롬 4:17 기록된바 내가 너를 많은 민족의 조상으로 세웠다 하심과 같으니 그가 믿은 바 하나님은 죽은 자를 살리시며 없는 것을 있는 것으로 부르시는 이시니라

언약의 확인(창 22:15-24; 본문 생략)

- 하나님께서 아브라함의 완전한 신앙을 확증하고 나서 이로 인하여 얼마나 기뻐하시는지를 먼저 말씀하시네요. "네가 이같이 행하여 네 아들 네 독자도 아끼지 아니하였은즉", 이는 하나님의 만족감을 표현하는 말 같지 않나요?
- 한없이 기쁘고 즐거워하시는 표정이지. 하나님 자신이 아브라함의 신앙을 양육하여 왔거니와, 이제 만족할 만큼 성숙한 아브라함의 신앙을 인치시면서, 하나님께서 아브라함을 통하여 이루려 하신 계획을 언약의 형식으로 다시 확증하여 주시는군. 하나님의 재확증 언약을 김 군이 정리해 보게.
- 그 첫째는, 복을 주리라는 말씀입니다. 이미 12장에서 부르심을 말씀하실 때부터 복을 주리라고 하신 바 있지요. 하나님의 부르심은 복을 주시려는 것이라 할 수 있겠습니다. 축복의 대상으로 삼으시는 것이지요. 둘째는, 아브라함의 씨를 통하여 큰 민족을 이루려는 것입니다. 이미 12장에서도 "큰 민족을 이루게 하리라" 하셨던 하나님께서 여기서 다시 아브라함의 씨로 크게 번성하여 큰 민족을 이

루려 하신다는 것입니다. 이는 아브라함의 육신적 혈통을 통하여 이스라엘 민족을 일으키는 것을 포함하여, 아브라함의 씨 중의 씨인 예수 그리스도를 통하여 구원받을 하나님의 백성을 일으킬 것을 언약하고 계신 것이겠지요? 셋째는, "네 씨가 그 대적의 성문을 차지하리라" 하시는데요 전쟁의 승리를 보장하는 말씀 같습니다. 이스라엘 백성들이 전쟁에서 승리할 것을 의미하는 것일까요, 아니면 하나님의 백성이 마귀와의 영적 전쟁에서 승리할 것을 의미하는 것일까요?

- 내 생각에는 둘 다 포함한 것이 아닐까? 일단은 이스라엘 백성에게 전쟁의 승리를 보장하시는 약속으로 보아야지?

신 28:7 여호와께서 너를 대적하기 위해 일어난 적군들을 네 앞에서 패하게 하시리라 그들이 한 길로 너를 치러 들어왔으나 네 앞에서 일곱 길로 도망하리라

그러나 이는 단순히 정치적, 사회적 전쟁의 승리를 말하는 것으로 한정되는 것이 아니라 영적, 메시아적 승리를 보장하는 언약을 포함한다고 보아야 하겠지? "네 씨가 그 대적의 성문을 취하리라" 할 때 여기서 씨가 누구인가? 이삭인가, 야곱인가?

- 씨 중의 씨는 예수님이지요?
- 맞아, 사실은 예수 그리스도이지. 예수께서 대적 마귀의 성문을 취하실 것이고, 그로 인하여 하나님의 백성들은 영적 전쟁에서 승리의 삶을 살게 될 것이라는 약속이 아니겠나?
- 에덴동산에서 아담과 하와가 마귀에게 그 마음 문을 열어 준 후 사람들의 마음 성을 마귀가 차지하고 있다고 하였는데, 예수께서 이 대적의 문을 취하심으로 사람들의 마음 성을 다시 찾게 될 것을 예언하는 모양이네요?

- 맞아, 예수님이 승리하실 것이고, 믿음의 백성은 이 승리에 참여할 것이다, 그런 말씀이 아니겠나?

골 2:15 통치자들과 권세들을 무력화하여 드러내어 구경거리로 삼으시고 십자가로 그들을 이기셨느니라

- 넷째는, 아브라함의 "씨로 말미암아 천하 만민이 복을 받으리라"는 것입니다. 이 역시 12장에서 말씀하신 것을 확증하고 있습니다. 아브라함은 복의 근원자가 되어 그로 말미암아 땅의 모든 족속이 복을 얻으리라고 하신 바 있지요? 여기서도 아브라함의 씨로 말미암아 천하 만민이 복을 얻으리라고 하십니다. 물론 궁극적으로는 아브라함의 씨 중의 씨인 예수 그리스도로 말미암아 믿음의 도를 따라 구원받고 복을 받는 역사가 이루어질 것을 예언하고 있는 것이겠지요?
- 그렇겠지. 신약에서 이렇게 증거하지?

갈 3:16 이 약속들은 아브라함과 그 자손에게 말씀하신 것인데 여럿을 가리켜 그 자손들이라 하지 아니하시고 오직 한 사람을 가리켜 네 자손이라 하셨으니 곧 그리스도라

하나님은 아브라함을 통하여, 그리고 아브라함의 씨, 예수 그리스도를 통하여 천하 만민을 구원하시고 복 주시려는 계획을 믿음의 도리로 이루어 가실 것이네. 아브라함의 믿음을 온전케 하신 하나님이 믿음으로 말미암아 받게 될 천하 만민의 구원을 선포하고 계신 셈이지.
- 그러고 보면 하나님은 언제나 천하 만민, 모든 족속, 세계 열방이라는 큰 그림을 그리고 계신 것 같지요? 그런데 여기 재미있는 모순이 발견되는데요?

- 무슨 소리야?
- 이러한 축복과 비전의 말씀을 주실 때 "이는 네가 나의 말을 준행하였음이니라", 결국 아브라함이 행한 행위에 기초하고 하시는 말씀처럼 들리거든요? 믿음으로가 아니라 행위로 받는 축복이란 말입니다.
- 아, 그것 말인가? "네 아들 네 독자도 아끼지 아니하였은즉", 이 언약을 확증한다고 하시고, 결론에도 "이는 네가 나의 말을 준행하였음이니라"고 말씀하심으로, 하나님이 아브라함의 행위에 만족하고 계신 것을 보여주는 게 사실이지. 그러나 이 행위가 어떤 성격의 행위인가? 그 행위가 바로 믿음의 행위, 순종의 행위란 말일세. 이제 이후로 모든 하나님의 구원과 축복은 도덕적 행위에서가 아닌 믿음의 행위에서 얻게 될 것일세. '믿음이냐, 행위냐' 하는 논쟁은 이러한 의미에서는 의미가 없다고 보아야 해. 믿음은 곧 행위이기 때문이지. 다만 행위로가 아니라 믿음으로 구원받고 축복 받는다고 말할 때의 행위란 자기 의로서의 도덕적 행위를 말하는 것이고, 믿음으로 구원받는다고 할 때 그 믿음은 행위로 증명된 믿음을 말하는 것이지.

약 2:21-22 우리 조상 아브라함이 그 아들 이삭을 제단에 바칠 때에 행함으로 의롭다 하심을 받은 것이 아니냐 네가 보거니와 믿음이 그의 행함과 함께 일하고 행함으로 믿음이 온전하게 되었느니라

- 선생님, 그런데 여기 밀가의 후손에 대한 이야기는 왜 언급되는 것일까요?
- 글쎄? 내 생각에는 이제 성경의 이야기가 아브라함의 이야기에서 이삭의 이야기로 초점을 옮기려는 시점이며, 밀가의 소생 브두엘의 딸 리브가가 이삭의 아내가 되어 이 하나님의 백성의 역사에 중요한 위

치를 점하게 될 것을 예고하고 있는 것이라 보아야 할 것 같아.

- 아, 여기 나오는 족보는 이제 이삭을 주인공으로 펼쳐지게 될 앞으로의 이야기를 위한 아브라함과 이삭 이야기의 브릿지(다리) 역할을 하는 기록이로군요?
- 그런 셈이지.

막벨라 굴/사라의 장례(창 23:1-20; 본문 생략)

- 이제 아브라함의 이야기가 저물어 가는 시간이 가까워오는 모양이네요. 그 아내 사라가 죽고 장례 이야기가 나오네요?
- 그러네. 아브라함의 위대한 신앙의 성숙을 이루어 놓은 하나님의 이야기와 아브라함의 언약의 아들로 주신 이삭의 이야기 사이에 아브라함의 믿음과 삶의 마무리가 의미 있게 소개되고 있네그려. 우선 아브라함은 그 아내를 잃는 슬픔을 경험하는군. 향년 127세에 그의 아내 사라가 죽어 아브라함은 이별의 아픔을 경험하네. 아브라함이 아무리 위대한 사람이라 할지라도 이 땅에서 경험하는 것은 무엇인가? 우리 모든 인간이 경험하게 되는 이별의 슬픔이라네.
- 인간은 죽음을 맞이하는 존재임을 확인하는 것 같네요? 이별의 슬픔과 더불어 자신의 죽음도 멀지 않음을 감지해야 하는 인생이군요.
- 그렇지? 그런 가운데 나그네로 살아온 아브라함의 삶이 그래도 아름다웠음을 보여주는 이야기 같아.
- 뭐가 아름다워요?
- 나그네로 살면서도 주변 사람들의 존경을 받으며 살아온 것 같지 않나? 장지를 구하는 과정의 이야기는 아브라함이 주변의 원주민들과 어떻게 덕스럽게 어울려 살았나 하는 것을 보여주는 것 같아.
- 그런데 선생님, 좀 이해가 안 되는 것이 있는데요?

- 뭐가?
- 하나님께서 가나안 땅을 아브라함에게 주셨지 않아요? 그중 물론 좋은 부분은 롯에게 주었었지만 아브라함이 살던 땅이 있었지 않나요? 왜 새삼스럽게 남의 땅을 사야 하지요?
- 그게 왜 그렇게 되었지?
- 넓게는 지금 아브라함이 사는 이곳도 하나님이 아브라함에게 주신 땅이기는 하지만, 이미 살고 있던 원주민이 거하는 땅이기 때문에 하나님이 멸하여 주실 때까지는 더불어 살아야 하는 것이었나 보지요?
- 글쎄, 사도행전의 증언에 의하면 그랬던 것 같아.

> **행 7:5** 그러나 여기서 발 붙일 만한 땅도 유업으로 주지 아니하시고 다만 이 땅을 아직 자식도 없는 그와 그의 후손에게 소유로 주신다고 약속하셨으며

아브라함은 여기서 약속은 받아 놓았으나 아직 자기 소유라고 주장하기 애매한, 그래서 완벽하게 소유한 땅이 없는 자신을 보게 된다는 것이겠지. 여기서도 신학적으로 말하는 이미(already)와 아직(yet)의 긴장이 있는 것 같네.
- '이미'와 '아직'은 뭐예요?
- 아, 하나님의 나라는 이미 우리에게 주어졌다는 사실, 그런데 아직 완전히 우리 것이 되지 않았다는 것, 이것을 신학적 긴장이라고들 말을 한다네. 그런데 여기서도 같은 훈련이야. 가나안 땅은 이미 아브라함에게 주신 땅이야. 그런데 아직 아브라함이 소유권을 주장할 만한 땅이 아니고 이방인들이 차지하고 살고 있는 땅이지.
- 선생님, 신학적인 용어를 쓰시니까 더 어려워요.
- 그래? 그럼 신학적인 용어는 잊어버리자고. 하여간 아브라함은 가나

안 땅을 받았지만 아직은 자기 것이라 소유권을 주장할 만한 게 아니고 기다려야 하는 경우이지. 그래서 아브라함은 자기 땅이 없었던 거야. 어쩌면 이 인생의 말년에 자신의 아내가 죽은 시점에 그를 장사할 작은 땅 하나 소유하지 못하고 있는 철저한 나그네요, 우거하는 자의 모습을 확인하는 것이지. 왜 하나님께서는 이렇게 훈련하셨을까?

- 그러니까 가나안 땅은 약속의 땅이지 아직 현실적으로는 이방인들이 차지하여 살고 있으므로 법적으로는 아브라함의 땅이 아니라는 말인가요?
- 바로 그 이야기야.
- 그렇다면 하나님의 계시는 여기 아브라함의 인생을 통하여 나그네요 순례자의 인생을 지금껏 훈련해 오셨음을 보게 되는 것 아닌가요?
- 맞아, 다윗이 고백하는 것을 보면 아브라함의 후손들은 이 나그네 의식을 가지고 살았던 것 같고, 약속의 땅이긴 해도 평생 정착할 땅을 소유했다는 의식을 갖지 못하게 훈련하신 것은, 아무래도 하나님의 백성이 순례자 의식을 가지고 살기를 의도하신 것이 아닌가 싶네.

대상 29:15 우리는 우리 조상들과 같이 주님 앞에서 이방 나그네와 거류민들이라 세상에 있는 날이 그림자 같아서 희망이 없나이다

이러한 말씀들이 증거하는 것은 무엇인가? 하나님의 사람들은 이 땅이 온전히 발 붙일 땅이 아니요, 나그네 인생임을 훈련받고 있다는 것이야.

- 아브라함은 헷 족속 에브론의 소유로 되어 있는 마므레 앞 막벨라 굴이 포함된 한 밭을 사서 사라를 장사하게 되었네요? 사라는 평생

나그네로 살다가 죽어서야 작은 땅, 그가 묻히는 막벨라 굴을 소유하게 되었군요? 아브라함도 거기 묻힐 것이고요? 이것이 하나님께서 아브라함과 사라를 나그네 의식으로 훈련하신 것이라는 말이지요?

- 그런 것 아니겠나? 이 땅에 영원히 살 것처럼 땅에 애착을 가지고 살지 말라는 뜻이 아니겠나? 이는 히브리서 기자가 설명하고 있듯이 하나님의 사람들의 본향은 훨씬 더 나은 하늘나라임을 가르쳐주시려는 하나님의 의도가 아니었을까?

히 11:9 믿음으로 그가 이방의 땅에 있는 것같이 약속의 땅에 거류하여 동일한 약속을 유업으로 함께 받은 이삭 및 야곱과 더불어 장막에 거하였으니

히 11:13-14 이 사람들은 다 믿음을 따라 죽었으며 약속을 받지 못하였으되 그것들을 멀리서 보고 환영하며 또 땅에서는 외국인과 나그네임을 증언하였으니 그들이 이같이 말하는 것은 자기들이 본향 찾는 자임을 나타냄이라

- 어쨌든 아브라함은 주변 사람들, 특히 원주민들에게 존경받고 있었던 것 같네요.
- 뭐로 보아서 그렇게 판단하지?
- 첫째는, 헷 족속이 아브라함을 부를 때 "내 주여"라고 부릅니다. 문자적으로 한다면 그 반대여야지요. 그런데 원주민이 거류민에게 '주'라고 부르는 것은 여간 존경의 표시가 아닐 수 없지요? 둘째는, "하나님이 세우신 지도자"라고 칭하는 데서 존경을 표하는 모습을 볼 수 있습니다. 헷 족속이 하나님을 믿었는지는 알 수 없으나 하나님이 세우신 지도자로 아브라함을 인식하고 있다는 것은 아브라함을 존귀하게 여기고 있다는 증거가 아닐 수 없지요.

- 그런 것 같군. 얼마나 귀한 일인가? 그들은 아브라함을 보고 하나님을 인정하게 된 것이 아닐까? 하나님의 사람들은 이 땅에서 나그네로 살고 외방인으로 인정받아도 주변 사람들에게, 믿지 않는 사람들에게까지 하나님의 사람으로 인정받아야 하는 것이지. 아브라함이 완성된 믿음의 사람이었을 때 그 주변의 이방인들도 모두 인정하는 하나님의 사람, 하나님의 왕자, 하나님의 대사, 하나님이 세우신 지도자로 인식하게 되었던 것이니 얼마나 덕이 되는 이야기인가? 이 땅에서 나그네로 살지만 하나님이 세우신 지도자로 사는 것이 하나님의 사람들의 삶임을 계시하는 것이 아닌가?
- 그렇네요. 아브라함을 존경하던 그들은 어디든, 누구의 땅이든 장사지낼 수 있다고 제안하니, 이방인 가운데서 이토록 받아들여질 수 있다는 것은 얼마나 멋지고 아름다운 모습일까요?
- 그러게 말이야. 그러나 아브라함은 또한 겸손하게 허리를 굽혀 예의를 표시하기도 하고, 또 반드시 값을 지불하고 막벨라 굴이 있는 땅을 사서 장사를 치르는군. 그래, 멋있어. 역시 존경받을 만한 사람이었음이 틀림없어.

산책길 14

이삭의 하나님(창 24:1-26:35)

- 오늘은 덕유산엘 좀 갈까 하는데, 괜찮겠나?
- 저야 좋지요? 덕유산 등산하시게요?
- 일단 곤돌라 타고 설천봉까지는 올라가고 거기서 향적봉, 그리고 중봉까지 다녀올 생각을 하는데, 그다지 어려운 코스는 아니니까.
- 요즘 덕유산에 가면 뭐가 있나요?
- 원추리 꽃을 비롯한 여름 야생화가 많지. 천천히 걸으면서 야생화를 카메라에 담으며 창세기의 진리를 나누기로 하자고.

- 아우, 시원해라. 아래에서는 그렇게 더웠는데 여기 올라오니 시원하네요.
- 그렇지? 자주 산 정상에 올라 볼 필요가 있어. 아래서는 할 수 없었던 경험들을 많이 하게 되지.
- 정상에 올라 보아라. 절정에 서 보아라. 땅 아래 붙어 살지 말고 좀 올라 보아라. 그런 자연계시가 쓰여 있는 것 같은데요?
- 김 군, 그러다가는 시인이 될 것 같네? 자연에 쓰인 계시를 읽어내다

니 대단해.

- 시인이신 선생님과 자주 동행하다 보니 닮아가는 모양이지요?
- 그런 점, 나를 닮아간다는 것에 대하여 후회하지 않겠지?
- 후회는요?
- 사실 시 이야기가 나왔으니 말인데, 바울 사도는 우리 하나님의 사람들이 다 하나님의 시 작품이라고 말한 적이 있다네.
- 그런 말씀도 있어요?
- 에베소서 2장 10절에 이런 말씀이 있지? "우리는 그가 만드신 바라 그리스도 예수 안에서 선한 일을 위하여 지으심을 받은 자니 이 일은 하나님이 전에 예비하사 우리로 그 가운데서 행하게 하려 하심이니라." 여기 그가 "만드신 바"라고 하는 말이 헬라어로 포이에마(ποίημα)인데 이는 '작품, 만들어진 것, 완제품' 등의 뜻인데 이 단어가 영어로 포엠(poem)이 되고, 영어의 포엠은 '시'라는 뜻이지. 에베소서 2장 말씀에서 우리는 하나님께서 만드신 작품이라는 뜻인데, 언어 발달과정에서 우리는 하나님의 시편이라는 뜻을 포함하게 된 것이야. 그래서 우리는 다 시이며, 시인이라네.
- 그런 단어도 있었습니까? 시가 영어로 Poem이라고는 알고 있었지만 헬라어 포이에마에서 왔다는 것은 처음 알았습니다.
- 그래, 오늘 우리 많이 감탄하고 많이 시를 읊어 보자고. 창세기는 어디 나눌 차례지?
- 이제 24장입니다.

늙은 종에게 맹세시켜(창 24:1-9; 본문 생략)

- 이제 주인공이 이삭으로 바뀌는 것 같은데요. 선생님, 아브라함은 하여튼 복을 받고 산 인물인 게 틀림없어요. 하나님께서 범사에 아브라함에게 복을 주셨다고 기록하고 있거든요?

- 그러게 말이야. 아브라함의 인생에서 굉장히 중요한 게 땅을 선택하지 않고 하나님을 선택했다는 것이지. 하나님이 복을 주시고 보장하시는 삶을 살아온 것을 볼 수 있거든.
- 그렇네요. 이제 이삭의 결혼 이야기로, 이삭의 이야기가 주된 이야기로 넘어가려고 하는 것 같네요. 그런데 이삭의 결혼과 관련하여 거기 사는 이방인 가운데서 그의 아내를 찾지 않고 자기 혈통 가운데서 찾게 한 것은 혈통의 순수성을 지키려는 뜻일까요? 아니면 하나님을 경외하는 자기 백성의 영성을 선택하는 행위로 보아야 할까요?
- 그거 알기 어려운데, 흩어져 사는 동안 아브라함의 가족들도 그다지 영적인 사람들은 아니었고, 그런 가운데 아브라함을 불러내신 것이라서 영적으로 크게 기대할 것은 없을 것 같지 않나?
- 그래도 아브라함은 자기 친족이 안심이 된 모양이지요?
- 그런 모양이네.
- 아브라함이 이 사명을 자기 집 모든 소유를 맡은 늙은 종에게 맡기는데요? 매우 신실한 종이었던 모양입니다. 젊어서부터 늙도록 신실했던 종에게 가장 신중한 사명을 맡기는 것이겠지요?
- 아브라함에게는 많은 종들이 있었지만 그중에 이 중요한 사명을 맡기는 데 있어서 "자기 집 모든 소유를 맡은 늙은 종"이라고 적고 있는 것으로 보아 아마 어려서부터 아브라함에게 길리운 엘리에셀이었는지도 모르지. 창세기 15장에 나오는 그 엘리에셀이 아닌가 싶은데.

창 15:2 아브람이 이르되 주 여호와여 무엇을 내게 주시려 하나이까 나는 자식이 없사오니 나의 상속자는 이 다메섹 사람 엘리에셀이니이다 그러나 그가 누구냐가 중요한 것이 아니고, 그가 늙도록 충성하여 아브라함의 신임을 받고 있었다는 점이 중요하겠지. 아브라함이 가장 믿을 만한 오랜 청지기를 불러 사명을 맡기고 있을 테니까. 우리가 종 된 입장에서 적용한다면 주님의 종으로서 주님이 믿고 맡기실 만한 종이 되어야 하지 않겠는가? 우리가 젊어서부터 늙도록 주님의 신임을 얻고 쓰임 받는 종이 되어야겠지.

- 네, 그렇습니다. 아브라함은 이 중대한 사명을 늙은 종에게 맡기는데 있어 대단히 확고하고 분명한 지침을 내리면서 맹세시키고 있네요?
- 아브라함은 믿을 만한 종이지만 자기 의도를 분명하게 하기 위하여 그 종으로 하여금 맹세하게 하였군 그래. 그것은 아브라함이 이삭의 아내를 찾는 원칙이 분명함을 강조하여 보여주는 것이겠지. 아브라함은 이 종에게 맹세시킴에 있어서 단순히 아브라함과 그 종 사이의 인간적인 맹세만이 아니라 하나님 앞에서 하나님의 대사를 진행하는 엄숙한 사명자의 맹세를 이루게 하였던 것 같아. 하늘의 하나님, 땅의 하나님, 즉 천지의 주재시요 주이신 하나님 앞에서 맹세케 하여 지금 이 일이 그토록 엄숙하고 중요한 일임을 주지시키고 있는 거지. 아브라함이 종에게 분명히 주지시킨 일이 무엇인가?
- 종에게 분명히 하는 원칙은요 첫째, 자기가 살고 있는 주변의 가나안 족속의 딸 중에서 여인을 찾아서는 안 된다는 것입니다. 가나안 족속은 타락한 길에서 그대로 살아가는, 장차 멸망할 족속임을 그는 하나님께로부터 알고 있었던 것 같지요? 하나님의 언약의 백성으로 이어지기 위하여 이삭의 결혼은 거룩한 것이 되어야 하고, 할 수 있는 한 이방 민족이 아니어야 했던 것 같아요.
- 그런 것 같지?
- 둘째는, 자기 고향의 자기 혈족에게서 택해야 한다는 것입니다. 하나님의 명령을 좇아 고향을 떠나고 친척을 떠나왔지만 자신이 속한

셈의 후손 가운데 이삭의 아내도 찾아져야 한다는 것이지요. 이미 선생님이 언급하셨지만 영성이 남아 있는 사람 중에서 택해야 한다는 원칙이겠지요?

- 그런 것이라 보아야겠지?
- 셋째는, 그곳 여인이 오려고 하지 않는다 하여도 이삭을 그리로 데려가서는 안 된다는 것입니다. 왜냐하면 아브라함은 하나님의 명령을 받고 고향을 떠나온 사람이요, 자신이나 이삭이 떠난 고향으로 되돌아가서는 안 된다고 믿기 때문에 그리한 것으로 보입니다.
- 그런 것 같네. 그곳에서 누군가 이삭의 아내 될 사람을 끌어내는 일은 가능하지만 되돌아가는 일은 안 된다는 것이네.
- 아브라함은 온전한 믿음의 사람은 되지 못한다 해도 자기가 고향을 떠났고 되돌아가서는 안 된다는 것만은 의식하고 산 것 같아요. 믿음이 흔들려 애굽으로 내려가는 일이 있긴 했지만 그때도 자기가 떠나온 쪽으로는 가지 아니하고 그 반대쪽 애굽으로 갔었다는 것과, 여기서도 떠나온 곳으로 자신은 물론 이삭도 가서는 안 된다고 생각하는 것은 하나님의 말씀을 마음에 두고 산 것만은 분명한 것 같아요.
- 그리고 중요한 것은 하나님을 믿는 믿음이 있었는데, 이러한 믿음의 행위로 하나님의 말씀을 품고 사는 한 하나님이 앞서 준비하실 것을 믿고 있었던 것이지.
- 아브라함은 그 종을 보내면서도 사실은 하나님을 믿고 있었다는 이야기 아닌가요? 하나님께서 아버지 집과 본토를 떠나라 하셨기에 그곳으로 자신도 이삭도 가서는 안 될 뿐 아니라, 종을 보낼 때도 분명히 하나님이 앞서 준비하시리라고 믿은 것 같습니다.
- 이제는 하나님께서 하나님의 일을 하신다는 확신이 서 있는 것이지. 늙도록 하나님과 함께 살아오면서 아브라함이 터득하고 확신한 것은 하나님은 하나님의 일을 성취하시는 분이라는 것이야. 그러므로 하나님이 이삭을 위하여도 예비하신 신붓감이 있으리라는 것이지.

아브라함과 그 종이 할 일은 믿음으로 순종하고 찾는 것이야. 만일 여인이 오고자 아니한다면 그것으로 종의 사명은 끝나는 것이지, 이삭을 데리고 가지는 말라는 것이야.

- 그러니까 하나님의 말씀을 어기며 하나님의 일을 이루리라고 생각해서는 안 된다는 것이지요?
- 하나님의 일을 이룬다는 핑계로 하나님의 말씀을 어긴다는 것은 모순이겠지? 김 군, 참 예리한 분석이야.
- 지금쯤은 아브라함의 믿음이 거의 완벽해진 것 같아요. 하나님께서 하나님의 일을 이루실 것이라는 믿음이니 아브라함의 믿음은 이제 하나님을 전적으로 신뢰하는 완전한 것이 되었다고 볼 수 있겠지요? 하나님께서 이루신다는 믿음으로 산다는 것은 얼마나 큰 축복일까요?
- 그래, 하나님을 전적으로 신뢰함으로 우리의 삶을 가져가자고.

기도하는 아브라함의 종(창 24:10–14)

창 24:10-14 이에 종이 그 주인의 낙타 중 열 필을 끌고 떠났는데 곧 그의 주인의 모든 좋은 것을 가지고 떠나 메소보다미아로 가서 나홀의 성에 이르러 그 낙타를 성 밖 우물 곁에 꿇렸으니 저녁때라 여인들이 물을 길으러 나올 때였더라 그가 이르되 우리 주인 아브라함의 하나님 여호와여 원하건대 오늘 나에게 순조롭게 만나게 하사 내 주인 아브라함에게 은혜를 베푸시옵소서 성중 사람의 딸들이 물 길으러 나오겠사오니 내가 우물 곁에 서 있다가 한 소녀에게 이르기를 청하건대 너는 물동이를 기울여 나로 마시게 하라 하리니 그의 대답이 마시라 내가 당신의 낙타에게도 마시게 하리라 하면 그는 주께서 주의 종 이삭을 위하여 정하신 자라 이로 말미암아 주께서 내 주인에게 은혜 베푸심을 내가 알겠나이다

- 아브라함의 종이 이삭의 아내를 얻는 과정 이야기도 재미있는데요?
- 낙타 열 마리를 끌고 갔으니 거기에 각종 보물을 싣고 간 모양이지?
- 그렇네요. 저는 아브라함의 종이 기도하는 모습에 감동을 받았습니다. 그가 비록 아브라함의 종이지만 주인의 신앙생활의 영향을 받은 모양입니다. 나홀의 성 우물 가에 이르러 낙타를 거기 쉬게 하고는 저녁 무렵 우물로 물 길으러 오는 아가씨 중에 찾게 될 것을 기대하고, 이삭의 배필로 준비하신 참으로 좋은 처녀를 만나기를, 그리고 그녀를 알아보기를 위하여 기도하는 모습이 참 인상적이거든요. 우선 분별할 수 있는 조건을 자신이 하나님께 제시해요. 물 좀 마시자고 하여 물만 대접할 뿐 아니라 낙타에게까지 기꺼이 대접하는 처녀가 나오면 그녀가 하나님이 예비하신 자로 알겠으니 그렇게 해달라고 기도하는군요.
- 야, 기준이 꽤 높은 편인데? 물 좀 마시자고 하여 물을 기꺼이 대접하는 정도도 괜찮은 처녀일 텐데, 자원하여 낙타에게까지 물을 마시게 대접하는 처녀를 기대하였으니, 과연 이 정도면 이삭의 아내로 훌륭한 최고의 여성일 것이라고 생각하는 아브라함의 종은 확실히 자기 주인과 주인의 아들을 높이 평가하고 있는 게 틀림없는 것 같아.
- 그렇네요. 주인에 대한 자부심이 확실한 것을 보면 아브라함의 삶이 얼마나 복되고 덕이 되었는지 알 것 같아요. 그런데 선생님, 아브라함의 종이 기도할 때 '나의 하나님' 하고 부르는 게 아니고 '아브라함의 하나님'이라고 부르는 것은 어떻게 이해해야 할까요?
- '나의 하나님'이라고 부르지 않고 '아브라함의 하나님'이라고 부른 것은 그에게 믿음이 없다기보다는 지금 아브라함을 위한 일로 아브라함의 명을 받고 온 상황에서, 그간 특별히 아브라함에게 복을 내리신 하나님께서 꼭 이루어 주시라는 의미의 강조 용법이 아닐까? 그리고 분명한 것은 지금 하나님은 아브라함과 함께해 오셨고, 자신은

아브라함의 종으로서 아브라함의 복을 나누어 받고 있음을 의식하고 하는 행위가 아닐까? 그래서 그는 다만 청지기 의식을 가지고 '아브라함의 하나님'이라고 부르는 것이라고 생각되는데?

- 중요한 것은 그가 하나님을 믿고 하나님께 기도 드림으로 이 일을 이루어 간다는 사실이고, 그도 믿음의 사람이라고 보아야 하겠지요?
- 그의 기도는 "나에게 순조롭게" 한 처녀를 만나게 해달라고 기도하잖아? 자신의 지혜나 자신의 힘으로 찾으려면 얼마나 어려울 것인가를 알고 있었던 것이고, 이 일을 하나님께 부탁드림으로써 최선의 것으로 최단 시간에 완수할 것으로 믿었다는 것인데, 하나님을 의지하는 믿음이 얼마나 지혜로운 것인가? 아브라함의 종이 보여주고 잠언서가 가르쳐주는 것처럼 말이야. 우리가 여기서 기도로 사명을 성취해 가는 것을 꼭 배워야 할 필요가 있는 것 같아.

잠 3:5-6 너는 마음을 다하여 여호와를 신뢰하고 네 명철을 의지하지 말라 너는 범사에 그를 인정하라 그리하면 네 길을 지도하시리라

잠 16:3 너의 행사를 여호와께 맡기라 그리하면 네가 경영하는 것이 이루어지리라

시 37:5 네 길을 여호와께 맡기라 그를 의지하면 그가 이루시고

신속한 기도 응답(창 24:15-25; 본문 생략)

- 여기서는 기도 응답이 참 신속하네요. 아브라함의 종이 하나님께 부탁하고 사인을 구하자마자 그 기도의 말이 끝나기도 전에 리브가라는 처녀가 우물가에 나타났어요. 하나님을 의지하고 신뢰함으로

구하는 하나님의 사람들의 기도는 기다렸다는 듯이 응답되는 것을 보여주는 것 같아요?

– 기도의 말이 끝나기도 전에 하나님은 하나님이 예비하신 처녀 리브가를 보내주신 것이지. 다니엘서에서는 기도를 시작할 즈음에 응답하였다는 기록이 있다네.

단 9:23 곧 네가 기도를 시작할 즈음에 명령이 내렸으므로 이제 네게 알리러 왔느니라 너는 크게 은총을 입은 자라 그런즉 너는 이 일을 생각하고 그 환상을 깨달을지니라

리브가로 말할 것 같으면 아브라함의 동생 나홀의 아내 밀가의 아들 브두엘의 소생이지. 우선 아브라함의 혈족으로, 아브라함이 찾는 범주에 속한 여인이야. 그리고 보기에 심히 아리땁고, 지금까지 남자를 가까이하지 않은 정결한 처녀였다는 것이니 최고의 응답인 것 같군.

• 당신의 낙타도 위하여

– 그러나 더욱 중요한 것은 리브가에게 물 좀 마시자고 청하였을 때 주저함 없이 물을 내려 마시게 제공할 뿐 아니라 낙타들도 해갈하게 물을 길어 마시게 하겠다고 자청하는 것입니다. 선생님, 이 부분은 너무 초현실적인 것 같아서 믿기지 않을 만큼 대단한 이야기인데요. 처녀가 열 필이나 되는 낙타에게까지 물을 마시게 하겠다고 나서는 적극적인 섬김의 태도, 이것은 아무에게서나 볼 수 있는 모습이 아닌 것 같아요?

– 과연 적극적인 친절을 베풀 줄 아는 여인이요, 하나님의 구속사의 주인공으로 쓰임 받을 만한 아름다운 모습이 아니겠나? 더구나 아브라함의 종이 하나님 앞에 사인으로 말씀드린 그 적극적인 친절의

모습을 나타내는 것이니 참 극적이지 않은가? 나그네를 대접하기를 힘쓰던 아브라함의 가문에 이토록 나그네를 친절히 대접하는 리브가가 들어오게 된다는 것은 얼마나 자연스럽고 귀한 일이겠는가? 하나님은 나그네를 선대하는 아브라함의 가문에 나그네를 대접할 줄 아는 리브가를 며느리로 예비하신 것이야. 이로써 성경은 나그네를 대접하는 일이 얼마나 귀한 미덕인가를 두고두고 가르치고 있는 것이네.

롬 12:13 성도들의 쓸 것을 공급하며 손 대접하기를 힘쓰라

히 13:2 손님 대접하기를 잊지 말라 이로써 부지중에 천사들을 대접한 이들이 있었느니라

벧전 4:9 서로 대접하기를 원망 없이 하고

딛 1:8 오직 나그네를 대접하며 선행을 좋아하며 신중하며 의로우며 거룩하며 절제하며

- 선생님, 이때 리브가를 살피는 아브라함의 종의 가슴 설레는 모습이 상상이 되는데요? 이 아름답고 순결하고 친절한 리브가를 보고 주목하면서 하나님께서 주신 자인가, 하나님이 형통함을 허락하셨는가 확인해 나가는 종의 마음은 얼마나 감격스러운 것이었을까요?
- 그러게 말이야. 이제 종은 상당히 확신을 갖고 조심스레 마지막까지 확인해 가는 것을 보여주지? 종은 고맙다는 표시로 반 세겔 무게의 금 코걸이 한 개와 열 세겔 무게의 금 손목고리, 즉 금팔찌 한 쌍을 그에게 선물로 주며 뉘 딸이냐, 네 아버지 집에 유할 곳이 있느냐 묻고 있네.

- 리브가는 참 순진한 아가씨였던 것 같아요. 친절한 마음으로 자기는 브두엘의 딸이라는 것과 자기 집에 짚과 사료가 족하며 유숙할 곳도 있다고 대답하는 것을 보면 전혀 세상의 때가 묻지 않은 깨끗한 보석을 보는 느낌이에요.
- 김 군, 김 군의 신붓감을 상상하면서 부러워하는 눈치인데?
- 아이, 들켰네. 솔직히 리브가는 매력적인데요? 이렇게 순전하고 깨끗하고 사랑스러운 여인을 만난다면 저도 당장 결혼하고 싶네요.
- 그래 말이야. 그리되기를 축복하네. 이 나그네를 처음부터 끝까지 부담스럽다는 눈치는 보이지 않으며 적극적인 친절로 대접하는 모습은 정말 아름답지? 김 군, 우리가 여기 향적봉에 오를 때 저 아래서부터 걸어서 등산하였다면 어찌되었을까?
- 저야 어찌 올랐을지 모르지만 선생님은 아예 오르지도 못하셨을 걸요. 아마 저도 이 더위에 땀깨나 흘렸을 것이고요.
- 그렇지? 나는 못 올라왔을 거야. 어림도 없어. 그런데 곤돌라를 타니 이렇게 높은 산도 거뜬히 올라왔지? 김 군, 기도란 하나님의 곤돌라를 타는 것이 아니겠나?
- 네? 그래서 이 산에 곤돌라 타러 오자고 하신 것이에요?
- 어때 김 군, 그리 생각되지 않나?
- 좋아요, 재미있는 비유로군요. 아브라함의 종이 기도하지 않았다면 이렇게 쉽게 리브가를 만나지 못했을 것이란 말이지요? 기도는 곤돌라를 타는 것이었네요. 하나님의 세계로 오르는 곤돌라를 타는 일이에요.

리브가 가족들의 동의(창 24:26-51; 본문 생략)

• 머리를 숙여

- 아브라함의 종은 이쯤 되자 리브가가 하나님의 응답으로 주신 자라

는 확신을 얻게 된 것 같네요. 리브가를 돌려보내고는 하나님께 머리 숙여 경배하고 기도와 찬양을 드리네요.

- 그렇네, 그는 아브라함의 종으로서의 의식이 철저하였던 것 같아. 자신의 기도를 응답하신 하나님이 감사하겠지만 표현은 아브라함의 집에 내리신 하나님의 은혜에 감격하고 감사하고 찬양하고 있거든. 자기 주인 집에 끊임없이 주의 인자와 성실로 임하셨고, 이번 일에도 하나님의 신실하신 인도와 축복으로 리브가를 만나게 하셨다는 것을 감사하고 찬양하고 있는 것이 아닌가?
- 리브가의 가족들도 아름다운 반응을 보이네요? 리브가의 오빠 라반이 리브가의 이야기를 듣고는 이 일이 중한 일임을 감지하며 나아와 아브라함의 종을 영접하는데요. “여호와께 복을 받은 자여”라고 부르고 있는 것이 이채롭습니다.
- 그렇지? 라반은 상대가 아브라함의 종이지만 그를 종으로 보는 것이 아니라 아브라함이 보낸 대사로 영접하고 있다고 보아야겠지? 정중한 예절로 영접하고 있는 것이네. 그리고 그 대사가 머물 방과 그 낙타들이 머물 곳도 예비하고 영접하여 들이는 것이니 이 역시 친절한 모습이 아닐 수 없지?
- 그런데 아브라함의 종은 청지기 의식이 투철하군요? 라반이 식탁을 마련하고 식사에 초대하자 아브라함의 종은 이 대접을 받기 전에 자기가 온 목적을 설명하고 대답을 들어야 식사를 하겠다고 하네요.
- 그렇네, 이 이야기는 우리에게 청지기로서의 자세를 가다듬게 하는 메시지 같아. 받은 사명을 행동의 최우선으로 하고 반드시 그것을 이루려 하는 청지기 의식이야말로 모든 하나님의 사람들의 태도여야 하지 아닐까?
- 그렇네요, 아브라함의 종은 자신이 찾아오게 된 경위와 오면서 기도하던 일과 기도의 응답으로 리브가를 만난 이야기를 설명하고, 리브가를 이삭의 신부로 줄 것인가를 답하라고 하네요.

- 그렇지? 첫째, 아브라함에 대하여는 하나님의 큰 복을 받은 자라는 것과 둘째, 이삭에 대하여는 그가 아브라함 노년에 얻은 아들로 모든 축복의 상속자라는 점과 셋째, 이삭의 신부를 혈족 중에 찾는 아브라함의 의도와 넷째, 하나님께서 기도를 응답하여 리브가를 만나게 하셨다는 것을 설명하면서, 이제는 신부의 집 어른들이 대답할 차례요 응답할 차례라는 것을 자세히 설명하는군.
- 아브라함의 종이 미션을 수행하는 것을 보니 분명하고 똑부러지게 하는 것 같아요. 그러니 아브라함이 신뢰하고 보낸 것이겠지요?
- 그래 말이야.
- 리브가의 집 반응도 긍정적이고 신앙적이네요?
- 그런 것 같네.

• 여호와께로 말미암았으니

- 라반과 브두엘의 대답은 간단하군요. 그것은 여호와께로 말미암았으니 가부를 따질 일이 아니라는 것이네요? 여호와의 뜻대로 되리다 하는 응답이에요. 결국 "리브가가 그대 앞에 있으니 데리고 가서 여호와의 명령대로 그를 그 주인의 아들의 아내가 되게 하라"고 대답하네요.
- 여호와께로 말미암는 일에 형통함이 있고, 여호와로 말미암을 때는 아무 부정적인 응답이 있을 수 없는 것 같네. 여호와께로 말미암는 일을 보며 살아간다는 것은 얼마나 큰 기쁨인가?

이삭의 혼인(창 24:52-67; 본문 생략)

- 선생님, 아무래도 아브라함의 종은 참 멋진 사람인 것 같아요. 긍정적인 대답을 듣고는 그는 무엇보다도 여호와께 절하고 경배하네요. 그는 너무도 감사하고 감격한 나머지 몸을 땅에 굽혀 하나님께

절을 하였어요. 주인 아브라함에게 내리시는 하나님의 은총을 다시 확인하는 감격이고, 자신이 미션을 수행함에 형통케 하심을 감사하며 하나님께 엎드려 경배하는 모습이 참 아름다운, 그리고 성숙한 종의 모습을 보여주는 것 같습니다.

- 그래 말이야. 그 종은 리브가가 물을 길어 자신과 낙타를 먹였을 때 형통한 길로 인도하시는 하나님을 생각하고 "머리를 숙여 여호와께 경배하였다"(24:26)고 성경에 기록되었고, 이번에 부모와 형제들의 동의까지 얻고는 확정적인 순간을 맞이하여 더욱 감격하며 땅에 엎드려 하나님을 경배하고 있어. 청지기로서 참 신실한 모습이 아닐 수 없네. 무릎을 꿇고 경배하는 것은 최고의 겸손과 최고의 경외심을 나타내는 것으로, 사람 사이에도 왕 같은 높은 신분의 사람에게 행하는 예인데, 종종 하나님께 자신의 간절한 경배를 나타내고자 할 때 사용하는 자세였지.

시 95:6 오라 우리가 굽혀 경배하며 우리를 지으신 여호와 앞에 무릎을 꿇자

- 아브라함의 종은 하나님께 경배하고 은, 금, 패물과 의복을 꺼내어 리브가에게 주었네요? 약혼이 성립된 것을 확인하는 예물 같지요? 오늘날로 말하면 일종의 예단을 준 것이네요? 그리고는 오라버니와 그 어머니게도 보물을 주었어요.
- 그 가족들에게도 예물을 선물했다는 것이지. 이 예물들은 아브라함이 부하게 살고 있는 만큼 꽤 훌륭한 예물이었을 것이네. 낙타 열 필에 싣고 온 보물들이 아니겠나? 낙타 열 필에 물론 오고 가는 양식도 싣고 왔겠지만 꽤 훌륭한 보물들을 예물로 준비했던 것 같아.
- 아브라함의 종은 이제 서두르네요. 다음날 아침 주인 아브라함의 집으로 돌아가게 해달라고 간청하는데요?

- 이에 대하여 리브가네 가족들은 인간의 정으로 며칠, 한 열흘 더 머물다가 가게 하라고 권하지만, 그러나 아브라함의 종은 마음이 급하군 그래. 여호와께서 형통한 길을 주셨으니 지체하지 않고 가서 주인에게 이 일을 고하고 이루게 하여야 한다고 즉시 떠날 것을 허락해 달라고 간청하네그려.
- 아브라함의 종에게는 이 사명을 감당할 수 있게 된 것이 얼마나 감격스럽고, 또 속히 주인에게 알리고 싶은지 상상이 갑니다. 청지기는 주인의 뜻을 이루었을 때 가장 기쁜 것이 아니겠습니까?
- 김 군, 대단한 명언을 말하는 것 같은데? '청지기는 주인의 뜻을 이루었을 때 가장 기쁜 것이다.' 대단한 명언이야.
- 리브가의 가족들은 최종적으로 리브가에게 물어서 리브가가 지금 가겠다고 대답하자 축복하여 보내게 되네요. 리브가 본인의 의사를 존중하는 모습도 고대의 풍습에서는 주목하여 볼 만한 일이거니와 자신의 의지로 미지의 세계로 따라나서는 리브가의 결단도 대단한 주목거리인 것 같습니다.
- 의미 있는 일이 한두 가지가 아니야. 리브가 가족들의 축복의 언어는 참으로 놀라운 믿음의 축복이 아닐 수 없지? "누이여"라고 부른 것으로 보아 오라비 라반이 축복의 말을 대표로 선포하고 있는 것으로 보이는데, 그 내용은 무엇인가 살펴보게.
- "너는 천만인의 어머니가 될지어다"라고 축복하는데요? 일반적으로는 아들딸 많이 낳으라는 말이겠는데, 그러나 아브라함의 종을 통하여 하나님께서 아브라함에게 주신 약속, "자손이 하늘의 별같이 해변의 모래같이 번성하며 그 자손을 통하여 천하 만민이 복을 얻으리라" 하신 하나님의 약속의 말씀을 전해 듣고 그것을 인용하여 믿음으로 축복하고 있는 것 같습니다.
- 그러게, 과연 이 축복은 리브가를 통하여 이삭을 통하여 이루어질 것이 아닌가?

- 그다음엔 "그 원수의 성문을 얻게 할지어다"라고 축복하네요. 이 말씀도 이미 하나님께서 아브라함에게 주신 약속의 말씀인 바 아브라함의 종을 통하여 이러한 기대와 믿음을 갖게 된 말씀인 것 같습니다. 당시 세계에 이 말씀이 통상적인 인사말이었을까요?
- 그랬을 수도 있겠지? 아니, 오히려 아브라함에게 주신 약속으로 인하여 히브리인들의 인사가 되고 사회에 널리 퍼졌다고 볼 수도 있고. 리브가의 가족들은 이 하나님께로부터 온 범상치 않은 결혼에 기대와 믿음을 가지고 임하며 리브가를 축복하여 보내는 것을 볼 수 있네. 그러므로 우리도 자녀를 믿음으로 축복하여 세우는 일이 필요할 것이야.
- 마침내 이삭이 리브가를 대면하게 되는데요?

• 들에 나가 묵상하다가

- 이삭은 들에 나가 묵상하다가 리브가 일행을 만나게 되었다고 하는데, 이삭의 라이프스타일이 귀한 것 같지? 그는 종종 들, 조용한 곳에 나가 하나님을 묵상하는 경건한 사람으로 성숙해 가고 있었다는 것을 단적으로 보여주는 기사가 아닐까?
- 그래 말입니다. 성경은 이삭에 대해서는 기록이 많지 않다고 생각되는데, 이 말씀은 이삭을 전체적으로 가르쳐 주는 짤막한 멘트인 것 같아요. 이삭은 묵상의 사람이었다는 것이지요.
- 김 군, 정확한 발견인 것 같아. 대체로 다른 인물에 비하여 이삭에 대한 이야기는 짧은 편이지. 그런데 이삭이 묵상의 사람이었다는 것을 보는 것은 즐거운 일이야. 이삭의 결혼 예식에 관한 이야기도 없지?
- 이곳에 혼인 예식에 대한 자세한 기록이 없네요. 이삭이 리브가를 맞이하여 자기 모친 사라의 장막에 들이고 결혼생활이 시작된 것으로만 기록되거든요? 그리고 결혼생활에 대한 긴 기록도 없어요. 이

들의 결혼생활의 특징은 두 마디 언어로 집약되어 있습니다. 이삭은 리브가를 사랑하였고, 리브가는 이삭에게 위로가 되었다는 것입니다.

- 아내를 사랑하고 아내는 남편에게 위로가 되는 결혼이야말로 아름답고 축복된 것이 아니겠는가? 부부생활에는 서로 사랑함과 서로 위로함이 있는 것이야. 이삭이 리브가를 모친의 장막에 들였다는 것은 혼인하고 사랑하는 것의 상징으로서, 이후 이러한 표현은 사랑의 관계를 표현하는 말이 되었다네.

아 8:2-3 내가 너를 이끌어 내 어머니 집에 들이고 네게서 교훈을 받았으리라 나는 향기로운 술 곧 석류즙으로 네게 마시게 하겠고 너는 왼팔로는 내 머리를 고이고 오른손으로는 나를 안았으리라

아브라함의 말년(창 25:1-11; 본문 생략)

- 아브라함의 후처를 통하여 난 후손들 이야기가 기록되어 있네요?
- 그러네, 아브라함 노년에 사라가 죽은 후에 그두라라 이름한 여인을 후처로 취하여 더 자손을 두게 되었군. 시므란, 욕산, 므단, 미디안, 이스박과 수아를 낳았다고 하는군. 그중 욕산은 스바와 드단을 낳았으며 드단의 자손 가운데 앗수르 족속, 르두시 족속, 르움미 족속이 나오게 되었음을 알려 주네. 그리고 미디안에게서는 에바, 에벨, 하녹, 아비다와 엘다아를 낳은 것을 기록하고 있어.
- 구속사의 큰 계시는 아브라함에게서 언약의 아들로 태어난 이삭으로 이어져 야곱과 그 열두 지파로 이어질 것이지만, 언약의 아들은 아닐지라도 아브라함에게서 더 많은 아들이 태어나 그의 후손이 번성한 것을 보여주네요?
- 그리고 후일 언약의 후손인 이스라엘과 얽히어 살아가게 될 앗수르,

르두시, 르움미 족속 등에 대한 이야기가 간략히 소개되고 있지. 그러나 같은 아브라함의 자손일지라도 언약의 자손과 그렇지 않은 경우는 확연히 구별되고 있음을 본문은 보여주지. 그리고 아브라함 개인으로는 숱한 믿음의 훈련을 받고 언약의 아들을 받고, 또 언약의 아들을 바치는 완성된 신앙을 보여주어 계시의 역사를 이루어 놓고는 후년에는 평범한 사람으로 마감하는 모습도 보여준다네.

— 아브라함은 언약의 아들 이삭과 그렇지 않은 다른 아들들을 구별하여 나아가게 하는데요?

— 이삭 외에 여섯 명의 아들들(이스마엘을 포함하면 일곱 명)이 있기는 하였지만, 아브라함은 언약의 아들 이삭과 다른 아들들과는 분명히 다른 점이 있음을 의식하고 있었던 것 같네. 이미 이스마엘은 하나님의 명령에 의하여 이삭과 분리시켜 내보낸 바 있고, 이번에는 그의 생전에 자신의 모든 소유를 이삭에게 상속하고 다른 아들들에게도 일정한 양의 재산을 주지만, 다른 아들들로 하여금 자기 생전에 이삭을 떠나 동방, 곧 동국으로 이주케 함으로써 자신이 죽은 후에 있을지도 모르는 언약의 아들과 그렇지 못한 아들들 사이의 분쟁의 소지를 없앴다고 보아야지.

— 사랑스럽지 않은 아들이 어디 있겠습니까만 구속사의 주인공으로 부름 받은 언약의 아들과 그렇지 못한 자는 구별되어야 함을 아브라함은 인식하고 정리하여 처신하였던 것이네요?

— 그렇게 보이지? 여기서도 아브라함의 혈통이 중요한 것이 아니라 하나님의 언약의 아들이 중요한 것이겠지.

— 아브라함은 죽어서 역시 자기 아내 사라가 장사된 곳 막벨라 굴에 장사되네요?

— 그렇군, 아브라함은 175세를 일기로 기운이 진하여 죽어 자기 열조에게로 돌아갔다고 기록하지? 그리고 그는 자신이 평생 소유한 유일한 소유 막벨라 굴에 장사되고?

- 아브라함이 평생 소유한 것은 자신이 묻힐 막벨라 굴 하나를 소유했고 거기 묻혔군요. 순례자의 인생을 마감하고 있는 것이네요. 그리고 이야기는 이제 이삭에게로 옮겨 가고요. 아브라함은 죽었으나 아브라함에게 약속하신 복이 그 언약의 아들 이삭에게 임하였네요? 이삭은 이제 구원과 축복의 역사의 주인공으로 아브라함이 받은 복을, 그리고 축복의 역사를 계승하게 되는군요.

이스마엘의 약사(창 25:12-18; 본문 생략)

- 아브라함의 후처의 소생들에 대한 기록이 있고, 여기서는 간단히 아브라함의 또 다른 아들 이스마엘의 약사가 기록되고 있네요. 이스마엘은 137세까지 살았는데 그에게는 열두 아들이 있었고, 그들은 열두 지도자가 되어 각각 족속을 이루어 나갔음을 말해 주고 있어요.
- 그렇군. 본격적인 이삭의 이야기로 들어가기 전에 다른 아들 이스마엘 이야기도 언급하는군. 이스마엘의 아들 열두 지도자는 느바욧, 게달, 앗브엘, 밉삼, 미스마, 두마, 맛사, 하닷, 데마, 여둘, 나비스, 게드마였고, 이들은 하윌라에서부터 앗수르로 통하는 애굽 앞 술까지 이르며 다른 형제들 맞은편에 거하였다고 하는군.

두 종류의 기도(창 25:19-23)

창 25:19-23 아브라함의 아들 이삭의 족보는 이러하니라 아브라함이 이삭을 낳았고 이삭은 사십 세에 리브가를 맞이하여 아내를 삼았으니 리브가는 밧단 아람의 아람 족속 중 브두엘의 딸이요 아람 족속 중 라반의 누이였더라 이삭이 그의 아내가 임신하지 못하므로 그를 위하여 여호와께 간구하매 여호와께서 그의 간구를 들으셨으므로 그의 아내 리브가가 임신하였더니 그 아들들이 그의 태 속에서 서로 싸우는지라 그가 이르되 이럴 경우에는 내가 어찌할꼬 하고 가서 여호와께 묻자온대 여호와께서 그에게 이르시되 두 국민이 네 태중에 있구나 두 민족이 네 복중에서부터 나누이리라 이 족속이 저 족속보다 강하겠고 큰 자가 어린 자를 섬기리라 하셨더라

– 선생님, 이삭이 경건한 사람이었음은 틀림없는 것 같아요. 전에 묵상의 사람이라는 것을 보았는데 여기서는 기도의 사람임이 보이네요.

- **여호와께 간구하매**

– 그렇지? 이삭에 대한 기록은 사실 짧은 편이야. 그런데 짧은 이야기 속에 나타난 이삭의 모습은 묵상과 기도의 사람, 경건한 사람, 영성이 곱게 훈련되고 있는 사람이었던 것 같아.

– 사실 이야기가 많다는 것은 어떤 의미에서는 고난이 많고 훈련이 많다는 이야기도 되거든요? 간증이 많으려면 인생 전체에 고난도 많아야 하지 않아요? 그러니 그 이야기가 짧으면서 축복을 누리고 살고 역사의 주인공 역할을 했다는 것은, 그 삶이 평탄하고 형통했다는 이야기가 되기도 하거든요? 그런데 이삭이 평강하고 형통한 비결은 묵상과 기도에 있었다는 힌트를 얻게 되네요.

– 김 군 말이 일리가 있어. 간단하지만 이삭은 기도로 그의 인생을 살아가던 인물로 보이지? 자기 아내가 임신하지 못함을 인하여 여호와 하나님께 간구하였고, 그 간구는 응답되었으며 마침내 리브가가 임신하게 되었군그래. 그런데 이 임신이 결혼 몇 년 만에 이루어졌는지 아나, 김 군?

– 네, 뒤 구절을 보면 이삭이 60세 때라고 나오거든요. 그리고 앞에 이삭이 결혼한 것이 40세라고 하고요. 그러면 결혼 후 20년 만에 임

신하게 된 것이지요?

- 그러게 말이야. 아브라함 때도 나이 늙어 이삭을 갖게 되었는데, 이삭도 바로 아이를 얻은 것이 아니고 20년이나 소식이 없었어. 이삭이 아마 작정하고 기도했다는 뜻일 거야. 그리고 기도의 응답으로 자녀를 얻는 축복을 보여주지? 기도하여 아들을 얻었다는 것은, 우리의 어떤 과제나 문제도 기도로 해결하고 응답 받아 이루는 신앙을 가르쳐주고 있지 않은가? 기도에 응답하시는 하나님과 함께 살아가는 것, 이것이 우리 삶의 특권이요 축복이 아니던가?

마 7:7-11 구하라 그리하면 너희에게 주실 것이요 찾으라 그리하면 찾아낼 것이요 문을 두드리라 그리하면 너희에게 열릴 것이니 구하는 이마다 받을 것이요 찾는 이는 찾아낼 것이요 두드리는 이에게는 열릴 것이니라 너희 중에 누가 아들이 떡을 달라 하는데 돌을 주며 생선을 달라 하는데 뱀을 줄 사람이 있겠느냐 너희가 악한 자라도 좋은 것으로 자식에게 줄 줄 알거든 하물며 하늘에 계신 너희 아버지께서 구하는 자에게 좋은 것으로 주시지 않겠느냐

- 선생님, 이 문단의 제목을 두 종류의 기도라고 정하신 것은 이삭의 기도와 뒤따르는 리브가의 기도를 비교하시려는 것이었나요? 예전에는 리브가의 기도에 별로 주목하지 못하고 그 의미도 다가오지 않았는데요, 선생님이 붙여 놓으신 제목을 보면서 그게 좀 특별해 보이네요. 리브가가 임신했는데 태중에 노는 아이의 움직임이 의심스럽고 걱정스러웠나 봐요? 정상이 아닌 것으로 느껴진 것이지요?
- 그런 것 같네. 결과적으로 쌍둥이였는데 리브가가 느끼기에 아이 중 하나는 아니거나 괴물 같은 아이인지도 모른다는 불안감이 있었던 모양이네.

• **여호와께 묻자온대**

– 이때 리브가는 이 문제를 하나님께 여쭈어 보네요? "여호와께 묻자온대", 이 하나님께 여쭈어 보는 기도가 굉장히 중요한 것 같습니다.

– 이삭이 여호와께 간구하여 리브가로 잉태하는 응답을 받았지? 그의 기도는 간구 기도였어. 리브가의 기도는 의문 사항을 여호와께 여쭈어 봄으로써 해결하는, 묻는 기도를 하고 있는 것이야. 필요나 소원은 하나님께 간구하여 응답 받고, 의문이나 이해되지 않는 일은 여호와께 물어 깨달음을 얻는 기도의 사람들의 모습을 이삭과 리브가 부부가 여기서 보여주고 있네. 하나님은 이들을 통하여 그리스도인의 삶의 모습을 가르쳐 주시는 것 같지?

– 그렇네요. 선생님, 리브가가 여쭈어 보는 기도를 드리자 하나님이 가르쳐 주셨는데요. 태중에 쌍둥이가 있다는 것과 둘 다 민족의 조상이 될 귀한 존재들이라는 것과 특히 큰 자가 어린 자를 섬길 것, 즉 장자가 주인공이 아니라 차자가 주인공이 될 것을 가르쳐 주셨어요.

– 그랬지, 그래서 리브가는 하나님의 의중을 알게 되었고, 쌍둥이 아들이 태어날 것과 나중에 태어날 자가 주인공이 된다는 것을 알게 되었지.

– 저에게는 이는 새로운 개념인데요? 하나님께 지금도 우리가 여쭈어 보는 기도를 할 수 있나요? 여쭈어 보면 대답하여 주시나요? 어떻게 알아듣나요?

– 질문이 꽤 길다, 김 군? 나는 그렇게 생각해. 우리가 여쭈어 보는 기도를 할 수 있는 정도가 아니라 자주 해야 한다고 생각해. 아니, 늘 그런 기도를 함으로 하나님의 뜻과 그 마음과 그 길을 알아차리면서 하나님과 동행하여야 한다고 믿네.

– 선생님은 그렇게 하세요? 어떻게 알아들으세요?

– 내가 대답을 하기 전에 김 군이 이 문제를 확실히 이해하고 확신하게 하기 위하여 먼저 질문함세. 김 군이 먼저 대답하게.

- 네, 무슨 질문인데요? 말씀하세요.
- 김 군, 기도가 무엇인가? 김 군이 아는 대로 기도가 무엇인가 정의를 내려보게.
- 네, '기도란 하나님과 대화하는 것이다' 그렇게 배웠거든요?
- 그렇지, 누구에게 물어봐도 기도의 정의는 하나님과 대화하는 것이라고 대답할 걸세. 그런데 대화란 일방적인 것인가, 쌍방적인 것인가?
- 물론 쌍방적인 것이지요.
- 그런데 우리 한국 그리스도인들의 경우 대부분 하나님께 무엇을 구하여 얻는 것만 기도로 생각하게 된 것 같아.
- 그것은 아마도 우리가 역사적으로 일제강점기의 설움과 6·25전쟁을 겪으며 핍절한 시절을 지내다 보니 달라고 부르짖는 기도를 주로 하게 된 것이 아닐까요?
- 맞아. '배가 고파요, 먹을 것을 주세요, 병들고 치료비도 없어요, 병 좀 고쳐 주세요, 공부 좀 시켜 주세요, 축복 내려 주세요, 이 민족을 구해 주세요' 등등 달라는 기도가 우리의 주된 기도였지.
- 이런 기도는 이삭이 아내가 임신하지 못하므로 임신하게 해달라고 간구한 것과 같은 범주의 기도란 말이지요?
- 그래, 간구기도라 부르지. 우리 한국 그리스도인들은 이 간구기도 위주로 기도를 배운 것 같아.
- 이 간구기도도 하나님께 아뢰는 것이므로 하나님과의 대화라고 부를 수 있지 않나요?
- 그것은 맞는 말이지. 하지만 많은 경우 일방적으로 부르짖고 끝나는 경우도 많아. 그런데 진짜 기도는 하나님께 물어보기도 하고 대답을 들어보기도 하는, 대화하는 기도가 더 정상적이고 더 깊은 기도가 아니겠나?
- 그러네요. 우리의 기도는 하나님과의 대화라고 정의는 하면서 일방

적으로 뭐 달라고 부르짖는 수준에서 끝나는 경우가 많은 것 같아요. 물론 부르짖고 간구하면 응답을 많이 받기는 했지요?

- 그래서 이제 우리의 기도는 쌍방 대화의 수준으로 성숙해 가야 하고, 그래야 하나님의 뜻에 우리가 순종하게 되고 하나님이 원하시는 것을 깨닫고 따르는 삶으로의 성숙이 있을 것 아니겠나?
- 그런데 하나님의 대답을 어떻게 들어요? 여쭈어 보는 기도를 안 해 본 저는 시작하기도 전에 그게 궁금한데요?
- 김 군, 한번 하나님께 여쭈어 보며 대답을 들어보는 기도를 그냥 시작하게. 그러면 어떻게 대답하시는지 경험할 것 아닌가?
- 맞는 말씀이긴 한데, 선생님 경험이 있으시면 말씀하여 주세요, 참고하게요.
- 나도 이러한 묻고 대답을 듣는 기도를 잘 모르고 살았는데, 여기 이리브가의 기도 이야기를 묵상하다가 깨닫고 묻는 기도를 연습하게 되었다네. 나는 우선 목사로서 설교하게 될 때 설교를 묻곤 했지. "이번 주일 설교를 무엇으로 해야 하나요? 하나님께서 들려주시고 싶은 메시지를 전할 수 있기를 원하니 꼭 가르쳐 주세요" 그렇게 진지하게 기도하며 하나님의 대답을 기다리다 보니 하나님과 대화의 기술이 발달하게 되더군.
- 하나님이 무슨 설교를 하라 이렇게 대답을 하시나요?
- 귀로 들리는 음성은 없어. 영감으로 느껴지게 하시더라고.
- 영감으로 느낀다고요? 귀로 들리는 게 아니고요? 저는 또 귀로 들리게 대답하시는 줄 알았지요?
- 그리고 내가 바나바훈련원 원장으로 20년 사역하지 않았나?
- 그러셨지요.
- 목사들을 주로 훈련하였는데 저녁마다 기도실에 들어가 "오늘 한국교회 목사들, 우리 훈련원에 오는 목사들에게 무엇을 가르쳐야 한국교회 부흥과 세계선교에 힘이 될까요?" 하면서 묻고 들으며 기도

하다 보니 많은 것을 깨닫고 영감으로 임하여서 바나바훈련원에서 지금 가르치는 커리큘럼과 콘텐츠들이 정리된 것이라네.

- 그래요? 저는 평신도로서 궁금한데요? 평신도들이 사업 얘기도 하나님께 여쭈어 보면 가르쳐 주실까요?
- 물론이지. 그건 더 중요해. 예전에 헌트 회사 사장 하던 분을 만난 적이 있는데 그분은 기도의 사람이었더라고. 새벽마다 교회 새벽기도회 가서 주로 중보기도로 한 시간씩 기도하고 출근한다더군.
- 옷 만드는 그 헌트 회사 말인가요?
- 그래. 그분은 집에 퇴근해서 저녁마다 자기 집에 정해 놓은 기도실 서재에서 기도한다더군. 그런데 저녁 기도는 주로 사업에 관하여 하나님께 부탁도 하고 물어보기도 하곤 했다고 간증하더라고.
- 사업에 대하여 물어봐요? 구체적으로 예로 들면요?
- 예를 들면, 새해 매출 목표는 얼마나 잡을지를 여쭙고 들려주시는 바를 바탕으로 연간 사업계획을 만든대. 또 디자인을 누구에게 맡길까 여쭙고 물으며 기도하면 그것도 영감을 통하여 가르쳐 주신대. 어느 해는 하나님이 자기네 회사 소속 디자이너 말고 다른 곳에 디자인을 맡기라고 하여 그대로 순종하였더니 대박 난 경우도 있다고 하더라고.
- 하나님께 묻고 대답을 들을 정도로 하나님과 함께하면 성공 못 할 일 없겠는데요?
- 김 군, 수지 맞았다. 하나님과 기도 속에 대화를 이룰 수 있는 정도의 영성이라면 이미 성공한 것이고, 인생 승리한 것이고, 복은 받은 것이네. 그리 되면 점점 의미가 큰 인생으로 하나님께서 또 인도하실 것이고 말이야. 기억하게 김 군, 이 덕유산 정상에 자기 힘으로 올라올 수도 있지만 얼마나 힘이 드는가? 그런데 곤돌라 타고 올라오면 거뜬하거든.
- 아, 또 곤돌라 비유입니까?

- 내가 같은 소리를 반복하는 이유를 김 군은 잘 터득하게. 기도로 인생을 경영하고, 기도로 사업도 경영하여야 한다네.
- 선생님, 묻고 듣는 기도가 이곳 말고 성경 다른 데도 있나요?
- 김 군, 왜 그래? 그러니까 진도가 안 나가지 않나?
- 선생님, 진도가 중요한 것 아니지 않아요? 제게는 생소했던 주제거든요.
- 리브가 이야기가 진행될수록 이 묻는 기도의 중요성을 재차 확인하게 될 것이고, 성경에는 하나님께 묻는 기도가 많이 나오지. 대표적인 인물이 다윗이야. 다윗은 전쟁에 나갈 때마다 승리하고 돌아오는데, 그 비결이 바로 묻는 기도에 있었다네.
- 그게 무슨 말씀이지요? 다윗이 묻는 기도로 전쟁에 승리했다는 이야기도 처음 듣는데요?
- 성경은 다윗이 블레셋과 전쟁할 때 여호와께 여쭙고 전략을 얻어서 승리했다는 것을 여러 차례 기록하고 있다네. 자, 사무엘상 23장을 펴보게.

삼상 23:4 다윗이 여호와께 다시 묻자온대 여호와께서 대답하여 이르시되 일어나 그일라로 내려가라 내가 블레셋 사람들을 네 손에 넘기리라 하신지라

- 여기 보면 다윗이 기도했다고 기록하는 게 아니라 여호와께 물었다고 기록하네요?
- 그렇다니까. 물론 다윗이 하나님께 기도할 때에 하나님께서 전쟁에 승리할 수 있도록 도와달라며 간구기도도 했겠지만 어떻게 싸워야 하는지 물어보고 들어보는 것이라네. 이 경우는 그일라로 정면 공격하라는 하나님의 전략을 듣고 그대로 하여 승리하게 되었고. 이제 사무엘하 5장을 보게.

삼하 5:23-24 다윗이 여호와께 여쭈니 이르시되 올라가지 말고 그들 뒤로 돌아서 뽕나무 수풀 맞은편에서 그들을 기습하되 뽕나무 꼭대기에서 걸음 걷는 소리가 들리거든 곧 공격하라 그때에 여호와가 너보다 앞서 나아가서 블레셋 군대를 치리라 하신지라

- 이번에도 다윗은 여호와께 전쟁에 관하여 물었군요?
- 그렇지? 이 경우는 매복작전의 전략을 받아 그대로 실행하여 승리한다네. 두 경우 다 다윗이 하나님께 여쭈어 보고 하나님이 전략을 가르쳐 주시는 기록이라네. 우리는 대체로 일방적으로 달라는 간구기도만 기도로 아는데 그렇지 않아. 간구기도라고 잘못된 것은 물론 아니야. 간구하여 받지 않으면 우리는 너무 모자란 게 많아. 그렇지만 거기서 멈출 일이 아니고 우리의 인생 경영도 하나님께 여쭙고, 사업 전략도 하나님께 여쭈면서 살게 되어야 하지 않겠나?
- 아, 이 여쭙고 듣는 기도를 이제부터 힘써 훈련해야 하겠군요. 가슴이 뛰는 것 같아요.
- 그러게 김 군, 김 군의 인생이 얼마나 감격스러울지 기대되네. 이삭은 여기서 간구기도로 아들들을 얻지만 묻는 기도를 하지 않아서 평생 하나님의 깊은 계획을 몰랐던 것 같고, 리브가는 묻는 기도를 통하여 하나님의 계획을 알고 있었던 것이고. 그것이 두 사람의 삶과 사고에 엄청난 영향을 미치는 것을 보게 될 것일세.
- 이삭은 장자 에서를 더 사랑하고, 리브가는 차자 야곱을 더 사랑했다는 것도 그 때문인 것 같네요?
- 그렇지. 이삭은 일반적인 인간 상식으로 장자가 자기의 대를 잇고, 또 구원과 축복의 역사도 이어간다고 생각하니 자연히 장자인 에서를 더 좋아하게 된 것이지.
- 사실 장자에 대한 사랑과 애착은 어머니가 더하지 않나요? 어머니야말로 일반적으로 장자에 대한 사랑과 애착이 강한데, 리브가가 차

자를 더 사랑하게 된 것은 하나님의 계획이 야곱을 주인공으로 삼는다는 것("큰 자가 어린 자를 섬기기라")을 알려 주신 하나님의 말씀을 들었기 때문이라고 보아야겠지요?

- 그렇지. 여쭙는 기도를 통하여 리브가는 하나님의 음성을 들었거든. 쌍둥이가 태중에 있다는 것과 장자가 차자를 섬기는 계획, 즉 차자가 주인공이 될 것이라는 하나님의 계획을 알아들었기 때문에 리브가의 마음은 야곱에게 더 갈 수밖에 없었겠지. 비결은 묻는 기도, 듣는 기도였어.
- 그렇군요. 기도에 묻는 기도, 듣는 기도가 있다는 것을 저는 처음 배웁니다. 선생님, 감사합니다.

에서와 야곱(창 25:24-34; 본문 생략)

• 에서

- 쌍둥이 중 먼저 태어난 에서는 우선 그 모습이 붉고 전신이 털옷 같았다고 하네요?
- 온몸이 붉고 털이 많이 난 전형적인 남성미를 가진 그런 사람이었던 것 같지? 그래서 에서라는 이름, 붉다는 뜻을 지닌 이름을 지어 주었던 것 같아. 그리고 그가 자라면서는 그 생김새 모양대로 야성미 넘치는 사냥꾼이 되었다고 하고. 산과 들을 휘젓고 다니며 사냥하는 야성적인 모습을 그려 보면 에서의 모습이 상상이 가지? 아버지 이삭은 이 야성적인, 남자답게 씩씩한 에서를 사랑하고 좋아하였다고 하네. 그리고 그가 사냥한 고기를 먹는 일을 즐겼다는 것이야.

• 야곱

- 그에 비하여 나중에 나온 야곱은 몇 분 사이에 장자가 아닌 차자로 나오는 것이 억울하기라도 하다는 듯이 형 에서의 발꿈치를 움켜쥔

채 뒤따라 출생했다고 하네요.

– 그렇지? 그 바람에 야곱, 즉 '발꿈치를 잡은 자'라는 이름을 갖게 되었고. 아마도 야곱이란 이름은 이후의 생을 상징적으로 보여주는 것 같지?

– 그런데 야곱은 성격상 조용하였고 주로 집안에 머무는, 어찌 보면 여성적인 남자였나 봐요? 그래서 어머니와 시간을 많이 보내고, 또 어머니의 사랑을 받는 아들로 자라났던 것 같아요.

– 그런 것 같네. 여기 재미있는 것은 아버지는 남성적인 에서를 더 사랑하고, 어머니는 여성적인 야곱을 더 사랑하였다고 기록되는데, 성격적으로도 그렇기는 하지만 사실은 아버지는 상식적으로 장자이니까 에서를 더 사랑하고, 어머니는 야곱이 더 위대한 인물, 주인공이 될 인물임을 미리 알았기에 야곱을 더 사랑할 수밖에 없었을 거야.

– 그러겠지요? 하나님께 묻는 기도를 드린 어머니는 자식들의 미래에 대한 하나님의 뜻을 알게 된 것이니, 상식적으로는 장자를 더 사랑하게 되어 있지만 어머니 리브가는 차자인 야곱을 더 사랑하게 된 것이겠지요? 그리고 그 일이 에서가 야곱에게 팥죽 한 그릇에 장자권을 넘기는 일로 현실화되기 시작하네요.

• 팥죽 한 그릇에

– 그래 말이야. 그들의 성품과 라이프스타일대로 에서는 들을 쏘다니다 돌아와 심히 배가 고픔을 느끼고 있었고, 야곱은 집 안에 머물다가 마침 팥죽을 끓이고 있었다는 장면이 나오네. 에서가 들에서 돌아와 배가 고픈 상황에 야곱의 팥죽을 보고 먹기를 청하자, 야곱이 이때다 싶어 장자의 명분을 흥정하게 되었다는 것이야. 야곱은 과연 형의 발뒤꿈치를 잡고 나온 것처럼 '내가 장자가 되어야 하는데' 하는 야심이 있었던 것 같아.

– 언제나 심히 피곤하거나 배고픈 시간에는 유혹과 시험을 경계해야

하는 것이 에서가 깨달아야 할 교훈이었을 텐데요. 에서는 당장 먹을 것을 얻는 그 생각에 사로잡혀 있었던 것 같아요. 이에 비하여 야곱은 오랫동안 장자의 명분을 영원한 축복으로 생각하고 있었던 것 같고요.

- 장자의 명분에 대한 거룩한 열망이 야곱을 떠나지 않고 있었기에 야곱은 평소 장자의 명분을 대수롭지 않게 여기는 태도를 보였을 에서에게서 찬스를 잡아 흥정하고 있는 것이지. 평소에 어떤 가치관을 갖고 사느냐 하는 것은 대단히 중요한 것 같아.
- 야곱의 제안을 받은 에서는 장자의 명분의 중요성을 인식하지 못하고 살아온 그대로 일시적으로 배고픈 것을 '죽게 되었다'고 느끼고, 이 배가 고파 죽게 된 때에 장자의 명분이 무슨 소용이냐고 흥정에 응하게 된 것 같네요. 야곱은 기회를 놓치지 않고 이 배가 고픈 위기를 넘기면 다른 소리 할까 봐 형으로 하여금 맹세를 시키는 치밀함을 보이고요.
- 장자의 명분을 향한 열망을 가진 자와 장자의 명분을 가지고 있으면서도 그 가치를 모르는 자의 행태가 대조적이지? 에서는 맹세하고 팥죽 한 그릇에 장자의 명분을 야곱에게 팔게 되었지 않아? 이는 에서가 장자의 명분을 가볍게 여겼기 때문이라고 성경은 기록하고 있다네. 김 군, 에서의 별명이 무엇인지 보게.
- 에돔이라 불리었는데요?
- 그것은 에서가 자기 살갗이 붉은데 또 붉은 것 한 그릇에 장자의 명분을 팔아 버린 사나이라고 불린 것이야. 이 사건을 두고 히브리서 기자는 영원한 가치를 이 지상의 찰나적 가치와 바꾸는 일이 없도록 경고하고 있다네.

히 12:16 음행하는 자와 혹 한 그릇 음식을 위하여 장자의 명분을 판 에서와 같이 망령된 자가 없도록 살피라 너희가 아는 바와 같이

그가 그 후에 축복을 이어받으려고 눈물을 흘리며 구하되 버린 바가 되어 회개할 기회를 얻지 못하였느니라

- 어떤 가치관을 가지고 사느냐의 중요성을 보여주는 것 같네요. 아무래도 에서는 들사람으로 사냥을 즐기면서 먹는 즐거움에 빠져 산 사람 같고, 야곱은 그의 인생에 깊이 의미를 찾았던 사람인 것 같아요. 영원한 가치관을 지니고 살 필요를 다시 깨닫네요.
- 이 이야기는 간단하지만 그 내용은 간단한 게 아니야. 매우 심각한 메시지를 던지고 있는 것 같지 않아?
- 사실 우리는 늘 먹고 사는 문제에 우리의 인생이 파묻혀 사는 것 아닌가 싶거든요. 첫째도 먹고 사는 문제, 둘째도 먹고 사는 문제?
- 그래 말이야. 그런데 성경은 먹고 사는 문제보다 더 크고 진지한 가치관을 가르치는 것 같지 않나?
- 그렇습니다. 먹고 사는 문제를 뛰어넘는 가치관을 지니고 살아야 할 것 같습니다.

애굽으로 내려가지 말라(창 26:1-5)

창 26:1-5 아브라함 때에 첫 흉년이 들었더니 그 땅에 또 흉년이 들매 이삭이 그랄로 가서 블레셋 왕 아비멜렉에게 이르렀더니 여호와께서 이삭에게 나타나 이르시되 애굽으로 내려가지 말고 내가 네게 지시하는 땅에 거주하라 이 땅에 거류하면 내가 너와 함께 있어 네게 복을 주고 내가 이 모든 땅을 너와 네 자손에게 주리라 내가 네 아버지 아브라함에게 맹세한 것을 이루어 네 자손을 하늘의 별과 같이 번성하게 하며 이 모든 땅을 네 자손에게 주리니 네 자손으로 말미암아 천하 만민이 복을 받으리라 이는 아브라함이 내 말을 순종하고 내 명령과 내 계명과 내 율례와 내 법도를 지켰음이라 하시니라

- 아브라함 때에도 흉년이 들었는데 이삭의 때에도 다시 흉년이 들었다고 하네요? 가나안 땅에는 자주 흉년이 들었던 모양이지요?
- 글쎄, 자주라고 해야 하나? 아브라함 때에 첫 흉년이 들었더니 그 땅에 또 흉년이 들었다고 하는 것은 자주 흉년이 들었다는 이야기는 아닌 것 같은데? 왜냐하면 아브라함 때 첫 흉년이고 이삭 때에 두 번째 흉년이라면 거의 100년 만에 오는 흉년이거든.
- 그렇다면 자주는 아닌 것 같은데, 아브라함 때와 아주 비슷해요. 아브라함이 흉년을 피하여 먹을 것을 찾아 애굽으로 내려갔다가 곤란을 당할 뻔했는데, 이삭의 때에도 흉년이 들자 애굽으로 내려가려고 한 것 같아요.
- 그렇지? 이삭이 그랄 지역에 이르렀을 때에 하나님께서 애굽으로 내려가지 말라고 말씀하시네?
- 그래서 그랄에 머무는데요, 그랄은 어디지요?
- 그랄은 가나안 땅 중에 남쪽에 해당되지. 애굽으로 가는 길목인 셈이야. 이삭도 이 기근을 만나서 애굽을 향해 가고 있었던 것 같아. 애굽은 나일 강변의 곡창지대를 가지고 있어서 여간해서는 흉년이 들지 않는 곳이었기 때문에 적어도 일시적으로라도 이삭이 애굽으로 가려고 하였겠지. 그리하여 일단 남쪽을 향해 가다가 지금 그랄에 이른 것일 거야.
- 그런데 그랄 왕 아비멜렉이 나오는데, 아브라함 때에도 아비멜렉인데 이삭 때에도 아비멜렉이네요? 한 왕이 이렇게 오래 통치하나요?
- 아니야. 아비멜렉은 한 왕의 고유명사가 아니라 블레셋 나라들의 왕을 통칭하는 대명사이지. 애굽의 왕을 대대로 바로라 하듯이 블레셋 왕들은 아비멜렉이라 불렀던 것이네.
- 아, 그렇구나. 이삭이 그랄에 온 것은 아마도 애굽으로 내려가는 중 그랄에 잠시 머물렀던 것 같지요?

• **애굽으로 내려가지 말고**

- 그런 것 같아. 그런데 여기서 하나님은 이삭에게 나타나서 애굽으로 내려가지 말라고 하시지. 인간적으로는 애굽에 내려가는 것이 상책이겠지? 아브라함 때도 그리 생각되니까 내려갔던 것이고. 하나님께서는 먹을 것을 찾아 가나안을 완전히 떠나 애굽으로 가는 것을 좋아하시지 않았던 것 같아. 그래, 생존 문제 앞에서도 하나님을 의지하는 것이 최대의 상책임을 가르치려고 하신 것 같지 않나?
- 그래서 애굽으로 내려가는 대신 하나님이 지시하는 땅에 거하라는 것이네요?
- 그렇지, 하나님이 어디 당장 정하여 주신 곳이 아니라 그때마다 지시하시는 땅에서 계속 하나님을 의존하여 살아가라는 뜻인 셈이지.
- 결국 하나님 말씀에 따라 믿음으로 살아가는 라이프스타일이군요? 선생님, 그런데 아브라함 때도 흉년으로 훈련하시고 이삭의 때에도 흉년으로 훈련하시는 것은 사람들에 대한 하나님의 기본 훈련이 먹고 사는 문제를 뛰어넘는 것인 것 같지요?
- 그래 말이야. 그래서 하나님의 사람들은 생존을 넘어 하나님의 세계로, 믿음의 세계로, 말씀의 세계로 나아가는 훈련이 필요했던 것 같아.
- '생존을 넘어 하나님의 세계로' 나아가는 훈련이라, 가장 기본적인 훈련이긴 한 것 같아요. 사람들의 기본 문제는 먹고 사는 생존의 문제이니까, 이를 뛰어넘는 믿음이어야 하나님의 은혜와 능력을 경험하겠지요?
- 그렇지, 아브라함에게 원하셨던 것도 하나님을 의지하고 믿고 신뢰하면서 약속의 땅에 머무는 것이었고, 이번에 이삭의 경우는 애굽으로 내려가지 말고 하나님이 지시하는 땅에 머물면 하나님이 책임진다고 말씀하시는 것이지.
- "애굽으로 내려가지 말라"는 말씀은 상징적으로 생존 문제에 매여

사는 인생으로 내려가지 말라는 이미지로 다가오는 것 같지요? 이삭은 애굽으로 내려가지 않고 그랄에 그냥 머무네요?

– 그렇지. 하나님의 말씀에 믿음을 둔 것이지. 생존 문제를 믿음으로 넘어가는 것이지.

– 하나님께서는 아브라함에게 주셨던 언약의 말씀을 다시 한번 이삭에게 말씀하시는 것 같아요?

– 그렇지. 아버지 아브라함에게 주신 하나님의 언약을 이삭은 전하여 듣고 알고는 있었을 것이지만, 하나님께 직접 받은 언약이 아니니 좀 믿음의 확신이 약할 수 있지 않겠어? 그러니 이번에는 바로 이삭 본인에게 하나님의 언약을 확인하여 말씀해 주신 것이지.

– 이삭의 경우는 아브라함에게 주신 언약을 이어받는 것이지요? 언약의 계승자로 말입니다.

– 그렇지. 그래서 그런지 이삭에게는 별다른 어려운 일이 없어요. 아브라함에게 주신 하나님의 언약이, 아브라함이 준행한 믿음의 복이 이삭에게 전해지는 것이니까. 믿음의 자손은 조상에게 물려받은 믿음을 스스로 저버리지 않으면 조상의 믿음으로 주어진 축복과 약속이 그대로 전수되는 것이지. 과연 이삭에게는 특별히 어려운 일도 특별한 훈련도 없고 평탄한 중에 아브라함의 축복을 다 이어가게 되는 것이라네. 그러나저러나 아브라함에게 이미 주신 말씀을 확인하는 것이기는 하지만 다시 한번 확인해 보도록 할까?

– 첫째는, 복을 주고 가나안 모든 땅을 너와 네 자손에게 주리라고 하네요. 둘째는, 네 자손을 하늘의 별과 같이 번성하게 하시겠다고 하고요. 셋째는, 네 자손으로 말미암아 천하 만민이 복을 받으리라고 하네요. 선생님, 그런데 "이는 아브라함이 내 말을 순종하고 내 명령과 내 계명과 내 율례와 내 법도를 지켰음이라" 말씀하시는데요? 아브라함이 믿음으로 순종하여 하나님 말씀을 지켰기에, 아브라함에게 주셨던 언약을 이삭에게 물려주며 확인한다고 하시는 말씀이지

않나요? 하나님의 축복을 자손에게 물려주기 위해서라도 우리가 하나님에 대한 믿음과 말씀을 잘 지켜야 하겠네요?

- 그렇지?

부전자전(창 26:6-11; 본문 생략)

- 선생님, 이건 뭐 판박이네요.
- 뭐가 판박이야?
- 이렇게 이방인의 세계로 나가면서 부부라고 하지 말고 오누이 사이라고 하자고 한 것이 아버지 아브라함과 판박이잖아요? 아내는 빼앗겨도 죽을 수는 없다는 비겁함이 판박이요, 부전자전이란 말이에요.
- 그러게 말일세. 부전자전이라더니 정말 똑같네. 자식은 부모를 닮게 되어 있는가 봐?
- 제가 아까 판박이라고 하였지만 이삭도 이동하며 이방인에게 섞여 살 때 두려움이 있었던 것은 사실인 것 같아요. 자기 아내 리브가가 너무 아름답다는 것과 그래서 리브가를 빼앗고자 자기 생명을 위협할 수 있다는 두려움 말입니다. 그리하여 이삭과 리브가는 남매 사이인 것처럼 말하고 다녔어요. 아버지 아브라함이 애굽에서 그랬고(창 12:13) 그랄에서도 그랬던 것처럼(창 20:2), 아내로 인하여 자기 목숨을 빼앗길까 봐 두려워서 오누이 사이로 가장하는 일을 하고 있어요. 인간은 참 나약한 존재임이 틀림없지요? 나도 그런 경우가 되면 그러려나?
- 김 군은 결코 아내는 내어줄 수 없다고 목숨을 걸 용사 같은데?
- 그러게요. 지금 생각으로는 그런데 막상 이삭의 경우가 되면 또 저도 두려워할지 모르지요.
- 어쨌든 이삭에게는 두려움은 있으나 직접적인 위험은 없이 살고 있

었지.

- 그런데 이삭이 자기 아내 리브가를 포옹하는 장면을 그랄 왕 아비멜렉이 보게 되었어요.
- 그렇지. 그러자 아비멜렉이 이삭을 불러 오누이 간이라 위장한 일에 대하여 책망하지.
- 진짜 오누이 간인 줄 알고 리브가를 아내 삼으려고 오류를 범했을 수 있었다고 책망하네요.
- 그러고는 모든 백성에게 명하여 이삭이나 그 아내에게 손대지 말고 범하지 말라고 경고하여 이삭의 안전을 지켜 주게 되었지. 이 모두가 하나님의 보호의 손길이 아니고 무엇이겠나?

여호와께서 복을 주시므로(창 26:12-16)

창 26:12-16 이삭이 그 땅에서 농사하여 그해에 백 배나 얻었고 여호와께서 복을 주시므로 그 사람이 창대하고 왕성하여 마침내 거부가 되어 양과 소가 떼를 이루고 종이 심히 많으므로 블레셋 사람이 그를 시기하여 그 아버지 아브라함 때에 그 아버지의 종들이 판 모든 우물을 막고 흙으로 메웠더라 아비멜렉이 이삭에게 이르되 네가 우리보다 크게 강성한즉 우리를 떠나라

- 그런데 이 말씀 속에 제 눈을 번쩍 뜨이게 하는 이야기가 나와요?
- 무슨 이야기에 눈이 뜨이는데?
- 이삭이 애굽으로 내려가지 않고 하나님이 머물라 하신 대로 그랄 지역에 머물며 농사를 지었다고 하지 않아요?
- 그랬지.
- 하나님이 그에게 복을 주셨다는 것에 깜짝 놀랐는데요. 상상을 넘어서는 축복이라는 것이지요.

- 뭐가 그리 상상을 넘어서는 놀라운 일이던가?
- 하나님의 복을 받은 이삭은 같은 지역의 이방인들과는 비교도 안 되는 복을 받았어요. 그해에 백 배나 얻었다고 기록되어 있잖아요? 어느 해에 비하여 백 배라고 했을까요?
- 글쎄, 어느 해에 비하여 백 배라 했는지 아니면 그 지역 다른 사람들과 비교하여 백 배인지 또는 관용적인 표현인지도 모르지만 하여튼 하나님의 축복으로 엄청난 수확을 거두었음을 표현하는 말임에 틀림없겠지.
- 그렇다면 중요한 것은 하나님을 신뢰하고 애굽으로 내려가지 않은 이삭에게 하나님께서 복을 주셨다는 것이로군요?
- 하나님이 복의 근원이 아니신가? 하나님께서 복을 주시면 복 받지 못할 자 누구며, 하나님께서 복을 주시지 않으면 복을 누릴 자 누구이겠나? 이삭은 거기서 나그네 생활이었으나 하나님이 복을 주시므로 양과 소가 떼를 이루고 종이 심히 많아졌고 창대하고 왕성하여 마침내 거부가 되었다네.
- 성경에 거부라고 표현한 대목이 여기 이삭 말고 또 있나요?
- 거짓과 속임수로 거부가 된 자들을 심판하겠다는 경고의 말씀이 예레미야 5장 27절에 나오기는 하지만, 그 외에 축복으로 거부가 되었다는 기록은 없는 것 같아. 하나님의 보장을 받고 사는 이삭의 생은 평탄한 중에도 번영하게 되었군그래.
- 너무 부자가 되고 너무 잘되니까 주위 이방인들의 시기를 사서 훼방을 받는 일이 있기도 하였는데요?
- 그렇네. 시기 질투를 받은 것이네. 하나님의 백성의 복된 모습을 극적으로 표현하여 보여주고 있는 것이지. 하나님의 지시대로 순종하여 사는 자에게 임하는 하나님의 복 주심을 보는 것이야.

신 4:40 오늘 내가 네게 명령하는 여호와의 규례와 명령을 지키라

너와 네 후손이 복을 받아 네 하나님 여호와께서 네게 주시는 땅에서 한없이 오래 살리라

신 6:24 여호와께서 우리에게 이 모든 규례를 지키라 명령하셨으니 이는 우리가 우리 하나님 여호와를 경외하여 항상 복을 누리게 하기 위하심이며 또 여호와께서 우리를 오늘과 같이 살게 하려 하심이라

- 인간들이 생존 문제로 인하여 하나님을 떠나는 어리석음에 빠지는 경우가 많은데 생존이 어려울수록 믿음으로 하나님 안에 거하고 말씀대로 사는 것이 중요할 것 같네요.

르호봇이라 하여(창 26:17-22; 본문 생략)

- 선생님, 이삭은 평화주의자였던 것 같고, 도무지 싸우지 않는 성격의 소유자였던 것 같지 않아요?
- 그러게, 아비멜렉이 떠나라 하니까 떠나네. 사실 아비멜렉이 거기 함께 살자고 했던 것 아니야?
- 함께 살자고 하더니 이삭이 너무 잘되니까 떠나라 하네요. 여기서 인간의 협량을 보게 되는 것 같아요, 남 잘되는 꼴을 못 본다니까요.
- 그래 말이야, 이제 이삭이 강성하여지니 그곳 사람들이 질투하고 시기하고 아비멜렉 왕은 두려워하기까지 했던 모양이네.
- 자기들 주변에서 떠나라 하자 이삭은 미련 없이 떠나 옮기네요?
- 아무래도 이삭은 온유한 사람이었던 것 같아. 다투기보다는 피하여 그랄 골짜기로 내려가네그려. 이삭이 지금 살던 곳도 그랄이지만 평지에서 골짜기 지역으로 갔다는 이야기지?
- 이삭은 항의도 할 수 있고 또 강성해졌으므로 동원할 수 있는 인원

도 충분할 것이지만, 하나님의 사람으로 다투는 일보다는 차라리 지고 피하여 평지가 아닌 골짜기로 옮겨 갔어요. 저들의 시기하는 눈에서 멀리 감으로 해결하려 하였던 것 같아요.

- 그러게, 그랄 땅에서 개간하고 농사짓던 것들을 포기하고 조용히 물러가는 이삭의 모습을 보면 어린양의 모습이요, 온유한 하나님의 사람의 모습이라고 해야겠지?
- 그런데 블레셋 사람들은 좀 지나친 것 같아요.
- 그러게 말이야. 아브라함 때에 팠던 우물들, 이미 아브라함의 소유였던 역사를 가진 우물들을 다시 파서 복구함으로 우물들의 소유권 분쟁을 피하려고 하였는데도 블레셋 사람들은 그것도 자기들 것이라고 우기는구먼.
- 그렇네요, 그랄 골짜기에서 샘을 파서 물을 얻게 되었으나 다툼은 끝나지 않았어요. 그랄 목자들이 여전히 거기까지 와서 시비를 걸고 그 우물들이 자기들의 것이라고 억지를 부리네요.
- 그러게, 아브라함은 그 우물의 이름을 에섹이라 부르지?
- 에섹은 무슨 뜻을 가진 이름이지요?
- 에섹이란 말은 '다툼'(contention)이라는 뜻인데, 다툼의 우물이라 이름하고는 또 포기하는군 그래.
- 에섹이라 부른 그 우물도 포기하고 다시 샘을 파네요. 그러나 이번에도 그랄 목자들이 시비를 걸어 또 분쟁이 이어졌어요. 이번엔 그 이름을 싯나라 부르네요. 싯나란 무슨 뜻이지요?
- 싯나란 '투쟁'(strife)이란 뜻이라 하더군.
- 이삭과 그의 종들은 이번에도 또 져주고 다시 더 멀리 떨어져 간 곳에 샘을 판 것 같아요.
- 이번에는 그랄 목자들도 시비 걸기를 포기하는 것 같지? 선한 자의 선한 대응에 악한 그랄 목자들도 더 이상 대적하기를 포기하고 마는 것을 보게 되네그려.

- 그 우물 이름을 르호봇이라 불렀는데요, 르호봇은 무슨 뜻이지요?
- 르호봇은 '넓은 장소'(wide places or streets)라는 뜻이래. 아마도 진짜 장소가 넓어서라기보다는 더 이상 다투지 않고 자유롭게 된 환경을 넓은 장소라 표현한 것 같아. 그랄 사람들과 다투며 함께 있으려면 아무리 넓어도 좁은 장소가 되지만, 그랄 사람들이 물러간 평온 속에서 골짜기라도 넓게 느끼며 자유롭게 살게 된 것이겠지. 그랄 사람들이 물러간 평온한 샘을 얻고, 이삭과 그의 사람들은 여호와께서 넓게 하셨으니 이제 번성하리라는 믿음을 갖고 소망하며 살게 된 것 같아.
- 하나님을 소망하며 사는 것은 어떤 경우에도 풍요로움을 누리며 사는 삶이겠지요?
- 그래 말이야, 얼마나 인내하며 온유하며 하나님만 의지하고 풀어가는 이삭의 모습인가? 온유한 자가 땅을 기업으로 받는다는 예수님의 말씀이 이삭의 삶에서 이루어지는 것 같지 않나?

마 5:5 온유한 자는 복이 있나니 그들이 땅을 기업으로 받을 것임이요

- 좀 바보같이 보이기도 하는데 결국 하나님의 사람들은 바보같이 사는 것이군요?
- 바보라? 어쩌면 김 군 말이 맞는지도 모르지. 하나님을 가진 사람들이 우물 하나 가지고 싸우며 다투며 살지는 않는다는 것을 보여주는 것일지도 몰라.
- 그렇게 보니 또 이삭이 위대해 보이는군요.
- 사실 하나님을 가진 자가 온 세상 다 가진 자 아닌가? 그러니 세상 작은 것들 가지고 싸우고 다투고 지지고 볶으며 살지 않는 초연한 아름다움을 갖게 되는 것이지.

- 그런데 선생님, 이런 이미지와는 다르게 교회에서는 다툼이 많아요? 어찌 된 것이지요?
- 단정 지을 수는 없지만 어쩌면 하나님을 상실해서 그런 것이 아닐까?

어디를 가든, 어디에 있든(창 26:23-25)

창 26:23-25 이삭이 거기서부터 브엘세바로 올라갔더니 그 밤에 여호와께서 그에게 나타나 이르시되 나는 네 아버지 아브라함의 하나님이니 두려워하지 말라 내 종 아브라함을 위하여 내가 너와 함께 있어 네게 복을 주어 네 자손이 번성하게 하리라 하신지라 이삭이 그 곳에 제단을 쌓고, 여호와의 이름을 부르며 거기 장막을 쳤더니 이삭의 종들이 거기서도 우물을 팠더라

- 선생님, 이삭이 또 브엘세바로 옮기네요?
- 그들의 생업이 주로 목축업이었으니까 한 곳에 정착하지 않고 이동하며 살았던 것 같지?
- 브엘세바에서 하나님이 이삭에게 나타나 언약을 확인하며 격려하시네요? 그런데 이삭을 찾아온 하나님이 자신을 '이삭 너의 하나님'이라 하지 않고 그 아버지 '아브라함의 하나님'이라고 자신을 소개하네요? 이삭, 너의 하나님이라 말씀하시지 않고 왜 아브라함의 하나님이라 하셨을까요?
- 이 말은 이삭의 하나님이 아니라는 데 강조가 있는 것이 아니겠지? 지금 이삭은 그랄 지역에서 블레셋 사람들과 많은 다툼으로 고난 당하고 싸움을 피하고 피하여 브엘세바까지 이르게 되었으니 다툼과 시비가 없는 평온한 삶을 원하였던 것 같아. 그때에 하나님이 "나는 아브라함의 하나님"이라고 자신을 소개하신 것은 불안한 이

삭에게 믿음을 더하려는 부드러운 접근법이 아닐까? 이제껏 아버지 아브라함의 그늘에서 축복 받고 살아온 이삭으로서, 이제 자신만의 인생을 꾸려감에 있어 어려움을 경험하고 있을 때, 아직도 아버지의 은덕으로 인하여 하나님의 보호의 손길이 있다는 것을 확인시켜 주는 것은 이삭에게 위안이 아닐 수 없었겠지? 그리고 이삭 자신이 얼마나 하나님 앞에 의로우냐 선하냐와 상관없이 일단 아브라함의 그 믿음과 아브라함의 의로움을 인하여 아브라함의 아들인 이삭을 사랑하고 함께하시겠다는 것이니, 이삭으로서는 아버지 아브라함의 하나님이 나와도 함께하심을 믿게 되는 안정감과 확신을 얻게 하시는 것이겠지?

- 그렇겠군요? 여하튼 그 하나님께서 이삭과 함께하신다고 하네요.
- 고난 많은 인생길에 하나님이 함께하시겠다는 보장의 말씀은 얼마나 소망을 주는 말씀인가? 하나님께서 함께하시는 것 말고 무슨 더 큰 소망이 있겠는가?
- 함께하시면서 복을 주겠다고 말씀하시니 최고의 보장이네요. 하나님이 주시는 복을 받고 누리며 산다는 것이 지상 최대의 행복이 아니겠어요?
- 그리고 자손을 번성케 하리라고 확인하시지? 하나님의 보장의 말씀을 지니고 사는 이삭의 인생은 얼마나 복된 것인가?
- 이삭은 자기를 찾아 주신 하나님께 감사와 경배의 뜻을 나타내고자 하나님이 나타나신 그 장소에 단을 쌓고 여호와의 이름을 불렀다고 하네요. 그러니까 단을 쌓고 여호와 하나님께 예배를 드렸다는 말이겠지요?
- 그렇지. 주님의 은혜에 대한 응답은 언제나 예배 또는 찬양으로 나타나는 것이지. 지치고 불안정한 인생길에 나타나 위로와 격려와 소망을 주시는 주님께 어찌 찬양하지 아니하겠나?
- 그리고는 그곳에 장막을 쳤다고 하네요. 그곳에 장막을 치고 살게

된 것이란 말이겠지요?

- 그러겠지? 하나님의 나타나심과 위로와 격려가 있는 곳에 장막을 치는 것은 당연하겠지? 그리고 그 종들은 거기서도 다시 우물을 팠고 말이야.

여호와께서 너와 함께 계심을(창 26:26-35; 본문 생략)

- 그런데 아비멜렉이 친구 아훗삿과 군대 장관 비골로 더불어 그랄에서부터 이삭을 찾아왔네요? 이삭을 떠나라고 보내 놓고 또 찾아왔어요.
- 그래 말이야. 이삭도 그렇게 물었지? 미워하여 쫓아내더니 어찌 찾아왔느냐고? 그때 아비멜렉의 대답은 참으로 하나님의 사람들이 이방인에게 어떻게 보이는가를 나타내 주는 대답이라 하겠지? '여호와께서 너와 함께 계심을 분명히 보았기 때문'이라는 것이야.
- 아브라함 때도 그랬는데 이삭 때에도 역시 하나님의 사람들의 삶이 하나님이 함께하심으로 놀라운 복이 있음을 이방인들도 보고 느끼게 되는 모양이네요?
- 여호와가 함께하심으로 형통케 하고 복되게 하는 자와는 가까이하고 화친하여 지내는 것이 좋겠다고 느낀 것이지. 얼마나 놀라운 일인가? 이삭에게 함께하시는 하나님이 아비멜렉에게 보인 것이야. 이렇듯 하나님이 함께하시는 것이 이방인에게 보여 알 정도가 된다는 것은 얼마나 영광스러운 일인가? 처음에는 이삭이 잘되는 것을 시기하고 이삭을 핍박하던 사람들이 하나님이 그와 함께하시는 사실을 보면서 두려운 마음과 경외하는 마음이 생겨 화친을 청하러 온 것이니 얼마나 멋지고 영광스러운 장면인가?
- 선생님, 저도 믿음으로 하나님과 동행하여 이토록 하나님이 함께하심이 주변 사람들에게까지 느껴지도록 살고 싶습니다. 우리는 하나

님 백으로 사는 것이지요?

– 하나님을 인지하고 화친하자고 하는 제안을 이삭은 선히 받아들여 잔치를 베풀고 대접하고 화친조약을 맺는군. 처음부터 이삭은 누구를 해하거나 침노할 의사가 있는 것이 아니었고, 다만 다툼을 피하여 양보하고 물러왔던 터이니 화친조약은 아비멜렉에게나 필요한 것이지만 피차 평화조약을 해두는 것이 해가 될 것은 없겠지. 이삭은 누구에게나 선한 이웃임을 증거하여 준 것이야.

• **브엘세바**

– 이삭의 종들은 그곳 브엘세바에서 부지런히 우물을 팠던 모양이에요?

– 당시 이 팔레스타인 남부에서 물을 얻는다는 것은 귀한 일이었지. 건조한 광야로 이어지는 그러한 곳이기 때문에 말이야. 마침내 브엘세바에서 하나님이 나타나신 그곳, 그래서 거기 장막을 친 그곳에 우물을 파서 물을 얻은 것이니 얼마나 좋았겠나? 그래서 이삭은 그 우물 이름을 세바라 불렀다고 하는데, 여기서 세바(שְׁבֻעָה)란 '맹세'의 뜻으로 사용된 것으로 보인다네. 재미있는 것은 브엘세바는 아브라함 때에도 아비멜렉과 아브라함이 화친조약을 맺고 맹세하던 곳이 아닌가?(창 21:31) 두 사람이 거기서 서로 맹세하였으므로 그곳을 브엘세바라 이름하였다고 했는데, 거기서 이삭도 아비멜렉과 맹세하였으니 그곳은 과연 브엘세바, 즉 맹세의 우물이 있는 지명이 확실하다고 보아야겠네. 그런데 아브라함 때에는 그곳에서 암양 새끼 일곱을 주고 맹세하였으므로 '일곱의 우물'이란 뜻으로 브엘세바라 불렀던 것 같기도 해. 브엘세바에서 세바(שֶׁבַע)는 '일곱'이란 뜻인데, 이 일곱을 뜻하는 세바와 맹세를 뜻하는 세바가 같은 발음을 내고 있다네. 그래서 브엘세바는 맹세의 우물 또는 일곱 우물이라고 두 가지로 해석될 수 있는 이름이라네.

- 재미있는 이름이군요. 그런데 에서 이야기가 잠깐 나오네요?
- 그러네, 이삭의 큰아들 에서가 헷 족속의 딸들을 아내로 삼았다네. 그리고 그것이 이삭과 리브가에게 근심이 되었다고 하는군. 아마도 에서는 영적인 안목을 갖지 못했기에 가문의 영적 전통을 생각지 않고 이방 여인을 둘씩이나 아내로 얻었다는 것인데, 부모에게 동의를 구하지도 않고 결혼한 모양 같지? 이방인의 라이프스타일이 하나님의 백성의 가문에 스며드는 일로 인하여 이삭에게 근심이 된 것이 아니겠나? 믿는 자에게 있어 영적인 유산을 이어가지 못하는 자식은 안타깝고 슬픈 존재가 아닐 수 없다네.

산책길 15

언약과 축복의 상속(창 27:1-28:22)

- 선생님, 오늘은 어디 가시는데 일찍 나오라고 하셨어요?
- 좀 멀리 갈까 하는데, 괜찮겠나?
- 저야 어디든 문제없습니다만.
- 그럼 '어의계곡'을 내비에 검색하여 감세.
- 어의계곡이라고요? 거기가 어딘데요?
- 충북 단양군 가곡면 어의곡리인데, 소백산의 한 계곡이야.
- 거기 가면 무슨 풍경이 있나요?
- 요 며칠 비가 많이 왔으니 수량이 좋을 것이고, 이끼도 좀 있는 데다가 계류의 흐름이 아름다운 곳이 꽤 있어. 카메라 가지고 왔지, 삼각대랑?
- 네, 선생님과 여행할 때는 기본적으로 가지고 나옵니다.
- 그런데 나오면 주로 창세기 이야기를 하느라고 카메라에 대한 이야기는 못 해주어서 미안한데?
- 카메라야 뭐, 선생님 찍으시는 데서 따라 찍으면서 구도 보는 눈을 길러 가고 있으니 걱정하지 마십시오.

- 그래? 찍다가 궁금한 게 있으면 질문하라고.

- 여기 '새밭 자연발생 유원지 야영장 주차장'이라고 있네요. 여기 주차할까요?
- 오케이, 주차하고 오른편으로 올라가는 계곡 길로 가자고.
- 계곡이 깊고 한없이 올라가네요?
- 아이고 숨차, 그만 올라갈까? 여기서 계곡으로 내려가서 흐름을 살피며 좋은 구도를 찾으면 계류폭포 사진을 좀 담고 창세기 산책을 하기로 하지. 그런데 오늘따라 내가 상당히 숨이 차고 지치는 느낌이네.
- 아니 그런 말씀 마세요. 7학년 중반의 할아버지가 이런 산행을 쉽게 하는 분은 많지 않아요. 선생님은 괜찮은 편이에요.
- 아니야, 늙었어. 늙어 가니까 말이야, 모든 게 퇴보해.
- 선생님, 늙었다고 하지 마세요. 선생님께서는 동년배 분들에 비하여 젊게 사시는 것이에요.
- 아니야, 늙어 가는 것은 어쩔 수 없어. 나는 제일 먼저 귀가 늙더라고, 잘 안 들려.
- 그래도 저하고 이렇게 이야기하며 여행하지 않아요?
- 자네 목소리가 워낙 커서 내가 그런대로 알아들어 고맙지. 치과에도 자주 가야 하고 눈도 침침해져.
- 오늘따라 왜 갑자기 늙었다는 이야기를 많이 하세요? 아, 이삭이 나이 많아 눈이 어두웠다는 이야기를 나눌 차례라서 그러시는 모양인데, 사진은 몇 컷 찍고 나누어야지요?
- 그래, 그러지.
- 선생님, 여기 이끼도 좋고 계류폭포가 여러 갈래로 내리는 것이 괜찮아 보이는데요?
- 응 그래, 김 군도 눈이 생겼어. 카메라 아이가 생겼단 말이야. 카메

라 구도를 보는 눈이 생겼다고.

- 그런데 선생님이 찍으신 것하고 제가 찍은 것이 다르네요?
- 뭐가 다르다고?
- 선생님이 찍으신 사진은 물의 흐름이 느껴지고, 제 것은 정지된 느낌이네요?
- 아, 그것을 말해 주지 않았군, 물이 흐르는 것처럼 느끼게 하려면 시간을 오래 주어야 해.
- 조리개가 열려 있는 시간을 길게 해야 한다는 말씀이지요? 그러려면 조리개는 조여야 하겠네요?
- 맞아, 감도는 가장 낮은 저감도로 하고 조리개를 조여 주어야 하네.
- 재미있는 구도가 많이 나오네요?
- 그래, 오늘도 몇 컷은 고를 수 있을 것 같네. 이제 창세기 산책을 할까?

어의계곡 계류폭포

에서를 축복하려는 이삭(창 27:1-4)

창 27:1-4 이삭이 나이가 많아 눈이 어두워 잘 보지 못하더니 맏아들 에서를 불러 이르되 내 아들아 하매 그가 이르되 내가 여기 있나이다 하니 이삭이 이르되 내가 이제 늙어 어느 날 죽을는지 알지 못하니 그런즉 네 기구 곧 화살통과 활을 가지고 들에 가서 나를 위하여 사냥하여 내가 즐기는 별미를 만들어 내게로 가져와서 먹게 하여 내가 죽기 전에 내 마음껏 네게 축복하게 하라

- 이제 이삭의 이야기는 벌써 종장으로 가는 듯하네요. 이삭이 나이 많아 늙었고 눈은 어두워졌다니 그의 생애 이야기가 곧 마감될 것 같은 느낌인데요?
- 에서에게 사냥해 오라 하고 그 고기를 먹고 마음껏 축복하겠다고 하지?
- 장자에게 축복의 안수 또는 계승의 안수를 하고 무대에서 사라지려나 본데요? 그런데 왜 사냥한 고기를 먹고 축복하겠다고 했을까요? 선생님, 이 말씀 가지고 어떤 부흥사들은 별미를 바치라고 설교해요. 그래서 별미를 바치고 축복을 받으라고 설교하면서 헌금을 많이 하게 하는 것을 들은 적이 있는데, 그게 맞는 것인가요?
- 김 군, 어떻게 그런 안 좋은 설교를 듣고 그래?
- 제가 들으려 해서 들었나요? 은혜 받겠다고 참석했더니 강사가 그리 설교하던데요?
- 물론 전혀 엉터리 이야기는 아니지. 이삭이 별미를 먹고 즐거운 마음으로 마음껏 축복하고 싶다고 한 것은 일리가 있는 이야기일 거야. 또 우리가 하나님께 특별한 사랑의 표시로 특별헌금을 하는 일은 좋은 일이지 나쁜 일이겠나? 그러나 헌금을 많이 하게 하려고 이 성구를 그렇게 인용하여 헌금을 강조하는 것은 많은 부작용을 낳지.
- 그래요, 그래서 성도들이 부흥회에 대한 진정성을 의심하게 되고, 부흥회가 헌금 모으는 집회로 부정적인 인상을 심는 결과를 초래했지요? 그래서 부흥회 하면 성도들이 부흥을 기대하는 게 아니라 또 돈 걷으려고 하는 것 아닌가 하는 선입견이 생기게 되었어요.
- 그것 참, 왜 그렇게 되었지? 여기서 내가 한 가지 간증을 해야겠군.
- 간증을요? 별미헌금과 관련된 간증인가요?
- 꼭 별미헌금에 한정한 것은 아니고, 헌금과 관련된 간증이지.
- 한 후배가 목회하는 교회에 부흥회를 해달라는 초청을 받고 수락했

지. 그 부흥회를 앞두고 어떤 메시지를 전해야 하는지 여쭈어 보며 기도하는데 전혀 예전에 없던 일반적이지 않은 지시를 내리시는 거였어.

- 무슨 지시인데요?
- "이 교회 부흥회 갈 때는 너 자신이 감사헌금을 준비해 가지고 가서 첫날에 헌금을 드려라" 하시는 거야.
- 그런 것도 하나님이 지시하셔요? 그리고 그런 지시를 알아들으세요?
- 그래서 내가 여쭈어 보는 기도의 중요성을 리브가의 기도 이야기할 때 강조하여 나누지 않았나? 여쭙는 기도 하면 하나님께서 말씀하셔. 물어보는 내용만 말씀하시는 것이 아니고 예상치 않았던 말씀도 하시는 적이 있고.
- 그래요, 저는 여쭙는 기도, 듣는 기도가 아직 잘 안 되어서요. 그래서 헌금을 준비하여 하셨나요? 얼마나 하셨는데요?
- 액수는 밝히기 곤란하고, 하여튼 헌금을 준비해서 안쪽 호주머니에 넣고 갔지. 그리고는 첫날 첫 예배 시간을 맞이하게 되었는데 예배를 시작하자마자 찬송 부르고는 다른 순서에 앞서 광고부터 하더라고.
- 무슨 광고인데요?
- 담임목사가 말하기를 "우리는 이번 부흥회 기간 동안에는 헌금을 일체 하지 않기로 하였습니다. 그러니 성도 여러분 오직 말씀과 은혜 받는 일에 집중하시기 바랍니다" 그렇게 광고하는 것이야.
- 아, 부흥회 하면 헌금 거둔다는 성도들의 부정적 인식이 많아서 그런 오해를 아예 하지 않도록 순전히 말씀 듣고 은혜 받게 하려는 정책이었나 보네요?
- 그랬던 모양이야. 그러나 부흥회 하면 헌금 모으기라는 것은 타락한 모습이지만, 기쁨으로 자발적으로 감격하고 감사하여 드리는 헌금조차도 하지 말라고 할 필요는 없고, 또 그래서도 안 되지 않

겠나?

— 그렇지요, 그래서 헌금을 준비해 가라고 하나님이 지시하셨던 모양이네요?

— 김 군, 역시 눈치 빨라. 그래서 내가 설교하러 나가서 먼저 이 말을 했지? "여러분, 그동안 부흥회 하면서 강사들이 지나치게 헌금을 강조하여 부흥회 하면 헌금 모을 속셈이군, 그렇게 생각될 만큼 부흥회가 부정적인 행사로 비치게 한 나를 포함한 부흥사들의 죄를 회개합니다. 그런데 저는 이번 부흥회를 준비하면서 하나님께 기도드리는 동안 하나님이 감사헌금을 준비하여 가지고 가서 헌금하라고 하셨습니다." 주머니에서 준비한 헌금 봉투를 꺼내 보이면서 "담임목사님이 헌금하지 말라 하시던데 저는 이걸 어떻게 할까요? 헌금을 많이 거두어들이려는 의도로 헌금을 강조하는 것은 타락한 모습이지만 헌금을 하지 말라고 하는 것은 또 다른 극단이 될 것 같습니다. 이 교회 담임목사님이 제 후배니까 선배로서 부탁하는데, 감사하여 즐겁게 드리는 헌금은 할 수 있게 하면 어떨까요? 저도 헌금 이야기는 다시 안 하겠습니다. 그러나 저는 준비해 온 헌금 드리는 것을 여러분이 양해하여 주시기 바랍니다. 그리고 누구라도 감사하여 기쁨으로 드리는 헌금은 금하지 않기로 하면 좋겠습니다. 담임목사님, 그렇게 이해하여 누가 헌금을 하더라도 용서하시기 바랍니다. 여러분, 기쁨으로 하는 헌금은 금하지 맙시다" 그렇게 제안하고 내가 준비한 헌금 봉투를 드렸지.

— 그래서 무슨 일이 있었나요?

— 설교 끝나고 담임목사가 나와서 "부흥회 하면 헌금 모으려 한다는 부정적 인식이 있어서 우리 교회는 부흥회를 그런 의도로 하지 않는다는 것을 강조하려고 한 것인데, 선배 목사님 말씀 들으니 또 다른 극단으로 간 것 같네요. 강사님 말씀대로 기쁨으로 하시는 감사헌금은 제가 금하지 않겠습니다" 그렇게 광고하더군. 그런데 그 부

흥회 기간 동안 성령께서 많은 은혜의 역사를 행하셨고, 성도들은 감사하여 헌금하는데 상당히 많은 헌금이 나와서 건축 빚을 갚는 데 유익했다고 그러더라고. 사람 참, 김 군이 별미헌금을 물고 늘어지는 바람에 별 이야기를 다하게 되었네?

- 아, 그러니까 헌금을 의도적으로 강요하는 것은 잘못이지만 헌금을 즐거운 마음으로 하는 것은 좋은 일이라 그 말씀 하시는 것이군요?
- 그래, 요즘 성도들은 헌금 때문에 시험에 들기도 하고, 특히 젊은이들이 헌금에 예민하게 반응하는 것 같은데, 하나님께 드리는 것은 자발적인 범위에서 많이 드릴수록 좋은 것이라네.
- 그런데 구약시대에 축복이나 안수는 특별한 의미가 있는 것이었다면서요?
- 그런 경우가 많지. 여기 이삭이 에서에게 축복한다는 말도 단순히 아버지가 자녀를 축복한다는 것만이 아니고, 아브라함에서 이어오는 언약의 축복을 계승시킨다는 의미가 있는 것이라네.
- 그런데 이삭은 상식적으로 판단하는 것이니 장자인 에서에게 계승의 안수를 할 모양이군요?
- 여기 기록된 대로 이삭이 나이 많아 눈이 흐려지게 되었지? 이삭은 자신이 얼마 살지를 알지 못하며 곧 죽을지도 모른다고 생각한 것 같아. 그래서 이삭은 쌍둥이 중 장자인 에서에게 죽기 전에 계승의 안수, 축복의 안수를 하려고 에서를 불렀던 것 같아. 여기서 이삭이 에서를 축복한다는 것은, 이미 말한 대로 단순히 잘 먹고 잘살라고 에서를 축복하는 정도가 아니야. 하나님이 아브라함에게 주신 약속, 또 이삭 자신이 물려받은 약속과 축복을 에서에게 물려주는 계승의식을 하려는 것이야. 아브라함에게 주신 하나님의 구원의 백성으로서의 약속과 가나안 땅에 대한 약속의 상속자로 축복하려는 것이지.
- 그렇군요. 하나님께서 아브라함을 불러 복을 주시고 천하 만민을

위한 복의 근원자로 세우시어 아브라함과 그 자손으로 인하여 땅의 모든 족속이 복을 받게 하신 구속사의 언약을 에서에게 계승시키는 안수인 거지요?

- 그렇지, 아브라함에게 여러 차례 확인하여 주셨던 이 약속을 계승시키는 것이지.

창 12:2-3 내가 너로 큰 민족을 이루고 네게 복을 주어 네 이름을 창대하게 하리니 너는 복이 될지라 너를 축복하는 자에게는 내가 복을 내리고 너를 저주하는 자에게는 내가 저주하리니 땅의 모든 족속이 너로 말미암아 복을 얻을 것이라 하신지라

창 18:18-19 아브라함은 강대한 나라가 되고 천하 만민은 그로 말미암아 복을 받게 될 것이 아니냐 내가 그로 그 자식과 권속에게 명하여 여호와의 도를 지켜 의와 공도를 행하게 하려고 그를 택하였나니 이는 나 여호와가 아브라함에게 대하여 말한 일을 이루려 함이니라

그리고 이 약속은 이삭에게로 상속되었고, 하나님은 이삭에게 이 약속을 갱신하여 확인해 주셨던 것이지.

창 26:2-4 여호와께서 이삭에게 나타나 이르시되 애굽으로 내려가지 말고 내가 네게 지시하는 땅에 거주하라 이 땅에 거류하면 내가 너와 함께 있어 네게 복을 주고 내가 이 모든 땅을 너와 네 자손에게 주리라 내가 네 아버지 아브라함에게 맹세한 것을 이루어 네 자손을 하늘의 별과 같이 번성하게 하며 이 모든 땅을 네 자손에게 주리니 네 자손으로 말미암아 천하 만민이 복을 받으리라

그런데 여기서는 이삭이 에서에게 물려주고 계승시키려는 것이야.

- 그러나 그것은 이삭이 하나님의 계획을 알지 못하고 행하려는 것 아닌가요? 리브가에게 하나님께서 말씀하신 것은 에서가 아니라 야곱이 주인공이며 계승자라고 하셨잖아요?
- 맞지, 하나님의 계획은 이미 선포되어 있었어. 야곱이 이 약속의 상속자가 된다는 것이 이미 리브가를 통하여 이삭 일가에게 알려진 것이지. 쌍둥이 형제 중 야곱이 나중 나온 자이기는 하지만 야곱이 이 조상들의 언약의 상속자가 될 것이 하나님의 계획이었다는 말이지.

창 25:23 여호와께서 그에게 이르시되 두 국민이 네 태중에 있구나 두 민족이 네 복중에서부터 나누이리라 이 족속이 저 족속보다 강하겠고 큰 자가 어린 자를 섬기리라 하셨더라

그리고 에서는 야곱에게 장자의 명분도 팔아 버린 상태가 아니던가?

창 25:31-34 야곱이 이르되 형의 장자의 명분을 오늘 내게 팔라 에서가 이르되 내가 죽게 되었으니 이 장자의 명분이 내게 무엇이 유익하리요 야곱이 이르되 오늘 내게 맹세하라 에서가 맹세하고 장자의 명분을 야곱에게 판지라 야곱이 떡과 팥죽을 에서에게 주매 에서가 먹으며 마시고 일어나 갔으니 에서가 장자의 명분을 가볍게 여김이었더라

인간의 연약함이 여기서 드러나고 있지? 이삭은 이미 하나님의 계획상 에서가 아닌 야곱이 언약의 상속자가 되는 것임을 리브가를 통하여 들었을 텐데 무시했거나 아니면 늙어서 착각했거나 한 것 같아. 나이 많아 늙어 눈이 보이지 않게 되자 육신의 눈만 보이지 않

는 것이 아니라 하나님의 비전조차 흐려진 모양이지? 그리하여 하나님의 비전보다는 인간적 육정으로 하나님의 언약을 에서에게 상속하려 하고 있는 것이 아닐까?

야곱에게 축복을 돌리려는 리브가

(창 27:5–17; 본문 생략)

- 결국 문제가 터지네요. 이삭이 에서에게 계승의 안수, 축복의 안수를 하려는 것을 알아차린 리브가는 야곱이 계승의 안수를 받도록 전략을 세우네요. 결국 속임수를 써서 야곱이 축복과 계승의 안수를 받게 하는 이야기이지 않아요? 리브가는 왜 속임수로 하게 될까요? 대화로 미리 조정되지 않은 이유는 무엇일까요?
- 글쎄 말이야. 미리 조정되고 합의되지 않았던 것 같네. 그리고 부모 사이의 합의되지 못하고 조정되지 못한 이 일로 인하여 장차 아들들이 어려움을 겪어야 하는 것 같네. 김 군, 어떻게 생각하나? 리브가는 여쭈어 보는 기도를 하다가 야곱이 주인공이 되고 계승자가 될 것을 미리 알았지 않나?
- 그랬지요?
- 그런데 리브가가 그 사실을 자기 남편 이삭에게 말했을까, 안 했을까?
- 평생 함께 살면서 이 중대한 일을 한 번도 말하지 않았다면 리브가가 문제 있는 아내지요?
- 그러면 이야기했다고 보는 편이지?
- 그렇지요.
- 그렇다면 이삭이 문제 있는 남자로군. 아내가 기도하고 받은 영감, 응답을 말하면 그런가 하여 자신이 나아가 하나님께 여쭈어 보고 확인하여 둘이 같은 마음을 품어야 할 것 아닌가?

- 그러게 말입니다. 이삭은 끝까지 상식적으로만 생각하며, 장자가 계승하는 것이지 무슨 차자가 계승하냐고 하며 리브가의 말을 무시했다는 것 아닙니까?
- 리브가가 진지하게 자기 남편에게 말하지 않은 것인지 이삭이 아내의 말을 무시한 것인지는 알 수 없으나, 늙기까지 불일치가 있었다는 것은 적어도 불완전한 모습일 거야.
- 우리로서는 상상이긴 하지만 이삭과 리브가 사이에 대화와 소통이 완전하지 못한 것이었나 싶기도 하네요. 리브가가 기도하고 하나님께서 알려 주신 바 야곱이 주인공이고 야곱이 계승자임을 남편 이삭에게 한 번도 말하지 않았다고는 생각되지 않는데요. 말하였지만 이삭이 무시한 것일까요, 아니면 늙어서 치매가 온 것일까요?
- 몰라, 하여튼 이삭은 자기가 받은 말씀이 아니라서 확신이 없었던 모양이야.
- 그러니 묻는 기도, 듣는 기도가 얼마나 중요한지 새삼 다시 느끼네요.
- 그래, 리브가는 자기 자신이 하나님께 직접 여쭈어 보았고 하나님이 대답해 주신 것이었기에, 간접적으로 들어 알던 이삭에 비하여 하나님이 야곱을 상속자로 하신다는 확신이 있었던 것이 분명해(창 25:23). 본문 13절에서 야곱이 저주를 받을까 두려워하자 '저주는 어미가 받는다'고 확신 있는 어조로 말하는 것을 보더라도, 리브가는 야곱이 하나님의 언약과 축복의 상속자라는 하나님의 계획에 상당한 확신을 가졌던 것으로 보이지?
- 그렇네요, 아무리 말해도 믿지 않고 설득이 되지 않고 나이 많아 어떻게 해볼 수 없다고 판단한 것 같네요. 차라리 이삭을 설득하기보다는 속여서라도 야곱이 계승의 안수를 받도록 한 것 같아요.
- 사실은 이것도 인간의 연약성을 나타내는 계시인 것 같아. 여기서 리브가도 반(半) 믿음밖에는 보여주지 못한다는 거야. 성경은 원래

인간의 완전성을 보여주려는 책이 아니긴 하지. 인간의 불완전성을 보여주는 것이 성경인 것 같아. 분명 리브가가 하나님의 말씀에 의하여 야곱이 언약과 축복의 상속자라는 믿음이 있는 것은 사실이지. 여기까지는 믿음이 좋은 것이야. 하나님의 말씀을 확신한 것이지. 그러나 그 믿음도 인간적 수준에 머물고 있어. 정말 하나님이 야곱에게 언약과 축복을 상속하실 것을 확신한다면 인간의 책략이나 속임수를 써서 그 안수, 축복을 쟁취하여야 하는 것은 아니지 않겠나?

- 글쎄 말입니다. 약속은 믿음으로 받는 것이거늘 약속을 믿으면서 인간적인 책략을 사용하는 반(半) 믿음을 보여주고 있다는 게 좀 그런 것 같네요.
- 인간의 불완전성이요 믿음이 쉽고도 어려운 것임을 나타낸다고 보아야지. 인간이 하나님의 언약을 성취하기 위하여 속임수라는 책략을 쓰는 것은 참 갸륵하지만 얼마나 연약한 모습인가? 아브라함과 사라가 하나님의 약속을 성취시키기 위하여 자신들이 늙어 임신이 불가하다고 생각될 때 하갈을 취하여 아들을 낳은 것과 같은 연약한 믿음의 행위가 아닐 수 없지.
- 아 그렇네요. '인간은 연약하다. 인간의 믿음이라는 것도 얼마나 연약한 것인가? 하나님의 수준에 이르는 믿음이란 얼마나 성숙해야 하는 것일까?' 그런 생각을 하게 되네요.

야곱이 축복을 받음(창 27:18-29; 본문 생략)

- 야곱은 어머니 리브가가 코치한 대로 철저히 에서로 가장하여 이삭이 에서에게 내리려 했던 축복을 받아내게 되네요. 이삭이 약간 의심이 가서 정말 에서냐고 야곱에게 물었지만 결국 이삭은 에서로 알고 축복하게 됩니다. 물론 하나님의 계획에 의하여, 그리고 에서가

야곱에게 장자의 명분을 팔아 버림으로써 당연히 받을 축복을 야곱이 받고 있는 것이지만 얼마나 가슴 떨리는 순간이었을까요? 이삭이 확인 질문할 때마다 가슴이 덜컹하며 긴장했을 것을 생각하니, 축복을 받아도 이렇게 받아야 하나 했겠어요.

━ 그래 말이야. 부모의 못 미치는 신앙과 못 미치는 소통 때문에 떳떳해야 할 축복의 상속이 마음 졸이는 일이 되고, 나중에 나오지만 형제간에 살의가 끼어드는 긴장을 가져오게 되지.

━ 축복하는 내용은 선생님 말씀처럼 한 개인의 잘사는 정도의 축복이 아니라 훨씬 큰 비전을 담고 있는 것 같습니다.

━ 그렇지? 축복의 내용을 간추려 보게, 김 군.

• 하늘의 이슬과 땅의 기름짐

━ 첫째는, 하늘의 이슬과 땅의 기름짐을 축복하였습니다. 또 풍성한 곡식과 포도주라는 말과 같이 하늘의 것이나 땅의 것이나 풍성한 복을 누리리라는 것이겠지요?

━ 그런 것 같지? 풍요의 복이야. 물론 의식주와 같은 삶의 여건이 풍요하리라는 것이고, 하늘의 이슬이 암시하는 것은 영적으로도 풍성할 것을 말씀한다고 봐야 할 것이야. 영육 간에 풍요의 복을 누리며 사는 것이 하나님의 백성의 삶이기에, 그러한 축복을 한 것이지.

• 만민이 너를 섬기고

━ 둘째는, 만민을 다스리는 위치와 권세가 주어지는 축복입니다.

━ 이는 단순히 야곱이 에서보다 우위에 있을 것이라는 말만이 아닌, 훨씬 더 큰 메시아적 예언이요 언약인 것 같아. 야곱의 후손에게서 메시아, 즉 왕 중의 왕이 오실 것을 예언하는 언약이라고 생각해. 그리고 더 나아가 교회가 왕이 되고 세상을 다스리게 될 영적 언약인 것이지.

민 24:17 내가 그를 보아도 이때의 일이 아니며 내가 그를 바라보아도 가까운 일이 아니로다 한 별이 야곱에게서 나오며 한 규가 이스라엘에게서 일어나서 모압을 이쪽에서 저쪽까지 쳐서 무찌르고 또 셋의 자식들을 다 멸하리로다

민 24:19 주권자가 야곱에게서 나서 남은 자들을 그 성읍에서 멸절하리로다 하고

그리하여 오고 오는 세대에 교회로 이어질 왕권을 약속하고 있는 것이라고 생각된다네.

• **복의 보장과 복의 근원**

- 셋째는, 복을 보장받고 만민이 복을 받게 하는 복의 근원이 될 것을 축복하고 있다고 보여집니다.
- 그렇지? 야곱과 그 자손을 저주하는 자는 저주받고 축복하는 자는 축복을 받으리라는 말도 이미 아브라함에게 주신 약속을 재차 확인하는 말씀이지만 복을 보장하는 말씀이지(창 12:3). 그래서 복의 대상이며 복의 근원이 되는 아브라함의 약속이 이삭을 통하여 이제는 야곱에게로 이어져 내리는 것을 볼 수 있다네. 언약의 백성으로 이어가는 축복이며, 이 언약의 축복을 계승하는 계승자가 되는 것이라네.

축복을 강청하는 에서(창 27:30-40; 본문 생략)

- 에서가 뒷북을 치네요? 에서가 사냥해 와서 별미를 만들어 아버지 이삭에게 가지고 왔으나 이미 축복의 안수는 야곱이 받아 나간 뒤였어요?

- 이삭도 엄청 당황스러워하는구먼. 이삭은 에서로 알고 축복의 안수를 하였는데, 그가 에서가 아니고 야곱이었다는 것을 알게 될 때 이 무슨 실수인가 싶어 심히 놀라고 떨었다고 하는군. 얼마나 당황스러운 일이겠는가. 이 이야기를 읽으며 생각되는 게 자기 아내 리브가가 묻는 기도를 하고 나서 야곱이 주인공이라는 말을 했을 것인데 좀 더 진지하게 듣고 고려했어야 했다 싶고, 특히 이삭도 하나님께 여쭈어 보고 일치하게 하나님의 계획을 알게 되었다면 이런 황당한 일을 겪지 않아도 되지 않았겠나 싶네.
- 에서가 자기에게도 축복을 해달라고 몸부림치는데요, 에서에게도 나름대로 축복하면 되지 않나요?
- 이미 이야기한 대로 이는 단순한 축복이 아니라 계승의 축복이라는 성격이기 때문에 두 사람이 동시에 동일한 계승자가 될 수는 없지. 그리고 이는 단순한 축복이 아니고 일종의 예언이기도 하네. 이삭이 정신을 차리고 보니 에서가 아닌 야곱에게 축복의 안수를 한 것을 인식했는데, 이때 아마도 자기 아내 리브가가 에서가 아닌 야곱이 주인공이라고 하나님이 말씀하셨다는 이야기를 상기한 것 같지? 결국 하나님의 뜻대로 된 것임을 이삭이 알아차린 것 같아. 그래서 이미 안수한 축복은 물릴 수 없다고 말하고, 에서에게는 다른 예언을 하게 되지.
- 에서에게 한 말은 축복이 아니라 오히려 저주 같아요. "네 주소는 땅의 기름짐에서 멀고 내리는 하늘 이슬에서 멀 것이며 너는 칼을 믿고 생활하겠고 네 아우를 섬길 것이며 네가 매임을 벗을 때에는 그 멍에를 네 목에서 떨쳐버리리라 하였더라"(39-40절) 하니 육신적으로나 영적으로나 축복에서 멀고 매우 힘든 인생을 살게 될 것을 예언하네요.
- 그렇네. 이는 일종의 예언의 성격이군 그래. 이삭도 자기가 하고 싶은 대로 말하는 게 아니고 하나님이 주시는 대로 말하고 있는 것 같아.

- 에서는 야곱에게 축복을 빼앗겼다고 생각하고는 방성대곡하며 울었다는데요? 그러고는 '나에게도 축복하여 달라'고 강청하였다는데, 에서의 말 속에는 야곱을 향한 원망이 가득하네요. 그의 이름이 야곱이라 함이 마땅하다고 투덜대요.
- 야곱은 나오면서부터 에서의 발뒤꿈치를 잡고 나왔지? 하지만 장자권을 팥죽 한 그릇에 판 자는 자기 자신이지 않나? 에서의 모습이 참으로 딱하고 애처롭지만 장자의 명분을 소홀히 여기던 어리석음의 결과가 아니겠는가? 하나님의 언약과 축복을 소중히 여기며 그 언약 안에 거하는 삶의 우선순위를 지킬 줄 아는 성도가 되어야 할 것 같지 않나?
- 그렇네요. 영원한 진리를 생존 문제로 팔아먹어서는 안 되겠고, 더 큰 비전과 사명을 생존 문제로 팔아먹어서는 안 될 것 같습니다.

야곱을 향한 에서의 분노(창 27:41-46; 본문 생략)

- 에서가 야곱을 죽이려는 증오를 품게 되네요?
- 육적인 인간으로서는 당연히 품게 되는 증오일 거야. 하나님의 사람으로 성령의 감동을 받는 경우가 아니라면 누구라도 빼앗긴 축복에 대하여 분노하고 증오하게 되겠지.
- 이삭의 신앙도 리브가의 신앙도 완전한 신앙이었다고 하기에는 부족한 것 같아요. 리브가가 한 번 묻는 기도, 듣는 기도를 통하여 자녀들의 앞날에 대한 하나님의 계획을 알게 되었으면 이런 극단적인 증오로 내몰리기 전에 타일러 조정을 하고, 에서도 이삭도 다 이해가 된 상태에서 진행해야 하는 것 아닙니까?
- 김 군 말이 맞아. 아버지 이삭의 책임이 더 크지. 자기 아내 리브가가 야곱이 주인공이라고 하나님이 말씀하셨다는 것을 말했으면 무시만 할 게 아니라 자신도 기도실에 들어가서 하나님께 진지하게 여

쭈어 보고 확인하고 대책을 세워 에서를 설득하고 평화스러운 가운데 야곱이 계승하게 했어야 하는 것이겠지.

- 글쎄 말입니다. 그렇지 못하니 에서는 이로써 야곱에 대하여 원한을 품게 되고, 부친이 머지않아 돌아가시게 되면 그때 가서는 야곱을 죽이리라고 결심하게 되지요?
- 사람이 하나님 중심의 생각을 놓치면 자신이 잃어버린 복을 다른 이의 탓으로 돌리게 된다네. 하나님 중심으로 사는 사람은 쉽게 축복을 잃어버리지도 않거니와 혹 잃어도 온유한 신앙으로 하나님의 뜻을 수용하게 되어야 할 것인데, 에서는 하나님의 뜻으로 수용할 만한 믿음이 없었던 것 같아. 복수의 원한을 품고 이를 갈아도 결국 되돌릴 수 없는 운명인 것을…. 에서는 분노만 품고 살게 되었던 것 같아.
- 그렇네요. 분노는 하나님의 뜻을 이루지는 못하는 것 같아요. 피차간 저주이지요. 에서가 분노한다고 잃어버린 축복이 되돌아오지도 않을 것이고, 야곱은 이로 인하여 피난길을 떠나야 하네요? 둘 다 어려운 길을 가네요.
- 그래서 우리는 온유한 신앙으로 성숙해야 하는 것이라네. 하나님을 주인으로 삼고 하나님이 주신 만큼 살고, 하나님이 거두시면 그도 부드럽게 받아들이는 온유의 신앙으로 살아야 나도 복되고 다른 이도 복되게 하는 것이지.
- 하여튼 조금만 더 성숙한 신앙이었으면 좋았을 것 같아요. 이삭도 리브가도 에서도 야곱도 조금씩 모자란 신앙으로 어려운 운명을 맞이하네요.

야곱의 정통성 인정(창 28:1-5)

창 28:1-5 이삭이 야곱을 불러 그에게 축복하고 또 당부하여 이르되 너는 가나안 사람의 딸들 중에서 아내를 맞이하지 말고 일어나 밧단아람으로 가서 네 외조부 브두엘의 집에 이르러 거기서 네 외삼촌 라반의 딸 중에서 아내를 맞이하라 전능하신 하나님이 네게 복을 주시어 네가 생육하고 번성하게 하여 네가 여러 족속을 이루게 하시고 아브라함에게 허락하신 복을 네게 주시되 너와 너와 함께 네 자손에게도 주사 하나님이 아브라함에게 주신 땅 곧 네가 거류하는 땅을 네가 차지하게 하시기를 원하노라 이에 이삭이 야곱을 보내매 그가 밧단아람으로 가서 라반에게 이르렀으니 라반은 아람 사람 브두엘의 아들이요 야곱과 에서의 어머니 리브가의 오라비더라

- 선생님, 마침내 이삭도 야곱의 정통성을 인정하는 것 같은데요?
- 야곱의 정통성을 인정하다니 그게 무슨 소리야?
- 지금까지 이삭은 야곱보다 에서를 더 사랑하였고 또 에서에게 계승의 안수를 하려고 하였으나 야곱이 속이고 안수를 받았지 않아요? 이삭은 야곱을 계승자로 생각지 않고 있었는데 이제는 야곱을 인정하는 말을 하고, 야곱을 더욱 축복하거든요. 자신이 이방인과 결혼하지 않고 하나님의 백성의 혈통을 이어온 것처럼, 야곱도 계승자이기에 이방인과 결혼하지 말고 외조부 브두엘의 집으로 가서 외삼촌 라반의 딸들 중에서 결혼하라고 충고하고, 아브라함에게 주신 하나님의 언약과 축복을 야곱에게 전하고 있네요.
- 그래 김군 말이 맞아. 이제야 하나님의 섭리를 받아들이는 모습을 보이는군. 그리고 일단 야곱은 라반의 집으로 피신을 갔다고 하네.

에서의 뒤늦은 노력(창 28:6-9)

창 28:6-9 에서가 본즉 이삭이 야곱에게 축복하고 그를 밧단아람으로 보내어 거기서 아내를 맞이하게 하였고 또 그에게 축복하고 명

하기를 너는 가나안 사람의 딸들 중에서 아내를 맞이하지 말라 하였고 또 야곱이 부모의 명을 따라 밧단아람으로 갔으며 에서가 또 본즉 가나안 사람의 딸들이 그의 아버지 이삭을 기쁘게 하지 못하는지라 이에 에서가 이스마엘에게 가서 그 본처들 외에 아브라함의 아들 이스마엘의 딸이요 느바욧의 누이인 마할랏을 아내로 맞이하였더라

- 에서는 자기 아버지 이삭이 야곱에게 축복하고 그를 밧단아람으로 보내면서 가나안 여인 중에 아내를 취하지 말고 자기 친족 중에 아내를 취하도록 부탁하는 것을 보고, 자신이 이방 여인과 결혼한 것이 잘못된 것인가 생각하게 되었네요. 그리고 자기의 아내들이 부모를 기쁘게 하지 못함을 깨달은 거죠. 그리고 그것이 복을 빼앗긴 원인 중 하나라고도 생각한 모양이지요?
- 그래 말이야. 이에 에서는 아브라함의 아들 이스마엘의 딸 중에서 마할랏을 아내로 취하게 되는데, 이게 뭐야? 이래 가지고 일이 선하게 되나? 처음부터 신중하게 할 일이지. 이것은 또 하나의 악을 더하는 것일 뿐 이미 엎질러진 물을 담을 수는 없는 일이지 않아?
- 원칙 없이 비전 없이 허둥대는 에서 인생의 단면을 보여주고 있을 뿐이네요.
- 에서는 장자의 명분을 귀히 여기지 않고 야곱에게 팔았지. 그리고 자기 육정대로 가나안 여인들과 결혼함으로써 부모의 걱정이 될 뿐 아니라 언약 백성의 혈통을 지켜 나가지 못했고, 마침내 언약의 축복을 상속하지 못했지. 뒤늦게 허둥대 보지만 언약 백성의 자질을 상실한 뒤의 허둥댐이 아니겠는가?
- 선생님, 인생을 진지하게 살아야 할 것 같아요. 하나님의 말씀의 원리 안에서 기도하며 여쭈어 보며 하나님의 뜻에 맞는 인생을 정말 진지하게 살아야지, 에서처럼 원칙도 비전도 사명도 없이 살아서는 안 될 것 같습니다.

하나님의 확인(창 28:10-22; 본문 생략)

- 이 문단은 무슨 이야기인지 김 군이 간추려 보게.
- 야곱이 브엘세바를 떠나서 외삼촌의 집이 있는 하란으로 가는 도중에 하룻밤 노숙을 하고 있는 장면이네요. 그리고 그 밤에 사닥다리 꿈을 꾸고 천사들이 오르락내리락하는 꿈을 꾸는 중에 하나님이 그 사다리 꼭대기에 나타나셔서 야곱이 하나님께서 야곱의 조부 아브라함에게 주신 축복의 언약의 계승자임을 확인하며 축복해 주시는 장면이네요.
- 브엘세바에서 하란까지는 가까운 길이 아니었으므로 아마도 야곱은 여러 차례 노숙하며 갔을 텐데, 이 이야기는 어느 특별한 밤의 경험을 전하고 있는 것 같지? 그리고 브엘세바에서 벧엘까지만 해도 40여 킬로미터가 되는 거리이니 벌써 많이 걸었고 고단했을 거야. 그런데 바로 벧엘에서 하나님이 나타나신 것이지. 하나님의 백성은 왜 고단한 광야를 걸어야 하나? 하나님께서는 언약의 백성을 훈련시킬 때 안이하게 살아가도록 하시지는 않는 것 같지?
- 글쎄 말입니다. 이삭은 그래도 고난의 훈련이 적었던 것 같은데 야곱에게는 훈련이 좀 고된 것 같습니다.
- 야곱의 경우는 언약의 축복을 믿음의 방식으로가 아니라 인간의 쟁취 방식으로 취한 경우이니 하나님이 훈련을 시키지 않고야 어떻게 하나님의 언약과 축복을 지닌 백성으로 사용하실 수 있겠는가?
- 그렇기는 한데요. 그래도 중요한 것은 하나님께서는 이 고단한 훈련 가운데 들어가는 야곱을 찾아 주셨다는 점이지요.
- 바로 여기에 하나님의 백성의 소망이 있다네. 하나님의 백성에게는 훈련은 있어도 절망은 없는 법이야. 하나님의 훈련은 하나님의 사랑과 축복의 표징이라고 해야겠지. 훈련 중에도 고되다 싶을 때면 하나님이 찾아 주시고 격려해 주신다는 것은 얼마나 큰 위로이며 소

망인가?

- 그런데 선생님, 여기 야곱의 사닥다리 꿈은 무슨 특별한 의미가 있는 것일까요?
- 글쎄, 하늘과 땅을 이어주는 사닥다리였지 않나? 이 사닥다리의 꿈은 아무래도 야곱이 구원사, 즉 메시아 역사의 언약의 상속자가 된 것을 확인하여 주는 장엄한 꿈이 아니겠나? 하늘과 땅을 이어주는 구원의 역사가 야곱에게 상속되고 이루어져 갈 것을 확인시켜 주는 꿈이 아닐까? 그리고 그 하늘과 땅을 이어주는 궁극적 사닥다리는 아무래도 예수님이 아니겠는가?

골 1:20 그의 십자가의 피로 화평을 이루사 만물 곧 땅에 있는 것들이나 하늘에 있는 것들이 그로 말미암아 자기와 화목하게 되기를 기뻐하심이라

그러니 예수님으로 이어지는 구원의 대하 드라마의 한 구간을 맡은 승계자가 바로 야곱이란 것을 상징적으로 보여주는 장엄한 꿈이지.

- 단순한 개인사가 아니네요? 그래서 천하 만민이 복을 받게 되는 역사의 주인공이 되는 것이네요? 하나님은 천하 만민의 복을 아브라함에게 사명으로 지우셨는데 이삭에게 확인하시고, 또 여기 야곱에게 확인하시네요. 하나님의 커다란 구원과 축복의 큰 그림 속에 살아야 할 야곱의 인생이로군요?

창 12:2-3 내가 너로 큰 민족을 이루고 네게 복을 주어 네 이름을 창대하게 하리니 너는 복이 될지라 너를 축복하는 자에게는 내가 복을 내리고 너를 저주하는 자에게는 내가 저주하리니 땅의 모든 족속이 너로 말미암아 복을 얻을 것이라 하신지라

창 26:3-4 이 땅에 거류하면 내가 너와 함께 있어 네게 복을 주고 내가 이 모든 땅을 너와 네 자손에게 주리라 내가 네 아버지 아브라함에게 맹세한 것을 이루어 네 자손을 하늘의 별과 같이 번성하게 하며 이 모든 땅을 네 자손에게 주리니 네 자손으로 말미암아 천하 만민이 복을 받으리라

- 그렇다네. 어디 야곱의 인생만일까? 그 구원의 역사 속에 들어온 김 군과 나도 이 큰 그림을 가지고 살아가야 하지 않을까? 꿈에서 깬 야곱은 어떤 반응을 하였지?
- 야곱은 여호와가 함께 계신 것을 의식하게 되면서 하나님을 향한 경외의 두려움을 느끼게 되었어요. 야곱은 여기서 본격적으로 하나님 체험을 한 것이네요? 그곳이 하늘의 문으로 느껴진 모양이에요.
- 어찌 하나님이 벧엘에만 계시겠는가? 그러나 야곱에게는 벧엘이 처음 개인적으로 하나님을 만나는 경험, 체험적으로 하나님을 만난 곳이 되므로 거기가 하늘의 문이 된 셈이겠지. 우리가 신앙생활을 함에 있어서 개인적으로 하나님 체험을 갖는다는 것은 아주 중요해. 아브라함의 하나님, 이삭의 하나님이 아니라 이제는 나의 하나님이 되는 과정이거든. 김 군은 나의 하나님 체험이 있던가?
- 네, 하나님이 나의 하나님인 것은 분명합니다. 야곱은 하나님을 체험한 다음날 아침 자기가 베고 자던 돌기둥을 세우고 하나님 앞에 서원의 기도를 드리네요?
- 우리도 우리의 삶에 참고하기 위하여 야곱의 서원기도를 살펴보기로 하지.
- 다시 그 부분을 읽어 보면요 이렇습니다.

창 28:18-22 야곱이 아침에 일찍이 일어나 베개로 삼았던 돌을 가져다가 기둥으로 세우고 그 위에 기름을 붓고 그곳 이름을 벧엘이라

하였더라 이 성의 옛 이름은 루스더라 야곱이 서원하여 이르되 하나님이 나와 함께 계셔서 내가 가는 이 길에서 나를 지키시고 먹을 떡과 입을 옷을 주시어 내가 평안히 아버지 집으로 돌아가게 하시오면 여호와께서 나의 하나님이 되실 것이요 내가 기둥으로 세운 이 돌이 하나님의 집이 될 것이요 하나님께서 내게 주신 모든 것에서 십분의 일을 내가 반드시 하나님께 드리겠나이다 하였더라

우선 돌기둥을 세우고 기름을 부었습니다. 야곱은 너무도 감격적인 이 하나님 만남의 체험을 잊을 수 없었던 것 같아요. 잊어서도 안 되겠지요? 그리하여 그 광야에서 돌베개를 하고 자다가 만난 하나님을 기념하려고 자기가 베개 하였던 돌을 기둥으로 세우고 기름을 부어 기념을 삼게 된 것 같습니다. 그리고는 하나님께 자신의 삶을 다짐하며 서원합니다. 감격을 가지고 하나님을 섬기며 살아가겠다는 것이겠지요? 하나님의 약속에 따라 자신을 지키시고 고향으로 돌아가게 하실진대, 자기는 평생 하나님을 자신의 하나님으로 모시고 살겠다는 것을 다짐하네요.

- 자신이 베개 하였던 돌로 세운 기둥이 하나님의 집이 된다는 것은 평생 하나님을 예배할 것이라는 다짐이겠지? 이 말은 야곱이 이 돌기둥에 찾아와서 하나님을 예배하겠다는 말이라기보다는 이 돌기둥을 마음에 품고 살면서 평생 하나님을 예배하겠다는 다짐이라고 보아야 할 거야.
- 그리고는 늘 복 주시는 하나님께 대한 예로 십일조를 드려 섬기겠다고 다짐하네요? 아브라함이 북방 왕들을 치고 롯을 찾아올 때 살렘 왕 멜기세덱의 축복을 받고 드린 십일조를 야곱이 평생 드리기로 서원하네요. 그러고 보면 아브라함 때부터 십일조는 자신의 삶이 하나님의 은혜로 이루어짐을 고백하는 신앙고백과 감사의 표시로 행해졌던 것 같아요?

- 그렇지, 김 군도 평생 십일조를 성실히 드려서 하나님과 함께하는 인생을 늘 고백하며 감사하게나. 나는 70 평생의 삶에 하나님께 십일조는 물론 감사헌금 드릴 때 행복하다는 것을 누리며 산다네.

산책길 16

야곱의 나그네 훈련(창 29:1-31:55)

- 선생님, 오늘은 왜 오후에 출발하자고 하신 거예요?
- 저녁에만 찍는 사진이 있어. 어차피 저녁 되어야 하니까 오후에 가도 되지.
- 저녁에만 찍는 사진이 있어요? 어두운데 빛이 없이 무얼 찍어요? 야경을 찍을 건가요?
- 야경이 아니고 저녁에만 피는 꽃이 있어서 라이트를 비추면서 찍어야 한다네.
- 무슨 꽃인데요?
- 빅토리아 연꽃이라 부르는 연꽃인데 밤에만 피거든. 얼마나 화려하고 아름다운지 몰라. 지금이 시즌이거든.
- 어디 가면 그 꽃이 있는데요?
- 전국에 몇 군데 있는데, 부여 궁남지라는 연못에 가면 좋을 것 같네.
- 내비에 뭐라고 검색할까요?
- '궁남지'를 검색하여 찾아가게.

- 선생님, 도착했습니다.
- 주차하고 연못 안으로 들어가자고.
- 아, 저겁니까? 저기 하얀 꽃봉오리도 있고 붉은 꽃봉오리도 있는데요?
- 응, 맞아 이제 날이 어두워지면 저 꽃봉오리들이 벌어질 거야.
- 그런데 꽃이 두 종류예요? 하얀 꽃, 붉은 꽃?
- 이 연꽃은 이틀을 살지. 첫날은 하얀 꽃으로 피었다가 낮에는 오므리고 점점 붉은색으로 변하여 가며 다음날 저녁 오므렸던 꽃잎이 벌어지고 점점 늘어지면서 새벽녘에는 축 늘어져 물 속으로 가라앉아 사라져 버린다네.
- 그래요? 신기하네요.
- 자, 여기 자리 잡고 나는 오늘 저 붉은 꽃 하나에 초점을 맞추고 기다리겠네. 아마도 궁남지 빅토리아 연꽃은 좀 일찍 벌어지는 것 같던데, 9시쯤 벌어질 것으로 예상하고 그간 창세기 산책을 하도록 하지.

라반의 집에 인도된 야곱(창 29:1-14; 본문 생략)

- 마침내 야곱이 외삼촌의 집 근처에 이르게 되었네요. 우물가에서 하란 사람들을 만나고 거기서 외삼촌의 딸, 장차 야곱의 아내가 될 라헬도 만나게 되네요.
- 그렇게 되네. 우물가의 로맨스가 시작될 것 같군.
- 그러게요. 먼 피난 여정에 마침내 만나야 할 사람을 만난 것이니 너무 감격하여 그는 소리 내어 울어 버리네요?
- 야곱을 만나게 된 라헬이 달려가서 자기 아버지 라반에게 이 사실을 보고하는데?
- 라헬이 달려가서 아버지에게 야곱의 소식을 전하는 것은 라헬 역시 야곱을 기쁨으로 맞았고, 마음이 동하였으며, 라헬을 뛰게 만들었

다는 것이니 라헬이 야곱에게 심쿵한 것 같지요?

- 글쎄 말이야, 그런 것 같지? 야곱의 소식을 들은 라반 또한 달려 나왔다 하니 얼마나 열렬한 환영이 된 셈인가? 야곱이 가는 길에 형통함을 주시리라 하던 하나님의 말씀대로 라반의 열렬한 환영을 받으며 야곱은 라반의 집에 머물게 되었군그래.

꼬여 버린 야곱의 인생(창 29:15-30; 본문 생략)

- 라반의 집에 한 달을 머문 후 라반이 묻네요. 자기 생질이기는 하지만 '젊은 인생이 어찌 공짜로 외삼촌만 섬길 수 있겠는가? 무슨 대가를 주면 기쁨으로 일하겠는가'를 물었어요.
- 야곱은 이미 라반의 둘째 딸 라헬, 우물가에서 처음 만났던 그 라헬을 사랑하고 연애하고 있었던 것 같지? 그래서 라헬을 아내로 맞이하기 위하여 7년간 봉사하겠다고 선뜻 대답하였군그래.
- 사랑은 지옥도 천국으로 만드는 힘이 있는 것 같네요. 그리고 그 7년간 기쁨으로 라반에게 봉사하게 되었다 하지 않아요? 7년을 봉사하되 그저 기쁨으로 7년이 며칠같이 여겨지는 즐거움으로 라반의 집 머슴살이를 즐기게 되었다는군요. 종 노릇도 사랑이 있으면 기쁨이 되는 것이군요.
- 그래 말이야. 김 군, 재미 있는 것은 호세아서를 보면 이 야곱의 라헬 사랑 이야기가 하나님의 그의 백성 이스라엘을 향한 사랑이라고 비유한다네.

호 12:12-13 야곱이 아람의 들로 도망하였으며 이스라엘이 아내를 얻기 위하여 사람을 섬기며 아내를 얻기 위하여 양을 쳤고 여호와께서는 한 선지자로 이스라엘을 애굽에서 인도하여 내셨고 이스라엘이 한 선지자로 보호받았거늘

이 사랑은 다시 예수 십자가의 대속을 이루는 사랑으로 이어졌으며, 사랑은 목숨을 내놓고 기쁨으로 희생한다는 것을 보여주고 있다네.

엡 5:2 그리스도께서 너희를 사랑하신 것같이 너희도 사랑 가운데서 행하라 그는 우리를 위하여 자신을 버리사 향기로운 제물과 희생제물로 하나님께 드리셨느니라

- 마침내 7년 봉사 기간이 끝나고 야곱은 라헬과 결혼하게 되는데, 이게 뭡니까? 야곱의 인생이 왜 이리 꼬이는 거지요?
- 왜, 뭐가?
- 아니, 혼인 잔치하고 막상 첫날밤은 라헬이 아닌 그녀의 언니 레아와 보내게 되네요? 그것도 레아인 줄 모른 채로, 그리고 아침에 보니 레아라니요? 뭐 이런 게 있습니까?
- 그 지방에서는 언니보다 아우가 먼저 결혼하는 법이 없다고 하지 않는가?
- 원하지 않는 레아와의 결혼이라, 참 당황스럽네요. 졸지에 자매 둘 다 아내로 맞게 되네요? 아니, 언니보다 아우가 결혼을 먼저 하면 안 되는데, 자매 둘이 한 남자와 결혼하는 것은 괜찮은 것이었나요? 일부다체제는 용인이 되는 것인가요? 확실히 성경은 위인전을 쓰려는 것이 아니군요? 선생님, 성경에 아무렇지도 않게 일부다처 이야기가 기록되고, 그것도 하나님의 중요한 구속사를 이어간다는 야곱에게 일부다처라니요? 성경은 일부다처를 옹호하거나 용인하나요?
- 김 군, 나에게 그리 몰아붙이지 말게. 날 보고 어쩌란 말이야? 나도 참 곤란할 때가 있었다네. 한번은 한 노처녀를 상담하게 되었는데 그녀가 말하기를, 자기가 어떤 유부남을 사랑하게 되었다는 거야. 그래서 나는 단칼에 "안 돼, 유부남과의 사랑은 있을 수 없는 일이야. 더구나 그리스도인으로서 용납될 수 없어"라고 딱 잘랐는데 이

노처녀가 나에게 대드는 거야. "왜 안 돼요? 성경에도 나오는데, 야곱도 아내가 4명이나 되었어요. 하나님의 백성이 일부다처제에 의해 형성되었다고요. 목사님은 나를 죄인 취급하는데요, 기분 나빠요" 그렇게 항변하더라고.

- 그래요? 할말이 없으셨겠네요? 어떻게 이해해야 하지요?
- 김 군이 풀어보게. 성경은 일부다처를 용인하는가?
- 오늘 이 문단, 이 성경 이야기만 보면 성경이 일부다처를 용인하는 것처럼 보이지요?
- 그래서?
- 그런데 창세기 2장을 보면 아담과 하와가 타락하기 이전 이미 하나님이 정하신 결혼제도는 한 남자와 한 여자가 둘이 하나 되는 것이지요?
- 인간이 타락하자 하나님이 원래 주셨던 진리들이 시행되지 못하고 혼란스럽게 된 것이지.
- 그렇지요? 아브라함의 전통을 따르고 이삭의 전통을 따른다면 혹 일부일처의 원리가 지켜졌을지 모르는데 말입니다.
- 그래, 야곱은 지금 부모를 떠나서 외삼촌의 집에 왔고, 이 집의 전통이 하나님의 법을 따르는 전통이 못 되었던 모양이야.
- 세상 방식대로, 지역의 전례대로 일부다처는 용인되고, 언니보다 아우가 먼저 혼인하는 일은 안 되고…성경적 질서가 아니었던 것 같지요?
- 그래 말이야. 여기 야곱의 인생이 휩싸여 꼬여 버리네.
- 성경은 오히려 실패하고 죄에 빠진 인생들의 실상을 있는 그대로 드러내고, 거기서 구원의 손길을 내뻗는 하나님의 은혜를 가르쳐 주는 책이라더니, 이런 실패도 이런 꼬여 버린 인생 기록도 여과 없이 담고 있는 모양이네요.
- 김 군 말이 맞아. 하나님의 창조 시의 결혼은 한 남자와 한 여자의

만남이요, 하나 되는 결혼이 진리이지. 여기서 야곱처럼 일부다처가 진리라고 계시하는 것은 아니지.

- 또 예수님의 말씀을 보면 원래의 질서와 완성의 질서가 만나는 것을 보게 되지요?

마 19:3-8 바리새인들이 예수께 나아와 그를 시험하여 이르되 사람이 어떤 이유가 있으면 그 아내를 버리는 것이 옳으니이까 예수께서 대답하여 이르시되 사람을 지으신 이가 본래 그들을 남자와 여자로 지으시고 말씀하시기를 그러므로 사람이 그 부모를 떠나서 아내에게 합하여 그 둘이 한 몸이 될지니라 하신 것을 읽지 못하였느냐 그런즉 이제 둘이 아니요 한 몸이니 그러므로 하나님이 짝지어 주신 것을 사람이 나누지 못할지니라 하시니 여짜오되 그러면 어찌하여 모세는 이혼 증서를 주어서 버리라 명하였나이까 예수께서 이르시되 모세가 너희 마음의 완악함 때문에 아내 버림을 허락하였거니와 본래는 그렇지 아니하니라

이 마태복음의 말씀은 이혼 문제와 관련하여 인간이 완악하고 연약하여 잠시 원칙을 유보하는 경우가 있긴 했지만 처음부터 진리는 진리대로 가야 한다고 하신 것이지요?

- 마찬가지로 일부일처의 원칙도 원칙은 원칙인데, 타락한 인류의 역사 속에서 야곱의 경우와 같이 안 지켜지는 경우도 기록되고 있을 뿐이지.
- 이는 인간의 타락한 모습일 뿐 하나님이 허락하시는 것은 아니고, 이렇게 타락한 인간의 역사를 구원하시는 하나님의 사랑을 보는 것이 관점이 되어야 할 것 같군요.
- 원더풀, 김 군, 멋진 이해예요. 그래서 학자들은 하나님의 계시의 점진성을 이야기한다네.

- 그게 무슨 말씀인데요?
- 타락한 인간의 역사 속에서 단번에 완성시키는 하나님의 나라가 아니라 점차적으로 회복시켜 가는 하나님이라는 말이지. 점차적으로 원래의 원리로 이끌고 완전한 계시로 인도하며 하나님의 뜻을 밝혀 간다는 뜻이지.
- 아, 그렇다면 야곱에게 일부다처가 있게 된 것이 하나님이 권장하거나 허락해서 된 일이 아니고 하나님의 뜻을 제대로 알지 못한 인생의 실패인데, 그로 인하여 단번에 망하게 하거나 하지 않고 그대로 진행하면서 하나님의 온전하신 뜻을 점점 드러낸다는 말씀인가요?
- 그렇지. 그러므로 야곱이 일부다처였다고 하여 오늘날 우리 그리스도인들이 더블 연애나 여러 아내 또는 여러 남편을 거느리는 것을 정당화하는 본문으로 사용해서는 안 된다는 것이지. 처음과 나중에 다 밝혀진 진리를 가지고 있는 우리로서는 그래서는 안 된다는 말이야.
- 그렇군요. 진리대로 살도록 해야지요. 유혹에 넘어가지 말고 말입니다. 그나저나 야곱이 본의 아니게 속임을 당하고, 그렇게 꼬여 버린 운명에 이르게 되는 게 안타깝네요.
- 아마 그것도 온전한 신앙으로 상속받지 못하고 속임수로 상속받는 불신앙을 상쇄하면서 깨닫도록 하는 과정으로 놓아 두신 것은 아닌가 싶기도 하다네.
- 그것은 또 무슨 말씀인가요?
- 아브라함에게 주시고 이삭이 계승한 하나님의 언약과 축복의 계승자가 야곱이 된다는 것은 이미 하나님의 계획 속에 있다는 것을 하나님이 리브가에게 말씀해 주셨지?
- 그랬지요.
- 그런데 끝까지 믿음의 방식으로 순종함으로 얻어야 하는 계승권을 아버지 이삭을 속이고 에서에게서 야곱이 탈취하였지? 이것이 믿음의 방식이 아닌 인간의 수단 방법으로, 속임수로 했단 말이야. 이 속

임수에 대한 반성을 해야 하는 야곱이고, 야곱이 온전히 하나님을 믿고 신뢰하고 하나님의 길과 하나님의 방법을 따를 수 있는 믿음까지 성숙해야 하기 때문에 속임수로 되치기 당하는 경험이 훈련상 필요했던 것이 아닌가 싶은 것이지.

- 아, 그런 점도 있을 수 있겠네요. 하여간 야곱은 의도하지 않았던 일로 걸려들어 참으로 복잡한 인생살이로 끌려 들어가게 되네요. 참으로 긴 훈련을 통과하게 될 것 같아요.

레아의 네 아들(창 29:31-35; 본문 생략)

- 아무래도 이야기는 일부다처가 축복이 아님을 보여주고 있는 것 같네요.
- 왜 그런 생각을 하게 되었는데?
- 여기 하나님께서 레아가 사랑받지 못하고 있는 것을 보시고 긍휼이 여기사 사랑받는 라헬에게는 무자하게 하시고 사랑받지 못하는 레아에게는 임신하고 자녀를 낳게 하여 남편 야곱의 관심을 좀 살 수 있도록 하시는 이야기가 기록되었네요? 참 하나님도 못 하실 일이지, 왜 하나님이 정해 주지 않은 일부다처를 하게 되어 차별받는 외로운 여인을 하나님이 동정하시게 했는가 모르겠습니다.
- 김 군 말이 일리가 있는 것 같네. 동생 라헬에게 남편의 사랑을 빼앗기고 외로워하는 레아의 모습이 짠하지 않은가? 레아에게 하나님께서 아들을 주셨는데 그 아들 이름을 레아가 지어 주는데 이름마다 한이 서려 있어. 사랑받지 못한 한이 말이야.
- 첫째 아들을 낳고는 르우벤이라 이름하는데 하나님이 자기의 괴로움을 돌아보셨다고 하고, 남편이 이 아들로 말미암아 사랑하겠지 하는 소망을 담았다는군요.
- 원래 르우벤이라는 말은 '보라 아들이로다' 하는 뜻을 지니고 있다

네. 감격스러워서 부른 이름이지. 그리고 이제는 이 아들로 인하여 남편의 사랑을 받을 수 있겠지 하는 마음으로 불렀다는 게 아닌가.

- 둘째는 시므온이라 이름하는데 역시 사랑받지 못함을 하나님이 들으셨으므로 그렇게 짓는 이름이라 하고요.
- 시므온이란 '들은 바 됨'(heard)이라는 의미를 가지고 있는 이름이지. 사랑받지 못하여 한이 서린 자신의 고통 소리를 들으시고 아들을 주셨다는 뜻으로 지은 것이니, 레아의 한을 이해할 수 있겠나?
- 그러게 말입니다. 이거 정말 일부다처는 악한 일이군요. 셋째는 레위라 부르는데 세 아들로 인하여 남편이 자기와 연합하리라는 소망을 담아서 지었다고 하네요.
- 레위라는 말은 '연합된, 하나가 된'이라는 의미의 말뜻이 있지. 이 말에 레아가 얼마나 남편과의 사랑의 연합을 간절히 소망하고 있는가가 담겨 있다고 해야겠지.
- 이 부분에선 레아를 통하여 한 사랑받지 못하는 여인의 절절한 애통을 계시하며 일부다처의 선하지 못함을 보여준다고 생각되네요.
- 그래도 하나님이 이러한 한 여인의 애절함을 내려다보시고 위로하고 계시는 것을 동시에 보여준다고 하겠지.
- 네 번째 아들은 유다라 이름하는데 '이제는 여호와를 찬송하리라'는 맘으로 짓는다고 하네요.
- 유다란 '찬송하여'라는 말뜻을 가지고 있지. 라헬에게는 허락하지 않은 아들을 이토록 허락하심으로 위로하시는 하나님은 찬양을 받기에 합당하신 하나님이 아닌가? 레아는 유다라고 이름 지으며 하나님을 찬송하는 마음을 나타내고 있는데, 하나님의 위로로 레아는 찬송할 수 있는 힘을 얻은 셈이지. 시편 기자의 찬송처럼 말이야.

시 28:7 여호와는 나의 힘과 나의 방패이시니 내 마음이 그를 의지하여 도움을 얻었도다 그러므로 내 마음이 크게 기뻐하며 내 노래로

그를 찬송하리로다

- 남편의 사랑을 동생 라헬에게 빼앗기고 당하는 외로움과 서글픔을 그래도 하나님은 위로하셨네요?
- 글쎄 말이야. 그러나 아들을 낳아 위로를 받기는 하는데 그간 삶이 인간적으로 얼마나 외롭고 눈물 나는 삶이겠는가? 레아도 한 남자만의 한 아내라면 이러한 서글픔을 경험하지 않아도 될 일인데, 아버지 원망도 했을 것 같기도 하고 말이야.
- 그러니 이 이야기 자체가 일부다처의 저주스러움을 계시하는 이야기가 되는 셈이네요. 이러는 동안 야곱이 라헬과 사랑에 빠진들 행복했을까요? 아마도 레아가 없고 라헬만 아내였다면 몇백 배 행복했을 것이라 생각되네요.
- 그래, 김 군 말이 맞아. 하나님은 이러한 인생의 실패를 여과 없이 드러냄으로 오히려 계시를 삼고자 하신 것인지도 모르지. 결혼은 한 남자와 한 여자가 만나 온전한 사랑을 서로 누리며 사는 것이라고 말이야.

야곱의 복잡한 가계(창 30:1-24; 본문 생략)

- 아이고 선생님, 미칠 것 같아요. 갈수록 태산이에요.
- 왜 그래?
- 이게 뭐예요? 이게 거룩한 성경 이야기 맞아요?
- 이봐 김 군, 성경은 어떤 위대한 인간의 이야기가 아니라니까. 위인전을 써놓은 것이 아니야.
- 그래도 그렇지, 이건 너무하지 않아요? 레아와 라헬 사이에 질투심으로 인해 서로 자기 여종까지 야곱의 상대로 삼아 자식 낳기를 경쟁하네요? 그런데 보면 그러한 부정한 자식조차 낳을 때마다 하나

님이 돌보셨다든지, 하나님이 억울함을 푸셨다든지 하면서 하나님 이름을 들먹이며 질투와 시기로 경쟁하여 야곱을 차지하려고 별수단을 다 쓰네요?

- 그래서 실물교육 아니겠나? 끝없이 저질스러운 인간들의 죄와 타락한 모습을 있는 대로 보여주고, 일부 가정의 원리가 무너졌을 때 얼마나 가정이 복잡해지고 인생이 저질스러워지고 고통스러워지는지를 실물로 보여주는 것이 아니던가?
- 라헬은 야곱의 사랑을 받아 왔지만 무자하였지요? 그것이 라헬에게는 약점이 되고 레아가 아들을 여럿 낳게 되자 야곱의 관심도 레아에게 상당 부분 가고 있었겠지요? 이로써 라헬은 심한 질투를 느끼게 되었고요. 이제 이 여인들의 질투 속에 야곱의 인생은 복잡한 지경으로 이끌려 가는 것이지요.
- 라헬은 자기도 아이를 낳게 하라고 투정하네. 그렇지 않으면 죽겠다고 엄포를 놓기도 하고. 이에 야곱이 화가 나서 하나님이 성태치 못하게 하시는 것을 자기가 하나님이냐고 야단을 치며 화를 내고. 복잡하군.
- 이 과정에서 라헬의 앙탈을 이기지 못해 라헬의 시녀 빌하를 통하여 라헬의 손에 아이를 얻게 한단 말입니다. 그리하여 라헬은 그 시녀 빌하로 인하여 아들을 얻고 단이라 이름을 짓네요.
- 단은 '재판관'이라는 뜻을 가지는데, 라헬은 하나님이 자기의 억울함을 들으시고 공정한 재판관으로 억울함을 풀어 주셨다는 의미로 이 이름을 지은 것 같네. 여인들의 작으나 심각한 심리적 갈등 속에 하나님까지 끌어들이는 참 연약한 인간의 모습이 아닌가?
- 빌하를 통하여 두 번째 아들을 낳고는 납달리라 불렀네요?
- 납달리는 '씨름, 경쟁'이란 뜻을 지니는데 언니 레아와 경쟁하여 이겼다는 뜻으로 지은 이름인 것 같네. 인간은 연약한 존재야. 대단한 존재가 아니야. 작은 사랑, 작은 관심에 웃고 우는 인생이요, 작은

정에 웃고 우는 인생이야. 우선 하나님이 섭리하신 일부일부(一夫一婦)의 혼인제도가 흔들리고 나서 겪게 되는 고통스러운 인간의 모습을 통하여, 가정의 아름다움이 지켜지기 위해서는 원래 하나님이 섭리하신 일부일부의 원리, 한 남편과 한 아내의 성실성이 지켜져야 함을 보여주는 것 아니겠나?

- 이번에는 레아가 시기가 나서 자기 여종 실바를 야곱에게 주어 자식을 더 낳고자 하네요. 두 여인의 등살에 야곱이 골병 들겠어요? 이때쯤 레아도 생산이 멈추었던 것 같고, 아이 낳기 경쟁에서 자기가 처진다는 것을 느꼈던 것 같습니다. 난들 못할쏘냐 싶었는지 레아도 다시 아들 낳기 경쟁에 불을 붙이면서 자기 시녀 실바를 야곱에게 들여보내네요. 실바를 통하여 아들을 낳고는 갓이라 이름했네요.
- 갓이란 '복됨, 행운'이란 뜻을 가지고 있는데, 레아는 다시 아들을 낳으며 행운이라고 생각하였던 모양이네.
- 그런데 진짜 이게 행운일까요? 참 쓸데없는 질투와 시기와 경쟁이 아닐까요?
- 이런 자잘한 질투, 시기, 경쟁을 유발하지 않으려면 한 남자 한 여자의 일부일부의 혼인을 지키라는 메시지가 자꾸 들리는 것 같지?
- 실바가 다시 두 번째 아들을 낳아 레아의 품에 안기자 레아는 그 아들을 이름하여 아셀이라 하였네요?
- 아셀이란 '기쁜, 행복한'이란 뜻을 가지고 있는데, 레아는 아셀을 얻음으로 기뻐하였고 사람들이 자신을 기쁜 자라 인정할 것이라고 기대한 것 같네.
- 이제 합환채 이야기로 이어지네요. 합환채가 무엇이지요? 무슨 신비한 약초라도 되는 것인가요?
- 합환채가 정확하게 어떤 식물인지 알 수 없으나 일종의 강장제로 생각되는 풀이었던 것 같아. 전혀 아이를 생산하지 못한 라헬은 레아에게 그 합환채를 좀 달라고 청하는데, 그 합환채를 먹으면 자기의

불임이 치료될지도 모른다고 소망한 것 같네.

- 그러자 레아는 속에 품고 있던 원한을 터뜨리게 되네요. 레아는 많은 아들을 낳았음에도 불구하고 야곱의 사랑을 받지 못하고 있는 듯싶어요. 그런데 라헬이 강장제를 먹고 아이라도 낳게 되면 이는 돌이킬 수 없는 패배가 될 것이라고 느꼈던 것 같고, 이 여인의 한스러운 독설이 터져 나왔겠지요? "네가 내 남편을 빼앗고 그것도 모자라서 내 아들이 채취해 온 강장제 합환채까지 빼앗으려 하느냐?"는 것이에요. 중혼 가정에서 일어나는 두 여인의 갈등과 애환을 세세히 표출시켜 주는군요?
- 그렇지. 여기서 라헬은 오늘 밤 남편을 차지하는 대가로 합환채를 구하게 되지. 아무래도 라헬이 야곱의 사랑에서는 자신감이 더하였던 것 같지?
- 그런 것 같네요. 레아보다 라헬이 더 강자였던 것 같아요. 그리하여 그날 밤 야곱을 차지한 레아에게 아들이 잉태되어 낳게 되고 그 이름을 잇사갈이라 불렀네요.
- 잇사갈이란 '보상'이란 뜻을 가지고 있으며, 하나님이 보상해 주셨다는 기쁨을 표현한 이름인 것 같네. 또는 합환채를 내준 보상이라는 뜻인지도 모르지. 어쨌든 레아가 온전한 믿음 가운데 있지 못한 것은 사실이지만 하나님은 여전히 연약한 레아를 긍휼히 여기신 것 같네. 레아가 다시 여섯째 아들을 낳고는 스불론이라 이름하였는데 스불론이란 '높이다, 영예롭게 하다, 함께 거하다'라는 뜻이야. 야곱의 사랑이 자기에게 머물도록 영화롭게 하며, 이제는 야곱과 늘 함께 거하게 되리라 기대했겠지. 이어 딸 디나까지 낳게 되었고.
- 이번에는 라헬이 또 소외감을 갖게 되었네요? 라헬은 아직도 자신이 잉태하여 아이를 낳지는 못하였기에 열등감이 크고 질투가 더 강하였던 것 같은데, 이에 하나님이 이제는 라헬을 생각하셨다고 성경은 기록하고 있네요. 참 하나님도 피곤하실 것 같아요. 하나님이

선택하신 한 인물을 아직도 돌보시고 그의 복잡한 가정사에 휘말리시는 것 같아 안쓰러워요.

- 그래서 내가 뭐라 하던가? 자식사랑에 쩔쩔매는 하나님이라고 하지 않았던가? 이제는 라헬이 약자가 되고 소외감을 갖게 되자 하나님은 라헬을 생각하시고 긍휼과 위로를 베푸시는 것을 보여주니 김군 말마따나 복잡한 가정사에 휘말리는 하나님, 그 사랑 어쩌지 못하여 휘말리는 하나님의 모습은 참 인간적으로 보아도 딱해 보이지만 그게 눈먼 하나님의 사랑이라네.
- 그래서 마침내 라헬도 아들을 낳게 하셨군요. 라헬은 그 이름을 요셉이라 불렀고요.
- 요셉은 '더하다'라는 뜻을 가지고 있는 이름인데, 라헬은 아들 하나를 얻으면서 더 얻고 싶은 마음을 그 이름에 표현한 것 같네. 꿈에도 그리던 아들을 얻어서 기쁘지만 그런 만큼 더 얻고 싶었던 모양이야. 여인의 소망이란 무엇인가?
- 대단한 것이 아니라 소박한 것이고, 중혼 가정에서의 여인들의 갈등과 소망이란 자잘한 것일 뿐이나 그들에게는 소중한 일들이 아닐 수 없겠지요?
- 다시 말하거니와 여기서 중요한 것은 일단 중혼자의 가정은 갈등이 많다는 것을 보여주는 것이지. 그러나 이왕에 그렇게 불행하게 된 가정사 속에서도 그 위대하신 하나님이 이 자잘한 여인들의 갈등 속에 내려오시고 이해하시고 생각하시고 위로하시고 돌보신다는 것이 얼마나 믿기 어려울 만큼 세세한 하나님 사랑의 계시인가? 하나님의 눈먼 사랑!

야곱의 재산 형성(창 30:25-43; 본문 생략)

- 야곱이 고향으로 돌아가려는 생각을 하네요. 아마도 삼촌 라반에게

약속한 기한이 찼던 게지요?

- 야곱은 라헬을 위하여 7년을 외삼촌 라반에게 봉사하였지? 그런데 라반이 레아를 들여보내고 라헬을 위하여 7년을 더 봉사하도록 책략하였고.
- 야곱은 순한 양처럼 이 14년간 외삼촌 라반의 양 떼를 치며 머슴살이를 해왔던 것인데 야곱은 이제 고향으로 돌아가고 싶었던 모양이네요?
- 고향 가나안으로 가야 거기에 하나님의 언약과 축복이 있다고 믿고 있기 때문이고, 라반과의 언약 기간은 성실히 끝났고, 이제 자신의 삶에도 뭔가 더 의미 있는 시간이 되어야 한다고 느낀 것 같아.
- 야곱은 특별히 재산을 나누어 달라는 것도 아니고 다만 돌아가게 해달라고 할 뿐인데요? 야곱의 이러한 삶의 태도로 보아 어느 정도는 믿음으로 살고 있음이 틀림없는 것 같지요?
- 완전하지는 않다 하더라도 내재된 조상으로부터 내려온 믿음의 유산이 있었겠지. 잠잠히 온유한 신앙으로 고난의 세월을 지켜 왔고, 14년 동안 청춘을 바쳐 외삼촌을 섬기는 위치에서 묵묵히 자기 성실성을 지켜 온 것이고, 이 14년 봉사 후에 고향으로 가고자 할 때도 하나님만 믿는 믿음으로 떠나고자 한 것 같아.
- 라반은 야곱의 성실성과 그로 인하여 내리신 하나님의 축복을 인정했네요? "여호와께서 너로 말미암아 내게 복 주신 줄을 내가 깨달았다"고 인정하는데요. 그러나 곧바로 그러므로 자기를 사랑하거든 머물러 자기를 더 복되게 하라'는 요청을 하네요. 라반의 끝없는 욕심 아닌가요?
- 글쎄, 이제부터는 품삯을 주겠다고 제안하지만 라반은 욕심이 많기는 많은 사람 같아. 야곱은 이번에는 품삯을 받기로 하고 더 머물게 되지?
- 그런데 품삯도 참 희한한 방식으로 계약하네요. 검은 점이나 얼룩

진 것이 나오면 자기 몫으로 하는 것으로 계약을 해요.

- 이러한 제안에는 우선 색깔로 분명히 구분 지어지는 일이기에 서로 시비가 생길 필요가 없다는 점이고, 야곱의 입장에서는 하나님이 보상하시리라는 확신을 갖고 있다고 볼 수 있지. 현재 얼룩진 것, 아롱진 것이 몇 마리 되지 않기 때문에 이 제안은 라반에게 어려운 조건이 아니었을 것이고. 야곱이 믿음으로 하나님의 보상을 바라보지 않으면 매우 불리한 조건일 뿐이지. 그러나 야곱은 하나님을 믿는 믿음으로 이러한 조건으로 언약을 맺었다고 볼 수 있다네.
- 라반은 진짜 깐깐하고 욕심쟁이로군요. 그 언약을 맺은 즉시 자기 양 떼 가운데서 얼룩진 것, 아롱진 것, 줄무늬 있는 것 등을 다 가려내어 이것들을 자기 아들들에게 맡기고 흰 양들과 거리를 사흘 길이나 뜨게 만들었어요. 이렇게 되면 흰 양들만 야곱이 기르게 되었고 흰 양끼리 교배하여 검은 양이나 얼룩무늬 양이 태어나는 일은 거의 확률이 없는 것이지요?
- 야곱은 이렇게 아무 가능성도 없는 데서 출발하였다네. 여기서 라반의 인색하고 철저한 자기 본위의 사고 구조를 보여주고, 그 와 상반되는 야곱의 믿음의 삶을 보여주는구먼. 야곱은 흰 양들만 기르면서 흰 양 사이에서 얼룩무늬 양이 태어나기를 기다려야 하는 것이니, 없는 데서 있게 하시는 하나님이 아니고는 야곱에게 소망이 없는 것이지. 하나님의 사람들은 이 믿음훈련이 되어야 하나 봐.
- 선생님, 젊은이들이 성경을 믿기 어렵다고 말하게 하는 이야기들이 성경에 종종 있는데, 여기도 미신 같은 이야기가 나와요.
- 뭐가 미신 같은 이야기라고?
- 버드나무와 살구나무와 신풍나무의 가지를 잘라 껍질을 벗겨 흰 무늬를 내어 얼룩얼룩한 나뭇가지를 만들어 양들이 물을 마시러 내려오는 개천의 물 구유, 물웅덩이 가에 설치해 놓고 양들이 그 무늬를 보면서 교미하여 얼룩진 양 새끼를 낳기를 기원했다는 것인데, 이게

과학적으로 맞는 이야기인가요? 얼룩무늬를 보면서 교미한다고 얼룩진 새끼가 나오나요?

- '얼룩무늬를 보면서 교미하면 얼룩무늬 새끼가 나온다.' 이는 과학적으로 증명되는 방식은 아니라고 보네.
- 그런데 여기 성경은 그렇게 했더니 얼룩무늬 새끼가 났다고 기록하거든요?
- 김 군, 벌써 잊었는가? 우리가 창세기 서두에서 이미 성경은 과학책이 아니라고 말한 적 있지?
- 물론 기억합니다. 과학책은 아니라도 비과학적인 이야기는 하지 말아야 하는 것 아닌가요?
- 김 군은 시를 써본 적이 없는 모양이야. 어떤 일의 서술방식은 과학적 논리로 서술하는 경우도 있지만 훨씬 더 많은 경우 시적 서술이 많다는 것을 기억해 두게. 그리고 시는 그 표현에 제한이 없어 무궁한 상상력으로 표현할 수 있기 때문에 과학적으로 따지면 시의 언어는 사용할 수 없게 되지. 한 예를 들어볼까?
- 제가 이해되도록 예를 들어 말씀해 보세요.
- "느티나무가 머리를 흔들어 대자 바람이 크게 일어났다. 그런데 시골집 지붕은 신이 난 듯 바람 타고 날았다." 이렇게 표현한다면 말이 되나, 안 되나? 이 말을 과학적인 표현으로 해보게.
- '폭풍이 불어 느티나무가 흔들리고 지붕이 날아갔다' 이렇게 해야 하나요?
- 그렇지. 그런데 시문학에서는 느티나무가 바람을 일으키고 지붕은 신이 나고.
- 제가 시를 몰라서 그런가 본데, 무슨 이야기인지 모르겠네요?
- 내가 이해하는 대로는 이렇다네. 얼룩무늬를 보고 교미하여 얼룩무늬 양이 태어나는지 안 태어나는지는 과학적으로 증명되었다는 기록은 없는 것 같네. 중요한 것은 야곱의 열망이지. 얼룩무늬 진 양

들이 태어나기를 갈망하는 야곱의 마음이 얼마나 간절한지를 표현한 것이야. 그리고 더 중요한 것은 야곱의 그러한 간절한 소망을 하나님이 응답하셨다는 것이지. 이 부분에서 야곱의 어쩌면 이 미신적인 행동이 효력을 발휘했다고 믿기는 어려우므로 젊은 지성이 갈등을 느낀다고 하는데, 이는 야곱의 간절한 열망을 나타내는 이야기라네.

- 야곱의 열망을 나타낸다고요?
- 그래, 31장 8-10절을 보면 버드나무나 살구나무나 신풍나무의 신통력이 아니라 그 이야기는 야곱의 절절한 열망을 표현하는 언어요 행동이고, 실상은 하나님의 손이 거기 있었다는 것을 말해준다네. 야곱이 나중에 말하는 것을 보면 이렇지. 하나님께서 야곱의 몫을 만들어 주신 것을 하나님 자신이 야곱에게 보여주시고 말씀하셨다네.

창 31:8-13 그가 이르기를 점 있는 것이 네 삯이 되리라 하면 온 양 떼가 낳은 것이 점 있는 것이요 또 얼룩무늬 있는 것이 네 삯이 되리라 하면 온 양 떼가 낳은 것이 얼룩무늬 있는 것이니 하나님이 이같이 그대들의 아버지의 가축을 빼앗아 내게 주셨느니라 그 양 떼가 새끼 밸 때에 내가 꿈에 눈을 들어 보니 양 떼를 탄 숫양은 다 얼룩무늬 있는 것과 점 있는 것과 아롱진 것이었더라 꿈에 하나님의 사자가 내게 말씀하시기를 야곱아 하기로 내가 대답하기를 여기 있나이다 하매 이르시되 네 눈을 들어 보라 양 떼를 탄 숫양은 다 얼룩무늬 있는 것, 점 있는 것과 아롱진 것이니라 라반이 네게 행한 모든 것을 내가 보았노라 나는 벧엘의 하나님이라 네가 거기서 기둥에 기름을 붓고 거기서 내게 서원하였으니 지금 일어나 이곳을 떠나서 네 출생지로 돌아가라 하셨느니라

- 야곱은 열망하였고, 하나님은 야곱의 열망을 받아 주실 뿐 아니라

사실은 야곱과 언약한 것을 하나님이 지키시어 야곱의 재산을 늘려 주셨다는 것이네요?

- 그렇지. 라반은 야곱과의 언약을 여러 차례 변개하며 야곱에게 재산을 주려 하지 않고 야곱을 이용하기만 하려 하였지만, 하나님이 야곱에게 하신 약속을 이루시어 야곱을 복되게 하시고, 야곱에게 풍부한 재산을 주신 것이라네. 인간의 어리석은 움직임 속에도 하나님은 찾아오시며, 특히 언약관계에 있는 사람들을 버려두지 않으시고 하나님의 신실하심으로 돌보시고 복 주신다는 것은 얼마나 격려를 주는 계시인가? 야곱은 매우 번창하여 양 떼와 노비와 낙타와 나귀가 많은 부자가 되었다네.
- 허송하는 것처럼 보이는 오랜 세월 하나님은 야곱에게 주신 언약을 기억하고 계셨고, 때가 되매 이루어 가시는 것을 보이는 셈이네요?
- 그렇지.
- 선생님, 저 꽃 좀 보세요.
- 이 어둠 속에 꽃이 보여?
- 저쪽에서 빛을 비추니까요. 저 붉은 꽃은 꼭 붉은색 왕관 같아요.
- 그래서 이때의 모습이 왕관처럼 보이니까 사람들이 빅토리아 여왕의 대관식이라고 이야기한다네. 잠시 내 라이트로 비추고 카메라에 이 대관식을 담아야 하겠네.
- 너무 신비스럽고 아름다워요. 저 옆에 흰 꽃도 활짝 열어 만개하네요. 저 흰 꽃이 내일 저녁에는 이 꽃처럼 붉은 대관식을 한다고요?
- 그렇다네. 단 이틀만의 삶을 멋지게 장식한다네.

빅토리아 연, 그 꽃의 언어

어두움을 짊어지는
중보의 사명인가

빅토리아 연꽃은
밤에만 핀다
그리고 단 이틀만의
생을 살고는 간다
진리는 명료하다는 것이겠다
첫날엔 순백색으로 핀다
꽃의 언어는 거룩이겠다
다음날엔 보혈 색으로 물든다
죄인이 이룰 수 없는 거룩
대신 이루는 사랑이겠다
꽃잎을 세워
왕관 모양을 그리고는
고개를 떨군다
보혈로 이룬 왕관
거룩과 사랑
승리를 확신하는 거겠다
사명에 살고 사명에 죽고

- 선생님이 시인이라고는 알고 있었지만 그냥 보면 무슨 시감이 일어나요? 술술 읊으시네요?
- 이 아름다운 모습에 감동된 것을 엮어 본 것이네.
- 하나님의 거룩성과 사랑을 나타낸 것 같은데요?
- 그렇다네. 흰색에서는 거룩을, 붉은색에서는 사랑의 십자가 보혈을 느끼게 되었네.
- 짧은 이틀만의 삶을 의미 있게 마감하는 장면이군요? 오래 사는 게 중요한 게 아니라 의미 있게 사는 게 중요한데, 야곱은 무슨 의미인지 모른 채 20년을 외삼촌 집에서 머슴살이 하며, 장가는 갔으나 자

잘한 갈등 속에 세월을 보냈는데요?

- 그래, 그러나 이제 무엇인가 변화가 일어날 것 같지?

고향, 언약의 땅으로 향하는 야곱(창 31:1-20; 본문 생략)

- 마침내 야곱이 떠날 때가 되었군요?
- 그렇지. 우선 외적 환경적 조건이 떠나야 할 시점을 가리키는 것 같지? 라반의 아들들이 야곱이 자기 아버지의 재산을 다 빼앗아 부자가 되었다는 시기 찬 말을 내뱉는 것이 아닌가? 그리고 라반의 안색도 야곱을 향하여 즐거운 표정이 아니니 함께 머물기는 더 이상 어려운 상황이 되고 있는 것이지.
- 우리의 삶에도 종종 환경을 통하여 어떤 결단을 내릴 때를 보여주는 경우가 있지요?
- 그래, 바로 야곱도 이제는 결단하고 고향으로 가야 할 때라고 느끼게 된 것 같아.
- 그러나 결정적인 때는 하나님께로부터 오며, 직접 하나님의 지시를 받고 행동하는 것이 가장 안전한 보장이겠지요?
- 김 군 말이 맞지. 마침내 하나님께서도 야곱에게 고향으로 돌아가라고 말씀하시네? 그러면 이제 더 이상 주저할 게 없지. 상황 인식도 그러한데 하나님께서 나타나셔서 고향으로 돌아가라고 지시하시니 야곱은 더 이상 머물 이유가 없는 것이지.
- 야곱이 자기 아내들을 양 치는 곳으로 불러다 떠나야 할 이유를 설명하네요?
- 그렇지. 우선 현실 인식을 공유하려고 하는군. 그것은 무엇보다도 장인 라반이 안색이 변하고 자기를 대하는 것이 불편하다는 것을 솔직히 이야기하는군. 장인이지만 지금까지 힘을 다하여 성실히 섬겨 왔는데 여러 번 속여 품삯을 열 번이나 바꾸었고, 우리가 재산

이 늘어난 것은 자기가 빼앗거나 훔친 것이 아니라 전적으로 하나님께서 주신 것임을 설명하는군. 점 있는 것이 나의 품삯이라 정하면 점 있는 양이 많이 태어나고, 얼룩무늬 있는 것이라 정하면 얼룩무늬 양이 많이 태어나고 하였는데, 이는 전적으로 하나님의 상 주심이었다는 것이지. 심지어 꿈에 하나님께서 양 떼마다 얼룩무늬 수컷이 교미하는 꿈을 보여주시고, 하나님이 라반에게서 자기에게로 재산을 옮겨 주신 것이니 자신이 훔치거나 빼앗은 것은 없으며, 하나님의 축복의 역사였음을 설명하여 공감하게 하였군그래.

- 그리고는 결론적으로 벧엘의 하나님, 즉 벧엘에서 나타나시고 언약하신 하나님, 그리고 자신이 서원하던 그 하나님이 이곳을 떠나 출생지로 가라고 하셨다는 것을 설명함으로 함께 떠날 것을 설득하네요. 그리고 라헬과 레아도 야곱의 말에 전적으로 동감하며 함께 떠나기로 동의하고요. 라헬과 레아도 여기 있어서는 아무 분깃도 유업도 없을 것이라고, 자기의 아버지에 대하여는 약간의 불신을 가지고 있음을 드러내네요. 마치 외인 취급하고 자신만의 이익을 탐하는 것처럼 느끼고 있어요. 그러니 자식들은 키워 봐야 소용없다고 하나 봐요?
- 뭐 결혼하면 전적으로 남편과 하나 되는 것은 당연하지. 그러나 그들 보기에도 자기 아버지 라반이 지나친 욕심으로 야곱을 천대했다고 느낀 것일 테니 어쩌겠나?
- 그래서 야곱이 일어나 자식들과 아내들을 낙타 등에 태우고 모든 짐승들과 소유물을 이끌고 고향으로 향하여 떠나는데, 장인 라반이 양털 깎는 일로 집에 없을 때에 알리지 않고 가만히 떠나 버리는데요? 라반이 알면 또 무슨 책략을 써서 손해를 끼칠지 모른다고 생각한 모양이지요?
- 야곱의 라반에 대한 불신이 얼마나 컸는지 짐작이 가는구먼. 20년 세월을 같이 지낸 사이인데, 그리고 장인과 사위 사이인데 떠날 때

에 서로 인사도 없이 떠나야 한다는 것이 얼마나 안타까운 일인가? 야곱의 처사도 성숙하지는 못하지만 얼마나 불신이 쌓였으면 도망치는 식으로 떠나야 했는지, 그간 열 번도 더 품삯을 변경하였다는 말에서 라반이 얼마나 자기 이익만 챙기고 야곱과의 언약을 수시로 바꾸어 불신을 사게 되었는지를 짐작할 수 있지 않나? 우리네 인생에는 재물보다 큰 것이 있다는 중요한 교훈이 될 것 같네. 김 군, 재물의 이득보다 사람의 신의를 살 일이야, 안 그런가?

— 그렇습니다. 사람들은 재물에 목을 매고 사는 것 같은데, 인생은 재물보다 큰 가치를 보아야 하고, 사람을 사랑하고 신의를 지키는 것이 더 큰 재산임을 깨닫습니다.

— 그래, 좋은 깨달음이네. 다음 성경구절들을 함께 기억해 둡세.

잠 16:8 적은 소득이 공의를 겸하면 많은 소득이 불의를 겸한 것보다 나으니라

시 37:16 의인의 적은 소유가 악인의 풍부함보다 낫도다

렘 17:11 불의로 치부하는 자는 자고새가 낳지 아니한 알을 품음 같아서 그의 중년에 그것이 떠나겠고 마침내 어리석은 자가 되리라

잠 21:6 속이는 말로 재물을 모으는 것은 죽음을 구하는 것이라 곧 불려다니는 안개니라

라반과 야곱의 조약(창 31:21-55; 본문 생략)

— 도망친 야곱의 소식을 들은 라반이 형제들을 대동하고 추격했군요.

— 그렇군. 야곱이 처자들과 재산을 이끌고 떠난 지 3일이 되어 라반에

게 이 소식이 들렸고, 라반이 그 형제들을 거느리고 야곱을 추격하는데 7일이 걸려 마침내 길르앗 산에서 야곱을 따라잡게 되었다고 기록하는구먼.

- 하나님은 당신의 언약의 백성을 지키시네요? 그 7일 길을 쫓아 오는 동안 한 밤에 하나님이 라반에게 임하여 "야곱에게 선악간에 말하지 말라", 즉 야곱을 책망하거나 해롭게 하지 말라고 지시하셨어요. 하나님께서는 당신의 백성에게 허물이 있을지라도 하나님 자신이 하나님의 언약과 뜻을 이루어 가시네요.
- 그래, 내가 완전하여 하나님의 뜻을 이룰 수 있는 것이 무엇이 있겠는가?
- 라반은 다만 떠난다는 인사도 없이 도망친 사실을 책망하고 또 하나 자기의 드라빔, 즉 신상을 훔쳐 갔다는 사실만 지적하네요. 신상은 사실 라헬이 훔쳐 가지고 나왔으나 야곱은 알지 못하였고, 라헬도 경수를 핑계로 자리 안장 밑에 숨겨 위기를 모면하는군요. 라헬이 무엇 때문에 신상을 훔쳐 가지고 왔을까요?
- 이때의 신상은 대개 금으로 만들고 가정의 수호신으로 여겨졌던 것 같아. 이로 보건대 라반의 집안이 여호와 신앙이 거의 없었으며, 야곱조차도 신앙이 온전치 못하고 야곱의 신앙의 영향력도 거의 없는 상태였던 것 같지? 라헬이 신상을 훔친 것은 아마도 고대에 신상을 지닌 자는 그 집의 상속자를 의미하기 때문에 훔쳤을 것으로 생각되는데, 자잘한 일들의 기록이 숨김 없이 기록되고 있는 것은 성경이 얼마나 인간의 연약함과 대단치 못함을 리얼하게 보여주는 책인가를 실감케 하는 것 같지?
- 야곱은 이때 그간 응어리진 원한을 다 풀어내는 것 같아요. 20년간 낮에는 더위와 밤에는 추위를 견디며 눈 붙일 겨를도 없이 봉사하면서 양을 돌본 결과 양이 축나지 않고 번성하게 되었다며, 모처럼 자기의 수고로웠던 과거를 끄집어내서 한풀이를 하는 것 같아요.

– 그에 비하여 라반은 품삯을 열 번이나 바꿨다는 것을 지적하고, 하나님이 함께하지 아니하셨다면 빈손으로 돌려보냈을 것이 틀림없다고 공박하고 있네그려.

– 라반은 여기서 할 말을 잃어버린 것 같네요?

– 할말이 없었겠지.

– 돌 기둥을 세우고 돌을 모아 무더기를 만들어 징표로 삼고 둘 사이에 약조를 맺게 되는군요?

– 고대 근동에서는 보통 돌을 세워 기념을 삼거나 표를 삼는 일이 일반적이었던 것 같아. 서로 약조하는 내용은 두 가지였는데, 하나는 야곱에게만 해당되는 것이었어. 라반의 두 딸 외에 다른 여인을 아내로 삼지 않는다는 것과 자기, 즉 라반의 딸들을 박대하지 않는다는 약속을 하게 했고, 야곱은 이에 동의하였군. 둘째는 서로 돌무더기를 넘어가서 서로를 해치는 일이 없도록 한다는 것인데, 야곱의 입장에서야 여태껏 라반에게 당하기만 했던 것이나 서로 해하지 않는다는 약조에 동의하지 못할 이유가 없었을 것이야. 그래서 둘은 돌무더기를 두고 약조를 맺고 그 돌무더기를 이름하여 라반은 여갈사하두다라 하고, 야곱은 갈르엣이라 불렀다고 하는군.

– 이름을 각각 다르게 불렀네요? 의미가 다른가요?

– '여갈사하두다'는 '증거의 (돌)더미'라는 뜻이고, '갈르엣'은 '증거의 무더기'라는 뜻이니, 이는 둘 다 증거로 쌓아 올린 돌무더기 또는 돌더미를 의미하는 단어들이네.

– 아침 식사를 함께하고는 라반이 돌아갔네요?

– 이런 과정을 통하여 야곱은 자신을 사랑하시는 하나님, 자신을 지키시는 하나님을 더욱 깊이 신뢰하는 믿음으로 이끌리는 것 같지?

산책길 17

고향에 돌아온 야곱(창 32:1-36:43)

- 선생님, 오늘은 어디로 가시나요?
- 오늘은 내 추억 여행 좀 할까 하는데?
- 선생님 추억 여행이라고요? 데이트 코스인가요?
- 김 군, 미안해요. 내가 요양생활 하던 곳이야. 그리고 거기서 조금만 등산하면 계족산성에 오를 수 있는 곳인데 계족산성 오를 겸 나의 추억 속으로 함께 동행해 보지 않겠나?
- 데이트 코스였다면 더 흥미로웠을 것이지만 아니라도 기꺼이 동행하겠습니다. 뭐라 검색하여 갈까요?
- '대전시 동구 천개동로 251번길 12-51' 또는 '천개동 농장'을 찾아가세.

- 아니 선생님, 무슨 험한 산 고개를 넘어가요? 얼마나 깊은 동네로 가시는 거지요?
- 조금만 가면 돼. 이곳 사람들은 이 산길 넘어 동네를 천개동이라 부르지. 동서남북 산으로 막히고 하늘만 열려 있다는 뜻으로 그렇게

부른다네. 그러니 깊은 산 동네라는 뜻이지.

- 어이구, 이건 산속이라 할지 산 위라 할지, 이런 곳에도 동네가 있네요.
- 그렇지? 자, 천개동 농장은 사실 음식점이야. 오리구이 집이지. 우리는 아직 거기로 가지 말고 저쪽으로 주차하고 산 쪽으로 등산을 좀 하자고.
- 이 동네가 선생님하고 어떤 인연이라고요?
- 두 번째 요양생활 하던 곳이고, 내가 20년간 사역한 바나바훈련원이 태동한 곳이야.
- 두 번째라니요? 요양생활을 두 번씩이나 하셨다고요?
- 그렇다네. 그 이야기는 차츰 나누기로 하고, 창세기 산책을 시작하지.
- 오늘은 창세기 32장 할 차례입니다.
- 그래요.

천사의 호위(창 32:1-2)

창 32:1-2 야곱이 길을 가는데 하나님의 사자들이 그를 만난지라 야곱이 그들을 볼 때에 이르기를 이는 하나님의 군대라 하고 그 땅 이름을 마하나임이라 하였더라

- 야곱이 길을 가는데 하나님의 사자들이 나타나 보였네요. 그런데 무슨 대화 내용이 없어요. 그냥 야곱이 천사들을 본 것뿐일까요?
- 그러게, 대화 내용은 없는 것으로 보아서 다만 천사들이 야곱 일행을 호위하고 있다는 것을 보여줌으로 하나님께서 야곱을 위로하려고 하신 것 같지?
- 천사의 숫자가 많았던 모양입니다, 하나님의 군대라고 부른 것을 보면 말이죠. 그래 그 지역 이름을 마하나임이라 불렀다고 하는데요?

- 마하네는 '군대, 진영, 진지' 등의 뜻인데 마하나임은 '두 진영, 더블 진영(double camp)'이란 뜻이거든. 그러니 겹겹이 야곱 일행을 둘러싸고 호위하는 천사들을 보았으니 얼마나 든든했겠나? 겹겹이 둘러 보호하시는 하나님의 보장과 사랑을 생각하면 무슨 두려움이 있겠는가? 사실 하나님은 당신의 백성을 지키시겠다고 야곱에게도 이미 약속하신 바 있고, 성경 구절 구절 약속이 있지 않던가?

창 28:15 내가 너와 함께 있어 네가 어디로 가든지 너를 지키며 너를 이끌어 이 땅으로 돌아오게 할지라 내가 네게 허락한 것을 다 이루기까지 너를 떠나지 아니하리라 하신지라

하나님은 하나님의 언약백성을 지키시기로 늘 언약하고 계신 것이라네.

신 31:8 여호와 그가 네 앞에서 가시며 너와 함께하사 너를 떠나지 아니하시며 버리지 아니하시리니 너는 두려워하지 말라 놀라지 말라

시 94:14 여호와께서는 자기 백성을 버리지 아니하시며 자기의 소유를 외면하지 아니하시리로다

히 13:5 돈을 사랑하지 말고 있는 바를 족한 줄로 알라 그가 친히 말씀하시기를 내가 결코 너희를 버리지 아니하고 너희를 떠나지 아니하리라 하셨느니라

선발대의 보고(창 32:3-6)

창 32:3-6 야곱이 세일 땅 에돔 들에 있는 형 에서에게로 자기보

다 앞서 사자들을 보내며 그들에게 명령하여 이르되 너희는 내 주 에서에게 이같이 말하라 주의 종 야곱이 이같이 말하기를 내가 라반과 함께 거류하며 지금까지 머물러 있었사오며 내게 소와 나귀와 양 떼와 노비가 있으므로 사람을 보내어 내 주께 알리고 내 주께 은혜 받기를 원하나이다 하라 하였더니 사자들이 야곱에게 돌아와 이르되 우리가 주인의 형 에서에게 이른즉 그가 사백 명을 거느리고 주인을 만나려고 오더이다

- 야곱은 상당히 두려움을 안고 조심조심하는 모습인데요? 고향으로 돌아갈 경우 최대의 과제는 자기 형 에서가 분노와 원한을 가지고 자기를 환영할 것인가 하는 일이겠지요?
- 그래서 야곱은 선발대를 에서에게 보내 에서의 어떠함을 알고자 하였던 것 같아. 선발대가 가서 야곱이 오고 있는데 에서 형님께 은혜 입기를 원한다는 전언을 하도록 하였어.
- 그런데 선발대가 돌아와서 하는 보고는 야곱을 완전히 기죽이는 보고네요. 에서가 400명을 거느리고 야곱을 맞으러 온다는 것입니다.
- 400명을 거느리고 온다니, 이건 환영이라기보다는 복수하려고 오는 것이라고 느끼게 된 것이지.
- 야곱이 일단 겁이 덜컥 났겠어요?
- 그러게 말이야.

야곱의 기도(창 32:7-12)

창 32:7-12 야곱이 심히 두렵고 답답하여 자기와 함께한 동행자와 양과 소와 낙타를 두 떼로 나누고 이르되 에서가 와서 한 떼를 치면 남은 한 떼는 피하리라 하고 야곱이 또 이르되 내 조부 아브라함의 하나님, 내 아버지 이삭의 하나님 여호와여 주께서 전에 내게 명하

시기를 네 고향, 네 족속에게로 돌아가라 내가 네게 은혜를 베풀리라 하셨나이다 나는 주께서 주의 종에게 베푸신 모든 은총과 모든 진실하심을 조금도 감당할 수 없사오나 내가 내 지팡이만 가지고 이 요단을 건넜더니 지금은 두 떼나 이루었나이다 내가 주께 간구하오니 내 형의 손에서, 에서의 손에서 나를 건져내시옵소서 내가 그를 두려워함은 그가 와서 나와 내 처자들을 칠까 겁이 나기 때문이니이다 주께서 말씀하시기를 내가 반드시 네게 은혜를 베풀어 네 씨로 바다의 셀 수 없는 모래와 같이 많게 하리라 하셨나이다

- 그래서 야곱은 두려움이 일었고, 만약의 경우를 대비하여 두 떼로 나누어 진행하도록 조치하는군요?
- 그래, 한 떼를 에서가 치면 한 떼라도 피하여 보자는 계산이겠지.
- 그러나 중요한 것은 언약의 하나님께 기도하는 일이겠지요?
- 그렇지. 하나님의 백성, 하나님의 사람들에게 기도보다 더 나은 열쇠가 무엇이겠나? 그런데 야곱의 기도가 재미있기도 하고 참고할 만한 것 같은데 자세히 살펴보게.
- 우선 하나님을 부르는 호칭이 길군요. "내 조부 아브라함의 하나님, 내 아버지 이삭의 하나님 여호와여" 하고 부르네요? 이렇게 부르는 것은 무슨 의미일까요?
- 야곱이 하나님을 부르되 '아브라함의 하나님, 이삭의 하나님 여호와여'라고 부른 것은 언약의 하나님을 붙드는 믿음이라고 보아야겠지? 이는 아브라함에게 언약을 주시고 이삭에게 상속된 언약을 주시고 자신에게도 상속된 언약을 주신 하나님을 부르고 있다고 보는 것이지. 그러고 나서 기도하는 내용이 언약대로 해 달라는 것이지 않나?

창 32:9 주께서 전에 내게 명하시기를 네 고향, 네 족속에게로 돌아가라 내가 네게 은혜를 베풀리라 하셨나이다

- 그렇네요. 자기에게 약속하신 하나님의 약속을 꺼내어 하나님께 말씀드리고 약속을 붙들고 기도하네요.
- 그다음의 기도문을 보게. 야곱이 하나님께서 지금까지 베푸신 은혜가 큰 것을 언급하고 있지?

창 32:10-12 나는 주께서 주의 종에게 베푸신 모든 은총과 모든 진실하심을 조금도 감당할 수 없사오나 내가 내 지팡이만 가지고 이 요단을 건넜더니 지금은 두 떼나 이루었나이다 내가 주께 간구하오니 내 형의 손에서, 에서의 손에서 나를 건져내시옵소서 내가 그를 두려워함은 그가 와서 나와 내 처자들을 칠까 겁이 나기 때문이니이다 주께서 말씀하시기를 내가 반드시 네게 은혜를 베풀어 네 씨로 바다의 셀 수 없는 모래와 같이 많게 하리라 하셨나이다

- 그렇네요. 지금까지 주님의 은혜가 한량없이 크고 위대했던 것을 기억하고 언급하며 감사하며 기도하네요.
- 기도하면서 지금까지 하나님께서 베푸신 은혜를 상기하는 일은 하나님께 감사하면서 다시금 믿음을 붙드는 계기가 되는 것이겠지. 지팡이만 가지고 요단을 건넜는데 지금 큰 떼를 이룬 가축들을 포함한 큰 재산으로 돌아오고 있는 것이 모두 주님의 은혜라고 고백하고 감사하는군.
- 그러고 나서 지금 다급한 기도제목, 즉 형 에서의 손에서 건져 달라고 간구하고 있네요. 그가 와서 자신과 처자식을 칠 것 같아 두렵다는 것을 고백하면서 구해 달라고 간구하고 있어요.
- 그렇네. 그러고는 끝으로 다시 한번 하나님의 언약을 상기하며 기도 속에 약속을 붙드는 것이야. 환난과 고난을 당하여 어디서 해결을 찾을 것인가? 만 가지 문제의 열쇠이신 하나님을 아버지로 모시고 산다는 것이 얼마나 큰 특권인가?

선물로 풀어보자(창 32:13-20; 본문 생략)

- 하나님 앞에 간절히 기도하고 난 야곱은 이제 자기가 할 수 있는 일을 하는군요? 그것은 에서에게 선물을 보내어 그의 마음을 누그러뜨리는 일이네요.
- 야곱은 과감하게 자기 재산 중에서 일부를 떼어내어 에서에게 보내는 예물로 삼는군그래. 암염소 200마리, 숫염소 20마리, 암양 200마리, 숫양 20마리, 젖 나는 낙타 30마리와 딸린 새끼, 암소가 40마리, 황소 10마리, 암나귀 20마리, 새끼 나귀 10마리였으니 상당한 부분의 재산을 떼어 낸 것이지?
- 에서의 축복을 가로챈 보상으로는 이 정도 해야 하지 않겠어요? 어쨌든 야곱은 과감하게 재산을 떼어내어 에서에게 보냄으로 지난날의 원한을 씻고자 하였네요.
- 이를 보낼 때에 염소 떼, 양 떼, 소 떼, 나귀 떼 등등 각 떼로 거리를 떼어 보내며 에서에게 보내는 예물이라고 보고하도록 하였네그려. 여러 떼의 예물을 만나면서 감정이 풀린 뒤에 대면하겠다는 전략이었던 것 같아. 그러나 이는 합리적인 전략이기도 하거니와 야곱은 정말 에서에게 보상이라도 하는 그러한 예를 갖춘 것이라고 볼 수 있는 것 같아. 성경 다른 구절에도 선물은 길을 연다고 하지 않던가?

잠 18:16 사람의 선물은 그의 길을 넓게 하며 또 존귀한 자 앞으로 그를 인도하느니라

잠 21:14 은밀한 선물은 노를 쉬게 하고 품 안의 뇌물은 맹렬한 분을 그치게 하느니라

얍복나루의 씨름(창 32:21-32; 본문 생략)

- 선생님, 우리가 때로는 홀로 남는 시간이 필요한 모양입니다.
- 그건 왜, 무슨 소리야?
- 야곱이 모든 가족과 가축을 다 얍복 나루로 시내를 건너게 하고 홀로 남았더니 거기서 새로운 역사가 일어나네요?
- 그럴지도 모르지. 때로는 우리가 홀로 남아 하나님 앞에 자신을 돌아보고 하나님을 대면함으로 새로워지는 계기가 필요할 거야. 야곱이 지난날 인생의 허물과 죄와 실패들을 씻어 내고 새사람으로, 새로운 비전으로, 새로운 인생으로 들어가기 위하여 새로워지는 일이 필요했던 것 같군그래.
- 야곱은 홀로 남아 한 사람과 씨름하게 되었다는데요? 이 사람은 천사였던 모양이지요? 여기서 이 씨름은 어떤 성격의 씨름이었을까요? 단순한 육체의 씨름만은 아니었을 것 같은데요.
- 여기 이야기로는 육체적인 씨름으로 보이기는 한데 단순한 육체적인 힘겨루기만은 아닌 것 같아. 내용적으로는 영적 씨름이었지 않을까? 하나님이 보낸 사자를 붙들고 늘어지는 씨름, 하나님 앞에 매달리는 씨름, 기도의 씨름이었지 않을까? 왜냐하면 호세아서를 보면 그 한 사람은 하나님이 보낸 사자, 즉 천사였고, 야곱의 씨름은 눈물 흘려 기도하는 기도의 씨름이었음이 밝혀지고 있거든.

> **호 12:3-4** 야곱은 모태에서 그의 형의 발뒤꿈치를 잡았고 또 힘으로는 하나님과 겨루되 천사와 겨루어 이기고 울며 그에게 간구하였으며 하나님은 벧엘에서 그를 만나셨고 거기에서 우리에게 말씀하셨나니

- 홀로 남아 하나님 앞에 몸부림치며 기도하고 있었고, 하나님의 사자

를 만나자 매달려 자신의 모든 허물에도 불구하고 진정한 하나님의 복을 달라고 부르짖은 셈이군요.

- 기도에 응답해 달라고 끝까지, 응답을 받을 때까지 씨름을 한 것이었다, 그런 말인 것 같네.
- 하나님의 사자가 야곱을 이기지 못하고 야곱이 끈질기게 붙들고 늘어지는 바람에 천사가 야곱의 허벅지 관절을 쳐서 어긋나게 했다고 하니 참 끈질긴 승부였던 것 같네요.
- 이것은 상징적으로 많은 의미를 주는 것 같은데, 야곱은 옛사람 그대로 축복을 받을 수는 없었다는 메시지인 것 같기도 하지?
- 자신이 부서지는 경험을 하고 새사람이 되어야 한다는 말인가요?
- 바로 그거지. 야곱은 허벅지 관절이 어긋나게 되었지. 그러나 야곱은 부서지며 부러지며 여전히 천사를 붙들고 늘어졌어요. 야곱의 절체절명의 몸부림을 보게. 야곱은 필사적인 기도를 하고 있어. 목숨을 건 승부이지. '당신이 내게 축복하지 아니하면 가게 하지 않겠다'는 것이 야곱의 결사적인 태도란 말이야.
- 천사는 야곱의 그 필사적인 부르짖음에 못 이겨 기도에 응답을 하게 된 것 같은데 이름을 바꾸어 주네요?
- 야곱의 이름을 이스라엘이라 바꾸어주심으로써 야곱의 운명과 삶의 의미와 사명의 길이 달라지는 것을 확증시켜 준 것이겠지. 야곱은 에서의 발뒤꿈치를 잡고 나온 자 또는 찬탈자, 약탈자라는 의미를 지닌 이름이지 않나? 야곱은 이제 그 이름을 청산해야 했다는 것이지.
- 에서의 발뒤꿈치를 잡고 나온 탄생으로 시작하여 속임수로 형에게서 조상적 언약의 축복을 빼앗는 약탈자의 이미지를 벗고, 이제 새로운 역사의 주인공으로 사명의 사람으로 거듭나야 하는 것인가 보지요? 야곱이 아니라 이스라엘이란 이름으로 바꾸어 주었는데요, 이스라엘은 무슨 뜻이지요?

- 이스라엘이란 '하나님을 이긴 자'라는 뜻이라고 하지 않나? 하나님과 씨름하여 하나님을 이기고 응답 받은 자라는 의미일 거야. 하나님이 사람에게 과연 문자적인 의미에서 지실 수 있는가? 사람이 하나님을 이길 수 있는가? 하나님이 져주시는 것이지. 하나님의 응답을 받아낸 자라는 뜻으로 이해해도 될 거야.

욥 23:6 그가 큰 권능을 가지시고 나와 더불어 다투시겠느냐 아니로다 도리어 내 말을 들으시리라

- 야곱은 하나님의 사자와 씨름하여 이기고 응답 받은 그곳 이름을 브니엘이라 불렀네요? 브니엘은 하나님을 대면하였다는 뜻이지요?
- 야곱은 홀로 남아 기도하다가 하나님을 대면하고 새사람, 새 이름으로 새로 태어난 것이라네.
- 브니엘을 지날 때에 해가 돋았고 야곱은 허벅지를 부상 당하여 다리를 절며 가게 되었다고 하는데, 비록 관절 인대가 상하여 절게 되긴 했으나 야곱은 영적으로 새로워진 존재로 새 삶을 시작하게 된 것이군요?
- 하나님의 언약은 하나님의 은혜로 성취되는 것이네. 하나님이 당신의 뜻을 성취하기 위하여 하나님의 사람으로 변화시키는 계기를 마련하고 새사람을 만들어 사용하시는 것을 볼 수 있지.
- 이 변화를 내가 의도하여 선택한다면 가능하겠습니까? 못할 것 같아요. 하나님의 은혜로 골짜기로 밀어 넣어 거듭남의 골짜기를 통과하게 하는 것 같아요. 아니면 다른 비유로 뜨거운 불 속에 집어 던져 불순물을 제거하고 제련하여 금을 뽑아내듯, 하나님이 야곱을 언약의 땅으로 들어가게 할 때 이전의 모든 죄와 실패를 떨어버리고, 야곱이 변하여 이스라엘이 되어서 가나안에 들어가도록 섭리하신 것 같네요.

- 그래, 때로는 허벅지 관절이 어긋나는 일도 은혜의 경험이 되지. 김 군, 이 야곱의 허벅지가 상하는 기도의 씨름 뒤에 야곱이라는 과거는 떨구고 이스라엘이라는 이름으로 새 역사의 주인공이 된 이야기를 나누다 보니 내 인생에서도 이 관절이 부러지고 어긋나는 경험을 통하여 내가 하나님 앞에 쓰임 받게 된 일이 생각나네.
- 선생님도 얍복 강변의 씨름이 있으셨어요?
- 비슷한 경험이랄까. 하여튼 자신의 야망으로 불타던 인생이 꺾이고 위골되는 경험을 통하여 하나님의 사람으로 새로 지어지던 경험은 비슷한 것 같아.
- 좀 들려주세요.
- 우선 내 시 하나 감상해 보게.

보리피리

알알이 영그는 보리알의 꿈이
토막으로 허리 잘려 신음한다 해도
당신 숨결에 불려지는 노래라면
보리피리 되어 좋으리
보리피리 되어 좋으리

- 보리피리요? 선생님 사진전 할 때 보리피리라는 낙관이 있던데, 보리피리가 선생님 호나 별명인가요?
- 그렇다네. 나는 보리피리 인생이 되었지.
- 보리피리 인생이라고요? 그게 무슨 뜻이지요?
- 길게 이야기할 수는 없고 간단히 이야기하자면 그렇네. 나는 일찍이 소명을 느끼고 목사의 길을 갔지. 김 군도 알다시피 나는 어려운 중에도 미국 유학을 하고 젊은 나이에 교수가 되었어.

- 그러셨지요. 제가 듣기로는 그 당시 유학파 교수님이 몇 분 안 될 때이고, 선생님이 젊은 나이에 교수가 되어 새 바람을 일으키며 학생들에게 상당한 인기를 갖게 된 교수였다고 소문 들었습니다.
- 글쎄, 그 소문이 아주 뜬소문은 아니었을 거야. 하여튼 나는 나 자신이 무슨 개인적 야망에 살고 있다고는 생각하지 않았지만 하나님 보시기에는 영 못 미치는 삶이었던 것 같아. 공부 좀 했다고 지성적 그리스도인의 자만에 빠졌던 것 같기도 하고, 나도 모르는 사이에 그리 된 것이지.
- 지성적 교만이라고요?
- 응, 그런 게 있었던 것 같아. 나는 대단히 성공적인 인생을 살 것이라고 생각했어. 그리고 여러 가지 교회와 선교에 관련된 일에 관여하게 되었어. 지금은 오히려 부끄럽게 느끼지만 그때는 상당한 자부심이 있었지.
- 어떤 일들을 하셨는데요?
- 예를 들면 군목 생활도 해보았고, 목회도 해보고, 신학대학 교수도 해보고, 교단 선교국장 일도 해보고. 이런 직책도 직책이지만 봉사직으로도 많이 관여하게 되었지.
- 목사로서 할 수 있는 여러 직책을 다 경험하셨군요. 봉사직은 또 어떤, 그도 예를 든다면요?
- 평소에 선교적 열심이 있다 보니 선교와 관련된 일을 많이 했는데 방글라데시 선교회 이사로 부이사장까지 섬겼고, 성경번역선교회 이사, 한국세계선교협의회 창립멤버에 실행위원, 올림픽 전도협의회 부회장, 국제전도폭발 한국본부장 및 이사, 로잔위원회 한국 중앙위원 등등 교계에서는 상당한 직책들을 맡기도 하며 승승장구했다고 볼 수 있지.
- 이력이 화려하시군요. 선생님 총회장 나오면 이력 적을 게 많겠어요?

- 자네도 그런 걸 아나? 하여튼 그리 일들이 늘어 갔는데 그때 건강에 이상이 생겨 다 내려놓고 요양생활에 들어가게 된 거야.
- 무슨 병이 생겼는데요?
- 원인이 무엇인지는 모르는데 결과적으로는 저체중 저혈압 증세로 아무 일도 할 수 없게 되었어. 그래서 만 1년 1개월간 아무 일도 못하고 요양생활을 하게 되었지. 그때 내 인생이 끝난 줄 알았어. 그런데 거기서 한 가지 중요한 깨달음을 주시더라고. 그것은 내가 하나님 나라를 위해 일한다고 했지만 나의 의지, 나의 생각 차원이고, 하나님과 상관없이 뛰어다녔다는 것이야.
- 하나님의 일을 하는데 하나님과 상관없이 혼자 뛰어다녔다고요?
- 그래 말이야. 그래서 좀 더 기도하고 묵상하고 하나님과 동행하는 삶을 위한 경건훈련에 힘쓰는 계기가 되었지.
- 훈련은 고되었으나 영적 성장의 계기가 된 모양이네요?
- 그랬지. 그런데 내게 훈련은 아직도 덜 끝났던 모양이야. 회복되어 사역한 지 3년 만에 또 쓰러졌어.
- 아니, 쓰러지다니요? 어떻게요?
- 다시 일 못하고 요양생활을 시작하는 사태가 온 거지.
- 이번에도 저체중 저혈압 증세인가요?
- 응, 또 그리 되었어. 그래서 나는 진짜 절망을 경험했어. '난 이제 끝났다' 그런 생각이 들면서 절망을 느끼는 경험을 했지.
- 한 번도 아니고 두 번째이니 끝났다는 생각 드셨겠어요?
- 그래, 그래서 또 요양생활 나온 곳이 바로 이 동네 천개동이야.
- 그래서 이 동네가 두 번째 요양지였다고 하셨군요?
- 그렇다네. 그런데 여기서 나는 철저하게 깨지고, 나를 완전히 내려놓는 경험을 하게 되었지. 나는 끝났으니까. 알알이 영그는 보리알의 꿈이 토막으로 허리 잘려 버렸어. 그러면 아무 소용 없이 말라 사라질 것 아니겠나?

- 어딘지 무슨 소망적인 이야기가 다시 나올 것 같기는 하지만 일단 매우 슬프네요.
- 나는 이제 꺾였어. 인간적으로 소망이 없었어. 그런데 바로 여기서 주님의 음성이 들려왔어.
- 그럼 그렇지, 반전이 일어나네요?
- 그 부러진 보리 대궁으로 하나님께서 보리피리를 만들어 노래를 연주하신다는 거야.
- 보리피리를 만들어서 연주해요? 선생님이 연주하는 게 아니고 하나님이 선생님을 보리피리로 만들어 연주하신다고요?
- 그렇지. 나는 지금까지 내 인생을 내가 연주하는 줄 알았는데 하나님이 내 인생을 연주하시겠다는 거야. 억울하지 않겠나, 김 군?
- 억울하다고요? 잘 생각해서 대답해야겠는데요? 분명 보리피리로 연주하시겠다고 하였지요? 억울해하지 말고 내어드려야겠는데요?
- 야, 김 군 신앙이 상당히 성숙해졌는걸. 그래서 나도 감사로 대답했어요. "주님 마음대로 하세요. 보리피리로 연주해 주신다니 피리 소리 듣고 많은 인생이 살아나도록 불어 주세요." 그래서 "보리피리 되어 좋으리" 하고 응답하고 주님 뜻을 찾는 인생을 새롭게 출발하게 되었는데, 그렇게 바나바훈련원을 만들게 하시고 많은 목회자들을 영적으로 회복하게 하는 사역에 쓰시더라고.
- 자아가 꺾이고야 하나님의 숨결로 불려지는 노래를 연주하게 되는 보리피리 인생으로 새로워진 것이로군요.
- 그런데 이 보리피리 인생이 나는 너무 보람 있고 감사하다네.
- 아하, 옛사람이 죽고 새사람으로 태어난 것이네요. 자신의 야망과 소신을 좇는 옛사람이 꺾이고 하나님에 의하여 쓰임 받는 새사람으로 난 것이네요. 야곱이 꺾이고 이스라엘로 새로 나듯이 말입니다.
- 그렇다네. 하나님의 손에 들려지기 위해서는 옛사람은 꺾이고 새사람으로 살아나야 한다는 진리인 것 같지 않나?

- 머리로는 이해가 되는데요, 저는 아직 경험적으로 이 진리가 감격스럽게 다가오지는 않네요.
- 김 군은 워낙 하나님 앞에 겸손한 자이니 꺾일 필요 없이 이미 하나님 손에 들어간 것일지도 모르지. 하여튼 내가 죽고 하나님으로 사는 경험이 중요한 것 같아.
- 이 천개동에서 보리피리 인생을 받으신 셈이지요? 그러니 선생님에게 이 천개동은 진짜 하늘이 열린 천개동이네요.
- 그렇다네. 하늘이 열린 천개동(天開洞).

화해의 만남(창 33:1-1; 본문 생략)

- 마침내 에서와의 화해가 이루어지는군요. 야곱이 새사람이 되었는데 인간적인 냄새는 아직도 나네요?
- 뭘 보고 인간적인 냄새라는 거지?
- 가장 아끼는 라헬과 그 자식들을 맨 뒤에 두고요, 여종 출신 실바와 빌하와 그 자녀들을 맨 앞에 세우고, 그다음 레아와 그 자녀들을 세우고 가게 하네요? 에서가 치게 되면 먼저 여종들과 그 자녀들이 맞으라는 것 아니에요?
- 그렇네, 참으로 인간적인 모습이군. 그가 소중히 여기는 라헬과 그 자녀를 맨 뒤에 두고 말이야. 인간은 인간이지 신이 될 수는 없는 모양이지? 어쩌면 얍복 나루 건너기 전부터 그렇게 대열을 짓고 왔을 거야. 그리고 변동 없이 그렇게 진행하고 있는 것이겠지?
- 그래도 야곱 자신이 가장 앞에 나가 에서를 맞이하는 것을 보니 죽으면 죽으리라 하는 각오가 있는 것 같기도 하고요?
- 두 가지 심정을 품었을 것 같지 않나?
- 무슨 두 가지 심정을요?
- 하나님 앞에서 자기가 부서지는 경험을 하고 나서 죽으면 죽으리라

하는 각오로 맨 앞에 나가는 심정과, 한편 하나님이 나와 함께하신다는 믿음이 그가 앞서 나아가는 행동을 할 수 있게 했을 것이야.

- 그렇겠군요. 그러고는 최대한 낮은 자세를 취하고 일곱 번 몸을 땅에 굽히며 에서를 맞이하네요. 땅에 굽혔다는 것은 땅에 엎드려 절하였다는 이야기이지 않아요? '에서 앞에 나는 죄인입니다, 형님의 긍휼하심과 은혜 입기를 원합니다' 하는 겸손을 나타낸 것 같습니다.
- 그렇군 그래, 최대의 겸손과 형을 높이는 태도로 나아간 것이지. "사람의 마음의 교만은 멸망의 선봉이요 겸손은 존귀의 길잡이니라"(잠 18:12)라고 성경이 가르치지 않는가?
- 놀라운 일이 벌어지네요. 400인을 거느리고 야곱을 향해 오던 에서가 어떻게 된 일인지 적의는 하나도 없이 사라졌어요. 에서가 오히려 달려와서 야곱을 끌어안았는데요? 목을 어긋 맞추고 입맞추고 함께 울었다고 하네요.
- 이 얼마나 감격스러운 장면인가? 언제 이렇게 에서의 마음이 녹아내리게 되었는가? 야곱이 하나님께 기도하며 씨름할 때 하나님이 응답하셨고 에서의 마음을 움직이기 시작하셨겠지?
- 게다가 야곱이 일곱 번이나 몸을 굽혀 자기에게 나아올 때 에서의 마음에 응어리진 모든 원한과 복수심이 무너져 내리게 되었겠지요? 사실 이는 에서도 하나님의 은혜 안에 있게 된 것이지요? 원한과 증오에서 해방된다는 것 자체가 은혜 아닐까요? 에서가 그 영이 자유하게 되었다는 것이 참 멋지고 감사한 일이네요.
- 맞아, 하나님의 은혜가 아닐 수 없지. 야곱이 용서받았다는 것도 은혜요, 에서가 야곱을 용서하게 되었다는 것도 은혜이지. 하나님께서는 둘 다 해방하시고 은혜 안에 두신 것이야. 마침내 화해가 이루어진 것이네. 잠언 말씀이 생각나네.

잠 16:7 사람의 행위가 여호와를 기쁘시게 하면 그 사람의 원수라도 그와 더불어 화목하게 하시느니라

- 하나님께서 둘이 화해하도록 원한과 증오의 얼음덩이는 다 녹아내리게 역사하신 모양이네요?
- 다시 말하지만 야곱도 은혜를 받고 있지만 에서도 하나님의 은혜 안에 있게 된 것이 틀림없어. 용서란 용서하는 자가 더 복이 있는 법이거든. 성경도 그리 말하고 있지.
- 둘이 끌어안고 화해의 눈물을 흘리다가 이제 에서가 눈을 들어 보니 야곱 일행이 아주 많다는 것을 느끼고는 야곱 뒤로 정렬하여 늘어선 사람들이 누구냐고 물었네요.
- 야곱은 에서를 한껏 높여 부르면서 "하나님이 주의 종에게 은혜로 주신 자식들"이라고 대답하는군. 그리고 그들이 차례로 나아와 절하며 인사를 올리게 되고.
- 그렇네요, 야곱이 에서를 주라고 부른 셈이네요?
- 야곱은 이제 성숙한 사람이 되어 자신을 한없이 낮출 수 있는 사람이 된 것 같지?
- 앞서 보낸 짐승 떼는 무엇이냐고 에서가 묻고, 야곱은 형님께 드리는 선물이라고 하며 받으라고 하는데, 에서는 처음에는 사양하지요?
- 그런데 여기서도 "내 주께 은혜를 입으려" 하는 선물이라며 에서를 주로 부르지 않나? 에서의 마음을 쓰다듬는 겸손의 말이 아니겠는가?
- 지나친 아첨이 아닌가요?
- 아니, 그다음 말을 보면 더한데? 에서가 선물을 사양하자 받으라고 하면서 하는 말을 보라고. "형님의 얼굴을 뵈온즉 하나님의 얼굴을 본 것 같사오며"라고 말하지 않나?
- 아무래도 아첨이 좀 심한 것 같아요.

- 이 사람 김 군, 왜 자꾸 아첨이라고만 생각하나? 겸손과 감격이라고 이해해 주게. 생각해 봐. 형의 장자권을 빼앗고 축복권을 빼앗고 형의 살의와 분노를 샀던 야곱이 아닌가? 형의 분노가 풀리고 용서와 화해가 이루어지기를 갈망하는 야곱으로서는 자신을 최대한 낮추고 형 에서를 최대한 높여 형 에서의 마음속에 맺힌 상처를 씻어 내야 하는 입장이 아니냔 말일세. 그러니 최대한 엎드리는 모습을 취한 것은 성숙한 사람의 모습이 아니겠는가? 그리고 용서와 사랑으로 자신을 환대하는 에서의 모습 속에 하나님의 얼굴이 보인다고 한 것이 무슨 아첨인가? 감격의 시요, 감격의 언어인 것이지.
- 아 네 선생님, 제가 잘못했습니다.
- 아니 뭐 또 잘못했다고 빌 것은 없고. 하여튼 잠언 말씀처럼 부드럽고 겸손한 말 한마디의 소중함을 우리가 기억할 필요가 있을 걸세.

잠 15:1 유순한 대답은 분노를 쉬게 하여도 과격한 말은 노를 격동하느니라

- 선생님, 야곱의 성숙함도 아름답게 느껴지지만 에서의 마음에 맺힌 한이 빠져나가고 분노가 사라지고 에서가 야곱을 용서하고 사랑할 수 있게 자유한 영이 되었다는 게 더 신기한 것 같지 않으세요?
- 은혜야, 하나님의 은혜 아니고는 거의 불가능한 이야기이지. 내 옛날 이야기가 생각나네.
- 또 옛날 이야기가 생각나세요? 하여튼 연세 드신 분하고 이야기를 나누다 보니 옛날 이야기 생각난다는 경우가 많군요?
- 왜? 그래서 잔소리같이 들리나? 간증 이야기 하나 나누려 했더니 그만두어야겠군.
- 아, 아니 선생님, 아닙니다. 듣기 싫다는 뜻이 아니라 유익하고 축복이라는 뜻입니다. 간증해 주세요.

- 내가 처음 예수님 만나던 간증이 되는데…나는 6·25전쟁 피난민으로 깊은 시골에 살았는데 우리 집안에 아무도 예수 믿는 사람은 없었어. 나는 못 먹고 먹다 말다 하여 위장이 늘어나고, 폐결핵에 심장병 환자까지 되었지.
- 그 이야기는 전에 하셨습니다.
- 그랬지? 그런데 당시에 나의 부친은 날마다 술 취해 오셔서 어머님과 싸우고 화가 다 안 풀리면 자식들을 때려서 그중에 내가 장남이라고 제일 많이 맞았는데 그렇게 많이 때릴 수가 없었어.
- 선생님, 어려서 많이 맞으셨어요? 때리려고 하면 일단 도망치면 되던데?
- 그래? 김 군은 부모가 매를 들면 잘 도망친 모양이지? 나는 미련하게 도망치지도 않고 때리면 그냥 맞았어. 그리고는 속에 분노가 일었지. 사춘기 지나면서는 아버지를 미워하기 시작했는데, 점점 더 미워져서 나중에는 아버지 얼굴도 보기 싫어서 밥상을 마주하지 않고 나 홀로 부엌에 나가 혼밥하곤 했다네.
- 혼밥이 그때 생겼군요?
- 짓궂기는? 그렇게 미워하며 사니까 지옥생활이었지. 물론 내가 아버지를 미워하는 일이 죄라는 생각도 해본 적이 없었고.
- 사춘기 시절에 자주 맞았다면 아버지를 미워하는 일, 그럴 수 있다고 저는 이해가 됩니다.
- 그렇지, 그러나 죄는 죄지.
- 죄는 죄이지요.
- 성령님의 은혜로 내가 그 미움이 큰 죄라는 것을 깨닫게 하시면서 회개로 이끄시더라고.
- 그러더니 내 마음에 그 미움이 감쪽같이 사라지는 은혜를 받았어.
- 미움이 그냥 사라져요?
- 응, 사라졌어. 미움이라는 죄의 세력에서 해방되었던 것이야. 그래

예수님 만나던 그날 나는 자유하게 되어서 아버지께 무릎 꿇고 사죄할 수 있는 자유가 있었고, 더 이상 미워하지 않을 수 있는 자유를 누렸지.

- 그게 자유로군요. 미워하지 않을 수 있는 자유? 저는 그것이 자유라는 차원에서 생각 못 해보았는데 그게 영적 자유로군요. 죄의 세력에서 자유한 것이네요?
- 그렇다네. 그게 큰 은혜지. 내가 그렇게 변화되자 아버지께서 나를 더는 때리지 못하시고, 나중에는 감동받아 아버지도 하나님의 살아계심을 인정하고 예수 믿게 되는 축복을 누렸다네. 그런데 내가 강조하고 싶은 것은 용서는 용서받는 사람에게만 축복이 아니라 용서하는 사람에게도 축복이라는 것이네. 그래서 잠언서는 이렇게 말하지.

잠 19:11 노하기를 더디 하는 것이 사람의 슬기요 허물을 용서하는 것이 자기의 영광이니라

- 그러니 야곱도 은혜 받은 것이지만 에서도 하나님의 은혜가 임한 것이네요?
- 그렇다고 보아야지.

가나안에 돌아온 야곱(창 33:12-20; 본문 생략)

- 선생님, 참 보기 좋아요.
- 뭐가?
- 화해한 에서와 야곱 형제의 모습이요. 형 에서가 에스코트하겠다며 고향으로 돌아가자고 나서네요. 원한이 다 사라진 모습, 참 평화로운 모습이에요.

- 그렇지? 야곱은 형님 먼저 가시라고 사양하네. 야곱은 너무 부담이 된다고 느꼈을까? 양 떼, 소 떼와 어린아이들이 있으므로 천천히 갈 테니 먼저 가도록 권하여 에서를 돌려보내고 야곱은 여유 있는 걸음으로 고향으로 돌아와 숙곳에 이르게 되는군.
- 마침내 하나님께서 약속하셨던 것처럼 평안히 가나안에 다시 돌아왔네요.
- 그렇지. 하나님은 야곱이 떠날 때 말씀하셨지? 평안히 돌아오게 하리라고 말이야. 그리고 말씀대로 이루셨어.

창 28:15 내가 너와 함께 있어 네가 어디로 가든지 너를 지키며 너를 이끌어 이 땅으로 돌아오게 할지라 내가 네게 허락한 것을 다 이루기까지 너를 떠나지 아니하리라 하신지라

하나님은 야곱에게 언약하신 대로 그의 나그네 인생 모든 날 동안 함께하셨고 마침내 평안히 고향에 돌아오게 하셨네. 신실하신 하나님의 성취하심이 아닌가?
- 야곱은 거기서 단을 쌓고 하나님을 경외하고 예배하는 마음을 다짐하며 그 단의 이름을 엘엘로헤 이스라엘이라 부르네요. 엘엘로헤 이스라엘이란 무슨 뜻이지요?
- '전능하신 또는 위대하신 이스라엘의 하나님'이라는 뜻이라네. 과연 야곱의 일생에 함께하신 하나님은 전능하시고 위대하신 하나님이 아닌가? 전능하시고 위대하신 하나님을 영원히 모시고 예배하겠다는 감사와 감격의 마음을 가지고 단을 쌓고 하나님을 경배하였다는 말이겠지.

시 104:1 내 영혼아 여호와를 송축하라 여호와 나의 하나님이여 주는 심히 위대하시며 존귀와 권위로 옷 입으셨나이다

디나로 인한 갈등(창 34:1-31; 본문 생략)

- 선생님, 이번 이야기는 끔찍하군요?
- 글쎄 말이야. 성적 충동을 통제하지 못한 일 때문에 멸망하는 한 인간, 아니 한 족속의 이야기로군.
- 요즘 성폭행 사건으로 사회적 물의를 일으키는 사람들에 대한 기사로 텔레비전과 신문이 뜨거운데, 여기 성폭행으로 망한 대표적인 예가 나오는군요? 아니, 이게 뭡니까? 성적 충동을 한번 통제하지 못한 죄가 이렇게 무시무시합니까? 요즘 성폭행, 성추행 사건으로 인해 쌓아 온 명성에 먹칠하고 사회적으로 매장되는 국회의원, 연예인, 시인 등은 새 발의 피로군요. 전 가족, 아니 전 부족이 죽임을 당해요. 이거 야곱의 아들들도 너무한 것 아니에요? 전 부족을 멸망시키다니.
- 창세기에는 우리가 이 땅에서 경험할 수 있는 온갖 죄악과 악독함이 다 폭로되는 것 같지 않나? 타락한 인간의 죄악과 포악함을 가감없이 다 폭로해 주는 것 같아. 오늘날에도 일어나는 죄악과 포악함이 옛날부터 있었음을 보여주는 이유는 무엇일까?
- 거울이지요. 보고 깨달으라, 이래서야 되겠느냐, 그런 메시지 아닐까요? 선생님, 성욕 자체가 악한 것은 아니지 않아요? 아직 결혼하지 않아서 그런지 예쁜 여성을 보면 가슴이 뛰고, 어떤 때는 와락 끌어안고 싶은 충동을 솔직히 느끼거든요.
- 김 군, 솔직해서 좋네. 성적 욕구라는 것은 한 남자와 한 여자 둘이 하나 되어 살아가라고 주신 하나님의 작품이라네. 서로 다른 이성끼리 사랑스럽고 하나 되고 싶게 하는 원리이지. 그런데 이 성적 욕구나 충동은 이성으로 통제되어야 하고, 어디까지나 상호 사랑하는 관계를 이루는 거룩한 원리로 사용되어야 한다네.
- 결혼하면 아내나 남편에게만 사랑의 감정을 느끼나요, 다른 이성에

게도 느끼나요?

- 결혼 전이나 후나 사랑과 성적 욕구에는 변함이 없어. 감정과 욕구 자체가 아내나 남편을 구분하는 게 아니라네.
- 그러면 결혼 후에도 평생 성적 욕구를 잘 다스려야 하는 모양이네요? 선생님도 다른 여성에게 성적 충동을 느끼세요?
- 이 사람아, 낸들 무슨 천사냐? 나도 인간이지.
- 얼래, 거룩한 줄 알았더니 선생님도 똑같아요?
- 아니, 이 사람이? 욕망은 같고 절제가 달라서 거룩하거나 욕되거나 한 것이지, 이 사람 참.
- 아 그렇지요? 평생 조심해야 하겠네요.
- 그래, 이 이야기를 명심하게. 자네뿐 아니라 자네 가족, 아니 자네 가문 전체가 멸망하는 수가 있으니 아름다운 성을 거룩하게 사용하게나.
- 시므온과 레위도 너무한 것 맞지요?
- 글쎄 말이야. 할례 받으면 함께 살고 통혼하겠다고 속여서 동시에 남자들로 할례를 받게 하고는, 할례로 말미암아 아파할 때를 기다려 칼로 모조리 도륙하니 상상만 해도 끔찍하군. 인간이 이렇게 악할 수 있어요.
- 원수를 사랑하라는 예수님의 말씀에 비추면 이들도 죄악 덩어리임은 마찬가지인 것 같아요?
- 그들도 기왕에 더럽혀진 누이지만 좀 성숙하게 대할 수 있었을 텐데 포악하기는 마찬가지야. 덜 된 신앙인의 모습이겠지.
- 자기 아들을 죽인 공산당원을 용서하고 아들 삼았다는 손양원 목사님의 이야기 같은 게 만들어질 수도 있었을 텐데, 시므온과 레위 역시 영적 성숙이 안 되었고, 육신적 충동에 움직인 사람들 같아요.
- 야곱은 이로 인하여 슬퍼했고, 시므온과 레위의 행동을 잘했다 하지 아니했으며, 야곱이 늙어 세상을 떠나기 전 자식들에게 축복할

때 시므온과 레위는 축복하지 못하고 저주가 임한 것을 볼 수 있지.

창 49:5-7 시므온과 레위는 형제요 그들의 칼은 폭력의 도구로다 내 혼아 그들의 모의에 상관하지 말지어다 내 영광아 그들의 집회에 참여하지 말지어다 그들이 그들의 분노대로 사람을 죽이고 그들의 혈기대로 소의 발목 힘줄을 끊었음이로다 그 노여움이 혹독하니 저주를 받을 것이요 분기가 맹렬하니 저주를 받을 것이라 내가 그들을 야곱 중에서 나누며 이스라엘 중에서 흩으리로다

- 이 부분에서는 야곱 자녀들의 불완전한 신앙과 타락한 인간의 모습 그대로를 보여주고 있군요. 아직 성령의 사람들로 거룩해지지 못한 모습, 육체의 소욕을 따라 살고 있는 모습이겠지요?
- 그렇다네. 타락한 인간은 이제 성령으로 거룩해져야 하고, 육욕을 따라 살아서는 안 되고 성령을 좇아 살아야 할 것일세.

갈 5:16-26 내가 이르노니 너희는 성령을 따라 행하라 그리하면 육체의 욕심을 이루지 아니하리라 육체의 소욕은 성령을 거스르고 성령은 육체를 거스르나니 이 둘이 서로 대적함으로 너희가 원하는 것을 하지 못하게 하려 함이니라 너희가 만일 성령의 인도하시는 바가 되면 율법 아래에 있지 아니하리라 육체의 일은 분명하니 곧 음행과 더러운 것과 호색과 우상숭배와 주술과 원수 맺는 것과 분쟁과 시기와 분냄과 당 짓는 것과 분열함과 이단과 투기와 술 취함과 방탕함과 또 그와 같은 것들이라 전에 너희에게 경계한 것같이 경계하노니 이런 일을 하는 자들은 하나님의 나라를 유업으로 받지 못할 것이요 오직 성령의 열매는 사랑과 희락과 화평과 오래 참음과 자비와 양선과 충성과 온유와 절제니 이 같은 것을 금지할 법이 없느니라 그리스도 예수의 사람들은 육체와 함께 그 정욕과 탐심을 십자가에 못

박았느니라 만일 우리가 성령으로 살면 또한 성령으로 행할지니 헛된 영광을 구하여 서로 노엽게 하거나 서로 투기하지 말지니라

벧엘로 올라가라(창 35:1-15; 본문 생략)

- 세겜에서 수치와 피 흘림을 경험한 야곱에게 하나님께서는 벧엘로 올라가라 명하셨네요?
- 벧엘은 야곱이 형 에서를 피하여 갈 때 돌베개 하고 자던 곳이요, 하나님께 서원하여 기도드리던 곳이요, 하나님을 만난 곳이지? 하나님께서는 초심으로 돌아가 정녕 나를 의지하고 내게 서원하던 그곳으로 가서 나와의 관계를 재정립하자고 하시는 것 같지 않나?

창 28:18-22 야곱이 아침에 일찍이 일어나 베개로 삼았던 돌을 가져다가 기둥으로 세우고 그 위에 기름을 붓고 그곳 이름을 벧엘이라 하였더라 이 성의 옛 이름은 루스더라 야곱이 서원하여 이르되 하나님이 나와 함께 계셔서 내가 가는 이 길에서 나를 지키시고 먹을 떡과 입을 옷을 주시어 내가 평안히 아버지 집으로 돌아가게 하시오면 여호와께서 나의 하나님이 되실 것이요 내가 기둥으로 세운 이 돌이 하나님의 집이 될 것이요 하나님께서 내게 주신 모든 것에서 십분의 일을 내가 반드시 하나님께 드리겠나이다 하였더라

- 네, 야곱은 바로 이 벧엘로 올라갈 필요가 있었던 것 같네요. 하나님을 만난 그곳, 하나님께 서원하던 그곳, 그곳에 가서 서원한 대로 하나님을 예배하고 하나님을 다시 만나며 거룩한 하나님의 사람으로 서야 할 필요가 있었던 것이겠지요. 어쩌면 야곱은 당연히 이 벧엘부터 찾았어야 했겠지요. 그런데 그는 이 벧엘로 돌아오기를 지체하고 있었기에 여러 시련을 만났던 것이 아닐까요?

- 그래. 하나님을 최초로 만나며 그분과 언약을 맺던 자리, 그분께 서원하던 그 자리로 돌아가야 해. 그리고는 서원대로 하나님을 예배하는 자리에 서야 해. 야곱은 벧엘에서 서원할 때 세운 돌기둥이 여호와의 전이 되리라고 하였어. 그러면 하나님의 은혜로 고향에 돌아오게 될 때는 서원을 따라 그 벧엘에 제단을 쌓고 예배해야 당연하지 않겠는가? 그래서 하나님께서 야곱에게 "벧엘로 올라가라" 명하시고, 그리고는 거기서 "단을 쌓으라"고 명하신 것이 아니겠는가?
- 야곱은 이제서야 다시 한번 자신과 자신의 가족들의 영적인 모습을 발견하고 각성하는 것 같지요? 야곱은 자기 가솔들에게 이방 신상을 버리라고 명하네요. 이제껏 이방 신상을 깨끗이 정리하지 못한 엉거주춤한 신앙을 가지고 왔던 것을 회개하고 정리하자는 것이겠지요?
- 사람은 환난을 통하여 자신을 돌아보며 영적 각성을 갖는 모양이네. 야곱은 보다 철저히 반성하고 거룩하게 하여야 한다는 것을 깨달은 것 같아. 근본적인 영적 개혁을 단행하는 것 같지?
- 온 가족에게서 이방 신상을 제하는 일종의 종교개혁을 단행하고 있는 셈이네요. 이방 신상을 버리고 자신을 정결케 하고 의복을 바꾸라고 명하고 있어요.
- 물론 이 부분은 몸을 씻고 의복을 바꾸는 외적인 것이긴 하나, 이것은 단순히 외적인 것을 의미하는 것이 아니라 몸을 씻고 의복을 바꾸는 것은, 근본적으로 하나님 앞에 자신을 씻고 새롭게 하자는 상징적 의미를 지니고 있는 것 같아. 마침내 저들은 모든 이방 신상을 거두어 야곱에게로 가져오고, 야곱은 이방 신상들을 땅에 묻어 버리고 새출발을 시도하게 되었던 것이지.
- 야곱은 이방 신상을 버리고 몸을 씻고 정결케 한 후 환난 날에 자기에게 응답하신 하나님, 지금까지 평강의 길을 주시고 인도하신 하나님께 거기서 단을 쌓고 예배하리라 하고 하나님이 말씀하신 벧엘,

자신이 하나님을 만나는 체험을 했던 벧엘로 올라갔는데, 재미있는 것은 아무도 저들을 추격하지 않았다고 하네요.

- 시므온과 레위가 한 부족을 몰살시켰을 때 그 부족에는 남자가 다 죽었으니 추격할 자가 없었겠지만, 이 포악한 무리를 죽여 후환을 없애자고 이웃 부족들이 추격할 수도 있었는데, 하나님의 은혜가 임하여 보호하심으로 저들을 추격하는 사람이 없었다고 하네그려.
- 참, 하나님은 악해도 당신의 백성을 끝까지 버리지 않고 보호하시네요. 선생님, 이것은 천지를 창조하신 모든 인류의 창조자로서 불공평한 것 아닌가요? 자신이 택한 백성은 아무리 죄를 지어도 보호하고, 택하지 않은 백성은 죽거나 말거나 버려두고 말입니다.
- 왜 아니래? 이게 사랑이라는 속성이야. 하나님이 사람을 사랑하는 마음이야. 그 사랑의 언약을 한 사람과 언약을 안 한 사람과는 차이가 날 수밖에 없지 않나?
- 아하, 언약의 백성과 그 밖의 사람들과는 차이를 둘 수밖에 없는 것이 사랑의 속성이네요?
- 김 군, 자네도 결혼해 보면 알아. 언약관계에 있는 아내보다 다른 여인에게 관심을 두면 어찌 되는지 아나? 그게 바로 간음이야. 사랑에는 배타적 성격도 있다는 것이야. 언약 안과 밖은 그래서 달라.
- 그렇군요. 하여튼 하나님과의 언약 안에 거하는 인생이 되어야 하겠어요. 마침내 야곱 일행은 벧엘에 이르고, 거기 단을 쌓고 하나님을 예배하며 그곳 이름을 이제는 엘벧엘이라 불렀네요. 엘벧엘은 무슨 뜻이지요? 벧엘이라 불렀던 곳에 엘을 한 번 앞에다 더 썼는데요?
- 벧엘에서 벧은 '집'이란 뜻이고, 엘은 '하나님'이란 뜻으로 벧엘은 '하나님의 집'이란 뜻이었지? 그런데 엘을 앞에 더 붙인 것은, 엘은 하나님이고 벧엘은 그 지명으로 엘벧엘이란 '벧엘의 하나님'이란 뜻이지. 야곱이 에서의 분노를 피하여 가던 절체절명의 때에 벧엘에서 하나님을 만났지? 그래서 그곳 이름을 벧엘, 하나님의 집이라 불렀는데,

지금 다시 그 벧엘에 와서 하나님을 만나니까 과연 '하나님은 벧엘의 하나님이시로구나' 그렇게 감격하여 부른 이름이지.

— 하나님의 은혜가 아니고야 어떻게 그 수많은 고난 가운데서 무사히 귀향할 수 있었겠습니까? 하나님의 은혜가 아니고야 어떻게 또 죄 사함을 받으며, 어떻게 거룩해지며, 어떻게 하나님의 언약 속에 평강을 얻었겠습니까? 감격하고 감격할 것뿐이겠지요.

— '하나님의 은혜로다, 하나님의 집에 내가 거하는도다, 내가 형의 낯을 피하여 갈 때 이곳에서 하나님을 만났더니, 오늘 그 하나님의 말씀대로 다시 벧엘에서 그 은혜의 하나님을 뵈옵는구나' 이런 감격 외에 더 무엇이 있겠나? 그러니 엘벧엘이라 부를 수밖에.

— 선생님, 그러한 감격 뒤에 슬픈 소식도 있네요? 리브가의 유모가 죽었어요. 그런데 리브가의 유모 이야기가 왜 여기에 나오지요? 리브가의 유모이면 야곱에게는 자기 어머니의 유모, 즉 할머니뻘인데 이 유모 이야기가 전혀 없었는데 왜 여기서 불쑥 나오죠?

— 그렇지? 리브가의 유모에 대하여는 알려진 바가 거의 없지? 창세기 24장 59절에 리브가가 이삭과 결혼하기 위하여 올 때 리브가의 유모도 동행하였다는 기사가 있을 뿐이지. 그러나 이 리브가의 유모 드보라는 야곱의 생애에 의미 있는 존재였던 것 같아. 언제 야곱 일행과 합류하였는지는 알 길이 없으나 야곱이 자랄 때부터 영향을 주고 애정을 주었던 여인이고, 할머니같이 야곱을 사랑하며 도왔던 것 같아. 그래서 야곱은 이 여인의 죽음을 대단히 슬퍼한 것이겠지? 벧엘 아래에 있는 상수리나무 밑에 장사하고 그 나무 이름을 알론바굿이라 불렀다는데, 알론이란 '상수리나무' 또는 '큰 나무'라는 뜻이고, 바굿이란 '통곡'이라는 뜻이니 이 드보라의 죽음에 야곱이 크게 통곡하고 슬퍼한 것으로 보이거든. 야곱의 마음으로부터 통곡을 자아내게 한 여인, 그는 야곱의 어머니의 유모이면서 야곱에게는 친할머니처럼 애정을 쏟았던 사람 같네. 하여튼 우리네 인생은 여러 사

람이 얽히어 더불어 살고 있었던 것이네. 이제 중요한 것은 야곱에게 하시는 하나님의 언약의 말씀일 것인데, 어떤 언약을 주시는지 살펴보게.

• **이스라엘로 살아라**

– 네, 이미 얍복 강 나루에서 천사와 씨름하여 이길 때 천사가 준 새 이름을 하나님이 확증하시네요. 야곱의 이름을 이스라엘이라 하시며 개명을 확인시켜 주셨어요.

– 야곱은 이제 발뒤꿈치를 잡은 자, 탈취자라는 이름과 그런 자기 이미지를 가지고 살아가는 것이 아니라 하나님과 겨루어 이긴 자, 즉 하나님의 은혜를 받아 승리한 영적 승리자의 이름으로 살아가라는 확증의 말씀인 것이지. 오랜 훈련 끝에 이제 승리자의 이름으로 살아가도록 격려하시는 말씀 아닌가? 성도의 삶이란 승리자의 이름으로 살아가는 것이 궁극적 소원이요 바람이 아니겠는가?

• **생육하고 번성하라**

– 승리자 이스라엘은 이제 생육하고 번성하라는 축복을 받는데요? 국민과 국민, 많은 민족이 야곱에게서 번성하리라는 축복을 받고 있어요. 이스라엘의 후손을 통하여 많은 민족이 나올 것이라고 하네요. 이는 육신적인 민족만 아니라 영적 민족도 포함하는 것이겠지요?

– 그렇겠지. 조상 아브라함, 이삭에게 주셨던 언약을 다시 확증하여 주시는 것이네.

• **왕들이 나오리라**

– 이스라엘의 허리에서 왕들이 나오리라고 말씀하시는데요?

– 확실히 이스라엘의 후손에게서 왕들이 나올 것이야. 그러나 이것도 단순히 정치적 왕만 나오는 것이 아니라 영적 왕들이 나올 것임을

예언하고 축복하는 것이지. 이스라엘을 통하여 영적 왕들이 나오게 되지 않는가? 우리조차도 영적 왕들이 아니던가? 우리가 이스라엘, 영적 이스라엘이 되어 왕이 되지 않았던가?

벧전 2:9 그러나 너희는 택하신 족속이요 왕 같은 제사장들이요 거룩한 나라요 그의 소유가 된 백성이니 이는 너희를 어두운 데서 불러내어 그의 기이한 빛에 들어가게 하신 이의 아름다운 덕을 선포하게 하려 하심이라

• 땅을 네게 주고 네 후손에게도

- 가나안 땅도 확증하여 주시네요?
- 이것은 아브라함에게 주신 약속, 이삭에게 주신 약속, 다시 이스라엘(야곱)에게, 그리고 그 후손들에게 대물림하는 언약의 확증인 것이지.

• 돌기둥을 세우고

- 이에 이스라엘은 하나님이 자기와 말씀하시던 곳에 돌기둥을 세우고 그 위에 전제물을 붓고 그곳 이름을 벧엘이라 불렀네요.
- 벧엘은 이미 벧엘이지. 그러나 야곱은 하나님을 만날 때마다 벧엘이라 불렀군. '그래, 과연 하나님의 집이로다' 하며 감격하여 벧엘이란 말을 되풀이한 것이 아니겠는가? 우리의 벧엘은 어디인가? 김 군, 자네의 벧엘은 어디인가? 하나님을 만나는 집을 가지고 있는가? 벧엘로 올라감세. 거기서 하나님께 제단을 쌓자고. 그리고 하나님을 만나는 감격을 되찾음세. "벧엘로 올라가라."

사랑하는 자를 잃는 슬픔(창 35:16-29; 본문 생략)

- 선생님, 이제부터는 성경 기록도 야곱이라 하지 않고 이스라엘이라

고 부르네요?

- 그렇네. 그런데 이스라엘이라 새 이름으로 불리는 시점에 이제 인간적으로 어려운 일들이 생기는군.

• 아내 라헬을 잃는 슬픔

- 성경은 꾸밈 없이 인간의 희로애락의 경험을 그대로 기록하는 것 같네요. 우선 이스라엘이 겪는 슬픔은 그가 가장 사랑하던 아내 라헬을 잃는 슬픔이군요.
- 일행이 벧엘을 떠나 이삭, 즉 그 부친이 살고 있는 땅을 향해 더 가까이 옮겨 가는 중에 라헬이 출산의 산고를 겪게 되었다지? 라헬은 이제 늘그막에 아들 하나를 낳고는 죽게 되었네그려.
- 라헬은 죽어가면서 그 이름을 베노니라고 이름하였다는데, 이스라엘은 베냐민이라고 불렀다고 하네요. 베노니와 베냐민의 차이는 무엇이지요?
- 베노니는 '슬픔의 아들'이란 뜻이고, 베냐민은 '오른손의 아들'이라는 뜻이라네.
- 아들을 낳으며 죽어가니 슬픔의 아들이 아닐 수 없었을 테지요? 그래서 죽어가면서 지은 이름이 '베노니, 슬픔의 아들이로구나' 그리 부른 모양인데, 그의 부친 이스라엘은 '슬픔의 아들이라니 오른손의 아들이라 하자' 하고 비슷한 발음의 긍정적인 뜻의 이름으로 바꾸어 불렀던 모양이네요.
- 라헬의 죽음은 분명 슬픈 일이기는 하지만, 아들의 이름을 평생 슬픈 이름으로 부른다는 것은 아이의 장래를 위하여, 또 자신을 포함한 남은 자들에게 결코 좋은 일이 될 수는 없었을 테지?
- 그렇네요, 그래서 보다 긍정적이고 소망적인 이름으로 바꾸어 부른 것이군요.
- 부정적인 상황일수록 소망적으로 생각해야 하는 것 아니겠나?

- 라헬의 시신을 장사하고 묘비를 세웠다는 것은 이스라엘이 라헬을 많이 사랑하였음을 나타내는 것 같네요.

• **르우벤의 통간**

- 이건 또 다른 슬픔인데요? 레아를 통하여 얻은 아들 장자 르우벤이 이스라엘의 사랑하는 아내 라헬의 시녀였던 자기의 서모 빌하를 유혹하여 통간하는 어처구니 없는 모욕을 경험하게 되었다는 것입니다. 그가 자기 어머니의 시녀였다면 그렇게 하지 않았겠지요? 이스라엘의 일생에 그렇게 여러 여자를 아내로 삼아야 하는 운명 속에서 그 악한 열매들을 보는 것이네요.
- 이러한 일부다처와 서로 질투하고 소외되고 하는 경험들 속에서 아이들의 정서가 바르게 성장했을 리가 없지. 그런 가정 분위기에서는 온전한 신앙교육도 제대로 이루어지지 않았을 것이고. 이스라엘은 꺾일 대로 꺾이는 자존심을 붙들어 세우기 어려웠을 것이야. 그러나 그는 참고 모른 체하며 속으로 오욕과 분노를 삼키는 것 같지? 어쨌든 일부다처 가정의 부정적 열매를 보는 것이네.

• **이삭이 죽어**

- 이런 형언하기 어려운 일들을 겪으며 이스라엘이 마침내 기럇아르바의 마므레에 살고 있는 아버지 이삭에게 이르렀네요.
- 거기는 아브라함과 이삭이 우거하던 조상의 땅이지. 마침내 우여곡절 많은 나그네 길에 아버지가 계신 고향에 왔겄만 얼마 안 되어 아버지 이삭은 이 세상을 떠나게 되었네그려. 그렇게 세월이 다 간 것이지. 효도할 시간도 없이 말이야. "효도를 미루지 말아라. 부모는 기다려 주지 않는다"는 속담이 맞는다는 것을 증명이라도 하듯 부친이 가버린 것이야.
- 다행인 것은 형 에서와 함께 아버지를 장사하게 되었다는 것이지요.

- 형제가 화해하고 함께 부친의 장례를 치른 것만도 얼마나 다행한 일인가? 그것만도 이스라엘에게는 꿈같은 일이었을 것이네.

에서의 족보(창 36:1-43; 본문 생략)

- 선생님, 여기는 에서의 자손들에 대한 기록인 모양인데 이것을 왜 여기에 굳이 기록했는지 모르겠네요. 무슨 특별한 사건도 없고 이름들만 나열되어 있는데, 이게 왜 여기 있어야 하지요?

• 에서/에돔족의 족보

- 성경의 이야기는 세상 일의 모든 것을 기록하는 책이 아니라고 했지?
- 물론이지요. 성경 이야기는 구원사를 중심으로 엮여 있다고 했지요. 그래서요?
- 에서와 이스라엘 형제 사이에는 구원사에 있어서 언약의 상속자인 이스라엘을 중심으로 엮일 수밖에 없지? 그래서 이전 이야기도 이스라엘 중심으로, 또 앞으로도 이스라엘 중심으로 엮어 갈 것이 틀림없어. 그러나 에서도 이삭의 아들인 동시에 야곱과 상관관계를 갖고 있으며, 또는 대조되어 야곱의 계시를 더 드러나게 하는 면이 있다네. 그러므로 에서의 족보와 후손들의 이야기는 역사적 사실로서의 이름과 간략한 정보만 기술될 뿐이지만, 이는 하나님의 구원의 역사에서 주인공이 아니며 조연 역에 대한 간단한 기록일 수가 있지. 이 이야기 속에서 우리는 역설적으로 언약백성의 역사 안에 산다는 것의 중요성을 새삼 깨달아야 할 것 같네.
- 그러면 그냥 넘어갈까요?
- 그럼세.

산책길 18

요셉, 꿈과 시련(창 37:1-39:23)

- 선생님, 오늘은 어디로 가시기에 새벽같이 불러내셨습니까?
- 좀 멀리 가려고. 전남 영암에 있는 월출산으로 감세.
- 멀긴 머네요. 등산하시게요?
- 월출산 정상까지 한번 올라가고 싶은데 내 체력이 지금 가능할지 모르겠네. 일단 가봄세.

- 선생님 다 왔습니다. 일어나세요.
- 어, 내가 잤나?
- 제가 운전하는 동안 잘 주무셨습니다.
- 아이, 고맙네. 내가 아내에게 부탁하여 2인분 도시락을 저 배낭에 넣어 왔으니 배낭을 메게. 천천히 올라가며 창세기 산책을 겸하도록 해보세.

요셉의 꿈(창 37:1-11; 본문 생략)

- 이제 이야기는 요셉을 주인공으로 전개되는 것 같은데요?
- 그래, 야곱의 열두 아들 중 열한 번째인 요셉이 주연이 되는 것 같네그려.
- 그런데 이야기가 아름답기만 한 것이 아니에요. 역시 일부다처로 말미암은 형제간의 갈등 이야기로 시작되는군요.
- 요셉이 형들의 미움을 받게 되었지? 미움 받게 된 이유가 무엇이던가?
- 첫째는 형들의 잘못을 아버지에게 알리는 일, 고자질이라고 해야 할까요? 그게 첫 번째 이유이고, 둘째는 아버지가 요셉을 편애하고 옷도 형들과는 다르게 자색 옷을 입히는 차별이 눈에 띄게 심했다는 일이고, 셋째는 꿈, 다시 말해 형들이 요셉에게 굴복하거나 요셉을 섬기게 될 것을 암시하는 꿈을 꾸었다고 하니 미워할 수밖에 없겠지요?
- 그래 말이야. 고자질과 편애만 해도 질투의 대상인데 게다가 자기들이 요셉에게 절하는 기분 나쁜 꿈을 꾸었다고 하니 미워하지 않을 수 있겠나? 그중 꿈 이야기는 결정타였을 거야.

• 내 단은 일어서고

- 요셉의 꿈이 의미심장한 면이 있기는 한 것 같아요.
- 그렇지? 각각 이름 붙여진 곡식단이 있는데 요셉의 곡식단은 일어서고 형들의 곡식단은 요셉의 곡식단에 엎드려 절하는 꿈이니 형들에게는 뭔가 징조가 좋지 않은, 기분 나쁜 꿈으로 생각될 수밖에 없겠지.

• 해와 달과 열한 별이

- 두 번째 꿈 이야기는 별에 관한 것이네요? 해와 달과 열한 별이 요

셉의 별에게 절하는 꿈이네요. 두 번 다 형들을 가리키는 곡식 단이나 열한 별, 나중에는 심지어 부모를 암시하는 해와 달마저 요셉에게 절하는 꿈이었네요. 어떻게 그러한 일이 일어날지는 알 수 없지만 분명 심상치 않은 꿈이었겠어요.

– 꿈 이야기를 들은 형들의 반응은 더욱 미워하게 되었지? 형들은 그 꿈 이야기를 듣자 즉시 자기들이 요셉에게 절하고 요셉이 자신들을 다스리게 되는 이미지를 떠올렸을 것일세. 형들은 그러한 꿈이 현실일 수 없다고 생각하면서도 기분 나쁘고 요셉을 더욱 증오하게 되었겠지.

– 아버지 야곱의 반응은 달랐네요? 물론 겉으로는 요셉을 꾸중하고 핀잔을 주었지만, 그러나 그것은 형들의 질투심이나 시기심을 누그러뜨리려는 훈계였을 것이고, 야곱은 요셉에게 들은 꿈 이야기를 마음에 두었다고 하네요.

– 원래 형제들끼리는 질투하는 법이고, 부모는 자식의 위대함을 마음속으로 기대하는 것이라네. 사실상 요셉 이야기는 꿈 이야기로 시작되는 셈인데, 요셉은 꿈을 받은 사람이었어. 내가 꿈을 그리는 것이 아니라 하나님께서 요셉에게 꿈을 주신 것이지. 하나님께 받은 꿈이 있다는 것은 아마 요셉의 일생을 규정할 것으로 보이지?

– 꿈이 있는 인생, 어딘지 기대되는 미래인데요?

– 그런데 김 군, 김 군의 꿈은 무엇인가?

– 저는 요셉이 꾼 것 같은 의미 있고 뚜렷한 꿈을 꾼 적이 없는데요?

– 그래? 우리 모든 사람이 이렇게 하나님이 꾸게 하시는 그런 종류의 꿈을 꾸는 것은 아니지. 요즘은 마음에 강렬하게 타오르는 어떤 이상, 그런 걸 꿈이라고 부르기도 하거든? 평생에 하고 싶은 그런 열망 말이야. 그런 열망이 되는 꿈도 없나? 아니면 무슨 사명처럼 느끼는 그런 것 말이야.

– 글쎄요, 뭐 특별한 꿈이라고 할 수 있을지 모르겠는데, 사실 선생님

과 창세기 산책을 하면서 제 안에 어떤 열망 같은 게 서서히 만들어지고는 있습니다.

- 그게 뭔가?
- 하나님의 삼위일체 형상으로 지음 받아 사람은 더불어 살게 되어 있다는 진리를 깨달았을 때 '그런데 왜 사람들은 타인을 죽이고 내가 살려고 할까?' 하는 의문을 가졌습니다. 물론 이것이 타락한 인간의 모습이지만 말예요. 그래서 다른 이를 배려하고 세우고 도우면서 살고 싶다는 생각을 했습니다. 그리고 선생님이 인생의 의미를 발견했다고 하신 창세기 12장의 "너는 복이 될지라"라는 말씀을 깨달을 때 나도 누군가에게, 아니 많은 사람들에게 복이 되는 인생을 살고 싶다는 생각을 품었습니다.
- 그게 꿈이 될 수 있지. 이제 그러한 이상에다가 조금만 구체적으로 무슨 일을 통하여 그 이상을 실현해야겠다 하면 꿈에 한 발짝 더 다가가는 것이 되고. 하여튼 김 군, 꿈꾸는 청년이 되어야 하네. 앞으로 요셉의 이야기를 읽으면서 깨달으면 더 밝혀지겠지만, 꿈이 있는 인생과 꿈을 갖지 못한 인생은 대단히 차이가 나는 것을 볼 것일세.

고난의 훈련길(창 37:12-36; 본문 생략)

- 그런데 선생님! 요셉을 보니 꿈을 가진 대가를 톡톡히 치르네요? 꿈은 고난을 동반하는가 봐요. 아버지 심부름으로 형들을 찾아갔다가 형들에게 잡혀 구덩이에 빠지고, 미디안 사람들에게 노예로 팔려가서 애굽 바로의 친위대장 보디발의 집에서 노예로 살게 되네요?
- 글쎄, 그게 꿈의 대가인지는 모르지만 꿈을 이루는 과정이 될 것이 아니겠나? 맞아, 꿈을 꾸기만 하면 꿈이 쉽게 이루어진다고 생각해서는 안 되네. 대가를 지불하고 꿈을 이루어야지.

- 그래도 이복형들이기는 해도 요셉을 보호해 보려고 하는 형들도 있었네요? 르우벤은 나중에 요셉을 아버지께 돌려보낼 생각으로 죽이지는 말자고 제안하여 물 없는 구덩이에 넣도록 하고요? 그리고 유다는 요셉을 죽이는 것보다는 미디안 장사꾼들에게 팔아버리자고 제안하네요?
- 그렇네. 어찌 됐든 요셉은 애굽 왕의 친위대장 집에 노예로 팔려가게 되었군그래.
- 아버지 야곱은 요셉이 짐승에게 찢겨 죽었다고 생각하고 슬퍼 울기만 하고요.
- 요셉의 꿈이 헛된 꿈이라고 생각할 수밖에 없는 지경으로, 최악으로, 노예의 삶으로 전락했군. 그런데 이 과정에 하나의 그림자가 보이는 것 같기도 한데?
- 무슨 그림자요?
- 이스라엘은 집을 멀리 떠나 양을 치고 있는 아들들의 안부를 알아보기 위하여 집에 머물던 사랑하는 아들(the beloved son) 소년 요셉을 그의 형들에게 보냈지? 그때 요셉은 기꺼이 순종하는 대답을 했고?
- "그리하겠나이다"라고 순종하였지요.
- 여기서 요셉은 예수님의 모습을 미리 상징적으로 보여주는 인물이 되는 것 같아. 아버지의 보냄에 순종하여 이 세상에 오신 하나님의 사랑하는(the beloved son) 독생자 예수님의 예표와 같지 않나?
- 그렇기는 한데요?
- 요셉은 예상했던 세겜에서 형들을 만나지 못하자 물어물어 형들이 옮겨 간 곳까지 찾아가거든. 세겜에 가는 것이 목적이 아니라 형들을 찾는 것이 보냄 받은 목적이니까. 따라서 요셉은 보냄 받은 사명을 완수하고자 들을 헤매며 찾고, 마침내 도단에 이르러 형들을 찾아내지. 이것 역시 예수님의 예표로 보인단 말이야. 예수님은 보내

신 아버지의 뜻을 이루는 것이 예수님의 양식이라고 할 만큼 보내신 이의 뜻을 이루고자 하였거든.

요 4:32-34 이르시되 내게는 너희가 알지 못하는 먹을 양식이 있느니라 제자들이 서로 말하되 누가 잡수실 것을 갖다 드렸는가 하니 예수께서 이르시되 나의 양식은 나를 보내신 이의 뜻을 행하며 그의 일을 온전히 이루는 이것이니라

- 선생님, 그렇게 보니까 또 그렇네요. 형들이 그러거든요. "꿈꾸는 자가 오는도다. 그를 죽이고 꿈이 어찌 되나 보자." 아버지의 사랑을 안고 찾아간 요셉을 형들은 죽이기로 결의하는 것이지요. 이 또한 예수님의 예표로 보인다는 것입니다. 하나님이 세상을 사랑하사 독생자 예수님을 보내매 사람들이 그를 죽이는 모습을 미리 계시하는 것 같아요. 마치 누가복음에 예수님 자신이 사용하신 비유처럼 말입니다.

눅 20:13-15 포도원 주인이 이르되 어찌할까 내 사랑하는 아들을 보내리니 그들이 혹 그는 존대하리라 하였더니 농부들이 그를 보고 서로 의논하여 이르되 이는 상속자니 죽이고 그 유산을 우리의 것으로 만들자 하고 포도원 밖에 내쫓아 죽였느니라 그런즉 포도원 주인이 이 사람들을 어떻게 하겠느냐

- 그나저나 요셉은 남의 나라 애굽에서 노예생활을 해야만 하게 되었어. 꿈과는 정반대로 내려가는 것 같은 모습이지? 아니, 왕이 되거나 매우 높은 고관이 되어야 형들이든 심지어 부모까지 그 앞에 엎드리는 일이 생길 텐데 그 자신이 굽실대야만 하는 노예의 신분으로 전락했으니 꿈과는 정반대야. 과연 꿈은 이루어질 것인가? 조금 쉬

었다 갈까? 얼마 오르지도 않았는데 헐떡이네.

- 선생님, 선생님 연배에 이런 산을 오르는 분 많지 않아요. 그런데 선생님 언제 월출산에 와보셨어요?
- 내가 두 차례 이 산 정상에 올랐었지. 한번은 전주교회 부흥회 인도하고 나서 그 교회 담임목사와 장로님 몇 분과 월출산 등산을 했고, 한번은 지난번에 이야기했던 대로 내가 요양생활 끝내고 서울신학대학 교수로 들어갔을 때였지.
- 교수 시절에는 누구랑 오르셨는데요?
- 내가 생활관장을 맡아서 했는데 그때 생활관 남녀 임원들하고 왔었어. 임원들의 친목과 단합을 위해 일부러 열차 타고 오면서 게임도 하고 즐겁게 와서 전날 밤 영암교회 교육관을 빌려 거기서 기도회를 한 후 다음날 이 산을 등산했지.
- 임원들 단합대회 등반을 하셨군요?
- 그랬지. 나는 그때 몸도 약하고 했지만 동행하는 친구들이 다 젊은 학생들이니 정상에 오를 것을 각오하고 출발했지. 그런데 딱 이 지점이군. 여기쯤 왔는데 여학생 하나가 얼굴이 하얘지면서 쓰러질 듯하는 거야.
- 왜요?
- 아침 먹은 게 체했던 모양이야.
- 저런, 그래서 어찌하셨어요? 중도 포기하셔야 했겠군요?
- 사람, 그렇게 쉽게 포기하면 되나? 젊은이가?
- 아니, 일행이 하나 쓰러지는데 어떻게 가요?
- 그래서 일단 멈추었지. 그리고 손발 지압점을 찾아 지압하고 마사지하고, 그리고 통성으로 기도하고 난리 쳤지.
- 그래서요?
- 그 학생이 살아나더라고. 그런데 거기서 이제 의견이 엇갈리기 시작하는 거야.

– 무슨 의견이요?

– 남학생장이 말하기를, 등산을 포기하고 내려가자는 것이야.

– 그 쓰러졌던 여학생 생각하고 하는 말이겠지요?

– 그렇기는 하지. 그러나 나는 정상까지 가기로 속으로 더 다짐했어.

– 아니, 왜요?

– 젊은이들이 중도 포기하는 것을 나는 좋아하지 않아요. 나는 내 제자들이 쉽게 포기하는 것을 볼 수 없었어. 김 군, 생각나나? 나는 젊었을 때 너무 가난해서 초등학교 졸업하고 중학교도 못 갔지만 하나님께 대학은 보내 달라고 기도하였고, 그렇게 대학을 졸업하게 되었다는 이야기 말이야.

– 네, 지난번에 간증해 주셨지요. 나중에는 미국 유학도 꿈꾸고, 마침내 이루어졌다는 이야기도 하셨습니다.

– 그랬지? 그때 사람들은 내게 말했어. “올라가지 못할 나무는 쳐다보지도 마라.” 그런 속담으로 나를 주저앉히려 했지. 그러나 나는 다른 속담을 만들어 냈어.

– 어떤 속담을요?

– ‘쳐다보면 올라간다’고 말야.

– 아무리 높은 나무라도 쳐다보면 올라가게 된다는 신념이었군요?

– 그렇지. 사람이 꿈을 가지면 중도에 어떤 시련이 와도 포기하지 않아야 해. 그리고 꿈이 확실하면 포기하지 않는 힘이 있어. 이건 다르기는 하지만 정신적으로도 마찬가지야. 나는 초입부터 우리 팀에 어려움이 왔지만 반드시 정상까지 전원 다 데리고 올라가기로 결심했네.

– 젊은이들에게 포기하는 경험을 갖게 하고 싶지 않았다 그 말씀이지요?

– 맞아.

– 그래서 어떻게 하셨는데요?

- 나는 속으로 정상에 가리라 다짐했지만 젊은 형제들에게는 단계적으로 이끌었지. "여기서 지금까지 온 정도만 올라가면 바람폭포라는 멋진 폭포가 있는데 거기까지라도 가서 폭포 물도 맞아보고 놀다가 갈까, 그냥 여기서 내려갈까?" 하고 유도했더니 바람폭포까지는 가 보자고 동의가 되어 바람폭포까지 올라갔지. 자, 우리도 창세기 산책하며 바람폭포까지 올라가지.

유다 자손(창 38:1-30; 본문 생략)

- 선생님, 성경이 위인전이 아니라는 것은 이미 알고 인정하고 받아들이고 있지만 너무한 것 아니에요? 아유, 난잡해서 못 보아 주겠어요. 굳이 유다 이야기는 안 나와도 될 터인데 이 난잡한 이야기를 왜 기록하는 것이랍니까? 거룩한 진리를 말해 주는 성경에 말입니다?
- 글쎄 말이야. 읽기 낯뜨겁기는 나도 마찬가지인데, 그래서 성경이 매력이 있는 것 아닐까? 죄된 인간의 적나라한 모습을 그대로 가감 없이 그려 놓은 성경이야말로 그래서 진실의 책이고, 진리의 책이 아니더냐 말이지.
- 유다가 이방 여인을 취하여 결혼한 것을 보면 아브라함의 영적 가통을 따르지는 못한 것 같지요? 이방의 아둘람 사람 히라와의 교제권에 살게 되고, 이방 여인 수아의 딸과 결혼하게 되는 것을 보면 조상으로부터 신앙교육이 제대로 전수되지 못한 것 같아요.
- 김 군 말이 맞는 것 같네. 야곱의 삶을 보면 쫓겨 가서 외삼촌 라반의 집에 머물며 자기의 꿈이나 생각과 상관없이 속임 당하며 네 명의 여자를 아내로 삼게 되고, 열두 아들을 낳는 동안 자기 자신도 신앙을 지키기 어려운 상황에서 자녀들에게 신앙교육, 영성교육은 어림도 없었던 모양이네. 이런 상황에서 요셉이 신앙 인물로 살게 된다면 그거야말로 기적이고 은혜일 뿐이겠지.

- 하여튼 이방 여인과 자기 욕구대로 결혼한 것부터 불신앙적인 면모이니 뭐 기대하기는 어렵지만 유다 이야기는 진짜 기대 이하의 인생 모습이네요.
- 여하튼 유다는 수아에게서 세 아들을 낳았지? 엘, 오난, 셀라.
- 이야기는 급속도로 진행되네요. 유다의 장자 엘이 다말이라는 여인과 결혼하였다는 이야기로 진행되네요. 그런데 뭐가 악했는지는 모르지만 엘은 여호와 목전에 악하여 일찍 죽는 운명이 되었고, 다말은 엘의 아우 오난과 결혼하게 되네요. 그런데 오난은 원하는 일이 아니었던 것 같아요. 자기 형수 다말에게 들어가긴 하였지만 질 외 설정을 해버리는 것이에요. 싫으면 싫다 하지 이건 또 뭐예요? 뭐 형이 죽으면 아우가 형수와 결혼해야 했나요?
- 글쎄, 엘이 죽자 유다는 차자 오난에게 형을 대신하여 다말과 결혼하고 형의 아들을 낳아 주라고 명했는데, 이 수혼 관습은 당시에 당연히 받아들여지던 관습이었던 것 같지? 후일 모세의 법에 의하여 하나의 규례로 명해지는 것으로 보아서, 히브리 사람들에게는 아브라함에게서 전해진 것인지 아니면 당시 근동 지역의 관습인지는 분명치 않아도 하나의 중요한 전통이 되었던 것이긴 한 것 같아. 신명기에 이러한 규례가 있는데 이 이야기는 신명기 이전 이야기이니 어디서 근거한 것이지 알 수 없군그래.

신 25:5-6 형제들이 함께 사는데 그중 하나가 죽고 아들이 없거든 그 죽은 자의 아내는 나가서 타인에게 시집가지 말 것이요 그의 남편의 형제가 그에게로 들어가서 그를 맞이하여 아내로 삼아 그의 남편의 형제 된 의무를 그에게 다 행할 것이요 그 여인이 낳은 첫아들이 그 죽은 형제의 이름을 잇게 하여 그 이름이 이스라엘 중에서 끊어지지 않게 할 것이니라

- 그런데 오난은 형의 집 세우기를 즐겨 하지 않았다고 해요. 그리하여 형수에게로 들어가기는 하여도 정액을 밖으로 쏟아 버리는 참으로 해괴한 행동을 하게 되네요. 아예 형수에게로 들어가지 말든지, 들어갔으면 형을 위하여 집을 세우도록 하든지 할 일이지 참으로 이상한 행동이네요.
- 글쎄, 아마도 강요된 결혼이었던 셈이겠지?
- 그런데 오난이 그 후 즉사하는 심판을 받은 것을 보면 하나님도 형을 대신하여 형수에게 아들을 낳게 하여 대를 잇게 하는 일은 선한 것으로 보셨고, 그것을 거부한 오난의 행위를 악하게 보셨던 것 같지 않나요?
- 그렇기는 하네. 오난의 행위는 선한 행위라고는 할 수 없긴 하지. 형을 세우지 않겠다는 행위니까 자기중심적 이기심의 발로라고 볼 수 있겠지. 하여튼 남을 배려하는 것이 선이고, 배려하지 않는 것이 악인 것 같아. 이제 남은 것은 셀라인데, 셀라는 어리기도 하였거니와 유다는 며느리 다말이 저주스러운 존재이기에 자기 아들들이 그와 결혼만 하면 죽는다고 생각했던 것 같아.
- 셀라도 죽을까 두려워한 나머지 다말을 친정에 보내며 셀라가 장성하기까지 기다리며 수절하라고 명하게 되었네요.
- 타락한 인간의 모습은 다른 이를 먼저 배려하는 생각을 하지 않고 자기중심적으로 생각한다는 공통점이 있는 것 같아. 유다도 다말의 입장이 아니라 자기중심적 입장에서 일을 처리하게 된 것이지. 그리하여 셀라가 장성하게 되어도 다말에게 주지 않고 언제까지고 다말은 수절하고 있도록 버려두게 된 것이지.
- 그게 또 문제를 일으키는데요? 유다가 당하는 원인이 되는 거지요. 다말은 수절하면서 셀라가 남편이 되어 주기만 기대했을 것인데, 셀라가 장성하여도 전혀 소식이 없으니 다말은 실망과 분노를 느끼게 되었겠지요?

- 그게 시아버지 유다를 원망스럽게 여기고 보복하는 기회를 만드는 계기가 된 것 같아. 때는 유다의 아내가 죽어 장사 지내게 된 때이니 유다가 많이 외로움을 느낄 때이겠지?
- 유다가 양털을 깎으려고 딤나에 올라갔을 때 다말에게 시아버지 유다가 왔다는 소식이 들렸고, 다말은 과부의 면박을 벗고 창녀처럼 옷차림을 바꾸고 유다를 유혹하였다고 하는데요?
- 다말에게는 단순히 성적 쾌락을 위한 유혹은 아니었을 거야. 셀라가 장성하였어도 주지 아니하므로 유다를 유혹해서라도 씨를 받고 후손을 남기려는 열망이었을 것이고, 유다에게 복수하는 차원이었을 수도 있고.
- 하여튼 그 얼굴을 가렸으므로 유다가 자기 며느리인 줄 알지 못하고 그 유혹에 이끌려 그에게로 들어가 침상을 함께하게 되네요. 거룩하지 못한 이야기를 기록하는 것이지요?
- 유다의 경건하지 못한 삶의 모습을 여실히 드러내 주는군그래. 다말은 후일 유다로부터 책벌을 예상하고는 약조물을 요청하여 도장과 끈과 지팡이를 받아 두는군.
- 다말이 치밀하군요? 일이 끝나고 다말은 창녀의 옷차림을 벗고 다시 과부의 옷을 입고 숨어 버리네요. 후일 유다가 약속한 짐승을 보내고 약조물로 주었던 도장과 끈과 지팡이를 찾고자 하나 창녀를 찾을 길이 없어 버려두고요.
- 그러는 동안에 다말이 간음하여 임신하게 되었다는 말이 유다에게 들리게 되었지.
- 우와, 내로남불의 역사가 여기서 나왔네요? 다말이 간음하고 아이를 배었다는 소식이 유다에게 들리자 아니나 다를까, 유다는 자신의 죄악은 생각지 않고 다말을 끌어내어 불사르라고 명령하네요? 도장과 끈과 지팡이 등 약조물이 아니었으면 다말은 사형 당했겠어요?

- 남이 하면 부정한 짓이요, 자기가 하면 아름다운 연애라고 생각하는 인간의 자기중심적 죄상까지 드러내어 보여주는 사건이군 그래. 예수님은 그러므로 형제의 눈 속에 있는 티를 빼려면 자기 눈 속에 있는 들보를 빼어야 한다고 말씀하셨던 게 아니겠나?

마 7:4-5 보라 네 눈 속에 들보가 있는데 어찌하여 형제에게 말하기를 나로 네 눈 속에 있는 티를 빼게 하라 하겠느냐 외식하는 자여 먼저 네 눈 속에서 들보를 빼어라 그 후에야 밝히 보고 형제의 눈 속에서 티를 빼리라

- 어쨌거나 다말은 유다의 씨를 받아 아이를 낳게 되었는데 쌍둥이 형제를 한번에 얻게 되었네요. 이 덕스럽지 못한 유다와 다말, 그리고 그 사이에 태어난 아이들의 이야기가 왜 길게 기록되어 있을까요? 암만해도 이해가 안 가요? 단순히 인간의 죄된 모습을 폭로하는 것인가요? 아니면 구속사에 무슨 의미가 내포된 것인가요?
- 둘 다이겠지? 아무래도 하나님이 붙들어 주시지 않으면 누구도 장담 못할 인간의 죄성과 연약성의 계시요, 동시에 그럼에도 불구하고 구원하시는 사랑의 계시일 걸세. 이는 구속사의 라인에 이렇게 부정한 성관계에 의하여 탄생한 베레스가 들어 있기 때문일 것이야. 우리 주님 예수께서 태어나는 그 혈통에 유다와 다말 사이에서 태어난 베레스가 혈통을 이어나가게 된다네.
- 아니, 이 부정한 혈통에 예수님이 나신다고요?
- 만민의 구세주 예수님의 혈통은 거룩하기만 한 혈통이 아니었어. 죄인의 모습을 적나라하게 보여주는 유다와 다말 사이에서 태어난 가계의 혈통을 이어받고 있기도 하다는 것이야. 이는 인류의 죄를 지고 가실 구세주가 죄인이 아니나 죄인의 자리에 와서 죄인의 모습으로 가게 되는 구속자의 모습을 계시하는 것이겠지.

마 1:1-3 아브라함과 다윗의 자손 예수 그리스도의 계보라 아브라함이 이삭을 낳고 이삭은 야곱을 낳고 야곱은 유다와 그의 형제들을 낳고 유다는 다말에게서 베레스와 세라를 낳고 베레스는 헤스론을 낳고 헤스론은 람을 낳고

바로 이 유다와 다말에게서 태어난 베레스가 예수님의 조상 계보로 나온단 말이야. 그리고 이것은 우리가 죄인일 수밖에 없어 예수님이 우리 죄를 담당하게 된다는 것이야.

롬 8:3-4 율법이 육신으로 말미암아 연약하여 할 수 없는 그것을 하나님은 하시나니 곧 죄로 말미암아 자기 아들을 죄 있는 육신의 모양으로 보내어 육신에 죄를 정하사 육신을 따르지 않고 그 영을 따라 행하는 우리에게 율법의 요구가 이루어지게 하려 하심이니라

- 이스라엘의 열두 아들 중에 성경 계시의 중심 인물은 요셉으로 이야기가 엮이는데 유다 이야기가 잠깐 삽입되었어요? 그리고 그것도 아주 불량한, 부정한 성관계로 베레스가 태어나는 이야기예요. 그런데 그 베레스가 예수님의 혈통을 이루게 된다는 것을 보여주기 위하여 삽입된 것이라니 참 기가 막히는군요. 온갖 잡탕 같은 죄인을 구원하시는 하나님의 구원계시라니, 이 잡탕 같은 모습이 곧 내 모습이라는 것을 깨닫고 하나님의 사람으로 나아가는 용기를 얻어야 하겠군요? 잡탕 인생을 거룩한 인생으로 바꾸시는 이가 하나님이시군요?
- 김 군이 대단한 진리를 보고 있군.

시련 중에 함께하시는 하나님(창 39:1-23; 본문 생략)

- 선생님, 이 성경 이야기가 참 기가 막힌 구조로 엮여 있네요?

- 그게 무슨 뜻이야?
- 플롯이 기가 막혀요. 방금 전에 유다와 그 며느리 다말 사이의 부정한 성관계 이야기가 나왔지 않아요?
- 그랬지.
- 그런데 요셉의 이야기로 돌아오자 요셉이 성적 유혹 앞에 넘어가지 않고 승리하는, 비록 감옥에 갇히기는 하지만 적어도 성적 유혹에 넘어가지는 않는 승리하는 모습을 보여주거든요. 이 콘트라스트 구성, 지금 창세기가 희곡은 아니지요?
- 이 사람아 희곡은? 실제 역사를 기술한 것이지.
- 실제 이야기라도 기술함에 있어 기술적 측면은 있는 셈인데 이야기의 전개가 멋지네요. 유다의 실패와 요셉의 승리가 대조적으로 기술되니 요셉의 승리가 더욱 위대해 보이거든요.
- 그렇군. 요셉의 이야기로 돌아가서, 애굽으로 팔려가 애굽 왕의 바로의 신하 중 친위대장인 보디발의 집 노예로 들어갔다는 것을 다시 확인하고 그 집에서 요셉이 어떻게 살아가는가가 기록되는데 바로 왕의 친위대장, 즉 경호실장쯤 되지 않았나 싶군. 어쨌든 왕의 최측근인 고위 관리 집에 데려다 놓으신 하나님의 구상이 보이지 않나? 훗날 바로 왕과 요셉을 연결시키는 다리로서 하나님은 친위대장을 택하신 것이 아니겠는가?
- 그게 그렇게 돌아가나요? 그런데 요셉의 노예생활에 놀라운 사실이 발견되는데요? 하나님이 함께하셨다는 것이에요. 하나님이 함께하시면 형통하는 것이고 승리하는 것이 아니겠어요?
- 중요한 것은 그것이야. 요셉은 노예의 신분으로 전락했지만 하나님은 노예가 된 요셉과 함께하셨다는 것이지.
- 그러니까요, 요셉이 승리한 것은 하나님이 함께하셨기 때문이지 그가 승리해서 하나님이 함께하신 것이 아니지 않아요? 그러면 하나님께서 유다에게도 함께하셨으면 유다도 승리하지 않았을까요?

- 김 군 참 까다롭구먼, 그렇게 질문하면 낸들 뭐라 답하겠나? 상호작용 아니겠나? 유다는 하나님을 경외하는 삶을 살지 못하고, 요셉은 꿈을 품고 하나님을 경외하는 삶을 살고 있었던 것이 아니겠나? 보라고, 요셉은 분명 하나님을 믿는 믿음의 사람이었어.
- 어떻게 단정하시나요?
- 요셉이 성적 유혹을 거절하는 말을 잘 생각해 봐. 이 집에서 모든 것을 자기 수하에 두었으나 당신(주인의 아내)만은 주인이 내게 허락하지 아니했다고 말하기도 하지만 "내가 어찌 이 큰 악을 행하여 하나님께 죄를 지으리이까"라는 대답 속에 요셉의 삶의 중심에 늘 하나님을 모시고 살았음을 알 수 있지 않은가? 그러니 하나님도 늘 요셉과 함께하시고, 요셉과 하나님은 함께 살고 있었던 것이야. 그래, 비록 노예 신분이지만 주인이 인정하는 신뢰하는 관계요, 나름 형통한 자로 살고 있었던 것이지.
- 결국 누명을 쓰고 감옥에 가지 않아요? 내려갈 대로 내려가네요?
- 하나님과 함께 살면 내려가도 올라가는 법이야. 하나님께서 주신 꿈을 품고 사는 사람은 내려가도 절망하지 않아. 감옥에서도 온유한 믿음으로 성실하게 살고 있으니 간수장도 요셉을 인정하고 감옥 안의 일들을 또 위임하지 않나? 환경만 탓하고 절망하거나 포기하는 그런 삶이 아니지 않나? 이 나라의 모든 젊은이들이 요셉의 삶을 본받을 수 있으면 좋으련만.
- 선생님, 그러나 성경은 요셉의 신실함에 초점을 맞추는 것 같지 않은데요?
- 무슨 소리야?
- 성경 이야기의 초점은 요셉의 신실함에 맞추어지고 있는 것이 아니라 하나님의 함께하심에 맞춰져 있는 것 아닐까요? 요셉이 보디발 가정의 총무가 된 후, 하나님이 요셉으로 인하여 더욱 그 보디발의 집에 복을 내리심으로 요셉을 가정 총무로 삼은 것을 잘했다고 주

인이 느끼게 하였으며, 감옥에서도 형통하게 하여 간수장의 신임을 받아 형통한 삶을 누리게 하였지 않아요?

- 김 군 말이 백 퍼센트 맞네. 그러나 요셉도 하나님을 신뢰하고 어떤 환경에서도 흔들리지 않고 하나님을 경외하는 삶을 살았다는 것도 동시에 보아야지. 요셉은 비록 노예의 신분이긴 하나 영적으로는 자유인이었어요. 그는 하나님 앞에서 자기 정체성을 가지고 살고 있었으며, 꿈을 잃지 않고 자신을 지켜가는 하나님의 사람이었음을 보여준 것 아닌가?
- 하긴 선생님 말씀이 맞지요. 안주인이 요셉의 옷을 부여잡고 침실로 끌어들이는 경우 보통 남자 노예였으면 얼씨구나 하고 함께 놀았을 것이고, 그거야말로 나중에 망하게 되는 길이 될 수 있겠지요.
- 그러나 요셉은 죄악에 끌려가는 사람이 될 수는 없었어. 그래서 옷이 벗겨져 나가는데도 뿌리치고 도망쳐 나온 것이지. 요셉이 자기를 지키려는 확고한 하나님의 사람으로서의 정체성과 꿈을 지닌 자의 철저한 거룩성, 성결을 지키려는 단호한 의지를 보여주는 대목에서 하나님의 사람의 삶이 어떠해야 하는지, 젊은이가 어떻게 하나님의 사람으로 살아가야 하는지를 보여준다고 보아야지.
- 결국 요셉은 간교한 보디발의 아내로 인하여 강간 미수자라는 누명을 쓰고 감옥생활을 해야 했단 말입니다. 참 어처구니없는 일이군요. 간음은 자기가 행하자고 졸라놓고 거부당하자 뒤집어씌우는 인간의 악함도 드러나는군요?
- 이 이야기를 하다 보니 우리나라에서도 이와 거의 동일한 사건이 있었고, 이 일로 인하여 순교한 사람이 있었다는군.
- 언제, 누가요?
- 조치원에 조치원성결교회가 있지. 그 교회에 1923년도에 김동훈 전도사라는 분이 부임해서 목회를 하게 되었대.
- 오래된 이야기이기는 하군요.

- 그런데 어느 날 평소 행실이 좋지 못했던 그 동네 여인 하나가 김동훈 전도사를 유혹했다네.
- 전도사를요?
- 예배당에서 밤 기도를 하고 있는 김 전도사를 찾아와 유혹했대. 그래서 김 전도사가 타일러 보기도 하고 화를 내어 꾸짖기도 하였는데 물러가지 않고 붙들고 늘어지더라는 것이야. 그래서 하는 수 없이 "사탄아, 물러가라. 너도 물러가라. 물러가지 않으면 네 남편에게 이르겠다" 하고 엄포를 놓았다네.
- 그래 물러갔나요?
- 그러자 그 여인이 씩씩거리고 나가서 자기 동거남에게 전도사가 자기를 유혹하는데 간신히 도망쳐 왔다고 뒤집어씌우는 말을 했대.
- 여기 요셉의 경우와 똑같네요?
- 응, 그런데 요셉은 누명을 쓰고 감옥에 갇히는데, 김 전도사의 경우는 그 동거남이 전후의 사정은 물어보지도 않고 불량배들을 동원하여 와서 김 전도사를 두들겨 팬 거야.
- 저런….
- 김 전도사는 얼마나 맞았는지 며칠 못 살고 죽었대. 가족들에게 폭행자들의 용서를 부탁하며 순교하였다네.
- 아유 끔찍해라. 그런 무식한 시절이 있었군요? 정말 피 흘리기까지 죄와 싸워 이겼군요? 타락한 세상에서 거룩하게 산다는 것은 순교자의 정신으로 살아야 할지도 모르겠군요? 살아 거룩하게 사는 순교자의 삶이 되어야 하겠어요.
- 그래, 김 군 말이 맞아. 우리는 날마다 순교자의 삶을 산다고 생각하는 것이 옳을 것 같지. 그리고 요셉의 이 고난은 애매히 받는 고난으로서 마치 예수님께서 애매히 고난 받으시는 것의 그림자 같기도 하지. 요셉은 여기서 애매히 고난을 받으며 슬픔을 참고 주님의 때를 기다리며 자기의 위치에서 성실을 지켜가는 것이야.

벧전 2:19-23 부당하게 고난을 받아도 하나님을 생각함으로 슬픔을 참으면 이는 아름다우나 죄가 있어 매를 맞고 참으면 무슨 칭찬이 있으리요 그러나 선을 행함으로 고난을 받고 참으면 이는 하나님 앞에 아름다우니라 이를 위하여 너희가 부르심을 받았으니 그리스도도 너희를 위하여 고난을 받으사 너희에게 본을 끼쳐 그 자취를 따라오게 하려 하셨느니라 그는 죄를 범하지 아니하시고 그 입에 거짓도 없으시며 욕을 당하시되 맞대어 욕하지 아니하시고 고난을 당하시되 위협하지 아니하시고 오직 공의로 심판하시는 이에게 부탁하시며

- 감옥일지라도 하나님과 동행하는 삶은 얼마나 아름답고 복된 것인가를 보네요.
- 어디라도 하나님과 동행하는 삶을 누리는 것이 가장 큰 복이 아니겠는가? 감옥에 있는 것 외에는 형통함을 누리는 삶이었지? 하나님이 함께하시면 어디라도 천국이 되고 형통한 곳이 될 수 있다네. 여호수아에게 말씀하신 것처럼 말이야.

수 1:7-8 오직 강하고 극히 담대하여 나의 종 모세가 네게 명령한 그 율법을 다 지켜 행하고 우로나 좌로나 치우치지 말라 그리하면 어디로 가든지 형통하리니 이 율법책을 네 입에서 떠나지 말게 하며 주야로 그것을 묵상하여 그 안에 기록된 대로 다 지켜 행하라 그리하면 네 길이 평탄하게 될 것이며 네가 형통하리라

- 중요한 것은 하나님이 주신 꿈을 품고 사는 것이요, 어떤 상황에서도 온유한 마음과 믿음으로 하나님을 신뢰하고 하나님과 동행하는 삶이겠군요? 아, 저기 보이는 게 바람폭포인가요?
- 그렇네. 바람폭포 예쁘지?
- 낙차도 있고 오늘 수량도 많아서 바람폭포가 장관이네요. 여기 좀

쉬어가지요?

– 그래, 여기서 도시락으로 늦은 점심을 해결해야 하겠군.

– 네, 그런데 선생님, 학생 임원들과 왔던 이야기 조금 하다 말았는데, 이 바람폭포에 와서 놀다 내려갔나요?

– 내려가다니? 내 뭐라 했나? 정상 간다고 안 하던가?

– 아, 그러셨지요. 중도 포기는 싫다고 하셨는데 잠깐 잊었습니다.

– 나는 중도 포기는 싫어해. 그리고 쳐다보면 올라간다는 속담을 좋아해.

– 그래 다음 단계는 어떻게 하셨나요?

– 여기서 좀 놀다가 또 제안했지. "저기 좀 올려다보게. 저기 큰 바위가 있지? 저기 가면 사방으로 탁 시야가 열리는데 저기까지 올라가 보지 않을래?"

– 저요? 저는 올라가겠습니다.

– 아니, 내가 그때 아이들에게 그렇게 물었단 말이야. 그랬더니 거기까지는 가보자고 동의가 되어서 올라갔지. 내 말대로 시야가 트여서 내려다보이고 시원한 바람도 불고 했어.

– 그러고는요?

– 저기서 한참 노래 부르고 놀다가 다시 제안했지. "자, 다들 보게. 저기 정상이 보이지? 이제 얼마 남지 않았어. 정상까지 갈까, 그만 내려갈까?"

– 그랬더니 이번에도 올라가자 하던가요?

– 그랬어. 얼마 안 남아 보이거든. 그리고 우리는 다 정상에 올라 "주 하나님 지으신 모든 세계" 찬송을 합창했지. 얼마나 감격스러웠는지. 아주 감동적인 산행을 하고 우리는 원팀(one team), 한 팀이 되었지.

– 선생님 사전에는 중도 포기란 없다 이거지요?

– 꿈을 품는 인생은 아름다운 것이야. 그리고 꿈을 품은 사람은 중도 포기를 하면 안 돼. 아무리 시련이 와도 꿈은 이루어질 테니까.

산책길 19

이루어진 꿈(창 40:1-45:28)

- 선생님, 요즘 선생님도 선생님 위주로 행하시는 것 아니에요? 아니 젊은 사람 잠이 많은 것도 고려하셔야지. 지난번에도 그렇고 새벽부터 나오라고 하셔요? 오늘도 멀리 가나 보죠?
- 아하, 그렇군. 내 김 군 늦잠 잘 것이라는 고려를 미처 못했군. 무슨 일을 할 때 남을 먼저 고려한다는 것이 이렇게 쉽지 않은 일인 것 같네. 용서하게.
- 여하튼 일찍 나왔으니 일찍 출발하지요? 어디로 가시는데요?
- 내가 다음 목적지를 미리 말해 주지 않는 것은 김 군 호기심을 자극해 보려는 것인데 그 일로 짜증은 내지 말게.
- 그건 좋아요. 오늘은 어디로 얼마나 멀리 가는데요?
- 경남 밀양으로 갈 거네.
- 경남 밀양이라고요? 꽤 멀군요. 어디 찍을까요?
- '표충사' 찍고 가게.
- 자, 출발합니다. 절에 가시는 거예요?
- 아니, 이번에도 등산이야. 거기 재약산이라는 산을 등산하려고.

- 재약산 등산이라고요? 거기 천황산 아니에요?
- 천황산하고 재약산하고 나란히 서 있지. 천황산이 재약산보다 약 70미터 더 높기는 하지. 그러나 재약산 쪽이 억새밭으로 유명한 곳이야.
- 지난번 월출산 등산할 때 보니 선생님 꽤 힘들어하시던데 이번에는 좀 쉬운 코스인가요?
- 글쎄, 조금 쉬울까? 거의 마찬가지일 거야.
- 그런데 재약산에는 또 무슨 추억 이야기가 있나요?
- 내가 밀양에서 목회한 적이 있어서 재약산에 자주 갔었고, 또 지난번처럼 다른 팀이지만 학생 임원들하고 산행하며 단합대회를 한 곳이기도 하지.
- 선생님은 교수 시절 학생들하고 단합대회를 주로 산행하면서 하셨군요?
- 그랬다네. 강화도 마니산, 홍천 팔봉산, 지리산 등을 다녔지.
- 오늘은 일찍 가더라도 밀양에서 1박해야 할 것 같은데 괜찮겠나?
- 저는 문제 없습니다. 부모님께 전화만 드리면 되니까요.
- 일단 재약산 등산을 하고 내려와 밀양 시내에서 1박을 하자고.

- 표충사에 다 왔습니다.
- 주차를 하고 등산로 따라 천천히 걸으며 창세기 이야기도 나누며 그러자고.

꿈을 해석하는 요셉(창 40:1-23; 본문 생략)

- 꿈의 사람 요셉은 역시 꿈으로 인하여 무슨 일이 일어날 것 같군요? 이번에는 꿈을 해석하는 자로 나오네요?
- 그렇군. 왕의 어전에서 술 맡은 자와 떡 맡은 자가 동시에 요셉이 갇

힌 친위대장이 관리하는 감옥에 갇히게 되는군.

- 그들의 죄는 무엇이었을까요?
- 김 군의 호기심을 누가 채워 줄까? 그들의 죄가 무엇인지는 여기서 중요하지 않으니 생략되어 있는데 누가 알겠는가? 중요한 것은 이때 요셉이 있는 감옥에 들어왔다는 것이지. 요셉과 바로 왕을 연결시키시려는 하나님의 섭리를 보는 것 같지 않나?
- 그런데 요셉은 감옥에서도 종이에요? 이 관원들을 요셉더러 시중들라고 명하네요?
- 그렇네? 감옥에서도 제일 아래에서 섬기는 종이군 그래. 같은 죄수의 몸으로 같은 감옥에 갇혔으나 요셉은 노예의 신분에서 갇혔고, 두 관원은 왕실 관원의 신분으로 갇혔지. 감옥에서도 신분의 차이가 그대로 남아 있었군. 친위대장은 요셉으로 하여금 두 관원을 섬기도록 명을 내리네그려. 감옥에서도 노예생활이 이어졌는데 아마 훈련으로 치면 철저한 훈련인 것 같지?
- 중요한 것은 요셉이 그러한 상황에서도 자신을 비관하거나 자기 정체성을 포기하거나 하지 않고 하나님을 신뢰하는 믿음으로 언제나 성실했다는 것이겠지요?
- 그리고 잘 보게. 감옥에서 겉으로는 가장 낮은 자리에 있지만 영적으로는 감옥에서 가장 높은 자리에 있어. 감옥의 분위기를 주도하는 것은 요셉이야.
- 그 두 관원이 같은 날 밤에 비슷한 꿈을 꾸고 뜻을 몰라 근심하네요. 그런데 요셉은 당당해요. "말해 보십시오. 해석은 하나님께 있습니다." 요셉은 정말 자신감이 있어 보이지 않아요? 해석은 하나님께서 하실 수 있고 자기는 하나님의 사람이니까 해석할 수도 있다는 암시이지 않아요?
- 바로 그거야, 하나님을 의지하고 있으니 자신감이 넘쳐나는 것이지. 그리고 실제로 해석해 내지 않나?

- 요셉이 그들 얼굴에서 근심 빛을 읽었다는 것도 신기하네요. 요셉은 가장 낮은 자로 있지만 전체 감옥을 살피고 케어하는 자 같은 이미지가 그려져요.
- 그렇지? 그게 하나님의 사람의 모습이지. 신세 한탄이나 자포자기 같은 게 아니라, 하나님의 함께하심을 믿고 자신이 감옥에 있는 것은 자기 인생이 하나님의 계획 아래 있다는 것을 믿으니까, 주인공처럼 주변 사람들을 살피고 돕고 섬기는 것이지.
- 술 맡은 자의 꿈은, 포도나무 세 가지가 있는데 싹이 나서 꽃이 피고 포도송이가 익었고, 바로의 잔이 자기 손에 있으므로 포도를 따서 그 즙을 바로에게 드렸다는 내용이네요. 요셉은 이 꿈을 해석하기를, 세 가지는 사흘을 말하고 사흘 후에는 술 맡은 자가 다시 복직되어 바로의 잔을 위하여 봉사하게 될 것이라고 해석을 하네요.
- 떡 굽는 자의 꿈은, 흰 떡 세 광주리가 있어 자기 머리에 이고 있는데, 그 위 광주리에는 바로를 위하여 만든 각종 음식이 있으나 새들이 와서 그 음식을 먹었다는 꿈이야. 그 해석은 역시 사흘 만에 생길 일인데 이번에는 복직이 아니고 형이 집행되어 사형을 당할 것이라는 해석을 하지?
- 요셉이 술 맡은 자의 꿈을 해석하면서 그가 살아 나가 바로의 궁중에서 일할 것임을 알았기에, 나가서 잘되거든 자기가 억울한 누명을 쓰고 옥살이하고 있음을 말하여 풀려 나도록 도와달라고 부탁하네요.
- 꿈은 해석대로 이루어졌지? 그러나 술 맡은 관원장은 요셉을 잊어버리고 말았어. 누구에게 부탁해서 일이 이루어지는 것이 아니라 하나님께서 계획하시고 하나님의 때에 하나님께서 이루시는 것임을 확증하는 것이겠지?

잠 16:1-3 마음의 경영은 사람에게 있어도 말의 응답은 여호와께로부터 나오느니라 사람의 행위가 자기 보기에는 모두 깨끗하여도 여호와는 심령을 감찰하시느니라 너의 행사를 여호와께 맡기라 그리하면 네가 경영하는 것이 이루어지리라

잠 16:9 사람이 마음으로 자기의 길을 계획할지라도 그의 걸음을 인도하시는 이는 여호와시니라

- 선생님, 이 등산 코스도 만만치 않은데요? 땀이 비 오듯 하네요. 그런데 저 위에 집들이 몇 채 있어요?
- 응, 집이 몇 채 있지. 이 마을이 꽤 높은 산 중턱에 있는데 고사리마을이라 부르지. 초등학교 분교도 있었는데 지금은 학교는 없지 아마? 몇 가구 살고 있는데 미리 예약하면 여기서 민박도 할 수 있어. 그러고 보니 약 한 시간 반 등산을 했네. 여기 고사리마을에서 좀 쉬어가지.
- 선생님, 월출산 오를 때보다 쉽지 않은 코스인데 오늘은 별로 힘들다는 말씀을 안 하시네요?
- 저녁에 만날 친구들을 생각하니 힘든 줄 모르고 오르네그려.
- 저녁에 만날 친구라고요? 밀양에 선생님 친구 있어요?
- 친구이자 제자라고도 할 수 있는 친구 부부가 있지. 오늘 저녁 식사는 그들과 함께할 것이고, 그의 집에서 잠을 잘 것이네.
- 아, 그래요? 저는 호텔에서 잘 줄 기대했는데, 선생님이야 그리운 옛 친구 집에서 주무시는 게 즐겁겠지만 저는 그렇네요?
- 아 그런가? 미안하군. 하지만 방이 여럿이라서 크게 불편하지 않을 거야. 오늘은 나를 위해 참아 주게.
- 알았습니다. 저야 원래 대범하고 남을 배려하는 사람 아닙니까? 선생님만 좋으시다면야 인내를 해야지요?
- 아이고 김 군, 고마워요. 눈물 나게 고맙네.

- 눈물 한 방울 없으면서 뭘 그러세요?
- 자, 창세기 이야기 이어가면서 좀 걷지.

바로의 꿈을 해석하는 요셉(창 41:1-36; 본문 생략)

- 그 후로도 만 2년이 또 지났네요? 요셉에게 감옥에서의 2년은 얼마나 긴 세월이었을까요?
- 아마 의미 없이 늙어가는 세월이라고 느낄 수도 있겠지? 그러나 만사는 때가 있다고 하지 않던가? 술 맡은 관원이 복직되자 요셉을 잊지 않고 바로에게 고하거나 했던들 무슨 소용이 있었겠나? 히브리 노예 인권을 위해서 바로 왕이 관심을 주었겠나? 하나님께서는 타이밍을 재고 계셨던 것이지.
- 애굽 왕 바로에게 꿈이 임했네요?
- 어떤 꿈이던가? 간추려 보게.
- 두 가지 꿈을 겹쳐 꾸었는데요. 첫 번째 꿈은 아름답고 살진 일곱 암소가 강가에 올라와 풀을 뜯고 있었는데 흉악하고 파리한 다른 일곱 암소가 뒤따라 올라와 그 아름답고 살진 소를 먹어 치우는 꿈이고요. 두 번째 꿈은 한 줄기에 무성하고 충실한 일곱 이삭이 나오고, 그 후에 세약하고 동풍에 마른 일곱 이삭이 나오더니 그 세약한 일곱 이삭이 무성하고 충실한 이삭을 삼키는 꿈이었습니다. 바로는 이런 꿈을 꾸고서 무슨 뜻일까 하여 번민하였다고 하고요. 그리고 이 꿈의 뜻을 알고자 하여 애굽 온 나라에서 점술가와 현인들을 불러 꿈을 고하고 해석을 구하였다고 하네요.
- 신령하다 하는 점술가들과 박식하다 하는 현인들을 총동원하였군 그래. 하나님의 비밀을 점술가나 현자라고 풀 수 없었던 것이지. 하나님께서 주신 꿈은 하나님의 영으로만 풀 수 있는 것이 아니겠나? 이제 요셉의 차례가 오게 되는 것이지.

고전 2:10-11 오직 하나님이 성령으로 이것을 우리에게 보이셨으니 성령은 모든 것 곧 하나님의 깊은 것까지도 통달하시느니라 사람의 일을 사람의 속에 있는 영 외에 누가 알리요 이와 같이 하나님의 일도 하나님의 영 외에는 아무도 알지 못하느니라

- 이제야 술 맡은 관원장이 정신이 번뜩 든 것 같네요. 자기가 감옥에 들어갔을 때 꿈을 꾸었었고 그 꿈을 해석해 준 요셉이 있었음을 기억해 내어 바로에게 그 같은 경험을 고하여 아뢰게 되는군요? 드디어 요셉의 때가 왔네요.
- 하나님의 계획은 정확한 타이밍에 이루어지는 것이 아니겠나? 만일 2년 전에 술 맡은 관원장이 바로에게 요셉을 탄원하여 요셉이 석방되었다면 그는 고향으로 돌아갔을지도 모르지. 그러나 감옥에서 이 때를 기다리게 한 것은 하나님의 더 큰 섭리가 아니겠는가?
- 그 2년을 기다려야 할 어떤 특별한 이유가 있었을까요?
- 아무도 몰라. 하지만 그 2년이란 것은 특별한 의미를 가지는 것이기 때문이었을 게야. 그 2년이란 요셉이 애굽의 총리가 될 수 있는 연령을 기다린 것이 아닐까? 창세기 41장 46절을 보면 "요셉이 애굽 왕 바로 앞에 설 때에 삼십 세라" 했어. 하나님께서는 요셉이 30세가 되기를 기다리신 줄로 나는 생각되네. 왜냐하면 30세란 것은 한 국가의 지도자가 되기 위한 공적 연령이거든. 민수기 4장 3절을 보면 "곧 삼십 세 이상으로 오십 세까지 회막의 일을 하기 위하여 그 역사에 참가할 만한 모든 자를 계수하라" 한 것을 보게 되지. 구약 시대에 성전에서 봉사하려는 자도 30세부터였음을 보여주는 말씀이야. 사무엘하 5장 4절을 보면 다윗도 왕위에 나아갈 때에 그 나이 30세라 했고, 예수께서 공생애에 들어가신 것이 30세인 것도 이러한 관례를 따른 것이 아니겠나?
- 선생님이 인용하신 성경은 다 이스라엘의 관례나 법규이지 않아요?

애굽에서도 그랬을까요?

- 아이 사람, 이봐 김 군, 김 군은 참 질문도 많아?
- 이스라엘에 그런 관례가 있다면 대체로 그 당시 주변 세계에 비슷한 관습이 있었다고 추론한다 그 말씀이지요?
- 김 군은 잘 알면서도 가끔 깐족댄단 말이야? 아무 의미 없는 것 같지만 하나님께서는 그때를 기다리시면서 요셉을 2년간이나 더 감옥에 머물러 두게 하신 것이 분명한 것 같아.
- 기묘한 하나님의 섭리로군요. 어쨌든 요셉은 확신 있고 당당하게 바로 앞에 서서 꿈을 해석하네요?
- 바로가 요셉을 향하여 꿈 해석을 기대하는 말로 "너는 꿈을 들으면 능히 푼다 하더라"고 말하자, 요셉이 "내가 아니라 하나님께서 바로에게 편안한 대답을 하시리이다"라고 대답하는 것을 보게. 이는 요셉이 하나님을 의지하고 하나님께서 가르쳐 주시는 영감으로 꿈을 해석하게 될 것을 확신하고, 또 하나님께 영광을 돌리는 자세이며 신앙고백이 아니겠나? 이게 하나님과 함께 사는 하나님의 사람의 당당하고 확신에 찬 영광스러운 모습이 아닌가? 김 군, 이만큼 당당한 청년을 보았는가?
- 부럽네요. 하나님을 가진 요셉은 왕보다 한 수 우위에 있는 모습이에요.
- 그리고 "편안한 대답을 하시리이다"라고 말하는 것을 보면 요셉이 이미 바로의 꿈의 성격을 감지하고 있는 것 같지?
- 척하면 척이지요. 요셉에게 하나님의 영감이 함께하고 있는 것이지요. 바로의 꿈은 결국 일곱 해 큰 풍년 후에 일곱 해 큰 흉년이 올 것이라는 하나님의 예고로, 바로가 준비하여 흉년에도 살게 되어야 한다는 것이었습니다. 요셉은 그러므로 바로가 정치를 하되 이 풍년과 흉년을 알고 대비하여 풍년 동안에 흉년을 대비한 곡물 저장 사업을 해야 한다는 것이었어요. 선생님, 너무 부럽지요? 저도 이만한

영감의 사람이 될 수 있을까요?

- 김 군, 부러워? 내가 분명히 대답하지만 김 군도 그렇게 될 수 있지.
- 네? 저도 요셉같이 영감의 사람이 될 수 있다고요?
- 모든 사람이 요셉과 같은 영감의 사람이 될 수 있다고는 보기 어렵지만, 모든 사람이 요셉과 같이 영감의 사람이 될 수 없다고 말할 근거도 없어. 그러므로 김 군도 영감의 사람이 될 수 있지. 다만 자동 생산은 아니야. 김 군의 믿음이 어떠하냐, 김 군이 하나님과 얼마나 교제하고 대화하냐, 얼마나 하나님께 순종하느냐, 얼마나 하나님이 주신 꿈을 품고 기도하며 살아가느냐에 달려 있겠지. 나는 분명히 대답하네. 김 군도 요셉처럼 영감의 사람이 될 수 있네. 깊이 기도하게.
- 선생님, 일단 긍정적으로 격려해 주시니 감사합니다. 내 삶의 성공 여부는 전적으로 영감의 사람, 하나님의 사람으로 사느냐에 달려 있다는 깨달음이 옵니다.

애굽 총리가 되는 요셉(창 41:37-57; 본문 생략)

- 쨍 하고 해 뜰 날 돌아왔단다!
- 허허, 김 군 기분이 썩 좋아 보여? 무슨 좋은 생각이 났나?
- 선생님, 저 기분이 좋습니다. 뭐 제 얘기는 아니지만 제게도 가능한 이야기임에는 틀림없으니까요.
- 뭐가?
- 요셉이 한 나라의 총리가 되지 않아요? 다른 나라에 노예로 팔려 온 신분에, 그것도 감옥살이를 하다가 말입니다. 하루아침에 한 나라의 총리가 된다, 믿거나 말거나 기분 좋은 이야기 아니에요?
- 이방 민족의 땅에서 그 왕과 대신들이 감탄하며 총리로 세우는 일은 보통 일이 아니지? 요셉의 꿈 해석을 들은 애굽 왕 바로와 그의

대신들이 모두 공감하였다고 한 것을 보면 영감에 찬 요셉의 해몽과 미래 전략에 얼마나 감탄했는지 짐작할 수가 있지? 그리고 바로 왕이 감탄하며 하는 말을 주목해 보게.

- "이와 같이 하나님의 영에 감동된 사람을 우리가 어찌 찾을 수 있으리요" 그렇게 감탄하네요. 요셉의 영적 지혜에 놀라는 것이지요?
- 사실 하나님의 영감을 받은 하나님의 사람의 지혜를 누가 뛰어넘겠는가? 그 어떤 지혜보다 뛰어나고 감탄의 대상이 될 수밖에 없는 것이지. 후일에 다니엘도 하나님의 영감으로 꿈과 환상을 해석하고 왕의 감탄을 자아내는 기록이 또 있지(단 5:12-31).
- 그러니 바로 왕도 멍청이는 아닌 것 같아요. 요셉의 지략에 감탄하고는 과감하게 나라의 총리직에 임명하지 않아요?
- 그래, 바로 왕도 멋지긴 해. 인재를 알아보고 과감히 등용시키는 것도 쉽지는 않지? 게다가 대신들도 아무도 이의를 제기하지 않고 공감하고 동의했다는 것은 이 또한 기적이야. 타 종족 청년을 왕의 버금자리 제2인자로 세우고 받아들이고 하는 것을 보면 애굽도 망하지 않는 나라가 되는 것이지.
- 보세요, 선생님. 요셉은 타국에서 팔려 온 노예의 신분이에요. 감옥살이 하는 죄수의 신분이란 말이죠. 그런데 오늘 아침 그가 그 나라의 총리가 된 거예요. 와, 정말 통쾌하지 않아요? 하나님께서 만드시는 드라마는 정말 극적이군요!
- 자기 백성은 물론 애굽 사람들과 주변 사람들까지 살리는 일을 하게 하려고 요셉을 고립시켜서 영성훈련을 해오신 것이지. 온유한 신앙으로 묵묵히 기다리며 주님만 바라보며 살아온 요셉의 신앙과 뛰어난 섭리로 요셉을 훈련하고 세우시는 하나님이 어울리는 장면이 아니겠는가?
- 선생님, 창세기 이야기를 하다 보니 재약산 정상입니다. 탁 트인 정상에서 요셉의 총리 소식을 생각하니 정말 멋진 정상입니다.

- 통쾌한 산행, 통쾌한 성경 이야기, 오늘 정상에서 느끼는 이 시원함은 무엇으로 비교할까?
- 선생님, 성경 이야기를 하며 올라오는데 중간에 말을 끊기가 뭐해서 그냥 왔는데요, 올라오면서 자꾸만 궁금해지는 게, 묻지 않을 수 없는데요?
- 뭐가 그리 궁금한데?
- 선생님, 친구이며 제자라는 분들 말이에요. 그분들 이야기 좀 미리 해주시면 안 되나요?
- 안 될 것도 없지. 밀양교회에 최 장로가 있지. 그 부인은 류 권사고.
- 그분들과의 인연은요?
- 내가 거의 40여 년 전에 밀양교회 담임으로 목회했었지.
- 40년 전이라고요? 제가 태어나기 훨씬 전 이야기로군요.
- 그때 그분들이 청년 회원이었어. 둘 다 신앙생활을 잘하는 청년 남녀였지.
- 두 사람 연애 이야기도 나오나요?
- 왜? 연애 이야기였으면 좋겠다는 눈치네?
- 기왕 옛날 이야기면 연애 이야기가 포함되면 좋지 않을까요?
- 그래, 그들의 연애 이야기를 해주지. 처음 출발할 때는 좀 인간적으로 어렵겠다는 생각이 드는 경우였지.
- 뭐가요?
- 류 권사는 당시에 서울대학 대학원을 졸업하고 밀양전문대학 교수로 와 있었고, 최 장로는 당시에 부모님을 일찍 여의고 형님과 둘이 살고 있었는데, 그 밀양전문대학을 졸업하고 군대 갔다 제대하고 돌아온 경우였어.
- 그런데 뭐가 어려워요? 신분 차이 때문에요? 요즘 젊은이들은 그런 사회적 신분 문제 삼지 않아요?
- 그래, 많이 달라진 모양인데. 그러나 그때는 객관적인 신분의 차이

가 극복하기 쉽지 않은 과제였고, 특히 부모의 동의를 얻는 일이 쉽지 않았지. 하여튼 그런데 둘이 좋아하게 되었어. 그런데 최 장로 쪽에서야 부모님도 안 계셨고 자기가 사회적으로 달리는 경우였으므로 마음 졸였을 것이고, 류 권사 쪽에서는 부모님을 설득하기 어렵다고 생각하여 고민이 안 될 수 없었겠지?

- 그랬겠네요? 어떻게 극복하게 되었나요?
- 그래 류 권사가 날 찾아와 그런 고민을 상담하더라고.
- 물론 그때는 권사가 아닌 청년 회원이었지요? 그래 뭐라 말씀해 주셨나요?
- 그야 물론 권사가 아닌 청년 회원이었지. 이봐 김 군, 나는 참으로 꿈꾸는 사람을 좋아해. 앞으로의 가능성을 보고 사랑한다고. 그래서 현재적 상황에서 최 군이 좀 처지는 게 사실이지만 "나는 믿음으로 미래를 바라본다. 최 군에게는 꿈이 있다. 그리고 그에게는 하나님과 동행하며 하나님께로 오는 영감이 있다. 그래서 최 군은 지금 보는 최 군으로 끝나지 않고 발전하고 성장할 것이다. 쉽지는 않으나 미래는 있다. 인내로 미래를 만들어 가든지, 그게 너무 어려울 것으로 판단되면 끝내든지 기도해 보고 진행하라"고 충고했지.
- 그래 류 권사가 긍정적으로 선택했나 보네요? 부부가 된 것 보니.
- 맞아, 둘이 합의하여 미래를 설계하는 것 같더라고. '우리 함께 크자, 더 자라자' 그렇게 꿈을 세우고 노력하더라고. 그러더니 최 군은 4년제 대학에 편입하여 졸업하고 한양대학 대학원에 진학하여 졸업한 후 전공을 따라 취직했지. 그렇게 사회인이 되어 비슷하게 서로 성장한 후 결혼에 성공했지. 그래서 그들의 결혼은 조금 늦긴 했어.
- 선생님이 되게 하는 데 일조하신 것이네요?
- 응, 그런 면도 있지. 그리고 내가 주례해서 결혼식도 했어. 그러나 내가 그들을 좋아하고 사랑하는 것은 단순히 내가 주례했다는 것 때문만은 아니야.

- 그럼 뭐가 더 있나요?
- 그들은 하나님의 사람이었고 하나님이 주신 사명에 살려고 노력하는 비전의 사람들이었어. 이제 최 장로는 사업하다 접고 국내 들어온 외국인 선교를 위하여 헌신하고 있고, 신학도 하여 곧 목사가 될 것이야. 물론 그간 사업가로 활동하면서도 평신도로 부산대학에서 중국 유학생 선교를 열심히 했었고 말이야. 류 권사도 부산대학 교수 하면서 사명을 가지고 부부가 유학생 선교에 헌신해 오고 있어. 이제 교수 은퇴하면 선교사업에 여생을 헌신하겠다고 다짐하면서 말이야.
- 선생님께는 자랑스러운 제자요 친구이군요?
- 그렇다네. 그들은 꿈의 사람들이었고, 꿈을 이룬 사람들이었고, 계속 꿈꾸고 이루는 사람들이야.
- 선생님, 그분들 이야기하면서 굉장히 즐거운 표정이세요. 저녁에 만날 일도 기대되는데요? 요셉의 꿈 이야기를 하시면서 꿈의 사람 중 하나인 최 장로와 류 권사를 생각하신 모양이군요? 이제 내려가면서 말씀하시지요?
- 그러지 창세기 산책은 어디 차례이지?
- 42장 이야기할 차례입니다.

현실이 된 요셉의 꿈/양식을 사러 온 요셉의 형들

(창 42:1-38; 본문 생략)

- 가뭄과 흉년이 든 것은 애굽만이 아니라 주변 모든 나라에 가뭄과 흉년이 든 것 같네요? 마침내 가나안 땅, 이스라엘과 그 자녀들이 사는 곳에도 흉년이 들어 먹을 것이 떨어지고, 이스라엘은 자식들에게 애굽에 가서 양식을 사오라고 하는군요.
- 막내 베냐민만 빠지고 형제들 전원이 애굽으로 양식을 구하러 내려

가는군. 곧 요셉과 만나게 되겠지?

- 과연 요셉의 형들이 요셉에게 절하는 꿈이 이루어질 것인가? 기대하시라 두두두두, 마음 졸이는 장면이 되겠지요?
- 꿈대로 요셉의 형들이 자신들은 알지 못하나 애굽 총리가 된 요셉 앞에 엎드려 경배하고 양식을 구하게 되지 않나?
- 형들은 요셉을 알아보지 못하지만 요셉은 다 알아보았을 것 아닙니까?
- 그랬다고 하지 않나?
- 형들은 알지 못하나 요셉은 자기 앞에 엎드린 사람들이 자기 형들, 자기를 팔아 버린 자기 형들이라는 사실 앞에 어떤 감정이었을까요? 분노? 쾌감? 동정심?
- 글쎄, 그 모든 감정의 혼합이었겠지? 형들에 대하여 꾼 꿈을 생각하고 '하나님께서 이 꿈이 이루어지게 하시는구나' 그런 감격이 그래도 지배적이었겠지?
- 그 꿈을 생각하고 일단은 엄하게 심문했다고 하네요. 나라를 엿보러 온 정탐꾼이 아니냐고 몰아붙여 저들의 어떠함을 보고자 하였던 것 같아요. 그리고 요셉의 형들은 정탐꾼이 아니라는 것을 변명하려다 보니 가족사를 이야기하게 되었고, 집에 막내가 있다는 이야기도 하게 되었네요.
- 요셉이야 그 사실을 이미 알고 있지만 형들로서는 제 발 저려 자백하는 경우가 되었지. 요셉은 그것을 잡아서 그 막내를 데려와 당신들의 말이 진실됨을 밝히라고 다그치게 되었고.
- 형들은 한동안 깊은 올무로 조여 가는 느낌을 받게 되겠지요?
- 그러겠지? 일단 사흘 동안 형들을 가두어 놓고 긴장감을 갖게 했군그래. 사흘 동안 감옥 안에서 얼마나 불안을 느꼈을까?
- 혹 감옥 안에서 회개하게 되지 않았을까요?
- 아마 그런 마음도 가져 보았겠지.

– 이제 요셉은 한 사람만 남겨 두고 가서 굶주림을 면하고 그 막내를 데려오라고 좀 나은 제안을 하는군요?
– 그렇지? 그런데 그때는 통역을 세우고 주고받던 터라 요셉이 못 알아듣는 줄 알고 자기들끼리 하는 말 중에 "요셉에게 몹쓸 짓을 해서 이런 벌을 받는 것 아닌가"라는 말을 하네.
– 요셉은 그 이야기를 듣고 지난날의 기억에 감정이 울컥하여 들어가 울고 나왔다고 하네요.
– 요셉의 심정이 어땠을지 상상하기도 힘드네.
– 사실 지금 총리가 되어 있기는 하지만 그간의 고난을 어찌 다 잊을 수 있겠습니까?
– 울고 나와서 아직은 조금 엄한 체하면서 시므온을 결박하여 두고, 다들 가서 가족의 굶주림을 해결하라고 곡식을 주고 보내는군. 신하들에게는 돈도 도로 넣으라고 명하고.
– 죄인은 제 발이 저린 것인가 봐요? 돈이 도로 들어 있다는 것이 불안한 징조로 느껴지는 것이에요. 저들이 집에 돌아가 보니 아예 모든 자루마다 돈이 도로 들어 있으니, 이것이 기쁨이 되지 못하고 불안이 된 것은 죄로 인한 죄책감이 모든 상황을 두려움으로 맞게 하는 것 같아요.
– 이스라엘의 슬픔과 불안은 더한 것 같지? 요셉도 잃었는데 시므온도 잃었지, 게다가 베냐민까지 데려가면 자기는 슬픔으로 죽을 것이라며 탄식하고 슬퍼하는 것이 아닌가? 김 군, 지금 이스라엘에게는 좋은 일이 다가오는가, 아니면 나쁜 일이 다가오는가?
– 좋은 일이 다가오지요?
– 그런데 왜 지금 이스라엘은 슬픈가?
– 그게 인간이지요? 하나님의 계획을 알지 못하면 이 상황이 망하는 상황으로 보이니까요.
– 그래, 그게 인간이야. 우리는 하나님의 손길을 몰라 불안할 때가 많

지? 하나님께서 멋진 일을 만들고 계신데도 말이야.

- 하나님과 찰떡같이 살면 모든 것이 합력하여 선을 이루고 하나님이 보장하시는 삶을 누리게 될 터인데 말입니다. 하여튼 세월을 지내며 요셉의 형들도 좀 달라지긴 한 것 같지요? 르우벤은 장자답게 자기가 책임지고 베냐민을 데리고 오리라고 다짐하네요.
- 이스라엘의 마음을 달랠 자가 없네그려. 베냐민은 절대로 보낼 수 없다는 것이야.
- 그 형은 죽고 그만 남았는데 그애까지 없어지면 자기는 슬픔으로 세상을 떠나게 될 거라며 내어주지 못하는군요. 하나님께서 엄청난 축복을 지금 마련하고 주시려는 때인데, 이때 이스라엘과 그 아들들은 가장 불안하고 가장 슬픈 시간으로 살고 있어요.
- 김 군, 이거 아무래도 너무 웃기는 모습 아닌가?
- 겸손히 하나님 앞에 기도하는 자세로 살아야지요. 이거 인간이란 게 아무것도 아니에요.
- 이 상황을 보면서 규모로는 비교 안 되게 작은 일이지만 내가 이런 경험이 있었던 게 생각나네.
- 선생님의 경험이라고요? 오래 사시니까 여러 종류의 경험이 다 있으신 모양이네요? 어떤 이야기인데요?
- 내가 피난 시절에 어렵게 살면서 검정고시에 합격하고 신학대학 입학시험을 치르게 되었었지.
- 합격하셨지요?
- 물론 합격했지. 합격하고 교수님 한 분이 편지 봉투 하나를 주면서 담임목사님 갖다 드리라고 해서 편지 하나를 받아 들고 버스 타고 집으로 내려오는데, 합격의 기쁨은 온데간데없고 어떻게 등록금을 만들어야 하나 하는 걱정으로 세 시간 버스 안에서 고민고민하고 내려오던 것이 기억나네.
- 그게 뭐 당연한 것 아니에요?

- 그 편지 말이야? 그것을 가져다 담임목사님께 드렸더니 그 편지 안에 나의 등록금을 누가 대어서 이미 등록했으니 개강일에 맞추어 올려보내라는 편지였어. 그런데 나는 그 편지를 들고 내려오면서 내내 등록금 걱정에 우울했지 뭐야?
- 그게 인간이군요. 대답을 손에 들고 가면서도 근심 걱정 고민 스트레스, 아이구 웃겨라.
- 너무 웃지 마, 이 사람아.
- 어떻게 안 웃어요? 등록금 해결되었다는 편지를 들고 내려오면서도 등록금 걱정을 하는, 아 인간, 연약한 인간이로다!

베냐민을 데리고 온 형들(창 43:1-34; 본문 생략)

- 양식이 다 떨어지니 요셉의 형들이 다시 요셉에게로 오게 되네요.
- 그들의 부친 이스라엘과 베냐민을 데리고 가는 일로 밀고 당기고 하다가 마침내 이스라엘이 결단을 하는군. 하나님께서 함께하시기를 축복하고, 하나님께서 잃게 하시면 잃으리라 각오하고 보내는군.
- 안 보낼 수가 없겠지요? 양식을 사 와야 하고, 그 나라 총리는 아우를 데려오지 않으면 스파이로 보겠다고 하니 결단할 수밖에 없겠지요.
- 사람이 할 도리는 다하자 하고 예물을 준비하고 되돌아왔던 돈도 도로 가지고 갔군그래.
- 그런데 갈수록 미궁 속으로 빠지는 것 같았겠어요. 곡물 사러 갔으니 곡물이나 주면 될 터인데 어디서 총리와 점심을 함께한다 하니 황송하고 영광 같으나 이것은 필경 함정일 거라고 생각하는 것 같지요.
- 자루에 있던 돈의 일로 끌려든다고 걱정하게 되지?
- 집안에 들기 전에 청지기에게 돈을 배로 가져왔다고 고백하게 되고,

그에 대하여 좋은 소식 같은데 부담스러운 이야기를 듣고요. "안심하라 두려워하지 말라 너희 하나님, 너희 아버지의 하나님이 재물을 너희 자루에 넣어 너희에게 주신 것이니라", 그리고 돈은 이미 다 받았다고 하지 않아요?

- 지금 이게 기쁜 소식인데 저들은 도저히 기뻐할 수 없지?
- 대체 무슨 일이 진행되는 것인지 불안하기만 한 것이지요. 저들은 지금 이 나라의 총리가 요셉일 거라는 것은 상상도 못하는 것이지요?
- 요셉이 들어오자 모두 엎드려 절하는군. 요셉이 노인의 안부를 자세히 묻는 것이나 베냐민에게 더 관심 주는 것이나 형제들을 차례로 앉힌 것이나 다 눈치챌 만하지만 아무도 상상할 수 없는 게, 자기들이 노예로 팔아 버린 요셉이 총리라는 사실은 눈치챌 수 없었던 거야. 이상하다고 느끼지만 알아차리지는 못하고 있는 것이네. 지금 일어날 수 없는 일이 일어나는 것이야.
- 이번에도 요셉은 또 울 곳을 찾아 나갔다가 들어오네요?
- 요셉의 인간적인 면모가 잘 드러나는 것이지. 광야에 내던져져 단련되었어도 정이 많았던 품성인 게 틀림없어. 불안하고 이해할 수 없는 일이기는 하지만 특별히 위협적인 것은 없으니 일단 즐겁게 식사를 한 것 같네.

형들을 시험하는 요셉(창 44:1-34; 본문 생략)

- 요셉이 형들을 시험해 보네요. 곡식을 자루마다 채우고 돈도 도로 넣고 하되 베냐민의 자루에 은잔을 하나 넣도록 하였네요? 그런데 선생님, 하나님의 사람 요셉이 점을 쳐요?
- 왜 그래, 김 군? 언제 요셉이 점치는 사람이래?
- 점치는 은잔이라고 하지 않아요? 아하, 내가 왜 이러지? 그렇게 하는

것처럼 시험해 보는 거지? 아, 죄송합니다.

- 글쎄 갑자기 왜 이러나 했네. 베냐민은 형들에게는 요셉 자신과 같이 이복동생이고, 그에게는 형들 중에 챙겨 줄 누가 없으니 그를 어떻게 여기는지 시험해 보는 것은 형들의 진정성을 가장 잘 볼 수 있는 시험지일 거야.
- 그런데 이번에는 유다가 나서네요. 아버지 이스라엘을 설득할 때도 나서서 반드시 베냐민을 데리고 돌아오리라고 다짐했던 유다가 과연 책임을 지고 자기가 남을 테니 베냐민은 보내야 한다고 요셉에게 간청하네요.
- 특히 베냐민과 아버지 이스라엘이 직결되어 있어 베냐민이 돌아가지 못할 경우 부친이 그 충격으로 돌아가실 수가 있다며, 부친의 생명이 베냐민에게 달려 있음을 호소하고 있군그래.
- 요셉이 감동받을 만한 것 같은데요. 베냐민을 대신하겠다고 나서는 유다의 책임감과 부친을 생각하는 유다의 진정성에 요셉이 감동 먹은 것 같아요.
- 그래, 우리는 자신을 내어놓고 책임을 다하려는 사람들에게 감동을 받지. 만일 유다가 저렇게 책임감을 가지고 나서지 않았다면 요셉은 더 많은 일로 형들을 시험했을 것인데 이번에 합격점을 받은 것 같지?
- 그렇네요, 다음 이야기가 기대되는데요.

요셉의 커밍아웃(창 45:1-15; 본문 생략)

- 요셉이 과연 감동을 먹었군요. 격정을 주체할 수 없어 함께 있던 애굽 사람들을 다 내보내고 형제들에게 자신이 요셉임을 알리네요. “네? 요셉이라고? 우리가 노예로 팔아 버린 요셉이 이 나라의 총리가 되어 우리 앞에 나타났다고?” 선생님, 후들거리는 저 요셉의 형들

의 모습을 보세요. 저들의 마음에 대지진이 지금 일어나는 것 같아요. 우째 이런 일이? 어쩌면 이제 우리는 죽었다 하고 탄식하게 되었을지도 모르지요?

- 아니, 그런 생각조차도 못할 만큼 충격이어서 아무 생각도 못했을 것이야.
- 그런데 역시 요셉은 하나님의 사람답네요. "네 이놈들, 내가 요셉이다. 이제야 원수를 갚게 되겠구나, 허허허" 그렇게 호통을 치지 않고 참 내 원.
- 속 좁은 사람 같으면 베냐민만 살려 두고 나머지 형들을 다 처형시켜 버리고 말 것 아니겠나? 그런데 요셉은 오히려 형들을 안심시키고 형들을 위로하는 말을 하는 것 보게. 뭐라 하던가?
- "당신들이 나를 이곳에 팔았다고 해서 근심하지 마소서 한탄하지 마소서 하나님이 생명을 구원하시려고 나를 당신들보다 먼저 보내셨나이다" 하면서 우선 근심하거나 한탄하지 말라고 안심시키네요. 더욱 중요한 것은, 형들이 자기를 노예로 팔았지만 그것은 형들이 한 일이 아니고 하나님께서 하신 일이라고 받아들이는 것이에요.
- 사실 요셉은 긴긴 고난의 세월, 그 믿음 하나로 버틴 것일 거야. 이러한 믿음을 성경은 온유한 믿음이라고 한다네.
- 어떤 믿음을 온유한 믿음이라 해요?
- 내 주변에 내게 영향을 미치는 어떤 상황도 하나님께서 주관하시는 중에 하나님이 허락하신 것이거나 하나님이 의도하신 것으로 받아들이고 합력하여 선을 이룰 것으로 믿고 기다리며, 감사로, 긍정적으로 풀어가는 믿음을 온유한 믿음이라고 하지.
- 하나님을 전적으로 신뢰함으로 어떤 상황을 만나도 감사하는 믿음이 온유한 믿음이란 말이지요?
- 그렇지. '노예로 팔렸어도 하나님께서 의도하신 일일 거야, 감옥에 갇혀도 하나님이 이 모든 상황을 다 알고 계시고, 내가 감옥에 있어

야 할 필요가 있어서 이리 되었을 거야' 이렇게 하나님을 신뢰하는 믿음이, 요셉을 그 어려움 속에서도 상처로 말미암은 원한과 분노 대신 더 기도하고 더 묵상하고 더 성숙해 가는 인품으로 만들어 준 것이 아니겠나?

- 그러겠네요. 그동안 원한과 분노로 살다가 갑자기 깨달은 것은 아닐 것이고, 평소에 그렇게 깨닫고 믿음으로 살아온 것이라고 이해할 수밖에 없겠지요?
- 생각해 봐. '이 나쁜 형놈들이 나를 노예로 팔아먹어?' 그런 원한을 품고 있었으면 요셉은 제대로 된 인품을 이룰 수 없고, 삶을 긍정적으로 살 수 없었을 거야. '이 나쁜 년 같으니, 언젠가는 원수를 갚고 말 거야!' 하며 자기를 감옥에 집어넣은 보디발의 아내에 대해서도 원한과 분노로 살았다면, 그는 성숙하거나 한 나라의 리더가 될 만큼 위대한 인품을 만들지는 못했을 것이고.
- 억울한 일도 많고 고난의 세월도 많이 경험하며 사는 이 세상 삶에서 온유한 신앙이 참 귀하겠습니다. 그러고 보면 성경은, 더욱이 창세기는 성경의 첫 번째 책이면서 다양한 인간의 죄성과 약점을 다 보여주면서, 여러 가지 인생 정황을 겪는 이야기를 통하여 가장 중요한 가치관, 인생관, 생활관을 가르쳐 주는 것 같아요. 요셉의 이야기 속에서는 온유의 믿음이 가장 중요한 진리일 것 같고, 이것은 초보적 신앙인으로는 이해할 수 없는 것 같고, 높은 수준의 신앙인의 삶을 보여주는 것 같습니다. 나도 한 단계 믿음이 성숙해질 것 같은 깨달음을 갖습니다. 요셉의 이야기는 계속될수록 이 믿음이 잘 배어 나오네요.

창 45:6-8 이 땅에 이 년 동안 흉년이 들었으나 아직 오 년은 밭갈이도 못하고 추수도 못할지라 하나님이 큰 구원으로 당신들의 생명을 보존하고 당신들의 후손을 세상에 두시려고 나를 당신들보다 먼저 보내셨나니 그런즉 나를 이리로 보낸 이는 당신들이 아니요 하나님이시라 하나님이 나를 바로에게 아버지로 삼으시고 그 온 집의 주로 삼으시며 애굽 온 땅의 통치자로 삼으셨나이다

7년이나 계속될 흉년과 기근을 대비하여 온 가족, 우리 후손들까지 생각하사 다 구원하시려고 하나님께서 요셉 자신을 이곳에 보내셨다고 말하고 있어요.

- 상황적으로는 형들이 요셉을 노예로 팔아 애굽에 넘겼지?
- 그래서 형들은 그 요셉 앞에 지금 긴장하고 떨고 있어요. 그러나 요셉의 생각 속에는 자기를 애굽에 팔아넘긴 것이 형들이 아니라 하나님이 미리 자기를 이곳에 보내시려는 손길이었다고 해석하니, 형들은 그 일로 말미암아 두려워하지 말라는 것이고, 요셉은 형들에게 원한이 없다는 것이에요. 상황을 이기는 믿음이 무엇인가를 보여주네요.
- 하나님의 선하심과 사랑하심을 절대적으로 믿어야 나오는 믿음이 온유의 믿음이지. 로마서의 말씀처럼 말이야.

롬 8:28 우리가 알거니와 하나님을 사랑하는 자 곧 그의 뜻대로 부르심을 입은 자들에게는 모든 것이 합력하여 선을 이루느니라

김 군, 온유한 신앙에 대하여 많은 말을 했는데 다시 한번 정리해 보게.

- 어떤 상황이 닥쳐도, 그것이 나쁘고 악한 것일지라도 하나님의 사람은 그 일이 하나님의 통치 아래 있음을 믿고, 모든 것은 하나님의 뜻 안에서 합력하여 선을 이룰 것을 믿고 감사로 대처하고, 긍정적인 의미를 찾아내는 믿음이라고 하겠습니다.
- 그러니 이 순간 요셉은 형들에게 원한과 분노를 터뜨리는 것이 아

니라 하나님께 감격하면서 형들과 얼싸안게 되지 않나? 요셉의 승리는 고난을 승화시키는 믿음이요, 분노와 원한에서 해방된 자유한 영혼의 승리라네.

– 아, 멋집니다. 요셉의 신앙이 멋집니다. 그 원망스러울 상황에서 하나님의 신실하심을 바라봄으로 극복되는 온유한 신앙의 모습은 감동적입니다. 그래야 하나님의 큰 인물이 나오고, 위대한 인생을 살게 되는 것이로군요?

바로의 배려(창 45:16-20; 본문 생략)

– 요셉이 덕스러운 사람이었던 것 같지 않아요?
– 뭐가 그리 생각 들게 하는데?
– 다른 나라 사람으로 총리를 하고 있는데 대신들의 질투와 시기가 있지 않았을까요?
– 사람 사는 곳에 왜 없었겠는가?
– 그런데 요셉의 형들이 왔다는 이야기를 듣고 바로 왕은 물론 모든 대신들이 좋아하고 환영하는 분위기이거든요?
– 그렇군, 아예 부모와 가족까지 이끌고 오라고 하고, 온 애굽 땅의 좋은 것이 다 너희 것이므로 너희 기구를 아끼지 말라 하고, 수레를 끌고 가서 가족들과 부모를 모시고 오도록 배려하고 있군그래. 첫째는 하나님의 은혜요, 다음은 요셉도 덕이 있는 사람이었던 것 같아.
– 온유한 신앙으로 다듬어진 인물이니 애굽 사람들에게도 존경받고 압도적인 리더십이 생긴 것 같네요.
– 이봐 김 군, 여기서 확인해 주자고.
– 뭘요?
– 온유한 믿음은 사람의 덕성을 길러 주는 비결이야. 온유한 믿음은 긍정의 사람으로 만들고, 인간관계에서도 부정적인 것은 걸러내고

긍정적인 관계를 만들어 가거든. 덕성을 길러내는 것이지.

- 요셉이 어떤 학교교육을 받은 기록은 없는데 총리직을 감당할 만한 인물이 된 것은, 하나님의 고난의 훈련학교에서 만들어진 것이군요?
- 고난을 통하여 온유한 믿음과 인내의 인격을 이룬 것일 테지!

이스라엘의 기쁨(창 45:21-28; 본문 생략)

- 요셉이 바로 왕의 배려 깊은 말씀도 있고 하니 마음껏 형들을 대접하며 부모를 모셔오는 일에 풍성하게 한 것 같네요. 양식은 물론 옷도 주고 수나귀 열 필에는 애굽의 여러 아름다운 물품을 실리고, 암나귀 열 필에는 곡식과 떡과 양식을 풍성히 실려서 아버지를 모시고 오라고 보내네요. 그런데 가면서 도중에 다투지 말라는 당부를 하는데 이것은 왜 그랬을까요?
- 글쎄, 일단 요셉이 형들에게 이런 충고를 하다니 형들 위에 있는 리더처럼 보이기는 하는데, 우리 형제들이 이제는 화목한 형제들로 살자는 부탁이 아니었을까? 형제들 간에 시기하여 자신을 팔아 버렸던 전례가 있으므로 이제 내가 다 용서하고 우리가 다 화해하였으니 우리는 정말 화목하게 사랑하고 살기만 하면 된다고, 우리 세상이 열리고 있으니 싸우지 말고 화목하게 살자는 당부였을 테지.
- 이 보고를 받는 이스라엘의 모습이 어떨까 상상해 보는데 상상이 안 돼요. 죽은 줄로 알았던 요셉이 살아 있다는 것도 믿기지 않는 뉴스인데, 그가 애굽의 총리가 되어 있다는 것은 가슴 벅찬 일이지만 그게 가능한 이야기로 들리겠냐 이거지요.
- 실제로 이스라엘도 그렇게 믿을 수 없다는 표정이었던 것 같아. 요셉이 보냈다는 으리으리한 수레들과 물품들을 볼 때 총리쯤 되지 않고야 이런 수준의 물품을 자기 아들들이 얻었을 리 없다고 생각되자 사실인가 보다 하고 받아들이는 분위기이지?

- 그렇네요. 수레를 보고서야 기운이 소생하고 죽기 전에 아들을 보리라고 말하네요.

- 이야기하다 보니 다 내려왔네요. 이제 어디로 가지요? '다카 교회'를 치고 감세.
- 다카 교회요? 방글라데시 다카요?
- 방글라데시는? 다문화 카페 교회를 줄여서 '다카 교회'라고 명명했다네.
- 다카 교회 검색하면 나오나요?
- 글쎄, 생긴 지 얼마 안 되어서 안 나올 수도 있으니 주소로 '경남 밀양시 하남읍 귀명3길 16-3'을 찾아감세.

산책길 20

죽음을 넘어서(창 46:1-50:26)

- 선생님, 이번에도 1박 2일 여행하자고요?
- 마지막이니까 1박 2일 여유 있게 여행하면서 창세기 산책을 마무리 하자고.
- 이번에는 어디로 가는데요?
- 경북 의성 비봉산에 내일 새벽에 오를 걸세.
- 새벽에요?
- 응, 오늘은 비봉산 아래 숙소를 잡아 쉬고 내일 새벽 등산을 좀 하기로 하세.
- 내비에 뭐라 검색하지요?
- '경북 의성군 다인면 대곡사길 80', '대곡사'를 찍고 가면 되지. 가서 입구를 확인하고 가까운 데 숙소를 잡고 쉬자고.
- 온통 들녘이 황금 물결이네요. 벼가 익어가는군요.
- 그렇군, 벼가 익어가는 들녘은 정말 아름답지?

- 선생님, 다 왔는데요?

- 응, 좋아요. 여기서 내일 새벽에는 차로 좌측 산 쪽으로 더 올라가서 중간쯤 차를 세우고 걸어 올라가야 할 거야. 이곳에서 가장 가까운 모텔을 잡아 놓고 오늘은 창세기 산책을 하지.

이스라엘의 애굽 이주(창 46:1–7; 본문 생략)

- 이스라엘이 마침내 애굽으로 가려고 길을 떠나네요? 그런데 브엘세바에서 하나님께 제사를 드리는군요.
- 창세기에 브엘세바가 여러 번 나오지?
- 아브라함이 우물을 얻고, 또 아비멜렉과 화친 조약을 맺었던 곳이 아닌가요? 맹세의 우물 또는 일곱 우물이라는 뜻을 가진 이름이고요?
- 맞아, 아브라함이 영원하신 하나님의 이름을 불러 예배한 곳이고(창 21:33), 이삭에게 하나님이 언약을 확증하여 주신 곳이기도 한데(창 26:23-24), 야곱이 애굽으로 내려가기 전 이곳에서 제사를 드리고 또 야곱이 다시 한번 하나님의 언약을 받게 되는군그래.
- 아브라함 때는 아브라함이 먹을 것을 찾아 애굽으로 이주하였다가 위험에 처할 뻔했고, 이삭 때에는 하나님께서 내려가지 말라고 하신 애굽 행인데 이번에는 염려하지 말고 내려가라고 하시네요?
- 그러네, 애굽에서 큰 민족을 형성시킬 것이라고 말씀하시는군. 하나님께서는 요셉을 먼저 애굽으로 보내 총리가 되게 하심으로 이스라엘 자손들이 애굽에 살면서 큰 민족을 형성케 하려는 계획이었던 것 같아.
- 그래서 하나님이 함께 애굽으로 내려가겠다고 언약하시네요? 대단한 언약인데요. 하나님이 애굽으로 함께 내려가시니 이스라엘과 자손들이 하나님과 함께 내려가는 것이네요. 얼마나 든든한 보장의 말씀일까요?

- 또 이스라엘로 돌아오게 할 일과 요셉이 임종할 것까지 말씀해 주시는군.
- 애굽에서 가져온 수레에 이스라엘과 가족들이 타고 이스라엘 모든 자손들과 가축들과 모든 소유를 이끌고 애굽으로 내려가는군요?
- 대가족 이민이군. 사실 이러한 대가족이 이민한다는 것은 얼마나 위험한 모험이겠나?
- 그렇지만 요셉이 총리로 있는 나라로의 이민이고, 게다가 하나님이 함께 가겠다고 하시는데 무슨 두려울 일이 있겠습니까?
- 요셉을 애굽에 심은 분도 하나님이시고, 또 하나님께서 함께 가시겠다고 하는 보장을 받고 가는 길은 평안이요 희망이겠지?
- 다음에는 애굽에 내려간 이스라엘의 아들들과 손주들 명단이네요. 며느리들은 빼고 이스라엘 혈통의 사람들만 70명이라는군요. 대가족 이민이었어요.

애굽으로 간 이스라엘의 자손들(창 46:8-27; 본문 생략)

- 야곱의 아들들과 손자들을 합하니 66명이요, 애굽에 있는 요셉과 그 두 아들 3명을 합하면 69명인데 야곱까지 70명이 되는군요. 대가족 이민이에요.

애굽에 이른 이스라엘(창 46:28-34; 본문 생략)

- 마침내 이스라엘이 고센 땅에 이르고, 미리 유다가 가서 요셉에게 알렸으므로 요셉은 수레를 타고 고센으로 와서 아버지 이스라엘과 재회하는군요.
- 얼마나 감격스러웠겠는가? 목을 어긋 맞춰 안고 한동안 울었다고 하는군.

- 이스라엘은 사랑하는 아들 요셉이 살아 있고 만나게 되었으니 지금 죽어도 족하다고 감격하네요?
- 안 그렇겠나? 죽은 줄로만 알았던 아들이 살아 있을 뿐 아니라 애굽의 총리가 되어 있지, 또 이 심한 기근에 자기 가족 전체를 구원하는 구원자로 나타났으니 이스라엘이 황홀한 감격 속에 있게 되지 않았겠나?
- 애굽의 바로 왕이 묻거든 목축업을 하는 사람들이라고 대답하라고 요셉이 이르고, 이젠 고센 땅에 살 것을 기대하게 되네요?
- 그렇네.

바로와 대면하는 이스라엘(창 47:1-12; 본문 생략)

- 이스라엘 가족들이 애굽 왕 바로에게 인사를 하게 되는군요?
- 당연히 인사가 있어야 하겠지? 그런데 70명이 다 가서 인사할 수는 없는 것이고, 형들 다섯 명과 부친을 모시고 바로를 만나게 된 것 같네. 먼저 다섯 형들을 인사시키자 직업에 관한 이야기를 묻고 답하고 하는 동안 목축업이라 하니 자기의 가축들도 부탁한다고 하는군.
- 그리고 나서 요셉이 부친 야곱을 소개하지요? 이스라엘은 바로 왕을 축복하면서 인사를 나누네요.
- 노인의 특권이고 아름다움이지. 그러자 바로가 과연 나이를 묻네그려.
- 그때 이스라엘의 나이는 130세였나 봐요? 그런데 그 대답이 시적이에요. "내 나그네 길의 세월이 백삼십 년이니이다 내 나이가 얼마 못 되니 우리 조상의 나그네 길의 연조에 미치지 못하나 험악한 세월을 보내었나이다."
- 시적인 대답이라고? 정말 그렇군. 130년의 삶을 한마디 시로 압축하

고 있군. 일단 이스라엘은 자신의 인생을 나그네로 인식하고 있음이 드러나네.

- 자기 조상들의 연조에 비하면 아주 오래 산 것은 아니지만 험악한 세월을 보냈다고 하네요. 자신의 130년 인생을 험악한 세월이라고 부를 수밖에 없겠지요? 파란만장한 세월이지요?
- 사실 야곱의 일생은, 나그네요 파란만장한 인생임을 계시하는 게 아니겠나? 성경의 많은 인물들이 나그네 인생임을 자각하기도 하고, 또 후세에 우리들에게 나그네 인생을 알려 주는 계시이기도 하지. 히브리서를 보면 이스라엘만 그런 게 아니고 많은 하나님의 사람들이 이 땅에서는 나그네 의식을 가지고 살았다는 것을 증거하고 있지.

히 11:13 이 사람들은 다 믿음을 따라 죽었으며 약속을 받지 못하였으되 그것들을 멀리서 보고 환영하며 또 땅에서는 외국인과 나그네임을 증언하였으니

- 나그네 인생이라? 야곱에게는 그게 실감나는 인생관이었을 거예요. 젊어서 형 에서의 분노를 피하여 외삼촌 라반의 집에 가서 살게 된 것도 이미 나그네 연습이었고, 거기 20년 머물다가 고향으로 돌아오게 되었으니 철저한 나그네 삶을 경험한 것이지요. 게다가 지금은 또 애굽으로 이민 온 것이니 어디 이 땅에 발붙이고 영원히 산다는 생각은 할 수 없는, 나그네 인생의 자각이 자연스럽겠지요?
- 김 군이 성경 이야기를 잘 이해하는데, 김 군도 나그네 인생이 실감나나? 아직 실감 안 나지?
- 네, 저는 나그네 인생이 실감 날 정도로 아직은 뼈 깊은 경험은 없네요.
- 나는 철저하게 나그네 훈련을 받은 것 같아. 우선 단적으로 말해서

우리 집 주민등록 기록부를 보면 변경된 주소를 기록하는 난이 모자라 덧붙이는 일이 벌어진 것이야. 주민등록 기록부를 다루는 동사무소 직원이 투덜대더라니까.

- 그렇게나 이사를 많이 다니셨어요?
- 그렇다네. 크게 이동한 경우만도 충청도-서울-충청도-서울-전라도-서울-강원도-서울-경상도-서울-경기도-충청도-경기도, 이렇게 옮겨 다니며 살았다네. 같은 시나 도 안에서도 이사를 다녔고. 물론 내 사역도 많은 변화를 가지면서 말이야.
- 사역에 어떻게 변화가 있었는데요?
- 신학대학 졸업 후 첫 사역은 전도사로 전남 광주에서 목회하다 군목으로는 강원도에서 사역하고, 유학 후에는 서울신대 교수 하다가 밀양에서 목회하다가 서울에서 목회하다가 총회본부 선교국장 하다가 다시 서울신대 교수 하다가 서울에서 목회하다가 바나바훈련원 원장 하다가 은퇴하였지. 하나님께서는 나를 나그네 인생으로 훈련하신 게 틀림없어. 그리고 이 나그네 인생 훈련으로 나는 이 땅에 어떤 욕심도 내려놓는 연습을 하게 되었지.
- 그게 무슨 말씀인지요? 뭘 어떻게 내려놓는 연습을 해요?
- 김 군, 이것은 하나님의 사람으로서는 대단히 중요한 훈련인 것 같네. 구체적으로 내 경우를 간증하자면 내가 마지막 사역으로 바나바훈련원 원장으로 사역하다 은퇴하게 되었지?
- 그러셨지요.
- 은퇴하기 약 5년 전쯤 훈련원 건물을 신축하게 되었었지. 신축 건물에는 당연히 원장실을 별도로 설계하여 지었지.
- 그전에는 원장실이 따로 없었나요?
- 폐교된 학교를 수리해서 쓸 때는 원장실이라고 따로 만들지 못했었어.
- 그런데 신축한 건물에는 원장실을 따로 넣었다 그 말이지요? 그것

은 당연하고, 안 그러면 오히려 이상한데요, 그 원장실이 무슨 문제가 되었나요?

- 신축하고 입당한 지 며칠 안 되어 원장실을 어떻게 꾸밀까를 생각하며 원장실로 혼자 들어가는데 그때 하나님의 음성이 영감으로 들려왔네.
- 무슨 음성이었는데요?
- "이 원장실 너무 좋아하지 말아라. 이 원장실은 네 것이 아니라 네 후대를 위하여 지은 것이니라."
- 네? 아니 물론 후대가 쓸 때는 후대가 쓰더라도 그 당시의 원장은 선생님이었지 않나요? 선생님 쓰시고 후임에게 넘겨주시는 것 아닌가요?
- 일반적으로는 그렇지. 그런데 이 말씀을 하신 의도가 무엇이겠나? 사실은 원장실뿐 아니라 새 건물 전체가 나를 위한 것이 아니라는 뜻이지.
- 아, 그러니까 이 새 건물에 애착을 갖지 말라는 뜻이라고요?
- 바로 그거지. 내가 새 건물 건축하고 무슨 큰일 한 것처럼 이 건물에 애착을 가지고 물러가지 않거나 욕심을 부리면 제때에 은퇴도 어려워지고, 또 은퇴하면서 이 땅과 건물을 자기의 재산처럼 착각하고 욕심을 낼까 봐 아예 애착을 갖지 말라는 뜻이었겠지?
- 그래서 어떻게 하셨어요?
- 약 4년인가 5년인가 원장실을 내가 사용하지 않고 비워 두었었지. 숫자 많은 평신도 연합 훈련할 때는 숙소로 사용하기도 하고, 주로 조교로 섬기는 분들 숙소로 사용했어.
- 그게 나그네 훈련이었나요?
- 나그네 훈련이란 이 땅에는 영원한 게 없으니 욕심을 내려 놓으라는 훈련이라네. 훌훌 털고 떠날 수 있는 훈련이지.
- 그래서 선생님은 욕심 없이 다 내려놓고 은퇴하실 수 있었나요? 빈

털터리로요?

- 아주 빈털터리는 아니지. 하지만 욕심을 내려놓을 수 있는 자유를 누렸다네.
- 아, 그게 자유라고요? 나그네 훈련은 자유인을 만드는 것이군요!

애굽의 토지세(창 47:13-26; 본문 생략)

- 기근이 계속되자 애굽에 새로운 토지법이 제정되네요?
- 돈이 떨어지자 돈 대신 가축을 가지고 와서 양식으로 바꾸어 가게 되고, 그다음 해에는 아예 토지를 가지고 와서 곡식과 바꾸어 감으로 애굽인의 모든 토지가 국가 소유가 되는군.
- 그런데 그 토지를 백성들이 여전히 경작하게 하되 1/5을 국가에 바치도록 하는 토지세 제도가 제정되는군요? 그런데 선생님, 백성들을 성읍들로 옮겼다는 것은 강제 이주시킨 것 아닌가요?
- 일종의 강제 이주일 수 있지만 이는 성읍들에 곡식을 쌓아 두었으므로 곡식 배분을 수월하게 하는 목적이 있었을 것이고, 또 어차피 토지가 다 국고가 되었으니 골고루 살도록 이주 정책을 세웠던 것 같아. 요셉의 이러한 이주정책에 백성들이 불만을 표했다거나 이 일이 불평거리가 되지 않았던 것을 보면, 백성들을 어찌하든 위하고 살리는 정책이었던 것 같지 않나?
- 그렇군요. 그런데 선생님, 여기 제사장들은 손대지 않았다고 하는데요. 이 제사장들은 여호와 하나님을 섬기는 제사장은 아니었지요?
- 자세한 설명이 없는 것을 보아 정확히는 알 수 없지만 애굽 사람들이 여호와 하나님을 섬겼다고 생각할 근거는 없는 것 같아. 요셉의 영향력으로 전국 종교가 바뀌었다고 보기는 어렵고, 아마도 바로가 섬기는 애굽의 신을 위한 제사장이었다고 보는 게 맞을 거야. 제사장의 것은 직접 바로가 챙기는 것으로 요셉의 권한 밖의 일이었으니까.

매장지에 대한 야곱의 부탁(창 47:27–31)

창 47:27–31 이스라엘 족속이 애굽 고센 땅에 거주하며 거기서 생업을 얻어 생육하고 번성하였더라 야곱이 애굽 땅에 십칠 년을 거주하였으니 그의 나이가 백사십칠 세라 이스라엘이 죽을 날이 가까우매 그의 아들 요셉을 불러 그에게 이르되 이제 내가 네게 은혜를 입었거든 청하노니 네 손을 내 허벅지 아래에 넣고 인애와 성실함으로 내게 행하여 애굽에 나를 장사하지 아니하도록 하라 내가 조상들과 함께 눕거든 너는 나를 애굽에서 메어다가 조상의 묘지에 장사하라 요셉이 이르되 내가 아버지의 말씀대로 행하리이다 야곱이 또 이르되 내게 맹세하라 하매 그가 맹세하니 이스라엘이 침상 머리에서 하나님께 경배하니라

- 이제 야곱이 자신의 죽음이 가까워짐을 느끼는 모양이네요? 자기의 매장에 관하여 요셉에게 맹세시키며 부탁하는데요?
- 현재 몸은 애굽에 살고 있지만 언제나 잊지 말아야 하는 것은 언약의 땅으로 돌아가는 것이었지. 이스라엘 민족 전체가 언젠가는 언약의 땅으로 돌아가겠지만 자신은 죽은 몸이라도 조상들이 묻힌 언약의 땅에 묻히기를 소원하여 요셉에게 맹세시키는군그래.
- 선생님, 그런데 맹세를 할 때 허벅지 아래에 손을 넣고 하는 게 무슨 의미가 있나요?
- 김 군 참 꼼꼼하게 질문하네그려. 낸들 어찌 알겠는가? 그러나 이 허벅지에 손을 넣고 맹세하는 것은 족장시대에 강력한 맹세를 의미하는 것이라고 이해할 수 있겠지. 이미 허벅지 아래에 손을 넣고 맹세하는 일이 창세기에 나왔지? 아브라함이 자기 종에게 이삭을 위하여 아내가 될 처녀를 얻어 오라고 맹세시킬 때 사용된 예가 있었지 않나?(창 24:9)

- 아, 그렇군요. 절대적 맹세라는 의미로 행하던 관습이 있었던 것이군요? 요셉은 부친 이스라엘에게 그렇게 맹세하였고, 이스라엘은 침상 머리에서 하나님께 경배하였다는 기록인데, 이는 감사하고 기도하는 모습이겠지요? 그러고 보면 나그네로 살지만 언약의 땅에 묻혀야 된다는 이스라엘의 열망은, 이 땅에 살아도 하늘나라에 가야 한다는 영적 진리를 비유로 보여주는 것 같기도 하네요.
- 그렇지? 그래서 히브리서를 보면 이 땅에서 나그네라 인식하며 살지만, 그것은 동시에 모두 하늘나라 본향을 생각하고 살았다고 기록한다네.

히 11:13-14 이 사람들은 다 믿음을 따라 죽었으며 약속을 받지 못하였으되 그것들을 멀리서 보고 환영하며 또 땅에서는 외국인과 나그네임을 증언하였으니 그들이 이같이 말하는 것은 자기들이 본향 찾는 자임을 나타냄이라

이스라엘이 에브라임과 므낫세를 축복하다

(창 48:1-22; 본문 생략)

- 부친이 병들었다는 소식을 듣고 요셉이 두 아들을 데리고 문병을 갔네요. 이스라엘은 요셉이 왔다는 소식을 듣고 힘을 내어 침상에서 일어나 앉았고요. 아마 이스라엘은 자기의 임종의 때가 멀지 않았음을 느끼고 있는 것 같아요. 요셉에게 신앙 간증 겸하여 하나님의 말씀을 전하고 있어요.
- 뭘 전하는데?
- "이전에 가나안 땅 루스(벧엘)에서 전능하신 하나님이 내게 나타나사 복을 주시며 내게 이르시되 내가 너로 생육하고 번성하게 하여 네게서 많은 백성이 나게 하고 내가 이 땅을 네 후손에게 주어 영원

한 소유가 되게 하리라"고 하셨다면서 그 축복의 언약이 요셉을 포함하여 실현될 것을 이야기하는 것 같네요.

- 그렇지. 그런데 요셉의 두 아들이 그 대상에 포함될 것을 말하며, 므낫세와 에브라임이 이스라엘 자신의 아들로 취급될 것이라고 선언하네.
- 그게 무슨 뜻이지요? 그냥 '요셉 네가 이 축복에 포함된다'고 선언하지 않고 므낫세와 에브라임, 요셉의 두 아들이 포함될 것을 이야기하는 게 무슨 이유이지요?
- 그것은 나도 모르겠는데, 하여튼 그 두 아들이 축복의 상속자로 계승될 것이라고 확인하는 말인데, 아마도 요셉은 다른 형제들에 비하여 두 배로 축복을 받게 된다는 뜻이 아닌가 싶군. 나중에 보면 이 둘이 이스라엘 자손의 이름에 포함되어 가나안 땅을 분배받을 때에도 다른 형제들은 각각 그들의 이름으로 그 족속의 분량을 받는데, 요셉의 후손들은 요셉의 이름으로 분배받는 게 아니라, 므낫세와 에브라임 지파의 이름으로 각각 분배받거든(수 13-19장). 사실상 두 배로 축복받는 것을 의미하는 것 같아. 그래서 레위 지파는 성전을 섬기는 것으로 그들의 기업이 되고, 요셉 지파는 므낫세 지파와 에브라임 지파로 나뉘어 결국 토지는 12지파로 분배되었지.
- 아하, 그건 역사적 사건이 되었네요. 이때의 아버지의 말은 절대적이로군요.
- 사실 그만큼 영감 있는 말이었던 게 사실이지.
- 그 두 손자 므낫세와 에브라임에게 안수하는 이야기가 흥미롭군요.
- 어느 점이 김 군에게는 흥미로운가?
- 무엇보다도 이스라엘이 축복하기 위하여 하나님의 이름을 부를 때 그가 인식하고 부르고 있는 하나님이 흥미로워요. 그냥 일반적인 호칭이 중요한 게 아니라 자기가 경험한 하나님이 중요하게 느껴지고 있는 것 같거든요.

- 그래? 어떤 하나님으로 인식하는데?
- 우선 "내 조부 아브라함과 아버지 이삭이 섬기던 하나님"이라고 부르네요. 아마도 지금 선포하는 축복이 자신의 즉흥적인 축복이 아니라 아브라함에게, 그리고 이삭을 거쳐 자기에게 계승된 축복임을 의식하고 있다는 뜻이겠지요? 그러고는 자기의 개인적인 경험에서 만나고 확인된 하나님을 부르네요. "나의 출생으로부터 지금까지 나를 기르신 하나님", 또 "나를 모든 환난에서 건지신 여호와의 사자"라고 하여 평생 함께하시고 환난에서 건지신 하나님이라고 부르네요. 민족적 공동체의 하나님이며 동시에 개인적으로 체험하고 확신하는 자신의 하나님 이름으로 축복하고 있어요.
- 흠, 김 군이 대단히 중요한 점을 발견해 냈네그려. 하나님을 우리가 신뢰할 때 우선 객관적인 하나님을 인식해야 하지. 아브라함의 하나님, 이삭의 하나님, 역사의 하나님으로 인식한 것처럼, 공동체적이고 역사적이고 이미 계시된 객관적 하나님 인식이 바탕이 되어야 해. 그러나 동시에 주관적으로 경험된 하나님이어야 하기도 하지. 아무리 객관적으로 증언하고 설명되는 하나님이라도 내게 경험되지 않으면 한 개념의 신일 뿐이지만, 내게 경험되면 그분은 살아 계신 실재로 내게 의미를 주게 된다네. 오늘 우리로 적용한다면 성경에 객관적으로 계시된 하나님을 우리가 알아야 하고, 동시에 그 하나님이 내게 체험된 하나님으로 만나져야 하는 것이지. 만일 객관적인 하나님만 논의한다면 한 개념의 신이요 그에 대한 사상은 한낱 이념이 되고, 다른 한편 주관적인 하나님만 강조된다면 이는 객관성의 결여로 미신이나 환상에 빠질 위험이 있지. 그래서 객관적인 계시의 하나님인 동시에 주관적으로 만나고 체험된 하나님을 알 때 우리의 신앙은 흔들리지 않고 살아 움직이는 신앙이 될 수 있다네.
- 아, 그것 대단히 중요한 멘트인 것 같은데요? 객관적으로 계시된 하나님, 동시에 개인적으로 만나고 체험된 하나님, 우리가 이제껏 이야

기해 온 창세기의 모든 계시도 결국 객관적 계시를 이해하는 것과 동시에 그 계시를 체험적으로 경험하는 것이 중요하겠군요.

- 그렇다네. 일반적으로 신학자들이 지성적으로 연구하는 학문적 진리들은 객관적 성경 이해에 도움이 되지만 거기에 플러스 알파, 즉 개인적으로 체험된 말씀이 될 때 그 말씀은 우리의 삶의 근거가 되고, 비전이 되고, 사명이 되고, 능력이 되는 것이지. 한편 성경의 객관적 계시에 근거하지 않고 체험만 강조하면 그것은 곤란한 신비주의 또는 미신행위가 될 수 있어.
- 객관성과 주관성의 만남이 중요하군요?
- 맞아. 그런데 이스라엘이 그들에게 축복한 내용은 무엇이던가?
- "이 아이들에게 복을 주시오며 이들로 내 이름과 내 조상 아브라함과 이삭의 이름으로 칭하게 하시오며 이들이 세상에서 번식되게 하시기를 원하나이다"라고 축복하였는데요? 세 토막으로 이해되네요. 첫째는, 복을 주시기를 축복하고요, 그다음은, 아브라함과 이삭의 이름으로 칭하게 한다는 내용인데요? 아마도 아브라함에게 주신 축복과 언약이 이삭에게 전수되고, 그것이 자신에게 전수된 그 조상적 언약과 축복을 이어가는 축복이겠지요? 셋째는, 세상에서 번식되게 하시기를 축복하였습니다.
- 김 군, 내가 진작 물었어야 하는데, 한번 묻고 싶네.
- 무얼 알고 싶으신데요?
- 김 군이 이런 이야기를 읽을 때 김 군에게도 동일한 축복의 언어가 선포되고 있다는 것을 믿나?
- 제게도요? 영적인 의미에서 그렇겠지요?
- 김 군도 나도 영적으로는 아브라함의 자손, 이삭의 후손, 이스라엘의 상속자가 아니겠나?

갈 3:14 이는 그리스도 예수 안에서 아브라함의 복이 이방인에게

미치게 하고 또 우리로 하여금 믿음으로 말미암아 성령의 약속을 받게 하려 함이라

나는 그간 살아오면서 이 말씀의 원리대로 아브라함의 복을 누리고, 아브라함의 사명을 이을 자로 생각하며 복을 받고 누리고 사명으로 살아왔다네. 그리고 그것은 얼마나 감격스러운 삶이었는지 모른다네. 성경의 이야기가 남의 이야기, 먼먼 옛날의 아브라함의 이야기, 이삭의 이야기, 야곱의 이야기, 요셉의 이야기만 아니라 바로 나의 이야기가 될 수 있다는 것이야. 객관적인 진리가 김 군에게도 체험되는 이야기로 전해지기를 바라네.

- 그런데 옛 믿음의 선조들은 실수나 실패도 많았지만 그런 가운데서도 확실히 영감의 사람들이었나 봐요. 이스라엘이 므낫세와 에브라임을 안수하고 축복할 때 이스라엘은 오른손으로 에브라임을, 왼손으로 므낫세를 안수하거든요?
- 그렇지? 요셉은 당연히 이스라엘의 오른손을 므낫세 위에, 왼손을 에브라임 위에 얹게 되도록 이끌었는데 이스라엘이 손을 어긋나게 얹으면서 오른손을 차자인 에브라임에게 얹고, 왼손을 장자인 므낫세에게 얹었지?
- 요셉이 이를 못마땅하게 여겨 아버지 이스라엘에게 이야기하지만 이스라엘은 단호하게 "나도 안다", 몰라서 눈이 어두워서 실수하는 게 아니고 그것이 하나님께 받은 영감이란 것을 확인하네요. 형 므낫세보다 아우인 에브라임이 더 큰 존재라는 것이에요?
- 그래 말이야, 눈이 어둡도록 늙었음에도 영적 감각이 밝아 하나님의 장래 계획을 읽고 있다는 게 놀랍구먼그래. 나는 늙어가면서 영감이 둔해지던데 정신 차리고 깨어 있어야 할 것 같아.
- 그나저나 그게 하나님께 받은 영감의 예언이었다고 하면, 하나님은 장자보다 늘 차자를 더 사랑하시는 것 아니에요? 에서와 야곱 때도

에서가 주인공이 아니고 야곱이 주인공이라고 하셨으니 말입니다.

- 꼭 그렇기야 하겠나? 하나님은 장자냐 차자냐가 아니라 각자의 능력과 각자의 믿음을 사용하시는 것이겠지? 마지막으로 요셉에게 이르는 말을 들어봄세.

창 48:21-22 이스라엘이 요셉에게 또 이르되 나는 죽으나 하나님이 너희와 함께 계시사 너희를 인도하여 너희 조상의 땅으로 돌아가게 하시려니와 내가 네게 네 형제보다 세겜 땅을 더 주었나니 이는 내가 내 칼과 활로 아모리 족속의 손에서 빼앗은 것이니라

- 자기는 곧 여기서 죽을 것이나 하나님이 너희들과 함께 계실 것과 너희를 인도하여 너희 조상의 땅, 즉 언약의 땅으로 돌아가게 하실 것과 다른 형제보다 요셉에게 세겜 땅을 더 주었다는 것을 말하네요. 세겜 땅은 실제로는 야곱이 빼앗은 게 아니라 야곱의 딸 디나를 욕보인 것을 기화로 시므온과 레위가 세겜 남자들이 할례로 고통하는 동안 쳐죽이고 정복한 것이지요? 이것도 가나안 분배 이전의 예언인가요? 희망사항인가요?
- 글쎄, 나도 모르겠네.
- 선생님은 뭘 물으면 모른다고 하시는 게 더 많은 것 아니에요?
- 모르니 모른다고 하는 것이지, 사람 참, 내가 전지자인가? 나중에 보면 결국 세겜에 요셉이 묻히게 되는 것(수 24:32) 말고는 모르겠어.
- 선생님도 모르신다면 그냥 넘어가지요 뭐.

야곱의 유언과 죽음(창 49장; 본문 생략)

- 이스라엘이 죽기 전에 그 자식들을 모아 놓고 그들의 장래에 대한 일종의 예언을 남기고 세상을 떠나네요. 그런데 그 예언 가운데 각

자 지금까지 살아온 과거가 미래에 영향을 미치고 있는 것을 보여주는데요?

- 과거는 현재를 낳고, 현재는 미래를 잉태하는 것이지.
- 르우벤은 장자이지만 별로예요. "르우벤아 너는 내 장자요 내 능력이요 내 기력의 시작이라" 이것이 팩트요 좋은 축복의 조건이고, 그래서 "위풍이 월등하고 권능이 탁월하다마는" 이러한 월등하고 탁월한 신분의 가치를 지키지 못하고 "물의 끓음 같았은즉 너는 탁월하지 못하리니 네가 아버지의 침상에 올라 더럽혔음이로다", 르우벤이 자기 아버지의 첩이었던 빌하와 통간하였기 때문에 그 장자의 위력을 상실했다고 말하는군요. 그다음 시므온과 레위 형제에 대한 말인데, "그들의 칼은 폭력의 도구로다 내 혼아 그들의 모의에 상관하지 말지어다 내 영광아 그들의 집회에 참여하지 말지어다 그들이 그들의 분노대로 사람을 죽이고 그들의 혈기대로 소의 발목 힘줄을 끊었음이로다 그 노여움이 혹독하니 저주를 받을 것이요 분기가 맹렬하니 저주를 받을 것이라 내가 그들을 야곱 중에서 나누며 이스라엘 중에서 흩으리로다"라고 전에 세겜 사람들을 할례로 속이고 칼로 도륙하여 죽인 사건을 언급하고 있어요.
- 이게 하나님께로부터 오는 예언일진대, 하나님께서도 인간의 행위의 열매를 먹게 하신다고 깨닫게 되는 것이지.
- 유다에게는 상당한 축복의 언어가 주어지는데요?

창 49:8-12 유다야 너는 네 형제의 찬송이 될지라 네 손이 네 원수의 목을 잡을 것이요 네 아버지의 아들들이 네 앞에 절하리로다 유다는 사자 새끼로다 내 아들아 너는 움킨 것을 찢고 올라갔도다 그가 엎드리고 웅크림이 수사자 같고 암사자 같으니 누가 그를 범할 수 있으랴 규가 유다를 떠나지 아니하며 통치자의 지팡이가 그 발 사이에서 떠나지 아니하기를 실로가 오시기까지 이르리니 그에게 모든 백성이 복종하리로다 그의 나귀를 포도나무에 매며 그의 암나귀 새끼를 아름다운 포도나무에 맬 것이며 또 그 옷을 포도주에 빨며 그의 복장을 포도즙에 빨리로다 그의 눈은 포도주로 인하여 붉겠고 그의 이는 우유로 말미암아 희리로다

- 다음은 유다에 관한 예언인데 유다에게 선포된 축복과 예언이 가장 복된 언어가 많은 것 같아.
- 유다의 가문이 왕의 혈통이 될 것을 예언하고 있는 것 같은데요? 실제로 그리되었나요?
- 실제로 유다의 후손에서 성군 다윗 왕이 나오고 대대로 왕통을 이루게 되지. 그뿐이 아니야. 나중에 예수님도 유다의 혈통에서 나오거든. 이렇게 예언한 대로 이루어지는 것 같아.

창 49:13-21 스불론은 해변에 거주하리니 그곳은 배 매는 해변이라 그의 경계가 시돈까지리로다 잇사갈은 양의 우리 사이에 꿇어앉은 건장한 나귀로다 그는 쉴 곳을 보고 좋게 여기며 토지를 보고 아름답게 여기고 어깨를 내려 짐을 메고 압제 아래에서 섬기리로다 단은 이스라엘의 한 지파같이 그의 백성을 심판하리로다 단은 길섶의 뱀이요 샛길의 독사로다 말굽을 물어서 그 탄 자를 뒤로 떨어지게 하리로다 여호와여 나는 주의 구원을 기다리나이다 갓은 군대의 추격을 받으나 도리어 그 뒤를 추격하리로다 아셀에게서 나는 먹을 것은 기름진 것이라 그가 왕의 수라상을 차리리로다 납달리는 놓인 암사슴이라 아름다운 소리를 발하는도다

- 스불론은 해변에 거주한다는 단순한 예언이네요.
- 후일 가나안 정복 후 토지 분배할 때 이 예언이 이루어져 바닷가까지 경계를 이루게 되지(수 19:11).

- 잇사갈은 "양의 우리 사이에 꿇어앉은 건장한 나귀로다. 그는 쉴 곳을 보고 좋게 여기며 토지를 보고 아름답게 여기고 어깨를 내려 짐을 메고 압제 아래에서 섬기리로다"라고 하는데 축복인지 저주인지 모르겠네요? 양과 비교하여 건장한 나귀라 하니 강한 자가 되는 것 같은데 짐을 메는, 또 압제 아래 섬긴다는 것은 축복이 아닌 것 같고요?
- 그런 것 같네. 단은 라헬의 여종 빌하의 소생이지만 "이스라엘의 한 지파같이" 동등한 위치에서 살아갈 것이지만 "그의 백성을 심판하리로다 단은 길섶의 뱀이요 샛길의 독사로다 말굽을 물어서 그 탄 자를 뒤로 떨어지게 하리로다" 이런 말은 꽤 강하고 도전적인 족속이 될 것을 예감하게 하는군.
- 단에 대하여 말하다가 기도문이 나오는 것은 왜일까요? "여호와여 나는 주의 구원을 기다리나이다"라고 하는데요?
- 글쎄, 그 앞의 단의 뱀, 독사 이미지와 대조되는 기도문으로서 단이 주의 구원을 기다리는 자세로 살기를 바라는 마음의 표현이 아닐까?
- 갓은 "군대의 추격을 받으나 도리어 그 뒤를 추격하리로다"라고 한 것은 전쟁 중에 많이 거하고, 그러나 승리하는 중에 살 것을 말하는 것 같지요?
- 아셀은 기름진 땅을 차지하고, 왕의 수라상을 차릴 만한 풍성하고 좋은 땅에 살 것을 말하는 것 같지?
- 납달리는 "놓인 암사슴이라 아름다운 소리를 발하는도다"라고 하니 자유와 노래를 즐기는 족속이 될 것 같지요?

창 49:22-28 요셉은 무성한 가지 곧 샘 곁의 무성한 가지라 그 가지가 담을 넘었도다 활 쏘는 자가 그를 학대하며 적개심을 가지고 그를 쏘았으나 요셉의 활은 도리어 굳세며 그의 팔은 힘이 있으니 이는 야곱의 전능자 이스라엘의 반석인 목자의 손을 힘입음이라 네 아버지의 하나님께로 말미암나니 그가 너를 도우실 것이요 전능자로 말미암나니 그가 네게 복을 주실 것이라 위로 하늘의 복과 아래로 깊은 샘의 복과 젖 먹이는 복과 태의 복이리로다 네 아버지의 축복이 내 선조의 축복보다 나아서 영원한 산이 한없음같이 이 축복이 요셉의 머리로 돌아오며 그 형제 중 뛰어난 자의 정수리로 돌아오리로다 베냐민은 물어뜯는 이리라 아침에는 빼앗은 것을 먹고 저녁에는 움킨 것을 나누리로다 이들은 이스라엘의 열두 지파라 이와 같이 그들의 아버지가 그들에게 말하고 그들에게 축복하였으니 곧 그들 각 사람의 분량대로 축복하였더라

- 요셉은 지금도 주인공 같아 보이는데 장래에도 대단한 축복이네.
- "요셉은 무성한 가지 곧 샘 곁의 무성한 가지라 그 가지가 담을 넘었도다"라고 하는 것은 요셉이 복을 받고 누릴 뿐 아니라 그 축복과 영향력이 담을 넘어 많은 사람에게 미치게 되는 것을 말하는 것 같지요?
- 그래, 그런 것 같네.
- "활 쏘는 자가 그를 학대하며 적개심을 가지고 그를 쏘았으나 요셉의 활은 도리어 굳세며 그의 팔은 힘이 있으니 이는 야곱의 전능자 이스라엘의 반석인 목자의 손을 힘입음이라 네 아버지의 하나님께로 말미암나니 그가 너를 도우실 것이요 전능자로 말미암나니 그가 네게 복을 주실 것이라 위로 하늘의 복과 아래로 깊은 샘의 복과 젖 먹이는 복과 태의 복이리로다"라고 하는 말은 지난 과거를 빗대면서 미래도 승리할 것을 말하는 것 같지요? 형들에 의해 팔리고 노예가 되고 감옥에 갇히고 하였지만, 하나님의 손을 힘입어 승리하는 인생임을 빗대면서 미래도 그렇게 승리할 것을 축복하는 것 같아요.

- 그래, 김 군이 잘 보고 있는 것 같네. 사실 승리는 하나님 손에 달린 것 아니겠나? 사모해야 할 일은 전능자의 손이 나와 함께하는 인생이 되도록 기도할 일인 것 같지?
- 그렇습니다. 내 인생이 어떠해야 승리할 것인지 계시가 오고 메시지가 오고 있는 것을 느낍니다. 요셉에게 내리는 축복은 "위로 하늘의 복과 아래로 깊은 샘의 복과 젖 먹이는 복과 태의 복이리로다 네 아버지의 축복이 내 선조의 축복보다 나아서 영원한 산이 한없음같이 이 축복이 요셉의 머리로 돌아오며 그 형제 중 뛰어난 자의 정수리로 돌아오리로다"라고 합니다. 선생님, 요셉에게 축복하는 내용의 축복을 저도 받고 싶어요.
- 그러게나. 요셉의 축복이 김 군에게도 임하기를 내가 축복하네.
- 아멘, 선생님도 지금 늙으신 할아버지로서 제게 축복하시는 것이니까 그대로 이루어질 줄로 믿습니다.
- 믿음대로 될지어다.
- 아멘.
- 베냐민은 물어뜯는 이리라고 하네요. "아침에는 빼앗은 것을 먹고 저녁에는 움킨 것을 나누리로다"라고 말하네요.
- 전쟁 혹은 투쟁하는 삶을 암시하는 것 같군. 중요한 것은 각기 분량대로 축복하였다고 하는 것이지. 똑같은 사람이요 아들들인데 축복의 언어가 다른 것은 각자 분량이 다르다는 것이고, 특히 인생은 어제와 달라질 수 있지만 또한 늘 따라붙는 이미지가 있다는 것도 사실인 것 같네.
- 평생 엉터리로 살다가 마지막에 멋지게 의미 있게 살리라는 생각이 아닌, 청년 시절부터 삶을 진지하고 바르게 주님 뜻대로 살고자 하는 진실이 중요한 것 같네요. 이스라엘은 자신을 위한 부탁의 유언도 남기지요?

창 49:29-33 그가 그들에게 명하여 이르되 내가 내 조상들에게로 돌아가리니 나를 헷 사람 에브론의 밭에 있는 굴에 우리 선조와 함께 장사하라 이 굴은 가나안 땅 마므레 앞 막벨라 밭에 있는 것이라 아브라함이 헷 사람 에브론에게서 밭과 함께 사서 그의 매장지를 삼았으므로 아브라함과 그의 아내 사라가 거기 장사되었고 이삭과 그의 아내 리브가도 거기 장사되었으며 나도 레아를 그곳에 장사하였노라 이 밭과 거기 있는 굴은 헷 사람에게서 산 것이니라 야곱이 아들에게 명하기를 마치고 그 발을 침상에 모으고 숨을 거두니 그의 백성에게로 돌아갔더라

- 자기의 조상 아브라함과 사라, 자기 부모 이삭과 리브가, 그리고 자기 아내 레아가 묻힌 곳, 아브라함이 사서 계속 장지로 삼아 온 막벨라 밭에 있는 굴에 자기도 묻어 달라고 유언하고 떠나네.
- 이로써 파란만장한 삶을 살았던 이스라엘도 무대에서 사라지는군요. 파란만장했지만 거룩한 삶으로 마무리한 것 같아서 감동적입니다. 이스라엘 그가 고백한 것처럼, 그를 기르시고 지키시고 가르치시고 인도하신 하나님께 영광 돌려야겠지요?

이스라엘의 장례(창 50:1-14; 본문 생략)

- 요셉이 아버지의 장례식을 매우 성대하게 치르네요? 40일 걸려 향처리를 했다는 것은 일종의 방부제 처리이기도 하겠지요?
- 아마도 미라로 만들었던 것 같아. 당시에 모든 장례를 미라로 처리했다고는 볼 수 없겠지만, 요셉이 총리로서 부친의 장례를 귀인의 장례 절차를 따라 치렀던 것 같지? 그리고 70일의 곡하는 기간을 가진 것을 보니 대단한 장례였던 것 같아.
- 가나안 장지까지 가는 행렬도 대단하네요. 자손 중 부녀자와 아이

들만 두고 모두 출동했네요. 바로의 대신들과 애굽 국가의 원로들이 함께 가고, 기병과 마병이 함께 올라가는 대단한 장례 행렬이었어요.

- 애굽에서도 총리의 부친 장례이므로 대신들이 함께하게 된 모양이군그래. 이스라엘이 파란만장한 인생을 살았고 요셉을 잃은 것으로 알아 슬픔도 있었으나, 그 아들이 살아 성공하여 임종을 지키고 장례를 집행하니 그의 죽음은 영광스럽게, 장례는 더 영광스럽게 진행되는구먼.
- 사람들이 그러더라고요. 사는 것도 복이 있어야 하지만 죽는 것도 복되게 죽어야 한다고 말입니다.
- 김 군 말이 맞네. 김 군이야 아직 창창하지만 나는 가까울 듯하니 복된 죽음을 소망하고 기도하여야 할 것 같네.
- 장담하건대 선생님도 복된 마무리를 하실 것으로 믿어집니다.
- 덕담이 고맙네그려.

염려와 위로(창 50:15-21)

창 50:15-21 요셉의 형제들이 그들의 아버지가 죽었음을 보고 말하되 요셉이 혹시 우리를 미워하여 우리가 그에게 행한 모든 악을 다 갚지나 아니할까 하고 요셉에게 말을 전하여 이르되 당신의 아버지가 돌아가시기 전에 명령하여 이르시기를 너희는 이같이 요셉에게 이르라 네 형들이 네게 악을 행하였을지라도 이제 바라건대 그들의 허물과 죄를 용서하라 하셨나니 당신 아버지의 하나님의 종들인 우리 죄를 이제 용서하소서 하매 요셉이 그들이 그에게 하는 말을 들을 때에 울었더라 그의 형들이 또 친히 와서 요셉의 앞에 엎드려 이르되 우리는 당신의 종들이니이다 요셉이 그들에게 이르되 두려워하지 마소서 내가 하나님을 대신하리이까 당신들은 나를 해하려 하였으나 하나님은 그것을 선으로 바꾸사 오늘과 같이 많은 백성의 생명을 구원하게 하시려 하셨나니 당신들은 두려워하지 마소서 내가 당신들과 당신들의 자녀를 기르리이다 하고 그들을 간곡한 말로 위로하였더라

- 장례를 치르고 돌아오자 요셉의 형들이 매우 불안해하네요. 부친께서 돌아가시니 이제 요셉이 예전 형들의 죄를 묻고 보복하지 않을까 하는 염려가 생긴 것이지요? 죄인이 제 발 저린다더니.
- 죄는 지은 이에게 무거운 짐이요, 용서한 자에게는 자유가 있는 법이지. 요셉은 전혀 복수심이 없는데 정말 형들이 제 발이 저린 모양이군. 요셉의 대답을 주목해 보게, 얼마나 성숙한 믿음인가?
- "내가 하나님을 대신하리이까" 하는 말은 '하나님이 하신 일을 가지고 나는 당신들에게 원한 없다, 하나님이 당신들을 사용하신 것뿐이니 내가 어찌 하나님의 섭리를 내 맘대로 하랴, 나는 원한 없다' 그런 말이지요? 그러고는 "당신들은 나를 해하려 하였으나 하나님은 그것을 선으로 바꾸사 오늘과 같이 많은 백성의 생명을 구원하게 하시려 하셨나니", 하나님께서 자기를 많은 생명을 구원하는 사명 때문에 애굽으로 보내셨다고 해석하는 것을 보면 정말 보통 인품이 아니네요.
- 하나님의 뜻을 해석하여 알고 있고, 자신의 고난이 형들 때문이 아니라 하나님의 위대한 계획에 따라 된 것으로 받아들이고 있지?
- 네, 그러고는 따뜻한 말로 "당신들은 두려워하지 마소서 내가 당신들과 당신들의 자녀를 기르리이다"라고 하는데, 아, 이 얼마나 멋진 성숙한 인품입니까? "당신들과 당신들의 자녀를 기르리이다", '내 인생의 의미가 무엇이냐? 나는 지금까지 나를 위해서는 살지 못하고 가족을 위해서만 살았다'고 탄식하는 중년 또는 노년이 많다는 이야기를 들었는데, 한참 잘못된 말이지요? 우리 인생의 의미는 '너를

위하여' 존재하는 것이니 말입니다.

- "당신들과 당신들의 자녀를 기르리이다", 사명에 사는 자의 여유와 자유요, 감격이 아니겠나?
- 선생님, 요셉의 이 말이 저의 인생의 의미를 깨우쳐 주는 말씀으로 다가오네요. '나의 삶의 의미는 당신들과 당신들 자녀들을 살리는 것이라오.'
- 훌륭하이, 김 군. 신앙인의 아름다운 모습이 아닌가? 만일 요셉이 온유한 신앙으로 하나님을 보지 못했다면, 그 형들이 생각하는 것처럼 원한과 분노로 인생을 좀먹게 했을 것이고, 사실 총리에 오르는 일도 없었을지 모르지. 온유한 신앙으로 극복하고 성숙한 요셉은 사실 벌써 원한과 분노로부터 자유하고 오직 사명과 큰 비전으로 살고 있지 않던가? 작은 원한에 사로잡혀 살면 자신이 거기 사로잡히는 노예가 되지만, 혹 몸은 노예여도 하나님을 보고 하나님의 꿈을 품고 하나님이 주시는 사명을 바라보는 자는 작은 원한에 사로잡히지 않는 자유자가 되는 것이라네. 자, 오늘은 이만큼 하고 내일 새벽 등산을 위해 잠을 청하세.

요셉의 운명(창 50:22-26)

창 50:22-26 요셉이 그의 아버지의 가족과 함께 애굽에 거주하여 백십 세를 살며 에브라임의 자손 삼 대를 보았으며 므낫세의 아들 마길의 아들들도 요셉의 슬하에서 양육되었더라 요셉이 그의 형제들에게 이르되 나는 죽을 것이나 하나님이 당신들을 돌보시고 당신들을 이 땅에서 인도하여 내사 아브라함과 이삭과 야곱에게 맹세하신 땅에 이르게 하시리라 하고 요셉이 또 이스라엘 자손에게 맹세시켜 이르기를 하나님이 반드시 당신들을 돌보시리니 당신들은 여기서 내 해골을 메고 올라가겠다 하라 하였더라 요셉이 백십 세에 죽으매 그

들이 그의 몸에 향 재료를 넣고 애굽에서 입관하였더라

- 차로 산 중턱까지 오네요. 여기서 얼마나 걸으면 정상에 이르나요?
- 약 30분 걸어 오르면 될 걸세.

- 선생님, 다 오르니 전망이 멋지군요?
- 그래, 벌써 여명이 밝아오지? 얼마나 아름다운 여명인가? 잘 보게. 저 아래로 하얀 운해가 깔려 있지?
- 아직 어두워서 잘 못 보았는데 우와, 대단하네요. 운해가 동쪽으로 쫙 깔려 있네요.
- 해가 떠오르면 일출 장면도 멋지지만 운해가 햇살에 하얗게 빛날 때 그것 또한 장관이지.
- 아, 이것은 카메라에 담아야겠어요.
- 그럼세. 카메라에 이 신비스럽고 멋진 풍경을 일단 먼저 담고 보세.
- 그동안 운해를 몇 차례 보긴 했지만 오늘 여기서 충만한 운해를 감상하네요.
- 9월이면 낮과 밤의 일교차가 커서 운해가 풍성하게 발생하는 계절이거든. 그래 오늘 정말 풍성한 운해로군. 이 비봉산 정상에서 남은 창세기 산책을 하도록 하지.
- 네, 마지막 이야기인데요. 요셉도 운명하는 이야기로 끝나네요. 야곱의 장례를 치르고는 금방 요셉이 또 죽는 이야기예요.
- 이야기가 생략되었지, 금방은 아니지? 이스라엘이 죽은 지 56년 후에 요셉이 죽게 되는데 그간의 이야기가 생략되었군.
- 하여튼 요셉은 조상들과 그의 형들에 비해서도 장수하지는 못한 것 같네요. 지금에 비하면 장수지만 당시 사람들에게 110세는 장수는 아닌 것 같아요.
- 장수가 중요한 게 아니라 의미가 중요하지. 요셉은 많은 사람의 생

명을 기근에서 구하는 사명자의 삶을 살다가 멋지게 운명하는 것이니 얼마나 귀한 일인가?

- 선생님, 창세기의 가르침은 처음부터 끝까지 생존 자체가 중요한 것이 아니라 의미가 중요함을 보여주는 것이네요. 생존을 위하여 사는 것이 아니라 생존을 넘어 사명과 의미의 세계로 나아가는 인생이 되어야 할 것 같아요. 저는 이번 선생님과 함께하는 창세기 산책을 통하여 제 인생의 의미를 찾았습니다. '생존을 넘어 사명과 의미의 세계로' 나아가는 인생관입니다. 그런데 요셉도 자기 시체를 조상들 무덤인 가나안 막벨라 굴에 묻어 달라고 하네요?
- 당장 거기까지 가서 장례하라는 말은 아니고 하나님께서 가나안으로 돌아가게 하실 터이니 그때 시체를 가져다가 거기 묻어 달라는 부탁이네. 이스라엘의 장례식이야 아들인 요셉이 애굽의 총리로 있으니 당장 조상들의 무덤에까지 가져가면서 성대한 장례식을 할 수 있지만, 요셉 자신이 죽고 나면 어떻게 그처럼 성대한 장례식을 치를 수 있겠는가? 그나저나 이 산에 오르니 귀한 친구가 생각나네.
- 이 산에서의 추억을 공유한 친구인가 보지요?
- 응, 그와 더불어 운해 시즌에 이 비봉산 정상에 함께 올랐었지.
- 어떤 친구인데요?
- 산 아래 내려가면 가까운 곳에 살거든. 내려가서 한번 들러 그도 만나고 가야 하겠네.
- 어떤 분일지 궁금한데요?
- 이분도 인생을 단순히 생존을 위한 인생으로 살기보다, 사명에 살고 의미에 사는 훌륭한 천국 시민 중 하나라고 볼 수 있지.
- 무슨 일을 하시는데요?
- 글쎄, 그의 직업이 무엇이라고 해야 할지 모르겠군. 그의 타이틀을 이야기해 볼까? 그분은 약사이며 한의사야. 그리고 선교사이면서 목사야.

- 목회하시는 목사는 아닌 모양이로군요?
- 아니지. 그분은 원래 약학대학 나온 약사인데 약사사회에서도 영향력 있는 분이야. 오래전 우리나라를 떠들석하게 했던 한약분쟁이 있었는데 그 소용돌이에서 어려운 일을 겪었다가 중국으로 중의학을 공부하러 가게 되지.
- 중의학 공부하러 중국 유학을 하였군요?
- 그러다가 중국 대학생들을 위한 선교의 사명을 깨닫게 되지.
- 그래서 선교사가 되었나요?
- 아니, 막바로 중국으로 들어가는 선교사가 된 것은 아니고 약국을 운영하면서 중국대학선교회라는 선교단체를 일으키는 일을 하게 되지. 처음에는 다른 목사님을 앞세우고 자신은 후원하면서 선교단체를 만들고 선교사를 훈련하고, 주로 중국에 들어가 대학생을 상대로 선교하는 선교사들을 파송하게 되지.
- 선교단체를 만들고 주로 재정적으로 후원하는 일을 했을 것 같네요.
- 그랬지. 그런데 자신이 본 만큼 비전을 보고 자신이 받은 만큼 사명을 가지고 가다 보니 결국은 자신이 그 선교회의 대표가 되었어.
- 선교회 대표가 되어 선교사를 케어하다 보니 돈만 가지고는 안 된다고 느낀 모양이군요. 영적 케어와 말씀으로 섬기는 일도 긴요함을 느끼고 신학을 하고 목사가 된 모양이네요?
- 김 군, 어떻게 그렇게 잘 알아?
- 그렇게 느껴졌어요. 그래서 지금도 약사 일을 하면서 선교단체 대표로 선교사 케어하는 일을 하는 것이군요?
- 그래, 그분의 사모님께서도 약사여서 약국은 사실상 사모님께 주로 맡기고, 한해에 거의 절반 이상은 선교사 케어와 선교전략적 사역을 위하여 중국에 드나들지. 그분이 버는 돈은 다 선교비로 사용하는 것 같더라고.

- 약사요 한의사라면 자기네 가족들 살아가는 데는 넉넉할 것이고, 편안하고 안락한 삶을 즐기는 데는 문제없을 것 같은데 사서 고생하는군요?
- 사서 고생하는 것이지. 많은 생명을 살리고 복되게 하는 사명 때문에. 그 큰 의미 때문에 사서 고생하면서 참으로 열정적인 삶을 살고 있는 분이라네.
- 제가 그분 이름을 기억해도 되겠습니까?
- 아니, 그분의 선교활동은 선교사 입국이 금지된 지역에 들어가서 하는 사역이라 이름이 공개되는 것이 안 좋아. 있다가 만나 보라고.
- 네, 그럼 있다가 만나 뵙기로 하고요, 창세기 산책이 끝났던가요?
- 끝났지. 요셉이 죽고 창세기도 끝나지 않나?
- 그런데 요셉은 좀 억울하겠는데요?
- 뭐가 억울해?
- 자기 부친 장례는 귀인 장례식으로 거창하게 해 드렸는데 자신은 간단한 장례식이 되는 것 같아서요.
- 사람 참, 억울할 것도 많다. 죽어 장례하는 것이 무엇이 그리 대단한가? 의미 있게 살다 간 그 사실이 중요하지? 나는 이스라엘보다 요셉의 죽음이 더 귀하다고 느끼네. 갈 때는 도리어 조용히 가는 것이야. 많은 사람 생명을 살려놓고 조용히 천국으로 가는 것이야.
- 선생님의 소원을 읊조리시는 것 아니에요?
- 아마도 김 군 말이 맞을지도 모르지. 의미 있게 살고, 많은 사람 살리고 복되게 하고 조용히 가는 거야.
- 선생님, 우리의 창세기 이야기도 결국 죽음으로 끝나네요. 이스라엘의 죽음 이야기 뒤에 많은 내용이 생략되고 곧바로 요셉의 죽음으로 끝나지 않아요?
- 이 땅에서의 삶이란 그다지 긴 것이 못 되고, 모든 인간이 한 번 죽는 것은 정해진 이치이지. 왕도 죽고 거지도 죽고, 부자도 죽고 가난

한 자도 죽지.

- 죽음은 모든 것을 허망하게 하는 것 같기도 하지 않나요?
- 우리 그리스도인들에게는 허망이란 없어. 우리에게 죽음이란 천국으로의 이주에 불과하니까. 성경의 첫 번째 책인 창세기를 마치면서 마지막 책 요한계시록의 한 말씀을 기억하고 싶군.

계 7:9-12 이 일 후에 내가 보니 각 나라와 족속과 백성과 방언에서 아무도 능히 셀 수 없는 큰 무리가 나와 흰옷을 입고 손에 종려 가지를 들고 보좌 앞과 어린 양 앞에 서서 큰 소리로 외쳐 이르되 구원하심이 보좌에 앉으신 우리 하나님과 어린양에게 있도다 하니 모든 천사가 보좌와 장로들과 네 생물의 주위에 서 있다가 보좌 앞에 엎드려 얼굴을 대고 하나님께 경배하여 이르되 아멘 찬송과 영광과 지혜와 감사와 존귀와 권능과 힘이 우리 하나님께 세세토록 있을지어다 아멘 하더라

- 이 요한계시록은 하늘나라의 광경을 묘사한 말씀 같네요?
- 그렇지, 우선 하늘나라에는 각 나라와 각 족속과 각 방언, 즉 각 언어의 사람들이 구원받아 하늘나라에 합류한 것으로 보여 주지?
- 선생님, 잠깐만요?
- 왜?
- 지금 인용하고 있는 계시록은 당시의 저자가 본 환상을 기록한 것이지요?
- 맞아.
- 그런데 벌써 하늘나라에는 각 나라, 각 족속, 각 방언에서 다 구원받고 하늘나라에 올라와 있는 모습을 보여주었어요. 그때 이미 선교가 완성된 것인가요?
- 매우 좋은 질문이네. 김 군이 이해가 될지 모르지만 하나님 편에서

는 이미 다 모든 나라, 모든 족속, 모든 언어의 사람들의 구원을 다 이루어 놓으셨다는 것이야.

- 하나님 편에서는 다 이루어 놓으셨다면 인간 편에서는 안 이루어지고요?
- 그렇지. 그래서 이것을 우리에게 비전으로 보여주는 것이라네. 그리고 주님이 주기도문에서 가르쳐주신 것같이 기도하며 이루어야 하는 것이지. "뜻이 하늘에서 이루어진 것같이 땅에서도 이루어지게 하옵소서"라고 기도하라고 하지 않았나?
- 그래서요?
- 이 하늘에서 이루어진 하나님의 뜻이 이 땅에 이루어지게 하는 사명을 가지고 살라고 보여주신 환상이요 비전이 아니겠나?
- 그래서 선교적 사명이 중요하군요?
- 그렇지, 우리 모두 이 하나님의 비전을 이 땅에 이루어지게 하는 일에 쓰임 받는 사명으로 살다가 하늘나라에 올라가서 저 흰옷 입고 노래하는 무리 가운데 함께 서야 하지 않겠는가?
- 이 말씀 나누시려고 그런 사명으로 살고 있는 이름 없는 그분과의 추억을 찾아서 이곳에 오르셨군요?
- 그렇다네. 우리의 죽음은 끝이 아니야, 새로운 시작이지.
- 모두 흰옷을 입었네요? 흰옷을 입었다는 것은 죄를 씻음 받은 것을 의미하겠지요?
- 그렇지, 예수님의 보혈로 씻음 받고 거룩한 하나님의 의의 옷을 입은 것이지.
- 그런데 이 흰옷을 입은 사람들이 큰 소리로 찬송을 부르고 있는 모습이네요?
- 그렇지? 구원의 주님께 찬양하고 하나님께 찬송하는 광경이지. 그날에 우리도 저 찬양하는 무리 가운데 있을 것일세.
- 아멘, 그러하리로다. 선생님, 저 하얗게 빛나는 운해를 좀 보세요.

마치 흰옷 입은 사람들이 춤추며 노래하는 것 같지 않아요?

- 그런 것 같군.

흰옷 입고 춤추는 나라

흰 옷자락 펄럭이며
무리 지어 춤추는 곳
그 나라에 내가 왔나
그 나라가 내게 왔나
황홀한 새 아침엔
나도 함께 춤을 추리

비봉산의 아침 운해

믿음으로의 여행
창세기를 걷다

1판 1쇄 인쇄 _ 2020년 2월 26일
1판 1쇄 발행 _ 2020년 3월 6일

지은이 _ 이강천
펴낸이 _ 이형규
펴낸곳 _ 쿰란출판사

주소 _ 서울특별시 종로구 이화장길 6
편집부 _ 745-1007, 745-1301~2, 747-1212, 743-1300
영업부 _ 747-1004, FAX 745-8490
본사평생전화번호 _ 0502-756-1004
홈페이지 _ http://www.qumran.co.kr
E-mail _ qrbooks@gmail.com / qrbooks@daum.net
한글인터넷주소 _ 쿰란, 쿰란출판사
페이스북 _ www.facebook.com/qumranpeople
인스타그램 _ www.instagram.com/qrbooks
등록 _ 제1-670호(1988.2.27)

책임교열 _ 신영미·박은아

 ISBN 979-11-6143-345-5 93230